W0291092

# Escapades en **camping-car**

## France 2021

MICHELIN

# Encore plus mobile !

Le camping-car offre toutes les libertés : partir quand on veut, même à la dernière minute, aller et venir au gré du temps, d'un lieu à un autre, rester totalement indépendant. Et dans ce domaine, la France vous offre toutes les possibilités : vous y trouverez toujours une idée de voyage, qu'elle soit à proximité ou loin de chez vous, pour un week-end ou plusieurs jours, à la mer ou à la montagne, à la ville ou à la campagne !

Pour accompagner vos envies de voyages tout en vous offrant toujours plus de confort et de mobilité, Michelin a créé pour vous ce guide, **Escapades en camping-car**. Il propose **101 circuits**, de 3 à 9 jours. Chaque circuit est découpé par journées, et s'attache à donner l'essentiel des étapes culturelles, naturelles, de loisirs et de gastronomie ainsi qu'une une sélection d'aires de service et de stationnement, de campings, de bonnes tables et de produits du terroir. Une carte indique le tracé du circuit, les étapes, les aires et les campings.

Nous avons également choisi pour vous quelques thématiques touristiques appréciées des camping-caristes, toujours sur votre circuit : des **étapes en ville**, des **visites de sites touristiques**, des **randonnées à pied et à vélo**, des **stations thermales** ou de **sports d'hiver**.

Pour bien naviguer dans ce guide, nous vous proposons plusieurs clés d'entrée :

- le **sommaire** p. 5 vous permet de visualiser l'ensemble des 21 régions abordées dans le guide ;
- le tableau **« Choisissez votre circuit »** p. 6-8 répertorie nos circuits par ordre croissant de nombre de jours ; y sont également indiqués le nombre de kilomètres, la ville de départ, la région dans laquelle ils se situent, ainsi que le numéro de page où vous les trouverez dans le guide ;
- les **introductions de chaque région** où une **carte** montre en coup d'œil les circuits, les ville-étapes, les visites, les randonnées, les stations thermales et les stations de sports d'hiver ;
- enfin, l'**index** en fin de guide vous permettra de trouver une localité en particulier.

**Un guide tout en un pour une plus grande mobilité. Bonne route !**

# LIBRE D'ÊTRE VOUS

**SUIVEZ VOS INSPIRATIONS**

Vous connaissez sa marque de fabrique : un élégant mobilier contemporain au service de votre confort. Vous savez que la qualité de son isolation vous offrira des opportunités de voyages inoubliables.

Laissez-vous surprendre par sa large gamme de véhicules, la qualité de ses implantations et toutes ses possibilités de personnalisation. Elles sauront vous inspirer votre véhicule idéal.

BAVARIA

www.bavaria-camping-car.com

southtownboy/iStock

# SOMMAIRE

## Rubriques

# CHOISISSEZ VOTRE CIRCUIT

| Circuit | Jours | Km | Ville de départ | Région | Page |
|---|---|---|---|---|---|
| Souvenirs de guerre | 3 | 240 | Verdun | Lorraine | **160** |
| Enclos paroissiaux et monts d'Arrée | 4 | 180 | Brest | Bretagne | **32** |
| Caen et les plages du débarquement | 4 | 180 | Caen | Normandie | **80** |
| Les boucles de la Seine | 4 | 160 | Rouen | Normandie | **88** |
| Au nom de la rose | 4 | 280 | Beauvais | Hauts-de-France | **108** |
| Les Vosges thermales | 4 | 270 | Vittel | Lorraine | **176** |
| Les Vosges du Nord | 4 | 135 | Saverne | Alsace | **190** |
| Le pays d'Arbois, de caves en fruitières | 4 | 140 | Lons-le-Saunier | Franche-Comté | **210** |
| Au sud de la Bourgogne | 4 | 135 | Mâcon | Bourgogne | **232** |
| Découverte des Deux-Sèvres | 4 | 330 | Niort | Poitou-Charentes | **272** |
| Bastides et gastronomie d'Armagnac | 4 | 280 | Auch | Midi-Pyrénées | **380** |
| Les grandes eaux ! | 4 | 285 | Vichy | Auvergne | **420** |
| Vive le Beaujolais ! | 4 | 240 | Villefranche-sur-Saône | Lyon et sa région | **450** |
| Merveilles naturelles du Vaucluse | 4 | 205 | Carpentras | Provence-Côte d'Azur | **508** |
| Le Cap Corse et le Nebbio | 4 | 230 | Bastia | Corse | **532** |
| La côte des Bar, art et champagne | 4/5 | 235 | Troyes | Champagne-Ardenne | **148** |
| Le sud de la Manche | 5 | 280 | Granville | Normandie | **72** |
| Évasion sur la Côte d'Opale | 5 | 250 | Boulogne-sur-Mer | Hauts-de-France | **116** |
| Découverte des Yvelines | 5 | 210 | Rambouillet | Île-de-France | **128** |
| Fortifications en Ardenne | 5 | 250 | Charleville-Mézières | Champagne-Ardenne | **136** |
| Au pays des grands lacs | 5 | 240 | Troyes | Champagne-Ardenne | **144** |
| Balade au sud de la Haute-Marne | 5 | 245 | Langres | Champagne-Ardenne | **152** |
| En passant par la Lorraine | 5 | 300 | Sarreguemines | Lorraine | **168** |
| Route des Crêtes et forêt des Vosges | 5 | 250 | Cernay | Lorraine | **172** |
| Route des vins d'Alsace | 5 | 210 | Strasbourg | Alsace | **186** |
| Au cœur du Morvan | 5 | 230 | Vézelay | Bourgogne | **224** |
| À cheval entre Perche et Eure-et-Loir | 5 | 300 | Châteaudun | Centre Val-de-Loire | **240** |
| Au cœur du Berry | 5 | 280 | Bourges | Centre Val-de-Loire | **248** |
| L'ouest du Berry et la Brenne | 5 | 315 | Châteauroux | Centre Val-de-Loire | **252** |
| Le plateau de Millevaches | 5 | 370 | Aubusson | Limousin | **292** |
| Au fil de la Dordogne | 5 | 345 | Ussel | Limousin | **296** |
| Au cœur de la Corrèze | 5 | 250 | Uzerche | Limousin | **300** |
| Vignobles et châteaux du Bordelais | 5 | 265 | Bordeaux | Aquitaine | **308** |
| Agenais, entre Lot et Garonne | 5 | 290 | Agen | Aquitaine | **328** |
| Le nord de l'Aveyron | 5 | 160 | Rodez | Midi-Pyrénées | **356** |
| Il était une fois à Foix... | 5 | 345 | Foix | Midi-Pyrénées | **368** |
| Eaux thermales des Pyrénées | 5 | 230 | Tarbes | Midi-Pyrénées | **372** |

# CHOISISSEZ VOTRE CIRCUIT

# SOMMAIRE

## Rubriques

| Circuit | Jours | Km | Ville de départ | Région | Page |
|---|---|---|---|---|---|
| Grottes, cirques, chaos et avens cévenols | 5 | 375 | Ganges | Languedoc-Roussillon | **394** |
| Balade gourmande en Bas-Languedoc | 5 | 180 | Montpellier | Languedoc-Roussillon | **398** |
| Dans le Bourbonnais | 5 | 330 | Moulins | Auvergne | **416** |
| Les étangs de la Dombes | 5 | 180 | Bourg-en-Bresse | Lyon et sa région | **446** |
| Le Vercors et l'Oisans | 5 | 350 | Grenoble | Les Alpes | **474** |
| Marseille au centre ! | 5 | 220 | Marseille | Provence-Côte d'Azur | **512** |
| La Haute-Provence, de la Durance au Verdon | 5 | 300 | Digne-les-Bains | Provence-Côte d'Azur | **520** |
| La côte nord, de Cancale à Morlaix | 6 | 325 | Cancale | Bretagne | **24** |
| Douceur angevine au fil de la Loire | 6 | 210 | Angers | Pays-de-la-Loire | **52** |
| La Vendée et le Marais poitevin | 6 | 280 | Cholet | Pays-de-la-Loire | **56** |
| Sur les pas des gabelous | 6 | 260 | St-Gilles-Croix-de-Vie | Pays-de-la-Loire | **60** |
| Des Alpes Mancelles à la Suisse normande | 6 | 310 | Alençon | Normandie | **68** |
| La presqu'île du Cotentin | 6 | 220 | Carentan | Normandie | **76** |
| Côte d'Albâtre et pays de Caux | 6 | 270 | Le Havre | Normandie | **92** |
| Le temps des cathédrales | 6 | 300 | Compiègne | Hauts-de-France | **104** |
| Voyage dans les Flandres | 6 | 250 | Lille | Hauts-de-France | **112** |
| Au cœur de la Seine-et-Marne | 6 | 300 | Meaux | Île-de-France | **124** |
| Entre Meuse et Moselle | 6 | 260 | Metz | Lorraine | **164** |
| De part et d'autre du Rhin | 6 | 260 | Mulhouse | Alsace | **194** |
| La montagne jurassienne | 6 | 250 | Les Rousses | Franche-Comté | **206** |
| L'Auxerrois et la Puisaye | 6 | 315 | Guédelon | Bourgogne | **220** |
| Dijon et la route des grands crus | 6 | 235 | Dijon | Bourgogne | **228** |
| Châteaux de la Loire autour de Blois | 6 | 160 | Blois | Centre Val-de-Loire | **260** |
| Rochefort, La Rochelle et l'île de Ré | 6 | 270 | Rochefort | Poitou-Charentes | **276** |
| Balade en Charentes | 6 | 370 | Angoulême | Poitou-Charentes | **280** |
| Le Limousin au carrefour de l'Histoire | 6 | 210 | Limoges | Limousin | **288** |
| La côte océane | 6 | 270 | Soulac-sur-Mer | Aquitaine | **312** |
| Villages et vallées du Béarn | 6 | 400 | Pau | Aquitaine | **324** |
| Les gorges du Tarn et les grands causses | 6 | 390 | Millau | Midi-Pyrénées | **352** |
| Villages et bastides entre Tarn et Aveyron | 6 | 260 | Albi | Midi-Pyrénées | **360** |
| Toulouse et les coteaux de Gascogne | 6 | 310 | Toulouse | Midi-Pyrénées | **376** |
| Au cœur du Cantal | 6 | 370 | St-Flour | Auvergne | **432** |
| Le Puy-en-Velay et la Haute-Loire volcanique | 6 | 380 | Le Puy-en-Velay | Auvergne | **436** |
| Des monts du Forez au Pilat | 6 | 300 | Roanne | Lyon et sa région | **454** |
| Forts des Alpes et de Haute-Provence | 6 | 300 | Col du Lautaret | Les Alpes | **470** |
| À l'assaut du Mont-Blanc | 6 | 150 | Annecy | Les Alpes | **478** |
| Lac du Bourget, massifs des Bauges et de la Chartreuse | 6 | 300 | Annecy | Les Alpes | **482** |

# CHOISISSEZ VOTRE CIRCUIT

Vulcania
en AUVERGNE
PASSEZ UNE NUIT
AU COEUR DES VOLCANS
DE LA CHAÎNE DES PUYS
Vulcania popose 65 emplacements pour une ou deux nuits afin de bien profiter de votre venue au parc des volcans et de la planète Terre.
Tarif à partir de 10€ la nuit et 18€ pour 2 nuits.
En journée, le parking de Vulcania, accessible aux horaires d'ouverture du Parc, est gratuit et dispose d'emplacements réservés aux camping-cars.
Parc Vulcania - Route de Mazayes - 63230 Saint-Ours les Roches
Coordonnées GPS DMS* : N45°48'49 E2°56'24 (*degrés-minutes-secondes)
www.vulcania.com
La Région
Auvergne-Rhône-Alpes

# LÉGENDE DES SYMBOLES

## CAMPINGS

### Services pour camping-car

- Borne pour camping-car
- Eau potable
- Électricité
- Vidange eaux grises
- Vidange eaux noires (cassettes)
- Formule Stop accueil camping-car FFCC
- Chien interdit
- Terrain tranquille

### Tarif des emplacements camping en €

**Redevance journalière**

- 5€ Prix par personne
- 2€ Prix pour le véhicule
- 6€ Prix pour l'emplacement
- 6,50€ Prix pour l'électricité

**Redevance forfaitaire**

14 € — Emplacement pour 2 personnes, véhicule et électricité compris

### Loisirs et services dans le camping

- Piscine
- Baignade
- Pêche
- Location de vélos
- Laverie (lave-linge, sèche-linge)
- Supermarché - Magasin d'alimentation
- Restaurant, snack

## AIRES DE SERVICE POUR CAMPING-CARS

### Services pour camping-cars

- Eau potable
- Électricité
- 30 - 24h 18€/j. Nombre de stationnement - durée maximum prix/j.
- Parking sécurisé
- Aire calme
- Vidange eaux grises
- Vidange eaux noires (cassettes)
- Carte bancaire acceptée

### Services de proximité

- WC publics
- Laverie
- Restaurant
- Wifi
- Commerce

Star Mobil Services
ASSISTANCE AUX CAMPING-CARS
ASSISTANCE MOTORHOME BIJSTAND
Avec vous partout, avec vous toujours.
Star Mobil Services
ASSISTANCE AUX CAMPING-CARS
24h/24 et 7j/7
appelez-nous au 03 29 39 62 80
depuis l'étranger +33 3 29 39 62 80
Star Mobil Services
ASSISTANCE MOTORHOME BIJSTAND
24h/24u et/en 7j/7d
appelez-nous au / bel ons op
02 385 43 68
depuis l'étranger / van het buitenland
+32 2 385 43 68
Escapades de rêves en camping-car, on s'occupe de tout !
Une assistance unique pour les particuliers et les professionnels.
24/7 SERVICE
Camping-car • Motorhome Wohnmobil • Camper
L'assurance d'être écouté, informé, rassuré et aidé par un technicien 24h/24 et 7j/7 en France, en Europe et dans le monde entier. Une assistance sur le porteur, la cellule et tous les équipements de votre camping-car. Quel que soit le type, l'année et le poids de votre camping-car.
AIDE
DÉPANNAGE
TRANQUILLITÉ
CELLULE
CAMPING-CAR
INFORMATION
ÉQUIPEMENT
CHÂSSIS
ASSISTANCE
Nos partenaires :
RAPIDO
ESTEREL
FLEURETTE
FLORIUM
ITINEO
DREAMER
Campérêve
WESTFALIA
stylevan
LE VOYAGEUR
PILOTE
BAVARIA
moovéo
KNAUS
EURA MOBIL
MOBILVETTA
Phoenix
MONDIAL ASSISTANCE
CITROËN CAMPING-CAR ASSISTANCE
PEUGEOT CAMPING-CAR ASSISTANCE
evasia
AVIS
McRENT
wikicampers
DOMETIC
KENWOOD
DEPUIS 18 ANS À VOS CÔTÉS
Renseignez-vous
www.starmobilservices.com
(Souscription en quelques clics sur le site)
info@starmobilservices.com
France : +33 (0)3 29 39 62 80 Benelux : +32 (0)2 385 43 68

# AVANT LE DÉPART

## LES VÉRIFICATIONS

rudigobbo/iStock

**Avant de partir, vous devez bien vérifier l'état de votre camping-car. C'est une question de sécurité et de confort. Quelques conseils en forme de check-list !**

### LE PORTEUR

#### Les pneus

Ils sont un des organes de sécurité essentiels de votre véhicule. Vous devez régulièrement leur porter toute attention, en particulier avant de partir.

Le pneumatique doit tout d'abord être adapté à votre véhicule. Il existe des gammes spécifiques destinées aux campings-cars avec un marquage CP sur le flanc du pneumatique.

Avant le départ, contrôlez le bon état des pneumatiques, la pression (voir ci-dessous) et leur usure. En cas de parking prolongé, ne laissez pas les pneus en état de sous-gonflage. Remettez en pression systématiquement avant toute nouvelle utilisation. Veillez aussi à protéger les pneus des UV. Il est recommandé de faire vérifier régulièrement par un professionnel l'état de la bande de roulement et des flancs (traces de choc, craquelures, fissures...) ainsi que l'état des roues et des valves.

#### La pression des pneus

La pression recommandée est de 5,5 bars sur l'essieu arrière en monte simple ; elle est à mesurer à froid, quelle que soit la charge du véhicule, tout en respectant le PTAC (Poids Total Autorisé en Charge, déterminé par le constructeur).

Sur l'essieu avant, conformez-vous aux préconisations de gonflage du constructeur indiquées sur le véhicule le plus souvent dans la porte conducteur. Pour des pressions supérieures à 4.5 bar, des valves métalliques sont impératives.

#### Sont également à contrôler

le niveau d'huile
le liquide des freins
le frein à main
le liquide du lave-glaces
les balais d'essuie-glace
les serrures
la batterie
les phares
les clignotants

▶ *Pour plus de sécurité, une partie de ces contrôles (comme celui des plaquettes de freins) peut être faite par votre garagiste.*

▶ *Penser à se munir d'un kit d'ampoules de rechange.*

▶ *En cas de panne, vous devez disposer d'un gilet et d'un triangle de signalisation. Pensez-y !*

powerbeephoto/iStock

## LA CELLULE

### Circuit d'eau

Eau propre : rincez et faites le plein.

Eaux usées : versez un produit de nettoyage et de désinfection. Pour éviter les mauvaises odeurs, préférez les produits du commerce ou le vinaigre plutôt que l'eau javellisée.

### Électricité

Faites fonctionner tous les postes électriques du véhicule. Si vous avez des panneaux solaires, vérifiez qu'ils sont propres. Leur efficacité en dépend.

### Extincteur

Assurez-vous de la date de validité de votre extincteur.

### Gaz

Vérifiez le contenu des bouteilles de gaz (surtout en période hivernale) et le fonctionnement de tous les appareils à gaz. Avant le départ, fermez l'arrivée générale du gaz.

▶ *Les tuyaux à gaz doivent être changés régulièrement. Vérifiez leur date de péremption.*

### Fermeture

Contrôlez la fermeture des ouvrants (lanterneaux, baies, portillons, portes et placards). Vérifiez qu'il n'y a pas de fuite aux portes, lanterneaux et baies vitrées.

### Hiver

Si vous partez en hiver, assurez-vous de la qualité du liquide dans le circuit de refroidissement ainsi que celle de l'huile moteur qui doit être adaptée aux températures hivernales.

Vérifiez l'état de la batterie. Contrôlez le bon fonctionnement du chauffage et de tous les accessoires participant à la bonne visibilité.

N'oubliez pas de prendre les chaînes et apprenez à les mettre en place avant le départ ! Pensez également à emporter des plaques de « désenlisement » et une pelle.

### Surcharge

Les camping-cars sont limités en charge utile. Le poids total du camping-car chargé (PTAC) ne doit pas dépasser 3,5 t (sauf pour les véhicules classés poids lourds). Il est notifié dans les documents de bord et à l'extérieur sur la porte du conducteur.

Une surcharge du véhicule ou une mauvaise répartition des charges sont susceptibles de mettre en jeu la sécurité des usagers. Pour information, une pression de 5,5 bars sur l'essieu arrière moteur correspond à une charge maximale par pneu de 1 120 kg pour un pneumatique Michelin Agilis Camping 225/70R15 CP. Une situation de sous-gonflage peut être dangereuse : par exemple, une sous-pression de 0,5 bar pour un Michelin Agilis Camping 225/70R15 CP équivaut à une surcharge de 100 kg environ.

▶ *En cas d'infraction, la surcharge est sanctionnée par une amende forfaitaire selon le dépassement. Si le dépassement excède 5 % du PTAC, le véhicule peut être immobilisé.*

### GPS

Un système de navigation embarqué vous sera utile pour trouver nos adresses d'aires et de campings. Nous donnons leurs coordonnées en degré décimal (DD). Vérifiez que votre GPS est bien basé sur le même système de notation. Si ce n'est pas le cas, contacter votre revendeur pour qu'il vous indique comment convertir nos données.

### Dans vos bagages

Pensez à emporter un nécessaire à pharmacie et une trousse de secours aux premiers soins d'urgence ! Si vous voyagez avec un animal domestique, n'oubliez pas son carnet de santé. Il vous sera demandé dans les campings.

### Juste avant le départ

N'oubliez pas de rentrer le marche-pied (si vous n'avez pas de système d'alerte sonore). Rabattez les antennes (TV, parabole).

# PENDANT LE VOYAGE

## BIEN CONDUIRE

**Conduire un camping-car n'est pas difficile. Toutefois intégraux, capucines et autres profilés présentent des particularités dont vous devez tenir compte.**

### On s'attache !

Conducteurs et passagers doivent impérativement boucler leur ceinture de sécurité, qu'ils voyagent dans la cabine ou en cellule si celle-ci en est équipée. De même, les effets personnels et les vivres doivent être rangés dans des placards fermés.

### Une bonne marge de distance

L'inertie au freinage demeure plus importante avec un camping-car qu'avec une voiture en raison du poids en mouvement, et ce malgré les systèmes de freinage sophistiqués actuels. Préservez toujours une marge de distance confortable par rapport aux véhicules qui vous précèdent.

▶ *Lors de la descente des cols, utilisez au maximum votre frein moteur.*

### Surveiller le gabarit

Sur les routes de **campagne**, soyez vigilant au moment où vous croisez tracteurs, cars et autres camions. Ralentissez et déportez-vous encore plus sur la droite. Vigilance accrue lorsque vous doublez un cycliste !

Gardez en tête la hauteur du véhicule. En **montagne**, pensez aux routes à encorbellement, surtout si vous roulez en capucine. Les véhicules les plus imposants risquent en effet d'accrocher les parois. Mais rassurez-vous ! Nos circuits ont pris en compte ce risque.

La circulation en **ville** et village nécessite une grande prudence. Soyez attentif aux barres de hauteur qui limitent parfois les accès. Et avant de pénétrer dans le vieux quartier aux ruelles étroites, prenez vos précautions.

Sur **Autoroute**, méfiez-vous des barrières de péage. Certains couloirs réservés aux voitures sont parfois équipés de barres de hauteur.

Attention également aux branches basses des arbres.

Au moment de doubler et de se rabattre,ayez bien en tête la longueur de votre camping-car. Certains véhicules ayant un porte-à-faux important peuvent rencontrer des difficultés lors des manœuvres de stationnement et d'accès sur les ferries ou les bacs.

### Contrer les appels d'air

Si vous conduisez une grande capucine ou un intégral, pour éviter les appels d'air générés en dépassement, vous devez compenser par un léger mouvement du volant en sens inverse.

### Évaluer le terrain

Lorsque vous sortez des routes aménagées, ne sous-estimez pas le poids de votre camping-car et évaluez la praticabilité du terrain. Sur un camping-car, l'essentiel du poids se trouvant concentré vers la partie arrière, mieux vaut, pour éviter le patinage des roues, faire une reconnaissance à pied.

### Savoir-vivre

Pensez aux autres véhicules afin que la largeur de votre camping-car ne les gêne pas Tenez bien votre droite.

Pendant les déplacements en groupe, évitez de former des files, pour ne pas perturber le trafic.

N'effectuez pas la vidange des eaux noires ou grises pendant vos déplacements. Faites-le uniquement dans les endroits réservés à cet effet et dans le respect de la nature et des principes écologiques.

ENDURANT ET ÉCONOMIQUE.
LA SOLUTION POUR VOTRE CAMPING CAR.
MICHELIN / AGILIS CAMPING
ROBUSTESSE
SÉCURITÉ
Roulage occasionnel dans des conditions difficiles
LONGÉVITÉ
Plus d'informations sur www.michelin.fr
Informations valides à date de publication - 12/2020
MFP Michelin 855 200 507 RCS CLERMONT-FERRAND. Société en commandite par actions au capital de 504 000 004 euros.
Siège Social : 23 Place des Carmes Déchaux - 63040 Clermont-Ferrand Cedex 9. © Michelin
MICHELIN

rudigobbo/iStock

# PENDANT LE VOYAGE

## LE STATIONNEMENT ; LES STRUCTURES D'ACCUEIL

## LE STATIONNEMENT

### Stationnement sur la voie publique

En ville, garez-vous sur les parkings extérieurs au centre-ville ou sur les parkings réservés aux camping-cars, en faisant attention de ne pas empiéter sur d'autres places, ni sur la voie publique.

▸ *Si la sécurité ou l'ordre public l'exigent, les maires sont en droit de prescrire des mesures plus rigoureuses en matière de stationnement.*

### Stationnement sur le domaine privé

Si vous voulez stationner sur une propriété privée, vous devez en demander l'autorisation au propriétaire.

Il est interdit de stationner sur les rivages de la mer, dans des sites classés ou inscrits et leur proximité, dans un rayon de moins de 200 m d'un point d'eau capté pour la consommation, dans les bois, forêts, parcs classés comme espaces boisés à conserver.

### Respect des lieux et des personnes

De jour comme de nuit, évitez de stationner en obstruant la vue des monuments, des fenêtres d'habitation ou des commerces.

Évitez les bruits excessifs dus à la voix, à la télévision, la radio ou au moteur. De même, utilisez le générateur d'électricité seulement en cas de nécessité absolue, et dans ce cas, éloignez-le des autres véhicules et des habitations voisines.

Utilisez les toilettes du véhicule !

Déposez vos ordures ménagères dans des conteneurs appropriés. Ne les dispersez pas !

▸ *Il est interdit de vidanger des WC chimiques (eaux noires) dans un réseau de tout-à-l'égout.*

## LES STRUCTURES ADAPTÉES

### Aires de service

Leur première vocation est de proposer ces services : la vidange des eaux grises (eaux ménagères), la vidange des eaux noires (WC chimiques), l'alimentation en eau potable, le dépôt des ordures, l'approvisionnement en électricité.

En plus de ces services, l'aire peut proposer un stationnement, des WC et autres services.

L'eau et les vidanges peuvent être fournies par l'intermédiaire d'une borne artisanale ou d'une borne de type industriel : Flot bleu, Raclet, Eurorelais, etc. Certaines aires sont gratuites, d'autres payantes. Lorsque plusieurs tarifs existent (par ex. haute et basse saison), nous indiquons toujours le plus élevé.

### Aires de stationnement

Il s'agit de lieux publics autorisés pour le stationnement des camping-cars, situés, ou non, à proximité d'une aire de service. Le stationnement peut être limité dans le temps, gratuit ou payant.

### Campings

Tous les camping-cars peuvent stationner dans un camping, mais tous les campings ne sont pas encore équipés de structures spécifiques, même si leur nombre est en forte augmentation. Certains campings proposent des formules adaptées aux camping-caristes comme la formule Stop Accueil Camping-Car FFCC : une nuitée non renouvelable au prix variant entre 8 et 14 €, services camping-car compris, départ demandé avant 10h. Cette formule est signalée par le symbole dans nos adresses de campings.

### Les prestataires privés

Certains agriculteurs, éleveurs, vignerons, fermes-auberges ou châtelains par exemple, vous invitent à stationner gratuitement sur leur propriété pendant une nuit, et à découvrir leurs produits et leur savoir-faire. Cette formule d'accueil est signée **France Passion** et signalisée sous ce nom. Elle est réservée aux adhérents France Passion voyageant à bord d'un camping-car autonome (eau, sanitaire, déchets, etc.), en possession du guide et de la vignette de l'année en cours. Information et adhésion : www.france-passion.com. Parfois, les non-adhérents sont acceptés ; dans ce cas, les prestations sont payantes.

**Camping-car Park** propose une carte d'abonnement (5 €, en vente aux automates à l'entrée des aires, à charger et à utiliser sans limite dans le temps) permettant d'accéder à n'importe quelle aire de son réseau contre paiement d'une somme allant de 7,30 à 15 €/24h. Les prestations sont d'une grande qualité. campingcarpark.com.

52 destinations de week-ends en France, pour jouer les nomades avec son van

À la carte, des activités de plein air, des sites à visiter, des petits resto sympas, des sorties entre amis

Des spots nature, des aires et des campings pour poser son van la nuit

MICHELIN

Alice Chen/Shutterstock.com

# Nos escapades en France

Bateau Sainte-Jeanne au port d'Erquy. – horstgerlach/iStock

Chapelle N.-D.-de-Tronoën et son calvaire. – P. Hauser/hemis.fr

# Bretagne

Quels chemins emprunterez-vous pour découvrir la Bretagne ? Suivrez-vous les traces des marins disparus, à la conquête de l'Armor et de ses côtes aussi belles et sauvages que terrifiantes lorsque le vent se déchaîne ? Ou bien parcourrez-vous les chemins des parcs naturels de l'Argoat, cette Bretagne intérieure plus confidentielle qui dissimule tous les mythes celtiques ainsi que la légendaire forêt de Brocéliande ?

Que vous optiez pour le sentier du littoral ou les rives du canal de Nantes à Brest, qui se jette dans la mer d'Iroise, vous ne serez jamais très loin de la grande bleue.

Magique et envoûtante, cette « terre d'âme », comme l'appelait Julien Gracq, abrite encore toute la spiritualité des cultures celtique et chrétienne, des mégalithes du Morbihan aux enclos paroissiaux de Basse-Bretagne. Les esprits romantiques pourront revivre les pages les plus tourmentées de l'œuvre de Chateaubriand, inspiré par des falaises granitiques cernées d'écueils de Crozon ou de la pointe du Raz.

Que ceux que le climat décourage sachent qu'« en Bretagne, il fait beau plusieurs fois par jour », comme le dit un ancien dicton. Les avis pourront diverger à ce sujet, mais finiront forcément par se rejoindre autour d'un verre de cidre et des bons petits plats au goût de la mer ou de beurre salé. Et si cela ne suffit pas, tous iront tester le goût de la fête si cher aux Bretons, lors des nombreux festivals de cette région en pleine effervescence culturelle.

# BRETAGNE

*Randonneurs à la pointe du Grouin. – E. Berthier/hemis.fr*

## LES ÉVÉNEMENTS À NE PAS MANQUER

- **Fête du livre** de Bécherel (35) : w.-end de Pâques.
- **Semaine du golfe du Morbihan** (56) : fête maritime attirant des centaines de bateaux, le w.-end de l'Ascension, les années impaires. www.semainedugolfe.com.
- **Festival « Étonnants Voyageurs »** à St-Malo (35) : w.-end de la Pentecôte. Littérature internationale. www.etonnants-voyageurs.com.
- **Grand pardon de Ste-Anne** : le 26 juil. à Ste-Anne-d'Auray (56). www.sainteanne-sanctuaire.com.
- **Fête des remparts** à Dinan (22) : les années paires, 2 j. en juil. www.fete-remparts-dinan.com.
- **Festival des Vieilles Charrues** à Carhaix-Plouguer (29) : le 3e sem. de juil. www.vieillescharrues.asso.fr.
- **Festival de Cornouaille** à Quimper (29) : fin juil. www.festival-cornouaille.bzh.
- **Festival interceltique de Lorient** (56) :
- déb. août. www.festival-interceltique.bzh
- **Festival du chant de marin** à Paimpol (22) : années impaires; déb. août.
- **Grand pardon de Notre-Dame** au Folgoët (29) : 1er w.-end de sept.
- **« Quai des Bulles »** à St-Malo (35) : en oct. Festival de la bande dessinée et de l'image projetée. www.quaidesbulles.com
- **Trans Musicales de Rennes** (35) : déb. déc. lestrans.com.

# Votre séjour en Bretagne



**EN COMPLÉMENT, UTILISEZ...**

- **Guides Verts : Bretagne nord et Bretagne sud**
- **Cartes Michelin : Région 512 et Départements 308 et 309**

## BRETAGNE - CIRCUIT 1

# La côte nord, de Cancale à Morlaix

**Ce circuit vous propose de découvrir quatre cités emblématiques du nord de la Bretagne : St-Malo, Dinan et sa jumelle Dinard et Morlaix. Beau prétexte pour parcourir la Côte d'Émeraude qui porte si bien son nom et la côte de Granit rose, à la beauté inégalée. Vous devriez revenir à la fois fasciné par la beauté mystérieuse de la vallée de la Rance, réjoui et détendu par la découverte du cap Fréhel, émerveillé de tous les plaisirs qu'offre ce littoral : un rivage très découpé, des plages de rêve...**

**DÉPART :** CANCALE - 6 jours – 325 km

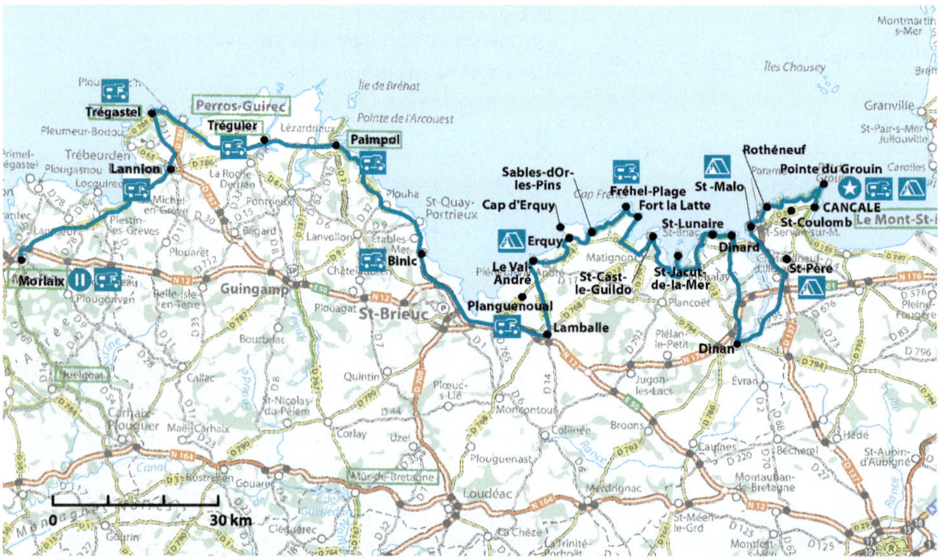


## JOUR 1

Tout démarre à **Cancale** par la route côtière. Le va-et-vient des bateaux de pêche anime le port de la Houle, principale attraction de la ville. Un rendez-vous aussi pour déguster quelques huîtres sur les quais après une balade sur le sentier des douaniers jusqu'à la Pointe du Hock, voire jusqu'à la **pointe du Grouin** *(comptez 2h40 AR)* qui ménage des panoramas immenses. Vous pouvez aussi rejoindre cette dernière par la route côtière. Elle se poursuit en corniche jusqu'au **Verger** et sa chapelle Notre-Dame vénérée par les marins (nombreuses maquettes de navires) avant d'atteindre **Rothéneuf** et ses célèbres rochers sculptés. Mais dans l'après-midi, rien ne vaut un détour dans l'intérieur des terres, à **St-Coulomb**, pour découvrir la passionnante Malouinière de la Ville Bague entourée d'un parc magnifique *(dernière visite à 16h)*.

## JOUR 2

Abordez **St-Malo** de préférence tôt le matin et commencez votre balade par la cité intra-muros, à l'abri des remparts où vous grimperez ensuite. Renseignez-vous sur les horaires des marées pour aller à pied au Fort national et surtout au fort du Petit Bé restauré par un passionné. Visitez l'Aquarium, puis gagnez **St-Servan** et sa tour Solidor qui abrite le musée des Cap-Horniers. Enfin allez découvrir le **barrage sur la Rance** et les entrailles de son usine marémotrice.

## JOUR 3

Nichée au fond de l'estuaire de la Rance, la vieille ville fortifiée de **Dinan** vous retiendra au minimum une demi-journée tant la cité compte de ruelles et maisons pittoresques. L'après-midi, vous aurez le choix entre une croisière sur la Rance, depuis le port de plaisance ou une longue promenade au long de la rivière

J. Larrea/age fotostock

*St-Malo.*

au sud de la ville par le chemin de halage ou la piste cyclable aménagée en Voie Verte. Le soir, vous irez à **Dinard** le temps d'admirer la promenade du Clair de Lune et les belles maisons de villégiature, dont 400 sont classées monuments historiques.

## JOUR 4

Longez la Côte d'Émeraude par **St-Lunaire** et la pointe du Décollé, ralliez la pointe de la Garde Guérin, **St-Jacut-de-la-Mer** qui occupe une presqu'île, puis **St-Cast-le-Guildo**. La station est encadrée par deux pointes avec de beaux panoramas. Contournez la baie de la Fresnaye pour rejoindre le **Fort-la-Latte**, château médiéval posé au-dessus des flots. De là, les randonneurs suivront le sentier du littoral jusqu'au **cap Fréhel** *(comptez 1h AS)*, une balade magnifique. Les autres s'y rendront en camping-car pour admirer les hautes falaises et les nombreux oiseaux marins.

## JOUR 5

Allez vous baigner sur les belles plages de **Sables-d'Or-les-Pins**, d'**Erquy** ou du **Val-André**, et ne manquez pas une longue promenade au cap d'Erquy. Sur la route de Pléneuf, faites une pause au château de Bienassis entouré de douves. En été, un passage à **Lamballe** s'impose pour voir le haras national.

## JOUR 6

Place à la belle côte de Granit rose : passez d'abord par **Tréguier**, une cité hors du temps, avant de rejoindre le littoral à **Ploumanach** avec ses majestueux amoncellements de rochers de granit rose. Vous terminerez la journée à **Morlaix** (voir ci-contre), où vous admirerez le beau viaduc, mais aussi le port et les superbes maisons « à pondalez ».

ÉTAPE 11

# Morlaix

### OFFICE DE TOURISME

Maison Témanault -
10 pl. Charles-de-Gaulle -
02 98 62 14 94 -
www.baiedemorlaix.bzh.

### STATIONNEMENT & SERVICES

**Parking conseillé**
1928 quai du Léon,
à proximité du port de plaisance *(gratuit)*.

**Aire de service communale**
62-64 r. de Brest - 02 98 63 10 10
Permanent
Borne eurorelais - gratuit
10 P - Illimité
Services :
Proche du centre historique, plat, bitume.
GPS : W 3.8316 N 48.57455

La baie de Morlaix est l'une des plus belles de France. Un site enchanteur qu'il faut découvrir lorsque le crépuscule d'été y jette ses derniers feux. Tout au fond de l'estuaire, à cheval sur le Léon et le Trégor, se niche Morlaix, jolie ville discrètement touristique qui conserve un beau quartier ancien. Prenez le temps de parcourir cette cité attachante en arpentant ses venelles, son port et son viaduc. Déambulez en particulier dans les rues du **Vieux Morlaix**, l'ancien grand port de commerce de la Manche depuis la fin de la guerre de Cent Ans (1475) et la reprise du commerce avec les Anglais. Monument majeur de la cité avec ses 58 m de haut et 285 m de long, le **viaduc** est une impressionnante construction à double étage et 14 arches. Il permet aux trains de franchir la vallée, une liaison primordiale pour une cité commerciale qui a dû batailler ferme pour obtenir le passage de la voie ferrée au 19e s. Le 1er étage est accessible aux piétons en empruntant la venelle de la Roche. Puis faites un tour dans la **Grand'Rue**, réservée aux piétons et jalonnée de demeures du 15e s. ornées de statuettes de saints et de grotesques. Certaines boutiques basses, notamment aux nos 8 et 10, captent la lumière du jour par une large fenêtre, nommée l'étal. Mais la plus connue de ces constructions est installée au no 9 : il s'agit de la maison à pondalez qui abrite un **musée**. Ce dernier présente justement les « maisons à lanterne » ou « à pondalez » (15e et 16e s.), une particularité morlaisienne, appelées ainsi car constituées de galeries ou « ponts d'allée » desservant les étages. Autre édifice emblématique, la **maison Penanault**, un manoir urbain en pierre situé au « bout du port » (« Penanault » en breton). Elle a été construite à la fin du 16e s. pour un négociant. L'intérieur abrite le Centre d'interprétation de l'architecture et du patrimoine.

# Aires de service & de stationnement

## BINIC

**Aire de Binic**
20 r. de l'Ic - 02 96 73 60 12
Permanent
Borne artisanale
40 - Illimité - 5 €/j.
Paiement :
Services :
À 15 mn du port et de la plage, plat, gravier.
GPS : W 2.83536 N 48.60054

## CANCALE

**Aire de Cancale**
R. des Français-Libres, parking Ville-Ballet - 02 23 15 19 04 - Permanent
Borne AireService : 3,40 € (eau + élec.)
60 - - 72h - 10 €/j.
Paiement :
Services :
Sur les hauteurs, bien aménagé, plat, herbeux, ombragé et à moins d'un km du port.
GPS : W 1.86566 N 48.66991

## FRÉHEL

**Aire de la Ville Oie**
R. des Sports, Pléhérel-Plage - 02 96 41 40 12 - Permanent -
Borne AireService : 5 € (eau + élec.)
40 - Illimité - 6 €/j.
Paiement :
Plat et gravier.
GPS : W 2.35275 N 48.65071

## LANNION

**Aire de Lannion**
R. de Roud ar Roc'h - 02 96 37 05 81 - De mi avr. à mi oct. -
Borne Urbaflux : Gratuit
10 - 48h - Gratuit
Légèrement en pente, verdoyant et sur gravier.
GPS : W 3.4518 N 48.72589

## MORLAIX

Voir p. précédente

## PAIMPOL

**Aire de Paimpol**
En face de la gare - 02 96 55 31 70
Permanent -
Borne AireService : 6 € (eau + élec.)
32 - 9,80 €/j.
Paiement :
Services :
Plus calme la nuit ; plat, bitume.
GPS : W 3.04828 N 48.77539

## PLANGUENOUAL

**Aire de Planguenoual**
24 r. Bassières, La Cotentin - 02 98 53 75 85 - Permanent -
Borne AireService - Gratuit
50 - - Illimité - 10 €/j.
Paiement :
Services :
Sur l'ancien camping municipal, très agréable cadre ombragé, plat, herbeux.
GPS : W 2.59753 N 48.54877

## TRÉGASTEL

**Aire de Trégastel**
R. de Poul-Palud, au parking des tennis et face au Super U - 02 96 15 38 00 - Permanent
Borne artisanale : 2,50 € (eau + élec.)
50 - 72h - 8,50 €/j.
Paiement :
Services :
À 15 min de la plage ; plat, gravier.
GPS : W 3.49976 N 48.82373

## TRÉGUIER

**Aire de Tréguier**
Bd Jean-Guéhenno, à la station service du Super U - 02 96 92 13 14
Permanent
Borne AireService : 1 € (eau + élec.)
Services :
GPS : W 3.22752 N 48.78214

# Campings

## CANCALE

**Le Bois Pastel**
13 r. de la Corgnais - 02 99 89 66 10 - www.campingboispastel.fr
De déb. avr. à fin sept. - 116 empl. -
borne eurorelais
Paiement :
Tarif camping : 28,02 € (10A) - pers. suppl. 5,51 €
Services et loisirs :
Emplacements verdoyants souvent bien ombragés.
GPS : W 1.86861 N 48.68875

## ERQUY

**Sites et Paysages Bellevue**
Rte de la Libération - 02 96 72 33 04 - campingbellevue.fr
De déb. avr. à fin sept. - 160 empl.
- 19 €
Paiement :
Tarif camping : 31 € (10A) - pers. suppl. 6 €
Services et loisirs :
GPS : W 2.48528 N 48.59444

## ST-MALO

**Domaine de la Ville Huchet**
Rte de la Passagère, lieu-dit : Quelmer - 02 99 81 11 83 - www.lavillehuchet.com -
De déb. avr. à fin sept. - 102 empl.
borne artisanale 5 € (eau + élec.) - 20,50 €
Paiement :
Tarif camping : 7,60 € 17,90 € (10A) 6,70 €
Services et loisirs :
Agréables emplacements autour d'un petit château, jolie piscine ludique.
GPS : W 1.98704 N 48.61545

## ST-PÈRE

**Bel Évent**
Au lieu-dit : Bellevent - 02 99 58 83 79 - www.camping-bel-event.com 120 empl.
Tarif camping : 4 € 9,50 € 4,50 € (10A) 4,50 €
Services et loisirs :
Emplacements bien délimités.
GPS : W 1.91838 N 48.57347

# Les bonnes adresses de bib

## CANCALE

**Le Marché aux Huîtres** – R. des Parcs - au bout du quai Thomas - www.marcheauxhuitres-cancale.com - 9h-19h - prix selon cours du jour. Du producteur au consommateur : face aux parcs et à la baie du Mont-St-Michel, assis sur le muret au bout du quai, en plein air, vous dégusterez les huîtres fraîchement pêchées que les ostréiculteurs du lieu proposent sur ce petit marché protégé des intempéries par des toiles de tente. Ils en assurent l'ouverture et la vente à emporter toute l'année.

## DINAN

**La Courtine** – 6 r. de la Croix - 02 96 39 74 41 - www.facebook.com - fermé 3 sem. en août, dim.-lun. - menus déj. 14,50/17 €, soir 22/29 €. Murs en granit et poutres composent le cadre chaleureux de ce restaurant installé dans une pittoresque maison de 1832. Service d'une grande efficacité, cuisine traditionnelle et spécialités de poisson.

**Loc Maria - les Gavottes** – Rte de Dinard - 22100 Taden - 02 96 87 42 55 - www.locmaria.fr - P - tlj sf dim. 9h30-12h30, 14h-18h30, sam. 10h-12h30, 14h-17h30 - fermé j. fériés. Cette adresse est le point de vente de l'entreprise les Gavottes, célébrissime maison qui concocte les fameuses crêpes dentelle de Dinan, biscuit croustillant roulé très fin, nature ou enrobé de chocolat. La recette fut inventée en 1886 par Marie-Catherine Cornic qui, dit-on, avait oublié sa crêpe sur le feu. Autres spécialités : la galette punch et le palet de Pleyben.

## ERQUY

**Madloc'h** – 30 r. St-Michel - Les Hôpitaux - 02 96 63 69 23 - www.restaurant-madloch.fr - - fermé lun. en août et dim. soir-mar. hors sais., mi-nov.-déb. déc. - menus 18 (déj sem.)/46,50 €. Une table qui met à l'honneur les produits locaux, tant de la mer que de la terre. Sympathique tonnelle et bon accueil.

## MORLAIX

**Le Viaduc** – 3 rampe Ste-Mélaine - 02 98 63 24 21 - www.le-viaduc.com - fermé dim. soir et lun. (sf juil.-août) - formule déj. 18 € - 26,50/35,50 €. Spécialités de viandes, mais aussi charcuteries de tradition, kig ha farz et huîtres de Carantec au programme !

## ST-MALO

**Crêperie Ti Nevez** – 12 r. Broussais - 02 99 40 82 50 - fermé mar.-merc. sf vac. scol., janv. et oct. (se rens.) - galettes 3,50/7,50 €, crêpes 2,40/7,40 €. Cette minuscule crêperie fondée en 1959 joue la carte de la tradition, tant dans son décor de meubles bretons et photos anciennes que dans ses recettes : les crêpes sont retournées comme autrefois, en salle devant les convives. Essayez aussi le fameux gâteau breton.

*St-Malo, les remparts et le port de plaisance.*

*Ch. Guy/hemis.fr*

# Offices de tourisme

## DINAN

9 r. du Château - 0 825 95 01 22 - www.dinan-capfrehel.com.

## LAMBALLE

Pl. du Champ-de-Foire - 02 96 31 05 38 - www.capderquy-valandre.com.

## ST-MALO

Espl. St-Vincent - 0 825 13 52 00 - www.saint-malo-tourisme.com.

*Sentier sur la côte de Granit rose.*

*CaptureLight/iStock*

**LE TOP 5 JOLIS PORTS**

1. Cancale
2. Paimpol
3. Tréguier
4. Erquy
5. Roscoff

# BRETAGNE - CIRCUIT 2

# Le Finistère grandeur nature

**La côte nord du Finistère offre le spectacle magnifique d'un littoral sauvage, souvent rude et d'une étrange beauté, entaillé par les abers et ponctué de vieilles cités. Les amoureux de sentiers côtiers et d'odeur de goémon y seront comme chez eux. Mais avant d'aborder ce « bout du monde » vous aurez découvert ces chefs-d'œuvre de l'architecture religieuse bretonne que sont les enclos paroissiaux. Voici un circuit aussi varié que long, cent pour cent breton... de terres et de mers.**

**DÉPART :** ROSCOFF - 7 jours – 185 km

## JOUR 1

Votre point de départ sera **Roscoff** et son port. Flânez dans la vieille ville dominée par le clocher ajouré de son église Notre-Dame-de-Croas-Batz et surtout ne manquez pas le Jardin exotique où s'épanouissent 3 000 plantes subtropicales. L'après-midi, embarquez à bord de la navette pour l'**île de Batz** entourée de récifs et de petites plages. Le tour de l'île se fait facilement à pied ou à vélo *(location sur place)* et passe par les jardins Georges-Delaselle dits Jardin colonial. De retour sur le continent, allez à **Sibiril** pour visiter le château de Kérouzéré, beau témoignage de l'architecture militaire au Moyen Âge.

## JOUR 3

Passé **Plouescat** qui exhibe une très belle halle classée monument historique *(marché le sam.)*, la D10 longe les dunes de Keremma, belle incitation à la promenade ou à la baignade dans un environnement sauvage à souhait. À Goulven, faites un crochet par **Le Folgoët** le temps de découvrir l'une des plus belles basiliques de Bretagne avec un jubé en granit ; puis remontez sur **Brignogan-Plages** et le phare de Pontusval, niché dans un site d'éboulis granitiques. En zigzaguant par les petites routes vers l'ouest vous n'aurez pas de mal à trouver le site de **Ménéham** et son adorable village de goémoniers aux maisons couvertes de chaume *(visite libre)*. Pour finir la journée en longeant au plus près le littoral, petites criques désertes et plages de sable fin vous inciteront à la pause.

## JOUR 4

À Guisseny, prenez la D10 pour **Plouguerneau** où le Musée maritime raconte le travail des goémoniers et l'utilisation des algues de nos jours. Du bourg, allez ensuite explorer la presqu'île formée par la Manche

P. Michel/age fotostock

*Phare sur la pointe St-Mathieu.*

et la rivière de l'Aber-Wrach. Vous y dénicherez aisément quelques belles plages mais aussi des vestiges peu connus comme ceux de l'ancienne église d'Illy-Koz et ses dalles funéraires gravées de blasons seigneuriaux. À la pointe de Lillia vous apercevrez le phare en mer de l'île Vierge, le plus haut d'Europe. Vous pouvez vous y rendre avec les vedettes du port de Perros. Par Lannilis gagnez à présent le bourg de **L'Aber-Wrac'h** d'où la route en corniche longe la baie des Anges et conduit aux dunes de Ste-Marguerite.

## JOUR 5

Retour à Lannilis pour prendre la D28 et franchir l'Aber-Benoît en direction de Ploudalmézeau. Dès que possible prenez à droite pour longer le littoral de près par St-Pabu, les dunes de **Corn-Ar-Gazel** aux plages de sable blanc, puis **Portsall**, petit port aux premières loges d'un événement dramatique, le naufrage du pétrolier Amoco Cadiz. Seule une ancre géante du navire sur le port rappelle cette catastrophe. Poursuivant le long de la côte, vous verrez les ruines romantiques du château de Trémazan (un belvédère permet d'admirer la majesté des lieux) et plus loin, passé la pointe, la touchante chapelle **St-Samson** en bord de falaise. Après Argenton, allez flâner sur la presqu'île St-Laurent qui marque le point de rencontre entre la Manche et l'océan Atlantique. Les petits ports de **Porspoder** et de **Melon** vous conduisent enfin à **Lanildut**, premier port goémonier d'Europe. Faites étape le soir à **Lampaul-Plouarzel** sur l'aire qui se trouve à deux pas des plages.

## JOUR 6

Longeant la côte vers le sud vous atteignez la **pointe de Corsen** où le Cross contrôle la navigation intense dans une des zones peuplées de récifs les plus dangereux de Bretagne. Plus au sud la plage des Blancs Sablons incite à la pause tout comme la pointe de Kermorvan pour ses panoramas maritimes avant d'atteindre **Le Conquet** et son port de pêche très actif. Temps fort de votre journée la **pointe St-Mathieu** vous retiendra un bon moment entre son phare, son mémorial aux Marins morts pour la France, son abbaye aux ruines romantiques et son sentier du littoral qui flirte avec les falaises offrant de beaux points de vue sur la rade de Brest.

## JOUR 7

**Brest** mérite bien qu'on y passe une journée entière. Sa majestueuse **rade** en dit long sur le mariage de la cité avec l'Océan : son port, dédié à la Marine nationale pendant des siècles, accueille aujourd'hui ferries, plaisanciers et grands navigateurs. Si l'**arsenal** se visite *(gratuit en saison - rens. à l'office de tourisme, voir p. 31)*, la plus belle vue sur la rade se révèle à l'est du **cours Dajot** où une table d'orientation aide à la lecture du paysage qui se déploie de l'embouchure de l'Élorn à la pointe de Portzic. Au premier plan s'étend le port de commerce. En face, sur la rive sud, l'École navale de Lanvéoc. À côté, en direction de l'ouest, l'île Longue abrite la base des sous-marins nucléaires. Au-delà, on distingue la presqu'île de Crozon, qui s'achève par la pointe des Espagnols. Mais ne négligez pas la ville et débutez votre flânerie par le **quartier de la Recouvrance**, un quartier populaire étagé sur la rive droite de la Penfeld qui a conservé l'ambiance du Brest d'avant-guerre, notamment dans les ruelles situées autour de l'église St-Sauveur (18$^{e}$ s.). À l'inverse, l'architecture du **centre-ville** témoigne de l'urbanisme d'après-guerre. Ainsi en est-il de la place de la Liberté ou de la commerçante rue de Siam, piétonne, qui offre une belle perspective sur la rade. Le **château**, rescapé des siècles, abrite un beau musée de la Marine. Enfin, ne repartez pas sans avoir fait un saut à **Océanopolis**, pièce maîtresse de la ville. Dans des aquariums géants, reconstituant de façon spectaculaire, la diversité des milieux naturels aquatiques, évoluent 10 000 animaux de 1 000 espèces différentes. À la beauté de ces décors sous-marins, soumis aux houles et aux marées artificielles, s'ajoute la richesse de l'information dispensée. Bornes interactives, maquettes, films et animations mettent à la portée de chacun l'histoire des océans, et leur gestion par l'homme.

## Aires de service & de stationnement

### BREST

**Aire du Port de Plaisance**
10 r. Eugène-Berest -
02 98 44 24 96 - Permanent
Borne eurorelais : Gratuit
- Illimité
Services :
À 100 m de la plage du Moulin Blanc et du port de plaisance. Bus pour le centre ville.
GPS : W 4.43468 N 48.3935

### CLÉDER

**Aire Camping-Car Park de Cléder**
Le Poulennou - 01 83 64 69 21
Permanent -
Borne AireService
20 - - 72h - 12,10 €/j. - borne comprise
Paiement :
Services :
Tout près de la plage de Kervalou, plat, gravier, herbeux.
GPS : W 4.1195 N 48.69206

### LE CONQUET

**Aire du Conquet**
R. du Gén.-Leclerc, derrière l'office de tourisme - 02 98 89 11 31
Permanent
Borne eurorelais : Gratuit
- Illimité - Gratuit - avr.-sept., le jour, 4h maxi (disque bleu)
Paiement : jetons (en vente à l'office de tourisme et à la mairie)
Services :
Verdoyant, plat, gravier et ombragé.
GPS : W 4.77017 N 48.36073

### GOULVEN

**Aire Naturelle de Ty Poas**
Ty Poas, à 600 m du bourg, direction Kerlouan - 02 98 83 40 69 - campinggoulven.free.fr
De déb. avr. à déb. nov. -
Borne artisanale 2 €
10 - Illimité - 5,50 €/j. - avec électricité
Services :
Mini camping pour camping-cars avec sanitaire complet ; plat, herbeux.
GPS : W 4.30835 N 48.63109

### LAMPAUL-PLOUARZEL

**Aire de Lampaul-Plouarzel**
R. Beg-Ar-Vir - 02 98 84 01 13
Permanent -
Borne AireService
50 - 24h - 5,20 €/j. - borne comprise
Paiement :
Services :
Site agréable, sur l'ancien camping municipal, presque en bord plage, plat, herbeux.
GPS : W 4.77712 N 48.44721

### PLOUARZEL

**Aire de Plouarzel**
Rte de Ruscumunoc, près de la pointe Corsen -
06 21 07 68 23
De déb. avr. à fin sept. -
Borne AireService : 2 € (eau + élec.)
- Illimité - 5 €/j.
Paiement :
Services :
Très agréable site avec vue imprenable sur la mer ; sur l'ancien camping municipal, plat, herbeux.
GPS : W 4.78502 N 48.4223

### PLOUDALMÉZEAU

**Aire de Kerros-Portsall**
34 r. de Porsguen, Portsall -
02 98 48 10 48 -
Borne AireService
45 - - Illimité
Services :
Site agréable sur l'ancien camping municipal à proximité de la plage de sable blanc. Plat, herbeux.
GPS : W 4.69884 N 48.56615

### ROSCOFF

**Aire du Laber**
Rte du Laber - 02 98 24 43 00
Permanent
Borne artisanale : Gratuit
20 - Illimité - Gratuit
Paiement :
Le long de la route et tout près de la plage, jolie vue mer. Plat, gravier.
GPS : W 3.99915 N 48.71225

## Campings

### BRIGNOGAN-PLAGES

**La Côte des Légendes**
R. Douar ar Pont - 02 98 83 41 65 - www.campingcotedeslegendes.com
De déb. avr. à mi nov. - 102 empl. -
borne artisanale
3,20 € (eau + élec.) - Paiement :
Tarif camping : 22,40 €
(10A) - pers. suppl. 5,25 €
Services et loisirs :
Au bord de la plage des Crapauds, site sensibilisé à l'écologie.
GPS : W 4.32928 N 48.67284

### LAMPAUL-PLOUDALMÉZEAU

**Municipal des Dunes**
Lieu-dit : Le Vourc'h, 700 m au N. du bourg - 02 98 48 14 29
De mi juin à mi sept. - 150 empl. -
borne AireService
4,20 € (eau + élec.) - Paiement :
Tarif camping : 5,20 €
(10A) 4,50 €
Services et loisirs :
Site sauvage dans les dunes.
GPS : W 4.65639 N 48.56785

### PLOUGUERNEAU

**La Grève Blanche**
Lieu-dit : St-Michel - 02 98 04 70 35 - www.campinggreveblanche.com
De mi mars à mi oct. - 92 empl.
borne artisanale
Tarif camping : 4,10 € 1,70 €
3,60 € (10A) 3,20 €
Services et loisirs :
Cadre naturel autour de rochers dominant la plage.
GPS : W 4.523 N 48.6305

### ST-RENAN

**Municipal de Lokournan**
Rte de l'Aber - 02 98 84 37 67 - www.saint-renan.fr
De mi-juin à mi-sept. - 70 empl. -
borne AireService
4 € (eau + élec.) - Paiement :
Tarif camping : 13,80 €
(0A) - pers. suppl. 3,40 €
Terrain sauvage bien ombragé près d'un petit lac.
GPS : W 4.62929 N 48.43991

## Les bonnes adresses de bib

### ÎLE DE BATZ

**Ty Yann** – Le Bourg - 02 98 61 79 31 - 9h30-1h. Sur la jolie terrasse ensoleillée de cette crêperie, ou dans sa salle dont les murs exposent de belles photos de Batz, on déguste de délicieuses galettes et crêpes, un plat du jour à base de poisson aux algues et de pommes de terre de l'île, ou encore des « pétoncles-frites » en saison. L'accueil est chaleureux et l'ambiance sympathique.

### BREST

**Crêperie Moderne (maison Boënnec)** – 34 r. Algésiras - 02 98 44 44 36 - fermé dim. hors sais. - ♿ - autour de 15 €. Si la longévité est un gage de qualité, cette maison-là décroche la palme. Fondée en 1922, elle fait toujours courir les Brestois qui la fréquentent avec assiduité, ne se lassant pas d'admirer la dextérité des crêpières sur leurs douze biligs.

### LE CONQUET

**Relais du Vieux Port** – 1 quai du Drellac'h - 02 98 89 15 91 - www.lerelaisduvieuxport.com - fermé 1re quinz. de janv. - menu 32 €. Maison du 15e s. Côté restaurant : crêpes, poissons, coquillages et fruits de mer (sur réserv.), servis dans un décor d'inspiration marine mariant la pierre et le bois.

### PLOUZANÉ

**Les Mille et Une Lunes** – Plage du Minou - 02 98 48 41 81 - restaurant1001lunes.free.fr - fermé dim. et le soir sf vend. et sam. - plat du jour sem. 16 €, menus 19/21 (déj. sem.)/56 € (vend.-sam. soir). Un lieu atypique animé par un chef passionné - géologue à l'Ifremer - et son équipe. Produits frais et locaux uniquement au programme, combinés dans des recettes savoureuses.

### PORSPODER

**Le Château de Sable** – 38 r. de l'Europe - 02 29 00 31 32 - fermé dim. soir-mar. - menus 25/92 € bc. Le chef Julien Marseault, revenu sur ses terres après un beau parcours en Corse, a vite trouvé ses marques : il sait mettre en avant les meilleurs produits du terroir breton et de la pêche locale, et ose quelques mariages originaux... Menu à petit prix au déjeuner.

### ROSCOFF

**La Maison du kouign-amann** – 18 r. Armand-Rousseau - 02 98 69 71 61 - 9h-19h - fermé mar. hors sais., de déb. déc. à pâques (sf vac. scol.). La première chose que l'on voit en pénétrant dans ce lieu est la profusion de pâtisseries bretonnes, toutes plus appétissantes les unes que les autres. Le kouign-amann tire bien sûr avantage de sa notoriété, mais vous apprécierez aussi le far et les gâteaux bretons nature ou aux pommes.

*Goulven, dunes de Keremma.*

E. Berthier/hemis.fr

## Offices de tourisme

### BREST

Pl. de la Liberté - 02 98 44 24 96 - www.brest-metropole-tourisme.fr.

### LE CONQUET

Parc de Beauséjour - 02 98 38 38 38 - www.iroise-bretagne.bzh.

### ROSCOFF

Quai d'Auxerre - 02 98 61 12 13 - www.roscoff-tourisme.com.

*Le phare de l'île Vierge, le plus haut phare d'Europe d'une hauteur de 82,5 mètres.*

J. Schliebitz/Panther Media/age fotostock

## BRETAGNE - CIRCUIT 3

# Enclos paroissiaux et monts d'Arrée

**Il n'existe pas de lieu plus typique de l'architecture bretonne que les enclos paroissiaux, toujours constitués d'éléments indissociables : porte triomphale, ossuaire, calvaire, cimetière et église ceinturés de murs. C'est à leur découverte que vous invite ce circuit qui se prolonge dans les landes et sur les hauteurs des monts d'Arrée, évoquant les paysages sauvages du pays de Galles.**

**DÉPART :** BREST - 4 jours – 180 km

## JOUR 1

Cette première journée est consacrée aux enclos paroissiaux, chefs-d'œuvre de l'art religieux breton. Partant de **Brest** plein est, faites une première halte à l'enclos de **Pencran** *(au sud de Landerneau)* avant de rejoindre celui de **La Roche-Maurice** préservant le plus important ossuaire de Bretagne et un beau jubé Renaissance. La suite de l'itinéraire vous entraîne à l'est de **Landivisiau** à la découverte des plus riches et prestigieux enclos paroissiaux : **Lampaul-Guimiliau**, puis **Guimiliau** et enfin **St-Thégonnec** – de purs chefs-d'œuvre de la Renaissance et du 17ᵉ s. qui témoignent de la prospérité de la Bretagne à cette époque. Halte nocturne possible sur ces trois communes.

## JOUR 2

Par la D18 plein sud, puis la D11, gagnez **Commana**, dont l'église conserve trois retables intéressants. Un petit crochet en direction de Sizun vous permettra de découvrir le site des moulins de Kerouat, un village abandonné au 19ᵉ s. et réhabilité sous la forme d'un écomusée consacré à la vie rurale et au travail des meuniers. Un nouveau crochet au sud de Commana vous conduira au sommet de la montagne St-Michel et à sa chapelle solitaire, véritable belvédère dominant le réservoir St-Michel. Revenez ensuite vers le site du roc Trévezel, l'un des points culminants de la Bretagne. Il offre un large panorama sur les monts d'Arrée et les Montagnes Noires *(sentier 30mn AR)*.

## JOUR 3

L'étape suivante, **Huelgoat**, vous retiendra un bon moment avec ses profonds sous-bois aux airs mystérieux, ses cours d'eau et ses chaos granitiques couverts de mousse et entourés de bien des légendes. C'est l'un des plus jolis sites naturels de la Bretagne intérieure (voir l'encadré ci-contre). Poursuivez par **St-Herbot** pour admirer la belle clôture en chêne sculpté du chœur de son église, puis

H. Krinitz/hemis.fr

*Randonnée dans la forêt de Huelgoat.*

le site de Roc'h Begheor. Il vous offrira un panorama circulaire sur le Parc naturel régional d'Armorique (*comptez 15mn à pied*). Pour finir la journée, piquez plein sud sur **Châteauneuf-du-Faou**, plaisante cité dominant la vallée de l'Aulne et réputée pour ses grands marchés (*tte la journée les 1er, 3e et 5e merc. du mois*). C'est ici que s'établit le peintre Paul Sérusier, post-impressionniste, fondateur des nabis et ami de Gauguin. Un circuit en ville (*dépliant à l'office de tourisme*) permet de découvrir les paysages qu'il immortalisa.

## JOUR 4

Les alentours de Châteauneuf-du-Faou méritent que l'on s'y attarde, en commençant par visiter à **Spézet** la chapelle Notre-Dame-du-Crann qui possède des vitraux remarquables du 16e s. Au sud de Châteauneuf-du-Faou, vous irez aussi voir le parc et le château de Trévarez (à **St-Goazec**). Le château de style néogothique n'est pas passionnant, mais, dès le printemps, le parc de 85 ha croule sous les azalées, camélias, rhododendrons et hortensias répartis en massifs autour de plans d'eau et de fontaines. Beau panorama depuis la terrasse du château sur la vallée de l'Aulne et les monts d'Arrée. La journée se terminera agréablement en rejoignant **Pleyben** et le dernier enclos paroissial de ce circuit, avec l'un des plus impressionnants calvaires de Bretagne, tout en granit et d'une grande finesse, en forme d'arc de triomphe.

RANDONNÉE À PIED

# Forêt de Huelgoat

### INFOS PRATIQUES

**Bureau d'information touristique de Huelgoat** -
18 pl. Aristide-Briand -
02 98 99 72 32 -
carhaixpohertourisme.bzh/fr -
www.lesmontsdarree.fr.

### STATIONNEMENT

**Parking de jour**
25 rte de Berrien, en face du supermarché Intermarché, avec accès direct à la forêt (*gratuit*).

D'une superficie de plus de 1000 ha, la forêt de Huelgoat est accrochée au pied du versant sud de la chaîne des monts d'Arrée. Ses collines sont séparées par des vallées souvent profondes, qui recèlent des sites étranges et pittoresques, riches en contes et légendes.

**Promenade du Fer-à-Cheval et gouffre** – *30mn à pied. Après le Pont rouge, à droite, suivez la promenade du Fer-à-Cheval.* Flânerie dominant la rivière d'Argent. *Reprenez à droite la route de Carhaix pendant 300 m.* Un escalier de 39 marches mène au gouffre. La rivière d'Argent se perd dans une excavation profonde et ne reparaît que 150 m plus loin. On peut gagner un belvédère (*15mn AR – accès difficile et manque de protection*) dominant le chaos du gouffre.

**Promenade du Canal** – *3h à pied AR, au départ de la rue du Dr-Jacq.* Pour l'exploitation des mines de plomb argentifère, déjà connues des Romains, un lac de barrage et deux canaux ont été aménagés au 19e s. Les eaux servaient au lavage du minerai et comme force motrice d'un concasseur. La promenade suit la berge du canal supérieur. À son extrémité, il est possible de gagner le gouffre (*description de ce parcours en sens inverse ci-dessus : « Promenade du Fer-à-Cheval et gouffre »*).

**Promenade du Clair-Ruisseau** – *1h30 AR. Au parc de stationnement situé après le Pont rouge, prenez l'allée du Clair-Ruisseau.* Elle offre des vues sur le lit du ruisseau, encombré de rochers et d'arbres enchevêtrés. À gauche, un escalier (*25 marches*) descend à la mare aux Sangliers, petit bassin limpide dans un joli site de rochers où l'on croit reconnaître des têtes de sangliers, d'où le nom. Un ponceau rustique permet de franchir le ruisseau et de gagner l'allée de la Mare, que l'on prend à gauche. Après l'impressionnant escalier (*218 marches*) qui conduit plus rapidement au camp d'Artus, on découvre, sur la droite, en contre-haut, l'entrée de la grotte d'Artus. *Poursuivez par le chemin en montée qui, en 800 m, mène au camp.* Des rochers en marquent l'entrée, qui était commandée par une motte artificielle. C'est un important exemple d'oppidum gaulois limité par deux enceintes. Malgré l'envahissement de la végétation, il est possible de faire le tour du camp par un sentier (*1 km environ*) qui suit la seconde enceinte elliptique, la seule qui soit assez bien conservée.

# Aires de service & de stationnement

## CLÉDEN-POHER

**Aire de Cléden-Poher**
Rte du stade - 02 98 93 40 90
Permanent (mise hors gel) -
Borne artisanale : Gratuit
- Illimité - Gratuit
Services :
Ombragé, plat, bitume.
GPS : W 3.67158 N 48.23692

## COMMANA

**Aire de Commana**
Rte de Landivisiau, près du stade - 02 98 78 00 13
Permanent (mise hors gel) -
Borne artisanale : Gratuit
10 - Illimité - Gratuit
Services :
Cadre verdoyant, plat, herbeux, gravier.
GPS : W 3.96062 N 48.41603

## GUIMILIAU

**Aire de Guimiliau**
R. des Bruyères, près de la salle polyvalente - 02 98 68 75 06
Permanent -
Borne artisanale : Gratuit
10 - 48h - Gratuit
Services :
Tout près du bourg, plat, ombragé, gravillons.
GPS : W 3.997 N 48.4865

## LAMPAUL-GUIMILIAU

**Aire de Lampaul-Guimiliau**
Le Ped, au pied de l'enclos paroissial - 02 98 68 76 67 - Permanent -
Borne artisanale : Gratuit
25 - Illimité - Gratuit
Services :
Agréable cadre verdoyant, arboré, plat, gravillons ; vue sur le clocher de l'église.
GPS : W 4.03869 N 48.49421

## LANDERNEAU

**Aire de Landerneau**
R. du Calvaire, près du stade - 06 15 94 06 92 - Permanent
Borne AireService : 3 € (eau + élec.)
40 - - Illimité - 7 €/j.
Paiement :
Services :
Sur l'ancien camping municipal ombragé, plat, herbeux, proche de la rivière.
GPS : W 4.25776 N 48.44647

## PLOUGASTEL-DAOULAS

**Aire de Plougastel-Daoulas**
R. de la Fontaine-Blanche - 02 98 37 57 57 -
Permanent -
Borne artisanale : Gratuit
20 - Illimité - Gratuit - stationnement possible sur le parking de la salle de sport attenant
Services :
À 500 m du centre-ville, à côté des stades, ombragé, bitume.
GPS : W 4.43621 N 48.39143

## ST-RIVOAL

**Aire municipal de St-Rivoal**
Rte du Faou (D 42) - 02 98 81 40 54
Permanent (mise hors gel) -
Borne AireService : Gratuit
10 - Illimité - Gratuit
À l'entrée du village, ombragé, plat, gravier.
GPS : W 4.00395 N 48.34923

## SIZUN

**Aire de Sizun**
R. de Cornouaille - 02 98 68 80 13
Permanent (mise hors gel)
Borne raclet : Gratuit
2 - Illimité - Gratuit
À 500 m du bourg, plat, bitume.
GPS : W 4.07851 N 48.40197

## LE TRÉHOU

**Aire de stationnement du Tréhou**
5 rte de Sizun - 02 98 68 80 13
Permanent
Borne : Gratuit
5 - Illimité - Gratuit
Terrain plat, herbeux à 500 m du petit bourg.
GPS : W 4.13161 N 48.39397

# Campings

## CHÂTEAULIN

**Le Rodaven**
Au Sud de la ville - 06 83 01 52 67 - www.campingderodaven.fr
De déb. avr. à fin sept. - 80 empl.
borne artisanale - 11 € - Paiement :
Tarif camping : 17,80 € (10A) - pers. suppl. 4,50 €
Services et loisirs :
GPS : W 4.08995 N 48.19012

## HUELGOAT

**La Rivière d'Argent**
La Coudraie - 02 98 99 72 50 - www.larivieredargent.com
De déb. avr. à fin nov. -
borne artisanale : 4 € (eau + élec.)
Paiement :
Tarif camping : 26,50 € (10A) - pers. suppl. 6,30 €
Services et loisirs :
Camping au calme dans la forêt (départ de sentiers de randonnée).
GPS : W 3.71655 N 48.36403

## PLOUGASTEL-DAOULAS

**St-Jean**
Lieu-dit : St-Jean - 02 98 40 32 90 - www.campingsaintjean.com
De mi avr. à fin sept. - 75 empl. -
borne AireService - 14 € - Paiement :
Tarif camping : 30 € (10A) - pers. suppl. 5 €
Services et loisirs :
Au bord de l'estuaire de l'Elorn, propice à l'observation de l'avifaune.
GPS : W 4.35334 N 48.40122

## SIZUN

**Municipal du Gollen**
Lieu-dit : Le Gollen - 02 98 24 11 43 - www.mairie-sizun.fr
De mi avr. à fin sept. -
borne eurorelais 2 € (eau + élec.)
Tarif camping : 3,50 € 2,50 € 3 € (10A) 3 €
Services et loisirs :
Grande prairie au bord de l'Elorn.
GPS : W 4.07659 N 48.4

# Les bonnes adresses de bib

**GUIMILIAU**

**Ar Chupen** – 43 r. du Calvaire - 02 98 68 73 63 - - juil.-sept. : tlj sf lun. soir ; reste de l'année : lun.-vend. midi, sam. soir. et dim. midi - fermé déc.-janv. - 17,50 €. Bonne cuisine familiale où en saison l'artichaut est à la fête selon l'inspiration du chef. Côté crêperie, la priorité est donnée aux produits frais et de qualité. Une valeur sûre.

**LANDERNEAU**

**Les Caps Horniers** – 13 r. du Commerce - 02 98 21 32 38 - lescaphorniers.fr - lun.-merc. à midi, jeu.-sam. midi et soir - 18/25 €. Tajine de lotte, marmite de pétoncles, tournedos de bœuf au pain d'épice ou croustillant de poires au roquefort : ce sont quelques-unes des recettes qui font courir le tout Landerneau vers ce lieu chaleureux niché dans les rues piétonnes, sur la rive droite de l'Élorn.

**LA ROCHE-MAURICE**

**Crêperie Milin An Elorn** – 02 98 20 41 46 - vac. scol. : mar.-dim. ; reste de l'année : vend.-dim. - crêpes au blé noir 5/11 €, au froment 2,50/9 €. Arrêtez-vous dans cet ancien moulin au bord de l'eau pour déguster, dans un cadre rustique, des crêpes de blé noir arrosées de cidre breton. Aussi crêpes au froment salées ou glacées, et petite carte grill.

**ST-THÉGONNEC**

**Crêperie Steredenn** – 6 r. de la Gare - 02 98 79 43 34 - midi et soir merc.-dim. et 7j/7 en saison - fermé de mi-nov. à fin-janv. - crêpes au blé noir 5,30/8,90 €, au froment 4,20/6,90 €. On vient de toute la région pour déguster les délicieuses crêpes au blé noir ou au beurre salé. Cheminée.

**SIZUN**

**Hôtel des Voyageurs** – 2 r. del'Argoat - 02 98 68 80 35 - www.hotelvoyageur.fr - fermé vend. soir, sam. et dim. soir (oct. à juin), et fin sept. - 12/31,50 €. Non loin de l'enclos paroissial, cet hôtel familial rénové abrite un restaurant proposant une cuisine traditionnelle : elle est agréablement servie près de la cheminée.

*Plateau de fruits de mer.*

stocknshares/iStock

# Offices de tourisme

**LANDERNEAU**

16 pl. du Gén.-de-Gaulle - 02 98 85 13 09 - www.tourisme-landerneau-daoulas.fr.

**LANDIVISIAU**

Zone de Kerven - r. Robert-Schuman - 02 98 68 33 33 - www.roscoff-tourisme.com.

**LE TOP 5 ENCLOS PAROISSIAUX**

1. St-Thégonnec
2. Guimiliau
3. Lampaul-Guimiliau
4. La Roche-Maurice
5. La Martyr

# La côte de Cornouaille

**Royaume puis duché de Bretagne, la Cornouaille médiévale s'étendait très loin autour de Quimper. La région que l'on découvre ici est celle du littoral avec ses grands ports de pêche toujours actifs, ses larges baies et ses falaises rocheuses, du pays de Douarnenez à Concarneau en passant par l'incontournable pointe du Raz et les ports bigoudens. Coups de cœur assurés !**

**DÉPART :** LOCRONAN - 7 jours - 290 km

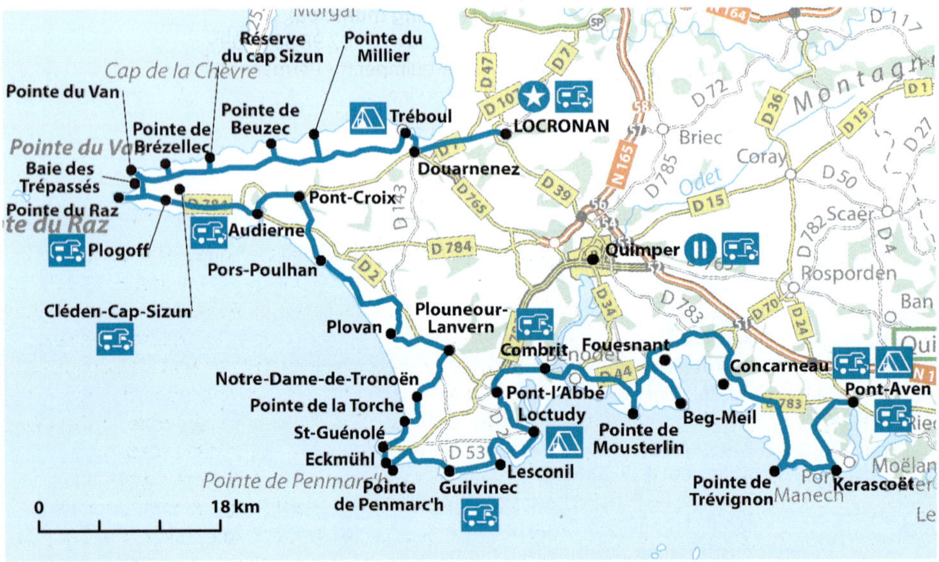


## JOUR 1

Passez la nuit sur l'aire de **Locronan**, à l'entrée du village. Ainsi, tôt le matin vous flânerez tranquillement autour des magnifiques demeures Renaissance qui composent un tableau d'une rare homogénéité. Filez ensuite sur **Douarnenez** pour visiter les bateaux à flots de son Port-musée de Port-Rhu et profitez de ses belles plages... à moins de préférer l'ambiance du port de pêche ou du port de plaisance.

## JOUR 2

Le circuit se poursuit au plus près du littoral en égrainant les falaises : la **pointe du Millier**, puis la **pointe de Beuzec** et la **réserve du cap Sizun**, sanctuaire des oiseaux marins. À chaque étape le sentier côtier (GR34) vous invite à des balades panoramiques. Il faudra encore vous arrêter à la **pointe de Brézellec** avant d'atteindre la fameuse **pointe du Van** où se dresse la chapelle St-They dans un cadre de landes et de bruyère. Étape nocturne à la pointe du Van ou à l'époustouflante **pointe du Raz**, classée Grand Site national *(parking payant)*.

## JOUR 3

Levez-vous avec le soleil et filez à pied à la pointe du Raz : par temps clair vous aurez l'impression de toucher l'île de Sein. Après un coup d'œil au petit port de Bestrée ou une pause balnéaire à la **baie des Trépassés**, reprenez la D784. Amateur de produits de la mer, vous trouverez votre bonheur en poissons et crustacés aux viviers d'**Audierne** avant de rejoindre **Pont-Croix** où le vieux quartier autour de l'église Notre-Dame de Roscudon vaut vraiment la halte.

## JOUR 4

Vous allez aujourd'hui explorer la côte sauvage du pays Bigouden (de belles plages de sable en perspective) au départ du charmant petit port de **Pors-Poulhan**.

Ph. Turpin/Photononstop

*Le vieux Quimper.*

À Penhors, voyez la chapelle avant de rejoindre **Plovan** et les ruines romantiques de sa chapelle de Languidou préservant une belle rosace. Via Plouneour-Lanvern revenez vers le littoral par **Notre-Dame-de-Tronoen** qui conserve un remarquable calvaire avant de vous rendre à la **pointe de la Torche**, haut lieu de la glisse et pourvue d'une belle plage.

## JOUR 5

L'itinéraire se poursuit par la tournée des ports de pêche bigoudens. **St-Guénolé** d'abord où la criée se visite, puis, via la chapelle Notre-Dame-de-la-Joie, le tout petit port St-Pierre, à découvrir du haut du **phare d'Eckmühl** : beau panorama aussi sur la **pointe de Penmarc'h**. Arrivez en début d'après-midi à **Guilvinec** pour visiter Haliotika (consacré à la pêche en mer) et assister au retour des bateaux *(vers 16h30)*. Plus modeste le port de **Lesconil** mérite aussi une halte puis terminez la journée en visitant le manoir de Kérazan entre **Loctudy** et **Pont-l'Abbé**.

## JOUR 6

Après la visite du château de **Pont-l'Abbé** qui abrite le Musée bigouden, prenez la D44 et filez sur **Fouesnant** à la **pointe de Mousterlin** d'où vous pourrez découvrir le site de la Mer blanche. Un peu plus vers l'est, la **pointe de Beg-Meil** suggère une autre escapade, celle qui conduit dans l'archipel des Glénan et son île St-Nicolas. N'oubliez pas votre serviette de bain.

## JOUR 7

La ville close et le port de **Concarneau** vous occuperont au minimum la matinée, puis explorez la côte des Avens par la **pointe de Trévignon**, le hameau de chaumières de **Kerascoët** pour finir à **Pont-Aven**.

ÉTAPE 11

# Quimper

### OFFICE DE TOURISME

8 r. Élie-Fréron - ✆ 02 98 53 04 05 - www.quimper-tourisme.bzh.

### STATIONNEMENT & SERVICES

**Parking** sur les quais de l'Odet rive droite, face au palais de justice *(gratuit)*.

**Aire du camping municipal**
4 av. des Oiseaux - ✆ 02 98 55 61 09 - www.mairie-quimper.fr - Permanent
Borne AireService
P - Illimité - accès borne gratuit
Services : WC
Emplacements herbeux, ombragés, agréables.
GPS : W 4.12093 N 47.99207

Le vieux centre étant en grande partie réservé aux piétons, vous aborderez Quimper par les quais au long de l'Odet, rivière navigable qui descend des Montagnes noires et vit au rythme des marées. Mais le port, lui, s'est replié en aval, selon la marée, au port du cap Horn ou celui de Corniguel et c'est de là que partent les vedettes proposant une magnifique **croisière** jusqu'à Bénodet *(comptez 2h30 AR)*.
Avant d'aborder le centre historique, de la place de la Résistance où se situe l'office de tourisme, montez par les sentiers qui escaladent le **Mont Frugy** et multiplient les panoramas sur la vieille ville, puis franchissez l'Odet par l'un des ponts ou passerelles toujours fleuris qui l'enjambent.
Vous voilà au pied des **remparts** qui enserraient jadis la cité médiévale. Par la rue du roi Gradlon, fondateur de la ville selon la légende, vous atteignez la **cathédrale St-Corentin** de style gothique flamboyant dressant fièrement ses deux flèches de pierre. À l'intérieur, vous verrez notamment des gisants et de beaux **vitraux** du 15e s. Jouxtant la cathédrale, le **Musée départemental breton** retient l'attention pour ses collections de céramiques, ses costumes locaux et son mobilier régional. L'autre lieu d'exposition incontournable, c'est le **musée des Beaux-Arts**, installé dans un palais à l'italienne. Il présente des peintures des 16e au 20e s. des écoles françaises et étrangères (flamandes, italiennes, espagnoles). Une salle est consacrée à Max Jacob, peintre et écrivain dont Quimper est la ville natale.
Vous serez ensuite attiré par la **rue Kéréon** qui draine la foule et préserve de magnifiques maisons à pans de bois et d'ardoise. Au bout, faites un crochet par la charmante **place Terre-au-Duc** où se faufile la rivière Steir, avant de rejoindre les **halles St-François** *(grand marché merc. et sam.)*.
Enfin, impossible de quitter la ville sans faire un tour par le **quartier Locmaria** où se tient la faïencerie H. B. Henriot, perpétuant un savoir-faire inégalé tant dans la production de motifs traditionnels que de décors contemporains.

## Aires de service & de stationnement

### AUDIERNE

**Aire d'Audierne**
Pl. du Gén.-de-Gaulle - 02 98 70 08 47 - Permanent
Borne AireService : 4 € (eau + élec.)
20 - 72h - 7 €/j. - Interdit lors des manifestations - Paiement :
Services :
En ville, au bord de l'eau ; plat, gravillons.
GPS : W 4.53739 N 48.02735

### CLÉDEN-CAP-SIZUN

**Aire de Cléden-Cap-Sizun**
Pl. du 19-Mars-1962 (D 43) - 02 98 70 61 45 - Permanent -
Borne AireService : Gratuit
15 - 72h - Gratuit
Services :
À la sortie du bourg, en pente, ombragé, bitume.
GPS : W 4.64988 N 48.04825

### COMBRIT

**Aire de Combrit**
Pl. du 19-Mars-1962 - 02 98 56 48 41 - Permanent
Borne artisanale : Gratuit
12 - Illimité - Gratuit
Paiement : jetons (chez les commerçants)
Services :
Au bourg, avec petit ombrage, sol plat, bitume.
GPS : W 4.1543 N 47.88733

### CONCARNEAU

**Aire de Concarneau**
Av. de la Gare - 02 98 50 38 38 Permanent (fermé mi-août, fête des Filets Bleus)
Borne AireService : 4 € (eau + élec.)
47 - 72h - 6 €/j. - gratuit hors sais.
Paiement :
Services :
À proximité du centre ville.
GPS : W 3.92056 N 47.87878

### GUILVINEC

**Aire de Guilvinec**
R. Jacques Dethézac, pl. de la Petite-Sole - 02 98 58 29 29 - Permanent
Borne AireService : 5 € (eau + élec.)
40 - 48h - 6 €/j. - gratuit le j.
Paiement : jetons (à l'office de tourisme en face ou aux agents de surveillance municipaux)
Services :
GPS : W 4.28043 N 47.79595

### LOCRONAN

**Aire de Locronan**
R. du Prieuré, parking Mission - 01 83 64 69 21 - Permanent -
Borne AireService : 2 € (eau + élec.)
- Illimité - 9,61 €/j.
Paiement :
Services :
Plat, ombragé, gravier et bitume.
GPS : W 4.21223 N 48.09809

### PLOGOFF

**Aire de Plogoff**
R. des Demoiselles, parking de l'église - 02 98 70 60 54 - Permanent
Borne AireService : Gratuit
10 - 72h - Gratuit - autre stat. sur le parking du stade à 500 m
Services :
GPS : W 4.66544 N 48.03732

### PONT-AVEN

**Aire Camping-Car Park Les Quatre Vents**
R. Louis-Lomenech, parking du stade - 01 83 64 69 21 - Permanent
Borne Urbaflux : 5,50 € (eau + élec.)
37 - - 72h - 11 €/j. - borne comprise
Paiement :
Services :
Plat, bitume.
GPS : W 3.74337 N 47.85398

### QUIMPER

Voir p. précédente

## Campings

### CONCARNEAU

**Les Sables Blancs**
R. des Fleurs, à 100 m de la plage - 02 98 97 16 44 - www.camping-lessablesblancs.com
De déb. avr. à fin oct. - 149 empl. -
borne artisanale
Paiement :
Tarif camping : 35,50 € (10A) - pers. suppl. 7 €
Services et loisirs :
Un terrain proche du centre-ville et des plages offrant une jolie vue sur mer pour certains emplacements.
GPS : W 3.92836 N 47.88203

### LOCTUDY

**Les Hortensias**
38 r. des Tulipes - 02 98 87 46 64 - www.camping-loctudy.com
De déb. avr. à fin sept. -
Paiement :
Tarif camping : 31,40 € (10A) - pers. suppl. 5 €
Services et loisirs :
Terrain un peu à l'écart de l'effervescence du bord de mer.
GPS : W 4.1823 N 47.81259

### TRÉBOUL

**Trézulien**
14 rte de Trézulien, 2.5 km au nord-ouest de Douarnenez - 02 98 74 12 30 - www.camping-trezulien.com
De déb. avr. à mi oct. - 200 empl. -
Paiement :
Tarif camping : 6 € 3 € 6 € (10A) 4 €
Services et loisirs :
Cadre agréable partiellement arboré, vastes emplacements sous les peupliers.
GPS : W 4.34931 N 48.09311

## Les bonnes adresses de bib

**AUDIERNE**

✕ **L'Épi d'Or** – 6 quai Jean-Jaurès - ✆ 02 98 70 29 41 - www.creperielepidor-audierne.fr - ♿ - fermé mar. (hors sais.), 2 sem. en janv. et 3 sem. en nov. - crêpes 2,30/6,60 €. Cette ancienne réserve à chaussures abrite aujourd'hui une sympathique crêperie. Le cadre est simple et convivial, avec pan de mur en pierre de pays, fausses poutres et tables en bois.

**COMBRIT**

✕ **Crêperie La Misaine** – 4 quai Jacques-de-Thézac - Ste-Marine - ✆ 02 98 51 90 45 - www.lamisaine.fr - avr.-sept et vac. scol. (sf lun.) - fermé de janv. à mi-fév. et de mi-nov. à mi-déc. - 6,90/13,50 € la crêpe - réserv. conseillée. Cette petite maison de pierre, bâtie à mi-chemin de la chapelle et du port de Ste-Marine, offre une des meilleures vues sur l'estuaire de l'Odet et la station de Bénodet. Les crêpes en terrasse sont très prisées.

**CONCARNEAU**

✕ **La Porte au Vin** – 9 pl. St-Guénolé - ville close - ✆ 02 98 97 38 11 - ♿ - fermé 5 nov.-1er avr. - menus 16/31 €. Cette maison ancienne jouxte la porte qui permettait autrefois la livraison du vin. Les repas sont servis dans un décor authentique : pierres, grandes cheminées, photos d'antan et tableaux régionaux.

**DOUARNENEZ**

✕ **Le Bigorneau amoureux** – 2 bd Jean-Richepin - ✆ 02 98 92 35 55 - déj. mar.-dim., dîner mar.-sam. (avr.-sept) - fermé pour les fêtes de fin d'année - ♿ - formule déj. 12,50€, plats 17/22 €, desserts 5,50/7 €. C'est une maison bleue… dominant la plage des Dames. Ambiance détendue dans un lieu souvent bondé et sardines grillées au programme.

**LOCRONAN**

✕ **Crêperie Le Temps passé** – 4 r. du Four - ✆ 02 98 91 87 29 - www.creperie-locronan.fr - hors sais. : midi, vend.-sam. soir ; Pâques-sept. : tlj sf dim. soir et lun. ; tlj en été - crêpe 10/16 €. Adresse sympathique : dans cette belle maison en pierre, les galettes de blé noir, tartines, et crêpes au froment se déclinent à des prix très doux : de l'andouille de Guémené aux doubles crêpes sucrées, les « fromentines ».

**PONT-AVEN**

✕ **Crêperie Le Talisman** – 4 r. Paul-Sérusier - ✆ 02 98 06 02 58 - fermé lun., de fin nov. à fin mars - 10/15 €. Si les générations se succèdent aux fourneaux depuis 1920, la réputation de cette crêperie reste intacte. Au menu, omelettes, salades et, bien sûr, crêpes salées, dont la fameuse Talisman.

**QUIMPER**

✕ **An Diskuiz** – 12 r. E.-Fréron - ✆ 02 98 95 55 70 - ♿ - fermé mar. et merc. (sept.-juin), merc. soir et dim. (juil.-août) - env. 16/20 €. Les recettes originales et bien tournées mettent en valeur les produits locaux. L'accueil est sympathique et sans prétention : une adresse de confiance pour déguster galettes et crêpes. Petite terrasse pour les beaux jours.

**ST-GUÉNOLÉ**

**Conserves Belle Bretagne - Océane Alimentaire** – Sur le port - ✆ 02 98 58 43 04 - www.oceane.bzh - 10h-19h, w.-end et j. fériés 10h-12h15, 15h-19h. Une conserverie artisanale à l'ancienne. Au-delà des produits en vente, prenez le temps de jeter un coup d'œil sur les panneaux qui retracent l'histoire des conserveries de St-Guénolé.

## Offices de tourisme

**CONCARNEAU**

Quai d'Aiguillon - ✆ 02 98 97 01 44 - www.tourismeconcarneau.fr.

**LOCRONAN**

Pl. de la Mairie - ✆ 02 98 91 70 14 - www.locronan-tourisme.bzh.

**PONT-AVEN**

5 pl. de l'Hôtel-de-Ville - ✆ 02 98 06 04 70 - www.pontaven.com.

**QUIMPER**

Voir p. 37

*Concarneau.*

RnDmS/iStock

BRETAGNE - CIRCUIT 5

# Le golfe du Morbihan

**Mystérieux et fascinant Morbihan. Où est son vrai visage ? Dans l'extraordinaire profusion de ses mégalithes, dans le charme de sa « petite mer » au doux climat ou dans les vigoureux et tonifiants embruns de sa presqu'île de Quiberon ?**

**DÉPART :** VANNES - 7 jours – 330 km

## JOUR 1

Visite de **Vannes** (voir l'encadré p. ci-contre).

## JOUR 2

Vous abandonnerez Vannes pour découvrir le **golfe du Morbihan**, en bateau au départ de Vannes. La vedette sur laquelle vous embarquerez vous emmènera vers l'**île d'Arz** et l'**île aux Moines**, mais aussi vers une douceur et une lumière uniques. Prenez soin de réserver au passage une visite du cairn de Gavrinis. L'après-midi, partez à la découverte de la presqu'île de Rhuys jusqu'à **Port-Navalo**, qui est aussi une sympathique station balnéaire avec sa plage aux allures de carte postale, nichée dans une crique.

## JOUR 3

De retour vers Sarzeau, bifurquez vers **La Roche-Bernard** pour rejoindre **Redon** et ses vieilles demeures des 15e-18e s. L'étape suivante vous emmènera plus à l'ouest, à **Rochefort-en-Terre**, qui conserve elle aussi de ravissantes maisons anciennes, tout comme la coquette **Malestroit**, plus au nord. Prévoyez d'être à **Josselin** dans l'après-midi afin d'en visiter le magnifique château et la basilique Notre-Dame-du-Roncier, entre autres. Vous y ferez étape.

## JOUR 4

Être au domaine de **Kerguéhennec** à l'ouverture permet de jouir tranquillement de son étonnant parc dédié à l'art contemporain. Pour vous y rendre, passez par le village de **Guéhenno**, qui possède un beau calvaire. Après Kerguéhennec, faites route vers Carnac en vous ménageant un crochet à **Ste-Anne-d'Auray** pour voir la basilique du pèlerinage et son trésor.

## JOUR 5

Profitez de la matinée pour découvrir les célèbres **alignements de Carnac**. Si vous êtes féru de vieilles pierres, ne manquez pas les mégalithes de

clodio/iStock

*Les alignements de Carnac.*

**Locmariaquer** tout proches. Terminez la journée par une baignade bien méritée sur l'une des nombreuses plages de Carnac.

## JOUR 6

Essayez de rallier l'embarcadère de **Quiberon** le plus tôt possible de façon à profiter d'une journée entière à **Belle-Île**. Après la visite de la citadelle Vauban de St-Palais, prenez un pique-nique et vos vélos, et privilégiez la découverte de la magnifique côte sauvage, jalonnée par la pointe des Poulains, la superbe mais dangereuse plage de **Port-Donnant** et les impressionnantes aiguilles de **Port-Coton**. Revenez sur le continent.

## JOUR 7

La réputation des conserveries de **Quiberon** n'est plus à faire. Après en avoir visité au moins une et avoir fait le plein de délicieux produits, profitez tout votre soûl des plages et des criques de la côte sauvage. Elle longe la façade ouest de la presqu'île. Regagnez Vannes par la D768 puis la N165.

ÉTAPE 11

# Vannes

### OFFICE DE TOURISME

Quai Éric-Tabarly - ✆ 02 97 47 24 34 - www.golfedumorbihan.bzh.

### STATIONNEMENT & SERVICES

**Parking conseillé**
6 av. de Lattre-de-Tassigny, quelques emplacements situés à 5mn à pied du centre-ville *(gratuit)*.

**Aire Camping-Car Park de Vannes-Conleau**
188 av. du Mar.-Juin - ✆ 01 83 64 69 21 - www.campingcarpark.com - Permanent
Borne flot bleu : 5 € (eau + élec.)
33 - 72h - 12,55 €/j. - borne comprise
Paiement : CC
Services :
À 100 m des plages, à l'entrée du camping Le Coleau.
Plat, bitume, ombragé.
GPS : W 2.77975 N 47.63309

Des ruelles médiévales bordées de superbes maisons à colombages, des remparts fleuris, une animation intense en été... le patrimoine architectural et le dynamisme de **Vannes** attirent de nombreux visiteurs. Faites comme eux et flânez dans la **vieille ville**, piétonne et cernée par des **remparts**. La verte promenade de la Garenne ménage d'ailleurs une belle vue sur cette partie de la ville où le personnage d'Aramis, créé par Alexandre Dumas, fut évêque. Rendez-vous sur la place Gambetta, qui fait face au port de plaisance, puis longez la Marle ponctuée d'anciens lavoirs en ardoise. Passez ensuite par la porte Prison et laissez-vous aller au gré des ruelles. Cette ancienne cité très élégamment restaurée dévoile alors ses beautés architecturales. Le port mérite ensuite votre attention, notamment pour les restaurants de poissons et de fruits de mer où vous pourrez faire une halte. Sur le quai Éric-Tabarly, s'élèvent de beaux bâtiments aux lignes contemporaines, associant bois, verre et acier. Au sud, la promenade de la Rabine, belle allée arborée qui longe la rive droite de la Marle, invite à la rêverie.
Vannes possède aussi quelques sites dignes d'intérêt comme la **Cohue** et sa galerie des Beaux-Arts, la **cathédrale St-Pierre** et son trésor, le **musée d'Histoire et d'Archéologie** et ses collections de colliers, de bracelets, de haches polies, d'épées et de curieux anneaux-disques. Ce musée occupe le château Gaillard (15e s.) qui abrita à la fin du 17e s. le parlement de Bretagne.
Bâtie en amphithéâtre au fond du golfe du Morbihan, Vannes constitue par ailleurs le point de départ idéal pour toute excursion vers la « petite mer » et ses îles.

## Aires de service & de stationnement

### ARZON

**Aire d'Arzon**
Av. de Kerlun - 02 97 53 44 60
Permanent
Borne eurorelais 2 €
50 - - 72h - 8,30 €/j.
Paiement :
Services :
Accès direct à la plage.
GPS : W 2.88064 N 47.53942

### BADEN

**Aire des Îles**
Kerhilio, Port Blanc - 07 62 92 34 56 - www.airedesiles.fr - Permanent
Borne AireService
49 - - Illimité - 9,90 €/j. - borne compris
Paiement :
Services :
Petit camping pour camping-cars, plat, gravier, ombragé. À 800 m de l'embarcadère de l'île aux Moines.
GPS : W 2.87283 N 47.60588

### CARNAC

**Aire de Carnac**
Allée de Kerabus - 02 97 52 13 52
Permanent
Borne artisanale : Gratuit
30 - Illimité - Gratuit
Plat, bitume, ombragé, tout proche du centre ville.
GPS : W 3.08263 N 47.58587

### JOSSELIN

**Aire de Josselin**
Pl. St-Martin - 02 97 22 24 17
Permanent -
Borne AireService : Gratuit
15 - 24h - Gratuit - interdit sam. matin de déb. mai à mi sept.(marché)
Services :
Préférer le parking, 89 chemin des Glatiniers (40 pl.), plat, herbeux près du canal et de la rivière.
GPS : W 2.54964 N 47.95606

### LOCMARIAQUER

**Aire du Stade**
Terrain des sports - 02 97 57 32 32 - www.locmariaquer.fr - Permanent
Borne AireService : gratuit
Stat. au parking des Pierres Plates à 2 km de la borne, rte de Kerere
GPS : W 2.94782 N 47.57005

### MALESTROIT

**Aire de Malestroit**
R. de Narvik, accès par un pont très étroit - 02 97 75 11 75 -
Borne artisanale : Gratuit
10 - 48h - Gratuit
Paiement :
Services :
Préférer le parking, chemin de l'Écluse à 1,3 km, 100 places ombragées, près du canal.
GPS : W 2.37614 N 47.809

### MONTERTELOT

**Aire de stationnement**
R. du Casset - 02 97 74 92 39
Permanent -
20 - Illimité - Gratuit
Services :
Plat, belle pelouse près de la rivière.
GPS : W 2.42359 N 47.88155

### QUIBERON

**Aire de Kerné**
Rte de Port-Kerné -
02 97 30 24 00 - Permanent -
Borne artisanale 2 €
120 - - 72h - 7,55 €/j.
Paiement :
À 200 m de la plage, dans les dunes ; plat, gravier.
GPS : W 3.13956 N 47.49171

### ST-GILDAS-DE-RHUYS

**Aire de St-Gildas-de-Rhuys**
Rte du Rohu - 02 97 67 30 01
De fin avr. à fin sept.
Borne Urbaflux : 3 € (eau + élec.)
50 - Illimité - 8 €/j. -
Paiement :
Près du camping le Kerver, le long de la plage, plat, herbeux, gravillons.
GPS : W 2.85847 N 47.52274

### VANNES

Voir p. précédente

## Campings

### JOSSELIN

**Domaine de Kerelly**
Lieu-dit : Le Bas de la Lande -
02 97 22 22 20 -
www.camping-josselin.com
De déb. avr. à fin sept. - 55 empl.
borne artisanale 5 € (eau + élec.) - Paiement :
Tarif camping : 22,50 €
(10A) - pers. suppl. 5 €
Services et loisirs :
Accueil cyclo-tourisme.
Près du canal de Nantes à Brest.
GPS : W 2.57352 N 47.95239

### QUIBERON

**Flower Le Bois d'Amour**
02 97 50 13 52 -
www.quiberon-camping.com
De déb. avr. à fin sept - 67 empl.
borne artisanale
Tarif camping : 48 € (6A)
Services et loisirs :
Tout en longueur avec une grande piscine couverte. À 200 m de la plage.
GPS : W 3.10427 N 47.47632

### LA ROCHE-BERNARD

**Municipal le Pâtis**
3 chemin du Pâtis - 02 99 90 60 13 -
www.camping-larochebernard.com
De mi-mars à mi-sept. - 63 empl. -
borne AireService
Tarif camping : 17,10 €
Services et loisirs :
Au bord de la Vilaine, face à l'important port de plaisance.
GPS : W 2.30523 N 47.51923

### VANNES

**Flower Le Conleau**
À la Pointe de Conleau -
02 97 63 13 88 -
www.vannes-camping.com
De déb. juin à fin oct. - 123 empl.
borne eurorelais
Tarif camping : 33 €
(6A)
Services et loisirs :
Site agréable face au golfe du Morbihan.
GPS : W 2.77994 N 47.63326

# Les bonnes adresses de bib

## AURAY

**Terre-Mer** – 26 r. L.-Billet - 02 97 56 63 60 - www.restaurant-terre-mer.fr - fermé dim. soir et lun. - ♿ - formules midi (en sem.) 26/42 €, 55/70 €. En 2019, Anthony et Anne-Sophie Jehanno ont quitté la rue du Jeu-de-Paume. Dans leur nouvelle maison, ils continuent de séduire avec cette cuisine aromatique et soignée, éminemment raffinée, qui est leur marque de fabrique. La terre épouse la mer… pour le meilleur !

## JOSSELIN

**La Table d'O** – 9 r. Glatinier - 02 97 70 61 39 - ♿ - fermé 1 sem. en fév., 10 j. en juil., 1 sem. à la Toussaint, dim.-lun. - formules déj. 15/18 € - 25/35 €. Surplombant l'Oust et le château, ce restaurant s'inspire du marché : braisé d'agneau en chartreuse, carpaccio de St-Jacques…

## ÎLE AUX MOINES

**Les Embruns** – R. du Commerce - 02 97 26 30 86 - www.restaurant-ile-morbihan.com - fermé merc. (sf juil.-août), janv.-fév. et de déb. à mi-oct. - menus 21,50/30 €. Habitués et touristes se retrouvent dans ce bar-restaurant sans chichi du bourg. Pêchés dans la journée, les produits de la mer sont travaillés le plus simplement du monde.

## QUIBERON

**La Chaumine** – 79 r. de Port-Haliguen - 02 97 50 17 67 - www.restaurantlachaumine.com - ♿ - fermé de mi-nov. à mi-mars, dim. soir (sf juil.-août), mar. midi et lun. - formule déj. 26 € - 35/49 €. Si le cadre de cette maison ancienne est un peu passe-partout, l'assiette, copieuse, est bien tournée. Le taquez de crabes au coulis de crustacés suivi par une sole au jus de girolles ou un feuilleté de ris d'agneau aux pleurotes en réjouiront plus d'un.

## ROCHEFORT-EN-TERRE

**Le Café Breton et la Chouannière** – 8 r. du Porche - 02 97 43 32 60 - www.cafebreton-rochefortenterre.com - fermé janv., 3 sem. en nov. - menu 19 €. Étonnant restaurant aménagé dans une demeure du 16e s. cramponnée à la roche. Sa décoration intérieure – fresques représentant des scènes de la vie locale, panneaux de coffres bretons… – est l'œuvre du peintre américain Alfred Klots. Crêpes (la maison a obtenu le label Crêperie gourmande), salades ou menu campagnard et terrasse.

## SARZEAU

**Le Manoir de Kerbot** – 02 97 26 40 38 - www.kerbot.com - fermé dim. soir, lun. et mar et lun. midi en juil. et août, 3 sem. en janv. - ♿ -menus 36/48 €. Un parc de 5 ha entoure ce manoir bâti au 16e s. mais largement remanié depuis. Le restaurant est installé dans une salle spacieuse dotée d'une cheminée monumentale. Martial Berge (qui a fait ses classes au Martinez, à Cannes) propose une cuisine raffinée où les produits frais et régionaux (poissons) sont privilégiés.

## VANNES

**Les Remparts** – 6 r. Alexandre-le-Pontois - 02 97 47 52 44 - fermé sam. midi et dim.-lun., 1 sem. en fév., 1 sem. en juil. et 1 sem. en nov. - formule 17 € - menus 21 € (déj. sem.)/32 €. Face aux remparts, la cuisine bistronomique a trouvé un fer de lance ! Arrivé dans les lieux au printemps 2014, Anthony Evin met à l'honneur les producteurs locaux, le marché et les vins naturels : sa cuisine est un joli panaché d'inspiration, de fraîcheur et de fine simplicité.

**Crêperie Dan Ewen** – 3 pl. du Gén.-de-Gaulle - 02 97 42 44 34 - www.creperie-danewen.fr - tlj en haute saison ; reste de l'année : mar.-sam. - fermé 1 sem. vac. de fév., 2 sem. de fin sept. à deb. oct. - 10/20 €. Cette belle maison à colombages, proche de l'église St-Patern, cultive la tradition bretonne : crêpes à l'ancienne, mobilier breton, musique celte… Un bastion culturel.

# Offices de tourisme

## CARNAC

74 av. des Druides - 02 97 52 13 52 - www.ot-carnac.fr.

## QUIBERON

14 r. de Verdun - 02 97 50 07 84 - www.baiedequiberon.bzh.

*Huîtres de Bretagne.*

*dvoevnore/iStock*

*Saumur, futreau (bateau traditionnel de la Loire), pendant la fête de la Loire.* – S. Rabouan/hemis.fr

La Barre-de-Monts. – Crobard/iStock

# Pays-de-la-Loire

Territoire créé au carrefour de quatre provinces historiques, la Bretagne, le Poitou, le Maine, le Perche et l'Anjou, les pays de la Loire accompagnent l'aval du grand fleuve jusqu'à l'Océan, et même si la Loire n'irrigue pas tout le territoire, ses affluents, tels le Loir, la Sarthe, la Mayenne, l'Erdre, la Sèvre nantaise et la Sèvre niortaise s'en chargent avec générosité.

Une terre née sous le signe de l'eau. Tandis que les rives de la Loire séduisent de nombreux touristes, charmés par la douceur du climat, avides d'un patrimoine naturel exceptionnel et de ses richesses culturelles, la côte océane, de La Baule à la côte vendéenne, en passant par la presqu'île guérandaise invitent à des séjours balnéaires vivifiants et à l'exploration des canaux du Marais poitevin qui se découvrent à la rame! Mais la région ne se limite pas au littoral et à un héritage historique prestigieux, elle investit dans des animations d'envergure qui mettent en scène ses composantes emblématiques en multipliant festivals et parcs de loisirs, comme Le Puy du Fou en Vendée, l'Escal'Atlantic à St-Nazaire ou Terra Botanica, près d'Angers. Histoire, navigation, horticulture... il y en a pour tous les goûts!

Une terre souvent foulée par les sabots des chevaux, du Percheron, élevé comme cheval de trait dans le Maine et le Perche, aux étalons racés de Saumur ou d'Angers. Les haras ne se comptent plus et les représentations équestres affichent plus de 20 compétitions internationales et nationales, avec pas moins de 13 champs de course répertoriés.

Pourtant la région ne peut se découvrir au galop, il faudra donc privilégier une allure au petit trot pour en apprécier toutes les nuances...

# PAYS-DE-LA-LOIRE

Nantes. – RossHelen/iStock

## LES ÉVÉNEMENTS À NE PAS MANQUER

- **La Folle Journée** à Nantes (44) : fin janv.-déb. fév. ; musique classique.
- **Concours international de voltige** à Saumur (49) : avr.
- **Festival de l'Épau** au Mans (72) : mai à l'abbaye.
- **Le Cadre noir, Printemps des écuyers** à Saumur (49) : juin.
- **24 Heures du Mans autos** (72) : juin.
- **Fête du vélo** entre Angers et Saumur (49) : mi-juin.
- **Festival d'Anjou** (49) : 2e quinz. de juin, théâtre en plein air.
- **Les galas du Cadre noir** (49) : d'avr. à oct., spectacles équestres
- **Journées de la rose** à Doué-la-Fontaine (49) : autour du 14 juil.
- **Écrivains en bord de mer** à La Baule (44) : mi-juil.
- **Les Médiévales de Clisson** (44) : fin juil. (années impaires)
- **Les Nuits de la Mayenne** (53) : de mi-juil. à déb. août, spectacles divers.
- **Escales à St-Nazaire** (44) : fin juil.
- **Les Celtiques de Guérande** (44) : 1re quinz. août.
- **Les Accroche-Cœurs** à Angers (49) : sept., spectacles de rue.
- **Régates de Trentemoult** à Nantes (44) : mi-sept., sur la Loire.
- **Mondial du Lion** au Lion-d'Angers (49) : mi-oct., concours international d'équitation.
- **Festival des Trois Continents** à Nantes (44) : fin nov.

# Votre séjour dans les Pays-de-la-Loire

## Circuits



## Étapes



## Visite

**EN COMPLÉMENT, UTILISEZ...**

- **Le Guide Vert : Pays de la Loire**
- **Cartes Michelin : Région 717 et Départements 310, 316 et 317**

# Au fil de la Sarthe et de la Mayenne

**Combien de voyageurs pressés ont traversé Laval sans prendre le temps de s'y arrêter ? Et combien d'autres associent Le Mans aux seules 24 heures et aux rillettes ? Il est temps pour eux de découvrir en profondeur cette région bordée par la Sarthe et la Mayenne, et au nord par les Alpes Mancelles. Et pour vous ?**

**DÉPART :** LAVAL - 7 jours – 235 km

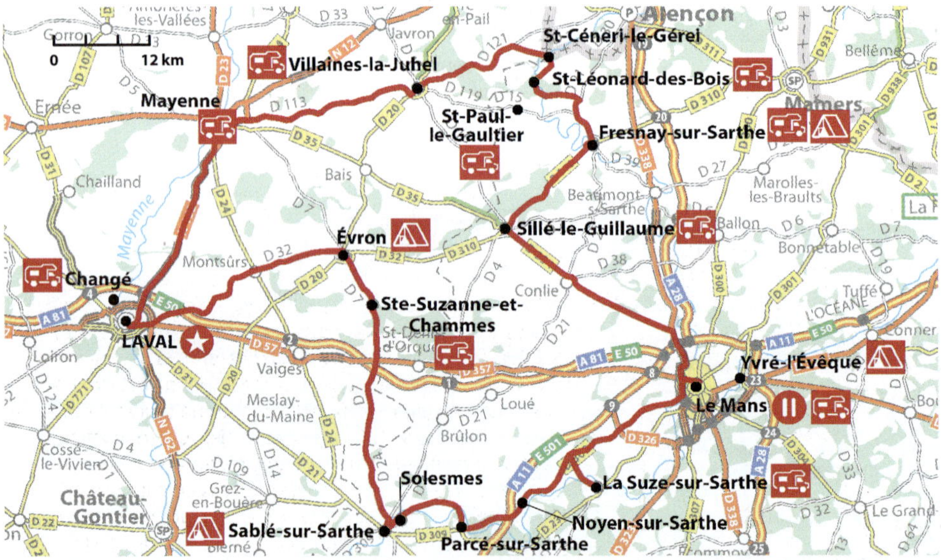


## JOUR 1

La découverte de **Laval** occupera une bonne partie de cette première journée Car outre son vieux château et ses vénérables maisons à pans de bois, la ville qui a vu naître des personnalités telles que le Douanier Rousseau ou Alfred Jarry, a bien d'autres atouts à dévoiler : un magnifique ensemble de retables (église N.-D.-des-Cordeliers), de nombreux hôtels particuliers, de surprenants bateaux-lavoirs et d'agréables croisières sur la Mayenne... Quittez la ville à l'est par la D32. À 33 km, **Évron** possède l'une des plus belles églises de la Mayenne. Terminez cette journée par un circuit dans les bois des environs : la route offre de jolis points de vue.

## JOUR 2

Consacrez 2h à la découverte de **Ste-Suzanne**, « la perle du Maine ». Montez au sommet de la tour pour embrasser la vue sur la campagne alentour. Renseignez-vous sur les « visites théâtralisées » : elles peuvent être un plus, notamment pour les enfants. Piquez au sud jusqu'à **Sablé-sur-Sarthe**. Cette petite ville qui doit son nom au sable venu de la Loire, et qui en assurait le transit fluvial, est très agréable. Dominée par le château des Colbert, elle se visite à pied ou en bateau.

## JOUR 3

Aujourd'hui direction Le Mans par l'agréable vallée de la Sarthe via **Solesmes**, **Parcé-sur-Sarthe** et **Noyen-sur-Sarthe**. à Solesmes, les amateurs de **chants grégoriens** et de chants tout court se rendront à l'un des offices de l'abbaye. Autre mélodie au Mans si vous arrivez pendant les Vingt-quatre heures : le vrombissement des moteurs, les cris de la foule, le crissement des pneus, l'odeur d'huile vous viennent à l'esprit... Mais **Le Mans**, ce n'est pas uniquement le sport mécanique. Le Mans est d'abord une Ville d'art et d'histoire, et il y a ici bien des choses à voir, à humer ou à goûter (voir l'encadré ci-contre).

F. Guiziou/hemis.fr

*Le Mans, la cathédrale St-Julien.*

## JOUR 4

Si ce quatrième jour est un dimanche, vous pouvez flâner au marché des Jacobins, histoire de vous mettre en appétit. Un déjeuner à bord du bateau Le Mans peut vous faire découvrir la Sarthe. L'après-midi pourrait s'achever par une visite à l'**abbaye de l'Épau** (4 km à l'est) ou la découverte du circuit automobile de vitesse et de son musée de l'Automobile de la Sarthe (140 véhicules).

## JOUR 5

Direction **Sillé-le-Guillaume**. Faites un rapide petit tour de la ville avant de filer pique-niquer et passer l'après-midi dans la **forêt de Sillé**. Au milieu de la forêt, l'étang du Defais est aménagé en base de loisirs. Rejoignez votre étape du soir, **Fresnay-sur-Sarthe**, à 17 km au nord-est.

## JOUR 6

Au programme de cette journée au grand air, les **Alpes Mancelles** et leurs charmants petits villages, **St-Léonard-des-Bois** et **St-Céneri-le-Gérei** en tête. Randonnées à vélo ou à pied, canoë-kayak et pêche sur la Sarthe... à vous de choisir.

## JOUR 7

À 12 km, **Mayenne** vous attend pour déjeuner et pour une après-midi sur la Mayenne à bord d'un bateau électrique, ou une randonnée sur le chemin de halage qui rejoint **Laval** au sud.

## ÉTAPE 11

# Le Mans

### OFFICE DE TOURISME

16 r. de l'Étoile - ✆ 02 43 28 17 22 - www.lemans-tourisme.com.

### STATIONNEMENT & SERVICES

**Parking conseillé**
Quai Louis-Blanc, au pied des remparts gallo-romains, rive gauche de la Sarthe (gratuit, halte nocturne possible)
GPS : E 0.1982 N 48.0121

**Aire du Mans**
Quai Louis-Blanc - ✆ 02 43 28 17 22 - Permanent
Borne Urbaflux 8 € : Gratuit
8 P - 24h - Gratuit
Paiement : cc
Près du Vieux Mans.
GPS : E 0.199 N 48.0122

Le Mans ne se résume pas à son circuit où se déroulent les 24 Heures. Bien avant que ne vrombissent les moteurs, la ville occupait déjà les hauteurs des rives de la Sarthe. Si vous stationnez au bord de la rivière, vous profiterez d'une vue emblématique sur la cité ancienne qui exhibe ses **remparts gallo-romains** ponctués de tours montrant un appareillage de brique et de mortier rose, décoré sur ses bases de pavés de grès rouge et de pierres blanches en damier. De là, pour rejoindre le vieux centre, baptisé **Cité Plantagenêt**, il vous faut gravir rampes ou escaliers jusqu'à la **cathédrale St-Julien** – l'une des plus vastes de France – où se distinguent roman (nef) et gothique (chœur), ceinturées de beaux **vitraux**. Ne manquez pas de voir son **portail royal** ouvrant sur la place St-Michel. Face au portail ouest de la cathédrale trônent deux hôtels particuliers, l'un jadis habité par des chanoines, l'autre occupé par l'actuel évêché. Admirez le chevet hérissé de pinacles et d'arcs-boutants, magnifique depuis la place des Jacobins où se tient un très agréable marché *(merc., vend. et dim.)*. Revenez ensuite vers la ville haute pour arpenter la **rue de la Reine-Bérengère** où se dressent de belles maisons à pans de bois ornées de poutres sculptées. Elles abritent un musée évoquant l'histoire locale et ses traditions. La rue se poursuit sous le nom de **Grande-Rue**, multipliant les maisons anciennes dites à piliers (au nº 71, maison d'Adam et Ève, Renaissance). De part et d'autre de la rue s'ouvrent ruelles pavées, escaliers et venelles pittoresques, qui servirent de décor à de nombreux cinéastes. Après déjeuner, vous aurez le choix entre une balade dans le square des Jacobins et une visite au **musée de Tessé** (Beaux-Arts). Place des Jacobins, voyez aussi le **Carré Plantagenêt**, musée d'archéologie et d'histoire présentant plus de 1000 objets. Pour un moment de lèche-vitrine, rendez-vous dans les rues piétonnes et commerçantes entre la place des Jacobins et la place de la République.

## Aires de service & de stationnement

### CHANGÉ

**Aire de Changé**
R. du Bac, près de la base nautique - 02 43 53 20 82 - Permanent -
Borne artisanale : Gratuit
25 - 72h - Gratuit
Services :
Cadre agréable au bord du plan d'eau.
GPS : W 0.78529 N 48.10051

### FRESNAY-SUR-SARTHE

**Aire de Fresnay-sur-Sarthe**
Av. de la Gare -
02 43 34 34 59 - Permanent
Borne artisanale : Gratuit
10 - Illimité - Gratuit
Services :
GPS : E 0.02976 N 48.28178

### LE MANS

Voir p. précédente

### MAYENNE

**Aire de Mayenne**
Quai Carnot - 02 43 04 19 37
De mi mars à déb. nov. (mise hors gel)
Borne eurorelais
Paiement : jetons (office de tourisme)
Services :
GPS : W 0.61985 N 48.29984

### ST-LÉONARD-DES-BOIS

**Aire de St-Léonard-des-Bois**
D112, lieu-dit Le Gué-Plard -
02 43 97 28 10 -
Permanent (mise hors gel)
Borne artisanale : gratuit
5 - Illimité - Gratuit
Services :
Ombragée.
GPS : W 0.08142 N 48.35316

### ST-PAUL-LE-GAULTIER

**Aire de St-Paul-le-Gaultier**
Près du camping municipal -
02 43 97 27 12 - Permanent
Borne artisanale
25 - 24h - 10 €/j.
Services :
Au bord du lac.
GPS : W 0.10769 N 48.31991

### SILLÉ-LE-GUILLAUME

**Aire de Sillé-le-Guillaume**
Pl. de la Gare - 02 43 20 15 15
Permanent (mise hors gel)
Borne eurorelais : 6 €
(eau + élec.)
5 - Illimité - Gratuit
Paiement : jetons (office de tourisme et Maison du Lac et de la Forêt à Sillé-Plage, en sais.)
Services :
GPS : W 0.12993 N 48.18188

### STE-SUZANNE-ET-CHAMMES

**Aire Camping-Car Park La Madeleine**
15 r. du Camp des Anglais -
01 83 64 69 21 - Permanent
Borne eurorelais : 5,50 €
(eau + élec.)
21 - - Illimité - 13,20 €/j. - borne compris - Paiement : CC
Services :
Tout proche du centre ville et du château.
GPS : W 0.35043 N 48.09935

### LA SUZE-SUR-SARTHE

**Aire de La Suze-sur-Sarthe**
R. du Port - 02 43 77 30 49
Permanent
Borne Urbaflux : 9 €
(eau + élec.)
73 - - 24h - 9 €/j.
Paiement : CC
Services :
Aire agréable, au bord de la Sarthe.
GPS : E 0.03045 N 47.8894

### VILLAINES-LA-JUHEL

**Aire des Guillardières**
R. des Guillardières, accès par D 121 -
02 43 30 11 11 - Permanent
Borne flot bleu : 3 €
(eau + élec.)
Paiement : CC
Services :
Aire reposante près d'un grand étang.
GPS : W 0.2445 N 48.34743

## Campings

### ÉVRON

**Municipal de la Zone Verte**
Bd du Mar.-Juin - 02 43 01 65 36 - www.camping-evron.fr
Permanent - 86 empl.
borne eurorelais
Tarif camping : 8,15 € - (10A) 3 €
Services et loisirs :
GPS : W 0.41321 N 48.15073

### FRESNAY-SUR-SARTHE

**Municipal Sans Souci**
R. du Haut-Ary - 02 43 97 32 87 - www.fresnaysursarthe.fr/-Camping-du-Sans-souci
De déb. avr. à fin oct. - 73 empl. -
borne artisanale
3,15 € (eau + élec.) - 11 €
Tarif camping : 13,72 €
(10A) - pers. suppl. 2,50 €
Services et loisirs :
Beaux emplacements délimités en bordure de la Sarthe.
GPS : E 0.01589 N 48.28252

### SABLÉ-SUR-SARTHE

**Municipal de l'Hippodrome**
Allée du Québec - 02 43 95 42 61 - camping.sablesursarthe.fr
De déb. avr. à fin sept. -
borne flot bleu 2 €
(eau + élec.)
Tarif camping : 16,80 €
(16A) - pers. suppl. 4,50 €
Services et loisirs :
Belle décoration arbustive, au bord de la Sarthe.
GPS : W 0.33193 N 47.83136

### YVRÉ-L'ÉVÊQUE

**Onlycamp Le Pont Romain**
Lieu-dit : La Châtaigneraie -
02 43 82 25 39 - www.onlycamp.fr
De mi mars à mi nov. - 70 empl.
borne AireService
Tarif camping : 30,70 €
(10A) - pers. suppl. 6,40 €
Services et loisirs :
GPS : E 0.27972 N 48.01944

# Les bonnes adresses de bib

## LAVAL

**L'Antiquaire** – 64 r. de Vaufleury - 02 43 53 66 76 - www.restaurant-lantiquaire.fr - - fermé sam. midi, dim. soir et lun. - formule déj. 18/22 € - 33/55 €. Cette maison située au cœur de la vieille ville abrite une plaisante salle à manger cosy où l'on sert une généreuse cuisine classique teintée d'un zeste de modernité.

**Abbaye de la Coudre** – R. St-Benoît - 02 43 02 85 85 - www.abbaye-coudre.fr - - 10h-12h, 14h-17h, dim.-lun. 14h-17h - fermé dim. de Pâques, 25 déc. et 1er janv. La boutique de l'abbaye propose les produits fabriqués par la communauté monastique et celles d'autres monastères : le fromage Trappe de La Coudre affiné dans les caves de l'abbaye, des entremets, confitures, confits de bière et de vin, liqueurs, biscuits, chocolats, miel, nougat, caramels...

## LE MANS

**Le Grenier à Sel** – 26 pl. de l'Éperon - 02 43 23 26 30 - www.restaurant-le-grenier-a-sel.fr - 12h-13h30, 19h30-21h30 - fermé merc. midi et sam. midi - formule déj. en sem. 24 € - 41 € (déj.)/57 €. En plein centre-ville, à l'entrée de la cité Plantagenêt, cet ancien grenier à sel propose aujourd'hui une cuisine actuelle. Cadre moderne et mise en place soignée.

## MAYENNE

**L'Éveil des Sens** – 429 bd Paul-Lintier - 02 43 30 42 17 - www.restaurant-leveildessens.fr - fermé 3 sem. en août, vac. scol Noël, mar. midi, dim. soir et lun. - formule déj 24 € - 26 € (déj.)/75 € (réserv. recommandée). Des cuissons et assaisonnements précis, une créativité bien maîtrisée, des produits de qualité : cette table réveille les papilles et y laisse une empreinte durable !

## SABLÉ-SUR-SARTHE

**La Maison Drans** – 38 pl. Raphaël-Elizé - 02 43 55 61 87 - tlj sf dim.-lun. 10h-12h30, 14h30-19h, vend.-sam. 9h30-12h30, 15h-19h. Le biscuit rond et doré est toujours fabriqué artisanalement selon la recette de 1932 dont la maison est dépositaire, avec sa façade Art déco. Goûtez également le Croq'Amours, meringue légère aux amandes et noisettes entières, aromatisée au chocolat, au café ou à la vanille.

## ST-LÉONARD-DES-BOIS

**Ô Passage** – 27 r. des Alpes Mancelles - 06 46 51 52 07 - juil.-août : 8h30-22h ; avr.-juin et sept. : vend.-lun. 8h30-22h - 20/25 €. Ce très sympathique bar-restaurant saisonnier, flanqué d'une belle terrasse en été, sert une cuisine soignée faite maison à base de produits bio issus parfois du jardin. Excellents desserts.

*Château de Laval.*

*K. O'Hara/age fotostock*

# Offices de tourisme

## LAVAL

84 av. Robert-Buron - 02 43 49 46 46 - www.laval-tourisme.com.

## LE MANS

Voir p. 49

## SABLÉ-SUR-SARTHE

18 r. Léon-Legludic - 02 43 95 00 60 - www.vallee-de-la-sarthe.com.

**LE TOP 5 SPÉCIALITÉS**

1. Faïence de Malicorne
2. Sablés de Sablé-sur-Sarthe
3. Rillettes du Mans
4. Produits laitiers (Cité du lait à Laval)
5. Marché aux veaux de Château-Gontier

## PAYS-DE-LA-LOIRE - CIRCUIT 2

# Douceur angevine au fil de la Loire

**Au pays de l'Anjou blanc – Baugeois et Saumurois – les grands vignobles s'épanouissent sur les coteaux de la Loire, ponctués de caves troglodytiques, de châteaux et d'abbayes, tout habillés de tuffeau et d'ardoise qui confèrent au pays noblesse, élégance et luminosité.**

**DÉPART :** ANGERS - 6 jours – 210 km

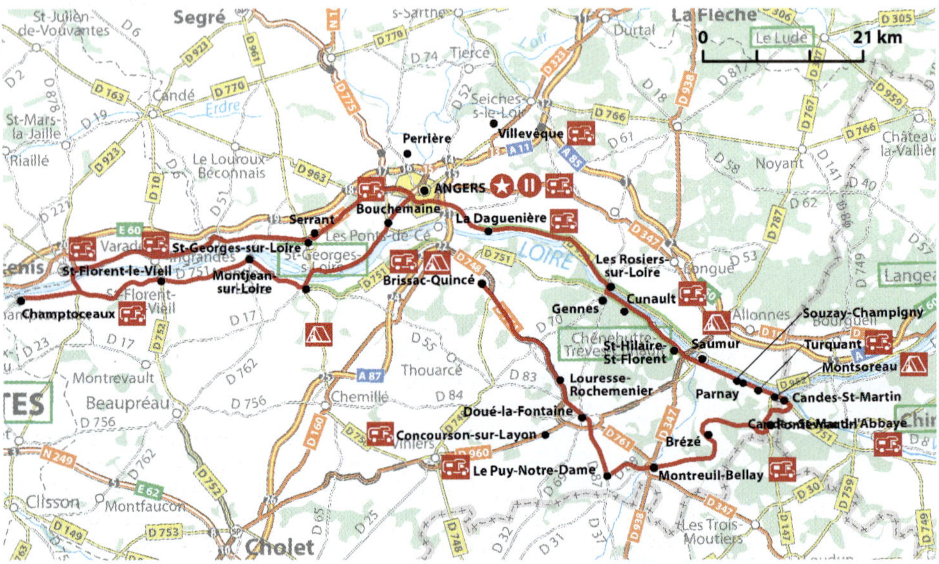


## JOUR 1

Vous démarrez votre circuit à **Angers**. Visitez le château et admirez la tenture de l'Apocalypse en matinée (voir l'encadré p. ci-contre). L'après-midi, faites une excursion à **Brissac** : son château est une rareté architecturale, riche d'un enchevêtrement de galeries, salons et autres pièces aux décors somptueux. Nuit à Angers.

## JOUR 2

Le matin, rendez-vous au **bioparc de Doué-la-Fontaine**. Ce zoo s'est installé dans un site troglodytique remarquable. Puis faites un saut au Mystère des Faluns aux **Perrières** et, non loin, à l'authentique village troglodytique de **Rochemenier** qui comprend ferme et logis. Terminez la journée par un tour au **château de Brézé**, dont les douves, de 18 m de profondeur, sont bordées d'un redoutable chemin de ronde, invisible et percé de mille trous de visée. Un site tout à fait unique en son genre !

## JOUR 3

Si possible, gagnez de bonne heure l'**abbaye de Fontevraud** et consacrez-y au minimum une demi-journée, tant ce lieu est exceptionnel. Cette abbaye, magnifiquement restaurée, est le plus vaste ensemble monastique de France. Elle est aussi réputée pour ses concerts et ses spectacles. Demandez le programme. En fin d'après-midi, dirigez-vous vers **Candes-St-Martin** et les sites troglodytiques de **Turquant**, où s'élabore le fameux saumur-champigny, un vin rouge aux tanins fins et veloutés. Nuit à **Saumur**.

## JOUR 4

Passez la matinée à **Saumur**, cité célèbre pour son école d'équitation, le Cadre noir, ses vins pétillants ou non et ses carrières de culture de champignons. Montez au château dont l'esplanade offre un beau panorama sur le fleuve royal, flânez dans la ville et le long des quais. L'après-midi, pédalez le long des rives de la Loire, entre Saumur et Angers, puis laissez-vous

T. et B. Morandi/hemis.fr

*Le château d'Angers.*

bercer par le courant à l'occasion d'une sortie en toue cabanée sur le fleuve, au départ du **Thoureil**. Une excursion idéale pour observer la nature sauvage et sa faune. Retour vers **Angers** et nuit aux **Ponts-de-Cé**.

## JOUR 5

Journée guinguettes et promenades bucoliques au programme entre Angers et Champtoceaux ! En chemin, vous découvrirez quelques-uns des plus beaux sites de la Loire. La Pointe de **Bouchemaine** est un village situé à la confluence de la Maine et de la Loire aux plaisants estaminets. Les rues étroites de **Montjean-sur-Loire** (prononcer Montejan) enserrent un promontoire rocheux qui surplombe la Loire... La journée se termine joliment à **Champtoceaux**, juché au sommet d'un piton dominant le Val de Loire. Au coucher du soleil, empruntez la promenade de Champalud, un balcon panoramique sur la Loire qui se divise à cet endroit en différents bras séparés par de vastes îles sablonneuses. En soirée, accompagnez votre repas d'un des vins blancs du terroir, qui ont acquis une réputation justifiée.

## JOUR 6

Remontez vers Angers en quittant les rives de Loire pour rejoindre le **château de Serrant**, dont l'harmonieuse façade dissimule un très bel ensemble meublé et une gigantesque bibliothèque lambrissée contenant quelque douze mille livres. Rassemblée en près de quatre siècles, une prestigieuse collection de mobilier et d'œuvres d'art orne les grands salons d'apparat. En fin de journée, il ne reste plus qu'à revenir à **Angers**.

ÉTAPE 11

# Angers

**OFFICE DE TOURISME**

7 pl. du Prés.-Kennedy - ✆ 02 41 23 50 00 - www.angersloiretourisme.com.

**STATIONNEMENT & SERVICES**

**Parking conseillé**

Pl. de La Rochefoucault, rive droite de la Maine, à proximité du pont de Verdun - gratuit.
GPS : W 0.55686 N 47.47755

**Aire d'Angers**

Bd Olivier-Couffon - ✆ 02 41 23 50 00 - www.angers-tourisme.com
Permanent (Accès par interphone 24h/24)
Borne artisanale
10 P - 🔒 - 72h - 15 €/j. - gratuit pour les détenteurs du Angers City Pass (en vente à l'office de tourisme)
Paiement : CC
Services : WC
Le City Pass permet d'accéder gratuitement à tous les sites touristiques d'Angers.
GPS : W 0.56576 N 47.46642

C'est au pied des tours et remparts noir et blanc ceinturés de fossés qu'il convient de commencer la découverte de la cité du bon roi René. Le temps fort de la visite de la **forteresse**, c'est la **tenture de l'Apocalypse**, tapisserie médiévale mondialement connue en 76 panneaux alternant fond rouge et fond bleu. Vous ne pouvez manquer d'admirer la composition et la fraîcheur des coloris.
Au sortir vous apprécierez de visiter la chapelle et le logis royal. Face au château, une visite s'impose à la Maison du Vin de l'Anjou (dégustations), avant de flâner dans les ruelles où se succèdent boutiques chics et antiquaires et de rejoindre la **galerie David-d'Angers**, abritée dans l'ancienne église abbatiale Toussaint : cette dernière met à l'honneur les œuvres d'atelier du sculpteur très prolifique David-d'Angers. À deux pas se trouve le **musée des Beaux-Arts** dans le logis Barrault où se côtoient peintures de différentes périodes, dessins, photographies, gravures, objets d'art et d'archéologie. Poussez la balade jusqu'à la **collégiale St-Martin** de brique et de tuffeau, vestige carolingien abritant de belles sculptures religieuses.
Vos pas vous guideront ensuite dans le quartier de la cathédrale au chevet de laquelle se dresse la magnifique **Maison d'Adam**. La **cathédrale St-Maurice** mérite une visite pour ses vitraux des 12e et 13e s. et ses peintures médiévales. Vous verrez aussi l'**hôtel Pincé**, gracieux logis de la Renaissance, avant de rejoindre le **quartier de la Doutre** sur la rive droite de la Maine et l'ancien **hôpital St-Jean**, dont la pharmacie abrite le **« Chant du Monde »**, longue suite de tapisseries signées par Jean Lurçat. En fin de journée, montez au sommet du théâtre Le Quai pour un superbe panorama sur la ville et les rives de la Maine.

# Aires de service & de stationnement

## ANGERS

Voir p. précédente

## BOUCHEMAINE

**Aire de Bouchemaine**
25 r. Chevrière - 02 41 22 21 53
Permanent (fermé 1er w.-end de sept. et en période de crue)
Borne Urbaflux 2,30 €
45 - Illimité - 15 €/j.
Paiement : CC
Services : WC
GPS : W 0.61117 N 47.41914

## BRISSAC-QUINCÉ

**Aire de Brissac-Quincé**
Parking de l'Aubance -
02 41 78 26 21 - Permanent
Borne artisanale : Gratuit
12 - Illimité - Gratuit
Services : WC
Face au château de Brissac
GPS : W 0.4463 N 47.35465

## CHAMPTOCEAUX

**Aire de Champtoceaux**
Le Champalud - 02 41 69 35 72
Permanent
Borne artisanale : Gratuit
- Illimité - Gratuit
Services : WC
Situé sur les hauteurs de Champtoceaux avec jolie vue sur la Loire.
GPS : W 1.2658 N 47.33736

## CONCOURSON-SUR-LAYON

**Aire de Concourson-sur-Layon**
R. Nationale, D 960, en bordure du Layon - 02 41 59 11 59 - Permanent
Borne artisanale 3 € : Gratuit
6 - Illimité - Gratuit
Paiement : jetons (à la mairie, restaurant, viticulteurs)
Services : WC
GPS : W 0.34284 N 47.17368

## CUNAULT

**Aire de Cunault**
R. Beauregard (D751) -
02 41 38 08 57 -
(fermé en période de crue)
Borne eurorelais
50 - 72h
Étape très agréable, au bord de la Loire.
GPS : W 0.19483 N 47.32666

## LA DAGUENIÈRE

**Aire de la Daguenière**
R. du Stade - 02 41 57 36 08
Permanent (fermé en période de crue)
Borne artisanale 2 €
10 - Illimité - Gratuit
Paiement : jetons (chez les commerçants et à la mairie)
Services : WC
GPS : W 0.43932 N 47.42238

## FONTEVRAUD-L'ABBAYE

**Aire de Fontevraud-l'Abbaye**
R. des Genêts, près de la gendarmerie - 02 41 51 71 21
Permanent (mise hors gel) -
Borne AireService : Gratuit
- 24h - Gratuit - Stationnement de jour uniquement
Services : WC
Proche du centre et de l'abbaye.
GPS : E 0.04928 N 47.18421

## MONTREUIL-BELLAY

**Aire de Montreuil-Bellay**
R. Georges-Girouy, près du camping Les Nobis - 02 41 40 17 60
Permanent
Borne artisanale : 2,38 (eau + élec.)
15 - Illimité - Gratuit
Paiement : jetons (Maisons de la presse la Barbacane et Rue Nationale, camping les Nobis, office de tourisme et mairie)
Services : WC
GPS : W 0.15828 N 47.1326

## LE PUY-NOTRE-DAME

**Aire le Puy-Notre-Dame**
R. du Parc, pl. du Gate-Argent -
02 41 52 26 34
Permanent (mise hors gel)
Borne artisanale : gratuit
Services : WC
GPS : W 0.23155 N 47.12389

## ST-FLORENT-LE-VIEIL

**Aire de stationnement**
Les Coteaux - 02 40 96 70 20
Permanent
- Illimité - Gratuit - cale et auvent interdits la nuit.
Services : WC
À proximité de l'abbatiale, plat, bitume.
GPS : W 1.02332 N 47.36215

## ST-GEORGES-SUR-LOIRE

**Aire de St-Georges**
R. de l'Abbaye (ex. r. de la Villette) -
02 41 72 14 80
Permanent (mise hors gel)
Borne artisanale : Gratuit
15 - 72h - Gratuit
Services : WC
Située près de l'étang d'Arrouët. Plat, bitume, cadre verdoyant.
GPS : W 0.76488 N 47.40373

## TURQUANT

**Aire de Turquant**
Intersection r. des Ducs d'Anjou et des Martyrs, derrière l'église -
02 41 38 11 65 -
www.turquant.fr - Permanent
Borne AireService 2,50 €
20 - Illimité - Gratuit
Paiement : jetons (chez les commerçants et à la mairie)
Services : WC
GPS : E 0.02916 N 47.22388

## VILLEVÊQUE

**Aire de Villevêque**
Pl. de la Mairie, près du moulin -
06 76 29 73 66
Permanent (fermé en période de crue)
Borne artisanale 2 €
6 - Illimité - Gratuit
Paiement : jetons (chez les commerçants)
Services :
Aire très agréable, au bord du Loir. Zone inondable.
GPS : W 0.42257 N 47.56222

## Campings

**BRISSAC-QUINCÉ**

**Sites et Paysages Domaine de l'Étang**
Rte de St-Mathurin - 02 41 91 70 61 - www.campingetang.com
De mi avr. à mi sept. - 110 empl. - borne artisanale
Tarif camping : 32 € (16A) - pers. suppl. 8 €
Services et loisirs :
Emplacements spacieux et confortables, sur les terres d'une ancienne ferme.
GPS : W 0.43529 N 47.36082

**CHALONNES-SUR-LOIRE**

**Onlycamp Les Portes de La Loire**
Rte de Rochefort - 02 41 78 02 27 - portesdelaloire.onlycamp.fr
De fin avr. à fin sept. - 110 empl.
borne artisanale
Tarif camping : 24,70 € (10A) - pers. suppl. 4,20 €
Services et loisirs :
GPS : W 0.74813 N 47.35132

**MONTSOREAU**

**C'est si bon L'Isle Verte**
Av. de la Loire - 02 41 51 76 60 - www.campingisleverte.com
De déb. avr. à mi oct. - 87 empl.
borne artisanale
Tarif camping : 29,50 € (10A) - pers. suppl. 7 €
Services et loisirs :
GPS : E 0.05165 N 47.21861

**SAUMUR**

**Flower L'Île d'Offard**
Bd de Verden - 02 41 40 30 00 - www.saumur-camping.com
De mi mars à fin oct. - 160 empl.
borne AireService
Tarif camping : 34,20 € (10A) - pers. suppl. 7 €
Services et loisirs :
Situation agréable à la pointe de l'île avec vue sur le château.
GPS : W 0.0656 N 47.26022

## Les bonnes adresses de bib

**ANGERS**

**Le Petit Comptoir** – 40 r. David-d'Angers - 02 41 43 32 00 - fermé dim.-lun. - déj. : formule 14,90 €, 17,90 € - soir : formules 27/29 €, 33 € - réserv. recommandée. La façade rouge carmin de ce bistrot angevin dissimule une salle à manger exiguë mais chaleureuse. Ambiance décontractée autour d'une cuisine douée d'une belle inventivité. Excellente table !

**Chez Rémi** – R. des Deux-Haies - 02 41 24 95 44 - fermé de mi-juil. à mi-août, sam. midi, dim. et lun. - formules déj. 19/23 € - 29/32 €. Cuisine traditionnelle (terrine de foie de volaille, cochon local, carré de veau...), tendance bistronomique, servie dans un beau décor, et concoctée à base de produits frais maison. Le tout à deux pas de la place du Ralliement.

**La Maison d'Adam** – 1 pl. Ste-Croix - 02 41 88 06 27 - www.maison-artisans.com - tlj sf dim. 9h30-19h, lun. 14h-19h. Derrière la cathédrale, cette grande demeure du 16e s. abrite les plus belles pièces d'artisanat des Pays de la Loire. Plus de 80 créateurs exposent leurs œuvres : bois tourné, sculptures, tapisseries...

**Maison du Vin de l'Anjou** – 5 bis pl. Kennedy - 02 41 17 68 20 - avr.-sept. : 10h-13h, 14h30-19h, lun. 14h30-19h ; oct.-déc. : mar.-sam. 10h30-12h30, 15h-18h - fermé de mi-janv. à mi-fév., dim., 1er janv., 1er et 8 Mai, 1er nov. et 25 déc. Située au centre d'Angers, près du château, cette maison au cadre lumineux présente une large sélection de vins avec plus de 70 références en AOC. Obtenu en 2012, le label « Vignobles et découvertes » est une garantie de qualité.

**DOUÉ-LA-FONTAINE**

**Terre de rose - Distillerie** – 94 bis rte de Cholet - 02 41 50 98 79 - www.terrederose.com - juin-août : 9h30-19h ; avr.-mai : 9h30-12h, 14h-18h - possibilité de visite guidée sur demande (1h) - 5,50 € (-12 ans 3,50 €) - 9 €. Distillerie artisanale aménagée dans une maison centenaire. L'eau de rose étant la spécialité de la maison, vous découvrirez au cours de la visite de vieux alambics et un jardin planté de 3 000 rosiers. Petit écomusée de la ferme (animaux en liberté) et boutique de produits à base de rose (tte l'année). Musée insolite sur la rose et ensemble troglodyte.

**FONTEVRAUD-L'ABBAYE**

**L'Abbaye Le Délice** – 8 av. des Roches - 02 41 51 71 04 - www.restaurant-ledelice-fontevraud-abbaye.fr - fermé fév., vac. de Toussaint, mar. soir et merc. - 16,50/30 €. On entre dans la salle en passant d'abord par le café. Puis, commande prise, on savoure les produits du terroir concoctés avec passion. Très belle adresse locale.

**SAUMUR**

**Les Caves de Louis de Grenelle** – 839 r. Marceau - 02 41 50 23 21 - www.louisdegrenelle.fr - visite guidée (1h) sais. : 9h30-19h ; reste de l'année : tlj sf dim. 9h30-12h30, 13h30-18h30 - fermé j. fériés - 3 € (-16 ans 1,50 €) - visite guidée suivie d'une dégustation commentée. À douze mètres sous terre, dans cette carrière de tuffeau creusée au 15e s., se perpétue un savoir-faire ancestral : depuis 1859 s'y élaborent selon la méthode traditionnelle crémant de Loire et saumur brut. Quatre millions de bouteilles reposent dans ces caves. Visite guidée suivie d'une dégustation commentée.

# La Vendée et le Marais poitevin

**Que privilégier ? L'histoire avec la guerre de Vendée conduite de 1793 à 1796 contre les armées de la République ? Le Grand Parc du Puy du Fou rafraîchira vos souvenirs scolaires et le musée d'Histoire de la ville de Cholet les approfondira ! La nature ? Pour cela, il suffira de vous laisser glisser en barque sur les eaux vertes du Marais poitevin, de le parcourir à pied ou à vélo, le long de prés bordés de saules...**

**DÉPART :** CHOLET - 6 jours - 280 km

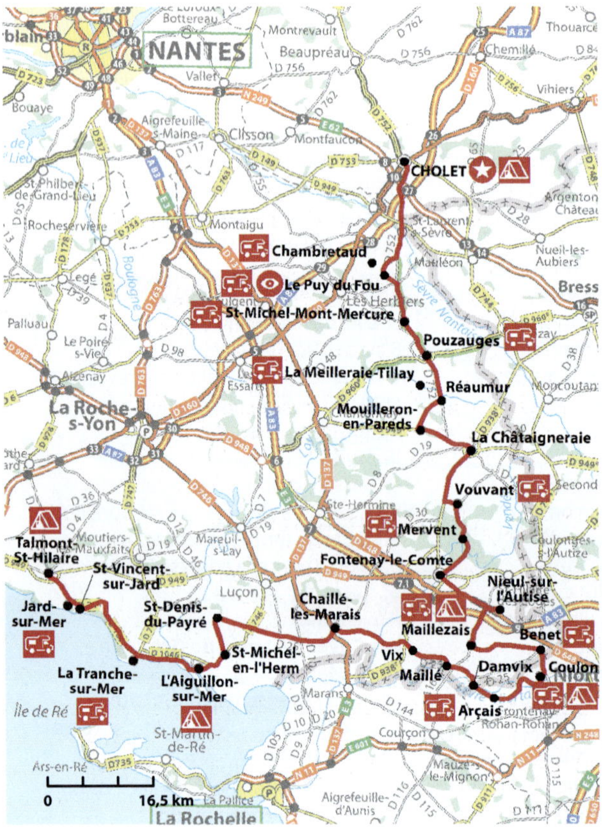


## JOUR 1

**Cholet** : la ville garde en mémoire les terribles guerres vendéennes : la visite du musée d'Art et d'Histoire de Cholet vous permettra de comprendre l'histoire de la ville et celle des guerres de Vendée. Cholet étant la ville des mouchoirs, visitez aussi le musée du Textile. Rejoignez ensuite le Grand Parc du **Puy-du-Fou** (voir l'encadré p. ci-contre).

## JOUR 2

Après la visite du Puy-du-Fou, gagnez plein sud **St-Michel-Mont-Mercure** et montez au sommet du clocher de l'église : panorama sur le bocage et jusqu'à la mer ! Plus au sud, **Pouzauges** abrite le beau moulin du Terrier-Marteau, un donjon féodal majestueux et le magnifique panorama circulaire du puy Crapaud. Par **Réaumur**, vous rejoindrez ensuite **Mouilleron-en-Pareds**, patrie de Georges Clemenceau et du maréchal de Lattre de Tassigny : visitez le musée national des Deux-Victoires Clemenceau - De Lattre avant de vous rendre à la colline des moulins à la belle restauration paysagère. Via **La Châtaigneraie** vous atteindrez **Vouvant** où vous finirez la journée entre la tour de Mélusine et l'église aux éléments romans.

## JOUR 3

La forêt de Mervent-Vouvant vous retiendra bien une demi-journée, entre le panorama sur la retenue du barrage de **Mervent** depuis le parc de la mairie et le Natur'Zoo au cœur du massif forestier accueillant les animaux sauvages en semi-liberté. Vous rejoindrez maintenant **Fontenay-le-Comte**, une ville paisible marquée par le Moyen Âge et la Renaissance ce dont témoignent de nombreux monuments et maisons anciennes, rue du Pont-aux-Chèvres et place Belliard. Ensuite, en direction de Niort, vous rattraperez l'abbaye royale de **Nieul-sur-l'Autise** pour une passionnante visite, avec une muséographie exceptionnelle à l'aide de jeux de lumière, passerelles, écrans tactiles.

## JOUR 4

**Maillezais** vous attend avec les ruines émouvantes de son abbaye et pour une première balade en barque sur la Venise verte dans le Marais mouillé.

H. Lenain/hemis.fr

*Dans le Marais poitevin.*

De là vous gagnerez **Coulon**, son hameau de la Garette et l'embarcadère « cardinaud »; longez par la Sèvre niortaise qui exhibe ses petites maisons typiques du marais jusqu'à **Arçais** et son grand port, charmant village flanqué d'un gros château 19e s. Comptez une journée supplémentaire si vous voulez vous aventurer à vélo ou en barque de location pour apprécier la quiétude du Marais poitevin.

## JOUR 5

Par **Damvix**, **Maillé** et **Vix**, rattrapez **Chaillé-les-Marais**. Ancienne île du golfe du Poitou qui domine la plaine autrefois immergée, c'est le premier village à avoir été asséché. Du belvédère se dégage une belle vue sur le marais, d'où émergent, sur la gauche, les anciens îlots d'Aisne et du Sableau. Visitez la Maison du Maître de Digue pour comprendre l'action des hommes sur le marais desséché. Au sud-ouest, à **St-Denis-du-Payré**, vous pourrez observer les quelque 120 espèces oiseaux de la réserve naturelle.

## JOUR 6

Direction le Marais poitevin maritime : après la visite de l'abbaye bénédictine de **St-Michel-en-l'Herm**, vous arrivez à **L'Aiguillon-sur-Mer** pour déguster huîtres et moules. Reste à profiter des belles plages à La Faute-sur-Mer. À **La Tranche-sur-Mer**, les sportifs pourront hisser la voile et dériver sur une planche, tandis que les amateurs d'histoire partiront pour **St-Vincent-sur-Jard**, cité où Clemenceau se retira à la fin de sa vie : sa maison est remplie de souvenirs et ses jardins s'inspirent de ceux de son ami impressionniste Claude Monet. Puis gagnez les vestiges évocateurs du château médiéval de **Talmont-St-Hilaire**, édifié par Richard Cœur-de-Lion : en été, nombreuses festivités médiévales et son et lumière.

VISITE

# Le Puy du Fou

### INFOS PRATIQUES

Parc du Puy-du-Fou - 0 820 09 10 10 - www.puydufou.com - - de déb. avr. à déb. nov. : 9h30-19h (22h lors des Noces de feu) - 43 € (-14 ans 32 €) - 61 € billet combiné avec la Cinéscénie - Cinéscénie (soirée) : 28 € - billets pour 2 ou 3 j. : tarif, se rens. - réductions sur Internet.

**Bon à savoir**

Il y a foule aux spectacles, anticipez les horaires (fournis à l'entrée). Pour la cinéscénie, prévoyez des vêtements chauds, éteignez téléphones et appareils photo.

**Restauration**

Env. 20 points de restauration dont 2 restaurants spectacles (sur réserv. avec billet). Menus enfants. Aires de pique-nique.

### STATIONNEMENT & SERVICES

**Aire du Puy du Fou**

Au du Puy du Fou, suivre les flèches pour accéder au parking et à la borne (à 800 m) -
08 20 09 10 10 - www.puydufou.com
De déb. avr. à déb. nov. (et fêtes de fin d'année)
Borne eurorelais : 10 € (eau + élec.)
850 - Illimité - 10 €/j. - Paiement : CC
Services : WC
Immense camping pour camping-cars, plat, herbeux, ombragé. Navette gratuite pour le parc d'attractions.
GPS : W 0.92481 N 46.89426

Le Puy-du-Fou, 2e parc à thème de France, voué aux attractions historiques, propose des divertissements, spectacles de nuit et animations dans un cadre naturel de 50 ha.
Les spectacles sont particulièrement bien orchestrés, avec cascades et ballets. Mis en scène dans de grands amphithéâtres ou d'immenses décors de théâtre, ils durent environ 30mn chacun. Vous verrez des combats de gladiateurs, des chars romains roulant à une allure folle, l'assaut d'un château médiéval, des combats de Vikings, d'élégants mousquetaires dansant sur leurs chevaux, le bal des oiseaux fantômes, et bien d'autres animations.
Le site accueille également trois villages reconstitués en matériaux authentiques, animés par des artisans d'art : la Cité médiévale, le village du 18e s. et le bourg 1900.
Ils se prêtent à la promenade et permettent une pause agréable entre deux spectacles. Vous pouvez aussi y acheter des souvenirs dans les petites échoppes thématiques.
Quant à la Cinéscénie (vendredi et samedi d'été), elle offre un gigantesque et magique spectacle de nuit d'1h40 utilisant 1 200 figurants, 24 000 costumes, les voix de grands acteurs... Ce son et lumière extraordinaire a conquis près de quatorze millions de spectateurs.

# Aires de service & de stationnement

## ARÇAIS

**Aire d'Arçais**
R. du Marais (D 102), au parking du Praineau - 05 49 35 37 12
Permanent (mise hors gel) -
Borne Urbaflux : 8 € (eau + élec.)
- Illimité - 10,50 €/j.
Paiement :
Services :
Un petit camping pour camping-cars, plat, verdoyant et ombragé.
GPS : W 0.68819 N 46.29657

## BENET

**Aire de Benet**
R. de la Gare - 02 51 00 96 26
Permanent
Borne AireService : Gratuit
8 - 48h - Gratuit
Services :
Plat, bitume et ombragé mais manque de tenue.
GPS : W 0.59518 N 46.36948

## CHAMBRETAUD

**Aire de Chambretaud**
Pl. des Diamants - 02 51 47 88 20
Permanent
Borne artisanale : gratuit
10 - Illimité - gratuit
Services :
Plat, bitume.
GPS : W 0.97176 N 46.92292

## COULON

**Aire de Coulon**
Parking de l'Autremont - 05 49 35 90 26 - Permanent -
Borne Urbaflux : gratuit
-
Paiement :
Services :
Ancien camping municipal au cadre verdoyant, plat, herbeux, ombragé, au bord de la rivière.
GPS : W 0.58994 N 46.32127

## JARD-SUR-MER

**Aire de Jard-sur-Mer**
Rte des Goffineaux, en dir. du port de plaisance - 02 51 33 40 17
Permanent -
Borne artisanale 2 €
15 - 48h - 6,10 €/j.
Paiement :
Agréable, plat, gravier, proche de la plage et des rochers.
GPS : W 1.59358 N 46.41074

## MAILLEZAIS

**Aire de Maillezais**
R. des Écoles, face à la Maison de la Santé - 02 51 00 70 25
Permanent -
Borne raclet : Gratuit
20 - 24h - Gratuit
Services :
Plat, bitume, ouvert à tout véhicule.
GPS : W 0.74123 N 46.37081

## LA MEILLERAIE-TILLAY

**Aire de la Meilleraie-Tillay**
R. des Ombrages, zone de loisirs du Lay - 02 51 65 82 13
De déb. avr. à fin oct. -
Borne artisanale : Gratuit
6 - Illimité - Gratuit
Paiement : jetons (à la mairie et l'épicerie)
Services :
Plat, gravier, ombragé et douches à jetons (en vente à la mairie ou à l'épicerie)
GPS : W 0.84514 N 46.73886

## MERVENT

**Aire de Mervent**
Chemin du Chêne-Tord, face au cimetière - 02 51 00 20 10
Permanent -
Borne artisanale : gratuit
50 - Illimité - 5 €/j. - paiement au régisseur
Services :
Plat, gravier, vaste avec petit ombrage.
GPS : W 0.76431 N 46.52363

## POUZAUGES

**Aire de la Vallée**
R. du Pré-de-Foire, parking de la Vallée, au croisement entre D 49 et D 203 - 02 51 57 01 37 -
Permanent
Borne artisanale : Gratuit
20 - 24h - Gratuit
Services :
Plat, bitume. Départ de sentiers de randonnées.
GPS : W 0.82854 N 46.77644

## LE PUY DU FOU

Voir p. précédente

## ST-MICHEL-MONT-MERCURE

**Aire du Mont-Mercure**
R. de l'Obrie, derrière l'église - 02 51 57 20 32
Permanent (mise hors gel) -
Borne artisanale : Gratuit
40 - Illimité - Gratuit
Services :
Plat, gravier. Commune la plus haute de Vendée offrant un point de vue à 360°.
GPS : W 0.88236 N 46.83232

## LA TRANCHE-SUR-MER

**Aire du Stade Municipal**
Av. du Gén.-de-Gaulle (D 105) - 02 51 30 33 96 - Permanent
Borne AireService 3,50 €
-
Paiement :
Services :
Plat, gravier. Arrêt de bus pour le centre ville et les plages.
GPS : W 1.43745 N 46.35035

## VOUVANT

**Aire de Vouvant**
R. Château-Neuf (D 31) - 02 51 00 80 21 - www.vouvant.fr
Permanent -
Borne artisanale
30 - - Illimité - 5 €/j. - borne compris - paiement à la boulangerie Au Fournil de Mélusine ou au régisseur le matin
Services :
Agréable, plat, ombragé et verdoyant au centre d'un joli village.
GPS : W 0.77491 N 46.57434

## Campings

### L'AIGUILLON-SUR-MER

**La Cléroca**
Rte de Grues - 02 51 27 19 92 - www.camping-la-cleroca.com
De déb. avr. à fin sept.
borne artisanale
Tarif camping : 29 €
(10A) - pers. suppl. 6 €
Services et loisirs :
Terrain verdoyant et ombragé, emplacements confortables dont certains avec vue sur les champs.
GPS : W 1.31513 N 46.35003

### CHOLET

**Capfun Lac de Ribou**
02 41 49 74 30 - www.capfun.com
De déb. avr. à déb. oct. - 199 empl. -
borne artisanale 6 € (eau + élec.)
Tarif camping : 39 €
(10A) - pers. suppl. 7 €
Services et loisirs :
À 100 m du lac.
GPS : W 0.84017 N 47.03621

### COULON

Voir p. 274

### MAILLEZAIS

**Municipal de l'Autize**
Rte de Maille - 06 43 19 14 90 - www.camping-de-lautize.business.site - De déb. juin à fin sept. - 38 empl.
borne Urbaflux 2 € (eau + élec.)
Tarif camping : 16,50 €
(5A) - pers. suppl. 3,30 €
Services et loisirs :
Cadre verdoyant à la sortie du bourg.
GPS : W 0.73914 N 46.37133

### TALMONT-ST-HILAIRE

**Sandaya Le Littoral**
Lieu-dit : Le Porteau - 02 51 22 04 64 - www.sandaya.fr
De déb. avr. à mi-sept. - 433 empl.
Tarif camping : 60 €
Services et loisirs :
Navettes gratuites pour les plages.
GPS : W 1.70222 N 46.45195

## Les adresses de bib

### CHOLET

**L'Ourdissoir** – 40 r. St-Bonaventure - 02 41 58 55 18 - lourdissoir.com - 12h15-13h30, 19h15-21h - fermé dim. et lun. - 16/59 €. Deux salles rustiques (beaux murs en pierre) dont l'une fut un atelier de tisserands de la ville du mouchoir, et mobilier contemporain. Copieuse cuisine actuelle et un menu du terroir.

### COULON

**Le Central** – Pl. de l'Église - 05 49 35 90 20 - www.hotel-lecentral-coulon.com - 12h-13h45, 19h30-21h - fermé dim. soir et lun. - 21,50/44,50 €. Dans cette ancienne auberge aux poutres blanchies de la grande salle claire, vous serez bien accueilli et pourrez savourer une cuisine gourmande déclinée en plusieurs menus où dominent escargots, anguilles, farci poitevin... Excellents desserts. Terrasse aux beaux jours.

### FONTENAY-LE-COMTE

**Hôtel-restaurant de Vendée** – 126 r. de la République - 02 51 69 76 11 - www.restaurant-hotel-de-vendee.fr - - fermé dim. et vend. soir - formule déj. 13,90 € - 23 € (soir). Excellent rapport qualité-prix. Au menu, terrine de boudin noir maison, cassolette de queues d'écrevisses, petites pommes de terre sautées dans leur peau à la fleur de sel, dessert du chef (mousse mascarpone vanillée et chocolatée). L'été, petite terrasse.

### MAILLEZAIS

**L'Échauguette** – 41 r. Grand-Port - 02 51 00 70 43 - echauguette-maillezais.fr - - 9h-0h - fermé oct.-mars - plats 13/24 €. Une tonnelle dressée sous les saules pleureurs abrite quelques tables où l'on s'installe pour goûter un farci ou une autre spécialité poitevine. La salle à manger, avec son cadre rustique et sa cheminée, ne manque pas non plus de charme.

## Offices de tourisme

### CHOLET

14 av. Maudet - 02 41 49 80 00 - www.ot-cholet.fr.

### FONTENAY-LE-COMTE

Pl. de Verdun - 02 51 69 44 99 - www.tourisme-sudvendee.com.

### TALMONT-ST-HILAIRE

11 r. du Château - 02 51 90 65 10 - www.destination-vendeegrandlittoral.com.

*Chemin du littoral vendéen.*

*Thomas Pajot/iStock*

**LE TOP 5 PLAGES FAMILIALES**

1. Talmont-St-Hilaire (Veillon)
2. St-Vincent-sur-Mer
3. Longeville-sur-Mer
4. La Tranche-sur-Mer
5. La Faute-sur-Mer

## PAYS-DE-LA-LOIRE - CIRCUIT 4

# Sur les pas des gabelous

**Les marais salants forment un immense quadrillage délimité par de petits talus de terre argileuse. À Guérande et Noirmoutier, pour le plus grand plaisir de nos papilles, les paludiers ont repris les grands râteaux plats pour écumer le sel blanc à la surface puis reformer les caractéristiques mulons. Sur les pas des gabelous, vous rencontrerez aussi Nantes, une ville riche en art et en chlorophylle !**

**DÉPART :** ST-GILLES-CROIX-DE-VIE - 6 jours – 260 km

## JOUR 1

**St-Gilles** est un actif port de pêche de la côte vendéenne. Les bateaux multicolores sont amarrés, prêts à partir pour la pêche à la sardine, au homard et au thon. Quittez-le en direction du nord, en longeant le front de mer et une partie de la forêt des Pays de Monts jusqu'à **St-Jean-de-Monts**. Dotée d'immenses plages de sable, cette station est idéale pour une halte familiale. Déjeunez dans l'un des agréables restaurants de la ville. Pour gagner ensuite Noirmoutier, traverser le marais breton-vendéen et arrêtez-vous à **La Barre-de-Monts** pour visiter l'écomusée consacré à cet extraordinaire milieu naturel. Pour passer sur l'île de **Noirmoutier**, renseignez-vous sur les horaires des marées afin d'emprunter à l'aller ou au retour l'étonnant passage du Gois. Sur cette île où règne une atmosphère de bout du monde, vous serez charmé par son climat doux, ses criques tranquilles et ses bois odorants : laissez-vous aller à humer l'air aux parfums de mimosa et de pin, remplissez votre panier de sel, de pommes de terre nouvelles et de fruits de mer et retrouverez le geste ancestral du saunier.

## JOUR 2

Après avoir passé la nuit sur l'île, regagnez le continent pour partir à la découverte de **Challans**, au sud-est, connu pour ses canards et ses poulets noirs. Déjeuner gourmand en perspective ! Vous remonterez ensuite vers **Pornic** et de la **Côte de Jade**. Rendez-vous jusqu'à la pointe rocheuse de **St-Gildas**. Profitez encore de la côte avant de gagner l'intérieur des terres pour visiter la Planète sauvage à Port-St-Père, un parc animalier inspiré des safaris. Enfin, rejoignez Nantes en fin de journée.

## JOURS 3 ET 4

Visitez **Nantes** (voir l'encadré p. ci-contre) : voilà une étape à ne manquer sous aucun prétexte ! Dans cette cité au foisonnement culturel unique en France, privilégiez d'abord la visite du château des ducs de Bretagne et déjeunez dans le quartier du Bouffay, avant de partir à la découverte du musée des Beaux-Arts. En soirée, flânez le long de l'Erdre. Le lendemain, soyez le premier à acheter votre billet pour les Machines de l'Île : balade à dos d'éléphant à prévoir !

L. McKie/imageBROKER/age fotostock

*Nantes, place Graslin.*

Ensuite, traversez la Loire pour rejoindre le quartier Graslin. Flânez en particulier dans le passage Pommeraye.

## JOUR 5

En route pour La Baule, n'hésitez pas à vous arrêter à **St-Nazaire** pour vous plonger dans l'ambiance des paquebots de croisière sur les chantiers navals. Montez également sur les toits de l'ancienne base sous-marine pour contempler l'ensemble du bassin de St-Nazaire. Les plages de **La Baule** ou du **Pouliguen** vous attendent pour le reste de la journée. Terminez celle-ci par une promenade au coucher du soleil, le long de la côte sauvage, jusqu'à **Batz-sur-Mer** qui surgit de la côte rocheuse, entre marais salants et Océan et d'où l'on observe avec joie le spectacle des lames qui se brisent sur la digue.

## JOUR 6

Placée sous le signe du sel, cette journée commence par un rendez-vous avec un paludier de « Terre et Sel », à Pradel. Il vous fera découvrir les marais salants de la **presqu'île de Guérande**, classés au Patrimoine mondial de l'Unesco depuis 2012. Arrangez-vous pour déjeuner dans la cité du même nom et flânez dans sa ville, qui a le charme particulier d'une cité médiévale fortifiée. Les sentiers de découverte du **Parc naturel régional de la Grande Brière** occuperont ensuite tout votre après-midi : partez à la découverte du deuxième marais de France après la Camargue (la Grande Brière Mottière occupe 7 700 des 40 000 ha du Parc régional), promesse de belles balades équestres ou en chaland.

ÉTAPE 11

# Nantes

### OFFICE DE TOURISME

9 r. des États - 0 892 46 40 44 - www.nantes-tourisme.com.

### STATIONNEMENT & SERVICES

**Parking Gloriette dit « de la Petite-Hollande »**
Vaste parking sur la place de la Petite-Hollande, dans l'hyper centre, avec emplacement pour camping-cars - 2,40 €/h env. de 8h à 19h et 1 €/h de 19h à 8h.
GPS : W 1.560158 N 47.210703

**Nantes Camping - Le Petit Port**
21 bd du Petit-Port, au bord du Cens -
02 40 74 47 94 - www.nantes-camping.fr
Permanent - 86 empl. -
borne artisanale
Paiement :
Tarif camping : 20 € (16A) - pers. suppl. 5 €
Services et loisirs :
Arrêt du tramway pour le centre-ville.
GPS : W 1.5567 N 47.24346

Pour bien débuter votre visite de la ville, commencez par les symboles de l'histoire nantaise, avec la **cathédrale St-Pierre-et-St-Paul**, et ses gisants, dont les voûtes intérieures s'élèvent jusqu'à 37,50 m de hauteur.
Pour une autre page d'histoire, gagnez le **château des ducs de Bretagne** et ses douves herbeuses ; il abrite le passionnant **musée d'Histoire de la ville**. Poursuivez en flânant dans les rues du sympathique quartier Bouffay, où vous ne tarderez pas à repérer un endroit pour déjeuner en plein air. Faites ensuite une promenade digestive, dans l'ancienne **île Feydeau** et ses hôtels d'armateurs. Un brin de lèche-vitrine sera le doux prétexte à une flânerie aux alentours de la **place du commerce**, centre névralgique de la ville, et de la **place Royale**, dont le beau passage Pommeraye cache de nombreuses boutiques.
Quelques musées retiennent aussi l'attention comme le **mémorial de l'abolition de l'esclavage** – Nantes ayant été la plus importante ville négrière de France –, le beau **Muséum d'histoire naturelle**, installé dans l'ancien hôtel de la Monnaie, qui recèle un spectaculaire squelette de rorqual, et le riche **musée d'Art**, entièrement restauré.
Mais, l'un des grands incontournables de la ville est l'**île de Nantes** qui fut en partie occupée jusqu'en 1987 par les chantiers navals. Elle abrite désormais de grands équipements culturels et touristiques comme le Hangar à Bananes, La Fabrique et surtout les célèbres **Machines de l'île** dont les créatures évoquent l'univers de Jules Verne. Enfin, en soirée, dirigez-vous vers **Le lieu unique**, installé dans l'ancienne biscuiterie Lefèvre-Utile et aujourd'hui réhabilitée en centre culturel et en Scène nationale.

# Aires de service & de stationnement

## BATZ-SUR-MER

**Aire de la Govelle**
Rte de la Govelle - 02 40 23 92 36
De déb. avr. à fin oct. (mise hors gel)
Borne eurorelais : 2 € (eau + élec.)
7 - - 48h - 9,80 €/j.
Services :
Face à la mer et à la plage ; plat, gravier.
GPS : W 2.45383 N 47.2674

## CHALLANS

**Aire de Challans**
Parking du Marais Viaud, bd Viaud-Grand-Marais - 02 51 49 79 79 - www.otsi-challans.fr
Permanent (fermé déb. sept pour la foire aux Minets)
Borne artisanale : Gratuit
19 - 48h - Gratuit
Services :
Bordé par un grand parc verdoyant; plat, bitume.
GPS : W 1.87468 N 46.85013

## LE CROISIC

**Aire de Lingorzé**
R. de Lingorzé, à côté de l'Océarium - 02 28 56 78 50 - Permanent
Borne Urbaflux : 5 € (eau + élec.)
8 - 48h - 7 €/j. - Paiement :
Services :
Proche de la coopérative maritime et du centre ville ; plat bitume.
GPS : W 2.5217 N 47.299

## GUÉRANDE

**Aire de Guérande**
Av. de la Brière - 02 40 15 60 40
Permanent
Borne AireService : gratuit
30 - 48h - Gratuit - pendant l'été, emplacements suppl. parking du lycée Galillée, gratuit sans eau ni élec.
Paiement :
Services :
Aire bruyante, sur rond-point ; plat, herbeux.
GPS : W 2.42021 N 47.33333

## L'HERBAUDIÈRE

**Aire de l'Herbaudière**
Av. Mourain, derrière la mairie - 02 51 35 99 99 -
Borne eurorelais : 4 € (eau + élec.)
18 - 72h - 9,40 €/j. - gratuit en journée
Paiement :
Services :
En bordure de plage, plat, gravier.
GPS : W 2.30083 N 47.02003

## PAIMBŒUF

**Aire de Paimbœuf**
Quai Éole, au camping de l'Estuaire - 02 40 27 84 53 - www.campinglestuaire.fr
De déb. avr. à fin oct.
Borne artisanale
12 - - Illimité - 10 €/j. - borne compris
Paiement :
Services :
De Toussaint à Pâques, il est conseillé de téléphoner au camping.
GPS : W 2.03983 N 47.28898

## PIRIAC-SUR-MER

**Aire Camping-Car Park La Tranchée**
R. de La Tranchée - 01 83 64 69 21
Permanent -
Borne Urbaflux : 5,50 € (eau + élec.)
18 - - Illimité - 8,80 €/j. - borne compris
Paiement :
Services :
Proche de la mer et du centre ville, plat, ombragé, gravier.
GPS : W 2.54217 N 47.37876

**Aire Camping-Car Park Le Lérat**
Rte de Kervin, sur la rte de Mesquêne, près des tennis - 01 83 64 69 21
Permanent
Borne Urbaflux : 5,50 € (eau + élec.)
30 - - Illimité - 8,80 €/j. - borne compris - Paiement :
Services :
Très agréable, proche de la plage, plat, gravier.
GPS : W 2.53269 N 47.36804

## ST-GILLES-CROIX-DE-VIE

**Aire de St-Gilles-Croix-de-Vie**
Intersection r. de la Rabalette et r. des Paludiers, suivre la direction du complexe sportif de la Soudinière - 02 51 55 03 66 - Permanent
Borne artisanale 2,60 €
- Illimité - 6,50 €/j. - gratuit hors sais.
Services :
Espace verdoyant, agréable avec un petit plan d'eau. Plat, gravier.
GPS : W 1.9473 N 46.703

## ST-JEAN-DE-MONTS

**Aire du Repos des Tortues**
38 r. Notre-Dame-de-Monts - 06 20 54 14 43 - www.lereposdestortues.com - Permanent
Borne flot bleu
98 - - Illimité - 9,30 €/j.
Paiement :
Services :
Bien aménagé, plat, herbeux, gravier avec gardien sur place en journée.
GPS : W 2.07278 N 46.79849

## ST-NAZAIRE

**Aire des Jaunais**
St-Marc-sur-Mer, av. du Littoral, D 292 - 02 40 00 40 62 - Permanent
Borne AireService : gratuit
15 - Illimité - Gratuit
Paiement :
Services :
Proche de la mer, plat, gravier. Bus pour le centre ville.
GPS : E 2.9924 N 42.66857

## LA TURBALLE

**Aire de la Turballe Grande Falaise**
Bd de la Grande-Falaise - 02 40 11 88 09 - Permanent
Borne AireService : gratuit
Paiement :
Plat, gravier et faible ombrage.
GPS : W 2.49939 N 47.33081

# Campings

## MACHECOUL

**La Rabine**
Allée de la Rabine - 02 40 02 30 48 - www.camping-la-rabine.com
De déb. avr. à fin sept.
borne artisanale 3,50 € (eau + élec.)
Tarif camping : 15,20 € (13A) - pers. suppl. 4,30 €
Services et loisirs :
GPS : W 1.81555 N 46.9887

## NANTES

Voir p. 61

## NOIRMOUTIER-EN-L'ÎLE

**Huttopia Noirmoutier**
23 allée des Sableaux, Bois de la Chaize - 02 51 39 06 24 - europe.huttopia.com - De déb. avr. à fin sept. - 400 empl. -
borne artisanale 7,50 € (eau + élec.)
Tarif camping : 35 € (10A) - pers. suppl. 6,50 €
Services et loisirs :
GPS : W 2.2205 N 46.9966

## LE POULIGUEN

**Municipal les Mouettes**
45 bd de l'Atlantique - 02 40 42 43 98 - www.tourisme-lepouliguen.fr
De mi fév. à fin oct. - 205 empl.
borne eurorelais 2 € (eau + élec.)
Tarif camping : 21,60 € (6A) - pers. suppl. 5,40 €
Services et loisirs :
GPS : W 2.43942 N 47.27385

## ST-BRÉVIN-LES-PINS

**La Courance**
110 av. du Mar.-Foch - 02 40 27 22 91 - www.campinglacourance.fr
Permanent - 50 empl.
borne artisanale 3 € (eau + élec.) - 12 €
Tarif camping : 21,40 € (10A) - pers. suppl. 5,60 €
Services et loisirs :
GPS : W 2.1703 N 47.23786

# Les adresses de bib

## NANTES

**Debotté** – 9 r. de la Fosse - 02 40 48 23 19 - www.debotte.fr - lun. 14h-19h, mar.-sam. 9h30-19h00 - fermé dim. Magnifique chocolaterie datant du 19e s. Gourmands de tous les pays, salivez devant les macarons, les berlingots nantais (les seuls de la ville fabriqués de façon artisanale), muscadets...

## NOIRMOUTIER-EN-L'ÎLE

**Le Grand Four** – 1 r. de la Cure - derrière le château - 02 51 39 61 97 - legrandfour.com - 12h15-14h, 19h15-21h - fermé en sais. : lun. ; hors saison : dim. soir-lun. et jeu. - 33/84 €. Ne manquez pas ce petit restaurant derrière le château : installé dans une maison couverte de vigne vierge, il est très coquet avec ses larges fauteuils confortables, son plafond orné de fresques et ses fleurs partout. Cuisine entre mer et terroir, au goût du jour.

## ST-JEAN-DE-MONTS

**Le Petit St-Jean** – 128 rte de Notre-Dame - St-Jean de Monts - 02 51 59 78 50 - fermé lun. - formule à l'ardoise 15 € - 29,90 €. Frédéric et Lou Farret vous accueilleront avec le sourire dans cette auberge typiquement vendéenne, au cadre coloré et intime, pour déguster une cuisine traditionnelle : anguille, cuisses de grenouille, etc.

## ST-NAZAIRE

**Le Sabayon** – 7 r. de la Paix-et-des-Arts - 02 40 01 88 21 - tlj sf dim.-lun. 12h-13h30, 19h15-21h - 21,90/55 €. Dans ce restaurant au décor chaleureux, Monsieur prépare en cuisine de délicieux petits plats : noix de St-Jacques sautées à la fleur de Guérande et sabayon aux coteaux de l'Aubance, ou poissons de nos côtes rôtis font partie de quelques-unes de ses spécialités. Les desserts faits maison sont à base de chocolat Valrhona.

# Offices de tourisme

## NANTES

Voir p. 61

## ST-GILLES-CROIX-DE-VIE

Pl. de la Gare - 02 51 55 03 66 - www.payssaintgilles-tourisme.fr.

## ST-NAZAIRE

Bd de la Légion-d'Honneur - 02 40 22 40 65 - www.saint-nazaire-tourisme.com.

*Le château des ducs de Bretagne à Nantes.*

J. Loïc/Photononstop

*Le pays d'Auge, ses vaches, ses pommiers… – A. Leroy/Iconotec RM/age fotostock*

Les falaises d'Étretat. – B. Rieger/hemis.fr

Produits normands. – Maximilian Stock Ltd/Photononstop

# Normandie

Un bon bol d'air océanique ou une mise au vert ? Randonnée cycliste ou route patrimoniale ? Depuis toujours, la côte normande et son arrière-pays satisfont tous les appétits. L'incroyable variété des paysages et la richesse de l'histoire sonnent comme une promesse de vacances réussies !

Côté mer, les centaines de kilomètres de côtes, qui alternent falaises escarpées de la Côte d'Albâtre, côtes rocheuses du Cotentin et plages de sable fin de la Côte Fleurie à celle de Nacre, offrent une merveilleuse diversité, encore rehaussée par un florilège d'îles, françaises ou anglaises et des stations balnéaires familiales et bon teint, épargnées par les grandes opérations immobilières... Sans oublier le célèbre Mont St-Michel, entouré par l'une des plus belles baies du monde.

Côté terre, le bocage déroule des haies plantées de charmes, châtaigniers, aubépines, érables champêtres, ormes ou hêtres, qui encadrent les parcelles où fleurissent les pommiers au printemps. En long de l'Orne, apparaît même un massif « montagneux » bourré de charme, la Suisse normande. Autour de Lisieux, voici le pays d'Auge et ses toits de chaume, ses maisons à colombage, ses vaches, ses vergers en fleurs et ses plateaux de fromages, garant d'un repos authentique, tout comme le Perche ou encore les pays de Caux et de Bray, préservés et paisibles.

Côté villes, les amateurs de patrimoine auront à cœur de découvrir Le Havre (reconstruit par Auguste Perret) ou Rouen, après avoir longé la Seine et ses méandres, ou encore d'autres cités, historiquement et culturellement incontournables, comme Caen ou Bayeux.

# NORMANDIE

*Le phare de Gatteville, sur la presqu'île du Cotentin. – J. A. Moreno/age fotostock*

## LES ÉVÉNEMENTS À NE PAS MANQUER

- **Rendez-vous des Naïfs** à Verneuil-sur-Avre (27) : avr.-mai.
- **Jazz sous les pommiers** à Coutances (50) : mai. www.jazzsouslespommiers.com.
- **Fête du fromage** à Pont-l'Évêque (14) : mai.
- **Fête des marins** à Honfleur (14) : Pentecôte.
- **Commémoration du Débarquemen**t à Utah Beach (14) : 6 juin.
- **Fêtes médiévales** à Bayeux (14) : 1er w.-end de juil.
- **Festival du lin et de la fibre artistique** en pays de Caux (76) : juil.
- **Pèlerinage à travers les grèves**, de Genêts au Mont-St-Michel (50) : 2e quinz. de juil.
- **Les Heures musicales de l'abbaye de Lessay** (50) : mi-juil. à mi-août. www.lessay.fr.
- **Pardon des corporations de la mer** à Granville (50) : dernier dim. de juil. au 1er dim. d'août.
- **Festival international de cerf-volant** à Dieppe (76) : sept. (années paires)
- **Festival du cinéma américain** à Deauville (14) : sept.
- **Fête du cidre et de la pomme** à Caudebec-en-Caux (76) : sept. (années impaires).
- **Transat Jacques Vabre** au Havre (76) : oct. années impaires.
- **Les Courses du Pin** au Haras national du Pin (61) : 2e et 3e w.-ends d'oct.
- **Foire aux harengs et à la coquille St-Jacques** à Dieppe (76) : nov.

# Votre séjour en Normandie



**EN COMPLÉMENT, UTILISEZ...**

- **Guides Verts : Normandie Vallée de la Seine et Normandie Cotentin**
- **Cartes Michelin : Région 513 et Départements 303, 304 et 310**

# Des Alpes Mancelles à la Suisse normande

**Soyez rassuré, vous êtes en Normandie : les Alpes Mancelles, littéralement les Alpes du Mans, sont cachées à une vingtaine de kilomètres d'Alençon et la Suisse normande se découvre au fil de l'Orne, entre Thury-Harcourt et Clécy. Et pourtant, il y a bien quelque chose d'insolite, voire d'exotique dans leurs paysages : des collines vertes et moutonnantes, des abrupts impressionnants, de fiers pitons découpés au burin. La montagne en pleine Normandie !**

**DÉPART :** ALENÇON - 6 jours – 310 km

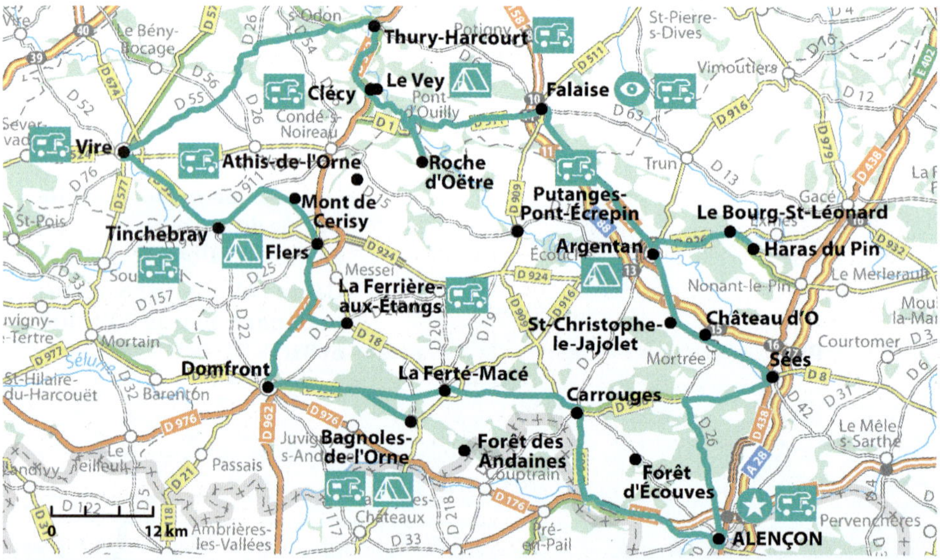


## JOUR 1

Commencez la matinée à **Alençon**, au musée des Beaux-Arts et de la Dentelle. Quittez la ville par le nord, en direction de la **forêt d'Écouves** pour une petite balade sur l'un des sentiers de découverte. Vous rejoignez **Sées** et sa cathédrale, merveille de l'architecture gothique normande. Visitez ensuite le beau **château d'Ô**, de style gothique et flamboyant avec jardin à la française. Faites un crochet par l'église de **St-Christophe-le-Jajolet**, centre d'un étonnant pèlerinage motorisé avant de vous rendre au **haras du Pin**. Et si vous avez encore un peu de temps, jetez un coup d'œil au château de **Bourg-St-Léonard**. Soirée et nuit à Argentan.

## JOUR 2

Après une matinée à **Argentan** et une visite à l'abbaye des Bénédictines, vous saurez tout sur le « point d'Argentan », très différent de celui d'Alençon. Dirigez-vous ensuite vers **Falaise** pour une escapade en Suisse normande et prévoyez d'y passer quelques heures. Le château où naquit Guillaume le Conquérant le mérite bien (voir l'encadré p. ci-contre) ! Quittez la ville par l'ouest, direction la verte et vallonnée Suisse normande. Faites une halte devant l'étonnante chapelle des Pommiers à **St-Vigor-de-Mieux** puis partez visiter le centre d'information de la **roche d'Oëtre**. Vous passez le reste de la journée à VTT sur un chemin de randonnée, harnaché contre une paroi rocheuse, ou dans un canoë sur l'Orne.

## JOUR 3

Les environs de **Clécy** méritent une journée de balade. De nombreux circuits balisés vous y invitent. Vous êtes fourbu ? Le musée du Chemin de fer miniature n'exigera de vous aucun effort.

A. de Valroger/Michelin

*Château Guillaume le Conquérant, Falaise.*

## JOUR 4

Les jardins et les belles ruines 18e s. du **château de Thury-Harcourt** sont le point de départ pour la boucle du Hom au nord-ouest (circuit de 5 km). Regagnez ensuite **Vire** où vous ferez étape. Passez l'après-midi à découvrir la cité, et l'andouille, célébrité gastronomique locale, peut-être au menu de votre déjeuner. La suite de la journée se passe en plein air. Les intrépides tentent le saut à l'élastique du viaduc de la Souleuvre. Plus sagement, vous pouvez opter pour une balade sur la voie verte qui s'en va vers Mortain au sud.

## JOUR 5

Sur la route du retour vers **Alençon**, admirez la très belle vue sur les dernières hauteurs de la Suisse normande du haut du **mont de Cerisy**, à 25 km à l'est de Vire. Partez pour **Domfront**. Cette cité domine le bocage où est élaboré ce pétillant poiré dont elle est la capitale. Admirez les maisons à colombages et la ravissante église N.-D.-sur-l'Eau. C'est **Bagnoles-de-l'Orne** qui vous accueille pour la soirée.

## JOUR 6

La **forêt des Andaines** est le cadre d'une jolie balade l'après-midi. Pour les activités de plein air, cap sur la base de loisirs de **La Ferté-Macé**. Votre circuit se termine par une visite du **château de Carrouges**, à 17 km à l'est, harmonieux mariage de la brique, du granit et de l'ardoise. Ses communs accueillent la Maison du parc naturel régional Normandie-Maine qui vous donnera des idées pour prolonger votre séjour. Regagnez Alençon par la D909 puis la N12.

VISITE

# Château Guillaume le Conquérant (Falaise)

### INFOS PRATIQUES

Pl. Guillaume-le-Conquérant - 02 31 41 61 44 - www.chateau-guillaume-leconquerant.fr - juil.-août : 10h-19h ; reste de l'année : 10h-18h - fermé de déb. janv. à déb. fév., 3 j. en nov. - 8,50 € (-17 ans 4 €) - 21 € billet famille (2 adultes + 6 enf. max.). Tablette tactile disponible pour la visite.

### STATIONNEMENT & SERVICES

**Parking**
Av. de la Libération (D511), au pied des remparts (gratuit).
GPS : W 0.20280 N 48.89276

**Aire de Falaise**
R. Maurice Nicolas, à la station service supermarché Carrefour - 02 31 41 66 70 - Permanent
Borne eurorelais : 2 € - gratuit si achat au supermarché Carrefour
10 P - Illimité - Gratuit
Paiement : jetons (au supermarché)
Services :
GPS : W 0.19051 N 48.89676

Ville au nom évocateur, Falaise arbore son impressionnant château sur un plateau dominant. Typique des donjons-palais anglo-normands, la « maison » natale de Guillaume le Conquérant (1066-1087), dont la construction s'étala de l'an mil au 13e s., fut l'un des premiers châteaux de pierre de Normandie. Une campagne de restauration (1986-1996), très contestée, a restitué les espaces intérieurs et la couverture des donjons. Elle se poursuit avec les **remparts**.
Le château se compose de trois parties. Le **grand donjon**, construit au début du 12e s. par Henri Ier Beauclerc, surprend par ses vastes dimensions et apparaît encore redoutable, avec ses hauts contreforts plats. Le **petit donjon**, accolé au grand donjon et voulu par Henri Ier Plantagenêt à la fin du 12e s., est une construction équilibrée et lumineuse qui répondait à un double objectif : couvrir l'accès de la plate-forme rocheuse contre un assaillant éventuel, et améliorer le confort du duc-roi. Enfin, la **Tour Talbot**, haute de 35 m, devrait son nom à John Talbot, gouverneur du château en 1449, qui la restaura. Sa plate-forme sommitale (sujets au vertige s'abstenir !) offre un beau panorama sur l'enceinte et la ville.
La mise en scène très contemporaine de la **visite-spectacle** emploie les techniques les plus modernes pour plonger les visiteurs dans la société médiévale et l'histoire de Guillaume le Conquérant. Il est aussi possible de s'équiper d'une tablette tactile qui propose des reconstitutions en 3D des espaces intérieurs particulièrement surprenants avec leurs décors aux vives couleurs.

## Aires de service & de stationnement

### ALENÇON

**Aire d'Alençon**
R. de Guéramé, à l'extérieur du camping municipal - 02 33 32 40 00 - Permanent (mise hors gel)
Borne eurorelais : Gratuit
3 - Illimité - Gratuit
Services :
GPS : E 0.07351 N 48.42622

### ATHIS-DE-L'ORNE

**Aire privée de la ferme des Bois**
Les Bois, accès par la D 17, à 9 km au S.-O. de Pont-d'Ouilly - 02 33 66 51 25 - accueilcampingcar.wordpress.com
Borne artisanale
Services : WC
GPS : W 0.5388 N 48.81086

### BAGNOLES-DE-L'ORNE

**Aire de stationnement**
R. du Vieux-Moulin, derrière l'office de tourisme et la piscine, accès par D 235 - 02 33 37 85 66 - Permanent
- 24h - Gratuit
Services : WC
GPS : W 0.41322 N 48.55832

### CLÉCY

**Aire de Clécy**
R. du Stade, à côté du terrain de tennis - 02 31 69 71 47
Permanent -
Borne flot bleu 2 €
7 - Illimité - Gratuit
Paiement : jetons (chez les commerçants)
Services : WC
Proche du centre-ville.
GPS : W 0.48123 N 48.91862

### FALAISE

Voir p. précédente

### LA FERRIÈRE-AUX-ÉTANGS

**Aire de la Ferrière-aux-Étangs**
R. de l'Étang, sur la rive S. de l'étang - 02 33 66 92 18 - Permanent
Borne AireService : Gratuit
25 - Illimité - Gratuit
Services : WC
Sur l'ancien camping municipal, plat, herbeux, ombragé.
GPS : W 0.51717 N 48.65947

### PUTANGES-PONT-ÉCREPIN

**Aire du camping du Val d'Orne**
Chemin de Friche - 02 33 35 04 67
Permanent
Borne AireService : Gratuit
- Illimité - Gratuit
Paiement : jetons
Services : WC
Au bord de l'Orne.
GPS : W 0.24553 N 48.76075

### THURY-HARCOURT

**Aire de Thury-Harcourt**
R. du Pont-Benoit, à l'extérieur du camping Traspy - 02 31 79 72 71 - campingtraspy.fr
De déb. avr. à fin sept.
Borne eurorelais
78 - 24h - 25 €/j.
Services : WC
Vidange des eaux usées très difficile à la borne.
GPS : W 0.46899 N 48.98879

### TINCHEBRAY

**Aire de Tinchebray**
Pl. du Champ-de-Foire - 02 33 66 60 13 - www.tinchebray.fr
Permanent
Borne eurorelais : gratuit
2 - Illimité - Gratuit
Services :
GPS : W 0.73749 N 48.76312

### VIRE

**Aire de Vire**
Pl. du Champ-de-Foire - 02 31 66 27 90 - Permanent
Borne AireService : Gratuit
- Illimité - Gratuit
Services : WC
Marché le vendredi matin.
GPS : W 0.88849 N 48.84059

## Campings

### ARGENTAN

**Municipal de la Noë**
R. de la Noë - 06 23 09 76 44 - www.argentan.fr/tourisme
De déb. avr. à fin sept. - 23 empl. -
borne eurorelais
2,20 € (eau + élec.)
Tarif camping : 12,50 €
(16A) - pers. suppl. 2,40 €
Services et loisirs :
Près d'un parc et d'un étang.
GPS : W 0.01687 N 48.73995

### BAGNOLES-DE-L'ORNE

**La Vée**
5, av. du Prés.-René-Coty - 02 33 37 87 45 - www.campingbagnolesdelorne.com
De déb. mars à mi nov. - 172 empl. -
borne flot bleu -
14,30 €
Tarif camping : 18,40 €
(10A) - pers. suppl. 5 €
Services et loisirs :
Navette pour les thermes et le centre-ville.
GPS : W 0.41982 N 48.54787

### FLERS

**La Fouquerie**
145 r. de La Fouquerie - 02 33 65 35 00 -
De mi avr. à mi oct. - 50 empl. -
- 13,30 €
Tarif camping : 14 €
(10A) - pers. suppl. 3,50 €
Services et loisirs :
Arrêt de bus pour le centre-ville.
GPS : W 0.54311 N 48.75463

### LE VEY

**Les Rochers des Parcs**
La Cour, r. du Viaduc - 02 31 69 70 36 - www.camping-normandie-clecy.fr
- Avr.-sept. - 90 empl. -
borne artisanale
Tarif camping : 21 €
Services et loisirs :
Vente de cidre et jus de pomme de la propriété.
GPS : W 0.47487 N 48.91391

# Les bonnes adresses de bib

## ARGENTAN

**La Table de Fernand** – 7 r. Aristide Briand - 09 81 78 51 51 - www.latabledefernand.fr - fermé mar. soir, dim. soir. - formules déj. lun.-vend. 11,50/17,50 € - 27/35 €. À proximité du musée Fernand Léger, ce restaurant rend hommage au peintre par sa décoration moderne (murs bleus et gris, tableaux inspirés du maître), mais aussi par le dressage des assiettes. Une cuisine dans l'air du temps et de bons produits normands en circuit court font le succès de cette adresse. Réservation conseillée.

## BAGNOLES-DE-L'ORNE

**La Terrasse** – R. des Casinos - 02 33 37 81 44 - - fermé déc., dim. soir, lun., merc. soir sf j. fériés - 19/42 €. Proche du lac, voici un endroit chaleureux. Les petits plats du terroir ou les spécialités de poissons mitonnés sont en outre fort honorables.

**Casino de Bagnoles-de-l'Orne** – 6 av. Robert-Cousin - 02 33 37 84 00 - www.casino-bagnolesdelorne.com - 10h30-2h (vend., sam. et veille de j. fériés 11h-4h). La station de Bagnoles abrite le seul casino de l'Orne. Quelque 160 machines à sous vous y attendent, plus les jeux classiques : boule, black-jack et roulette anglaise. Terrasse, cinéma, restaurant et lounge-café complètent l'offre.

## CLÉCY

**Au Site Normand** – 2 r. des Châtelets - 02 31 69 71 05 - www.hotel-clecy.com - - fermé 10 j. en juil., de fin déc. à fin janv., lun., mar.-sam. midi, dim. - 36/67 €. Le chef, sympathique et professionnel, revisite ici la tradition avec maîtrise, au rythme des saisons et du marché. Ses menus surprise se dégustent dans une salle à manger cosy qui ne manque pas de cachet : poutres peintes, cheminée... Chambres confortables et petit espace bien-être permettent de prolonger l'étape. Service charmant.

## DOMFRONT

**Comte Louis de Lauriston** – R. du Mont-St-Michel - 02 33 38 53 96 - www.calvados-lauriston.com - - visite des chais et boutique : lun.-vend. 9h-12h, 14h-18h, sam. 9h30-12h. Le calvados domfrontais revient sur le devant de la scène depuis 1997, grâce à son AOC. Premier à le défendre avec ardeur, le comte de Lauriston a donné son nom aux eaux-de-vie de la maison.

## FALAISE

**La Fine Fourchette** – 52 r. G.-Clemenceau - 02 31 90 08 59 - www.finefourchettefalaise.fr - - fermé 2 sem. fin janv.-déb. fév., mar. - 24/28 €. Dans cette maison en pierre des années 1950, on sert des repas au goût du jour. Tables joliment dressées, avec en vedette le homard.

## SÉES

**Au Normandy** – 20 pl. du Gén.-de-Gaulle - 02 33 27 80 67 - www.au-normandy. com - - fermé de Noël au 1er janv. - formule déj. 13,90 €, le soir env. 20 €. Derrière une façade du 17e s., salles chaleureuses dotées de grandes cheminées de pierre. Menus aux accents régionaux, mais aussi pizzas ou crêpes assurent un repas généreux.

## VIRE

**Danjou** – 5 r. André-Halbout - 02 31 68 04 00 - 9h30-12h30, 14h-19h - fermé dim. et lun. Depuis plus d'un siècle, la maison Danjou perpétue la tradition de l'andouille de Vire.

# Offices de tourisme

## ALENÇON

Maison d'Ozé - pl. de la Magdeleine - 02 33 80 66 33 - www.visitalencon.com.

## ARGENTAN

Chapelle St-Nicolas - r. Lautour-Labroise - 02 33 67 12 48 - www.tourisme-argentan-intercom.fr.

## FALAISE

5 pl. Guillaume-Le-Conquérant - 02 31 90 17 26 - www.falaise-tourisme.com.

*Le rocher du Parc Clécy, idéal pour l'escalade.*

J.-M. Leligny/Photononstop

### LE TOP 5 SPORTS EN PLEINE NATURE

1. Canoë-kayak
2. Escalade
3. Parapente
4. VTT
5. Randonnée pédestre

## NORMANDIE - CIRCUIT 2

# Le sud de la Manche

**Le sud de la Manche, c'est bien sûr le Mont-St-Michel, la « Merveille de l'Occident » plantée au milieu du ciel et de la baie par des forces inespérées. Mais c'est aussi de nombreux espaces naturels protégés, comme les dunes de Dragey ou la pointe du Groin du Sud, et au cœur du bocage normand, un arrière-pays riche d'un patrimoine architectural et artisanal, comme à Coutances et Villedieu-les-Poêles.**

**DÉPART :** GRANVILLE - 5 jours – 280 km

## JOUR 1

**Granville**, station balnéaire réputée, est d'abord une ville tournée vers la mer et fière de son histoire maritime. Vous lui consacrerez une partie de votre première journée. Quittez Granville par la D973. À 15 km s'élève l'abbaye Ste-Trinité de **La Lucerne-d'Outremer**, bel ensemble roman d'esprit cistercien. Regagnez la côte pour une promenade sur les **falaises de Carolles** jusqu'à la **pointe de Champeaux** : panorama grandiose sur la baie du Mont-St-Michel. Reprenez la D911 et arrêtez-vous à la Maison de la baie de Vains-St- Léonard, à proximité de la pointe du **Grouin du Sud**, point de départ de promenades sur le littoral et de traversées de la baie. Fin de la journée et nuit à **Avranches** : visite du Scriptorial et promenade au Jardin des Plantes pour voir le soleil se coucher sur le Mont.

## JOUR 2

Le **Mont-St-Michel** occupera à lui seul la journée. Au pied du Mont, à **Beauvoir**, vous rendrez peut-être visite aux bébés crocodiles d'Alligator Bay...

## JOUR 3

Dirigez-vous vers **St-Hilaire-du-Harcouët** : la petite ville conjugue tourisme vert et maintien des traditions, ce dont témoigne l'animation qui règne sur le marché aux bestiaux hebdomadaire. Sur la route de Mortain, visitez avec les enfants un élevage de faisans à la faisanderie de la Grande Chapronnière. Profitez de la nature, très belle aux environs de **Mortain**, suivez le Circuit des cascades peintes par Courbet, puis visitez l'abbaye Blanche (12ᵉ s.). Continuez par la découverte de la collégiale St-Évroult, connue pour abriter le « Chrismale », très rare coffret du 7ᵉ s. Poursuivez votre route au nord. En suivant la vallée de la Sée, vous traverserez **St-Pois**, mais aussi **St-Michel-de-Montjoie**, haut lieu de l'extraction du granit. Un musée lui est d'ailleurs consacré. Dirigez-vous vers **Villedieu-les-Poêles** pour y passer la nuit.

## JOUR 4

L'artisanat est à l'honneur dans cette petite cité touristique : cuivrerie, fonderie de cloches, « Maison de l'étain » et même une andouillerie artisanale... Faites

G. Chanson/Getty Images

*Le Mont St-Michel.*

votre choix ! Après le déjeuner, quittez Villedieu par la D924 à l'ouest. À 8 km de là, vous pouvez passer l'après-midi avec les zèbres du parc zoologique de Champrépus. Regagnez **St-Lô** sans oublier de faire un détour pour gagner l'abbaye de Hambye (fondée au 12e s.). Ces ruines majestueuses sont un havre de paix.

## JOUR 5

St-Lô, préfecture de la Manche mérite que vous lui consacriez une demi-journée. À visiter en famille, le haras national, et la ferme de Boisjugan (musée du Bocage normand). Après le déjeuner, quittez St-Lô par l'ouest : l'abbatiale Ste- Trinité de **Lessay** (fin 11e s.) est le premier édifice normand entièrement voûté de croisées d'ogives. Au choix, pour finir l'après-midi, une randonnée tranquille sur un sentier d'interprétation ou la visite du **château de Pirou**, avant de pousser jusqu'au bord de la mer, à **Créances** ou **Pirou-plage**. Cette partie de la côte est touristique, vous n'aurez pas de mal à trouver une station balnéaire accueillante.

## JOUR 6

Rendez-vous au **château de Gratot**. Vous y croiserez peut-être la fée qui vit en ces lieux... à 5 km au sud se dressent les flèches de pierre de la cathédrale de **Coutances**, chef-d'œuvre de l'architecture gothique normande. N'hésitez pas à suivre une visite guidée qui permet d'accéder à la tour-lanterne. Ne quittez pas la ville sans avoir « perdu » une heure au Jardin des plantes, lieu idéal pour un pique-nique.

VISITE

# Îles Chausey

### INFOS PRATIQUES

**Compagnie « Jolie France »** - Au dép. de Granville - 02 33 50 31 81 - www.vedettesjoliefrance.com - avr.-sept. : tlj ; mars et oct.-nov. : merc. et w.-end ; reste de l'année : merc. et sam. - traversée (45mn) - 28,30 € (-14 ans 18,30 €) AR Granville/Chausey. Tarif spécial lors des grandes marées.

### STATIONNEMENT & SERVICES

**Parking** de la gare maritime, gratuit, max. 24h.

**À Granville : Aire du Roc**

R. du Roc - 02 33 91 30 03 - Permanent

Borne AireService : 3,30 € (eau + élec.)

20 P - 48h - 10,10 €/j. - Paiement : CC

Sur les hauteurs de La ville avec jolie vue à proximité, près du phare. Plat, bitume.

GPS : W 1.6095 N 48.8353

Imaginez : à 16 km au large, un dédale de chenaux, de plaines de sable, de dentelles de granit se découpant sur l'horizon des plus fortes marées d'Europe. Vous avez là un des sites les plus extraordinaires que la Normandie puisse offrir : les îles Chausey, archipel de plusieurs kilomètres carrés groupant une cinquantaine d'îles ou d'îlots et des centaines d'écueils.

Avec près de 2 km de longueur sur 700 m dans sa plus grande largeur, la Grande Île est la plus importante de l'archipel et la seule accessible aux touristes. Elle est aussi la seule habitée, par une demi-douzaine de Chausiais en hiver, si l'on excepte l'île d'Aneret qui compte une habitation ! Au moment des floraisons, soyez attentif aux chardons bleus, rosiers pimprenelles, géraniums sanguins et œillets de France qui sont le must de l'abondante flore de Chausey.

Élevé en 1847, le **phare** domine la mer de 37 m et a une portée de 45 km. Le **fort**, construit entre 1860 et 1866 pour repousser une éventuelle attaque anglaise, n'a jamais joué de rôle militaire actif. Il a été utilisé comme geôle pour des prisonniers allemands et autrichiens pendant la Grande Guerre, puis a abrité une garnison allemande durant la Seconde Guerre mondiale. Il sert désormais d'abri aux pêcheurs. Sur la côte sud, non loin de l'ancien cimetière, s'ouvre la **plage de Port-Marie**, la seule à être surveillée en été.

Surnommé le « château » par les insulaires, le **vieux fort** *(ne se visite pas)* fut remodelé en 1923 sur les vestiges d'un fort plus ancien bâti en 1558. Sa fière silhouette domine tout le littoral, et plus particulièrement la **plage de Port-Homard** qui découvre très loin à marée basse.

Depuis la **plage de la Grande-Grève**, la plus vaste de l'île, on peut atteindre à marée basse d'énormes blocs de granit aux formes évocatrices : on les surnomme les Moines et l'Éléphant.

## Aires de service & de stationnement

### AVRANCHES

**Aire d'Avranches**
Bd Léon-Jozeau-Marigné - 02 33 58 00 22 - Permanent -
Borne AireService 2 €
7 - 24h - Gratuit - Paiement :
Services :
Légèrement en pente sur gravier et bitume.
GPS : W 1.367 N 48.68585

### CAROLLES

**Aire de Carolles Plage**
2-4 chemin des Pêcheurs, Carolles-Plage - 02 33 61 93 75
Permanent (mise hors gel) -
Borne AireService 3 € 3 €
20 - - 72h - 9,30 €/j.
Paiement :
Services :
Près de la plage, plat sur gravier.
GPS : W 1.57051 N 48.75924

### GRANVILLE

Voir p. précédente

### LESSAY

**Aire de Lessay**
Pl. St-Cloud - 02 33 76 58 80 - Permanent -
Borne artisanale : Gratuit
15 - Illimité - Gratuit
Services :
Cadre verdoyant, plat, herbeux avec un petit ombrage.
GPS : W 1.53551 N 49.21883

### LE MONT-ST-MICHEL

**Aire de Beauvoir - Mont St-Michel**
Rte du Mont St-Michel - 02 33 60 96 12 - Permanent
Borne AireService : 4,50 € (eau + élec.)
150 - - Illimité - 16,50 €/j. - borne compris - Paiement :
Services :
Agréables emplacements herbeux, ombragés, aménagés comme un camping. Bus pour le Mont-St-Michel.
GPS : W 1.51209 N 48.59427

### MORTAIN

**Aire de Mortain**
Pl. du Château - 02 33 79 30 30
Permanent (mise hors gel) -
Borne eurorelais : Gratuit
6 - 48h - Gratuit
Services :
Plat, bitume, ombrage.
GPS : W 0.94501 N 48.64876

### PIROU-PLAGE

**Aire de Pirou-Plage**
R. des Hublots, chemin des Matelots - 02 33 46 41 18 - Permanent -
Borne AireService 3 € 3 €
Paiement :
Services :
Pas très loin de la plage (800 m), sol plat, bitume et gravier.
GPS : W 1.58943 N 49.16495

### ST-HILAIRE-DU-HARCOUËT

**Aire de l'Étang**
Le Prieuré, vers la résidence La Rêterie - 02 33 79 38 70
Permanent -
Borne artisanale : Gratuit
4 - Illimité - Gratuit
Services :
Agréable au bord d'un étang et d'un parc; plat, gravier.
GPS : W 1.08762 N 48.57286

### ST-LÔ

**Aire de St-Lô**
Pl. de la Vaucelle - 02 33 77 60 00
Permanent -
Borne Urbaflux 2 € 2 €
12 - Illimité - Gratuit
Services :
Bien ombragé, plat, bitume et proche du centre-ville.
GPS : W 1.1029 N 49.11358

## Campings

### AGON-COUTAINVILLE

**Municipal le Martinet**
Bd Lebel-Jéhenne - 02 33 47 05 20 - www.agoncoutainville.fr
De déb. avr. à fin oct. - 69 empl.
borne flot bleu 8 € (eau + élec.)
Tarif camping : 4,30 € 2,80 € 5,90 € (5A) 3,50 €
Services et loisirs :
GPS : W 1.59283 N 49.04958

### BRÉHAL

**La Vanlée**
R. des Gabions, à St-Martin-de-Bréhal - 02 33 61 63 80 - www.camping-vanlee.com
De fin avr. à déb. oct. - 200 empl. -
borne artisanale 4 € (eau + élec.)
Tarif camping : 26,40 € (10A) - pers. suppl. 5,85 €
Services et loisirs :
Grande prairie vallonnée, derrière les dunes, sans emplacements délimités.
GPS : W 1.56474 N 48.90913

### ST-HILAIRE-DU-HARCOUËT

**Municipal de la Sélune**
02 33 49 43 74 - www.st-hilaire.fr
De déb. avr. à fin sept. - 63 empl.
borne artisanale
Tarif camping : 2,50 € 1,15 € (12A) 2,10 €
Services et loisirs :
Proche du bourg.
GPS : W 1.09765 N 48.58127

### VILLEDIEU-LES-POÊLES

**Les Chevaliers de Malte**
2 imp. du Pré-de-la-Rose - 02 33 59 49 04 - www.camping-deschevaliers.com
De déb. avr. à fin sept. - 78 empl. -
borne eurorelais
Tarif camping : 27,90€ (16A) - pers. suppl. 5€
Services et loisirs :
Dans une zone résidentielle proche du bourg, emplacements au bord de La Sienne.
GPS : W 1.21694 N 48.83639

## Les bonnes adresses de bib

### AVRANCHES

**Obione** – 8 r. du Dr-Gilbert - 02 33 58 01 66 - www.restaurantobione.fr - fermé lun. soir, merc. soir et dim. - formules déj. 16/19 € - 38/65 € - carte bistrot lun.-vend. à midi, carte gastro jeu.-sam. Une sympathique adresse tenue par le chef Sébastien Godefroy. Tous les ingrédients sont réunis pour passer un bon moment : une cuisine contemporaine fine et délicate, raisonnablement créative, qui met en valeur les produits de la région.

### COUTANCES

**Le Secret de Coutances - pâtisserie Guesnay** – 23 r. Geoffroy-de-Montbray - 02 33 45 02 82 - mar.-sam. 7h30-19h30, dim. 7h30h-13h. La clientèle se presse dans cette boutique renommée pour ses délicieuses pâtisseries. Difficile de se décider entre le Normand, crème au beurre blanc allégée de meringue et imbibée de pommeau, le Duo normand, pâte sablée et compote de pommes et rhubarbe couverte d'un gratin d'amandes et les succulents chocolats.

### GENÊTS

**Découverte de la Baie - Maison du guide** – 1 r. Montoise - 02 33 70 83 49 - www.decouvertebaie.com - avr.-oct. : 9h-12h30, 13h30-18h - nov.-mars : lun.-vend. 9h-12h30, 13h30-18h - traversée de la baie 12,50 € (6-12 ans 6,50 €). Espace d'information et de réservation (la billetterie se fait sur le lieu de départ).Thèmes de sorties variés : traversées traditionnelles de la baie, commentées ou non, sorties nocturnes, sorties spéciales grandes marées, initiation à la pêche à pied…

### GRANVILLE

**La Citadelle** – 34 r. du Port - 02 33 50 34 10 - www.restaurant-la-citadelle.fr - fermé merc. (sf juil.-août) - formule déj. 35 €, 45/80 €. Dégustez homards de Chausey et autres produits de la mer dans un décor nautique ou sur la terrasse face au port d'où s'élançaient corsaires et terre-neuvas.

### ST-LÔ

**Bistrot de Paul et Roger** – 42 r. du Neufbourg - 02 33 57 19 00 - - fermé 2 sem. en juil.-août, lun. soir, sam. soir et dim. - formule 15 € - 20,80 €. Bonne cuisine traditionnelle, réalisée avec des produits frais, servie dans un bric-à-brac sympathique : carreaux de faïence, chaises Louis XVI, vieux posters publicitaires, photos noir et blanc, postes radio d'hier, sans oublier « Paul et Roger », prénoms donnés par le patron à ses deux statues !

### VILLEDIEU-LES-POÊLES

**Le Samovar** – 97 r. du Dr-Havard - 09 81 87 47 95 - - mar.-jeu. 12h-14h ; vend.-sam. 12h-22h - fermé dim.-lun. - 12/18 €. Café de pays-salon de thé au décor rustique agrémenté de poutres apparentes, d'une cheminée et d'un coin lecture, où consommer le menu du jour, un plat cuisiné maison, une tartine pomme-andouille ou simplement un crumble pomme-poire.

## Offices de tourisme

### AVRANCHES

2 r. du Gén.-de-Gaulle - 02 33 58 00 22 - www.ot-montsaintmichel.com.

### GRANVILLE

4 cours Jonville - 02 33 91 30 03 - www.tourisme-granville-terre-mer.com.

### LE MONT-ST-MICHEL

Grande-Rue - 02 33 60 14 30 - www.ot-montsaintmichel.com.

*Chez le poissonnier.*

*Ch. Guy/hemis.fr*

**LE TOP 5 PLAGES**

1. Granville
2. Jullouville
3. Carolles
4. Bréhal
5. St-Jean-le-Thomas

NORMANDIE - CIRCUIT 3

# La presqu'île du Cotentin

**Au Moyen Âge, on appelait « île du Cotentin » cette curieuse péninsule bordée de mer et de marais. Elle se compose de trois pays que ce circuit se propose de vous faire découvrir : La Hague, dont le cap tient tête à un océan parfois redoutable, le val de Saire, aux vastes plaines fertiles, et le « col » du Cotentin, surtout célèbre pour ses pâtures. Ce circuit peut aussi être l'occasion de partir à la découverte de l'île anglo-normande de Guernesey.**

**DÉPART :** CARENTAN - 6 jours – 220 km

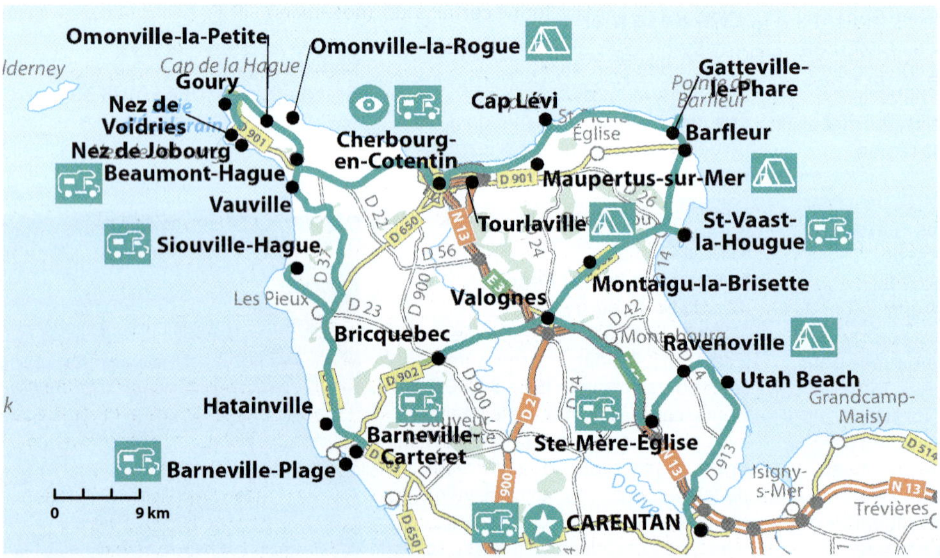


## JOUR 1

Consacrez le début de matinée à **Carentan**. En quittant la ville au nord, un arrêt gourmand à l'usine des **caramels Dupont d'Isigny** s'impose ! Plus loin est installé l'espace touristique du Parc naturel régional des marais du Cotentin et du Bessin. Vous en profiterez pour suivre le sentier d'interprétation ornithologique. Gagnez ensuite **Utah Beach** où vous pourrez visiter le musée du Débarquement. Finissez la journée à **Ste-Mère-église**.

## JOUR 2

Consacrez 1h au musée Airborne. Juste à la sortie de Ste-Mère-Église, rendez-vous à la ferme-musée du Cotentin. En 15mn, vous êtes à **Valognes** : après le déjeuner, vous admirerez les hôtels particuliers du 18e s. de ce « Versailles normand ». À 13 km à l'ouest, **Bricquebec** abrite une imposante forteresse médiévale. Avec des enfants, repassez par Valognes pour rejoindre le parc animalier St-Martin à **Montaigu-la-Brisette**. Étape le soir à **St-Vaast-la-Hougue**.

## JOUR 3

Aux beaux jours, il est agréable de prendre le petit-déjeuner sur le port de St-Vaast. Puis direction l'île de Tatihou *(10mn de bateau)*, après avoir acheté à St-Vaast, de quoi y pique-niquer. Vous y passerez la matinée à visiter ses multiples jardins, ainsi que la tour Vauban. L'après-midi, retour sur la côte, à **Barfleur**, station balnéaire très accueillante. Au programme, sports nautiques ou baignade, escalade du **phare de Gatteville** et, le soir, dégustation des délicieuses « Blondes de Barfleur ». Il s'agit d'une variété de moule sauvage pêchée au large.

# JOUR 4

Poursuivez votre découverte du littoral. De Fermanville, gagnez le **cap Lévi** et son fort : le panorama est grandiose. Avant d'arriver à **Cherbourg-en-Cotentin** (à 15 km à l'ouest), faites une halte au château des Ravalet. Consacrez le reste de la journée à la visite de Cherbourg. Vous trouverez une adresse sympathique pour dîner sur les quais.

# JOUR 5

Prévoyez de passer la matinée à la **Cité de la mer** (voir encadré p. ci-contre). Vous pouvez y déjeuner dans le majestueux hall de la gare maritime transatlantique. Ensuite, en route pour le cap de la Hague ! **Omonville-la-Petite** garde le souvenir de Jacques Prévert. À quelques kilomètres, vous plongez dans l'atmosphère unique de **Port-Racine,** le plus petit port de France en activité. De **Goury**, partez en balade sur le GR 223 qui file vers la baie d'Ecalgrain et **les nez de Voidries et de Jobourg** : un paysage à couper le souffle, surtout en cas de grand vent !

# JOUR 6

Descendez le long de cette côte ouest du Cotentin. L'ambiance subtropicale de l'exceptionnel jardin de **Vauville** vous surprendra. Pour profiter encore de ces paysages magnifiques, vous avez le choix entre une balade dans les dunes d'**Hatainville**, ou sur le plateau rocheux du cap de Carteret. Finissez le voyage à **Barneville-Carteret**, petite station balnéaire familiale.

**LE CONSEIL DE BIB**

**Au départ de Barneville-Carteret, offrez-vous une escapade sur l'île anglo-normande de Guernesey. Dépaysement garanti ! Rens. : compagnie de bateaux de Manche-îles-Express (www.manche-iles.com).**

VISITE

# Cité de la Mer (Cherbourg-en-Cotentin)

**INFOS PRATIQUES**

Gare Maritime-Transatlantique - 02 33 20 26 69 - www.citedelamer.com - - juil.-août : 9h30-19h ; vac. scol. (hors juil.-août) : 9h30-18h ; reste de l'année : se rens. - fermé certains lun. (nov.-mars) - 19 € (-18 ans 14 €).

**Bon à savoir**

Durée de la visite : ½ journée. Boutique et médiathèque. Cafétéria, restaurant. Snack, aire de pique-nique.

**STATIONNEMENT & SERVICES**

**Aire de la Cité de la Mer**

Allée du Prés.-Menut - 02 33 93 52 02 - Permanent -
Borne AireService : Gratuit
25 - Illimité - Gratuit - Services :
Plat, bitume, calme la nuit.
GPS : W 1.61776 N 49.6435

Installée dans le magnifique cadre Art déco de l'ancienne gare transatlantique, à Cherbourg, la Cité de la mer retrace l'épopée de l'homme sous les mers, des premiers mythes aux techniques de plongée les plus modernes.

Dans la nef d'accueil est présentée une collection d'engins emblématiques de la plongée en grande profondeur : *Mir*, *Total Sub*, *Archimède*, *Alvin* et *Nautile* qui ont exploré l'épave du *Titanic*... Ensuite s'ouvre le Pavillon des expositions permanentes qui présente différentes séquences :

• **Le Redoutable**, plus grand sous-marin visitable au monde ; le commentaire audio-guidé du commandant relate le quotidien des sous-mariniers qui partaient deux mois en mission sous la mer... (accessible seulement aux plus de 5 ans).

• L'**Aquarium Abyssal**, le plus profond d'Europe (près de 11 m) où abondent les poissons tropicaux évoluant dans un atoll corallien. Également seize autres bassins thématiques.

• **On a marché sous la mer**, animation virtuelle ; on suit le capitaine Glass dans les abysses à bord de capsules d'exploration sous-marines. Préparation préalable aux difficultés des grands fonds : perte d'équilibre, obscurité, gestuelle des plongeurs.

• **Titanic, Retour à Cherbourg**, une plongée à travers l'histoire de l'émigration européenne vers le Nouveau Monde dans la célèbre salle des bagages de la Gare Maritime Transatlantique. Dispositifs interactifs sur l'histoire du *Titanic*, son escale à Cherbourg, la vie à bord ; avec des témoins du drame, vous revivrez la traversée jusqu'à la collision et le naufrage...

# Aires de service & de stationnement

## BARNEVILLE-CARTERET

**Aire de stationnement du Port**
5 r. du Port - 02 33 04 90 58
Permanent -
20 - 72h - Gratuit
Services :
Derrière la dune, près de la plage et du port. Plat, bitume.
GPS : W 1.79016 N 49.37304

## BARNEVILLE-PLAGE

**Aire de L'Éléphant Bleu**
Rte du Pont-Rose, aire de lavage, derrière le supermarché Carrefour Market - 02 33 04 50 44
Permanent
Borne AireService : Gratuit
5 - Illimité - Gratuit
Services :
Sur l'aire de lavage avec quelques places pour stationner.
GPS : W 1.75282 N 49.38582

## BEAUMONT-HAGUE

**Aire du Super U**
7 r. du Vieux-Chemin - 02 33 08 20 20 - Permanent
Borne artisanale : Gratuit
5 - 24h - Gratuit
Services :
Sur le parking du supermarché avec quelques places disponibles.
GPS : W 1.83532 N 49.66153

## CARENTAN-LES-MARAIS

**Aire de Carentan Le Port**
30 chemin Grand-Bas Pays, à côté du camping Flower Haut Dick - 01 83 64 69 21 - Permanent -
Borne eurorelais : 5 € (eau + élec.)
12 - - Illimité - 12,60 €/j.
Paiement :
Services :
Plat, bitume, tout près du port de plaisance.
GPS : W 1.2392 N 49.30883

## CHERBOURG-EN-COTENTIN

Voir p. précédente

## ST-VAAST-LA-HOUGUE

**Aire de la Gallouette**
R. de la Gallouette, à l'extérieur du camping la Gallouette - 02 33 54 20 57 - www.camping-lagallouette.fr
Permanent -
Borne AireService 2 €
25 - - Illimité - 9 €/j.
Paiement :
Services :
Proche du centre-ville et du port avec jolie vue ; plat, bitume.
GPS : W 1.26764 N 49.58347

## STE-MÈRE-ÉGLISE

**Aire de Ste-Mère-Église**
R. du Gén.-Théodore-Roosevelt-Junior, parking Super U, dans la ZA des Crutelles - 02 33 41 30 95
Permanent
Borne eurorelais : Gratuit
10 - 24h - Gratuit - quelques places sur le parking du supermarché
Services :
GPS : W 1.32223 N 49.40461

## SIOUVILLE-HAGUE

**Aire de Siouville-Hague**
Av. des Peupliers, parking des Tamaris - 02 33 52 42 73
Permanent -
Borne Urbaflux
-
Paiement :
Services :
À 100 m. de la plage, plat, herbeux, agréable.
GPS : W 1.84421 N 49.56356

# Campings

## MAUPERTUS-SUR-MER

**Les Castels l'Anse du Brick**
18 anse du Brick - 02 33 54 33 57 - www.anse-du-brick.fr
De déb. avr. à mi sept. - 230 empl. -
borne artisanale 8 € (eau + élec.)
Tarif camping : 49 € (10A) - pers. suppl. 9 €
Services et loisirs :
Nombreux emplacements en terrasses, bénéficiant d'une vue sur mer ou sur les falaises.
GPS : W 1.49 N 49.66722

## OMONVILLE-LA-ROGUE

**Municipal du Hable**
4 rte de la Hague - 02 33 52 86 15 - www.omonvillelarogue.fr
De déb. avr. à fin sept. - 50 empl. -
borne flot bleu 2 € (eau + élec.)
Tarif camping : 3,20 € 3,70 € (10A) 4,70 €
Services et loisirs :
GPS : W 1.84087 N 49.70439

## RAVENOVILLE-PLAGE

**Le Cormoran**
2 r. du Cormoran - 02 33 41 33 94 - www.lecormoran.com
De déb. avr. à fin sept. - 256 empl. -
borne artisanale 5 €
Tarif camping : 39 € (6A) - pers. suppl. 9,10 € - 12 €
Services et loisirs :
Face à la mer, de beaux emplacements, de grands espaces verts idéals pour la détente.
GPS : W 1.23527 N 49.46658

## TOURLAVILLE

**Le Collignon**
215 r. des Algues - 02 33 20 16 88 - camping-collignon.simdif.com - 82 empl.
Tarif camping : 5 € 7 € (10A) 4 € - 16 €
GPS : W 1.56644 N 49.65468

# Les bonnes adresses de bib

## BARFLEUR

**Café de France** – 12 quai Henri-Chardon - 02 33 54 00 38 - fermé merc. hors sais. - 18/24 €.
Un restaurant incontournable pour sa situation sur le port, et ses délicieuses moules à la saison. Idéal aussi pour prendre un verre ou petit-déjeuner en regardant les pêcheurs débarquer.

## CARENTAN

**Dupont d'Isigny Sucralliance** – 99 rte Américaine - 02 33 71 66 66 - dupontdisigny.com - tlj sf w.-end 9h-12h15, 13h30-17h15.
Cette entreprise est installée à Carentan depuis 1995, et dispose d'un magasin d'usine. Le produit phare reste le caramel (8 variétés différentes), mais la maison a développé sa gamme de produits et propose aussi pâtes à mâcher, bonbons tendres ou acidulés, aux fruits, à la menthe, au café...

## CHERBOURG-EN-COTENTIN

**L'Armoire à Délices** – Port Chantereyne - 02 33 95 23 02 - www.larmoireadelices.fr - tlj sf dim.-lun. 8h30-0h (1h vend.-sam.) - formule déj. 16,90 € - 19,50/30 €.
Cette épicerie fine, qui fait également salon de thé et restaurant, propose un vaste choix de produits du terroir, de vins, d'épices, de thés et d'objets de décoration ; autant de raisons de pousser la porte de cet endroit sympathique et plutôt couru !

## STE-MÈRE-ÉGLISE

**La Pause gourmande** – 5 r. Division-Leclerc - 02 33 93 36 50 - biscuit-sainte-mere-eglise.com - fermé dim.-jeu. le soir - formules déj. 13,90/17 € - 22,50/29,50 €.
Cette grande brasserie associée à la biscuiterie de Ste-Mère est située derrière l'église. Salades, plats traditionnels, huîtres de St-Vaast... à la carte ou au menu.

## ST-VAAST-LA-HOUGUE

**Lesdos-Allaire** – 23 pl. Belle-Isle - 02 33 54 42 13 - www.huitres-st-vaast.com - - mar.-merc. 9h30-12h30, 15h-18h30, jeu.-sam. 9h-12h30, 15h-19h, dim. 9h30-12h30 - fermé de mi-mai à mi-sept.
Un ancien atelier ostréicole situé en face du port accueille cette vénérable enseigne (1878) où vous pourrez vous approvisionner en huîtres du cru de St-Vaast-la-Hougue (plates et creuses) ou seulement vous laisser tenter par une petite dégustation gorgée d'iode.

## TOURLAVILLE

**Club de kayak de mer du Nord-Cotentin** – Rte du Becquet - 02 33 22 59 59 - www.cotentinkayak.fr - - séance découverte kayak 25 €, location à partir de 10 €/h. Parmi ses nombreuses activités, ce club affilié à la FFCK propose des initiations, des stages de perfectionnement, des randonnées-découverte en kayak de rivière et kayak de mer, embarcation idéale pour découvrir au plus près le littoral du Cotentin.

## VALOGNES

**L'Épicurien** – 16-18 r. Léopold-Delisle - 02 33 95 02 02 - www.lepicurienvalognes.com - - 10,50/45 €. Au cœur de la ville, établissement à la façade couverte de vigne vierge bordant une petite place calme. Salles pleines de caractère associant charme rustique et belle mise en place. Succulentes spécialités maison.

# Offices de tourisme

## CARENTAN

24 pl. de la République - 02 33 71 23 50 - www.ot-baieducotentin.fr.

## ST-VAAST-LA-HOUGUE

1 pl. du Gén.-de-Gaulle - 02 33 71 99 71 - ot-pointedesaire.com.

## VALOGNES

25 r. de l'Église - 02 33 40 11 55 - www.encotentin.fr.

*St-Vaast-la-Hougue, la jetée du port.*

*N. Thibaut/Photononstop*

**LE TOP 5 VUES SUR MER**

1. Nez de Jobourg
2. Pointe de la Hague
3. Belvédère de Landemer
4. Pointe de Barfleur
5. Pointe de Saire

NORMANDIE - CIRCUIT 4

# Caen et les plages du débarquement

**Caen et Guillaume le Conquérant, Bayeux ou la tapisserie. Et le Bessin, à quoi l'associez-vous ? Votre connaissance de la Normandie demande à être approfondie ! Suivez cette escapade : elle vous fera revivre, le long des plages, le débarquement de juin 1944, et vous entraînera dans les terres généreuses et savoureuses du Bessin, celles, entre autres, du beurre et de la crème d'Isigny !**

**DÉPART :** CAEN - 4 jours – 180 km

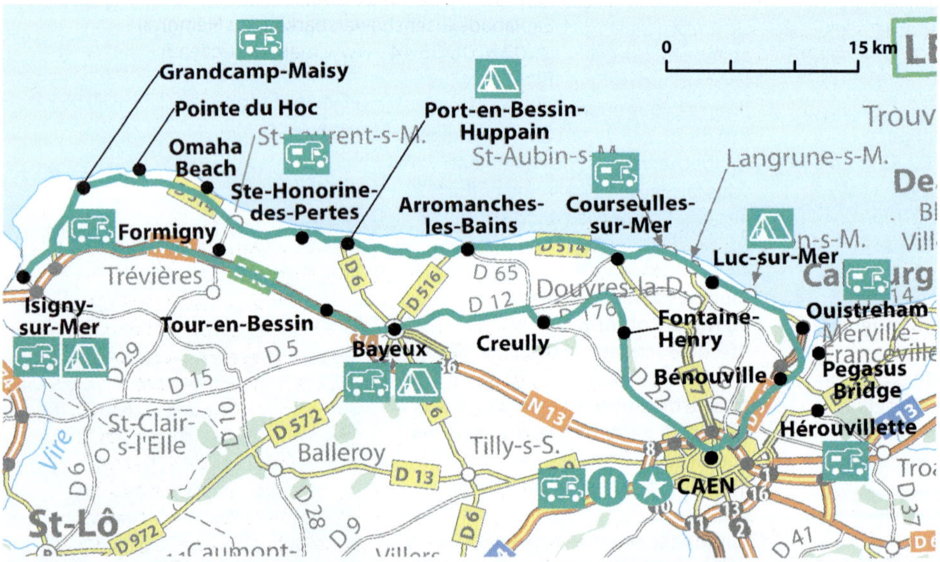


## JOUR 1

Quittez **Caen**, à qui vous avez déjà consacré deux jours (voir l'encadré p. ci-contre), par la D515 au nord-est en direction de la mer. Votre première visite est pour le château de **Bénouville** dont l'escalier d'honneur est remarquable. Après **Pegasus Bridge**, devenu un haut lieu du souvenir (musée) pour les vétérans de la Seconde Guerre mondiale, vous arrivez à **Ouistreham**. Après un déjeuner face à la mer, gagnez **Courseulles-sur-Mer** : le Centre Juno Beach rappelle l'importance du rôle assumé par le Canada dans la guerre de 1940. à 13 km en suivant la route de la côte (D514), vous arrivez à **Arromanches-les-Bains**. À marée basse, bien des vestiges du port artificiel sont encore visibles (dont une vingtaine de caissons « Phénix »). Au musée du Débarquement *(1h30)*, des maquettes aident à comprendre le fonctionnement de ces gigantesques installations.

## JOUR 2

Reprenez la D514 pour rejoindre **Port-en-Bessin**, pittoresque et animé, surtout lors de la criée. Ici, la coquille St-Jacques est reine, et les restaurants sur les quais laissent envisager des festins de poissons et de fruits de mer ! Étape suivante : les plages d'**Omaha Beach**. Plusieurs musées perpétuent la mémoire du « D Day » à St-Laurent, Vierville et Colleville-sur-Mer (où le cimetière américain rassemble près de 9 400 croix alignées). Poussez jusqu'à la **pointe du Hoc**, où vous aurez de belles vues sur la mer et le littoral jusqu'à la presqu'île du Cotentin. Rejoignez Isigny.

## JOUR 3

**Isigny-sur-Mer**, le beurre, la crème : leur fabrication n'aura plus de secret après un passage par la coopérative laitière Isigny Ste-Mère. Variante sucrée : la visite de l'usine Normandie Caramels. Par la N13,

Danita Delimont/Getty Images

*Le vieux Bayeux.*

retournez en direction de Bayeux. Faites un arrêt pour admirer l'église de **Tour-en-Bessin**. Vous consacrez l'après-midi à la découverte de **Bayeux**, et ferez étape dans cette cité pleine de charme. Votre première visite est pour la cathédrale. L'après-midi, prenez le temps de parcourir le vieux Bayeux en vous arrêtant devant les hôtels particuliers en pierre et les maisons à pans de bois.

## JOUR 4

Commencez la journée (avant l'affluence) avec Guillaume le Conquérant et Harold : la tapisserie de la reine Mathilde mérite que vous preniez votre temps *(comptez 2h)*. Profitez de votre déjeuner à Bayeux pour décider de votre après-midi : visite des châteaux de **Fontaine-Henry** ou de **Creully**, de l'ancien prieuré St-Gabriel, ou la Route des moulins, joli circuit qui suit les vallées de la Seulles, de la Mue et de la Thue... Avant de rentrer à Caen, prévoyez 1h pour découvrir l'abbaye d'Ardenne, à quelques kilomètres seulement du centre de **Caen**. De retour à Caen, si vous ne l'avez pas fait à l'aller, passez quelques heures au Mémorial. La scénographie, particulièrement réussie, vous plonge dans la mémoire collective de 1918 à nos jours.

### LE CONSEIL DE BIB

**De passage à Port-en-Bessin, n'oubliez pas de vous rendre sur les étals des pêcheurs installés sur le port.**

ÉTAPE 11

# Caen

### OFFICE DE TOURISME

12 pl. St-Pierre - 02 31 27 14 14 - www.caenlamer-tourisme.fr.

### STATIONNEMENT & SERVICES

**Parking conseillé en centre-ville :**
Parking de l'Hippodrome (bd Yves-Guillou - gratuit)

**Aire du Mémorial de Caen**
Esplanade Eisenshower, parking du Mémorial - 02 31 06 06 44 - www.memorial-caen.fr
Permanent
14 P - Illimité - Gratuit
Services : WC
Bus pour le centre-ville.
GPS : W 0.38636 N 49.19948

En choisissant de stationner à l'hippodrome, vous n'êtes qu'à quelques minutes à pied *(par l'av. Albert-Sorel)* de la célèbre **Abbaye-aux-Hommes**, ensemble élégant et emblématique de la ville. Les imposants bâtiments conventuels reconstruits au 18e s. abritent l'hôtel de ville, précédé de jardins à la française offrant une vue remarquable sur le **chevet** de l'**église St-Étienne**. Entrez dans l'hôtel de ville qui donne accès au cloître, à l'ancien réfectoire des moines orné de superbes **boiseries** et à la salle du chapitre. Pénétrez ensuite à l'intérieur de l'église St-Étienne, qui préserve pour l'essentiel son style roman (chœur gothique). Rejoignez l'élégante **place St-Sauveur** où se dressent de beaux immeubles du 18e s. *(marché vend.)*. Au bout de la rue St-Sauveur, prenez à droite la **rue Froide**, étroite ruelle piétonne flanquée de vieilles maisons, qui conduit à l'église du même nom et à la **rue St-Pierre**, l'artère commerçante de la ville. Aux no 52 et 54 se dressent deux hautes **maisons** à pans de bois (Renaissance). Au bout de la rue sur la droite, ne manquez pas la cour de l'**hôtel d'Escoville**, siège de l'office de tourisme, avant d'admirer le **chevet** de l'**église St-Pierre**, remarquable par la profusion de son décor Renaissance. À l'heure du déjeuner, vous trouverez votre bonheur dans la pittoresque rue du Vaugueux. Montez ensuite au **château fort**. Sur l'esplanade du château, le **musée des Beaux-Arts** expose des œuvres du 15e au 20e s. Rejoignez enfin, via la rue des Chanoines, l'**Abbaye-aux-Dames** et son **église de la Trinité**, pendant féminin de l'Abbaye-aux-Hommes, puis redescendez sur le port de plaisance et les rives de l'Orne pour récupérer votre véhicule. De là, gagnez le **Mémorial de Caen** où vous pouvez passer la nuit. Une matinée suffira à peine pour découvrir ces espaces dédiés aux conflits qui ont opposé la France et l'Allemagne de 1918 jusqu'à la chute du Mur de Berlin. À ne manquer sous aucun prétexte.

## Aires de service & de stationnement

### BAYEUX

**Aire du Musée du Mémorial de la Bataille de Normandie**
Bd Fabian-Ware - 02 31 51 60 60 -
Permanent
Borne artisanale
14 - - Illimité - 5,50 €/j. - gratuit le jour
Paiement :
GPS : W 0.71256 N 49.27333

**Aire de service**
Voie de la Rivière - 02 31 51 60 60
Permanent (mise hors gel)
Borne AireService : 4 €
(eau + élec.) - Paiement :
GPS : W 0.69595 N 49.28166

### CAEN

Voir p. précédente

### COURSEULLES-SUR-MER

**Aire du Parc de l'Edit**
Rte des Bernières - 02 31 36 17 17
Permanent -
Borne AireService : gratuit
15 - Illimité - Gratuit
Paiement :
Plat, bitume, herbeux avec tables de pic-nic et aire de jeux.
GPS : W 0.44216 N 49.33023

### FORMIGNY

**Aire de La ferme du Lavoir**
Rte de St-Laurent-sur-Mer -
02 31 22 56 89 -
www.fermedulavoir.fr - Permanent -
Borne artisanale
10 - Illimité - 15 €/j. - borne compris
Paiement :
Services :
Au milieu des pommiers, herbeux, vente de produits (cidre, pommeau...)
GPS : W 0.89641 N 49.34064

### GRANDCAMP-MAISY

**Aire de Grandcamp-Maisy**
R. du Moulin-Odo - 02 31 22 64 34
Permanent -
Borne AireService
 -
Paiement :
Services :
Emplacements délimités, plat, gravier.
GPS : W 1.03782 N 49.3862

### HÉROUVILLETTE

**Aire de Hérouvillette**
Av. de Caen - 02 31 28 39 97
Permanent
Borne AireService : 2 €
(eau + élec.)
8 - Illimité - Gratuit
Paiement : jetons
Services :
Parking avec places réservées aux camping-cars (herbeux et étroits).
GPS : W 0.24466 N 49.21967

### ISIGNY-SUR-MER

**Aire d'Isigny-sur-Mer**
Quai Neuf - 02 31 51 24 01
Permanent -
Borne eurorelais :
Gratuit
8 - Illimité - Gratuit
Services :
Au bord de la Vire, plat, herbeux.
GPS : W 1.71041 N 49.32136

### OUISTREHAM

**Aire de Ouistreham**
1 r. de la Haie-Breton, après l'embarcadère des ferries -
02 31 97 73 25 - De déb. avr. à fin oct.
Borne AireService
20 - - Illimité - 13,50 €/j.
Paiement :
Services :
Très proche du port, plat, bitume.
GPS : W 0.24969 N 49.28726

### STE-HONORINE-DES-PERTES

**Aire du garage AD - TOTAL**
45 rte d'Omaha Beach -
02 31 21 77 67 - Permanent -
Borne eurorelais : 2,50 €
(eau + élec.)
15 - 24h - 10 €/j.
Paiement : jetons
Services :
Derrière le garage, plat, herbeux.
GPS : W 0.81632 N 49.34879

## Campings

### BAYEUX

**Municipal Les Bords de L'Aure**
Bd Eindhoven, au nord du bourg -
02 31 92 08 43 -
www.camping-bayeux.fr -
De déb. avr. à fin oct.
borne sanistation
Tarif camping : 24,20 €
(6A) - pers. suppl. 6,30 €
Services et loisirs :
Camping urbain dans un agréable parc verdoyant.
GPS : W 0.69774 N 49.28422

### ISIGNY-SUR-MER

**Le Fanal**
R. du Fanal - 02 31 21 33 20 -
www.camping-normandie-fanal.fr
Avr.-sept. - 240 empl. -

Tarif camping : 25 €
Services et loisirs :
Beaucoup d'espaces verts autour d'un plan d'eau de mer.
GPS : W 1.10872 N 49.31923

### LUC-SUR-MER

**Municipal la Capricieuse**
2 r. Brummel - 02 31 97 34 43 -
www.campinglacapricieuse.com
De déb. avr. à mi oct. - 10 empl. -

Tarif camping : 67 €
(10A) - pers. suppl. 8 €
Services et loisirs :
De beaux emplacements et un bon confort sanitaire.
GPS : W 0.35781 N 49.3179

### PORT-EN-BESSIN

**Port'Land**
Chemin du Castel - 02 31 51 07 06 -
www.camping-portland.fr
De fin mars à déb. nov. - 280 empl. -
borne flot bleu 5 €
(eau + élec.)
Tarif camping : 48 €
(10A) - pers. suppl. 10 €
Services et loisirs :
Jolie décoration florale et arbustive autour des différents étangs.
GPS : W 0.77044 N 49.34716

# Les bonnes adresses de bib

## BAYEUX

**Bayeux Broderie** – 24 r. de Nesmond - 06 89 84 32 36 - www.bayeux-broderie.com - mai-sept. : lun.-vend. 10h-12h30, 13h-18h30, sam. 14h-18h ; avr. et oct. : tlj sf w.-end - fermé nov.-mars. Depuis la cathédrale, sur le chemin du musée Mémorial, ce petit atelier d'artisan d'art fabrique et vend des kits à broder suivant la technique de broderie du point de Bayeux (utilisé pour réaliser la célèbre tapisserie). Visites, démonstrations et cours (mar. et vend. apr.-midi, 13,50 €/h), encadrés par la seule gardienne professionnelle de cette tradition.

**Le Pommier** – 40 r. des Cuisiniers - 02 31 21 52 10 - www.restaurantlepommier.com - - 12h-14h, 19h-21h - formules déj. (en sem.) 16,50/19,50 € - 27,50/37,50 €. Dans la bien nommée rue des Cuisiniers, ce restaurant se trouve à quelques pas de la cathédrale. On y défend les produits du terroir normand annoncés sur l'ardoise et sa renommée n'est plus à faire. Jolies et confortables salles aux murs de pierres apparentes. Service parfois débordé...

## CAEN

**Le Mancel - Restaurant du château** – Au château - 02 31 86 63 64 - www.lemancel.fr - - 12h-14h, 19h-22h - fermé vac. de fév., dim. soir et lun. - 18/40 €. Discret car situé dans le château, le restaurant du musée des Beaux-Arts mérite le détour : sobre cadre contemporain, soirées musicales et appétissante cuisine actuelle.

**L'Embroche** – 17 r. Porteau-Berger - 02 31 93 71 31 - fermé 2 sem. fin sept., vac. de Noël, sam. midi, dim. et lun. - formule déj. 20,50 € - 23/27 €. Cette adresse du quartier du Vaugueux propose quelques spécialités à base de produits régionaux : brick de camembert sur lit de salade arrosée au calva ; tripes artisanales du « Père Michel »... Sélection de fromages affinés et beau choix de vins de petits récoltants.

## COURSEULLES-SUR-MER

**Les Alizés** – 4 quai Ouest - 02 31 36 14 14 - les-alizes.myoxxone.fr - fermé dim. soir - formule déj. 12 € - 18,50/26,50 € - buffet de la mer à volonté vend. et sam. soir, 27 €. Une bonne cuisine valorisant les produits locaux est attachée à cette enseigne postée face au port. Confortable salle à manger « littorale » : maquettes nautiques, nœuds de marins, filets de pêche et phares-bougeoirs. Dégustation de moules et huîtres à toute heure en haute saison. Ambiance calme et fond musical classique.

## GRANDCAMP-MAISY

**La Trinquette** – 7 rte du Joncal - 02 31 22 64 90 - www.restaurant-la-trinquette.com - - fermé mar. et lun. (sept-mars) - 29,50/48 €. Bien sûr, on ne voit pas la mer, cachée par le bâtiment de la criée. Peu importe, ses poissons sont dans votre assiette : en papillote avec fondue de poireaux, en cassolette ou en soupe avec rouille normande... Goûtez aussi la marmite grandcopaise, le plat des pêcheurs d'ici.

## OUISTREHAM

**La Table d'Hôtes** – 10 av. du Gén.-Leclerc - 02 31 97 18 44 - www.latabledhotes-caen.com - 12h-13h30, 19h30-20h45 - fermé mar. soir, merc. et dim. soir - formule déj. 22 € (en sem.) - 33/51 €. Restaurant gastronomique dont le menu change chaque mois selon l'inspiration du chef et la criée.

## PORT-EN-BESSIN

**Le Bistrot d'à Côté** – 12 r. Michel-Lefournier - 02 31 51 79 12 - www.barque-bleue.fr - - 12h-14h, 19h-21h - fermé déc.-janv., dim. soir (sf juil.-août) et lun. - formule déj. 21,90 € -21,90/41,90 €. Décor résolument contrasté en gris et framboise dans cette salle à manger. Poissons et coquillages à choisir sur les grandes ardoises murales.

# Offices de tourisme

## BAYEUX

Pont St-Jean - 02 31 51 28 28 - www.bayeux-bessin-tourisme.com.

## CAEN

Voir p. 81

*Le cimetière américain de Colleville-sur-Mer.*

Joel Carillet/iStock

### LE TOP 5 SITES DU DÉBARQUEMENT

1. Mémorial de Caen
2. Musée du Débarquement à Utah Beach
3. Cimetière américain de Colleville-sur-Mer
4. Port artificiel d'Arromanches
5. Ste-Mère-Église

# La Côte fleurie et le pays d'Auge

**La Côte fleurie et son arrière-pays, le pays d'Auge, figurent parmi les « must » de la Normandie. Vous n'y pratiquerez cependant pas le même tourisme. Plaisirs de la mer et de la villégiature, agrémentés de paillette à Deauville, d'animation à Honfleur et de calme à Cabourg. Voyage gastronomique et bucolique en pays d'Auge, jalonné de manoirs à colombage et de pommiers à cidre.**

**DÉPART :** HONFLEUR - 7 jours - 200 km

## JOUR 1

Visite de **Honfleur** (voir l'encadré p. ci-contre).

## JOUR 2

Dirigez-vous vers **Trouville**, en passant par **Cricquebœuf** et **Villerville**, deux agréables petites stations balnéaires, puis rejoignez la promenade Savigrac de Trouville, où vous pourrez admirer les villas qui s'égrènent le long du front de mer. Déjeunez dans la jolie rue des Bains ou le long de la Touques, boulevard Fernand-Moureaux. En empruntant le pont des Belges, vous serez à **Deauville** pour le café. Une fois dans la place, commencez par déambuler dans les rues pour repérer les plus belles villas, avant d'arpenter ensuite les planches, le long de la plage. Les amateurs de calme préféreront peut-être une excursion vers le **mont Canisy** ou, en juillet et août, une halte dans le parc Calouste-Gulbenkian, afin de sortir de l'animation people de la station.

## JOUR 3

En route vers Cabourg, le littoral réserve quelques surprises comme la vision des Vaches Noires à **Villers-sur-Mer** : la réputation de ces falaises en matière de fossiles n'est plus à faire. Essayez de vous trouver en fin de matinée à **Houlgate** : vous pourrez ainsi flâner tranquillement dans la station avant de déguster un plateau de fruits de mer. Un peu de farniente sur la plage et l'après-midi se poursuit à **Dives-sur-Mer**, connu pour ses belles halles des 14e et 15e s. Votre périple le long de la Côte Fleurie s'achève dans le très calme **Cabourg** où vous passerez la nuit.

## JOUR 4

La jolie chapelle de **Clermont-en-Auge** et le charmant village de **Beuvron-en-Auge** constituent une agréable entrée en matière avant la découverte du château de **Crèvecœur-en-Auge**, à l'architecture si typique du pays d'Auge. Après avoir déjeuné à

dvoevnore/iStock

*Honfleur.*

**Cambremer**, profitez d'une halte dans les Jardins du pays d'Auge. La journée se termine à **Lisieux** où il ne faut pas manquer la cathédrale et la basilique.

## JOUR 5

Allez visiter le joli château de **St-Germain-de-Livet** et le manoir de Coupesarte, au sud de Lisieux. **Vimoutiers**, ville du camembert, s'impose pour le déjeuner. Cette découverte gastronomique peut se poursuivre à **Camembert**, plus au sud. Dans l'après-midi, n'hésitez pas à faire un détour à l'ouest pour découvrir le prieuré de St-Michel-de-Crouttes, idéal pour une petite halte à la fois digestive, bucolique et culturelle. Reprenez ensuite la route, direction **Orbec**, au nord-est, puis Bernay.

## JOUR 6

Visitez l'église abbatiale de **Bernay**, sa basilique et son musée, avant de vous rendre au **château d'Harcourt**, qu'un bel arboretum entoure. Déjeunez à **Brionne,** puis consacrez votre début d'après-midi à la superbe **abbaye du Bec-Hellouin**. Filez ensuite plus à l'ouest où les circuits de randonnée de **Montfort-sur-Risle**, Lieurey et Cormeilles, ainsi que la distillerie de Cormeilles vous permettront de terminer agréablement la journée. **Pont-Audemer** paraît tout indiquée pour le soir.

## JOUR 7

Après avoir admiré les vitraux de l'église St-Ouen de Pont-Audemer, le voyage gastronomique en pays d'Auge mène à **Pont-l'Évêque**. La visite de cette jolie ville vous fera patienter jusqu'au déjeuner où bien sûr vous prendrez du pont-l'évêque. Rentrez ensuite profiter une dernière fois des charmes de Honfleur.

ÉTAPE 11

# Honfleur

### OFFICE DE TOURISME

Quai Lepaulmier -
02 31 89 23 30 -
www.ot-honfleur.fr.

### STATIONNEMENT & SERVICES

**Aire de Honfleur**
Quai de La Cale, Bassin Carnot -
02 31 89 23 30
Permanent - mise hors gel (nov. à mars)
Borne artisanale
240 - 11 €/j.
Paiement :
Services :
Terrain vague, plat, gravier, proche du centre-ville.
GPS : E 0.24187 N 49.41948

**Honfleur** est à la mode, ce n'est pas un scoop ; cela dure même depuis deux siècles, depuis l'arrivée des premiers peintres, envoûtés par l'atmosphère et la beauté du site. Prenez exemple sur eux et partez explorer les rues et ruelles pavées du **quartier Ste-Catherine** ; vous y verrez nombre de belles maisons à pans de bois. Arrêtez-vous devant la façade d'une demeure ancienne, devant le chevalet d'un peintre ou devant une bolée de cidre à la terrasse d'un café, autour du Vieux Bassin...
Afin de profiter des plus belles lumières sur le **Vieux Bassin**, privilégiez le début de matinée ou la fin de journée : tôt, les rayons du soleil caressent les façades anciennes du charmant **quai Ste-Catherine**, et le soir, ils enflamment le **quai St-Étienne**. La découverte du Vieux Bassin, de la Lieutenance et de l'étonnante église Ste-Catherine à deux nefs, presque entièrement en bois, occupe la matinée. L'après-midi, la visite des **maisons Satie**, du **musée Eugène Boudin** et du **Naturospace** permet d'éviter la foule qui arpente généralement les ruelles du vieil Honfleur à ces heures-là. Les hauteurs de la **côte de Grâce** offrent aussi une alternative à la cohue, tout en révélant un magnifique panorama depuis le Calvaire, en haut de Honfleur, sur l'estuaire de la Seine, la rade du Havre et le pont de Normandie. Enfin, le début de soirée impose de prendre un verre en terrasse sur le quai Ste-Catherine, pour profiter des derniers rayons du soleil embrasant l'Enclos.

## Aires de service & de stationnement

### BEUVRON-EN-AUGE

**Aire de Beuvron-en-Auge**
R. de la Gare - 02 31 79 23 31
Permanent -
Borne artisanale
30 - 48h - 8 €/j. - borne compris
Paiement : jetons (tabac/presse)
Services :
Plat, herbeux, gravillons et ombragé.
GPS : W 0.04927 N 49.18552

### BROGLIE

**Aire de Broglie**
R. du 11-Novembre, près de l'ancienne gare - 07 55 50 13 13
Permanent -
Borne eurorelais : gratuit
14 - 24h - 6 €/j. - paiement au régisseur
Services :
Sur l'ancien camping municipal, plat, herbeux et ombragé.
GPS : E 0.53055 N 49.00668

### CABOURG

**Aire de l'Hippodrome**
Av. Michel-D'Ornano - 02 31 28 39 97
Permanent -
Borne AireService : 6 € (eau + élec.)
8 - 48h - Gratuit
Paiement : CC
Services :
Le long de l'hippodrome et d'un ruisseau, plat, bitume.
GPS : W 0.12022 N 49.28243

### CAMBREMER

**Aire de Cambremer**
Av. des Tilleuls, sur la pl. de l'Europe, après la gendarmerie -
02 31 63 03 36 -
Permanent (mise hors gel)
Borne AireService 3 €
3 €
10 - Illimité - Gratuit - en pente
Paiement : jetons (commerçants)
Services :
Parking ombragé en pente légère ouvert à tous véhicules.
GPS : E 0.04671 N 49.14936

### HONFLEUR

Voir p. précédente

### LISIEUX

**Aire de Lisieux**
R. Monseigneur-Germain -
02 31 48 18 10 -
Permanent (mise hors gel)
Borne eurorelais : 2,80 € (eau + élec.)
15 - Gratuit
Paiement : jetons (office de tourisme)
Services :
GPS : E 0.2276 N 49.1426

### MOYAUX

**La Ferme des Bruyères Carré**
Rte de Lieurey, D 143 - 02 31 62 81 98 - www.les-bruyeres-carre.fr
Permanent -
Borne artisanale : Gratuit
10 - 72h - Gratuit
Services :
Au milieu des pommiers, avec présentation de la fabrication et vente : cidre, poiré, pommeau, calvados et confitures.
GPS : E 0.38351 N 49.20514

### VILLERS-SUR-MER

**Aire de Paléospace l'Odyssée**
R. des Martois - 02 31 81 77 60 - www.paleospace-villers.fr
Permanent
Borne Urbaflux 2 €
14 - - Illimité - 12 €/j.
Paiement : CC
Services :
Emplacements plats, délimités à proximité de la plage et du musée.
GPS : E 0.01265 N 49.32911

### VILLERVILLE

**Aire de stationnement de Villerville**
Pl. des Fossés-Vieux - 02 31 87 20 19
Permanent
4 - Illimité - 8 €/j. - gratuit la nuit.
Ouvert à tout véhicule.
Services :
À 400 m de la plage.
GPS : E 0.13109 N 49.40079

## Campings

### LE BEC-HELLOIN

**St-Nicolas**
15 r. St-Nicolas - 02 32 44 83 55 - www.campingsaintnicolas.fr
De fin mars à mi oct. - 67 empl. -
borne artisanale
5 € (eau + élec.)
Tarif camping : 22 €
(10A) - pers. suppl. 6 €
Services et loisirs :
Site calme et fleuri.
GPS : E 0.72268 N 49.23586

### BERNAY

**Municipal**
R. des Canadiens - 02 32 43 30 47 - tourisme.bernaynormandie.fr
De fin mai à fin - 50 empl.
Tarif camping : 15 € (6A)
Services et loisirs :
GPS : E 0.58683 N 49.07879

### HONFLEUR

**La Briquerie**
À Équemauville, rte de Trouville -
02 31 89 28 32 -
www.campinglabriquerie.com
De déb. avr. à fin sept. - 430 empl. -
borne artisanale
Tarif camping 2020 : 21,60 €
(6A)
Services et loisirs :
GPS : E 0.20826 N 49.39675

### HOULGATE

**La Vallée**
88 r. de la Vallée - 02 31 24 40 69 - www.campinglavallee.com
De déb. avr. à déb. nov. - 368 empl. -
borne artisanale
Tarif camping 2020 : 21,60 €
(6A)
Services et loisirs :
Beaucoup d'espaces verts autour d'anciens bâtiments de style normand.
GPS : W 0.06733 N 49.29422

### TOUTAINVILLE

Voir circuit suivant

## Les bonnes adresses de bib

**HONFLEUR**

✕ **Le Bistrot des Artistes** – 14 pl. Berthelot - ✆ 02 31 89 95 90 - fermé janv., mar. et merc. d'oct. à avr. et seult merc. d'avr. à juin - 15/30 €. Banquettes en moleskine et objets anciens composent le décor de ce restaurant aux airs de bistrot parisien. Les tables près de la fenêtre offrent une jolie vue sur le Vieux Bassin. Tartines, salades, huîtres, etc. Service à toute heure, laissant parfois à désirer.

**LISIEUX**

✕ **Les Sœurs Pinard** – 4 av. Ste-Thérèse - fermé lun. soir et dim. soir - formules déj. 14,50/17,50 € - plats 10,80 €. On vient surtout ici pour le cadre avec de grandes tables de bois ou un salon rempli de meubles chinés. Dans l'assiette : burgers, salades... et, au dîner, planches de charcuterie ou de fromages et tapas. Soirées musicales, brunch le dimanche, grande terrasse et une miniplage pour les enfants.

**PONT-L'ÉVÊQUE**

✕ **Le Vaucelles** – 39 r. de Vaucelles - ✆ 02 31 65 29 22 - ♿ - fermé lun. soir-mar. sf vac. scol. - 17/25 €. Avec sa devanture « rétro » et son intérieur style bistrot, entre bar en bois et tons bordeaux, ce petit restaurant annonce clairement la couleur. Petits plats de « grand-mère » à l'ardoise, et, sur la carte, cuisine traditionnelle ou spécialités normandes, parmi lesquelles le gâteau d'andouille marchand de vin.

**Calvados Christian Drouin - Domaine Cœur de Lion** – St-Pierre - Coudray-Rabut - 2 km au N. de Pont-l'Évêque - ✆ 02 31 64 30 05 - www.calvados-drouin.com - 9h-12h, 14h-18h - fermé dim. et j. fériés (sf 14 Juil., 15 août). Entreprise aménagée dans plusieurs maisons à colombages du 17e s. La production familiale, calvados, cidre et pommeau, a été récompensée par 543 médailles et diplômes d'honneur. Visite du pressoir, du chai de vieillissement, des ateliers de distillation et de conditionnement, dégustation. Vente sur place.

**TROUVILLE-SUR-MER**

✕ **Crêperie Le Vieux Normand** – 124 quai Fernand-Moureaux - ✆ 02 31 88 38 79 - fermé 10-31 janv. - réserv. conseillée. Une petite adresse incontournable. Une situation idéale face au port, un cadre rustique plaisant et une carte offrant le choix entre fondues, raclettes, gratin normand, salades et crêpes.

**VIMOUTIERS**

**Fromagerie Durand** – La Héronnière - ✆ 02 33 39 08 08 - 9h-17h - fermé dim. Pour découvrir les secrets de fabrication du camembert et profiter d'une dégustation, venez visiter la ferme des Durand : ils sont les derniers à perpétuer la tradition de ce fromage fermier au lait cru, moulé à la louche. Livarot, Pont-l'Évêque, crème fraîche en vente aussi sur place.

*Cidre et camembert normands.*

philipimage/iStock

## Offices de tourisme

**DEAUVILLE**

Quai de l'Impératrice-Eugénie, résidence de l'Horloge - ✆ 02 31 14 40 00 - www.indeauville.fr.

**HONFLEUR**

Voir p. 85

**LISIEUX**

11 r. d'Alençon - ✆ 02 31 48 18 10 - www.lisieux-tourisme.com.

*Le château de St-Germain-de-Livet.*

G. Dagli Orti/De Agostini Editore/age fotostock

**LE TOP 5 SPÉCIALITÉS**

1. Pont-l'évêque
2. Livarot
3. Camembert
4. Calvados
5. Coquilles St-Jacques

NORMANDIE - CIRCUIT 6

# Les boucles de la Seine

**Aux portes de Rouen, discrètement tapies entre verdure et falaises, les abbayes normandes vous feront découvrir les premiers pas du monachisme et parcourir le Parc naturel des Boucles de la Seine normande. Vous longerez le fleuve, suivrez ses méandres, traverserez la forêt de Brotonne et le marais Vernier, vous laissant porter jusqu'au débouché de son estuaire, Le Havre.**

**DÉPART :** ROUEN - 4 jours - 160 km

## JOUR 1

Après les cent clochers de **Rouen** (voir l'encadré p. ci-contre), cette première journée se place sous le signe des abbayes qui jalonnent la rive droite de la Seine, en aval de Rouen, en commençant par celle de **St-Martin-de-Boscherville**. Elle mérite une longue pause pour sa très belle église témoin de l'art roman en Normandie et son domaine abbatial s'étageant à flanc de colline. L'après-midi, faites un crochet au sud par la D67 pour découvrir le manoir de Villers à **St-Pierre-de-Manneville**, élégante demeure néo-normande entourée d'un parc *(visite des intérieurs les après-midi, w.-ends et j. fériés)*. Descendant la Seine, toujours rive droite, vous arrivez à **Duclair** où se trouve le château du Taillis et son musée « Août 1944, l'Enfer sur la Seine » avant de rejoindre l'abbaye de **Jumièges**, qui impressionne par la splendeur et le romantisme de ses ruines.

## JOUR 2

Commencez la journée par la visite du cloître et de l'église de **St-Wandrille-Rançon**, avant de faire étape à **Caudebec-en-Caux**.pour son église Notre-Dame, puis le musée Victor-Hugo de **Villequier**. L'après-midi, vous irez découvrir le château d'Ételan à **Norville**, habité et meublé, avant de revenir sur Caudebec et franchir le pont de Brotonne qui vous conduit à **Notre-Dame-de-Bliquetuit**, siège de la maison du Parc naturel régional des Boucles de la Seine et son verger conservatoire. Vous y trouverez aussi toutes les informations sur les différents sentiers de randonnée de la belle **forêt de Brotonne**.

## JOUR 3

De la Maison du Parc débute la Route des Chaumières (D65, bien fléchée) qu'il suffit de suivre fidèlement pour dénicher les plus belles maisons normandes et les

Xantana/iStock

*La cathédrale de Rouen.*

admirables chaumières aux épaisses toitures couvertes d'iris via **Vatteville-la-Rue** (voir les peintures de son église), **Aizier**, **Vieux-Port** (deux beaux sentiers de randonnée) avant d'atteindre le Marais Vernier et sa réserve naturelle des Mannevilles à **Ste-Opportune-la-Mare**. Poursuivez la route des chaumières par **Marais-Vernier** (voir l'observatoire de la Grand-Mare) et le panorama de la Pointe de la Roque.

## JOUR 4

Le matin tôt, franchissez le **pont de Tancarville** (à péage), ou prenez le bac (gratuit) de Quillebeuf-sur-Seine pour rejoindre **Le Havre**. Une flânerie dans le centre afin de s'imprégner du style architectural d'Augustin Perret. Une longue halte au musée Malraux, renommé pour sa collection de peintures impressionnistes et pour la donation Senn Foulds, précédera une visite de l'église St-Joseph. Après la passionnante visite guidée de l'appartement témoin Auguste-Perret *(ouv. toute l'année)* et la cathédrale, vous aurez le choix de découvrir le port de commerce (en vedette) et le port de plaisance ou pourquoi pas les usines Renault de Sandouville (renseignements à l'office de tourisme) ou encore une pause plage. Quel que soit votre choix, ne manquez pas les Jardins suspendus dans l'ancienne forteresse puis de flâner sur la promenade du front de mer à **Ste-Adresse** où se trouvent quelques reproductions de tableaux du célèbre peintre impressionniste Claude Monet. Vous pouvez poursuivre votre escapade normande par la côte d'Albâtre (voir le circuit suivant).

ÉTAPE 11

# Rouen

### OFFICE DE TOURISME

25 pl. de la Cathédrale -
02 32 08 32 40 -
www.rouentourisme.com.

### STATIONNEMENT

**Parkings gratuits**
En bord de Seine, rive gauche, quai St-Sever, en contrebas des quais Cavalier-de-la-Salle et Jean-Moulin, accès près du pont Corneille ou av. Champlain. Interdits la 1re quinz. d'avr. et en nov. (foires).

**Aire de service du Port de Plaisance**
Voir p. suivante.

Rouen devrait toujours se découvrir tôt le matin, au soleil levant, du haut de la **côte Ste-Catherine** (montez-y en camping-car). Au sommet, une table d'orientation dévoile un panorama complet sur le vieux centre et la ville moderne séparés par la Seine qu'enjambent six ponts. Une fois garé votre véhicule sur les quais rive gauche, abordez le centre historique par l'office de tourisme qui occupe, face à la cathédrale, l'ancien Bureau des Finances achevé sous François Ier. Tournez ensuite votre regard vers la **cathédrale Notre-Dame** hérissée de tours, flèches, clocher et clochetons, l'un des sommets de l'art gothique français. Sur l'esplanade, voyez les reproductions de tableaux du prestigieux édifice que réalisa le peintre impressionniste Claude Monet. À gauche de la cathédrale, la **rue St-Romain** (belles boutiques de faïence de Rouen) conduit à l'**église St-Maclou** et ses beaux vantaux, puis à la **rue de Martainville** bordée de hautes maisons à pans de bois, très colorées. Surtout n'y manquez pas l'**aître St-Maclou**, étrange ossuaire médiéval orné de sculptures macabres. Parcourez les rues **Damiette** et **Eau-de-Robec** très typiques, jetez un coup d'œil à l'hôtel d'Étancourt orné de gracieuses statues, et à l'**abbatiale St-Ouen** pour ses verrières. De retour à la cathédrale, prenez la **rue du Gros-Horloge** très commerçante. Visitez le Gros Horloge, bâtiment emblématique de la ville, puis dans la rue parallèle l'imposant **Palais de Justice**, avant de rejoindre la **place du Vieux-Marché** et l'église Ste-Jeanne-d'Arc ornée de vitraux du 16e s. (elle jouxte l'esplanade où fut dressé le bûcher de Jeanne d'Arc). Tout près voyez la place de la Pucelle et son hôtel de Bourgtheroulde. Enfin, sur la dizaine de musées que compte Rouen, trois sont incontournables : le **musée des Beaux-Arts** (peintures du 15e au 20e s. avec une riche section impressionniste), le **musée de la Céramique** consacré à la faïence rouennaise du 16e au 18e s. et le **musée Le Secq des Tournelles**, consacré à l'art du fer forgé du monde entier avec des pièces exceptionnelles.

## Aires de service & de stationnement

### ALLOUVILLE-BELLEFOSSE

**Aire d'Allouville-Bellefosse**
Rte de Lillebonne - 06 08 34 19 36
Permanent (mise hors gel)
Borne artisanale 2 € 2 €
4 - Illimité - Gratuit
Services :
GPS : E 0.67494 N 49.59687

### BARDOUVILLE

**Aire du Grand Bois**
310 allée de la Ligne des Hêtres, au stade - 02 32 08 32 40
Permanent -
Borne artisanale : Gratuit
4 - Illimité - Gratuit
Plat et ombragé, entre bois et stade.
GPS : E 0.9208 N 49.42698

### LE HAVRE

Voir p. 93

### HONFLEUR

Voir circuit précédent

### JUMIÈGES

**Aire de Jumièges**
R. Alphonse-Callais - 02 35 37 24 15
De déb. mars à fin oct. (mise hors gel) -
Borne artisanale 3 €
40 - Illimité - Gratuit - interdit lors de manifestations
Paiement : jetons (office de tourisme, boulangerie, restaurant La Taverne des Moines, supermarché Proxy)
Services :
Plat, herbeux ou gravier avec vue sur l'abbaye.
GPS : E 0.81556 N 49.43115

### LA MAILLERAYE-SUR-SEINE

**Aire de La Mailleraye-sur-Seine**
Quai Paul-Girardeau - 02 35 37 12 04
Permanent -
Borne eurorelais : 3 € (eau + élec.)
34 - 24h - 5 €/j.
Services :
Plat, herbeux en bord de la Seine.
GPS : E 0.77393 N 49.48319

### NORVILLE

**Aire de Norville**
R. des Écoles - 02 35 39 91 15
Permanent
Borne AireService 2 € 2 €
- 48h - Gratuit
Services :
Plat, herbeux ou gravier près d'un joli petit parc.
GPS : E 0.63586 N 49.47565

### ROUEN

**Aire de service du Port de Plaisance**
R. de Lillebonne - 02 35 08 30 59
Permanent (fermé dim. du 15 oct. au 15 avr., le 25 déc. et 1er janv.) -
Borne AireService : gratuit
20 - - 72h - 12 €/j.
Paiement :
Services :
Plat, gravier, douches, le long du port de plaisance, calme la nuit.
GPS : E 1.05854 N 49.44804

### ST-NICOLAS-DE-LA-TAILLE

**Aire de St-Nicolas-de-la-Taille**
Derrière la salle des fêtes - 02 35 39 82 65 - Permanent
Borne AireService 2 € 2 €
7 - Illimité - Gratuit
Paiement : jetons (mairie)
Services :
Plat et ombragé.
GPS : E 0.47406 N 49.51267

### ST-WANDRILLE-RANÇON

**Aire de la Ferme de la Mare**
20 impasse Ferme-de-la-Mare - 06 09 85 31 03 - www.fermedelamarestwandrille.fr
Permanent -
Borne artisanale 3 € 2 €
4 - - Illimité - 6 €/j. - sanitaires 2€ (douche-wc)
Paiement :
Services :
Plat, herbeux sur les terres de la ferme.
GPS : E 0.76705 N 49.54056

## Campings

### BOURG-ACHARD

**Le Clos Normand**
235 rte de Pont-Audemer - 02 32 56 34 84 - www.leclosnormand-camping.com
De mi mars à mi oct. - 75 empl.
Tarif camping : 26 € (6A) - pers. suppl. 8 €
Services et loisirs :
Cadre verdoyant et fleuri.
GPS : E 0.80765 N 49.35371

### HONFLEUR

Voir circuit précédent

### JUMIÈGES

**La Forêt**
582 r. Mainberte - 02 35 37 93 43 - www.campinglaforet.com
De déb. avr. à fin oct. - 77 empl. -
borne eurorelais 6 € (eau + élec.) - 14 €
Tarif camping : 29 € (10A) - pers. suppl. 8 €
Services et loisirs :
Dans le Parc naturel régional des Boucles de la Seine normande.
GPS : E 0.82883 N 49.43485

### TOUTAINVILLE

**Flower Risle-Seine - Les Étangs**
19 rte des Étangs - 02 32 42 46 65 - www.camping-risle-seine.com
De déb. avr. à fin oct. - 50 empl.
borne artisanale 5 € (eau + élec.) - 13 €
Tarif camping : 23,50 € (10A) - pers. suppl. 4,50 €
Services et loisirs :
Emplacements bien délimités.
GPS : E 0.48739 N 49.3666

# Les bonnes adresses de bib

## CAUDEBEC-EN-CAUX

**Au Rendez-Vous des Chasseurs** – 1040 rte de Ste-Gertrude - 3 km au nord de Caudebec-en-Caux - 02 35 96 20 30 - fermé mar., merc. et dim. soir - 22/32 €. On ne repart jamais bredouille de ce sympathique restaurant situé à la lisière de la forêt. Sa cuisine du terroir revisitée font saliver la clientèle depuis plus de 150 ans. Une réputation entretenue par le tajine des chasseurs avec faisan, cerf et lièvre, servi en hiver dans un cadre chaleureux. Jolie terrasse.

## DUCLAIR

**Le Parc** – 721 r. du Prés.-Coty - 20 km à l'ouest de Rouen par la D982 - 02 35 37 50 31 - www.restaurant-leparc.com - P - fermé mar. soir, merc. et dim. soir - formules déj. 15,20/19,70 € - 25,50/45 €. Une grande bâtisse bourgeoise dominant le fleuve, où l'on déguste une cuisine du terroir, dans l'atmosphère raffinée et feutrée des maisons d'hôte. Un lieu incontournable !

## JUMIÈGES

**L'Auberge du Bac** – 2 r. Alphonse-Callais - 02 35 37 24 16 - www.aubergedubac.fr - P - fermé vac. scol. de printemps et de la Toussaint, lun. et mar. sf j. fériés - formules déj. 10,50/13,50 € - 18,50/37 €. Profitant d'une situation agréable en bordure de Seine, ce restaurant offre de belles terrasses et une véranda illuminant les repas toute l'année. On savoure une cuisine normande ou des fruits de mer.

## LE HAVRE

**Le Clapotis** – Sente Alphonse-Karr - 02 35 49 09 17 - www.le-clapotis.fr - 10h-0h - formule déj. 14,90 € - 24,90/34,90 €. Vue dominante sur la mer, de la terrasse en été, par de larges baies vitrées en hiver. La carte affiche fruits de mer et poissons. Café-salon de thé.

**La Taverne Paillette** – 22 r. Georges-Braque - 02 35 41 31 50 - www.tavernepaillette.com - service continu midi-minuit - formules déj. 17,70/23,90 € - 31,50 €. Cadre authentique de brasserie pour cette institution havraise qui donne à choisir entre plats traditionnels tels que choucroute ou cassoulet, plateaux de fruits de mer et recettes de poissons.

## ROUEN

**Bistro Nova** – 29 pl. du Lt-Aubert - 02 35 70 20 25 - fermé dim.-lun. - 20/22 €. Un petit bistro convivial avec tables en bois et objets chinés. La carte, restreinte (avec option végétarienne), change tous les jours et fait la part belle aux produits locaux. Une « cantine » comme on les aime, où tout est fait maison.

**La Marmite** – 3 r. de Florence - 02 35 71 75 55 - www.lamarmiterouen.com - fermé dim. soir-mar. - 25/68 €. De délicieux fumets s'échappent de cette Marmite. Poussez la porte pour découvrir sa cuisine pleine de goût, aux saveurs délicates, préparée avec d'excellents produits et présentée avec soin.

**Dame Cakes** – 70 r. St-Romain - quartier de la cathédrale - 02 35 07 49 31 - www.damecakes.fr - 10h30-19h30, sam. 10h-19h30 - fermé dim. sf fin déc. Ce salon de thé est installé dans l'ancien atelier du célèbre ferronnier Ferdinand Marrou. Magnifiques ornements d'époque, dont un balcon en fer forgé. La patronne cultive la passion des gâteaux façon « grand-mère » et propose, outre ses délicieux cakes, des formules déjeuner à base de salades et de cakes salés. Délicieux jardin aux beaux jours.

**Fayencerie Augy-Carpentier** – 26 r. St-Romain - 02 35 88 77 47 - www.fayencerie-augy.com - 9h-19h - fermé dim.-lun. - visite de l'atelier sur demande. Le dernier atelier de fabrication artisanale de faïence à Rouen. Créations originales et reproductions de nombreux motifs traditionnels, bleus ou polychromes, comme le lambrequin.

# Offices de tourisme

## LE HAVRE

Voir p. 93

## JUMIÈGES

R. Guillaume-le-Conquérant - 02 35 37 28 97 - www.rouentourisme.com.

## ROUEN

Voir p. 89

*L'abbaye de Jumièges.*

M. Sjöberg/age fotostock

**LE TOP 5 VILLAGES SUR SEINE**

1. Caudebec-en-Caux
2. Villequier
3. Vieux-Port
4. Aizier
5. La Bouille

NORMANDIE - CIRCUIT 7

# Côte d'Albâtre et pays de Caux

**Il suffit d'apercevoir les impressionnantes falaises de craie qui dominent la Manche entre Le Havre et Le Tréport pour comprendre d'où vient le terme de Côte d'Albâtre. Il suffit de s'y promener pour comprendre pourquoi Étretat ou Fécamp attirent autant de monde ! Quant au pays de Caux, arrière-pays préservé et paisible, si cher à Maupassant, il séduit par ses manoirs isolés, ses châteaux et ses jardins amoureusement soignés.**

**DÉPART :** LE HAVRE - 6 jours – 270 km

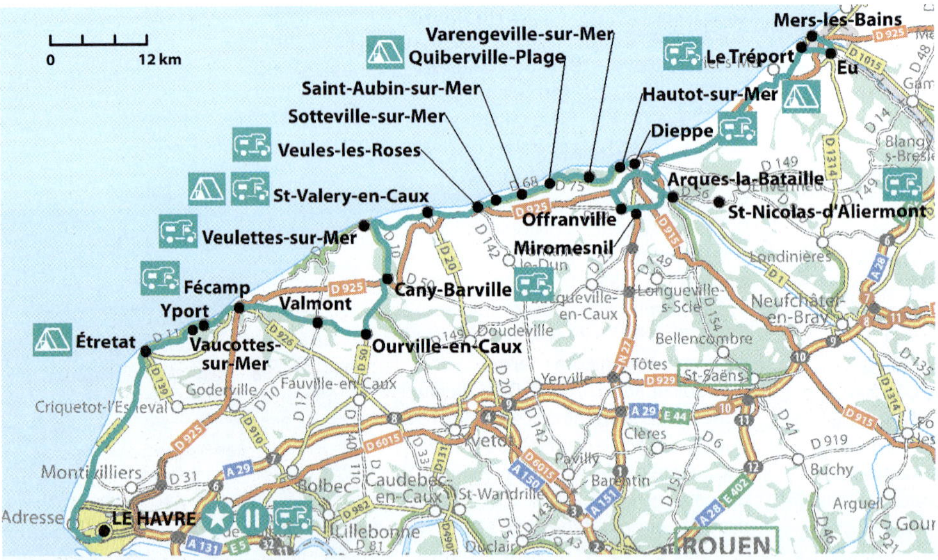


## JOUR 1

Partant du **Havre**, 28 km vous séparent d'**Étretat**, la plus prestigieuse station balnéaire de la Côte d'Albâtre. Elle vous retiendra une bonne partie de la journée entre sa plage de galets où s'échouent les bateaux de pêche ventrus, sa promenade du front de mer immortalisée par deux tableaux de Claude Monet (reproductions exposées sur place) et bien sûr ses falaises. À marée basse, leur découverte par les plages est encore plus impressionnante ; mais attention aux horaires de marée. Ne manquez pas non plus le Clos Arsène-Lupin qui évoque autant Maurice Leblanc que son héros. En fin de journée, allez admirer le coucher de soleil depuis le front de mer.

## JOUR 2

Prenez la D11 pour **Vaucottes-sur-Mer** puis **Yport**, petite station encadrée de belles falaises. Le circuit se poursuit par **Fécamp** où il fait bon flâner sur son port. Une visite de l'abbatiale de la Trinité et du curieux et éclectique Palais Bénédictine (collections d'ivoire) s'impose. Quant au musée des Terre-Neuvas, il ne manquera pas de vous intéresser. Filez ensuite vers l'est par la D150 pour découvrir l'église de l'abbaye de Notre-Dame-du-Pré à **Valmont**.

## JOUR 3

Par **Ourville-en-Caux** votre journée peut commencer à **Cany-Barville** par le château de Cany tout de brique et de pierre qui présente du mobilier des 17e et 18e s. *(en juil.-août)*. Retour sur la côte à **Veulettes-sur-Mer**, puis **St-Valery-en-Caux** qui vous accueillera avec une aire camping-car très prisée, en front de mer. L'occasion de découvrir son port, sa maison Henri-IV aux colombages couleur sang de bœuf et de monter sur les falaises d'Aval par le sentier des douaniers.

L. Maisant/hemis.fr

*Ste-Adresse, à deux pas du Havre.*

## JOUR 4

Longez le littoral par **Veules-les-Roses**, **Sotteville-sur-Mer**, **St-Aubin-sur-Mer**... À **Varengeville-sur-Mer**, arrêtez-vous pour visiter le remarquable parc floral du Bois des Moutiers, puis le manoir d'Ango, élégante demeure Renaissance préservant un pigeonnier tout à fait remarquable, enfin l'église et son cimetière marin où repose Georges Braque. Rendez-vous ensuite à **Dieppe** en commençant par entreprendre l'ascension de la falaise depuis le Pollet. Le reste de la journée sera consacré à la découverte du château-musée, des ports et de la plage...

## JOUR 5

Terminez votre séjour à Dieppe par la Cité de mer qui parle de construction navale et de pêche avant de flâner dans la Grande Rue très commerçante ; faites une pause au café des Tribunaux, jadis repaire des peintres impressionnistes. Gagnez ensuite, au sud-est, les ruines de la forteresse d'**Arques-la-Bataille** perchée sur un éperon rocheux. Prévoyez ensuite une visite du château de **Miromesnil** où naquit Guy de Maupassant. Mais d'autres jardins vous attendent, à **Offranville**, avec le parc floral William-Farcy (lieu-dit Le Colombier), présentant 21 jardins à thème.

## JOUR 6

Cette dernière journée sera consacrée aux trois villes sœurs : à **Eu**, ne manquez pas la collégiale Notre-Dame, le château et la chapelle du Collège ; promenez-vous ensuite au **Tréport** et franchissez la Bresle pour vous aventurer dans la charmante **Mers-les-Bains**, station balnéaire la plus élégante de Picardie.

ÉTAPE ⓫

# Le Havre

### OFFICE DE TOURISME

186 bd Clemenceau -
02 32 74 04 04 -
www.lehavretourisme.com.

### STATIONNEMENT & SERVICES

**Parking conseillé**
Parking de la Plage, bd Albert-Ier, gratuit.

**Aire du Havre**
74 r. Andrei-Sakharov -
02 35 19 45 45 - Permanent
Borne artisanale
15 - - 24h - 6 €/j.
Paiement :
Services :
Excentrée, sur les hauteurs du Havre.
GPS : E 0.1719 N 49.50462

**Le Havre** est une cité moderne, résolument tournée vers la mer. Son immense port est l'un des tout premiers au plan national et européen. Ici, le ciel, l'eau et la ville dialoguent constamment, baignés d'une lumière unique qui a inspiré les peintres au 19e s.
Le **centre-ville** est un remarquable exemple de l'architecture et de l'urbanisme d'après-guerre. Reconstruit par Auguste Perret, il est, depuis 2005, inscrit au Patrimoine mondial de l'Unesco. D'audacieuses tours y jaillissent à la verticale, comme celle de l'**église St-Joseph** à laquelle répond celle de l'**hôtel de ville** qui donne sur une très vaste place agrémentée de bassins, de fontaines et de galeries habillées de charmilles et de haies d'ifs. Au sud du quartier se trouve le **musée d'Art moderne André-Malraux** consacré à l'impressionnisme. De belles expositions temporaires y sont organisées.
En longeant la mer, on passe devant le **port de plaisance** pour rejoindre la **plage du Havre et de Ste-Adresse**, repaire des amateurs de sports de glisse, qui s'étire jusqu'au cap de la Hève. Elle est bordée par une digue piétonne de 4 km. À marée haute, elle est de galets, à marée basse, de sable. **Ste-Adresse** fait figure de « Nice havrais ». De jolies villas entourées de jardins s'étagent sur les hauteurs escarpées du cap, offrant de beaux points de vue sur Le Havre et l'estuaire de la Seine. L'**ancien fort** a été aménagé en espace paysager – les jardins suspendus – avec des serres de collection et des jardins-bastions dédiés aux botanistes explorateurs. Sur près de 10 ha s'épanouissent des végétaux du monde entier.
Et sachez que pour la photo du jour, le belvédère du jardin des Explorateurs ménage un superbe panorama sur Le Havre et la mer.

# Aires de service & de stationnement

## CANY-BARVILLE

**Aire du Camping municipal**
Rte de Barville - 02 35 97 70 37
De déb. avr. à fin sept.
Borne artisanale : gratuit
 - - Paiement :
Services :
GPS : E 0.63124 N 49.78952

## DIEPPE

**Aire du Pollet**
Quai de la Marne - 02 35 06 20 43
Permanent
Borne AireService : 5,20 € (eau + élec.)
48 - - Illimité - 12,50 €/j. - borne compris - Paiement :
Services :
GPS : E 1.08646 N 49.92993

**Aire du Front de Mer**
Bd de Verdun, extrémité est de la plage - 02 35 06 20 43 - Permanent
Borne AireService
50 - - 48h - 12 €/j. - borne compris - Paiement :
Services :
GPS : E 1.08389 N 49.93167

## FÉCAMP

**Aire de Fécamp**
Chaussée Gayant, parking de la Mâture - 02 35 28 51 01 - Permanent
Borne AireService 3 €
60 - Illimité - 5 €/j. - interdit lors de fêtes foraines
Services :
GPS : E 0.37362 N 49.76012

## LE HAVRE

Voir p. précédente

## ST-NICOLAS-D'ALIERMONT

**Aire de St-Nicolas-d'Aliermont**
Pl. du 19-Mars-1962 - 02 35 85 80 11 - Permanent -
Borne eurorelais 3 € 3 €
2 - 48h - Gratuit
Paiement : jetons (mairie et supérette Coccinelle)
Services :
GPS : E 1.22094 N 49.88031

## ST-VALERY-EN-CAUX

**Aire de St-Valery-en-Caux**
Quai d'Aval - 02 35 97 00 22
Permanent
Borne Urbaflux : 3,50 € (eau + élec.)
40 - Illimité - 6 €/j.
Paiement :
Services :
GPS : E 0.70843 N 49.8723

## LE TRÉPORT

**Aire du Parc Ste-Croix**
R. Pierre-Mendès-France - 02 35 50 55 20 - Permanent
Borne AireService
61 - - 48h - 10,50 €/j. - borne compris - Paiement :
GPS : E 1.38931 N 50.05954

**Aire du Funiculaire**
Rte touristique - 02 35 50 55 20
Permanent
Borne Urbaflux 2,30 € 2,30 €
12 - - Illimité - 7 €/j.
Paiement :
Services :
GPS : E 1.3331 N 50.0458

## VEULES-LES-ROSES

**Aire du Camping Les Mouettes**
7 r. du Dr-Viaud - 02 33 45 38 63
De déb. avr. à fin oct.
Borne artisanale : 9 € (eau + élec.)
18 - - Illimité - 16 €/j.
Paiement :
Services :
GPS : E 0.80297 N 49.87589

## VEULETTES-SUR-MER

**Aire de Veulettes-sur-Mer**
Chemin des Courses et grand parking de la plage - 02 35 97 53 44
De déb. avr. à déb. nov.
Borne eurorelais 3,50 € 3,50 €
70 - 48h - 6 €/j.
Paiement : jetons (camping et épicerie)
Services :
GPS : E 0.60154 N 49.85235

# Campings

## ÉTRETAT

**Municipal**
69 r. Guy-de-Maupassant - 02 35 27 07 67 - www.etretat.fr
D'avr. à mi-oct. - 73 empl. -
Tarif camping : 3,85 € 4,95 € 1 €
Services et loisirs :
Entrée fleurie et ensemble très soigné.
GPS : E 0.21557 N 49.70063

## HAUTOT-SUR-MER

**La Source**
63 r. des Tisserands - 02 35 84 27 04 - www.camping-la-source.fr
De déb. avr. à fin sept. - 70 empl.
borne AireService
Tarif camping : 25 € (10A) - pers. suppl. 8 €
Services et loisirs :
Emplacements au bord de la Scie.
GPS : E 1.05732 N 49.89824

## QUIBERVILLE-PLAGE

**La Plage**
123 r. de la Saane - 02 35 83 01 04 - www.campingplagequiberville.fr
De déb. avr. à fin oct. -
borne artisanale 3,90 € (eau + élec.)
Tarif camping : 6,50 € 12,50 € (10A) 5,50 €
Services et loisirs :
À 100 m de la mer, de l'autre côté de la route.
GPS : E 0.92878 N 49.90507

## ST-VALERY-EN-CAUX

**Seasonova Etennemare**
21 hameau d'Etennemare - 02 35 97 15 79 - vacances.seasonova.com
De déb. juin à fin sept. - 134 empl. -
Tarif camping : 28 € - pers. suppl. 6,50 €
Services et loisirs :
GPS : E 0.70379 N 49.85878

# Les bonnes adresses de bib

## DIEPPE

**La Marmite dieppoise** – 8 r. St-Jean - 02 35 84 24 26 - marmitedieppoise.fr - fermé dim. soir-lun. - formule déj. 21 € - 33/45 €. Un petit restaurant du centre-ville bien connu des Dieppois. La cuisine fait la part belle aux produits de la pêche locale. Goûtez à la marmite dieppoise, la spécialité maison. Dîner aux chandelles les vendredi et samedi.

## ÉTRETAT

**Le Galion** – Bd René-Coty - 02 35 29 48 74 - www.etretatlegalion.fr - 25/47 €. En plein centre, cette maison construite avec les éléments d'une vieille demeure de Lisieux a notamment un plafond de poutres sculptées qui date du 14e s. Bonne cuisine et serrés.

## FÉCAMP

**Le Daniel's** – 5 pl. Nicolas-Selle - 02 76 39 95 68 - fermé 2 sem. en juin, dim. soir, lun. soir et merc. - formules déj. 14,90/17,90 € - 25,50/42 €. Situé sur une petite place, ce restaurant sert une cuisine normande raffinée. On apprécie la touche de créativité apportée dans la présentation des plats et leurs assaisonnements. De la mise en bouche au dessert, on prend du plaisir à chaque bouchée. Mention spéciale aux ris de veau braisés aux girolles !

## LE HAVRE

Voir circuit précédent

## ST-VALERY-EN-CAUX

**La Boussole** – 1 r. Max-Leclerc - 02 35 57 16 28 - fermé nov.-fév., lun. et mar. - 25/30 €. Joliment agencé dans une maison à colombages, ce restaurant, face au port, met en valeur les saveurs de l'océan. Deux salles à l'ambiance « cosy », avec chaises bistrot et tables en bois. Plateaux de fruits de mer en été et spécialités de poissons.

## LE TRÉPORT

**Le Goût du large** – 4 pl. Notre-Dame - 02 35 84 39 87 - fermé mar. - 23/30 €. En léger retrait de l'agitation touristique des quais et du port, cette petite table réserve une jolie surprise : la cuisine à base de produits locaux et de poissons sauvages est goûteuse et actuelle.

## VEULES-LES-ROSES

**Comme à la Maison** – 18 r. Victor-Hugo - 06 64 96 16 12 - tlj sf jeu. 9h-17h. Un salon de thé cosy et moderne, avec une belle carte de thés et cafés, à accompagner d'une part de gâteau, dans la rue principale de Veules. Petite restauration le midi (quiches, burgers, plat du jour).

# Offices de tourisme

## DIEPPE

Quai du Carénage - 02 32 14 40 60 - www.dieppetourisme.com.

## FÉCAMP

Quai Sadi-Carnot - 02 35 28 51 01 - www.fecamptourisme.com.

## LE HAVRE

Voir p. 93

*Sur la plage de Dieppe.*

RnDmS/iStock

**LE TOP 5 BEAUX JARDINS**

1. Bois des Moûtiers (Varengeville)
2. Vasterival (Varengeville)
3. Shamrock (Varengeville)
4. Jardin des Amouhoques (Mesnil-Durdent)
5. Jardin de Louanne (Fécamp)

*Chars à voile sur la plage de Berck-sur-Mer. – Ph. Turpin/Photononstop*

*Cathédrale d'Amiens. – isogood/iStock*

# Hauts-de-France

**S**'étendant des portes de l'Île-de-France à la Manche et à la mer du Nord, les Hauts-de-France conjuguent richesses patrimoniales, historiques et art de vivre !

La Picardie pourrait être qualifiée de pays des cathédrales ! À Beauvais, Noyon, St-Quentin, Senlis, Laon et bien sûr Amiens, les voûtes s'élèvent jusqu'au vertige... Une revanche sur l'immensité plane des plateaux picards et franciliens qui couvrent la majeure partie du territoire et qui furent le triste théâtre de la bataille de la Somme en 1916. La Picardie présente aussi d'autres physionomies originales. Au sud-ouest, le pays de Bray joue un air de Normandie ; au sud-est, châteaux et forêts se côtoient vers Chantilly, Senlis ou Compiègne ; au nord-est, la Thiérache abrite d'étonnantes églises fortifiées ; et enfin, au nord-ouest, la baie de Somme offre des vues parfois baignées d'une luminosité irréelle, teintée de rose et d'opale.

La transition est toute trouvée car l'opale donne son nom à la côte qui file vers le nord, où les longues falaises crayeuses de la « terre des Deux-Caps », Gris-nez et Blanc-nez, déploient leur palette de bleus et de verts pâles. Le Nord-Pas-de-Calais ne démérite pas non plus du point de vue architectural avec les façades baroques flamandes du vieux Lille et de la Grand'Place d'Arras, les charmantes petites cités comme Bergues ou Le Quesnoy, les carillons des fiers beffrois, les villas Art nouveau du Touquet-Paris-Plage ou de Malo-les-Bains et les dunes de Zuydcoote... Sans oublier la reconversion réussie des friches industrielles, l'inscription du bassin minier à l'Unesco et la création du musée du Louvre-Lens.

Et pour la fête et l'animation, le calendrier est fourni ! Dépaysant carnaval de Dunkerque, immense braderie de Lille, amusant parc Astérix, créatifs festivals de cinéma, rencontres du cerf-volant... Tout y est !

# HAUTS-DE-FRANCE

*Paysage de Picardie. – B. Hanniquet/Fotolia.com*

## LES ÉVÉNEMENTS À NE PAS MANQUER

- **Carnaval de Dunkerque** (59) : autour de Mardi gras.
- **Festival 2 Cinéma Valenciennes** (59) : mars.
- **Festival Le Blues autour du zinc** à Beauvais (60) : 1 sem. mars.
- **Rencontres internationales de cerfs-volants** à Berck (62) : avr.
- **Paris-Roubaix** : avr. ; course cycliste.
- **Fêtes de Jeanne d'Arc** à Compiègne (60) : mai.
- **Les Médiévales** de Laon (02) : juin.
- **Festival de l'abbaye à St-Michel-en-Thiérache** (02) : juin.
- **Fête Jeanne Hachette** à Beauvais (60) : dernier w.-end juin.
- **Festival de la Côte d'Opale** : juil. www.festivalcotedopale.fr.
- **Fête des Gayant** à Douai (59) : juil.
- **Fête du maroilles et de la flamiche** à Maroilles (59) : 2e dim. août.
- **Journée mérovingienne** à Marle (02) : mi-août
- **Fête du flobart** à Wissant (62) : août.
- **Grande Braderie** de Lille (59) : 1er w.-end sept.
- **Fête des berlouffes** à Wattrelos (59) : 2e w.-end de sept. ; une des plus grandes foires à la brocante de France.
- **Fête du houblon** à Steenvoorde (59) : 1er w.-end oct.
- **Les Six Heures de char à voile** à Berck (62) : oct.

# Votre séjour dans les Hauts-de-France

## Circuits



## Étapes



## Visites



## Randonnée

**EN COMPLÉMENT, UTILISEZ…**

- Guides Verts : Nord-Pas-de-Calais et Picardie
- Cartes Michelin : Région 511 et Départements 301, 302, 305 et 306

## HAUTS-DE-FRANCE - CIRCUIT 1

# Vallées picardes, entre Amiens et la côte

**Amiens, la baie de Somme et le parc du Marquenterre : cette escapade en Picardie est variée. Elle vous convie à la découverte de l'une des plus vastes cathédrales gothiques, vous engage à observer des milliers d'oiseaux migrateurs, des chevaux Henson, des phoques veaux marins, et vous somme de vous poser dans une station balnéaire très chic avant de repartir explorer la vallée de l'Authie. Patrimoine, nature, détente et plateaux de fruits de mer...**

**DÉPART :** AMIENS - 7 jours – 350 km

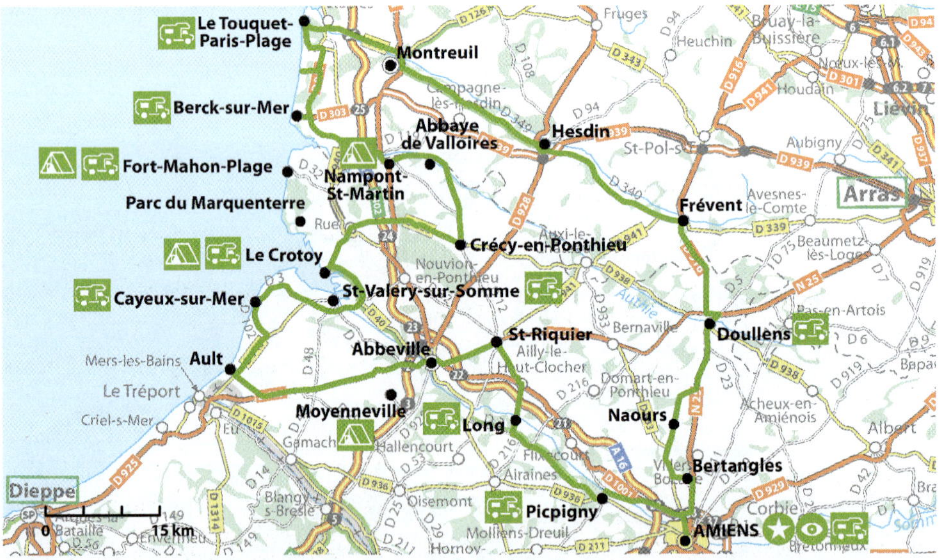


## JOURS 1 ET 2

Commencez votre immersion en Picardie par **Amiens** et sa cathédrale gothique, un des plus vastes édifices gothiques jamais élevés ! Elle pourrait contenir en effet deux fois Notre-Dame-de-Paris. Vous flânerez ensuite dans les rues piétonnes du centre-ville où vous remarquerez entre autres la maison du Sagittaire, le bailliage et le beffroi. Après le déjeuner, complété par des **macarons**, la spécialité de la ville, gagnez les **Hortillonnages**, que vous découvrirez en barque (voir l'encadré p. ci-contre). Le soir, appréciez la gastronomie picarde dans un restaurant du cru, puis assistez à une pièce de théâtre à la comédie de Picardie. Ne manquez pas, en saison, les illuminations de la cathédrale. Le lendemain, visitez le jardin archéologique de St-Acheul, puis déambulez dans le quartier St-Leu où vous pourrez assister à un spectacle de marionnettes. Rejoignez ensuite la maison de Jules Verne ou le musée de Picardie (archéologie, art médiéval, peinture), selon vos goûts. Terminez par le parc zoologique.

## JOUR 3

D'Amiens, gagnez le **parc préhistorique de Samara** à deux pas de **Picquigny**, puis longez la Somme jusqu'à **Long**. Traversez ensuite le fleuve pour rejoindre **St-Riquier** et découvrir sa magnifique église gothique. Vers l'ouest, découvrez **Abbeville**, sa collégiale St-Wulfran et son musée Boucher-de-Perthes. Traversez le Vimeu pour atteindre la petite station d'**Ault** et ses falaises escarpées, sur la côte. Remontez ensuite vers le nord, par **Cayeux-sur-Mer** et la Maison de l'oiseau et de la baie de Somme, jusqu'à **St-Valery-sur-Somme**, où vous trouverez facilement à faire étape.

P. Cheuva/Photononstop

*Plage de la baie de Somme.*

## JOUR 4

Le matin, appréciez l'ambiance du port de **St-Valery-sur-Somme**, la digue-promenade et la ville haute. Après déjeuner, faites le tour de la **baie de Somme**, jusqu'au petit port du **Crotoy** où commence une Voie Verte. Prolongez jusqu'au **parc du Marquenterre**, grande réserve ornithologique.

## JOUR 5

Dans le Ponthieu, appréciez **Crécy-en-Ponthieu** et sa forêt, puis rejoignez la **vallée de l'Authie**, plus au nord, pour visiter l'abbaye et les jardins de **Valloires**. Après un rapide passage à **Berck**, poursuivez vers **Le Touquet-Paris-Plage**. Ambiance « vacances » garantie pour cette étape : plages, dunes, vent, forêt de pins, randonnées, balades architecturales, sorties élégantes, casino, char à voile, speedsail. La gamme d'activités nautiques, sportives et de détente est large et les enfants sont gâtés (Aqualud, clubs de plage et parc de Bagatelle à 10 km). Sans oublier le calendrier des festivités, chargé en toute saison, et la fameuse **soupe de poisson** du Touquet-Paris-Plage.

## JOUR 6

Du Touquet-Paris-Plage, remontez le paisible cours de la Canche jusqu'à **Montreuil**, où de succulentes tables vous attendent. Dans l'après-midi, continuez votre chemin via **Hesdin** et **Frévent**, puis retrouvez l'Authie à **Doullens**.

## JOUR 7

Partez de Doullens dans la matinée pour découvrir les **grottes-refuges de Naours**. Après la pause déjeuner, continuez vers le sud pour visiter le **château de Bertangles** et revenir ensuite à Amiens.

VISITE

# Hortillonnages d'Amiens

### INFOS PRATIQUES

**Maison des hortillonnages** – 54 bd Beauvillé - 03 22 92 12 18 - www.hortillonnages-culturesettraditions.fr - visite guidée en barque avr.-oct. : 9h-12h, 13h30-18h - 5,90 € (-11 ans 4,10 €).

**Bon à savoir**
Le marché des hortillons se tient à Amiens, quai Parmentier, tous les samedis matin.

### STATIONNEMENT & SERVICES

**Parking**
Stationnement possible sur le parking du parc du Moulin-St-Pierre.
GPS : E 2.31170 N 49.90012

**Aire du Parc des Cygnes**
111 av. des Cygnes, camping Parc des Cygnes - 03 22 43 29 28 - www.parcdescygnes.com
De mi avr. à fin oct.
Borne artisanale 6 €
15 - - Illimité - 30 €/j. - borne compris
Paiement : CC
Services : WC
GPS : E 2.25958 N 49.92076

Les Hortillonnages d'Amiens sont l'un des lieux les plus réputés de Picardie, et il est vrai que c'est un paysage unique en France, avec ses multitudes de jardins flottants. Depuis le Moyen Âge, ce marais qui s'étend sur près de 300 ha est cultivé par des maraîchers. Dans un dédale de petits canaux accessibles en bateau, ils y soignent leurs fruits et légumes. En picard, hortillon signifie d'ailleurs maraîcher. Les visiteurs ont de la chance, ils peuvent découvrir ce lieu unique grâce à des visites guidées en barque traditionnelle à fond plat. Un sentier pédagogique, accessible à pied ou à vélo, suit le chemin de halage depuis le parc St-Pierre. Balade en canoë-kayak organisée par le club nautique de Rivery.
Chaque année en juin : marché sur l'eau, avec les maraîchers en costumes traditionnels, qui reconstituent l'ambiance des marchés d'autrefois. Ils arrivent au quai Bélu et vendent leurs produits place Parmentier.

## Aires de service & de stationnement

### AMIENS

Voir p. précédente

### BERCK-SUR-MER

**Aire de Berck**
Chemin aux Raisins, base nautique de la Baie d'Authie - 03 21 09 50 00
De déb. mars à fin nov.
Borne artisanale : gratuit
75 - Illimité - 10 €/j.
Paiement :
Plage à 100 m.
GPS : E 1.56431 N 50.397

### CAYEUX-SUR-MER

**Aire Les Galets de La Mollière**
R. Faidherbe, La Mollière, face au camping Les Galets de la Mollière - 03 22 26 61 85 - www.campinglesgaletsdelamolliere.com
De déb. avr. à fin oct.
Borne eurorelais 3 € 3 €
40 - Illimité - 10 €/j. - payant après 18h
Services :
GPS : E 1.52626 N 50.20301

### LE CROTOY

**Aire Camping-Car Park du Crotoy**
Rte de Rue, D 940 - 01 83 64 69 21
Permanent
Borne artisanale : 5 € (eau + élec.)
24 - - 72h - 9,60 €/j. - borne compris - Paiement :
Services :
GPS : E 1.64135 N 50.22972

### DOULLENS

**Aire de Doullens**
R. du Pont-à-l'Avoine - 03 22 77 00 07 - Permanent
Borne AireService 2 €
5 - Illimité - Gratuit
Aire bruyante.
GPS : E 2.3426 N 50.1539

### FORT-MAHON-PLAGE

**Aire de Fort-Mahon-Plage**
R. de la Bistouille, près de l'office de tourisme - 03 22 27 70 24 -
Permanent (mise hors gel)
Borne artisanale : gratuit
130 - Illimité - 9 €/j.
Services :
Proche de la plage.
GPS : E 1.555 N 50.33861

### LONG

**Aire de Long**
R. de la Chasse-à-Vache, à côté du camping municipal - 03 22 31 84 27 -
De mi-mars à mi-nov.
Borne eurorelais 2 € 4 €
15 - 48h - 10 €/j.
Services :
Barbecue autorisé. Rivière et étang à proximité.
GPS : E 1.9783 N 50.0363

### PICQUIGNY

**Aire de la cavée d'Airaines**
Sur la rte d'Airaines - 03 22 51 44 42
Borne artisanale
20 - 24h
Services :
À proximité du parc Samara. Sanitaires avec douches et lavabos.
GPS : E 2.14167 N 49.93934

### ST-VALERY-SUR-SOMME

**Aire de St-Valery-sur-Somme**
R. de la Croix-l'Abbé - 06 24 69 12 64 - Permanent (mise hors gel) -
Borne AireService
150 - - Illimité - 12 €/j. - borne compris - Paiement :
Plat, gravier, petit ombrage.
GPS : E 1.62889 N 50.18223

### LE TOUQUET-PARIS-PLAGE

**Aire du Touquet**
Av. Jean-Ruet, parking de la base nautique Nord, à l'estuaire de la Canche - 03 21 05 51 09
Permanent (mise hors gel)
Borne artisanale : 2 € (eau + élec.)
70 - Illimité - 17 €/j.
Paiement :
Services :
GPS : E 1.59331 N 50.53573

## Campings

### LE CROTOY

**Les Trois Sablières**
1850 r. de la Maye - 03 22 27 01 33 - www.camping-les-trois-sablieres.com
De déb. avr. à fin oct. -
borne artisanale 5 € (eau + élec.) - 18 €
Tarif camping : 31 €
(10A) - pers. suppl. 6,80 €
Services et loisirs :
Cadre verdoyant et fleuri.
GPS : E 1.59883 N 50.24825

### FORT-MAHON-PLAGE

**Club Airotel Le Royon**
1271 rte de Quend - 03 22 23 40 30 - www.campingleroyon.com
De mi mars à déb. nov. - 376 empl.
borne flot bleu -
17 €
Tarif camping : 39 €
(6A) - pers. suppl. 7 €
Services et loisirs :
GPS : E 1.57963 N 50.33263

### MOYENNEVILLE

**Le Val de Trie**
1 r. des Sources - 03 22 31 48 88 - www.camping-levaldetrie.fr
De déb. avr. à fin oct. - 45 empl. -
Tarif camping : 28,60 €
(10A) - pers. suppl. 5,90 €
Services et loisirs :
GPS : E 1.71508 N 50.08552

### NAMPONT-ST-MARTIN

**La Ferme des Aulnes**
Hameau de Fresne - 03 22 29 22 69 - www.fermedesaulnes.com
De déb. avr. à fin oct. - 20 empl. -
- 31 €
Tarif camping : 31 €
(6A) - pers. suppl. 7 €
Services et loisirs :
Dans les dépendances d'une ancienne ferme picarde.
GPS : E 1.71201 N 50.33631

# Les bonnes adresses de bib

## AMIENS

Voir p. 111

## ABBEVILLE

**La Corne** – 32 chaussée du Bois - 03 22 24 06 34 - la-corne-restaurant.business.site - - fermé 3 sem. en août, vac. de Noël, merc. soir, sam. midi et dim. - formules déj. 16/19 € - 26/36 €. La façade bleue de cette vieille maison abbevilloise dissimule un agréable intérieur rétro où l'on apprécie de généreux plats bistrotiers : ris de veau, andouillette et nombreux poissons selon arrivage...

## BERCK-SUR-MER

**Le Succès Berckois** – 31 r. Carnot - 03 21 09 61 30 - www.succesberckois.com - lun. 14h30-18h30, mar.-sam. 9h30-12h, 14h30-19h, dim. 10h-12h, 15h30-18h30 ; fabrication été : tlj 15h30-18h30 ; reste de l'année : jeu, vend. et sam. 15h30-18h30 - fermé merc. (sf en été). Cette maison familiale fabrique toujours artisanalement berlingots et sucettes. Également un espace de découverte avec fabrication devant le client, vidéo, etc.

## LE CROTOY

**Aux Trois Jean** – 27 r. du Capitaine-Guy-Dath - 03 22 27 16 17 - - fermé mar.-merc. (hors saison) - plat du jour 13,50 € - 30,50 €. Très belle situation pour cet établissement récent dominant la seule plage de la région exposée au sud. La terrasse est d'ailleurs prise d'assaut dès les premiers rayons de soleil. Cuisine faisant la part belle aux produits de la mer et une spécialité, les moules de bouchot de la côte picarde.

## ST-VALERY-SUR-SOMME

**Les Corderies** – 214 r. des Moulins - 03 22 61 30 61 - www.lescorderies.com - - fermé lun.-mar. midi - formule déj. 35 € - 60 € - réserv. conseillée. Dominant St-Valery, cet hôtel-restaurant au luxe discret bénéficie d'un cadre privilégié, au sein d'un grand jardin où l'on prend l'apéritif dans une « paillote » avec vue. Cuisine gastronomique et inventive, qui fait une large place aux produits du marché. Réservation conseillée, dans ce restaurant très prisé des Valéricains.

## LE TOUQUET-PARIS-PLAGE

**Pérard - Restaurant-Poissonnerie-Traiteur** – 67 r. de Metz - 03 21 05 13 33 - www.perard-letouquet.fr - - 12h-14h30, 19h-22h - formules 28/38 €. La soupe de poissons, disponible en bocaux chez de très nombreux mareyeurs, épiciers et traiteurs, est devenue une institution au Touquet. Celle de chez Pérard est la plus réputée... Le restaurant s'est agrandi d'un bar à huîtres et d'une terrasse d'été pour déguster en toute tranquillité les produits vendus à la poissonnerie.

# Offices de tourisme

## AMIENS

23 pl. Notre-Dame - 03 22 71 60 50 - www.amiens-tourisme.com.

## LE CROTOY

1 r. Carnot - 03 22 27 05 25 - www.crotoybaiedesomme.com.

Ints/Fotolia.com

### LE TOP 5 ACTIVITÉS EN BAIE DE SOMME

1. Traversée de la baie à pied
2. Observation des oiseaux
3. Char à voile
4. Balade à cheval
5. Kayak de mer

HAUTS-DE-FRANCE - CIRCUIT 2

# Le temps des cathédrales

**C'est en Picardie que l'art gothique a pris son essor et sa démesure. À Soissons, Laon, Noyon, vous allez découvrir parmi les plus belles cathédrales. Commencées il y a plus de 800 ans, ces réalisations aux dimensions époustouflantes constituèrent une révolution architecturale et des prodiges de technologie. Mais que tant de grandeur ne vous tétanise pas pour autant!**

**DÉPART :** COMPIÈGNE - 6 jours – 300 km

## JOUR 1

Visitez tout d'abord Compiègne (voir l'encadré p. ci-contre). Plus tard, mêlez la nature et l'histoire en sillonnant la vaste **forêt de Compiègne,** grâce à la Voie Verte. La **clairière de l'Armistice** abrite le célèbre wagon du maréchal Foch. Mille possibilités de randonnées sont offertes. Le soir, la généreuse table compiégnoise saura vous rassasier.

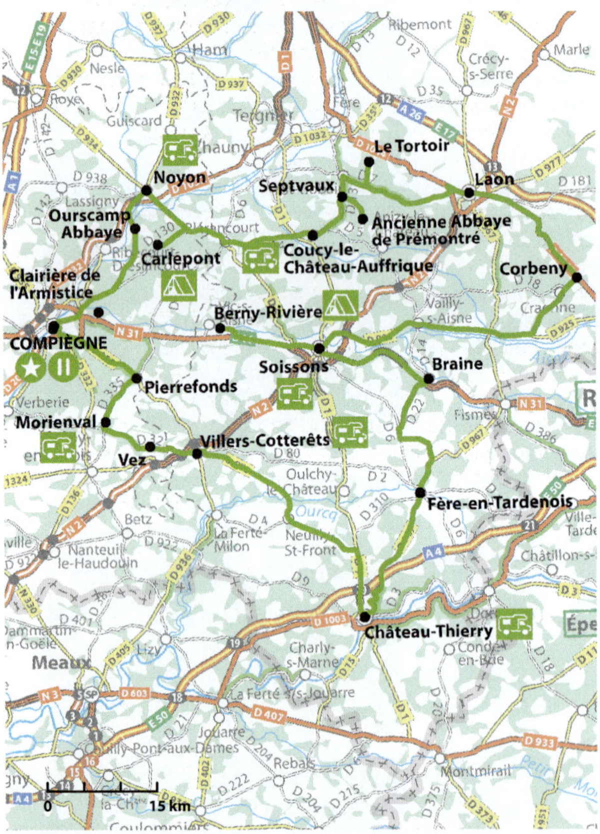


## JOUR 2

Poursuivez vers le nord jusqu'à l'**abbaye d'Ourscamp**, fondée en 1129 par les Cisterciens. La vie monastique s'y perpétue depuis le 17e s. Puis partez en direction de **Noyon**, patrie de Jean Calvin, à qui est dédié un musée. Vous visiterez la cathédrale, la plus ancienne des cathédrales gothiques, bâtie au 12e s. Et si c'est la saison, vous profiterez des fruits rouges dont Noyon est la capitale! Reprenez la route vers **Coucy-le-Château-Auffrique**, superbe cité fortifiée qui vous replonge dans l'ambiance médiévale grâce aux ruines de son imposant château. En été, ne manquez pas le son et lumière, le vendredi et le samedi soir.

## JOUR 3

Profitez de la matinée pour découvrir la giboyeuse forêt de **St-Gobain** et les édifices qui s'y cachent ou qui la bordent : l'église de **Septvaux**, le prieuré fortifié du **Tortoir**, l'**abbaye de Prémontré**. Ralliez ensuite **Laon** pour déjeuner. La cathédrale se dresse avec ses cinq tours ornées de colossales figures de bœufs. Vous apprécierez sa visite. L'abbaye St-Martin et la chapelle des Templiers, les portes fortifiées et les remparts méritent également d'être vus.

## JOUR 4

Direction le sud-est jusqu'à **Corbeny**, d'où vous partirez découvrir le **Chemin des Dames**, enjeu de terribles combats durant la Première Guerre mondiale. Voyez la caverne du Dragon et le fort de la Malmaison, puis dirigez-vous vers **Soissons**, où vous visiterez la cathédrale et l'ancienne abbaye St-Jean-des-Vignes.

G. Labriet/Photononstop

*Forêt de Compiègne.*

## JOUR 5

Le matin est consacré à la découverte du donjon de **Septmonts** (6 km au sud de Soissons), de **Braine**, puis de **Fère-en-Tardenois**, aux confins de la Champagne. Faites une escapade à **Château-Thierry**, ancienne place forte des comtes de Champagne. Visitez la maison natale de Jean de La Fontaine et le petit musée qui lui est consacré. Ne quittez pas Château-Thierry sans déguster une coupe de champagne Pannier. Par la D975, vous traversez la forêt de Retz pour gagner **Villers-Cotterêts** et le château Francois Ier.

## JOUR 6

Après avoir rejoint **Morienval** (église du 12e s.) et le petit village de **Vez**, profitez de l'après-midi pour découvrir le **château de Pierrefonds**, revisité par Viollet-le-Duc au 19e s. De là, revenez enfin à Compiègne.

ÉTAPE 11

# Compiègne

### OFFICE DE TOURISME

Pl. de l'Hôtel-de-Ville - ✆ 03 44 40 01 00 - www.compiegne-tourisme.fr.

### STATIONNEMENT

**Parking conseillé**
Parking av. Royale, gratuit.

Résidence royale puis impériale, Compiègne s'inscrit au confluent de l'Oise et de l'Aisne. Dans ce cadre, votre découverte de la ville suit naturellement les traces des hôtes illustres qui ont occupé les lieux.
Le **palais** trouve en effet ses origines sous Charles le Chauve au 9e s. ; il est complètement reconstruit par Louis XV au 18e s., avant de devenir la résidence préférée de Napoléon III et de l'impératrice Eugénie qui y donnent de fastueuses fêtes. Vous visitez les somptueux appartements de l'Empereur et de l'Impératrice, richement meublés. Le site héberge également le musée du Second Empire et le musée de la Voiture et du Tourisme.
Promenez-vous ensuite dans le **centre ancien** de la ville, sillonné de rues charmantes et commerçantes, ponctué de monuments et de musées aux collections variées, tel celui de la Figurine historique. Passez par l'hôtel de ville pour voir défiler, tous les quarts d'heure en haut du **beffroi**, les Trois Picantins. Ils ont donné leur nom à une savoureuse friandise au chocolat, à la noisette et à la nougatine. À goûter sans faute !
Réservez votre après-midi, pour une balade à pied, à vélo, à cheval ou en voiture, dans la vaste **forêt** giboyeuse de Compiègne, terrain de chasse fort apprécié des rois de France. Plantée de chênes, de hêtres et de pins, elle est devenue le paradis des randonneurs et des amoureux de la nature. En gagnant le sommet des **Beaux Monts**, votre regard plongera le long de l'immense perspective aménagée à travers bois par Napoléon Ier, qui s'étend jusqu'au palais. La forêt est aussi célèbre pour avoir servi de cadre à la signature de l'armistice en 1918, dans un wagon aujourd'hui reconstitué et conservé au **mémorial de l'Armistice**. Ce monument commémoratif présente, à travers un parcours historique, la Première et la Seconde Guerre mondiale.

## Aires de service & de stationnement

### CHÂTEAU-THIERRY

**Aire de Château-Thierry**
Av. d'Essômes - 03 23 84 86 86 - www.camping-cars-chateau-thierry.com - Permanent
Borne artisanale : 4 € (eau + élec.)
13 - Illimité - 7,50 €/j. - borne compris
Paiement :
Services :
Au bord de la Marne.
GPS : E 3.3825 N 49.0369

### COUCY-LE-CHÂTEAU-AUFFRIQUE

**Aire de Coucy-le-Château**
Chemin du Val-Serain, D937 - 03 23 52 70 05 - Permanent
Borne Urbaflux : 7 € (eau + élec.)
12 - Illimité - 7 €/j. - borne compris
Paiement :
Services :
Barbecue autorisé.
Pêche à proximité (étang).
GPS : E 3.30833 N 49.5185

### MORIENVAL

**Aire de Morienval**
32 rte de Pierrefonds - 03 44 88 65 61 - Permanent
Borne eurorelais : 2 € (eau + élec.)
25 - Illimité - 8 €/j.
Très belle aire.
GPS : E 2.92288 N 49.30279

### NOYON

**Aire de Noyon**
Av. Jean-Bouin - 03 44 44 21 88
Borne flot bleu : Gratuit
- Illimité - Gratuit
Services :
À 100 m de centre-ville.
GPS : E 2.99 N 49.57283

### SOISSONS

**Aire de Soissons**
R. Ernest-Ringuier, halte fluviale, au bord de l'Aisne - 03 23 53 17 37
Permanent (mise hors gel - fermé pdt les grandes manifestations)
Borne AireService 0,50 €
0,50 €
4 - Illimité - Gratuit
Paiement :
Services :
GPS : E 3.33016 N 49.38338

### VILLERS-COTTERÊTS

**Aire de Villers-Cotterêts**
R. Alfred-Juneaux, en face de la piscine - 03 23 96 55 10
Permanent
Borne AireService : 3 € (eau + élec.)
6 - 72h - gratuit - Paiement :
Services :
GPS : E 3.0855 N 49.25533

*Laon et la cathédrale Notre-Dame.*

F. Guiziou/hemis.fr

## Campings

### BERNY-RIVIÈRE

**La Croix du Vieux Pont**
R. de la Fabrique - 03 23 55 50 02 - www.la-croix-du-vieux-pont.com
Avr.-oct. - 660 empl. -
borne artisanale
Services et loisirs :
Un vrai village vacances avec de nombreuses activités en partie couvertes, sur un site agréable au bord de l'Aisne.
GPS : E 3.1284 N 49.40495

### CARLEPONT

**Les Araucarias**
870 r. du Gén.-Leclerc - 03 44 75 27 39 - www.camping-les-araucarias.com
De déb. avr. à fin oct. -
borne artisanale 8 € (eau + élec.)
Tarif camping : 3 € 2 € 5 €
(16A) 3 €
Services et loisirs :
Une grande diversité de plantations orne la partie campable.
GPS : E 3.01836 N 49.50728

## Les bonnes adresses de bib

### CHÂTEAU-THIERRY

**Caves de Champagne Pannier** - 23 r. Roger-Catillon - ✆ 03 23 69 51 30 - www.champagnepannier.com - ♿ - visite guidée sur demande préalable 9h-12h30, 14h-18h - fermé dim. et j. fériés tte l'année et sam. en janv.-fév. - 12 € (-16 ans 5 €) - avec dégustation. Un montage audiovisuel et la visite des caves installées dans des carrières de pierre du 13e s. présentent les étapes de l'élaboration du champagne.

### COMPIÈGNE

**Les Picantins** – 15 r. Jean-Legendre - ✆ 03 44 40 05 43 - ♿ - fermé juil., 2 sem. en janv., mar. mat. et lun. Ce chocolatier-pâtissier a associé son nom à celui de la célèbre confiserie compiégnoise composée de noisettes grillées, nougatines et chocolat.

✕ **Le Bouchon** – 4 r. d'Austerlitz - ✆ 03 44 20 02 03- le-bouchon.com - ♿ - fermé lun.-mar. - formules déj. 17/21 € - carte 26/37 €. Incontournable à Compiègne, ce restaurant au cadre rustique est installé dans une pittoresque maison à pans de bois du 15e s. Cuisine traditionnelle 100 % maison à base de produits frais et locaux.

### COUCY-LE-CHÂTEAU-AUFFRIQUE

✕ **La Ferme des Michettes** – 27 r. Cité-des-Michettes - Champs - à 2,3 km de Coucy-le-Château-Auffrique par D934 rte de Blérancourt - ✆ 03 23 52 77 26 - www.lesmichettes.com - ♿ - fermé lun. et le soir - 34/35 € bc. Ce bâtiment contemporain, flanqué d'un grand parking, abrite une auberge atypique. Menu unique, à volonté, avec terrines, cochon farci cuit à la broche, desserts et vin.

### LAON

✕ **L'Estaminet St-Jean** – 23 r. St-Jean - ✆ 03 23 23 04 89 - estaminetsaintjean.com - ♿ - fermé 1re sem. de janv., 24-25 et 31 déc., merc. soir, dim. soir et lun. - carte 25/30 €. Cuisine régionale (gratin d'endives au maroilles, carbonade flamande...) dans un décor d'anciens ustensiles de cuisine en émail. Lianes de houblon accrochées au plafond, jeux picards, tables de bistrot et autres objets rappellent l'histoire de la région. Convivial et familial.

### NOYON

✕ **Dame Journe** – 2 bd Mony - ✆ 03 44 44 01 33 - www.restaurant-damejourne-noyon.fr - fermé 5-12 janv., 7-20 sept., lun. et le soir sf vend. et sam.- formules 19/24 € - 36/47 €. Fréquenté par des habitués, ce restaurant dispose d'un cadre classique : fauteuils de style Louis XVI et boiseries. Bon choix de menus ; cuisine traditionnelle.

### PIERREFONDS

✕ **Triskell** – 8 r. de Beaudon - ✆ 03 60 19 28 00 - ♿ - fermé 11-31 jan., lun. soir, mar. soir, merc. soir (merc. d'oct. à mars) et jeu. - 13/16 €. Face au lac, cette crêperie affiche un look bistrot. Au menu, un choix de galettes au blé noir sans gluten, de crêpes au beurre demi-sel et des plats de type brasserie, le tout préparé à partir de produits frais.

### VILLERS-COTTERÊTS

✕ **Le Kiosque de Bacchus** – 12 r. du Gén.-Mangin - ✆ 09 88 99 65 71 - www.facebook.com/lekiosquedebacchus - 20/24 €. Une ambiance décontractée, un beau choix de vins originaux, et une cuisine de qualité, tout simplement. Animations le soir et belle terrasse.

## Offices de tourisme

### CHÂTEAU-THIERRY

2 pl. des États-Unis - ✆ 03 23 83 51 14 - www.lesportesdelachampagne.com.

### LAON

Pl. du Parvis-Gautier-de-Mortagne - ✆ 03 23 20 28 62 - www.tourisme-paysdelaon.com.

*Le château de Pierrefonds.*

Jacek_Sopotnicki/iStock

**LE TOP 5 CHÂTEAUX**

1. Compiègne
2. Pierrefonds
3. Château-Thierry
4. Fère
5. Nesles

HAUTS-DE-FRANCE - CIRCUIT 3

# Au nom de la rose

**Beauvais, Amiens, Senlis, Chantilly : d'une ville à l'autre, les hommes ont construit sur ces terres des cités royales, des cathédrales éblouissantes, joyaux de l'art gothique et d'élégants villages de pierres et de briques. Cette escapade vous fait traverser plusieurs siècles d'architecture.**

**DÉPART :** BEAUVAIS - 4 jours – 280 km

## JOUR 1

Commencez par découvrir **Beauvais**. Si pour beaucoup, Beauvais évoque à présent un aéroport, il est bon de rappeler que cette ville abrite un chef-d'œuvre gothique, sa cathédrale St-Pierre, dont le chœur culmine à 68 m. Les vitraux l'éclairent magnifiquement. Avant de sortir, faites une halte devant l'horloge astronomique animée par 50 automates. N'oubliez pas non plus sa manufacture de tapisseries, toujours en activité et dont la tradition remonte au Grand siècle. Les alentours sont également très riches : vous visiterez ainsi le **château de Troissereux** (par la D901). L'après-midi, vous sillonnerez **le pays de Bray**, via un village au charme fou, **Gerberoy**. Les buissons de roses trémières égaient les maisons à colombages et les ruelles pavées. Toujours plus au nord, visitez à **Poix-de-Picardie** l'élégant château de Rambures. Vous pouvez passer la nuit à Poix, classée « station verte » de vacances.

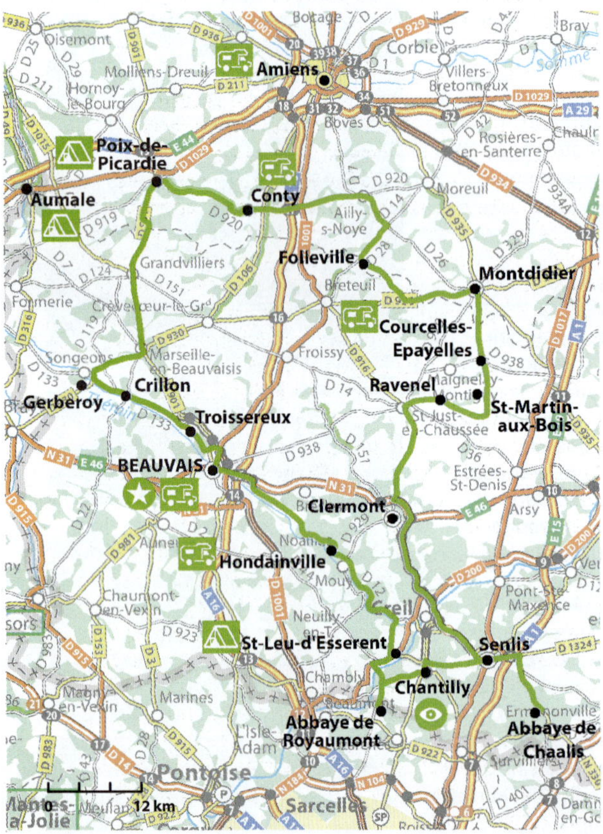


## JOUR 2

Quittez Poix-de-Picardie vers l'est, en passant par Conty. Découvrez le site médiéval et l'église de **Folleville**, qui abrite des œuvres de la Renaissance, puis **Montdidier** – la cité de Parmentier –, où vous déjeunerez. Dans l'Oise, jetez un coup d'œil à l'abbaye de **St-Martin-aux-Bois** et à la tour de l'église de **Ravenel**. Poussez jusqu'à **Clermont**, dont l'hôtel-de-ville est surmonté d'un beffroi, et rendez-vous à **Senlis**. Traversé de vieilles ruelles joliment conservées et bien animées les week-ends, le centre de Senlis, ville royale, se vit telle une promenade à travers les siècles. Les rois des deux premières dynasties franques résidèrent volontiers ici, attirés par le gibier des forêts avoisinantes. Vous visiterez la cathédrale Notre-Dame, l'ancien château royal, place du parvis, et le musée de la Vénerie. Si vous avez une journée de plus, allez jusqu'à l'**abbaye de Chaalis**, où sont rassemblées des collections d'art remarquables, avant de rejoindre Chantilly.

## JOUR 3

Passer une journée à **Chantilly**, c'est évidemment évoquer l'histoire de France et le monde du cheval. La visite du château vous fera découvrir une extraordinaire collection d'art (voir l'encadré p. ci-contre). Aux abords du fameux hippodrome, les grandes écuries laissent rêveur. Pour vous remettre, faites donc

vladj55/iStock

*Le château de Chantilly.*

un tour dans le parc ou aux **étangs de Commelles**, dans la vaste forêt toute proche. Domaine de l'Institut de France, elle présente un réseau très dense de routes forestières propices aux promenades, largement aménagée pour des balades en famille.

## JOUR 4

En sortant de la forêt par Coye-la-Forêt, vous serez à 2 km de la N16, qui mène, à gauche, vers Luzarches, un des plus anciens villages de France, qui possède une église du 12e s. entièrement restaurée. De là, vous n'avez qu'un saut de puce à effectuer le long de l'Ysieux pour atteindre l'**abbaye de Royaumont**, pure merveille cistercienne du Moyen Âge, cachée dans un parc verdoyant. En regagnant **Beauvais,** arrêtez-vous dans la petite ville médiévale de **St-Leu-d'Esserent** pour admirer son église, autre modèle de pureté romane.

VISITE

# Domaine de Chantilly

**INFOS PRATIQUES**

1 r. du Connétable - 03 44 27 31 80 - www.domainedechantilly.com - de fin mars à déb. nov. : 10h-18h (parc 20h) ; reste de l'année : 10h30-17h (parc 18h) - fermé mar. et 3 sem. en janv. - 17 € château, Grandes écuries et parc ; 8 € parc seul ; 48 € billet famille (2 adultes + 3 enf.) ; audioguide gratuit.

**STATIONNEMENT**

**Parkings du Château (P1) et des Grandes Écuries (P2)**
Tarif camping-car : 5 €.
GPS : W 2.485203 N 49.193846

Cinq châteaux se sont succédé en ce lieu depuis deux mille ans. Henri II de Bourbon-Condé en hérite en 1643. Son fils, Le Grand Condé, se consacre à son embellissement. À l'époque, les deux corps de bâtiment sont séparés par un bras d'eau : le Petit Château (16e s.) d'une part, et l'ancienne forteresse d'autre part, qui sera détruite à la Révolution. Le duc d'Aumale, qui hérite du château à la fin du 19e s., fait édifier le Grand Château dans le style Renaissance. Il y rassemble un nombre important d'œuvres, groupées au hasard de ses acquisitions. Les conservateurs ont respecté cette présentation.
Dans le Petit Château, les **appartements des Princes**, où habitèrent le Grand Condé et ses descendants, embellis au 18e s. de boiseries Régence et rocaille, abrite en particulier le **cabinet des Livres**, où vous pourrez voir une splendide collection de manuscrits. Le Grand Château accueille les **collections du musée Condé**, dont le Santuario qui abrite les œuvres les plus précieuses du musée : la *Vierge de la maison d'Orléans* et les *Trois Grâces*, de Raphaël, *Esther et Assuérus*, de Filippino Lippi, et enfin 40 miniatures de Jean Fouquet, découpées dans le livre d'heures d'Estienne Chevalier, œuvre capitale de l'école française du 15e s.
Ne partez pas sans avoir foulé les allées du **parc**. Le Nôtre en 1662 tira le meilleur parti possible des accidents du terrain et de la présence abondante de l'eau. Les soubassements du **Grand Degré** sont creusés de « grottes », qui accueillent des groupes sculptés sur la thématique de l'eau. On accède ensuite au parterre Nord puis au Grand Canal. Le Hameau date de 1774. Il était de bon ton à l'époque pour les princes de rechercher le dépaysement dans des villages en miniature. C'est là, dans une laiterie aujourd'hui disparue, qu'était dégustée la fameuse crème chantilly. **Le Jardin anglais**, aménagé en 1820 sur les débris du parc de Le Nôtre saccagé pendant la Révolution, abrite plusieurs fabriques récemment restaurées. En remontant vers les Grandes Écuries, vous passerez à côté du Jeu de Paume, l'un des derniers construits en France. Deux labyrinthes et l'**enclos des kangourous** raviront les enfants.

## Aires de service & de stationnement

### AMIENS

Voir p. 101

### BEAUVAIS

**Aire de Beauvais**
R. Aldebert-Bellier - 03 44 15 30 30
Permanent (mise hors gel)
Borne AireService : Gratuit
15 - 48h - Gratuit
Aire très bien aménagée.
GPS : E 2.08016 N 49.42428

### CONTY

**Aire de Conty**
R. du Marais, près de l'office de tourisme - 03 22 41 66 55
Permanent
Borne AireService 3 €
60 - Illimité - Gratuit
Paiement : jetons (à l'office de tourisme, la mairie et la boulangerie)
Services :
Aire agréable.
GPS : E 2.15589 N 49.74335

### COURCELLES-EPAYELLES

**Aire de Courcelles-Epayelles**
03 44 51 01 16
Permanent
Borne flot bleu : 2 € (eau + élec.)
4 - 72h - Gratuit
Paiement : jetons (chez les commerçants)
Services :
GPS : E 2.6215 N 49.569

### HONDAINVILLE

**Aire privée à Hondainville**
ZA La Croix Blanche, Jeco SCI, accès par la D 12 - 03 44 66 04 21 - jeco.sci.free.fr
Permanent (mise hors gel)
Borne artisanale
 - - Illimité - 8 €/j. - réservation obligatoire
Services :
GPS : E 2.3061 N 49.34651

## Campings

### AUMALE

**Municipal le Grand Mail**
6 Le Grand-Mail - 02 35 93 40 50 - www.aumale.com
De mi mars à fin sept. - 35 empl. -
borne flot bleu 1 € (eau + élec.)
Tarif camping : 18 €
(6A) - pers. suppl. 2 €
À flanc de colline sur les hauteurs de la ville.
GPS : E 1.74202 N 49.76566

### POIX-EN-PICARDIE

**Municipal le Bois des Pêcheurs**
Rte de Verdun - 03 22 90 11 71 - www.campingmunicipal-leboisdespecheurs.com
De déb. avr. à fin sept. - 90 empl.
borne eurorelais 2 € (eau + élec.)
Tarif camping : 20 €
(10A) - pers. suppl. 2 €
Services et loisirs :
De beaux emplacements bien délimités.
GPS : E 1.9743 N 49.75

### ST-LEU-D'ESSERENT

**Campix**
2 r. de la Goulette - 03 44 56 08 48 - www.campingcampix.com
Permanent -
borne eurorelais 6 € (eau + élec.)
Tarif camping : 7,50 € 7,50 €
(6A) 4 €
Services et loisirs :
Dans une ancienne carrière ombragée d'acacias et de bouleaux
GPS : E 2.42722 N 49.22492

*Vitraux et fresques du Primatice, dans la chapelle de l'abbaye de Chaalis.*

isogood/iStock

## Les bonnes adresses de bib

### AMIENS

**Le T'chiot Zinc** – 18 r. de Noyon - 03 22 91 43 79 - fermé dim. et j. fériés - 17/26 €. À deux pas de la tour Perret, dans une rue piétonne du centre, un bistrot typique, prisé des Amiénois. Sur un rythme cadencé, les serveurs envoient flamiche, cochon de lait et autres spécialités picardes. Le tout dans un cadre patiné par les années.

**Le Petit Poucet** – 34 r. de la République - 03 22 91 42 32 - www.le-petit-poucet.fr - ♿ - 8h-19h30, dim. 9h-13h - fermé lun. Ce bel établissement, abrité dans une maison néobaroque, est fort connu des Amiénois. Petite restauration à midi et merveilleux chocolat pour le goûter que l'on savoure dans la salle aux murs blancs et or. Également des pâtisseries maison à emporter.

### BEAUVAIS

**Les Vents d'Anges** – 3 r. de l'Étamine - 03 44 15 00 08 - www.lesventsdanges.com - fermé dim. et lun. - formules déj. 22/26 € - 35/50 €. Petit bistrot chaleureux et sans prétention à dénicher près de l'église St-Étienne. On y déguste des plats de tradition accompagnés d'une belle sélection de vins.

**Plan d'eau du Canada - Base nautique municipale** – 147 r. de la Mie-au-Roy - 03 44 06 92 90 - www.beauvais.fr - mars-avr. : 8h-20h ; mai-août : 8h-22h ; sept.-oct. : 8h-20h ; nov.-fév. : 8h-18h - baignade juil.-août : 3 € (-25 ans 2,50 €) ; location bateaux mai-sept. : 30mn 8/10 €. Ce site de 45 ha comprenant un plan d'eau de 36 ha et de nombreux espaces verts est très apprécié des Beauvaisiens. Location d'Optimist, dériveurs, canoës, kayaks, pédalos, planches à voile… On peut également y pratiquer la marche, la course à pied ou le VTT.

### CHANTILLY

**Le Hameau** – Le Château - Au Hameau - 03 44 57 46 21 - 12h-18h - fermé de mi-nov. à déb. mars - snacks 9,50/19 € - 24/46,50 €. Toits de chaume, colombages et verdure composent le décor champêtre du moulin, pour un déjeuner ou un goûter estampillés terroir : confit de canard, foie gras, terrine de cerf, cidre, confitures ou miel de la région, pain d'épice à l'orange, tartes aux pommes ou aux fraises, et crème chantilly ! Petite boutique de produits du terroir.

### CRILLON

**La Petite France** – 7 r. du Moulin - 17 km au N.-O. de Beauvais - 03 44 81 01 13 - www.lapetitefrance-restaurant.com - fermé dim. soir, mar.-jeu. soir, et lun. - formules déj. 15/18,50 € - 29/39 €. Cette accueillante auberge abrite deux salles à manger rustiques. Carte traditionnelle, dont la tête de veau ravigote, spécialité maison.

### GERBEROY

**Hostellerie du Vieux Logis** – 25 r. du Logis-du-Roy - 03 44 82 71 66 - www.hostellerieduvieuxlogis.com - fermé vac. de fév., vac. de Noël, lun. soir, mar. soir, dim. soir et merc. - 28/50 €. Maison à pans de bois à l'entrée du vieux village fortifié. Cheminée et charpente découverte égayent la salle.

### SENLIS

**Le Scaramouche** – 4 pl. Notre-Dame - 03 44 53 01 26 - le-scaramouche.fr - fermé de mi-août à déb. sept., dim. et lun. - formules déj. 19/22 € - 20/25 €. Chaleureuse maison à la devanture en bois peint. Intérieur agrémenté de tableaux et tapisseries ; terrasse tournée vers la cathédrale Notre-Dame.

## Offices de tourisme

### BEAUVAIS

1 r. Beauregard - 03 44 15 30 30 - www.visitbeauvais.fr.

### GERBEROY

20 r. du Logis-du-Roy - 03 44 46 32 20 - www.ot-picardie-verte-vallees.com.

### MONTDIDIER

5 pl. du Gén.-de-Gaulle - 03 22 78 92 00 - otparmentier.fr.

*Dans les rues de Gerberoy.*

K. Scholz/mauritius images/age fotostock

HAUTS-DE-FRANCE - CIRCUIT 4

# Voyage dans les Flandres

**Ses dunes, au nord de Dunkerque, ses monts autour de Bailleul, ses géants que l'on promène aux sons des fifres, ses beffrois, qui se dressent pour mieux affirmer la puissance de Lille ou Bergues, ses « estaminets » comme on dit ici où l'on joue à la bourle ou au javelot, un verre de bière à la main... : la Flandre se révèle au pluriel. Suivez donc ce circuit au cœur des Flandres, qui vous démontrera qu'au plat pays, on ne s'ennuie pas !**

**DÉPART :** LILLE - 6 jours – 250 km

## JOURS 1 ET 2

**Lille**, animée et colorée, donnera le ton de votre séjour flamand. Vous pouvez facilement y consacrer deux jours, tant il y a de choses à voir (voir l'encadré p. ci-contre).

## JOUR 3

De Lille, dirigez-vous vers **Roubaix**. L'ancienne capitale de la filature textile a transformé sa piscine Art déco, en un musée d'art, à ne pas manquer. Visitez le château du Vert-Bois et le village des métiers d'art Septentrion à Marcq-en-Barœul. Partez ensuite plus à l'est découvrir **Armentières**, puis **Bailleul**. Cette ville qui a souffert en 1918, lors de la dernière offensive allemande, a été reconstruite dans le plus pur style flamand. Elle est au cœur d'un opulent pays de bocage que l'on retrouve de l'autre côté de la frontière, en Belgique. Vous visiterez, entre autres, son conservatoire botanique et son beffroi.

## JOUR 4

En direction de **Boeschepe**, vous pénétrez dans le pays des monts de Flandre, cher à Marguerite Yourcenar, à qui le musée de **St-Jans-Cappel** rend hommage. C'est aussi le pays des **estaminets**, présents jusque dans le moindre village. Après un passage par le **mont des Cats**, pour une provision de **fromage** à l'abbaye Notre-Dame-du-Mont, vous admirerez les moulins de Boeschepe et de Steenvoorde, avant de mettre cap au nord jusqu'à **Hondschoote**. Cette petite cité rurale, de langue flamande, possède deux moulins et de belles maisons anciennes, dont quelques unes à pignons. Gagnez la ville fortifiée de **Bergues**, où vous passerez la nuit.

*Grand Place dans le vieux Lille.*

## JOUR 5

Une petite visite de Bergues, surnommée « la petite Bruges du Nord » s'impose avant de monter vers la côte, pour découvrir les **dunes de Flandre**, de Dunkerque à la frontière belge, avec un petit crochet par la station de **Malo-les-Bains**. Bordée par 700 ha de dunes classées Réserve naturelle, la plage court sur 15 km. Elle fait le bonheur des enfants et des plus grands. Après le déjeuner, revenez sur vos pas jusqu'à **Dunkerque**, dont vous visitez le port et les musées (musée portuaire, musée des Beaux-Arts, Lieu d'Art et Action contemporaine, Mémorial du souvenir).

## JOUR 6

Le matin est consacré au tour des remparts de **Gravelines** et à la visite des musées (de la mer et du sauvetage) de **Grand-Fort-Philippe**. Après le déjeuner, vous retrouvez le cœur de la Flandre en vous dirigeant vers **Watten**, puis Cassel. Au passage, admirez le point de vue sur les monts de Flandre à **Merckeghem**. À **Cassel**, visitez le musée interactif Cassel Horizons et faites peut-être une petite pause gourmande ou ludique dans un estaminet de la Grand'Place. Retour vers Lille par Bailleul.

ÉTAPE 11

# Lille

**OFFICE DE TOURISME**

Palais Rihour - pl. Rihour - 0 891 56 20 04 - www.lilletourism.com.

**STATIONNEMENT**

**Parking des Marronniers**
Accès par le pont de la Citadelle (à côté du Champ-de-Mars). Sous les arbres.

**Parking bd des Citées-Unies**
Près du Zénith, sans ombre.

Capitale de la Flandre française, Lille perpétue à travers « Lille 3000 » sa renommée de « capitale européenne de la culture », acquise en 2004, en renouvelant sans cesse les événements. Connue pour sa Grande Braderie de septembre, ses marchés exubérants, son goût de la fête et ses nuits très longues, elle peut également s'enorgueillir d'un vieux centre superbement mis en valeur, riche de monuments et demeures colorées des 17$^{e}$ et 18$^{e}$ s. au style atypique mêlant la brique et la pierre sculptée ; il fait bon y flâner de ruelles en places, sans oublier quelques pauses dans les brasseries !

Pour une intense plongée culturelle, rien de tel qu'un tour par le magnifique musée des Beaux-Arts (1887-1892), et ses 22 000 m$^{2}$ de collections exceptionnelles, ou les hospices Comtesse et Gantois (17$^{e}$-18$^{e}$ s.) et, pour des lieux plus alternatifs, le Tri postal – 6 000 m$^{2}$ sauvés de la démolition par « Lille 2004 » – ou les Maisons Folies, de Moulins ou de Wazemmes. Cette dernière, ancienne filature (1855) devenue friche industrielle avant d'être remaniée en 2004, accueille ateliers, spectacles et expositions ; ne ratez pas le marché du quartier où étals alimentaires côtoient brocante et puces dans une joyeuse ambiance populaire.

La découverte du vieux Lille vous permettra d'apprécier l'originalité du « style lillois », mélange de briques et de pierres sculptées. De la Place Rihour, où se dresse le palais du même nom, de style gothique, rejoignez la Grand'Place (Pl. du Gén.-de-Gaulle) : ancien emplacement du marché au Moyen Âge, il reste le centre de l'activité lilloise ; notez la façade de la Vieille Bourse et allez admirer l'église-halle St-Maurice. Gagnez ensuite la place du théâtre et son alignement de maisons à pilastres (1687) nommé Rang du Beauregard et poursuivez vers la cathédrale, en passant par la place Louise-de-Bettignies et détaillant en chemin la rue de la Monnaie (maisons 18$^{e}$ s.).

D'autres surprises encore à Eurolille et dans le quartier St-Sauveur… Et n'oubliez pas l'incontournable citadelle édifiée par Vauban de 1667 à 1670, qui trône au cœur du plus grand espace vert de la ville.

## Aires de service & de stationnement

### BRAY-DUNES

**Aire de Bray-Dunes**
49 r. Pierre-Decock, parking du super marché - 03 28 26 51 60
Permanent
Borne eurorelais : Gratuit
5 - 24h - Gratuit - stationnement possible de 19h à 9h
Services :
GPS : E 2.52151 N 51.06262

### CASSEL

**Aire de Cassel**
Rte d'Oxelaere, au S. de Cassel, près du stade - 03 28 40 52 55
Permanent
Borne artisanale : 2 € (eau + élec.)
10 - Illimité - Gratuit
Paiement : jetons (à l'office de tourisme)
Aire bruyante.
GPS : E 2.48883 N 50.79344

### COMINES

**Aire privée de Comines**
Ferme aux Escargots Lesaffre - 06 37 58 77 81
Permanent (mise hors gel)
Borne AireService 2 € 3 €
16 - 48h - 5 €/j.
Services :
GPS : E 3.0233 N 50.7419

### GRAVELINES

**Aire de Gravelines**
R. de la Gendarmerie, face au moulin Lebriez - 03 28 23 59 00
Permanent
Borne AireService 2 €
50 - 24h - 7 €/j.
Paiement : CC
Services :
GPS : E 2.13177 N 50.99342

### HONDSCHOOTE

**Aire de lavage Lustr'Auto**
1275 voie communale Looweg - 06 22 23 16 25 - Permanent
Borne artisanale : 10 € (eau + élec.)
Paiement : CC
Services :
Proche du camping Au Bon Coin.
GPS : E 2.58941 N 50.97397

### WATTEN

**Aire de Watten**
R. Paul-Mortier - 03 21 88 27 78
Permanent
Borne AireService : 4 € (eau + élec.)
10 - 72h - Gratuit
Paiement : jetons (commerçants : liste affichée à l'entrée)
Services :
GPS : E 2.20517 N 50.8255

*Cabanes sur la digue de Malo-les-Bains.*

P. Houze/hemis.fr

## Campings

### BUYSSCHEURE

**La Chaumière**
529 Langhemast-Straete, au bourg - 03 28 43 03 57 - www.campinglachaumiere.com
De déb. avr. à fin oct. - 30 empl. -
borne artisanale
Tarif camping : 26 €
(10A) - pers. suppl. 5 €
Services et loisirs :
Terrain pleine nature autour d'un traditionnel estaminet et à proximité du GR 128.
GPS : E 2.33942 N 50.80166

### ÉPERLECQUES

**Château du Gandspette**
133 r. du Gandspette - 03 21 93 43 93 - www.chateau-gandspette.com
De déb. avr. à fin sept. - 168 empl. -
borne AireService
Tarif camping : 35,50 €
(10A) - pers. suppl. 7,20 €
Services et loisirs :
Vastes emplacements dans le parc boisé du château.
GPS : E 2.17889 N 50.81894

### GRAND-FORT-PHILIPPE

**Municipal La Plage**
115 r. du Mar.-Foch - 09 62 61 12 01 - www.campingdelaplage.site
De mars à mi-déc. - 82 empl.
borne artisanale
Tarif camping : 4 € 2 € 4 €
Services et loisirs :
Environnement agréable, espaces fleuris.
GPS : E 2.09746 N 51.00264

# Les bonnes adresses de bib

## BERGUES

**Taverne Le Bruegel** – 1 r. du Marché-aux-Fromages - 03 28 68 19 19 - www.restaurantlebruegel.fr - - fermé 1er janv., 1er Mai, 25 déc. - formules 15,50/23,80 €. Dans cet estaminet établi dans une maison flamande de 1597, grillades au feu de bois et cuisine régionale sont servies en costume traditionnel et, parfois, au son du doedelsack (cornemuse).

## CASSEL

**'T Kasteelhof** – 8 r. St-Nicolas - 03 28 40 59 29 - fermé lun.-merc. - carte 12/15 €. C'est l'estaminet le plus haut de la Flandre française ; la vue panoramique sur la plaine flamande y est superbe ! Vous pourrez y déguster, à n'importe quelle heure, des spécialités régionales dans un cadre typique et acheter quelques produits locaux dans la boutique attenante. Réservation vivement conseillée.

## GRAVELINES

**Le Turbot** – 26 r. de Dunkerque - 03 28 23 08 54 - www.leturbot.com - 12h-14h, 19h-20h30 (vend.-sam. 21h), jeu. et dim. 12h-14h - fermé lun. - formules 15/34 €. Si vous n'avez jamais goûté à la coquille St-Jacques, vous êtes à bon port. Entre cuisine traditionnelle et recettes régionales, vous trouverez ici votre bonheur.

## LILLE

**L'Gaïette** – 30 r. Masséna - 03 20 54 81 88 - www.lgaiette.fr - tlj midi et soir - menu 24,50 €. Son welsh est réputé le meilleur de Lille et ses frites sont fraîches et faites maison. Grand choix de bières locales et artisanales.

**Pâtisserie Meert** – 27 r. Esquermoise - 03 20 57 07 44 - www.meert.fr - fermé lun. mat. - salon de thé jusqu'à 22h. Cette pâtisserie-confiserie fondée en 1761 est une véritable institution à Lille. Miroirs, arabesques, moulures dorées et balcons ciselés : le superbe décor datant de 1839 est inscrit à l'Inventaire des monuments historiques. Ne ratez pas la spécialité maison, la fameuse gaufre fourrée à la vanille de Madagascar, dont la recette remonte à 1849, et profitez du salon de thé attenant. Fait également restaurant.

**Le Barbier Qui Fume** – 69 r. de la Monnaie - 03 20 06 99 35 - www.lebarbierquifume.com - fermé dim. soir - carte 14,90/32 €. Une nouvelle déco pour ce qui fut autrefois la maison d'un ancien barbier lillois. On y sert des viandes fumées et des spécialités flamandes, accompagnées des Mousses du Barbier (bière artisanale blonde, blanche et triple.)

**LE CONSEIL DE BIB**

**Évitez le premier week-end de septembre, si vous voulez découvrir tranquillement Lille : c'est celui de la braderie !**

# Offices de tourisme

## BERGUES

Pl. Henri-Billiaert - 03 28 68 71 06 - www.bergues.fr.

## DUNKERQUE

R. de l'Am.-Ronarc'h - Le Beffroi - 03 28 66 79 21 - www.dunkerque-tourisme.fr.

## LILLE

Voir p. 113

*Les gaufres de la pâtisserie Meert.*

J.-F. Mallet/hemis.fr

# Évasion sur la Côte d'Opale

**Depuis la baie de Somme jusqu'à la frontière belge s'étend un paysage étonnant, encore sauvage. La Côte d'Opale dessine un chapelet de dunes, de vallées crantées et de falaises escarpées qui dominent le pas de Calais. Les caps Blanc-Nez et Gris-Nez se disputent ici la vedette de ces panoramas grandioses.**

**DÉPART :** BOULOGNE-SUR-MER - 5 jours – 250 km

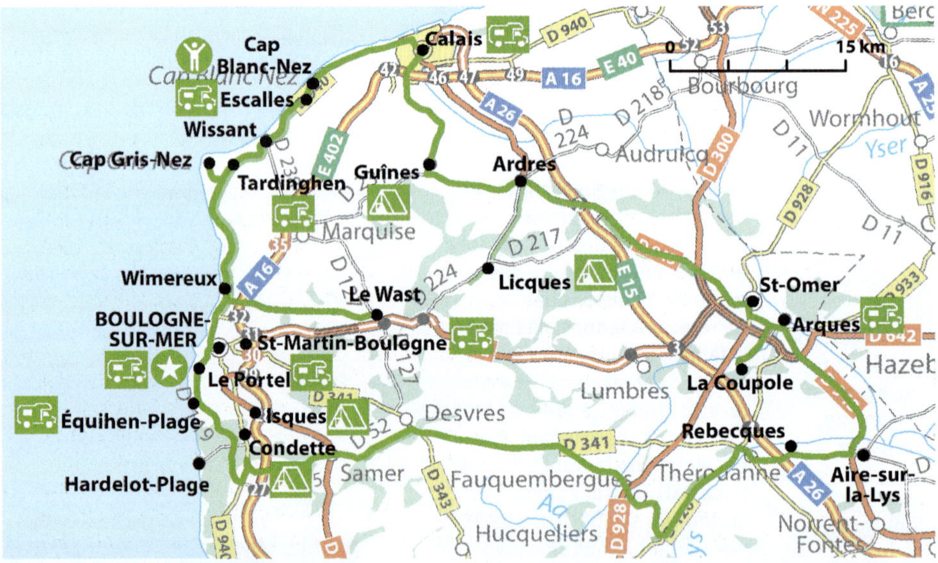


## JOUR 1

Profitez de cette première journée pour visiter **Boulogne-sur-Mer**. C'est tout d'abord la ville haute et ses remparts qui retiendront votre attention. Voyez le beffroi, la basilique, le château-musée. Puis descendez vers le port pour vous régaler de quelques fruits de mer. Dans la ville basse, baladez-vous parmi les installations portuaires (port de pêche, de plaisance et de transport) avant de visiter **Nausicaá**, le Centre national de la mer. Longez la côte jusqu'à l'élégante station de **Wimereux**. La guerre a malheureusement abîmé cette « Nice du Nord », mais la digue-promenade longée par les villas d'une architecture début du 20e s. a gardé tout son charme. Plongez ensuite dans l'**arrière-pays boulonnais** jusqu'au **Wast**, où siège la maison du Parc naturel régional des Caps et marais d'Opale. Les vallées du Boulonnais sont tapissées de pommiers à cidre et de prairies où paissent des bleues du Nord et des rouges flamandes, les vaches locales, ainsi que nombre de moutons et de chevaux de trait « boulonnais ». Rejoignez la Côte pour passer la soirée.

## JOUR 2

Longez la Côte d'Opale, et admirez les caps Blanc-Nez et Gris-Nez, en passant par **Wissant**. Un spectacle vertigineux vous attend au **cap Blanc-Nez** : la masse verticale de la falaise, à 134 m de haut, surplombe la mer et son trafic incessant de navires. La vue s'étend sur les falaises anglaises et la côte, de Calais au cap Gris-nez, mais aussi vers les douces collines cultivées du Calaisis, préservées de toute construction. De nombreux sentiers de randonnées partent des deux caps et de Wissant. Suivez-les, jumelles en bandoulière (voir l'encadré p. ci-contre).

O. Leclercq/hemis.fr

*Le Cap Blanc Nez.*

Rejoignez ensuite **Calais**, son phare, son musée des Beaux-Arts et la Cité de la dentelle et de la mode, et passez-y la nuit.

## JOUR 3

Prenez la route de St-Omer. Après une halte à **Guînes** (tour de l'Horloge), puis à **Ardres**, vous parvenez à **St-Omer**, dont le musée et les édifices religieux (cathédrale en tête) vous occuperont tout l'après-midi.

## JOUR 4

Une promenade en barque dans le marais audomarois (à 4 km au nord-est de St-Omer, par la D209) lancera votre journée avant de visiter **Arques** et sa cristallerie, puis la **coupole d'Helfaut-Wizernes**, colossal vestige de la Seconde Guerre mondiale. Poursuivez plus au sud jusqu'à **Aire-sur-la-Lys**. Faites un tour sur la Grand'Place et dans la collégiale.

## JOUR 5

Le parc d'attractions Dennlys Parc est une sympathique activité à faire en famille. Si vous voyagez sans enfants, poursuivez directement jusqu'à **Desvres**, où vous visiterez la maison de la faïence, art qui fit la réputation de la cité. Dans l'après-midi, rejoignez la côte à **Hardelot-Plage**, agréable station en toute saison. Appréciez sa plage et ses vastes espaces dunaires avant de retrouver Boulogne-sur-Mer.

RANDONNÉE À PIED

# Du cap Blanc-Nez au cap Gris-Nez

### INFOS PRATIQUES

Randonnée de 24 km AR (réservée aux bons marcheurs), entièrement balisée (GR 120). Certaines parties ne sont pas accessibles de 2h avant la marée haute à 2h après. Consulter les horaires des marées (affichés sur la vitrine de l'office du tourisme de Wissant) et prévoyez un bon coupe-vent, un copieux pique-nique et des jumelles pour observer goélands, mouettes rieuses, pétrels... Compter 6h de marche.

### STATIONNEMENT

Parking cap Blanc-Nez, sur la D243E3 à Escalles, gratuit.

C'est une des plus belles randonnées pédestres (interdit aux VTT) de la Côte d'Opale. Ce parcourt suit le GR 120, le long du littoral, entre dunes, plages et falaises escarpées, et ménage de grandioses panoramas. Par temps très clair, vous devinez même les côtes anglaises aux environs de Douvres.

Le **cap Blanc-Nez**, reconnaissable de loin, est surmonté de l'obélisque de la Dover Patrol (patrouille de Douvres) qui fut érigé en mémoire des marins français et anglais morts pendant la Première Guerre mondiale en défendant le détroit du Pas-de-Calais. Du haut du cap, le spectacle est vertigineux : la masse verticale de la falaise, de 134 m de haut, surplombe le « pas » et son trafic incessant de navires. Vue étendue sur les falaises anglaises et la côte, de Calais au cap Gris-Nez, mais aussi sur les collines cultivées du Calaisis, préservées de toute construction.

À mi-chemin, la superbe plage de sable fin de **WIssant** dessine une ample courbe entre les deux caps. Les jours de beau temps, la petite station s'anime d'une charmante ambiance familiale. Par gros vent, des nuées de kitesurfeurs font vivre le bord de mer, protégée des courants.

Puis vient le sommet de la falaise du **cap Gris-Nez** (45 m), survolé d'oiseaux migrateurs à l'automne et au printemps et d'où vous apercevez le cap Blanc-Nez (à droite) et le port de Boulogne (à gauche)... Cette avancée est parsemée de blockhaus allemands datant de la Seconde Guerre mondiale. D'ailleurs, une stèle commémorative rappelle le sacrifice du capitaine de corvette Ducuing et de ses marins, tombés le 25 mai 1940 en défendant le sémaphore contre les blindés de Guderian. Elle se dresse à proximité du **phare** reconstruit après 1945, haut de 28 m et d'une portée de 45 km. Juste à côté, le Centre régional d'opérations de surveillance et de sauvetage garde l'œil sur le trafic maritime, très dense dans ce détroit. Revenez ensuite sur vos pas pour regagner le cap Blanc-Nez.

# Aires de service & de stationnement

## ARQUES

**Aire d'Arques**
R. Michelet, à l'extérieur du camping municipal Beauséjour - 03 21 88 53 66 - www.camping-arques.fr
De déb. avr. à fin oct.
Borne eurorelais 1,50 € 1,50 €
30 - 24h - 3,50 €/j.
Services :
Site agréable, près d'un étang.
GPS : E 2.30498 N 50.74577

## BOULOGNE-SUR-MER

**Aire de Boulogne-sur-Mer**
Parking du Moulin-Wibert, bd Ste-Beuve, au N. de la ville - 03 21 10 86 57 - Permanent -
Borne Urbaflux : 4,10 € (eau + élec.)
50 - Illimité - 7,20 €/j. - si pas de CB tél. au contrôle du domaine public 03 21 10 86 57
Paiement :
Services :
Jolie vue mer, légèrement en pente, gravier, herbeux.
GPS : E 1.59709 N 50.74307

## CALAIS

**Aire de Calais**
275 r. d'Asfeld, bd du 8-Mai - 03 91 91 52 34 - www.camping.calais.fr
Permanent
Borne flot bleu 2 €
126 - - Illimité - 10 €/j.
Services :
GPS : E 1.84347 N 50.96586

## ÉQUIHEN-PLAGE

**Aire d'Équihen Plage**
R. du Beurre-Fondu - 03 21 99 05 43
Permanent
Borne flot bleu 4 € 4 €
35 - - Illimité - 9 €/j.
Aire bruyante (station d'épuration). Plage à 100 m.
GPS : E 1.56833 N 50.67987

## ESCALLES

**Les Érables**
23 r. du Château-d'Eau, au camping Les Érables - 06 29 68 66 20 - www.camping-les-erables.fr
De fin mars à mi nov.
Borne artisanale : 5,50 € (eau + élec.)
52 - - Illimité - 12 €/j.
Paiement : jetons (sur place)
Services :
GPS : E 1.72071 N 50.91238

## LE PORTEL

**Aire du Portel**
R. des Champs, sur le parking du stade André-Lefèvre - 03 21 31 45 93
Permanent
Borne artisanale 2 € 2 €
 - - Illimité - 5 €/j.
Paiement :
Services :
GPS : E 1.57549 N 50.71104

## ST-MARTIN-BOULOGNE

**Aire de St-Martin-Boulogne**
Parking du centre commercial Auchan, N 42 - 03 21 10 11 12 - boulogne.centrecommercial-auchan.fr
Permanent
Borne raclet 2 € 2 €
10 - Illimité - Gratuit
Services :
GPS : E 1.66902 N 50.73278

## TARDINGHEN

**Aire privée Ferme de l'Horloge**
1615 rte d'Ausques - 03 21 83 30 34
Permanent
Borne artisanale : 8 € (eau + élec.)
 - 72h - 8 €/j.
Espace aménagé avec vue sur le site des Deux Caps, aire de services et accueil à la ferme.
GPS : E 1.64907 N 50.86281

# Campings

## CONDETTE

**Château d'Hardelot**
21 r. Nouvelle - 03 21 87 59 59 - www.camping-caravaning-du-chateau.com
De déb. avr. à fin oct. - 40 empl.
borne artisanale 5 € (eau + élec.)
Tarif camping : 29,90 € (10A) - pers. suppl. 6,80 €
Services et loisirs :
Charmants emplacements en bordure de forêt.
GPS : E 1.62557 N 50.64649

## GUÎNES

**Les Castels La Bien Assise**
03 21 35 20 77 - www.camping-la-bien-assise.com
De déb. avr. à mi sept. - 150 empl. -
borne artisanale 5 € (eau + élec.)
Tarif camping : 26,90 € (6A) - pers. suppl. 5 €
Services et loisirs :
Restaurant gastronomique dans les dépendances du château.
GPS : E 1.85815 N 50.86631

## ISQUES

**Les Cytises**
Chemin Georges-Ducrocq - 03 21 31 11 10 - www.campinglescytises.com
Avr.-oct. - 100 empl.
borne eurorelais : 2 € (eau + élec.)
Tarif camping : 20 € - pers. suppl. 4,50 €
Services et loisirs :
Cadre verdoyant et fleuri.
GPS : E 1.64332 N 50.67749

## LICQUES

**Pommiers des Trois Pays**
273 r. du Breuil - 03 21 35 02 02 - www.pommiers-3pays.com
De mi-mars à oct. - 61 empl. -
borne artisanale
Tarif camping : 6,50 € 15 €
Services et loisirs :
GPS : E 1.94776 N 50.77991

# Les bonnes adresses de bib

## BOULOGNE-SUR-MER

✕ **O Kom'Paraz** – 63 Grande-Rue - ✆ 03 21 83 45 41 - fermé dim.-lun. - carte 10,60/16,90 €. Ce bar-brasserie « exotique », comme il se définit, propose une cuisine savoureuse avec en tête d'affiche le fameux welsh. Le cadre chaleureux et l'ambiance détendue assurent un moment agréable qui ne tient pas du hasard.

✕ **L'Îlot Vert** – 36 r. de Lille - ✆ 03 21 92 01 62 - www.lilotvert.fr - 12h15-15h45, 19h15-21h15 - fermé dim.-lun. - formules 26/55 €. Restaurant coloré et convivial, où œuvre un jeune chef formé dans de belles maisons : il signe une cuisine bien d'aujourd'hui – avec une pointe de créativité –, joliment tournée et savoureuse, aux prix mesurés. Terrasse fleurie côté cour.

## CALAIS

✕ **Le Grand Bleu** – 8 r. Jean-Pierre-Avron - quai de la Colonne - ✆ 03 21 97 97 98 - www.legrandbleu-calais.com - fermé mar. soir, merc. et dim. soir - formules 25/50 €. L'enseigne annonce la couleur : cette table du port célèbre la mer tant dans son décor que dans sa cuisine qui privilégie les saveurs iodées.

## ST-OMER

✕ **Chez Tante Fauvette** – 10 r. Ste-Croix - ✆ 03 21 11 26 08 - merc.-vend. le soir, sam. midi et soir - carte 17,50/19 €. Les nappes à carreaux rouges, les bérets suspendus et les plaques publicitaires en métal apparaissent comme autant d'images d'Épinal de la France d'après-guerre. Produits du marché. Carte traditionnelle.

## WIMEREUX

✕ **La Vie est belle** – 44 r. Carnot - ✆ 03 21 83 19 31 - www.restaurant-lavieestbelle.fr - fermé dim. soir-lun. - carte 15/18 €. Une petite adresse réputée du centre-ville, où l'on mange dans un cadre sobrement décoré. La carte se partage entre poissons et viandes, subtilement assaisonnés. Les produits sont ultrafrais et les recettes légères, souvent travaillées autour d'herbes aromatiques et de légumes. Terrasse à l'arrière.

## WISSANT

✕ **Le Green Bistrot** – 4 r. du Muret - ✆ 09 70 38 62 11 - www.greenbistrot.fr - fermé lun.-mar., 2 sem. en janv. - 26 €. Ici, vous mangerez frais et sain, près du jardin d'herbes où les arbres grandissent. Une salle lumineuse où le chef officie derrière son comptoir en toute transparence.

*Promenade en barque dans le marais audomarois.*

G. Rigoulet/hemis.fr

# Offices de tourisme

## BOULOGNE-SUR-MER

30 r. de la Lampe - ✆ 03 21 10 88 10 - www.boulonnaisautop.com.

## CALAIS

12 bd Georges-Clemenceau - ✆ 03 21 96 62 40 - www.calais-cotedopale.com.

## ST-OMER

7 pl. Victor-Hugo - ✆ 03 21 98 08 51 - www.tourisme-saintomer.com.

**LE TOP 5 MUR DE L'ATLANTIQUE**

1. Forteresse de Mimoyecques
2. Musée du Mur (à côté d'Audinghen)
3. Musée 39-45 (Ambleteuse)
4. La Coupole
5. Blockhaus d'Éperlecques

Promenade à vélo en forêt de Rambouillet. – Ch. Goupi/age fotostock

*Le château de Fontainebleau et son parc. – A. Chicurel/hemis.fr*

# Île-de-France

Une petite et une grande couronne : la physionomie contemporaine de l'Île-de-France ne pouvait choisir vocabulaire plus adapté à cette ancienne terre des rois de France. Les grands seigneurs y ont rivalisé de luxe et de grandeur, quitte à agacer leur souverain, à l'image de Nicolas Fouquet qui fît pâlir de jalousie Louis XIV en déployant de magnifiques jardins à la française au pied de son château de Vaux-le-Vicomte. Quelques années plus tard, le jardinier Le Nôtre se surpassera à Versailles pour plaire au Roi Soleil.

Se croirait-on tout permis ici ? Déjà, au 12e s., un abbé nommé Suger avait eu l'audace de croiser les ogives de la basilique de St-Denis, donnant naissance à l'art gothique. De nombreuses abbayes complètent la collection de bijoux architecturaux de la région, protégés par les vastes forêts domaniales de Fontainebleau, St-Germain-en-Laye et Marly.

Pendant que Paris élève ses tours, les berges de la Marne font revivre les grandes heures de la guinguette, à la grande joie des Franciliens. L'ombre des impressionnistes, des nabis et de Van Gogh planent sur les pittoresques villages de la région. Dans ses théâtres et ses festivals, la banlieue parisienne a désormais son mot à dire : elle prend le relais de la capitale, qui, intriguée et peut-être un peu envieuse de ce qui se passe « de l'autre côté du périph' » souhaite à présent repousser ses frontières et former un « Grand Paris ».

# ÎLE-DE-FRANCE

Moret-sur-Loing. – P. Escudero/hemis.fr/Getty Images

## LES ÉVÉNEMENTS À NE PAS MANQUER

- **Foire internationale de Chatou** à Chatou (78) : mars et sept.
- **Foire au cresson** à Méréville (91) : w.-end de Pâques.
- **Au Temps des Remparts** et **La Légende des Chevaliers** à Provins (77) : d'avr. à déb. nov.
- **Journée Grand Siècle** à Vaux-le-Vicomte (77) : juin. www.vaux-le-vicomte.com.
- **Meeting aérien** à Cerny (91) : Pentecôte ; machines volantes. www.ajbs.fr.
- **Pardon de la Batellerie** à Conflans-Ste-Honorine (78) : 3e w.-end de juin. www.conflans-saintehonorine.fr.
- **Nature et Vénerie en fête** à Fontainebleau (77) : mai. natureenfete.com.
- **Festival PrinTemps de Paroles en Marne et Gondoire** (77) : fin mai, clôture à Rentilly ; théâtre, rires, chansons, contes...
- **Festival de l'Orangerie** à Sceaux (92) : de mi-août à mi-sept. www.festival-orangerie.fr.
- **Spectacle historique** à Meaux (77) : juin-sept. spectacle-meaux.fr
- **Les Grandes Eaux nocturnes** à Versailles (78) : juil.-août.
- **Fête de la St-Louis** à Fontainebleau (77) : fin août
- **Traditionnelle fête du village** à Barbizon (77) : juin.
- **Fête 1900** à Moret-sur-Loing (77) : dernier w.-end de sept.
- **Concours national du brie de Meaux** (77) : oct.
- **Journées Ravel** à Montfort-L'Amaury (78) : déb. oct.
- **Blues-sur-Seine** à Mantes-la-Jolie (78) : nov. www.blues-sur-seine.com.

# Votre séjour en Île-de-France



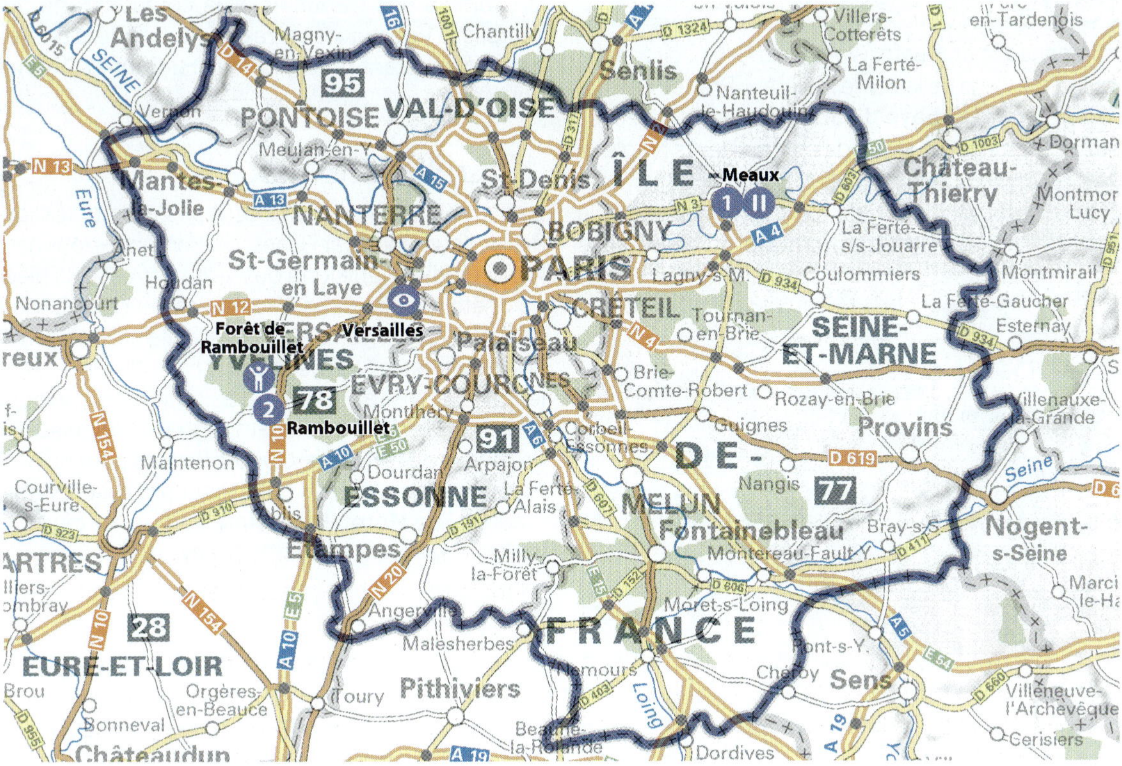


**EN COMPLÉMENT, UTILISEZ...**

- Le Guide Vert : Île-de-France
- Cartes Michelin : Région 514, Départements 311 et 312 ou encore Zoom 106

## ÎLE-DE-FRANCE - CIRCUIT 1

# Au cœur de la Seine-et-Marne

**À l'est de Paris s'étend la Brie avec ses champs de blé et de colza, jaunes à perte de vue, un horizon qui semble rivaliser avec l'infini, d'imposantes fermes, et des villages sagement regroupés autour de l'église. On y fait encore du fromage, on y cultive toujours le calme d'une vraie campagne. Plus au sud, la plaine se jette dans la forêt de Fontainebleau, elle se brise dans les vallées du Grand et du Petit Morin. Et c'est une autre Seine-et-Marne qui se révèle, celle, verte et boisée, qui charma des siècles durant la cour royale, puis les peintres impressionnistes.**

**DÉPART :** MEAUX - 6 jours – 300 km

## JOUR 1

Commencez par **Meaux** (voir l'encadré p. ci-contre) pour cette visite de la « Brie laitière ». Prenez ensuite la route pour l'**abbaye de Jouarre**. Vous y découvrez la crypte St-Paul, l'un des monuments religieux les plus anciens de France et la tour, dernier vestige de l'abbaye médiévale. L'étape suivante est la ville commerçante de **Coulommiers**, où vous visitez la chapelle des Capucins et la commanderie des Templiers. Poursuivez votre découverte de la Brie laitière en achetant un coulommiers. Gagnez **Provins** pour le soir.

## JOURS 2 ET 3

L'ensemble de la ville est inscrit au Patrimoine mondial de l'humanité par l'Unesco ! Promenez-vous dans la cité médiévale, le long des remparts et sur la place du Châtel ; entrez dans la tour César, et dans le vaste réseau de souterrains à graffitis... À la belle saison, la ville haute est le théâtre de spectacles historiques. Le lendemain, visitez la grange aux Dîmes, qui évoque les fameuses foires de Champagne, ou le musée de Provins et du Provinois. Quittez Provins pour un petit tour très « monument » qui commence avec le bourg médiéval de **Moret-sur-Loing**. L'église, le donjon et les îles inspirèrent le peintre Sisley.

## JOUR 4

En longeant le Loing, vous arrivez à **Nemours**, qui possède un très joli château et un musée consacré à la préhistoire de l'Île-de-France. L'étape culturelle suivante se fera à **Égreville**, où la fille d'Antoine Bourdelle a aménagé un merveilleux jardin de sculptures en l'honneur de son père. Plus à l'ouest, faites halte à **Château-Landon**, ville médiévale perchée au-dessus d'une petite rivière. Dirigez-vous en direction de **Larchant**, où vous attend une étape « varappe » et un monument de la nature : la **Dame Jouanne**, le plus haut rocher d'escalade des environs de Paris. Ses 15 m de haut ont un adversaire de taille dans le village : l'église St-Mathurin, avec son impressionnant clocher-porche de 50 m. La route se poursuit jusqu'à **La Chapelle-la-Reine** puis vers **Milly-la-Forêt**, qui vous remet sur le chemin de Fontainebleau en passant par la forêt. Milly est intéressant à plus d'un titre : ce fut la résidence de Jean Cocteau, qui décora sa chapelle sur le thème des « simples ». Car Milly est aussi un grand centre de la culture des plantes médicinales, ayant pour renommée la menthe poivrée. Après cette halte odorante, arrêtez-vous à **Barbizon**, qui fut le berceau de l'Impressionnisme. Rejoignez Fontainebleau pour le soir.

## JOUR 5

**Fontainebleau**, appréciée du temps de François Ier pour son côté « sauvage », n'en est pas moins, dans ses proportions, une authentique ville au passé royal. Il s'en dégage pourtant un calme provincial. De tout temps tourné vers la tradition équestre, le château de Fontainebleau fut l'objet de l'affection de nombreux rois de France qui en firent un joyau. Il est aujourd'hui inscrit au Patrimoine mondial de l'Unesco. La forêt, lieu de prédilection des randonneurs et des amateurs d'escalade, est toute proche, mais c'est vers la Seine que vos pas se tournent. En sortant de Fontainebleau en direction de Valvins, vous tomberez sur le fleuve, que vous longez au nord jusqu'au charmant village de **Samois-sur-Seine**, où une promenade à l'île du Berceau ne manquera pas de vous séduire. Vous pouvez alors traverser la Seine et la longer sur sa rive droite jusqu'à **Melun**, que vous traversez pour l'instant sans vous arrêter pour gagner **Vaux-le-Vicomte**. Majesté de nouveau avec ce chef-d'œuvre du 17e s., jalousé par Louis XIV. Vous comprendrez pourquoi en le visitant. Une promenade dans les jardins s'impose avant de retourner à Melun.

## JOUR 6

Par la N104 puis la A4, retour à **Meaux** sans oublier de vous rendre à **Disneyland Paris**. La journée suffit à peine à la découverte du parc.

ÉTAPE 11

# Meaux

**OFFICE DE TOURISME**

1 pl. Paul-Doumer - ✆ 01 64 33 02 26 - www.tourisme-paysdemeaux.fr.

**STATIONNEMENT**

**Parking conseillé**
Quai Jacques-Prévert-Prolongé, 7 €/j.

Il existe au moins trois bonnes raisons de se rendre à Meaux, la capitale de la Brie. Tout d'abord, jetez un coup d'œil à la **cathédrale St-Étienne**, de style gothique flamboyant, et, juste à côté, au **palais épiscopal**, qui remonte au 12e s. Ce dernier abrite une belle collection de peintures et de sculptures, datant du 16e au 19e s., et l'appartement où vécut Bossuet, évêque, écrivain et prédicateur, célèbre pour ses oraisons funèbres, notamment celles écrites à la mémoire de Marie-Thérèse d'Autriche et du Grand Condé.
Ensuite, visitez le **musée de la Grande Guerre**, édifié tel un blockhaus en 2011 au pied d'un monument offert en 1932 par les Américains pour commémorer la deuxième bataille de la Marne. En effet, il se situe à seulement quelques kilomètres du champ de bataille. Ce site réunit 50 000 objets et documents sur le conflit. Des dispositifs innovants, comme des écrans tactiles, des objets à toucher, des jeux, des bornes interactives... rendent sa découverte passionnante.
Enfin, goûtez les produits du terroir. Vous pourrez acheter **brie** et **moutarde** dans les halles du marché le samedi matin, ou à l'office du tourisme, puis les déguster à l'occasion d'un pique-nique en bord de Marne ou sur les rives du canal de l'Ourcq.

Godong/UIG/Universal Images Group/age fotostock

*Le musée de la Grande Guerre.*

# Aires de service & de stationnement

## BRAY-SUR-SEINE

**Aire de Bray-sur-Seine**
Quai de l'Île - 01 60 67 10 11
Permanent
Borne artisanale 2 €
20 - 24h - Gratuit
Services :
Au bord de la Seine.
GPS : E 3.23785 N 48.41692

## COUPVRAY

**Aire de Coupvray**
Av. Robert-Schumman, Station Esso - 01 64 63 43 00 - Permanent
Borne flot bleu : 5,60 € (eau + élec.)
4 - 24h - Gratuit - stat. (18h-8h) gratuit et autorisé pour les possesseurs du passeport Disneyland Paris
Services :
Proche de Disneyland Paris.
GPS : E 2.79728 N 48.87262

## MARNE-LA-VALLÉE

**Aire de Disneyland Paris**
Parking de Disneyland Paris, bd du Parc - 01 64 74 25 84
Permanent
Borne artisanale : 10 € (eau + élec.)
100 - - 24h - 45 €/j.
Paiement :
Services :
GPS : E 2.79653 N 48.87565

## MILLY-LA-FORÊT

**Aire de Milly-la-Forêt**
R. de la Chapelle-St-Blaise - 01 64 98 80 07
Permanent (mise hors gel)
Borne artisanale : Gratuit
6 - 24h - Gratuit
GPS : E 2.48035 N 48.39828

## PROVINS

**Aire de Villecran**
Chemin de Villecran, parking de l'office de tourisme - 01 64 60 26 26
Permanent - fermé 2e w.-end de juin (Les Médiévales) - 3 sem. déb. nov. (fête foraine)
Borne artisanale
20 - Illimité - 8 €/j. - paiement au régisseur sur place - gratuit hors sais.
Services :
Idéale pour la visite de la cité médiévale.
GPS : E 3.27953 N 48.56183

## ST-CYR-SUR-MORIN

**Aire de St-Cyr**
Av. Daniel-Simon, centre bourg - 01 60 23 80 24
Permanent (mise hors gel)
Borne artisanale
Services :
GPS : E 3.18371 N 48.90627

## SOUPPES-SUR-LOING

**Aire de Souppes-sur-Loing**
Chemin des Mariniers, à côté du camping Les Bords du Loing - 01 60 55 07 38
Permanent
Borne AireService : 5 € (eau + élec.)
8 - - Illimité - 12 €/j. - stat. au Port aux Pierres, au bord du canal à côté de la sucrerie
Paiement :
Services :
GPS : E 2.73031 N 48.17991

# Campings

## CRÈVECŒUR-EN-BRIE

**Caravaning des 4 Vents**
22 r. de Beauregard - 01 64 07 41 11 - www.caravaning-4vents.fr
De fin mars à fin oct. - 199 empl. -
borne artisanale 32 € (eau + élec.) - 26,40 €
Tarif camping : 32 € (6A) - pers. suppl. 7 €
Services et loisirs :
Agréable cadre verdoyant avec de grands emplacements bien délimités.
GPS : E 2.89722 N 48.75065

## JABLINES

**L' International**
À la base de loisirs - 01 60 26 09 37 - www.camping-jablines.com
De fin mars à déb. nov. - 154 empl. -
borne eurorelais 3,50 € (eau + élec.)
Tarif camping : 32 € (10A) - pers. suppl. 8 €
Services et loisirs :
Dans une boucle de la Marne.
GPS : E 2.73437 N 48.91367

## MELUN

**C'est si bon La Belle Étoile**
64bis quai Mar.-Joffre - 01 64 39 48 12 - www.campinglabelleetoile.com
De fin mars à déb. oct. - 144 empl. -
borne artisanale 3 € (eau + élec.)
Tarif camping : 7,50 € 12 € (6A) 4 €
Services et loisirs :
Cadre verdoyant.
GPS : E 2.66765 N 48.50929

## VENEUX-LES-SABLONS

**Les Courtilles du Lido**
Chemin du Passeur - 01 60 70 46 05 - www.les-courtilles-du-lido.fr
De fin mars à fin sept. - 180 empl. -
borne artisanale - 6 €
Tarif camping : 5 € 3 € 7 € (10A) 3 €
Services et loisirs :
Emplacements très ombragés.
GPS : E 2.80194 N 48.38333

## Les bonnes adresses de bib

**COULOMMIERS**

**Hôtel de l'Ours** – 35 r. Bertrand-Flornoy - 77120 Coulommiers - 01 64 03 32 11 - fermé dim.-lun. - 22 €. Dans cet ancien relais de diligence, le patron régale ses clients de plats traditionnels. Il propose aussi un bon choix de salades composées, à déguster en salle ou en terrasse.

**FONTAINEBLEAU**

**La Ferme des Sablons** – 19 r. des Sablons - quartier piétonnier - 01 64 22 67 25 - fermé août, dim. apr.-midi, lun. Ce fromager affine sur place plus de 30 % des 130 fromages proposés dans sa boutique, dont la spécialité maison : le fontainebleau (fromage frais additionné de crème). En vente également, quelques produits du terroir.

**MEAUX**

**La Péniche** – Face au 6 quai Sadi-Carnot, près du pont du Marché - 01 60 01 16 16 - la.peniche.free.fr - fermé dim.-lun. - 29 €. Ce restaurant aménagé dans une péniche est très populaire grâce à l'originalité de son cadre. Au choix : cuisine traditionnelle dans la salle du Capitaine ou brasserie au Sundeck.

**MELUN**

**La Table de Dimitri** – 9 r. Jacques-Amyot - 01 64 09 42 16 - www.latablededimitri.fr - fermé dim.-lun., mar. soir et merc. soir. - formule déj. 16,90 € - 29,90 €.
Un chef passionné aux commandes de cet établissement à l'ambiance bistrot ! La cuisine française est revue de manière originale, élaborée et savoureuse.

**MILLY-LA-FORÊT**

**L'Herbier de Milly** – 16 pl. du Marché - 01 64 98 92 39 - www.herbier.com - fermé sam. apr.-midi et dim. apr.-midi. Une herboristerie familiale depuis quatre générations où vous pourrez déguster des spécialités du Gâtinais, dont la menthe poivrée de Milly, et plusieurs sortes de miels, de sirops et de liqueurs.
Un conseil : la visite du jardin médicinal de l'Herbier de Milly sera une très agréable pause, à partir du mois de mai.

**MORET-SUR-LOING**

**La Poterne** – 1 r. du Pont-du-Loing - 01 60 96 91 50 - fermé lun.-mar. - crêpes 6/10 €. Une crêperie avec une vue imprenable sur le Loing de sa jolie terrasse où l'on peut déjeuner dès que le soleil est là.

**Musée du sucre d'orge** – R. du Pont - dans le Moulin-Provencher - 01 60 70 41 66 - avr.-sept. : merc.-dim. et j. fériés 15h-18h (19h de mai à août) - 2 € (enf. 1 €). Ce musée relate l'histoire du sucre d'orge des religieuses de Moret depuis ses origines en 1638 et présente notamment une importante collection de bonbonnières. Dégustation possiblelors de la visite et vente des produits dans la boutique du sucre d'orge (pl. Royale).

**NEMOURS**

**O Forum** – 39 pl. de la République - 01 64 78 81 30 - fermé dim. soir-mar. - plats 15/17 €. Une cuisine maison d'excellente qualité proposée par des patrons très pointilleux sur la provenance des produits qu'ils utilisent pour mijoter leurs plats.

**PROVINS**

**Saveurs et Plaisirs** – 6 pl. St-Ayoul - 01 60 58 41 70 - mar.-jeu. 7h30-18h, vend.-sam. 8h30-22h - formule déj. 12,50 € - carte 18/38 €. Le chef est un autodidacte passionné. Dans son restaurant contemporain, situé dans la Ville-Basse, il prépare une cuisine bistronomique. Parmi les spécialités de poissons, le carré de thon rouge a ses adeptes.

## Offices de tourisme

**FONTAINEBLEAU**

4 bis pl. de la République - 01 60 74 99 99 - www.fontainebleau-tourisme.com.

**MELUN**

26 pl. St-Jean - 01 64 52 64 52 - www.ville-melun.fr.

**PROVINS**

Chemin de Villecran - 01 64 60 26 26 - www.provins.net.

*La crypte mérovingienne de l'abbaye Notre-Dame de Jouarre.*

DEA/A Dagli Orti/De Agostini Editore/age fotostock

**LE TOP 5 SITES MÉDIÉVAUX**

1. Provins
2. Moret-sur-Loing
3. Jouarre
4. Château-Landon
5. Larchant

# Découverte des Yvelines

**Elles sont vertes, riches et vallonnées. Autrefois royales, les Yvelines restent un lieu de choix pour un séjour culturel et champêtre. La vallée de la Chevreuse, la forêt de Rambouillet, Montfort-l'Amaury, Thoiry et les boucles de la Seine se déroulent à l'ouest de Paris, encadrant Versailles, la grande rivale, la ville royale par excellence, dont le charme n'est plus à démontrer !**

**DÉPART :** RAMBOUILLET - 5 jours – 210 km

## JOUR 1

Trois bonnes raisons de visiter **Rambouillet** ? Son superbe château, les jardins à thème et la forêt toute proche que l'on peut découvrir grâce notamment à une Voie Verte. Les alentours sont à l'avenant, verts et variés : le premier arrêt se fera au nord-est de Rambouillet, toujours dans les feuillages, à l'**abbaye des Vaux-de-Cernay**, aujourd'hui un hôtel dont le parc recèle les ruines de l'abbatiale. Revenez sur vos pas, passez devant l'étang de Cernay et prenez la D91 jusqu'à **Dampierre-en-Yvelines**, dont le château tout en majesté est à découvrir aussi bien pour ses appartements que ses jardins. Sur la même route, plus au nord, les ruines de **Port-Royal-des-Champs**, certes moins impressionnantes, ne sauraient pourtant vous laisser indifférents tant l'abbaye fut riche en événements. Dans les parages, la petite église de **St-Lambert** est un autre souvenir de Port-Royal. Vous arrivez ensuite à **Chevreuse**. Son château abrite le bureau d'information du Parc naturel régional de la haute vallée de Chevreuse. Le **château de Breteuil** n'est pas loin. Vous y aurez droit à une visite animée par des personnages de cire évoquant les contes de Perrault. Vous n'avez plus qu'à vous propulser à Élancourt, pour finir sur une note légère : la visite de **France Miniature**, un parc qui vous fait découvrir les principaux sites nationaux grandeur lilliputienne !

## JOUR 2

Avec **Versailles**, on touche au sublime. Un château somptueux, des jardins incroyables... La ville royale par excellence, au plan monumental et aux immeubles bourgeois, est un lieu de séjour idéal du fait de sa proximité avec le château et justement parce qu'avoisinant la première « attraction » française (voir l'encadré p. ci-contre), elle est délaissée par les milliers de touristes pressés de regagner Paris. Pourtant, vous découvrirez une ville animée, avec des coins charmants, des cinémas, des théâtres et de bons restaurants.

## JOUR 3

Tranquille et aérée, **St-Germain-en-Laye** est une destination touristique de valeur : château royal, centre ancien, hôtels particuliers des 17ᵉ et 18ᵉ s., rues piétonnes avec de beaux commerces et musées de premier ordre (musée d'Archéologie nationale, musée

JTB Photo/age fotostock

*La Galerie des Glaces, château de Versailles.*

Maurice-Denis). Après **Mantes-la-Jolie**, à découvrir pour sa collégiale Notre-Dame et son musée consacré à Maximilien Luce, l'itinéraire vous emmène à travers un bout de campagne vexinoise jusqu'à ce que vous tombiez de nouveau sur la Seine, au début de la section escarpée du méandre de la Roche-Guyon, à hauteur de **Vétheuil**. Cet ancien village de vignerons, qui possède une très jolie église souvent prise comme modèle par les Impressionnistes, est un condensé de Vexin français. La D913 vous achemine ensuite à Haute-Isle, un village troglodytique. En poursuivant au bord du fleuve sur la même route, vous parvenez à **La Roche-Guyon** (très belle arrivée face au donjon). Le château a été bâti en partie dans le rocher, tout comme quelques maisons du bourg.

## JOUR 4

Faites quelques kilomètres rive droite avant de traverser la Seine à Bennecourt, Seine que vous allez remonter en sens inverse. Passez à Rosny-sur-Seine (château), puis à Mantes : **Thoiry** n'est plus très loin. Le beau parc qui jouxte le grand château Renaissance offre différents circuits permettant d'admirer les animaux.

## JOUR 5

Retour à Rambouillet par **Houdan** et **Montfort-l'Amaury**, qui possède une belle église et la maison où vécut Maurice Ravel. Après la traversée du bois de l'Épars, le village de St-Léger-en-Yvelines est le passage obligé pour se rendre aux **étangs de Pourras et de St-Hubert**. Prenez-y une dernière bouffée de vert à l'**Espace Rambouillet**, parc animalier en forêt de Rambouillet.

VISITE

# Domaine de Versailles

### INFOS PRATIQUES

**Château** : Pl. d'Armes - 01 30 83 78 00 - www.chateauversailles.fr - ♿ - avr.-oct. : 9h-18h30 ; reste de l'année : 9h-17h30 - fermé lun. - 20 €/30 € j. Grandes Eaux musicale (-26 ans gratuit). - 18 € (-18 ans gratuit) - il donne accès au circuit en visite libre (la Galerie des Glaces, les Grands Appartements du Roi et de la Reine, la chambre du Roi, les expositions temporaires, les audioguides, etc.).

**Bon à savoir**
La visite libre concerne les lieux les plus célèbres du château. Des visites guidées permettent d'en découvrir d'autres parties.

### STATIONNEMENT

**Parking de la place d'Armes**
Camping-car : 1 €/h les 4 premières heures, puis 0,50 €/h.
GPS : E 644691.25 N 5067744.33

Le plus beau, le plus riche et le plus célèbre des palais français ! Impossible de tout voir en une seule fois. Pour une éblouissante première, privilégiez les Grands Appartements et le parc. Après avoir franchi la grille d'honneur, apparaît la **cour de marbre** encadrée de balustrades, et agrémentée de vases et de statues.

Tout à la gloire du Roi-Soleil, la décoration du **Grand Appartement du Roi** illustre le mythe solaire dont Louis XIV se réclamait : une enfilade de sept salons (chacun dédié à un astre et à sa divinité) luxueusement décorés d'or et de stucs et où la Cour pouvait en journée croiser le roi et sa famille. La **Galerie des Glaces**, terminée en 1686, est le chef-d'œuvre du Premier peintre du roi, Charles Le Brun. Longue de 73 m, large de 10,50 m et haute de 12,30 m, elle est éclairée par 17 grandes fenêtres auxquelles correspondent 17 panneaux de glace installés sur le mur opposé. Ce cadre somptueux était réservé aux grandes fêtes de la Cour. Le **Grand Appartement de la Reine** se compose de quatre pièces en enfilade, récemment restaurés, dont le décor d'un raffinement extrême date de l'époque de la Marie-Thésère (hormis la chambre de la Reine). De la Galerie des Glaces, s'ouvre une superbe perspective sur le **jardin**, créé par Le Nôtre, où fontaines, bassins, bosquets et parterres servent d'écrin à un véritable musée de sculptures. Les **Grandes Eaux musicales**, en saison et parfois en nocturne, révèlent la magie des jeux d'eau du Grand Siècle. Enfin dans le parc, Mansart bâtit, en six mois, le **Grand Trianon**, que Louis XIV réservait à la famille royale et qui compose une harmonie de marbres à dominante rose. Le charmant **Petit Trianon** naquit d'une passion de Louis XV pour la botanique et l'agronomie.

# Les bonnes adresses de bib

## CHEVREUSE

**Le Clos de Chevreuse** – 33 r. de Rambouillet - 01 30 52 17 41 - www.leclosdechevreuse.fr - fermé dim. soir-mar. - formule déj. 20 € - 51 €. Chaleur de la cheminée l'hiver et fraîcheur du jardin-terrasse l'été : un cadre approprié pour savourer la cuisine de ce restaurant où tout est fait maison.

## HOUDAN

**La Poularde** – 24 av. de la République - D912 - 01 30 59 60 50 - www.alapoularde.com - fermé lun.-merc. - formule (en sem.) 29 € - 39 €. À la carte, la fameuse poule de Houdan, mais aussi des recettes traditionnelles rythmées par les saisons. Élégante salle feutrée et grande terrasse d'été.

## RAMBOUILLET

**La Maison du Bœuf** – 2 av. du Gén.-Leclerc - 01 30 59 48 89 - www.lamaisonduboeuf.fr - fermé sam. midi et dim. soir-lun. - formule déj. 15,80 € - plats 16/35 €. Une steackhouse très accueillante proposant des viandes de haute qualité à des prix abordables.

**Boutiques de la Bergerie nationale** – Parc du château - 01 30 88 66 50 - *drive* fermier : commande avant merc. 22h et retrait sam. 10h-12h, 14h-17h ; boutique souvenir : 11h-18h30. Au drive fermier, on vous servira volaille, foie gras, confit, salaison, miel, confiture et vin. Dans la boutique, vous trouverez des produits alimentaires mais aussi des écharpes, couvertures et chemises en laine mérinos majoritairement issus de la production de la Bergerie nationale.

## LA ROCHE-GUYON

**Les Bords de Seine** – 21 r. du Dr-Duval - 01 30 98 32 52 - www.bords-de-seine.fr - réserv. conseillée - formule déj. (en sem.) 18 € - 26,50 €. Cette grande maison aux volets bleus jouit d'une situation très agréable en bordure de Seine. Son restaurant décoré façon intérieur de bateau et ses agréables terrasses en font une étape de choix.

## ST-GERMAIN-EN-LAYE

**La Cantine de Marius** – 1 pl. André Malraux - 01 30 61 02 00 - www.lacantinedemarius.fr - fermé dim.-lun. - formules déj. (en sem.) 17,50/21,50 € - plats 16/21 €. Sous les parasols ou sur les banquettes, la clientèle d'habitués se régale de plats de saison élaborés avec une touche d'originalité : le classique tartare de saumon est réhaussé d'agrumes et de coriandre. Une belle table !

## VERSAILLES

**Le Bœuf à la Mode** – 4 r. au Pain - 01 39 50 31 99 - www.leboeufalamode-versailles.com - 34 €. Il règne une ambiance conviviale et décontractée dans ce bistrot typique des années 1930. Le décor – banquettes rouges, bibelots, affiches, miroirs… – est très réussi et les spécialités du terroir goûteuses.

**San Luis** – 5-7 r. André-Chénier - accès possible pl. du Marché-Notre-Dame - 01 30 21 56 67 - mars-oct. : 10h-19h (23h selon le temps) ; nov., janv. : vend.-sam. 10h-19h, dim. 10h-13h30 ; déc. : mar.-sam. 10h-19h, dim. 10h-13h30- fermé 1er janv., fév. et lun. San Luis cultive le goût de la glace depuis quatre générations. Accueil chaleureux et large choix de parfums originaux.

# Campings

## MAISONS-LAFFITTE

**Sandaya Paris Maisons-Laffitte**
1 r. Johnson - 01 39 12 21 91 - www.sandaya.fr - Avr.-oct. - 172 empl.
Tarif camping : 37 € (10A)
Services et loisirs :
Sur une île de la Seine.
GPS : E 2.1458 N 48.94156

## PARIS

**Camping de Paris**
2 allée du Bord-de-l'Eau - 01 45 24 30 00 - www.campingparis.fr
Permanent - 296 empl.
borne artisanale 9 € (eau + élec.)
Tarif camping : 46,40 € (10A) - pers. suppl. 8,80 €
Services et loisirs :
Emplacements le long de la Seine près des péniches à quai, plus au calme. Bus pour la Porte Maillot (RER-métro).
GPS : E 2.23464 N 48.86849

## RAMBOUILLET

**Huttopia Rambouillet**
Rte du Château-d'Eau - 01 30 41 07 34 - www.huttopia.com
De déb. avr. à déb. nov. - 92 empl. -
borne AireService 7 € (eau + élec.)
Tarif camping : 39,60 € (17A) - pers. suppl. 8,90 €
Services et loisirs :
En bordure d'un étang, au cœur de la forêt domaniale de Rambouillet.
GPS : E 1.84374 N 48.62634

## VERSAILLES

**Huttopia Versailles**
31 r. Berthelot - 01 39 51 23 61 - www.huttopia.com - De déb. avr. à déb. nov. - 100 empl. -
borne artisanale
Tarif camping : 50 € (16A)
Services et loisirs :
Emplacements en sous-bois, proches de la ville.
GPS : E 2.15912 N 48.79441

## Offices de tourisme

**HOUDAN**

4 pl. de la Tour - ✆ 01 30 59 53 86 - www.tourisme-pays-houdanais.fr.

**MANTES-LA-JOLIE**

1 r. Thiers - ✆ 01 34 78 86 60 - www.manteslajolie.fr.

**RAMBOUILLET**

Pl. de la Libération - ✆ 01 34 83 21 21 - www.rambouillet-tourisme.fr.

**VERSAILLES**

2 bis av. de Paris - ✆ 01 39 24 88 88 - www.versailles-tourisme.com.

RANDONNÉE À VÉLO

# Grand tour de la forêt de Rambouillet

**INFOS PRATIQUES**

Circuit : 30 km à vélo. Comptez une bonne journée. La piste débute à 3 km de Dampierre, au-dessus de Senlisse, non loin de la D202. L'itinéraire longe le vallon des Vaux-de-Cernay.

**STATIONNEMENT**

**Dampierre-en-Yvelines**

Stationnement le long de la Grande-Rue, aux abords du château.

En passant par Auffargis et St-Hubert, au-delà de la N 10, vous rejoindrez les **étangs de Hollande** : ils furent créés entre 1675 et 1685, à la demande de Vauban, pour acheminer les eaux jusqu'aux bassins de Versailles, comme le souhaitait Louis XIV. Prenez à gauche vers Rambouillet. La piste goudronnée passe près de l'étang du Coupe-Gorge, traverse la D936, et longe le château de Rambouillet. Rejoignez une route, puis traversez Poigny. La piste longe ensuite le **balcon du Haut-Planet**, et offre un spectaculaire panorama : au nord, sur la vallée de la Vesgre et le château du Planet. Après une descente, vous arrivez sur une petite route : prenez vers Montfort-l'Amaury. La D936 franchie, suivez de nouveau la piste au milieu des pins. Traversez Gambaiseuil pour atteindre Montfort. Vous pouvez retourner aux étangs de Hollande par une autre piste cyclable, sinueuse et vallonnée, en passant près des étangs de la Plaine et la Porte-Baudet, puis regagner Les Vaux-de-Cernay par le même itinéraire qu'à l'aller.

*Le château de La Roche-Guyon.*

F. Vander Meer Marica/ArTerraPictureLibrary/agefotostock

*Cerfs dans la forêt de Rambouillet.*

S. Sonnet/hemis.fr

*L'ange au sourire sculpté entre 1236 et 1245 situé au portail nord gauche. – R. Soberka/hemis.fr*

Bouteilles de champagne. – McXas/iStock

Charleville-Mézières. – Jerome PARIS/Shutterstock.com

# Champagne-Ardenne

En concoctant sa méthode révolutionnaire de fabrication du vin, le moine bénédictin Dom Pérignon avait-il conscience qu'il offrait leurs lettres de noblesse aux modestes vignobles des plaines de Champagne ? On peut penser que non, pas plus qu'il n'aurait imaginé, des siècles plus tard, trôner sur les meilleures tables du monde entier. Le célèbre Ange au sourire de la cathédrale de Reims aurait-il trempé ses lèvres dans l'écume pétillante de ce prestigieux élixir, dont George Sand disait qu'il « aidait à l'émerveillement » ? Les rois de France, sacrés dans le flamboyant édifice, l'ont en tout cas fait couler à flots.

Et puisque nous parlons d'un mythe, n'oublions pas d'évoquer les mille légendes nées dans les immenses forêts et le long des cours d'eau de cette région aux ressources naturelles insoupçonnées. Les grues cendrées, venues de Scandinavie, y marquent une pause automnale sur les rives de la plus grande étendue d'eau artificielle d'Europe, le lac du Der.

Les fortifications de toutes sortes traduisent dans l'histoire la position vulnérable de cette région frontalière, faisant un peu vite oublier les fastes des foires médiévales et les monuments de la littérature française qui y ont vu le jour, de Chrétien de Troyes à Arthur Rimbaud.

La Champagne-Ardenne, sésame vers l'Est de la France, pointe son nez en direction de la sympathique Belgique, donnant l'avant-goût d'un voyage prolongeable à l'envi.

# CHAMPAGNE-ARDENNE

Givet – D. Gali/Agency Jon Arnold Images/age fotostock

## LES ÉVÉNEMENTS À NE PAS MANQUER

- **Fête de la St-Vincent**, patron des vignerons, dans les villages viticoles autour d'Épernay (51) : en janvier. www.ot-epernay.fr.
- **Festival médiéval** à Sedan (08) : mai. www.chateau-fort-sedan.fr.
- **Fêtes Johanniques** à Reims (51) : 2000 figurants en costumes d'époque accompagnent Jeanne d'Arc et Charles VII. En juin. www.reims-fetes.com.
- **Sacres du Folklor**e : pendant quelques jours en juin, les meilleurs ensembles folkloriques du monde se produisent sur le parvis de la cathédrale de Reims (51). www.sacresdufolklore.fr.
- **L'Estival des Hallebardiers** à Langres (52) : découverte originale du patrimoine langrois à travers des visites-spectacles ; en juil.-août. cie.hallebardiers.free.fr.
- **Festival Musical'été** à St-Dizier (52) : juil. ; concerts gratuits sur les places publiques et dans le parc du Jard. www.musical-ete.fr.
- **Festival mondial des théâtres de marionnettes** à Charleville-Mézières (08) : spectacles à travers toute la ville, 10 j. en sept. (années impaires). www.festival-marionnette.com.
- **La Pressée à l'ancienne** dans le Pays d'Othe (10) : fête du cidre nouveau en sept. www.lafermedhotte.com.

# Votre séjour en Champagne-Ardenne



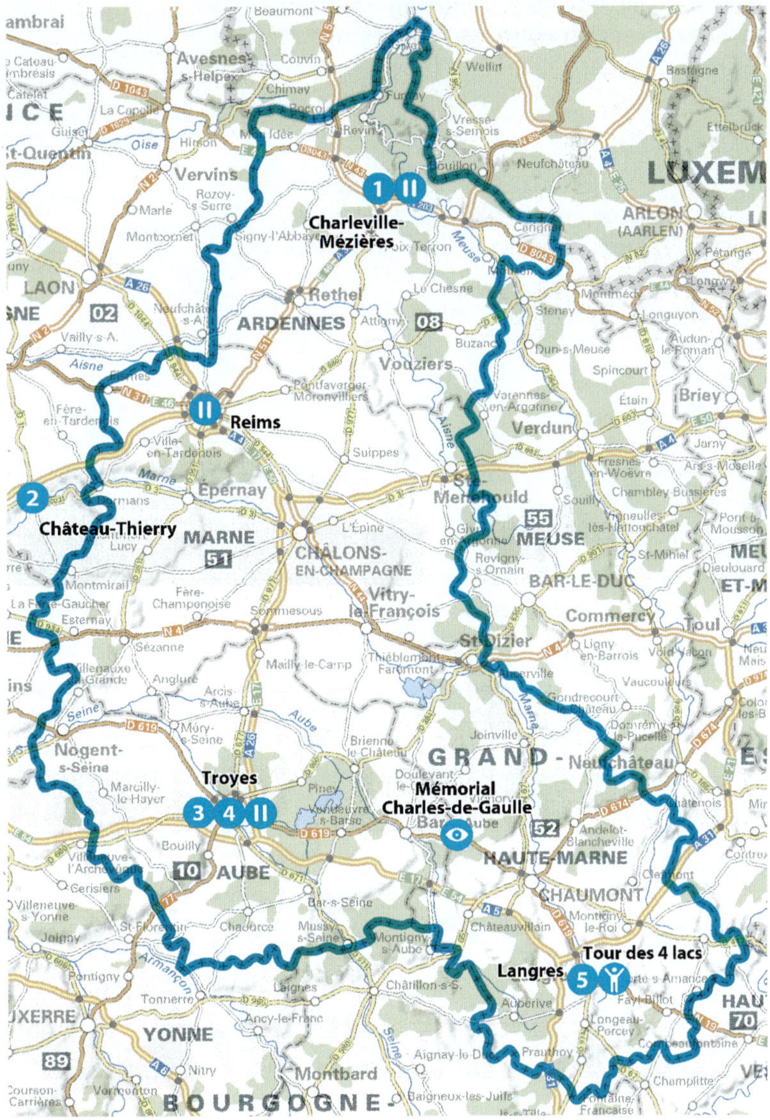


**EN COMPLÉMENT, UTILISEZ...**

- **Le Guide Vert : Champagne-Ardenne**
- **Cartes Michelin : Région 515**
- **et Départements 306 et 313**

## CHAMPAGNE-ARDENNE - CIRCUIT 1

# Fortifications en Ardenne

**Terre de passage depuis les Romains, l'Ardenne a souffert des invasions et des guerres successives, comme en témoignent ses fortifications. La Thiérache possède ainsi un patrimoine unique d'églises fortifiées, qui servaient de refuge à la population. Dans ces contrées boisées, la Meuse a creusé une vallée encaissée aux reliefs grandioses.**

**DÉPART :** CHARLEVILLE-MÉZIÈRES - 5 jours - 250 km

## JOUR 1

Ville en pleine mutation, **Charleville-Mézières** loge son centre ancien entre les boucles de la Meuse. Consacrez-lui une journée (voir l'encadré p. ci-contre).

## JOUR 2

Partez à l'assaut du château fort de **Sedan** le plus vaste d'Europe ! Promenez-vous dans la vieille ville, à l'architecture marquée par l'industrie drapière qui fit sa renommée. Après le déjeuner, découvrez au fort de **Villy-la-Ferté** (à 32 km au sud par la N43) un épisode marquant de la Seconde Guerre mondiale. Autre option avec les plus jeunes : le très ludique Pavillon d'accueil du territoire du sanglier à **Mogues** (à 30 km à l'est de Sedan par les N43 et D981). À **Mouzon**, située sur une île de la Meuse (19 km de La Ferté par les N43 et D19 ; 17 km de Mogues par les D981 et D19), terminez la journée par un tour des anciennes murailles et admirez l'église. Faites étape sur place ou aux alentours.

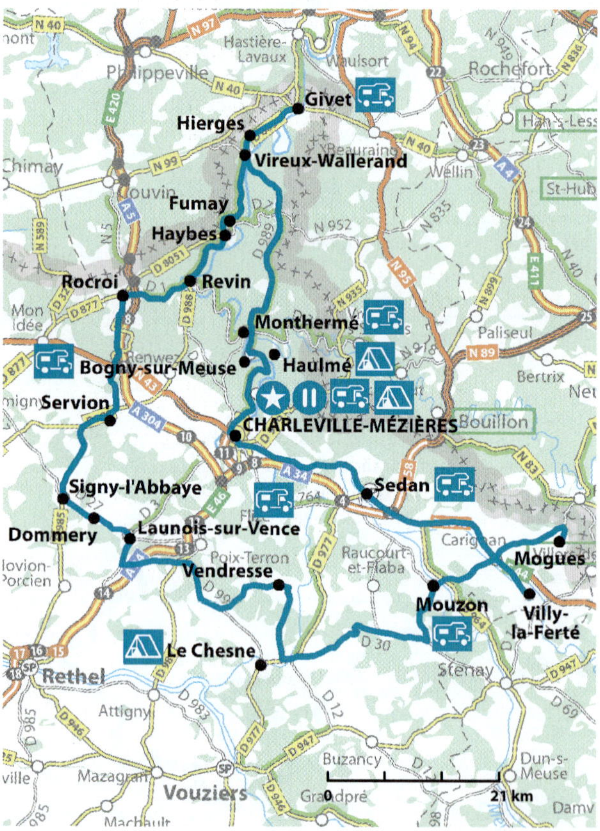


## JOUR 3

Rejoignez le berceau de la métallurgie ardennaise, à **Vendresse** (à 44 km à l'ouest de Mouzon par les D19, D30 et D12), pour assister à une coulée de fonte virtuelle dans l'ancien haut-fourneau. Prenez un en-cas sur place ou dirigez-vous vers Signy-l'Abbaye (à 33 km au nord-ouest par la D27), au cœur de la **Thiérache ardennaise**, où les bonnes tables ne manquent pas. Sur la route, admirez l'ancien relais de poste (17e s.) de **Launois-sur-Vence**, puis l'église fortifiée de **Dommery**. De **Signy-l'Abbaye**, bourg typique de la Thiérache, remontez vers le nord en direction de Rocroi (31 km par la D985) : à Rouvroy-sur-Audry, quittez l'axe principal pour voir l'église fortifiée de **Servion**. À **Rocroi**, petite ville à la Vauban perdue dans les rièzes (mares d'eau stagnante), un chemin fait le tour des fortifications en étoile. Un musée relate la bataille de 1643, remportée par le duc de Condé contre les Espagnols. Rejoignez Revin (13 km au nord-est par la D1).

## JOUR 4

Commencez par une balade dans le centre ancien de **Revin**, au pied du mont Malgré-Tout. Puis empruntez la D988 qui rejoint la N51 pour s'engouffrer, le long

Ch. Goupi/age fotostock

*Le Vieux Moulin (musée Rimbaud), à Charleville-Mézières.*

de la vallée de la Meuse, dans la **pointe de Givet**, à la frontière de la Belgique. Prenez le temps de vous arrêter dans les beaux villages dominés par l'ardoise, qui fit la renommée de la vallée : **Haybes**, **Fumay** et son musée de l'Ardoise, **Hierges**. Passez l'après-midi à **Givet** : arpentez les ruelles anciennes et le pont sur la Meuse, puis visitez le fort édifié par Charles Quint et renforcé par Vauban.

## JOUR 5

Repartez par la N51 jusqu'à Vireux-Molhain : sur les hauteurs subsistent les restes de vastes fortifications romaines. Prenez la D989 vers **Monthermé** (à 30 km au sud) : peu avant d'arriver, la roche à Sept Heures offre une vue plongeante sur la ville. À Château-Regnault (4 km au sud par la D1), un court sentier mène au monument des Quatre Fils Aymon, qui rend hommage à la plus célèbre des légendes ardennaises. En amont, à Braux, le pont sur la Meuse offre une perspective sur le **rocher des Quatre Fils Aymon** qui l'inspira. Revenez ensuite à Charleville.

ÉTAPE 11

# Charleville-Mézières

### OFFICE DE TOURISME

24 pl. Ducale - 
✆ 03 24 55 69 90 - 
www.charleville-sedantourisme.fr.

### STATIONNEMENT & SERVICES

**Parkings conseillés**
Parking de la passerelle du Mont-Olympe, gratuit.
Parking place Jacques-Félix, gratuit.

**Aire de Charleville-Mézières**
Voir p. suivante

Traversées par la Meuse qui roule des eaux paisibles le long d'une vallée souriante et densément arborée, **Charleville** et **Mézières**, aujourd'hui réunies, ont conservé leur identité et le souvenir de leur riche passé.
Charleville, tout d'abord, déploie ses rues commerçantes et ses maisons anciennes autour de l'harmonieuse **place Ducale**, de style Louis XIII et bordée d'arcades et de pavillons en brique rose. Son tracé présente de nombreuses analogies avec la place des Vosges, à Paris. Rendez-vous, à heure fixe de 10h à 21h, devant l'**horloge du Grand Marionnettiste** pour un épisode de la légende ardennaise des Quatre Fils Aymon. En bordure de la Meuse, l'**ancien moulin ducal** ressemble à une porte monumentale en pavillon, avec sa majestueuse façade à l'italienne, de style Louis XIII. Il abrite le **musée Rimbaud**, un musée littéraire qui s'est donné pour mission de nous embarquer, corps et sens, dans l'univers de ce poète-explorateur maudit.
L'aînée, Mézières, aligne fièrement ses **façades Art déco** et ses **remparts médiévaux** au cœur d'un large méandre du fleuve. Sa **basilique Notre-Dame-d'Espérance** est éclairée par de superbes vitraux d'inspiration cubiste.
Pour les gourmands, une halte dans l'une des pâtisseries de la ville s'impose ; goûtez le **carolo**, un biscuit meringué à la crème au beurre praliné.
Enfin, une belle **Voie verte** suit l'ancien chemin de halage et favorise une agréable escapade vers la cité fortifiée de Givet.

## Aires de service & de stationnement

### BOGNY-SUR-MEUSE

**Aire de Bogny-sur-Meuse**
R. de la Meuse - 03 24 54 46 73
De déb. mai à fin sept. (mise hors gel)
Borne eurorelais 2 € 2 €
26 - - 24h - 4 €/j. - gratuit hors sais.
Services :
GPS : E 4.7443 N 49.85891

### CHARLEVILLE-MÉZIÈRES

**Aire de Charleville-Mézières**
R. des Paquis, à côté du camping municipal - 03 24 33 23 60
De déb. avr. à mi oct. (mise hors gel)
Borne eurorelais : 5 € (eau + élec.)
8 - Illimité - 11,60 €/j.
Paiement :
Services :
GPS : E 4.72004 N 49.77907

### GIVET

**Aire de Givet**
R. Berthelot, devant le camping du Plan d'Eau - 03 24 42 30 20
Permanent (mise hors gel)
Borne eurorelais 3 €
24 - 48h - Gratuit
Paiement : jetons (camping)
GPS : E 4.82575 N 50.14367

### LAUNOIS-SUR-VENCE

**Aire de Launois-sur-Vence**
Promenade Jules Mary - 03 24 35 02 69
Permanent
Borne eurorelais 2 € 2 €
3 - Illimité - Gratuit
Paiement : jetons (office de tourisme, boulangerie, Brasserie Ardwen et hôtel-restaurant le Val-de-Vence)
Services :
GPS : E 4.53998 N 49.65813

### MONTHERMÉ

**Aire de Monthermé**
Au port, Quai Aristide-Briand - 03 24 35 10 12
De fin mars à déb. nov. (mise hors gel)
Borne AireService : 2,80 € (eau + élec.)
10 - Illimité - 4 €/j. - paiement à la Capitainerie
Paiement :
Services :
Sur le port.
GPS : E 4.73006 N 49.88138

### MOUZON

**Aire de Mouzon**
Avenue du Moulin-Lavigne, à la halte fluviale - 03 24 26 10 63
Permanent
Borne artisanale
6 - Illimité - 8,40 €/j. - borne compris
Services :
GPS : E 5.07693 N 49.60706

### SEDAN

**Aire Camping-Car Park de Sedan**
Bd Fabert - 01 83 64 69 21 - www.campingcarpark.com
Permanent
Borne Urbaflux : 5,50 € (eau + élec.)
20 - - Illimité - 12,76 €/j. - borne compris
Paiement :
Services :
Au bord de la Meuse.
GPS : E 4.93807 N 49.6987

## Campings

### CHARLEVILLE-MÉZIÈRES

**Municipal du Mont Olympe**
174 r. des Paquis - 03 24 33 23 60 - www.camping-mont-olympe.fr
Avr.-oct. - 121 empl. -
borne eurorelais
Tarif camping : 4,60 € 2 € 4,40 €
Services et loisirs :
Dans un méandre de la Meuse avec un accès piétonnier au centre-ville et au musée Rimbaud par une passerelle.
GPS : E 4.72091 N 49.77914

### LE CHESNE

**Le Lac de Bairon**
03 24 30 11 66
De déb. avr. à mi oct. - 170 empl. -
Tarif camping : 19 €
(10A) - pers. suppl. 4 €
Services et loisirs :
Situation agréable au bord du lac.
GPS : E 4.77529 N 49.53198

### HAULMÉ

**D'Haulmé**
Base de loisirs - 03 24 37 46 44 - www.campingdehaulme.fr
De fin mars à déb. nov. - 400 empl. -
borne artisanale
Tarif camping : 4,50 € 2,50 € 5,50 € (10A) 4 €
Services et loisirs :
Au bord de la Semoy.
GPS : E 4.79217 N 49.85667

# Les bonnes adresses de bib

## CHARLEVILLE-MÉZIÈRES

**La Table d'Arthur « R »** – 9 r. Bérégovoy - 03 24 57 05 64 - www.latabledarthur.fr - fermé lun. soir, merc. soir et dim. - formule déj. 14,50 € - 28/31 €. Au bout d'une impasse, un univers dédié au vin et au bien-manger. Après la découverte des flacons, on descend à la cave pour déguster une cuisine franche.

**Institut international de la Marionnette** – 7 pl. Winston-Churchill - 03 24 33 72 50 - www.marionnette.com - tlj sf w.-end et j. fériés 9h-13h, 14h-17h - fermé 2 sem. en août, 25 déc.-1er janv. Dans son théâtre, l'institut propose des rencontres artistiques, des chantiers spectacles où interviennent aussi de jeunes artistes.

## FUMAY

**Hostellerie de la Vallée** – 146 pl. Aristide-Briand - 10 km au nord-est de Revin - 03 24 41 15 61 - hostelleriedelavallee.com - P - fermé lun. et merc. soir - formule déj. en sem. 14,20 € - 18,90/28,90 €. Vous ne pourrez pas manquer ce restaurant du centre-ville, avec sa façade en pierre apparente et ses bacs de fleurs. À l'intérieur, que l'on opte pour la salle au décor typiquement ardennais ou celle avec vue sur la Meuse, on savourera avec le même plaisir les spécialités régionales conçues par la maîtresse des lieux.

## GIVET

**Auberge de la Tour** – 6 quai des Fours - 03 24 40 41 71 - www.aubergedelatour.fr - fermé lun. - formule déj. 21 € - 28/99 €. Le chef de cette jolie auberge tournée vers la Meuse réalise une cuisine plutôt traditionnelle mais ouverte aux influences venues d'ailleurs. Terrasse d'été.

## MOUZON

**Les Échevins** – 33 r. Charles-de-Gaulle - 03 24 26 10 90 - restaurantlesechevins.wordpress.com - fermé dim. soir, merc. et soirs des j. fériés - 39,50/49,50 €. Accueillant restaurant aménagé dans une maison à colombage du 17e s. Menus du jour aux saveurs franches, cuissons précises, service impeccable et prix abordables.

## REVIN

**Ferme du Malgré Tout** – Chemin des Balivaux - suivre la direction Hauts Buttés - 03 24 40 11 20 - aubergeferme-malgretout.com - fermé août, 2 sem. vac. de Noël et dim. soir - 25/35 € - réserv. indispensable. Dans un cadre rustique, cette ferme authentique vous accueille au cœur de la vallée ardennaise. Une belle cheminée et les meubles de l'ébénisterie des Hauts Buttés confèrent aux deux salles (anciennes étables) chaleur et convivialité. Cuisine traditionnelle et semi-gastronomique.

## SEDAN

**Au Bon Vieux Temps** – 3 pl. de la Halle - 03 24 29 03 70 - www.restaurant-aubonvieuxtemps.com - fermé dim. soir, lun. et merc. soir - 23/28 €. Au rez-de-chaussée d'une maison du 17e s., ce restaurant, orné de fresques murales figurant des vues de Sedan dans les années 1900, sert une cuisine classique soignée. À l'étage, la brasserie Marmiton propose des menus bistrot autour des produits de Champagne et des Ardennes *(formules déj. 12,30/14,50 € - 23 €)*.

# Offices de tourisme

## CHARLEVILLE-MÉZIÈRES

Voir p. 137

## PAYS SEDANAIS

15 pl. d'Armes - Sedan - 03 24 27 73 73 - www.charleville-sedan-tourisme.fr.

## VAL D'ARDENNE

Pl. du Château - Vireux-Wallerand - 03 24 42 92 42 - www.valdardennetourisme.com.

*Le méandre de la Meuse à Monthermé.*

*Ch. Goupi/age fotostock*

# Le vignoble champenois

**Depuis Reims, Épernay, Château-Thierry ou Châlons-en-Champagne, le « vin du diable » mène novices et initiés de vastes caves en musées intimes, de maisons de champagne en coteaux tapissés de vignobles : pinot noir, pinot meunier, chardonnay. On découvre les secrets de l'assemblage et on sacrifie sans se faire prier au rite de la dégustation !**

**DÉPART :** CHÂTEAU-THIERRY - 8 jours - 340 km

## JOUR 1

De **Château-Thierry**, ville natale de Jean de La Fontaine, rejoignez par la N3 puis la D4, le **château de Condé-en-Brie** (avec ses décors de Watteau, Servandoni et Oudry) puis **Dormans**. Cette étape traditionnelle des routes du Champagne abrite un mémorial des batailles de la Marne. Faites halte ici ou bien dans les proches villages du Parc naturel régional de la Montagne de Reims.

## JOURS 2 ET 3

Le village fortifié de **Châtillon-sur-Marne** offre une superbe vue sur la vallée de la Marne. Traversez le Parc naturel, en remontant vers Reims (par les D24 et D980). Consacrez le reste de la journée à la découverte de **Reims** (voir l'encadré p. ci-contre). Le lendemain, dans le quartier des caves de champagne, entrez dans la chapelle Fujita, avant de descendre dans les crayères des grandes maisons et déguster le vin « saute bouchon » chez Mumm, Ruinart, Pommery...

## JOUR 4

Pour en savoir plus sur le champagne, grimpez jusqu'au musée de la Vigne à **Verzenay** (par les N44 et D7). Promenez-vous sur les sentiers de la forêt voisine, entre les silhouettes étranges des « faux » de **Verzy**, ces hêtres au tronc noueux. À **Hautvillers** (par les D34, D9, D1, D386), fief de Dom Pérignon, levez les yeux vers les enseignes. Passez le reste de la journée à **Épernay**, où les caves des grandes maisons de champagne s'ouvrent à la visite.

## JOUR 5

Descendez la **côte des Blancs** jusqu'au Mont-Aimé (à 22 km), en quittant Épernay au sud par les D40, D10 et D9. Un Jéroboam marque l'entrée du bourg

M. Rock/Cephas/Photononstop

*Vignobles à Cramant.*

de **Cramant**, célèbre pour son cru ! Un peu plus loin, **Oger**, un des « plus beaux villages de France », possède un insolite musée des Traditions de l'amour et du champagne. Rejoignez **Châlons-en-Champagne**, au riche patrimoine religieux. Son centre ancien abrite la cathédrale St-Étienne et l'église Notre-Dame-en-Vaux classée par l'Unesco ; puis reposez-vous dans l'agréable jard, ancienne prairie de l'évêque. En saison, partez en bateau sur le Mau et le Nau.

## JOUR 6

Direction **L'Épine** (au nord-est par la N3), dont la basilique est une réplique de la cathédrale de Reims. La N3 mène au **moulin de Valmy** (à 38 km), lieu d'une célèbre victoire contre les Prussiens en 1792 ; À **Ste-Menehould**, Louis XVI en fuite fut reconnu... Faites-y étape pour sa gastronomie !

## JOUR 7

Reprenez la route vers **Clermont-en-Argonne**, puis vers la butte de Vauquois (au nord par la D998), qui conserve la marque des combats de la Première Guerre mondiale. Poursuivez sur la D998, puis la D946 qui passe par **Varennes-en-Argonne** (où Louis XVI fut arrêté) et vous mène jusqu'à **Vouziers**. Les enfants s'amuseront au parc Nocturnia consacré à la faune nocturne. Faites étape dans les environs.

## JOUR 8

Redescendez vers Châlons (par la D946 et la D977) en vous arrêtant au vaste monument aux morts des armées de Champagne, dédié aux combattants de la Première Guerre mondiale, puis au Centre d'interprétation 1914-1918 à **Suippes**. À **La Cheppe**, vous passerez à proximité du lieu-dit « camp d'Attila », où le roi des Huns se prépara à la sanglante bataille de 451. Retour à Châlons.

## ÉTAPE 11

# Reims

### OFFICE DE TOURISME

6 r. Rockefeller -
03 26 77 45 00 -
www.reims-tourisme.com.

### STATIONNEMENT & SERVICES

**Parkings conseillés**
Parking Poitevin, r. Clovis, gratuit.
Parkings P+R : Neuchâtel et des Belges, au nord de Reims, Hôpital Debré au sud de Reims, 4,10 €/j/pers.

**Aire de Reims**
Voir p. suivante.

Avant de se perdre dans les dédales des crayères champenoises, on suit les traces de l'histoire de France auprès de l'une des plus vastes et des plus belles cathédrales de France ; un joyau, veillé par les anges, à contempler en fin d'après-midi, quand le soleil effleure sa grande rosace et ses milliers de sculptures... Clovis, roi des Francs, s'y fit baptiser vers l'an 500, ce qui lui vaut de trôner en place centrale de la galerie des rois qui couronne la façade ouest : ces 56 statues (4,50 m de haut et 6 à 7 t chacune) participent à l'incroyable richesse de la statuaire de l'édifice qui compte près de 2 300 pièces. Une profusion présente aussi à l'intérieur, principalement dans le chœur, dont l'abside s'illumine aussi des derniers vitraux préservés du 13e s., avec ceux de la rosace occidentale, autre œuvre phare de Notre-Dame.
Également classé au Patrimoine mondial, le palais du Tau, ou des archevêques, fut aménagé dès le Moyen Âge pour accueillir le roi et sa suite à l'occasion du sacre ; deux phases de la cérémonie s'y déroulaient : le lever du roi et le festin qui suivait le sacre. Le bâtiment fut remanié au 15e s. dans le style gothique flamboyant, puis vers 1670 dans le style classique par Robert de Cotte. Très abîmé en 1914, il a été longuement restauré ; il abrite aujourd'hui le trésor de la cathédrale et une partie de sa statuaire originale.
Après les basilique et musée-abbaye St-Rémy, autres incontournables merveilles rémoises, la villa Demoiselle, chef-d'œuvre à la charnière de l'Art nouveau et l'Art déco signé par l'architecte Louis Sorel, offre, en plus de son splendide décor, une belle introduction à des découvertes plus païennes : le pavillon d'accueil abrite en effet une collection de 3 000 reproductions de bouteilles millésimées datées de 1874 à 2000.
De quoi honorer Reims, une ville dynamique qui pétille, comme le champagne conservé dans ses somptueuses caves !

## Aires de service & de stationnement

### AVIZE

**Aire d'Avize**
Pl. du Bourg-Joli (pl. de la Mairie) - 03 26 57 54 43
De mi mars à fin oct. (mise hors gel)
Borne artisanale : Gratuit
10 - 72h - Gratuit - dons en mairie bienvenus
Services :
GPS : E 4.00999 N 48.97175

### CHÂTEAU-THIERRY

Voir p. 106

### CHEVIGNY

**Aire de Chevigny**
12 r. du Plessis - 06 83 94 80 25 - www.champagneleclеremassard.fr
Permanent
Borne artisanale : Gratuit
5 - 24h - 6 €/j. - borne compris - gratuit si achat de 6 bouteilles de champagne
Paiement :
Services :
Réseau France Passion.
GPS : E 4.05502 N 48.913

### ÉPERNAY

**Aire d'Épernay**
R. Dom Pérignon - 03 26 53 33 00 - www.epernay.fr
Permanent (mise hors gel)
Borne Urbaflux 3 €
4 - Illimité - Gratuit
Paiement :
Services :
Devant le boulodrome.
GPS : E 3.95138 N 49.03615

### LES ISLETTES

**Aire des Islettes**
Rte de Lochères - 03 29 88 23 06
Permanent -
Borne AireService 2 €
27 - - 24h - 7 €/j. - borne compris
Paiement :
Services :
Très agréable. Pêche autorisée dans l'étang.
GPS : E 5.03682 N 49.12143

### MAREUIL-SUR-AY

**Aire de Mareuil-sur-Ay**
Pl. Charles-de-Gaulle, près du relais nautique - 03 26 56 95 20 - www.ccgvm.com
Permanent (mise hors gel - fermée 1er w.-end de sept. (fête patronale))
Borne artisanale : 5 € (eau + élec.)
8 - 72h - Gratuit
Paiement : jetons (supérette Petit Casino ou mairie)
Services :
Au bord du canal.
GPS : E 4.03473 N 49.04532

### REIMS

**Aire de Reims**
Parc Léo-Lagrange, chaussée Bocquaine - 03 26 40 52 60l
Permanent
Borne artisanale : Gratuit
9 - - 48h - Gratuit - code à l'office de tourisme ou sur place au Centre International de Séjour (8h à 22 h).
Services :
À 10mn à pied du centre-ville.
GPS : E 4.02112 N 49.24889

### VILLERS-SOUS-CHÂTILLON

**Aire de Villers-sous-Châtillon**
R. du Parc - 03 26 58 33 04
Permanent (mise hors gel)
Borne eurorelais : 6 € (eau + élec.)
10 - Illimité - Gratuit
Paiement : jetons (au restaurant)
Services :
GPS : E 3.80078 N 49.09642

## Campings

### ATTIGNY

**Municipal le Vallage**
03 24 71 23 06
De déb. avr. à mi oct. - 68 empl. -
borne eurorelais 2 € (eau + élec.)
Tarif camping : 13,44 € (60A) - pers. suppl. 3 €
Services et loisirs :
GPS : E 4.57615 N 49.48321

### BUZANCY

**La Samaritaine**
3 r. des Étangs - 03 24 30 08 88 - www.camping-lasamaritaine.fr
De mi avr. à mi sept. - 110 empl. -
borne artisanale 2 € (eau + élec.) - 14 €
Tarif camping : 21 € (10A) - pers. suppl. 3,50 €
Services et loisirs :
Immersion idyllique en pleine nature, baignade et pêche.
GPS : E 4.9402 N 49.42365

### CHÂLONS-EN-CHAMPAGNE

**Aquadis Loisirs Châlons-en-Champagne**
R de Plaisance - 03 26 68 38 00 - www.aquadis-loisirs.com
De déb. mars à déb. nov. - 133 empl.
borne artisanale
Tarif camping : 19,90 € (10A) - pers. suppl. 5,50 €
Services et loisirs :
Cadre agréable au bord d'un étang.
GPS : E 4.38309 N 48.98582

### ÉPERNAY

**Municipal**
Allée de Cumières - 03 26 55 32 14 - www.epernay.fr - De déb. mai à fin sept.
borne flot bleu 3 € (eau + élec.)
Tarif camping : 5,40 € 2,65 € 5,25 € (10A) 4,70 €
Services et loisirs :
Cadre verdoyant sous les platanes, aménagé sur la rive gauche de la Marne.
GPS : E 3.95026 N 49.05784

## Les bonnes adresses de bib

### AY

**École des vins de Champagne** – 15 r. Jeanson - Villa Bissinger - ✆ 03 26 55 78 78 - villabissinger.com - visite guidée (1h30) 1er sam. du mois 14h30, vend. 14h - 20/25 €. Dégustation commentée de 3 à 4 champagnes selon l'option choisie pour découvrir la spécificité de ces assemblages. Présentation du terroir.

### CHÂLONS-EN-CHAMPAGNE

✕ **Le Petit Pasteur** – 42 r. Pasteur - ✆ 03 26 68 24 78 - www.restaurant-lepetitpasteur.com - fermé mar. soir, merc. et dim. soir - formule déj. 18,50 € - 22,50/30 €. Aimable restaurant abritant une salle au cadre actuel complétée, à la belle saison, d'une terrasse fleurie. Recettes traditionnelles.

**Christophe Letrou** – 27 pl. de la République - ✆ 03 26 21 46 63 - tlj sf lun. 8h-19h, dim. 8h-13h. Salon de thé, pâtisserie, glacier-chocolatier, restauration rapide le midi… L'adresse idéale pour un en-cas. Ne manquez pas de goûter, outre le chocolat maison, le Châlonnais : cette douceur se marie idéalement à une coupe de champagne.

### CHÂTEAU-THIERRY

Voir p. 107

### ÉPERNAY

✕ **La Cave à Champagne** – 16 r. Gambetta - ✆ 03 26 55 50 70 - cave-champagne.fr - fermé mar. - formule déj. 19,90 € - 22,90/41,90 €. Petit caveau à la gloire des vins régionaux (exposition de bouteilles). Vraie gageure, on y fait un repas au champagne sans se ruiner. Registre culinaire traditionnel.

**Chocolat Dallet** – 26 r. du Gén.-Leclerc - ✆ 03 26 55 31 08 - www.chocolat-vincentdallet.fr - tlj sf lun. 7h30-19h45. Cette pâtisserie chocolaterie est la maison d'un amoureux du goût. Retrouvez la passion d'un métier à travers une exquise douceur : le pavé d'Épernay, préparé à base d'un croquant aux noisettes relevé de champagne.

### REIMS

✕ **La Vigneraie** – 14 r. de Thillois - ✆ 03 26 88 67 27 - www.vigneraie.com - fermé dim. soir, merc. midi et lun. - formules déj. 21/28 € - 48/75 €. Derrière une façade vigneronne, une salle coquette exposant les tableaux d'un artiste local. Une carte des vins étoffée en champagnes accompagne des plats actuels et de saison.

✕ **Brasserie Le Boulingrin** – 31 r. de Mars - ✆ 03 26 40 96 22 - www.boulingrin.fr - fermé dim. - formule déj. 25 € - 35 €. Dans cette institution rémoise depuis 1925, l'ambiance joviale et le décor de brasserie Art déco s'accordent avec une cuisine de produits frais sans chichi. Un incontournable du quartier des halles.

**Biscuits Fossier** – 20 r. Maurice Prévoteau - ✆ 03 26 40 67 67 - www.fossier.fr - 10h-19h (lun. 14h-19h) - fermé dim. et j. fériés. Fondée en 1756, la biscuiterie Fossier est une véritable institution, et la dernière maison à produire les fameux biscuits roses de Reims à la texture mi-dure, mi-friable. Autant dire qu'une visite s'impose, soit à la boutique sur le cours Langlet, soit directement à l'usine (visite guidée de 1h15 sur réserv. lun.-vend.).

## Offices de tourisme

### CHÂLONS-EN-CHAMPAGNE

3 quai des Arts - ✆ 03 26 65 17 89 - www.chalons-tourisme.com.

### CHÂTEAU-THIERRY

Voir p. 107

### ÉPERNAY

7 av. de Champagne - ✆ 03 26 53 33 00 - www.ot-epernay.fr.

### REIMS

Voir p. 141

### STE-MENEHOULD

15 pl. du Gén.-Leclerc - ✆ 03 26 60 85 83 - www.argonne.fr.

*Façade de la cathédrale de Reims.*

R. Soberka/hemis.fr

CHAMPAGNE-ARDENNE - CIRCUIT 3

# Au pays des grands lacs

**Entre Troyes et St-Dizier s'étend une région encadrée par les lacs de la Forêt d'Orient, au sud, et l'immense lac du Der, au nord : leur riche milieu naturel est propice à l'observation des oiseaux migrateurs, à l'automne et au printemps, tandis que de vastes zones sont réservées aux loisirs nautiques. Au sud du Der, les églises adoptent une architecture à pans de bois, typique de Troyes, votre ville de départ.**

**DÉPART :** TROYES - 5 jours - 240 km

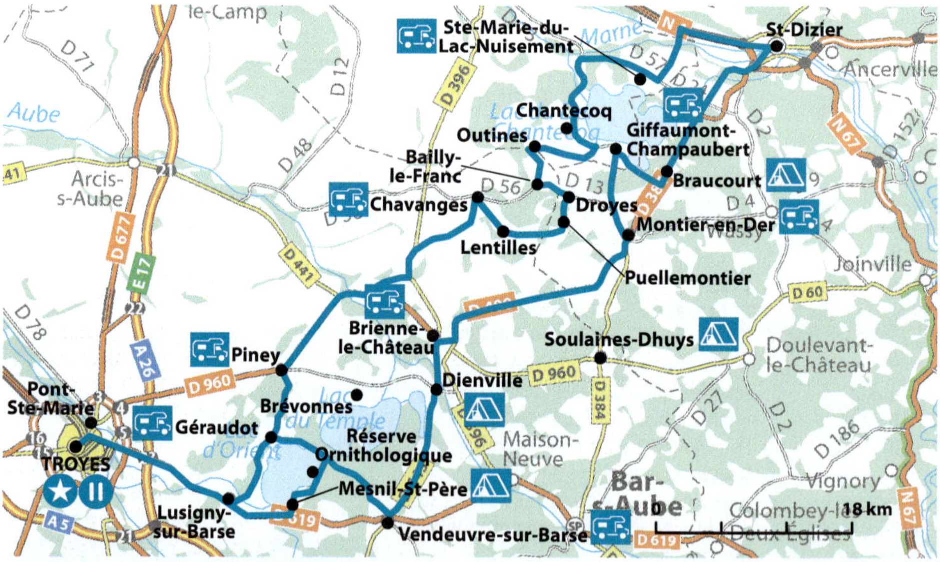


## JOURS 1 ET 2

Au départ de **Troyes** (passez au moins 1 jour dans cette belle ville - voir l'encadré p. ci-contre), la D619 vous mène au bord du **lac d'Orient**. À **Mesnil-St-Père**, qui accueille la base nautique (voile, plongée...) la plus importante du lac d'Orient, profitez de la plage ou des possibilités de balades et tentez votre chance dans la **réserve ornithologique**. Un observatoire permet de suivre les évolutions des oiseaux qui font halte sur le lac lors des migrations en octobre-novembre et en février-mars. Amateur de canoë et de pêche, allez plutôt sur le lac du Temple, juste un peu plus loin. Autre alternative : faire étape à **Dienville** au bord du lac d'Amance (sports nautiques).

## JOUR 3

À **Brienne-le-Château** (au nord de Mesnil-St-Père par les D619 et D443), où Napoléon fit ses études, visitez le musée qui lui est consacré. Puis faites un tour de ville, avant de déjeuner d'une choucroute au champagne. Prenez la route vers **Montier-en-Der** (au nord-est par la D400) qui accueille les haras nationaux, et passez la fin de la journée à la station de **Giffaumont-Champaubert** (8 km au nord par la D12) au bord du **lac du Der**, le plus grand lac artificiel d'Europe ! Plage, promenade jusqu'à la **presqu'île de Champaubert**... Une fin de journée dans la quiétude et la détente ! La presqu'île de Champaubert a ceci de remarquable qu'elle présente le dernier vestige de son village englouti par les eaux lors de la création du lac : l'église constitue de ce fait l'un des symboles du lac. À chaque vidange, les substructions de l'ancienne commune apparaissent...

H. Hughes/hemis.fr

*Sur la lac d'Orient.*

## JOUR 4

Rendez-vous à **St-Dizier** (au nord par la D55 et la D384), pour y admirer les fontes ornementales de style Art nouveau qui jalonnent les rues. Après une promenade en ville, déjeunez sur la place Aristide-Briand. Regagnez le lac : le musée du Pays du Der à **Ste-Marie-du-Lac-Nuisement** recrée un vieux village de la Champagne humide : maison du forgeron, pigeonnier, four à pain... À proximité, les plages ombragées de Nuisement et de Larzicourt sont une bonne alternative... pour faire la sieste ! Regagnez Giffaumont-Champaubert en empruntant les routes-digues près desquelles des postes d'observation des oiseaux ont été aménagés (site de Chantecoq).

## JOUR 5

Redescendez vers la Forêt d'Orient, en sillonnant la campagne pour admirer les charmantes églises à pans de bois, éclairées par les vitraux de l'école de Troyes : **Outines, Bailly-le-Franc, Droyes, Puellemontier, Lentilles**, puis **Chavanges**. Continuez vers le **lac d'Orient**, en passant par **Piney** (via Rosnay-l'Hôpital) : la côte ouest du lac offre deux plages, à **Géraudot** et **Lusigny-sur-Barse** (par la D1/D1G) et des possibilités de balades en forêt. À l'entrée de Lusigny-sur-Barse, une étrange sculpture d'acier et de bois enjambe le canal de la Morge.

## ÉTAPE 11

# Troyes

### OFFICE DE TOURISME

16 r. Aristide-Briand - ✆ 03 25 82 62 70 - www.tourisme-troyes.com.

### STATIONNEMENT

**Parkings conseillés**

Au nord du quartier de la cathédrale, parking du bd Danton, gratuit.
Au sud de Troyes, parking du parc des Expositions, près de l'hôtel de police, gratuit, accès par la r. Pierre-Brossolette. Halte nocturne possible.

Commencez votre visite par la cathédrale St-Pierre-et-St-Paul, imposant édifice construit du 13e au 17e s. Munissez-vous de jumelles pour détailler les verrières, pas moins de 1500 m² de vitraux datant du Moyen Âge (dans le chœur et le déambulatoire) et de la Renaissance (dans la nef). Jouxtant la cathédrale, le musée d'Art moderne, abrité dans l'ancien palais épiscopal, impose lui aussi la halte pour ses signatures prestigieuses. Flânez ensuite autour de la cathédrale pour dénicher les anciennes maisons : l'hôtel Champ des Oiseaux (r. Linard-Gonthier), le square des Trois-Godets et le remarquable hôtel du Petit Louvre (r. de la Montée-St-Pierre). Ne manquez pas non plus l'hôtel-Dieu, fondé au 13e s. Sa pharmacie préserve des pots de faïence anciens ainsi qu'une collection de 320 boîtes médicinales en bois peint. Une seconde journée sera consacrée au quartier St-Jean. Se perdre dans ses ruelles est un vrai bonheur et une leçon d'urbanisme médiéval : rue Champeaux, ruelle des Chats, cour du Mortier d'Or, rue de la Monnaie... Rue Émile-Zola, les maisons à pans de bois rivalisent de couleurs. N'y manquez pas au n° 111 (entrez dans la cour) l'hôtel particulier du Lion Noir. Il faudra découvrir aussi l'église St-Pantaléon pour ses statues Renaissance, l'église Ste-Madeleine pour son jubé et ses vitraux, ainsi que des musées passionnants, tels celui de la Bonneterie et d'Art troyen dans l'hôtel de Vauluisant, et surtout l'exceptionnelle Maison de l'Outil et de la Pensée ouvrière. Gérée par les compagnons du Devoir, elle présente des chefs-d'œuvre et plus de 7 000 outils destinés au travail du bois, de la pierre, du cuir, du fer... un véritable hymne au travail manuel.

## Aires de service & de stationnement

### BRIENNE-LE-CHÂTEAU

**Aire de Brienne-le-Château**
R. de la Gare, face à l'ancienne gare -
03 25 92 80 31
Permanent (mise hors gel)
Borne AireService : 3 €
(eau + élec.)
2 - 48h - Gratuit
Paiement : jetons (office de tourisme, mairie, supermarché)
Services : WC
GPS : E 4.5313 N 48.39617

### CHAVANGES

**Aire de Chavanges**
R. de la Fontaine-d'Arrigny -
03 25 92 10 24
Permanent (mise hors gel)
Borne AireService : 3 €
(eau + élec.)
3 - Illimité - Gratuit
Paiement : jetons (mairie et commerçants)
Services :
GPS : E 4.57627 N 48.50691

### GÉRAUDOT

**Aire de Géraudot**
Lac d'Orient, D 43,
au camping Les Rives du lac -
03 25 41 24 36 -
www.campinglesrivesdulac.com
Permanent
Borne eurorelais 3 €
50 - Illimité - 18,50 €/j. - stat. dans le camping
Paiement : CC - jetons (camping)
Services : WC
GPS : E 4.33645 N 48.30195

### GIFFAUMONT-CHAMPAUBERT

**Aire de Chantecoq**
Site de Chantecoq -
03 26 72 62 80
Permanent -
Borne AireService :
2,50 € (eau + élec.)
- Illimité - 4 €/j.
Paiement : CC
Très agréable.
GPS : E 4.70294 N 48.5688

**Aire de stationnement Parking P5**
Terrasses du Lac, station Nautique -
03 26 72 62 80
Permanent
Borne AireService : 2,50 €
(eau + élec.)
- Illimité - 6 €/j.
Paiement : CC
Services : WC
GPS : E 4.76904 N 48.54998

### MONTIER-EN-DER

**Aire de Montier-en-Der**
18 r. de l'Isle - 03 25 04 69 17
Permanent (mise hors gel)
Borne AireService : 3 € (eau + élec.)
10 - Illimité - Gratuit
Paiement : jetons (office de tourisme)
Services : WC
Navette gratuite pour le lac du Der.
GPS : E 4.76909 N 48.47852

### PINEY

**Aire de Piney**
Pl. des Anciens-Combattants -
03 25 46 30 37
Permanent
Borne eurorelais : 2,50 €
(eau + élec.)
- Illimité - Gratuit
Paiement : jetons (mairie, boulangerie et restaurant Le Champenois)
Services : WC
GPS : E 4.33457 N 48.35858

### STE-MARIE-DU-LAC-NUISEMENT

**Aire de Nuisement**
Port de Nuisement - 03 26 72 62 80
Permanent
Borne AireService :
2,50 € (eau + élec.)
- Illimité - Gratuit
Paiement : jetons (au club de voile, office de tourisme du Lac-du-Der, Village Musée du Der)
GPS : E 4.79078 N 48.60322

### VENDEUVRE-SUR-BARSE

Voir circuit suivant

## Campings

### BRAUCOURT

**La Presqu'île de Champaubert**
03 25 04 13 20 -
www.lescampingsduder.com
De déb. avr. à fin nov. -
borne flot bleu 2 €
(eau + élec.)
Tarif camping : 38 €
(10A) - pers. suppl. 8 €
Services et loisirs :
Situation agréable au bord du lac du Der-Chantecoq.
GPS : E 4.79206 N 48.5556

### DIENVILLE

**Le Tertre**
1 rte de Radonvilliers -
03 25 92 26 50 -
www.campingdutertre.fr
De fin mars à déb. oct. - 115 empl.
borne artisanale 5 €
(eau + élec.)
Tarif camping : 24,50 €
(6A) - pers. suppl. 5,05 €
Services et loisirs :
Face à la station nautique de la base de loisirs, terrain fonctionnel au confort sanitaire faible.
GPS : E 4.52737 N 48.34888

### MESNIL-ST-PÈRE

Voir circuit suivant

### SOULAINES-DHUYS

**La Croix Badeau**
6 r. de La-Croix-Badeau -
03 25 27 25 63 -
www.croix-badeau.com
De mi avr. à mi nov. - 39 empl. -
borne eurorelais 5 €
(eau + élec.)
Tarif camping : 22,50 €
(10A) - pers. suppl. 4,50 €
Services et loisirs :
Au calme en retrait de l'église du village, cadre champêtre et agréable.
GPS : E 4.73846 N 48.37672

# Les bonnes adresses de bib

## DIENVILLE

**Capitainerie de Port-Dienville** – ✆ 03 25 92 27 69 - www.centresportif-aube.fr - lun.-vend. 10h-12h, 13h-18h, w.-end 9h-18h. Au départ de Port-Dienville, des promenades en bateau avec ou sans permis sont possibles sur le lac Amance.

## DROYES

**La Ferme du Bocage** – 15 r. de La Haye - ✆ 03 25 04 23 28 - www.lafermedubocage.fr - tlj sf lun. 10h-18h - fermé 14 Juil. et 15 août. Boutique des produits de la ferme et du terroir : spécialités de canards, vins, miels, champagne, jus de fruits fermiers, confitures, eaux de vie...

## GIFFAUMONT-CHAMPAUBERT

**Accro'der** – Port de Giffaumont - ✆ 06 63 80 21 07 - www.accroder.com - juil.-août : 9h30-18h ; mars-juin et sept.-nov. : w.-end 9h30-18h, en sem. sur réserv. - 20 €, -16 ans 7/18 €. Parcours acrobatiques de différents niveaux pour évoluer, en toute sécurité, d'arbre en arbre.

## MESNIL-ST-PÈRE

Voir p. 151

## MONTIER-EN-DER

**Le Bonheur des Gourmands** – 20 av. d'Alsace - ✆ 03 25 04 93 21 - P - fermé lun. soir, mar. soir et sam. midi - 13/33 €. Ce restaurant porte bien son nom. La cuisine y est savoureuse, l'accueil chaleureux et le concept original : on vous apporte vos plats (très copieux) sur une grande planche comprenant également l'entrée, le fromage et le dessert !

## PONT-STE-MARIE

**Bistrot Du Pont** – 5 pl. Charles-de-Gaulle - 4 km au nord-est de Troyes par D677 puis D78 - ✆ 03 25 80 90 99 - www.bistrotdupont.com - fermé 1 sem. à Pâques, 3 sem. en août, 22 déc.-3 janv., dim. soir, lun., jeu. soir - 19/40 €. Tout à côté de la Seine, ce sympathique établissement de type bistrot propose une cuisine copieuse et soignée. Ne manquez pas la spécialité maison : l'andouillette.

## TROYES

**Au Flexi Troyen** – 9 ruelle des Chats - ✆ 03 25 46 67 12 - www.auflexitroyen.fr - à partir de 13 €. Le Flexi Troyen est installé à deux pas du centre historique, dans une jolie maison à pans de bois située dans une ruelle typique. La carte propose une cuisine créative élaborée à partir de produits frais et locaux. Une démarche résolument locavore qui met également en avant les producteurs sur le site du restaurant.

**Aux Crieurs de Vin** – 4 pl. Jean-Jaurès - ✆ 03 25 40 01 01 - www.auxcrieursdevin.fr - fermé 10 j. en janv. et 3 sem. en août, dim. et lun. - formules déj. 11,90/12,90 €. Amateurs de bonnes bouteilles, cette maison saura vous séduire. D'un côté la boutique de vins et spiritueux, de l'autre le chaleureux bistrot à l'atmosphère « rétro ». Côté cuisine, les plats du marché et les recettes du terroir raviront les connaisseurs.

**Patrick Maury** – 28 r. du Gén.-de-Gaulle - ✆ 03 25 73 06 84 - www.andouillette-maury.fr - 8h30-12h45, 14h45-19h30 - fermé dim. Face aux halles, une minuscule boutique jalousée pour ses grandes spécialités. L'andouillette de Troyes, plusieurs fois primée, y tient évidemment le haut de l'affiche. Elle doit toutefois partager la vedette avec le boudin (blanc et noir, honoré d'une médaille d'or) et autres délicieuses charcuteries maison.

**La Boucherie Moderne** – R. Chrétien-de-Troyes - halles de l'hôtel-de-ville - ✆ 09 74 56 61 08 - www. la-boucherie-moderne.com - mar.-jeu. 8h-13h, 15h30-19h, vend.-sam. 7h-19h, dim. 9h-13h - fermé 2 sem. en fév. et 3 sem. en août. On fera ici provision des véritables andouillettes de Troyes et de charcuteries artisanales.

# Offices de tourisme

## GRANDS LACS ET FORÊT D'ORIENT

Maison du Parc - Piney - ✆ 03 25 43 38 88 - www.lacs-champagne.fr.

## LAC DU DER

Station nautique - prom. de l'Île - Giffaumont-Champaubert - ✆ 03 26 72 62 80 - www.lacduder.com.

## ST-DIZIER

4 av. Belle-Forêt-sur-Marne - ✆ 03 25 05 31 84 - www.saint-dizier.fr.

## TROYES

Voir p. 145.

*Grue cendrée, au lac du Der.*

*MikeLane45/iStock*

## CHAMPAGNE-ARDENNE - CIRCUIT 4

# La côte des Bar, art et champagne

**Longtemps regardée de haut par les producteurs marnais, la côte des Bar s'est imposée et alimente aujourd'hui près du quart de la production des vins de Champagne ! Au départ de Troyes, cet itinéraire, ponctué de beaux panoramas et de haltes chez les négociants de champagne, vous mène sur les traces du général de Gaulle et vous convie à l'abbaye de Clairvaux.**

**DÉPART :** TROYES - 4/5 jours - 235 km

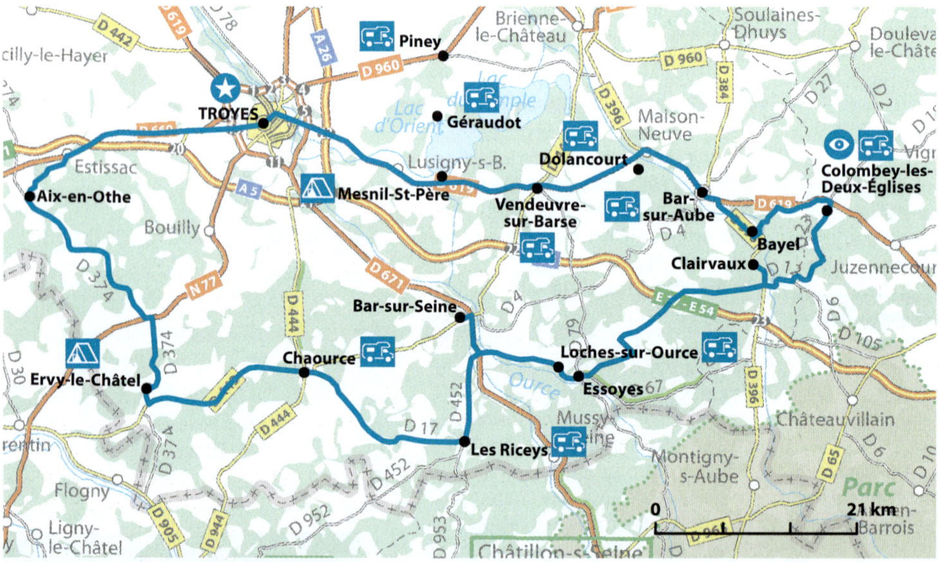


## JOURS 1 ET 2

Consacrez la journée à la découverte de **Troyes** (voir l'encadré p. 145). Si vous disposez d'une journée supplémentaire, dirigez-vous vers la zone des magasins d'usine. Qui l'ignore ? Vous êtes dans la capitale des emplettes et des bonnes affaires : plus de 150 enseignes y perpétuent la tradition des foires.

## JOUR 3

Depuis Troyes, gagnez **Aix-en-Othe,** la capitale du pays d'Othe. Vous garderez un bon souvenir de ce petit pays vallonné et verdoyant, surnommé « la petite Normandie » en raison de ses pommiers et de son fameux cidre que vous ne manquerez pas de déguster. Regagnez Chaource en passant à **Ervy-le-Châtel**, ville à peuplement en rond et ancienne place forte des comtes de Champagne. Perchée au-dessus de la vallée de l'Armance, elle conserve de vieilles demeures et quelques curiosités architecturales. À **Chaource**, faites le tour du joli petit centre et entrez dans l'église. N'oubliez pas d'acheter un fromage ! Le village **des Riceys**, composé de trois bourgs, est la seule commune de France à posséder trois appellations d'origine contrôlée : champagne, coteaux champenois et le fameux rosé des Riceys. Ne partez pas sans quelques bouteilles de ce rosé au bouquet de noisettes, qu'appréciait Louis XIV. Faites étape ici, mais avant, rejoignez **Bar-sur-Seine** qui conserve de vieilles demeures aux poutres sculptées.

## JOUR 4

Au cœur du Barséquanais, **Essoyes** fut cher à Renoir : l'Atelier rassemble quelques souvenirs du peintre dans le village. Rejoignez au nord-est, par

P. Escudero/hemis.fr

*Atelier de Renoir à Essoyes.*

la D70 et la D12, **l'abbaye de Clairvaux**. C'est à partir de cette abbaye que saint Bernard, son premier abbé, donna à l'ordre cistercien un essor considérable. Ce haut lieu de la spiritualité médiévale présente une architecture en accord avec les principes de pureté et de dépouillement de l'ordre. Bien que les aléas de l'histoire aient altéré l'abbaye, il émane toujours de cet endroit un souffle particulier. À 17 km au nord (D15 et D23) **Colombey-les-Deux-Églises** entretient le souvenir du général de Gaulle : visitez le Mémorial qui lui est consacré, ainsi que La Boisserie où il séjourna longuement (voir l'encadré p. ci-contre). Rejoignez **Bar-sur-Aube**, aux portes du pays baralbin : promenez-vous dans le centre, avec ses maisons anciennes à pans de bois, son église St-Étienne et ses bords de l'Aube. Ou bien faites un détour par **Bayel** pour visiter sa cristallerie royale. C'est l'une des plus anciennes manufactures royales françaises créées par Colbert. Cette « usine de feu » de réputation mondiale n'a jamais éteint ses fours depuis le 17e s. Vous pourrez y admirer les maîtres verriers à l'œuvre lors des visites guidées et vous pourrez sans doute repartir avec de jolies pièces achetées au magasin d'usine.

## JOUR 5

Si vous êtes en famille, passez une journée dans le parc fleuri de **Nigloland**, 4e parc d'attractions de France. Sinon, rentrez sur Troyes en passant par le lac d'Orient et **Mesnil-St-Père** où vous profiterez de la plage et des balades au cours desquelles vous observerez les oiseaux migrateurs (octobre-novembre et février-mars).

VISITE

# Mémorial Charles de Gaulle (Colombey-les-Deux-Églises)

### INFOS PRATIQUES

**Mémorial** – 03 25 30 90 80 - www.memorial-charlesdegaulle.fr - - mai-sept. : 9h30-19h ; reste de l'année : tlj sf mar. 10h-17h30 - fermé janv. - 13,50 € (-6 ans gratuit) - 16,50 € billet combiné avec La Boisserie, demeure historique du général de Gaulle.
**La Boisserie** – 1 r. du Gén.-de-Gaulle - 03 25 01 52 52 - www.charles-de-gaulle.org - - avr.-sept : 10h-12h30, 14h-18h30 ; reste de l'année : tlj sf mar. 10h-12h30, 14h-17h30 - fermé janv. - 6 € (-18 ans 4 €).

### STATIONNEMENT & SERVICES

**Aire de Colombey-les-Deux-Églises**
R. du Gén.-de-Gaulle - 03 25 01 50 79
Permanent (mise hors gel)
Borne artisanale : Gratuit
10 - Illimité - Gratuit - Services : WC
GPS : E 4.88619 N 48.22316

Inauguré en 2008 par les chefs d'État allemand et français, le **Mémorial Charles-de-Gaulle** est loin d'être un lieu austère, comme pourrait le laisser croire son nom. Au contraire ! Dans un bâtiment contemporain, on découvre la vie et l'œuvre du général autant que l'histoire du 20e s. La scénographie, remarquable, plonge le visiteur dans les grands moments de l'histoire grâce à de multiples documents (photographies, écrits, archives sonores et audiovisuelles, objets divers) soigneusement mis en scène. L'ambiance et les émotions diffèrent d'une salle à l'autre : on découvre l'enfance du jeune Charles, les tranchées de la Première Guerre mondiale, les aspects plus intimes de la vie de la famille de Gaulle, la Seconde Guerre mondiale, les hauts faits de la carrière militaire et politique du général, ses succès comme ses échecs, la vie quotidienne de la France pendant les années 1950-1970. La visite est passionnante et chacun, quel que soit son âge, y trouve son intérêt. Le parcours est d'une telle richesse que deux heures n'y suffisent pas !
Juste au-dessus du Mémorial se dresse, en hommage au général, une **croix de Lorraine** monumentale (44,30 m de hauteur). Inaugurée le 18 juin 1972, elle domine le village et la campagne alentour, dont la forêt de Clairvaux.
Pour parfaire votre hommage à Charles de Gaulle, allez visiter **La Boisserie**. C'est ici que le général de Gaulle écrivit ses *Mémoires de guerre* pendant sa « traversée du désert », entre 1946 et 1958. Ses années à l'Élysée ne l'empêchèrent pas de revenir régulièrement dans sa maison de Colombey où il s'éteignit en 1970. Propriété des descendants du général de Gaulle, La Boisserie se visite en partie.

## Aires de service & de stationnement

### BAR-SUR-AUBE

**Aire de Bar-sur-Aube**
Pl. du Jard, (près de la salle des fêtes) - 03 25 27 04 21
Borne eurorelais : 3,50 € (eau + élec.)
3 - 72h - Gratuit
Paiement : jetons (office de tourisme et commerçants)
Services :
GPS : E 4.70067 N 48.23478

### CHAOURCE

**Aire de Chaource**
R. des Roises - 03 25 40 97 22
Permanent (mise hors gel)
Borne eurorelais 2 € 2 €
20 - Illimité - Gratuit
Paiement : jetons (office de tourisme et commerçants)
Services :
GPS : E 4.13869 N 48.05949

### COLOMBEY-LES-DEUX-ÉGLISES

Voir p. précédente

### DOLANCOURT

**Aire de Nigloland**
Parc d'attractions, D619 - 03 25 27 94 52 - www.nigloland.fr
De déb. avr. à fin oct.
Borne artisanale
25 - - Illimité - 8,70 €/j. - borne compris - remboursé si dîner au restaurant de l'hôtel des Pirates
Paiement :
Services :
Aire idéale pour profiter au maximum du parc d'attractions.
GPS : E 4.60945 N 48.26086

### GÉRAUDOT

Voir circuit précédent

### LOCHES-SUR-OURCE

**Champagne Richardot**
38 r. René-Quinton - 03 25 29 71 20
Permanent (fermé pour les vendanges et fêtes de fin d'année.)
Borne artisanale : Gratuit
10 - - 48h - Gratuit
Services :
GPS : E 4.50043 N 48.06645

### PINEY

Voir circuit précédent

### LES RICEYS

**Aire des Riceys**
Parc St-Vincent - 03 25 29 30 32
Permanent (fermée pour les vendanges)
Borne eurorelais 2 € 2 €
50 - Illimité - Gratuit
Paiement : jetons (mairie et office de tourisme)
Services :
GPS : E 4.36402 N 47.99222

### VENDEUVRE-SUR-BARSE

**Aire de Vendeuvre-sur-Barse**
Pl. du 8-Mai-1945 - 03 25 41 30 20
Permanent
Borne eurorelais 3 €
3 - 48h - Gratuit
Paiement : jetons (mairie, boulangerie Peutat, café Les 3 Dés et maison de la presse)
Services :
GPS : E 4.46611 N 48.2375

## Campings

### ERVY-LE-CHÂTEL

**Municipal les Mottes**
Chemin des Mottes - 03 25 70 07 96 - www.ervy-le-chatel.reseaudescommunes.fr
De mi avr. à fin sept. -
borne Urbaflux 3 € (eau + élec.)
Tarif camping : 3,50 € 3 € 3 € (5A) 3,50 €
Services et loisirs :
En bordure d'une petite rivière et d'un bois, emplacements non délimités sur une vaste prairie.
GPS : E 3.91827 N 48.04069

### MESNIL-ST-PÈRE

**Kawan Resort Le Lac d'Orient**
17 r. du lac - 03 25 40 61 85 - www.camping-lacdorient.com
De déb. avr. à fin sept. -
200 empl. -
borne artisanale
Tarif camping : 35,40 € (10A) - pers. suppl. 8,50 €
Services et loisirs :
Terrain très confortable avec une situation exceptionnelle en bordure du lac d'Orient.
GPS : E 4.34624 N 48.26297

*Maisons à colombages à Troyes.*

CSP_clodio/Fotosearch LBRF/age fotostock

# Les bonnes adresses de bib

## BAR-SUR-AUBE

**Le Cellier** – 13 r. du Gén.-Vouillemont - 03 25 27 52 89 - fermé lun. soir, mar. soir, merc., dim. soir - 23/37 €. Cuisine traditionnelle et raffinée servie sous les voûtes d'un beau caveau. Cadre reposant et atypique.

## BAR-SUR-SEINE

**Hôtel du Commerce** – 30 r. de la République - 03 25 29 86 36 - www.hotelrestaurant-barsurseine.fr - fermé 1 sem. au printemps, vend. soir et dim. - formule déj. 13,80 € - 22,50/30 €. Cuisine traditionnelle réalisée avec de bons produits régionaux, servie dans une salle rustique avec colombage et cheminée.

## CHAOURCE

**Fromagerie de Mussy** – 30 rte de Maisons-lès-Chaource - 03 25 73 24 35 - www.fromageriedemussy.fr - lun. 9h-12h, mar.-sam. 9h-12h et 13h30-18h, dim. d'avr. à oct. 9h-12h. Cette fromagerie artisanale vous dévoile tous les secrets de fabrication de ses différents produits dont le célèbre chaource à pâte molle, mais aussi les délices de Mussy, les lys de Champagne, les soumaintrains ou encore un délicieux fromage blanc moulé. Petite boutique attenante.

**L'Auberge sans nom** – 1 r. des Fontaines - 03 25 42 46 74 - www.aubergesansnom.fr - -10h-14h, 19h-22h - formule déj. 14 € - 25/28 €, À deux pas de l'église de Chaource, cette auberge propose une cuisine contemporaine servie dans un décor cosy : salades et tartines mais aussi menu gourmet et menu du terroir.

## COLOMBEY-LES-DEUX-ÉGLISES

**La Grange du Relais** – 26 RN19 - 03 25 02 03 89 - www.lagrangedurelais.fr - 19,90/39,90 €. Cet ancien relais de poste est une bonne adresse sur le chemin du mémorial. Le cadre est rustique avec ses cheminées crépitant l'hiver, l'ambiance familiale, la terrasse ombragée agréable en été. Dans l'assiette : escargots, terrine de gibier, sacro-sainte andouillette et chaource.

## MESNIL-ST-PÈRE

**Auberge du Lac - Au Vieux Pressoir** – 5 r. du 28-Août-1944 - 03 25 41 27 16 - www.auberge-du-lac.fr - P - fermé de mi-déc. à mi-janv. - lun.-vend. 19h30-21h, w.-end 12h15-13h, 19h30-21h - formules déj. 22/30 € - 52/98 €. Cette jolie maison à colombage, typique de la Champagne humide, abrite un lumineux intérieur néorustique. Parmi les meilleurs restaurants de l'Aube, cette Table Distinguée ravira les fins gourmets avec ses produits du marché triés sur le volet et ses plats aux saveurs délicates.

## LES RICEYS

**Champagne Morize Père et Fils** – 122 R. du Gén.-de-Gaulle - 03 25 29 30 02 - sur RV : lun.-vend. 9h-12h, 14h-17h, sam. 14h-17h - fermé dim. et j. fériés. Ces caves datant du 12e s. sont aussi charmantes qu'accueillantes. Après le rituel petit tour du propriétaire, vous vous accouderez un moment au comptoir en pierre ou prendrez place autour d'une table... Impossible de ne pas trouver son bonheur parmi ces 100 000 flacons.

## TROYES

Voir p. 147

# Offices de tourisme

## BAR-SUR-AUBE

4 bd du 14-Juillet - 03 25 27 24 25 - www.tourismecotedesbar.com.

## BAR-SUR-SEINE

33 r. Gambetta - 03 25 29 94 43 - www.tourisme-cotedesbar.com.

## TROYES

Voir p. 145

*Mémorial Charles de Gaulle à Colombey-les-Deux-Églises.*

F. Guiziou/hemis.fr

## CHAMPAGNE-ARDENNE - CIRCUIT 5

# Balade au sud de la Haute-Marne

**Destination confidentielle en dépit de ses nombreux attraits, la Haute-Marne vous réserve de belles découvertes. La culture est au rendez-vous à Langres, ville d'art et d'histoire abritée derrière ses enceintes, et à Auberive, dont l'ancienne abbaye a été en partie reconvertie en centre d'art. Ce pays vallonné et boisé, où plusieurs fleuves prennent leur source, accueille également quatre lacs situés à proximité de Langres.**

**DÉPART :** LANGRES - 5 jours - 245 km

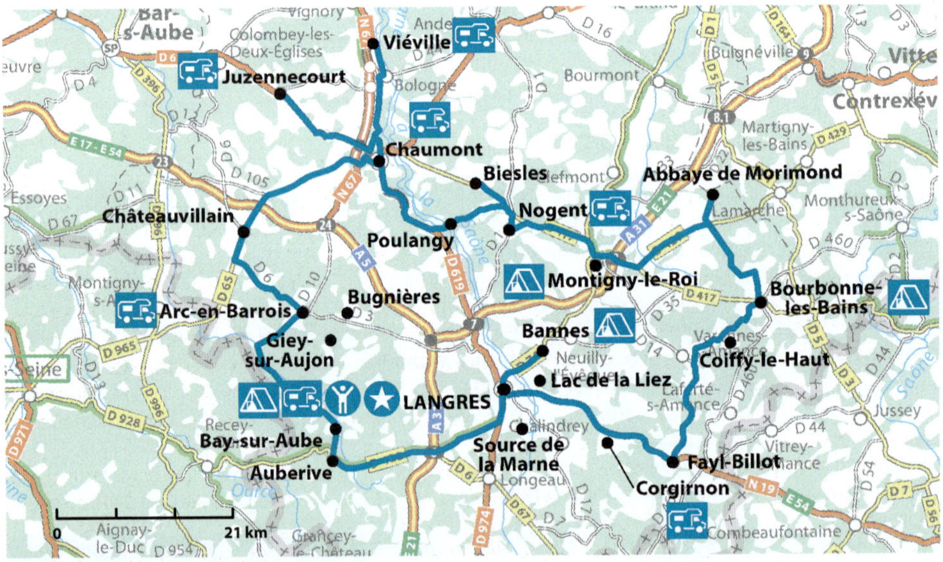


## JOUR 1

Consacrez votre première journée à la découverte de **Langres**. Les remparts enserrent une cité pleine de caractère. Sa cathédrale de style roman-bourguignon domine un enchevêtrement de ruelles médiévales percées d'étroits passages. Le matin, arpentez les fortifications et la vieille ville, jalonnées de panneaux d'interprétation. Empruntez la rue commerçante Denis-Diderot (le célèbre philosophe vit le jour ici), et déjeunez en terrasse si le temps le permet, sans oublier de goûter au fameux fromage local, le « langres ». L'après-midi, visitez la maison Renaissance et la chapelle romane St-Didier, qui abrite un musée d'Art et d'Histoire où voisinent Corot, Courbet et Bouchardon...

## JOUR 2

Si vous avez vos vélos, prévoyez une journée supplémentaire pour faire la route des 4 Lacs (voir l'encadré p. ci-contre), sinon, continuez votre périple en camping-car. Rejoignez alors le **lac de la Liez** (à 5 km à l'est par la N19), avec au programme, selon vos envies et la saison : baignade, activités nautiques ou promenade sur la digue. Déjeunez au bord du lac, puis continuez vers **Fayl-Billot** (à 20 km plus au sud par la N19), capitale de la vannerie. L'École nationale d'osiériculture et de vannerie, installée dans un très bel édifice, y maintient les traditions artisanales, depuis 1905. À la Maison du vannier, admirez les créations des artisans, que vous pourrez acquérir dans leurs boutiques en ville. À **Coiffy-le-Haut** (19 km au nord par la D14 et la D26), dégustez le fameux « coteaux de Coiffy ». Vous pouvez faire étape sur place ou à Bourbonne-les-Bains.

## JOUR 3

**Bourbonne-les-Bains** est réputée pour ses eaux thermales. Après déjeuner, prenez la D139 au nord

R. Soberka/hemis.fr

*Joinville, quai des Peceaux.*

vers l'**abbaye cistercienne de Morimond** (à 16 km). À **Nogent** (30 km à l'ouest), renommée pour sa tradition coutelière, découvrez une impressionnante collection d'objets tranchants. Certains couteliers des villages alentour ouvrent leur atelier, sur rendez-vous à l'office de tourisme, notamment à **Biesles** ou **Poulangy**, sur la route de Chaumont par la D417 (à 23 km) ou la D107 longeant la jolie vallée de la Traire. Faites étape vers Chaumont.

## JOUR 4

Le matin, arpentez le centre de **Chaumont**, avec ses fortifications offrant de beaux panoramas, sa basilique, ses ruelles bordées de maisons médiévales et de terrasses où vous ferez halte à midi. Ensuite, visitez le musée d'Art et d'Histoire, celui de la Crèche, ou bien les Silos qui abritent une collection d'affiches (Chaumont accueille en mai-juin un Festival international de l'affiche). Prenez la route vers **Châteauvillain** (21 km au sud-ouest par la D65), ancienne ville fortifiée dont les enfants apprécieront le parc aux Daims. **Arc-en-Barrois** (16 km au sud-est par les D6 et D3) constitue un lieu d'étape agréable (voir la machine à vapeur à la sortie d'Arc).

## JOUR 5

Promenez-vous dans Arc, puis reprenez la route vers **Bay-sur-Aube** (à 23 km au sud par les D159 et D20). Grimpez sur la butte de l'église de Bay pour une vue imprenable sur la vallée. Dans le village voisin d'**Auberive** où vous trouverez de quoi vous restaurer, visitez l'ancienne abbaye cistercienne récemment restaurée, ainsi que le Centre d'art contemporain qui accueille une collection d'art expressionniste. De retour vers Langres (à 27 km au nord-est), faites une halte à la **source de la Marne**.

## RANDO À VÉLO

# Tour des 4 lacs

### INFOS PRATIQUES

75 km au départ de **Langres** - 6h30 - niveau moyen.

### STATIONNEMENT & SERVICES

**Aire du Grand Langres**
5 r. Jean-Favre - ✆ 03 25 87 67 67 - Permanent
Borne Urbaflux
16 - 72h - 7 €/j. - borne compris -
Paiement :
Services :
GPS : E 5.3291 N 47.8572

**Camping La Liez**
Voir p. suivante

Autour de Langres, quatre réservoirs ont été créés à la fin du 19e s. et au début du 20e s. pour alimenter le canal de la Marne à la Saône (« entre Champagne et Bourgogne »). L'été, le niveau de ces plans d'eau peut descendre et les berges des « queues » de réservoirs se transforment alors en vasières et roselières. Celles-ci abritent une faune et une flore typiques des lacs et a permis leur classement en zone naturelle d'intérêt écologique. Situés dans un site boisé et verdoyant, ces lacs sont d'agréables lieux de détente et de promenade où l'on peut pratiquer des activités nautiques et pêcher.
Quittez Langres vers l'est pour rejoindre la Côte des 3 Rois qui mène au canal entre Champagne et Bourgogne. Franchissez-le et suivez le chemin de halage à droite jusqu'au **lac de la Liez**. C'est le plus grand des quatre (290 ha).
Suivez la rive nord du lac par la D284 et prenez la direction de Peigney. Après le village, empruntez la D74 vers Bannes. Passez devant la mairie et tournez à droite pour descendre au **lac de Charmes** (197 ha). Franchissez le pont et tournez à gauche pour rejoindre la plage. Une digue en terre retient ce lac tout en longueur, réputé pour son cadre naturel préservé et où viennent se poser nombre d'oiseaux migrateurs.
Longez le lac par la D121 jusqu'à Charmes. Suivez alors la D262 jusqu'à Humes-Jorquenay et la D286 qui mène au plus petit des quatre lacs, le **lac de la Mouche** (94 ha), dominé par St-Ciergues, au nord, et Perrancey-les-Vieux-Moulins, au sud. Ces localités sont reliées par une route qui emprunte une digue.
Continuez vers le sud, par la D286 en passant par Noidant-le-Rocheux, Flagey et **Baissey** dont le moulin à farine est alimenté par une chute d'eau. Lors de la visite, les roues à aubes et les meules se mettent en mouvement.
Par la D141, gagnez enfin le **lac de la Vingeanne** renommé pour son avifaune. Sa digue, la plus longue des quatre lacs (1254 m), est particulièrement prisée des ornithologues. On y trouve également une plage. Suivez le lac au sud, et revenez à Langres par la D974 via Cochons.

## Aires de service & de stationnement

### ARC-EN-BARROIS

**Aire d'Arc-en-Barrois**
R. Anatole-Gabeur, rte d'Aubepierre - 03 25 02 51 33
De déb. avr. à fin sept.
Borne AireService
20 - Illimité - 10 €/j.
Services :
GPS : E 5.00577 N 47.95083

### CHAUMONT

**Aire de La Maladière**
Port de La Maladière, N 74 - 03 25 31 61 09 - De déb. avr. à fin oct.
Borne artisanale : 2,60 € (eau + élec.) - s'adresser dès son arrivée à la Capitainerie
20 - 24h - 7,60 €/j. - borne compris
Services :
Au bord du canal de la Marne à la Saône.
GPS : E 5.15416 N 48.11833

### CORGIRNON

**Aire de Corgirnon**
03 25 88 96 80
Permanent (mise hors gel)
Borne
12 - 24h - 5 € - borne compris
Services :
Douches.
GPS : E 5.5051 N 47.8046

### JUZENNECOURT

**Aire de Juzennecourt**
Pl. de la Mairie - 03 25 02 03 04
De mi mars à mi nov.
Borne artisanale : gratuit
5 - Illimité - gratuit
Services :
GPS : E 4.97891 N 48.18429

### LANGRES

Voir p. précédente

### NOGENT

**Aire de Nogent**
03 25 31 70 40
Permanent (mise hors gel)
Borne - gratuit
8 - 24h - gratuit
Pas de tuyau pour la vidange.
GPS : E 5.3463 N 48.026

### VIÉVILLE

**Aire de Viéville**
Halte nautique - 06 75 89 53 64 - www.ccbbvf.com - Permanent
Borne artisanale : 6,20 € (eau + élec.)
10 - Illimité - 3,10 €/j.
Services :
Au bord du canal de la Marne à la Saône.
GPS : E 5.12977 N 48.23815

*L'entrée de l'abbaye d'Auberive.*

A. de Valroger/Michelin

## Campings

### BANNES

**Hautoreille**
6 r. du Boutonnier - 03 25 84 83 40 - www.campinghautoreille.com
Permanent - 100 empl. -
Tarif camping : 5 € 5,50 €
(10A) 4,50 €
Services et loisirs :
Havre de paix, champêtre et confortable.
GPS : E 5.39519 N 47.89508

### BOURBONNE-LES-BAINS

**Le Montmorency**
R. du Stade - 03 25 90 08 64 - www.camping-montmorency.com
De fin mars à déb. nov. - 52 empl. -
borne flot bleu 5 € (eau + élec.) - 14 €
Tarif camping : 20,50 €
(10A) - pers. suppl. 4,50 €
Services et loisirs :
GPS : E 5.74027 N 47.95742

### LANGRES

**La Liez**
R. des Voiliers - 03 25 90 27 79 - www.campingliez.com
De mi avr. à déb. oct. -
borne AireService 10 € (eau + élec.)
Tarif camping : 8,50 € 16 €
(10A) 6 €
Services et loisirs :
Cadre d'exception en surplomb du lac.
GPS : E 5.3807 N 47.87146

### MONTIGNY-LE-ROI

**Municipal du Château**
R. Hubert-Collot - 03 25 87 38 93 - www.campingduchateau.com
De mi avr. à fin sept. - 75 empl.
borne raclet 2 € (eau + élec.)
Tarif camping : 16 €
(10A) - pers. suppl. 6 €
Services et loisirs :
Parc boisé dominant la Meuse.
GPS : E 5.4965 N 48.00068

# Les bonnes adresses de bib

## ARC-EN-BARROIS

**Hôtel du Parc** – 1 pl. Moreau - 16 km au sud de Chaumont par D65 et D3 - ✆ 03 25 02 53 07 - www.relais-sud-champagne.com - fermé mars, hiver rest. fermé mar.-merc., été mar. midi - formules déj. 14/18 € - 21/35 €. Cet ancien relais de poste du 17e s. abrite une salle à manger aux couleurs ensoleillées, complétée en été par une terrasse fleurie. Cuisine classique.

## BOURBONNE-LES-BAINS

**Casino de Bourbonne-les-Bains** – 1 pl. des Bains - ✆ 03 25 90 90 90 - www.casino-bourbonnelesbains.com - 11h-2h. Lieu incontournable de la station, avec ses machines à sous, sa roulette anglaise, ses tables de boule ou de black-jack, le casino programme par ailleurs un riche éventail d'animations tout au long de l'année : dîner-spectacle ou musical, thé dansant, restauration à thème (avec gibier en saison).

## BUGNIÈRES

**Domaine des Rubis** – 14 r. de l'Éolienne - 24 km au sud de Chaumont - ✆ 03 25 31 00 95 - www.domainedesrubis.fr - 8h-20h sur RV - fermé fin déc. Le rubis de groseilles est une boisson fermentée fabriquée artisanalement. Il se boit frais, en apéritif ou à la fin d'un repas. Au fil des ans est venu s'ajouter le rubis de cassis, fruité et parfumé, qui étonne par ses arômes.

## CHAUMONT

✕ **Le St-Hubert** – 28 r. Toupot-de-Béveaux - ✆ 03 25 02 96 37 - www.restaurant-lesainthubert.fr - ♿ 📶 - fermé dim. et lun. - formule déj. 15,50 € - 25,50/35 €. Ce restaurant se cache au centre de la ville, au fond d'une petite cour servant de terrasse par beau temps. L'architecture et le décor sont relativement simples, mais la cuisine, qui joue la carte de la tradition avec une pointe d'inventivité, vaut le déplacement. Prix acceptables.

## COIFFY-LE-HAUT

**SCEA Les Coteaux de Coiffy** – 6 r. des Bourgeois - ✆ 03 25 84 80 12 - avr.-nov. : 14h30-17h30 - déc.-mars : lun.-sam. 14h30-17h30, fermé dim. Caveau de dégustation de vins de pays blancs, rouges, rosés et méthode traditionnelle issus des 15 ha de vignoble plantés autour de Coiffy-le-Haut. Certaines cuvées ont obtenu des médailles au concours général agricole de Paris.

## GIEY-SUR-AUJON

**Brasserie de Vauclair** – ✆ 03 25 01 00 40 - www.la-choue.com - mai-août : 9h-12h, 13h-16h, sam. 10h-20h, dim. 17h-20h ; reste de l'année : tlj sf w.-end 9h-12h, 13h-15h. Cet ancien prieuré abrite une brasserie artisanale créée en 2000, mais qui n'a pas attendu longtemps avant de faire parler d'elle. En effet, la spécialité maison, la bière de Choue, fait l'unanimité depuis plusieurs années, qu'elle soit blonde, blanche, rousse ou brune. À déguster avec modération...

## LANGRES

✕ **Aux Délices - Pâtisserie Henry** – 6 r. Diderot - ✆ 03 25 87 02 48 - 8h-19h - fermé dernière sem. de janv. et de sept. Pâtisserie historique installée dans le vieux Langres depuis 1937. À l'intérieur d'une belle maison (1580), fresques récentes représentant les curiosités de la ville. Quiches, pâtés en croûte et pâtisseries pour faire une petite pause en journée.

✕ **Les Voiliers** – 1 r. des Voiliers - Lac de la Liez - 4 km à l'est de Langres par N19 et D284 - ✆ 03 25 87 05 74 - 🅿 - fermé lun.-mar. - formule déj. 24 € - 39 €. Une auberge placée au bord du lac de la Liez. Salle de restaurant ornée d'une fresque ; véranda pour profiter de la vue.

# Offices de tourisme

## BOURBONNE-LES-BAINS

Pl. des Bains - ✆ 03 25 90 01 71 - www.tourisme-bourbonne.com.

## CHAUMONT

7 av. du Gén.-de-Gaulle - ✆ 03 25 03 80 80 - www.tourisme-chaumont-champagne.com.

## PAYS DE LANGRES ET DES 4 LACS

Pl. Bel-Air - Langres - ✆ 03 25 87 67 67 - www.tourisme-langres.com.

*Langres, la cathédrale St-Mammès.*

F. Guiziou/hemis.fr

*La place Stanislas à Nancy. – IvanBastien/iStock*

Mirabelles. – D. Heuclin/Biosphoto

Munster. – barmalini/iStock

# Lorraine

« **E**n passant par la Lorraine… », la chanson n'est pas anodine et pointe une région frontalière qui a subi les assauts de convoitise de part et d'autre du Rhin, depuis l'éclatement de la lointaine Lotharingie jusqu'aux derniers conflits mondiaux. L'identité du pays s'est construite sur cette histoire et en a fait sa richesse. Elle se rappelle à nous à Metz, dans les fastes mérovingiens révélés par les musées de la Cour d'Or et dans les aménagements urbanistiques de Guillaume II, ou à Nancy dans le Palais ducal et dans les ors de la place Stanislas, ancien roi de Pologne qui trôna un temps sur le duché.

Encore d'autres trésors vous attendent… Bien avant que ne rougeoient les hauts-fourneaux, la région, semble-t-il placée sous le signe du feu, a donné naissance à nombre d'ateliers de faïence et verreries grâce à l'abondance des matières premières, argiles, sables alluviaux des rivières et réserves de bois. Il en résulte une tradition verrière experte, magnifiée au début du siècle dernier par les réalisations Art déco de l'école de Nancy, perpétuée par de grandes cristalleries comme Baccarat ou St-Louis, à la renommée internationale, et l'épanouissement de faïenceries, à Longwy, Lunéville ou Sarreguemines.

Mais si c'est plutôt d'un grand bol d'air dont vous avez besoin, rendez-vous dans les hautes Vosges pour de douces randonnées sur les hautes chaumes ou entre lacs et sapins.

Pour un grand verre d'eau, minérale bien sûr, rendez-vous à Vittel et Contrexéville. Et pour un bain de jouvence, plongez dans les images d'Épinal, toujours bien vivantes ! La reconversion des anciens bassins industriels, textiles, sidérurgiques, miniers… s'ajoute aujourd'hui à ce remarquable patrimoine architectural et artistique renforcé en 2010 par l'ouverture d'un nouveau Centre Pompidou à Metz.

# LORRAINE

*Sierck-les-Bains, château des ducs de Lorraine. – B. Rieger/hemis.fr*

## LES ÉVÉNEMENTS À NE PAS MANQUER

- **Festival international du film fantastique** à Gérardmer (88) : dernière sem. de janv. festival-gerardmer.com.
- **Cavalcade** à Sarreguemines (57) : fév. www.carnavaldesarreguemines.com.
- **Fête des jonquilles** à Gérardmer (88) : mi-avr., années paires. www.fete-des-jonquilles-gerardmer-officiel.fr.
- **Les Imaginales** à Épinal (88) : mai. www.imaginales.fr.
- **Festival de sculpture Camille Claudel** à La Bresse (88) : sem. de l'Ascension. www.festival-sculpture.fr
- **Des flammes... à la lumière** à Verdun (55) : de mi-juin à fin juil. spectacleverdun.com.
- **Fête médiévale** à Rodemack (57) : juin.
- **Festival Renaissances** à Bar-le-Duc (55) : déb. juil. www.festivalrenaissances.com.
- **Théâtre du Peuple** à Bussang (88) : juil.-août.
- **Fête du Château** à Sierck-les-Bains (57) : août.
- **Fête de la mirabelle** à Metz (57) : fin août-déb. sept.
- **Fête du pâté lorrain** à Baccarat (54) : sept.
- **Festival international de l'image** à Épinal (54) : sept.
- **Festival international de géographie** à St-Dié-des-Vosges (88) : 1er w.-end. d'oct.
- **Fête de la St-Nicolas** dans toute la région : 6 déc.

# Votre séjour en Lorraine

## Circuits N°



## Étape



## Visites



## Randonnée



## Stations thermales



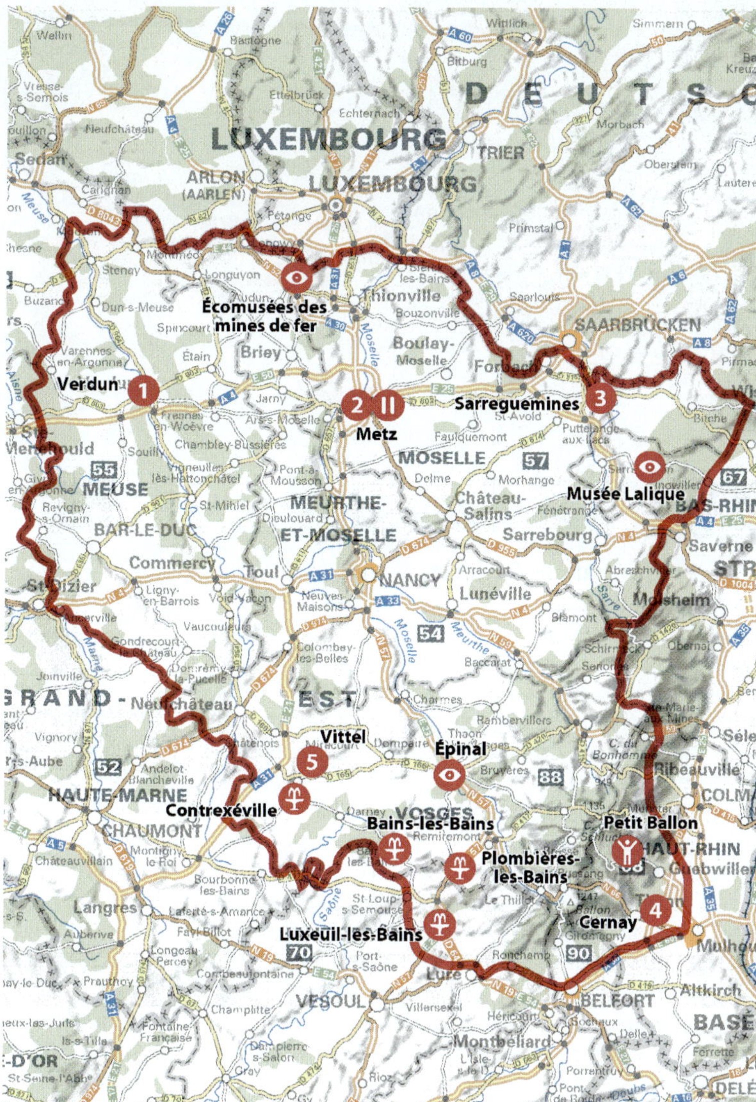


## EN COMPLÉMENT, UTILISEZ...

- **Le Guide Vert : Lorraine**
- **Cartes Michelin : Région 516 et Départements 307, 314 et 315**

LORRAINE - CIRCUIT 1

# Souvenirs de guerre

**Pas besoin d'être ancien combattant pour faire ce circuit qui vous fait découvrir, que vous soyez jeune ou adulte, un des moments les plus noirs de l'histoire de France et rappelle l'absurdité de la guerre. Des champs de bataille de Verdun aux forts et ouvrages souterrains de la ligne Maginot, grandeur et héroïsme des combattants.**

**DÉPART :** VERDUN - 3 jours - 240 km

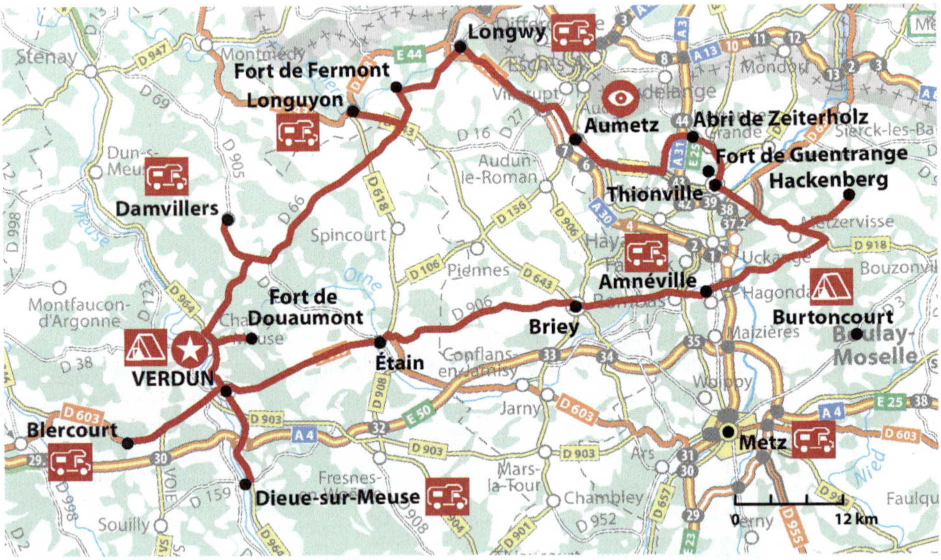


## JOUR 1

Commencez par **Verdun**, ville aux multiples combats, dont les fortifications font parfois oublier la vieille ville pacifique. Vous vous rendrez en premier lieu à la Citadelle souterraine. Elle abritait divers services et les soldats au repos. Ses 7 km de galeries étaient équipés pour subvenir aux besoins d'une armée. À bord d'un véhicule autoguidé, un circuit fait revivre la vie quotidienne des soldats lors de la bataille de 1916. En sortant de la citadelle, vous apercevrez le carrefour des Maréchaux et ses 16 grandes statues de maréchaux et généraux de l'Empire, des guerres de 1870 et bien sûr de 1914-1918. Deux autres lieux à ne pas manquer : le monument de la Victoire et le Centre mondial de la paix. Pour la pause déjeuner, sachez que Verdun est animée d'une nouvelle joie de vivre autour des bons vins du Toulois, de la mirabelle et de la dragée. L'après-midi, direction la rive droite de la Meuse. Premier arrêt au **Cimetière militaire du Faubourg-pavé** où ont été inhumés les corps des 7 soldats inconnus apportés à Verdun en même temps que celui qui repose sous l'Arc de Triomphe, à Paris. À **Fleury-devant-Douaumont**, le Mémorial de Verdun évoque les souffrances des combattants mais aussi des populations civiles. Ensuite c'est à l'**ossuaire de Douaumont** que vous rendrez hommage aux soldats des deux camps. En contrebas de l'ossuaire, le Cimetière National, contient 15 000 tombes (les croix blanches pour les vainqueurs, les noires, pour les vaincus). Le **fort de Douaumont** et la tranchée des Baïonnettes vous montrent la violence des combats durant la « der des ders ». Pour vous faire une idée de ce qu'était la **ligne Maginot**, vous irez au **fort de Fermont,** visiter son musée de Matériel militaire, avant de passer la nuit à **Longwy**.

## JOUR 2

Vous pourrez commencer la journée sur une note gaie, par une visite des musées de Longwy, pour découvrir les émaux et la faïence produits ici. Partez ensuite en direction de **Thionville** et faites étape à

lucentius/iStock

*Cimetière de Verdun.*

**Aumetz**, où l'écomusée des Mines de fer vous familiarisera avec le passé industriel de la région (voir l'encadré ci-contre). Un crochet vers le petit ouvrage de l'Immerhof, l'**abri de Zeiterholz** ou le **fort de Guentrange** complétera votre découverte de la ligne Maginot. Mais votre visite des sites militaires ne serait pas complète sans l'impressionnant **gros ouvrage de Hackenberg**. Sous 160 ha de forêts, il est le plus gros des ouvrages de la ligne Maginot. Rejoignez ensuite **Amnéville**, pour oublier un moment l'histoire et vous distraire. Cet ancien foyer industriel est aujourd'hui un important centre de loisirs et de thermalisme. Les enfants seront ravis par le zoo mais aussi par l'aquarium. Dormez sur place.

## JOUR 3

Pour la dernière matinée, vous rejoindrez **Briey**, la cité où Le Corbusier sa troisième Cité radieuse (1961) de Le Corbusier, après celles de Marseille et de Nantes. Cette « unité d'habitation » de 17 étages et 339 logements illustre bien le concept des « cités jardins verticales » développé par l'architecte suisse. Selon la disponibilité, il est possible de visiter un appartement habité à l'intérieur. Ultime étape à **Étain**, qui doit son nom aux nombreux étangs qui couvraient autrefois la région : la petite cité a été entièrement reconstruite après la Première Guerre mondiale ; remarquez les grands vitraux modernes de Grüber à l'intérieur de l'église et consacrés à la vie de saint Martin. Il ne vous reste plus qu'à revenir à Verdun.

VISITE

# Écomusées des mines de fer de Lorraine (Neufchef et Aumetz)

**INFOS PRATIQUES**

**Écomusée des mines de fer de Neufchef** – 2 r. du Musée - ✆ 03 82 85 76 55 - www.musee-minesdefer-lorraine.com - ♿ - 14h-18h - fermé lun. - 8 € (enf. 4 €). Prévoir des vêtements chauds.

**Écomusée des mines de fer d'Aumetz** – 25 r. St-Léger-de-Montbrillais - ✆ 03 82 85 76 55 - www.musee-minesdefer-lorraine.com - ♿ - mai-sept. : 14h-18h - fermé lun. et vend. - 8 € (enf. 4 €) - avec audioguide.

**STATIONNEMENT**

Les deux sites ont un parking à disposition (gratuit), pour la journée.

La Moselle doit beaucoup à son généreux sous-sol, riche notamment en minerai de fer, qui a favorisé le développement de l'industrie sidérurgique. Aujourd'hui les mines ont fermé, les hauts-fourneaux se sont tus et l'activité chimique se réduit comme une peau de chagrin. De nombreux anciens sites de production, transformés en musées, contribuent à l'épanouissement touristique du département.

**Écomusée des mines de fer de Neufchef** – Il occupe le site de Ste-Neige, « mine de coteau » dont les galeries s'ouvraient à flanc de colline. En surface, un vaste bâtiment, devant lequel est reconstitué un carreau de mine, documente les visiteurs sur la genèse dwu fer et ses conditions de gisement, ainsi que sur le métier de mineur et son environnement social. Le long d'un parcours de 1,5 km, des chantiers de diverses époques ont été réinstallés, invitant à un passionnant voyage dans le temps, riche d'enseignements sur l'évolution des techniques minières : forage au vilebrequin, apparition du wagonnet, avènement du compresseur et du marteau-piqueur, mise en œuvre de machines d'extraction...

**Écomusée des mines de fer d'Aumetz** – L'ancienne mine de Bassompierre, ouverte sur le revers de la côte de Moselle, rend bien compte du travail des mineurs. En surface de la mine, on accède au **chevalement** (35 m), tour d'acier assurant la liaison avec le fond, d'où l'on a un bon aperçu de la région minière, au quai d'embarquement des mineurs, ainsi qu'aux bâtiments d'exploitation abritant la salle des compresseurs, la forge et la grande machine d'extraction.

# Aires de service & de stationnement

## AMNÉVILLE

**Aire de la Cité des Loisirs**
R. de l'Europe, près du Snowhall, derrière l'office de tourisme - 03 87 70 10 40
Permanent (mise hors gel)
Borne artisanale : gratuit
13 - - 24h - 12 €/j. - borne compris
Paiement :
Services :
GPS : E 6.13804 N 49.24766

## BLERCOURT

**Aire de Blercourt**
16 r. de la Grande-Fontaine, dir. Verdun - 03 29 86 81 43
Permanent
Borne artisanale : 6 € (eau + élec.)
6 - 24h - 10 €/j. - borne compris
GPS : E 5.23987 N 49.11139

## DAMVILLERS

**Aire de Damvillers**
R. de l'Isle-d'Envie, à 50 m de la gendarmerie - 03 29 85 60 68
De déb. avr. à mi nov.
Borne flot bleu : 2 € (eau + élec.)
4 - Illimité - Gratuit
Services :
Au pied d'un petit château d'eau.
GPS : E 5.39752 N 49.33791

## DIEUE-SUR-MEUSE

**Aire de Dieue**
Rte des Dames, au niveau du pont - 03 29 87 58 62r
Permanent (mise hors gel) -
Borne artisanale : Gratuit
8 - Illimité - Gratuit
Services :
Au bord du canal de l'Est et du petit port de plaisance.
GPS : E 5.42689 N 49.07026

## LONGUYON

**Aire de Longuyon**
Pl. Salvador-Allende, devant l'office de tourisme - 03 82 39 21 21
Permanent
Borne Urbaflux 2 € 2 €
4 - 72h - Gratuit
Paiement :
Services :
Aire bruyante à proximité d'une aire de pique-nique en bordure de rivière.
GPS : E 5.59945 N 49.44797

## LONGWY

**Aire de Longwy-Haut**
Av. du 8-Mai-1945, près du stade municipal - 03 82 24 94 54
Permanent
Borne flot bleu : 2,50 € (eau + élec.)
7 - Illimité - Gratuit
Paiement : jetons (sur place et office de tourisme)
Services :
GPS : E 5.76587 N 49.52645

## METZ

Voir p. 165

# Campings

## BURTONCOURT

**La Croix du Bois Sacker**
La Croix du Bois Sacker - 03 87 35 74 08 - www.campingcroixsacker.com
De déb. avr. à mi oct. - 40 empl.
borne artisanale 10 € (eau + élec.)
Tarif camping : 19,90 € (6A) - pers. suppl. 5 €
Services et loisirs :
Emplacements ombragés, au calme et quelques locatifs de bon confort.
GPS : E 6.39663 N 49.22535

## VERDUN

**Les Breuils**
7 allée des Breuils - 03 29 86 15 31 - www.campinglesbreuils.fr
De mi mars à mi oct. - 162 empl.
borne flot bleu
Tarif camping : 2040 € (6A) - pers. suppl. 5,10 €
Services et loisirs :
Cadre champêtre au bord d'un étang.
GPS : E 5.36598 N 49.15428

## Les bonnes adresses de bib

### AMNÉVILLE

**La Forêt** - 1 r. de la Source - 03 87 70 34 34 - www.restaurant-laforet.com - fermé 30 juil.-12 août, 23 déc.-9 janv., dim. soir, lun.-mar. - menus sem. 28/36 € et w.-end 38/46 €. Carte traditionnelle à l'affiche de cette table familiale. À déguster dans l'ample et claire salle ou sur la terrasse, face au bois de Coulange. Belle carte de vins.

### LONGWY

**Faïencerie et Émaux de Longwy** – 3 r. des Émaux - 03 82 24 30 94 - www.emauxdelongwy.com - lun. 9h-12h, 13h30-17h30, mar.-vend. 9h-12h, 13h30-18h30, sam. 11h-18h. Cette maison prestigieuse, fondée en 1798, propose des pièces créées par des designers contemporains.

### VERDUN

**L'Esprit Bistrot** – 35 r. des Gros-Degrés - 07 71 75 73 06 - fermé mar. et dim. - à partir de 15 €. Dans une maison ancienne du centre-ville qui a conservé ses murs et voûte en pierres apparentes, on découvre une belle sélection de petits plats bistrotiers (andouillette, souris d'agneau). Accueil sympathique.

**Aux Délices** – 19 r. Mazel - 03 29 86 02 10 - www.auxdelicesverdun.fr - tlj sf lun. 7h15-19h15, dim. 7h-18h. Hormis le Lorrain et l'Ambassadeur à base de mirabelle, cette boutique propose peu de spécialités pérennes car le patron aime surprendre : le mille-feuille à la framboise en est un bel exemple. Grand choix de glaces et de sorbets, ganaches aromatisées à la liqueur et goûteuses associations de chocolat et de fruits.

**Dragées Braquier** – 50 r. du Fort-de-Vaux - 03 29 84 30 00 - dragees-braquier.fr - 9h-12h, 13h30-19h, dim. et j. fériés 9h-12h, 14h-19h. Dans ce magasin d'usine, vous trouverez les fameuses dragées de Verdun, celles-là mêmes que Gœthe avait achetées après la prise de la ville par les Prussiens en 1792 ! En prime, visite des ateliers de fabrication et du petit musée (35mn - gratuit). Vous pouvez aussi acheter les dragées dans le magasin Braquier du centre-ville (3 r. Pasteur - tlj sf dim. 10h-12h, 14h-19h, lun. 14h-19h).

*Intérieur de l'ossuaire de Douaumont.*

kruwt/iStock

## Offices de tourisme

### AMNÉVILLE

2 r de l'Europe - 03 87 70 10 40 - www.amneville.com.

### VERDUN

Pl. de la Nation - 03 29 86 14 18 - www.verdun-tourisme.com.

*Longwy, émaux des Récollets.*

M. Colin/hemis.fr

**LE TOP 5 LIGNE MAGINOT**

1. Fort de Guentrange
2. Abri du Zeiterholz
3. Gros ouvrage du Hackenberg
4. Gros ouvrage du Galgenberg
5. Petit ouvrage de l'Immerhof

LORRAINE - CIRCUIT 2

# Entre Meuse et Moselle

**Vous passez d'une époque à l'autre au gré des rivières. Metz est romaine, médiévale et classique. Nancy est la capitale des ducs de Lorraine et celle de l'Art nouveau. Bar-le-Duc est le point de départ de la « voie sacrée » menant à Verdun, et St-Mihiel, un lieu de pèlerinage sur les zones de combats de la Première Guerre mondiale. Côté bouche, vous passez d'un goût à l'autre : bergamote et macaron à Nancy, madeleine à Commercy et confiture de groseilles à Bar.**

**DÉPART :** METZ - 6 jours – 260 km

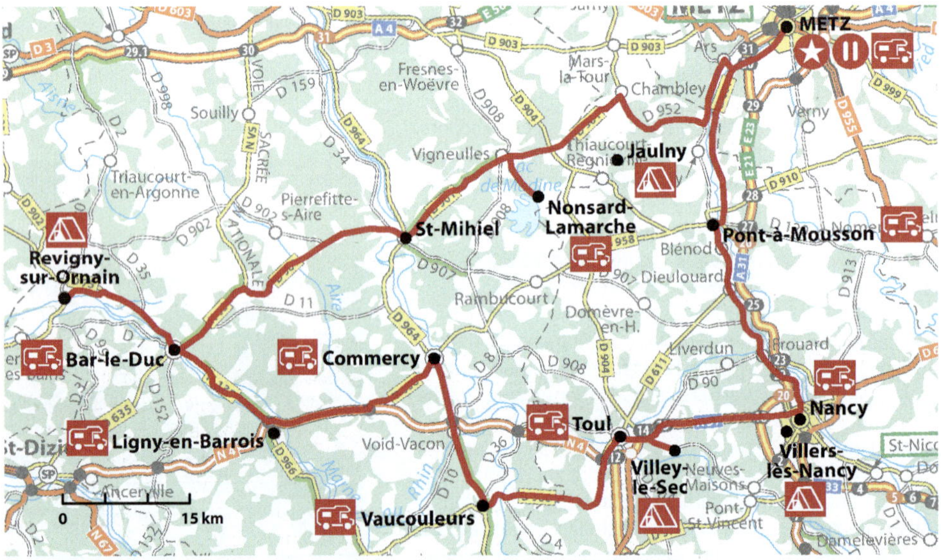


## JOUR 1

Le premier jour sera consacré à **Metz**, à la fois guerrière, culturelle et religieuse. Un beau programme vous attend (voir l'encadré p. ci-contre).

## JOUR 2

Faites plaisir à vos enfants en les emmenant au parc Waligator-Parc : montagnes russes, manèges d'eau et spectacles au programme. Vous pouvez aussi flâner dans les rues animées le matin et visiter les musées de la Cour d'Or (archéologie, architecture et Beaux-arts) l'après-midi. Puis rejoignez **Pont-à-Mousson** et son abbaye des Prémontrés (18e s.).

## JOURS 3 ET 4

Arrivé à **Nancy**, vous êtes dans l'ancienne capitale des ducs de Lorraine. Riche en monuments, c'est aussi un centre intellectuel et artistique dans lequel on passe difficilement moins d'une journée. Faites d'abord connaissance avec le bon roi Stanislas en déambulant dans les rues du centre-ville, depuis l'incontournable place qui lui est dédiée... C'est un plaisir tant les bâtiments reflètent l'équilibre et l'harmonie, urbanisme du 18e s. oblige. Promenez-vous dans le parc de la Pépinière puis goûtez aux charmes de la vieille ville, autour de la basilique St-Epvre. Vous pourrez terminer l'après-midi par la visite du musée des Beaux-Arts. En juillet et en août, profitez des terrasses qui fleurissent un peu partout dans la ville, avec groupes musicaux en prime, le soir. Vous préférez la musique classique ? Pas de problème, des concerts gratuits sont organisés régulièrement à la cathédrale ou à l'église des Cordeliers. Mais vous pouvez aussi préférer passer une soirée à l'Opéra. Culture et balade : c'est bien beau, mais cela ne doit pas vous empêcher de profiter des plaisirs terrestres... Bergamotes et macarons vous attendent dans un des très beaux cafés des années 1900. Le lendemain, vous pourrez, selon vos goûts, découvrir le superbe patrimoine

toneteam/iStock

*Metz, le Temple Neuf au bord de la Moselle.*

Art nouveau du début du 20e s. à travers les rues, et tout spécialement au musée de l'École de Nancy. Vous pouvez aussi profiter des alentours de la ville : vous avez le choix entre le jardin botanique Jean-Marie-Pelt ou le parc de loisirs de la forêt de Haye.

## JOUR 5

L'histoire se poursuit à **Toul**. Au cœur du vignoble où prend naissance le gris de Toul, seul vin AOC de Lorraine, la ville est ceinte d'une forteresse Vauban, toujours intacte, qui protège la cathédrale St-Étienne : à voir absolument ! à **Vaucouleurs**, vous visiterez la maison de Jeanne la Pucelle. C'est de ce village fortifié qu'elle partit pour combattre les Anglais. Ensuite, petite étape gourmande pour une madeleine de **Commercy** avant la visite du château Stanislas. Rendez-vous à Bar-le-Duc pour y dormir.

## JOUR 6

La ville Renaissance de **Bar-le-Duc**, son église du 17e s. abritant le *Transi* de Ligier Richier, son musée, méritent une matinée. Après le déjeuner, allez acheter de la confiture de groseilles, spécialité de la ville. Vous suivrez à nouveau les traces de Ligier Richier jusqu'à sa ville natale de **St-Mihiel**. Traversez ensuite le **Parc naturel régional de Lorraine**, où vous pourrez vous dégourdir les jambes avant de revenir à Metz.

ÉTAPE 11

# Metz

### OFFICE DE TOURISME

2 pl. d'Armes -
03 87 39 00 00 -
www.tourisme-metz.com.

### STATIONNEMENT & SERVICES

**Parking conseillé**
11 pl. de France, à quelques pas seulement du centre historique (gratuit).

**Aire de Metz**
Allée de Metz-Plage, devant le camping municipal, accès par la r. du Pont-des-Morts - 03 87 55 56 16
Permanent (mise hors gel)
Borne artisanale : Gratuit
8 P - 72h - Gratuit
Services :
Idéal pour la visite de la ville.
GPS : E 6.16909 N 49.12384

Autant que Paris, Metz mérite le titre de « Ville Lumière ». À elles seules, les splendides verrières de la **cathédrale St-Étienne** justifieraient cette appellation. Œuvres de maîtres verriers illustres (comme Chagall) ou anonymes, entre le 13e et le 20e s., elles forment un ensemble somptueux qui a valu à l'édifice le surnom de « lanterne de Dieu ». Mais c'est l'ensemble de son patrimoine architectural que la ville a su mettre en valeur, grâce à de multiples éclairages nocturnes. Romaine, médiévale, classique, allemande, Metz est riche de ses 3000 ans d'histoire. Prenez le temps de vous promener dans les ruelles du centre historique. La **ville ancienne**, autour de la **place d'Armes** où se dresse l'hôtel de ville à la sobre façade Louis XV, laisse voir ici une maison de style gothique, là une ornementation d'époque Renaissance, quelques maisons à contreforts et arcades des 14e, 15e et 16e s... Dirigez-vous ensuite vers l'**esplanade** où se dressent le **palais de justice**, la **citadelle** et l'**Arsenal**, centre ultramoderne créé par Ricardo Bofill et dédié à la musique et aux arts. Puis faites le tour du **Quartier impérial**, transformé après 1870 sur ordre de Guillaume II. L'atmosphère générale y est homogène et, curieusement, la rupture n'est pas trop franche avec les vieux quartiers. Vos pas vous mèneront naturellement vers le **Centre Pompidou**, nouveau symbole de cette ville généreuse. Son architecture étonnante subjugue le visiteur : une voile étrange, accrochée à un mât haut de 77 m, une raie géante qui lévite au-dessus de l'asphalte, la jupe de Marilyn qui se soulève, pleine de promesses... ? Et que dire de l'intérieur qui abrite le meilleur de l'art moderne et contemporain au gré des nombreuses expositions temporaires ! En fin de journée, flânez sur les quais, allez boire un verre place **St-Jacques** et profitez des illuminations de la ville.

## Aires de service & de stationnement

### BAR-LE-DUC

**Aire de Bar-le-Duc**
R. du Débarcadère - 03 29 79 11 13
Permanent (mise hors gel)
Borne eurorelais 2 € 2 €
6 - Illimité - Gratuit
Paiement : jetons (office de tourisme ; halte fluviale et camping en été)
Services :
Le long du canal de la Marne au Rhin, à la halte fluviale.
GPS : E 5.16654 N 48.77536

### COMMERCY

**Aire de Commercy**
R. du Dr-Boyer - 03 29 91 21 88 - cc-cvv.fr - Permanent
Borne flot bleu : 3 € (eau + élec.)
4 - 72h - Gratuit
Paiement : - jetons
Services :
GPS : E 5.5957 N 48.7639

### LIGNY-EN-BARROIS

**Aire de Ligny-en-Barrois**
R. Jean-Willemart, port fluvial du canal de la Marne au Rhin - 03 29 78 06 15
Permanent
Borne AireService : 2 € (eau + élec.)
8 - Illimité - Gratuit
Services :
GPS : E 5.31972 N 48.68777

### METZ

Voir p. précédente

### NANCY

**Parking du port de plaisance**
Quai St-Georges, port de plaisance - 03 83 37 63 70
Permanent (fermé Noël et Nouvel An)
Borne AireService : Gratuit
15 - - 48h - 16 €/j. - borne compris
Paiement :
Services :
Emplacements sécurisés, 10mn à pied de la place Stanislas.
GPS : E 6.19346 N 48.6921

### NONSARD-LAMARCHE

**Aire de Nonsard-Lamarche**
R. du Bois-Gérard, près du lac de Madine, à droite du camping de Nonsard - 03 29 89 32 50
Permanent
Borne flot bleu : 3 € (eau + élec.)
127 - - Illimité - 13 €/j.
Paiement : - jetons
Services :
Accueil à la maison des Promenades.
GPS : E 5.75821 N 48.92825

### PONT-À-MOUSSON

**Aire du Port de plaisance**
Allée de l'Espace St-Martin - 03 83 83 53 52
Permanent -
Borne AireService : Gratuit
- - 24h - 11 €/j.
Paiement :
Services :
Face au port de plaisance sur la Moselle. Plat, bitume, petit ombrage.
GPS : E 6.06073 N 48.90295

### TOUL

**Aire de Toul**
Av. Col.-Péchot - 03 83 63 76 33
Permanent
Borne artisanale
11 - 72h - 7 €/j. - borne compris
Services :
Près du port de plaisance.
GPS : E 5.88831 N 48.67921

### VAUCOULEURS

**Aire de Vaucouleurs**
Pl. du Moulin - 03 29 89 51 82
Permanent
Borne Urbaflux : 2 € (eau + élec.)
3 - 24h - Gratuit - 24 h gratuit puis 5€/jour
Paiement : jetons (office de tourisme et mairie)
Services :
GPS : E 5.66722 N 48.60166

## Campings

### JAULNY

**La Pelouse**
Chemin de Fey - 06 08 34 54 95 - www.campingdelapelouse.com
De déb. avr. à fin sept. - 100 empl. -
borne flot bleu
Tarif camping : 22,90 €
(6A) - pers. suppl. 3,50 €
Services et loisirs :
Sur une petite colline boisée dominant la rivière.
GPS : E 5.88658 N 48.9705

### REVIGNY-SUR-ORNAIN

**Municipal du Moulin des Gravières**
1 r. du Stade - 03 29 78 73 34 - www.revigny-sur-ornain.fr
De déb. avr. à fin sept. - 27 empl.
borne eurorelais
Tarif camping 2020 : 7,40 €
3 €
Services et loisirs :
Cadre enchanteur traversé par le canal Oudot.
GPS : E 4.98373 N 48.82669

### VILLERS-LÈS-NANCY

**Campéole Le Brabois**
Av. Paul-Muller - 03 83 27 18 28 - www.campeole.com
De fin mars à déb. oct. - 190 empl.
borne AireService
Tarif camping : 21,30 €
(10A) - pers. suppl. 6,40 €
Services et loisirs :
Calme et cadre boisé aux portes du jardin botanique.
GPS : E 6.13982 N 48.65732

### VILLEY-LE-SEC

**Camping de Villey-le-Sec**
34 r. de la Gare - 03 83 63 64 28 - www.campingvilleylesec.com
De déb. avr. à fin sept. - 83 empl. -
borne artisanale
Tarif camping : 25 €
(10A) - pers. suppl. 4,70 €
Services et loisirs :
Cadre naturel d'exception au bord de la Moselle.
GPS : E 5.98559 N 48.6526

## Les bonnes adresses de bib

### BAR-LE-DUC

**Bistro St-Jean** – 132 bd de La Rochelle - 03 29 45 40 40 - bistrostjean.fr - fermé jeu. soir, sam. midi, dim. soir et lun. - 33/39 €. Une ancienne épicerie pleine de saveur, devenue bistrot contemporain et coloré, pile dans la tendance. Son chef signe une cuisine fine et bien ficelée, qui respecte joliment les produits.

**Éts Dutriez « À la Lorraine »** – 35 r. de l'Étoile - 03 29 79 06 81 - www.groseille.com - tlj sf dim. 9h30-12h, 14h-18h30, sam. 10h-12h, 14h-17h. Fondée en 1879, la maison Dutriez est aujourd'hui le dernier établissement à produire la confiture de groseilles épépinées à la plume d'oie. Sur rendez-vous, vous pourrez aussi voir une vidéo sur l'histoire de cette spécialité unique au monde, assister à une démonstration d'épépinage et déguster les différents produits.

### COMMERCY

**La Boîte à Madeleines** – ZAS La Louvière - 03 29 91 40 86 - www.madeleines-zins.fr - 8h-12h, 14h-19h, dim. 9h-12h, 14h-19h - visite mar.-sam. 9h30-11h30, 14h30-17h30, dim. 14h30-17h30 - fermé 3 sem. en janv. Dès l'entrée, de délicieuses odeurs titillent les narines. Devant vous, derrière la vitre, la salle de fabrication où s'élaborent les succulents gâteaux dorés à point que vous dégusterez ensuite accompagnés d'un café.

### METZ

**Le Bistrot des Sommeliers** – 10 r. Pasteur - 03 87 63 40 20 - midi et soir - fermé sam.-dim. - formule déj. en sem. 16 €. La façade de ce bistrot proche de la gare célèbre la dive bouteille. Belle sélection de vins au verre et suggestions du marché à l'ardoise.

**La Migaine** – 1-3 pl. St-Louis - 03 87 75 56 67 - ♿ - 9h30-18h - fermé dim. et lun - 10/20 €. Ce salon de thé situé sur une jolie petite place à arcades sert du matin à la fin de l'après-midi... Au menu : copieux petits-déjeuners et jus de fruits frais, tartes salées accompagnées de légumes et salade verte, pâtisseries et thés. Changement de carte tous les mois. Terrasse en été.

**Marché couvert** – Pl. Jean-Paul-II - tlj sf dim. et lun. 7h-18h. Produits d'excellente qualité, du rayon boucherie-charcuterie, au poisson, en passant par les fromages. Vous y trouverez aussi des spécialités italiennes, un boulanger-pâtissier, une épicerie fine et un bar à soupes.

### NANCY

**Maison des Sœurs Macarons** – 21 r. Gambetta - 03 83 32 24 25 - www.macaron-de-nancy.com - tlj sf dim. et j. fériés 9h30-12h30, 14h-19h, sam. 9h-19h, lun. 14h-19h. Le secret de l'élaboration des célèbres macarons des sœurs (petits gâteaux ronds à base d'amandes, finement craquelés et très moelleux) se transmet ici depuis le 18e s. Également d'autres spécialités lorraines, à base de bergamote ou de mirabelle.

### PONT-À-MOUSSON

**Pierre Bonaventure** – 18 pl. Duroc - 03 83 81 23 54 - www.pierrebonaventure.fr - 17/27 €. Un restaurant qui met la viande à l'honneur. Pierre Bonaventure a rapporté du Portugal la cuisson au four à pain qui donne aux pièces de bœuf soigneusement sélectionnées une saveur unique.

### TOUL

**Le Commerce** – 10 r. de la République - 03 83 43 00 41 - restaurant-lecommerce.fr - fermé dim.-lun. soir - formule déj. en sem. 23 € - plats 12/20 €. Cette brasserie née en 1895 a su conserver son esprit Belle Époque : superbes faïences murales, tables au coude à coude, et... cuisine traditionnelle, dont les incontournables tête de veau et langue sauce ravigote.

## Offices de tourisme

### METZ

Voir p. 165

### NANCY

Pl. Stanislas - 03 83 35 22 41 - www.nancy-tourisme.fr.

*Vitrail* La Lecture *par Henri Berge, musée de l'École de Nancy.*

Ch. Goupi/age fotostock

LORRAINE - CIRCUIT 3

# En passant par la Lorraine...

**Inutile de prendre vos sabots pour ce circuit qui vous fait découvrir une région souvent délaissée au profit de sa voisine alsacienne. Bien plus préservée que ne pourrait le laisser craindre son passé industriel, la Lorraine présente des paysages amples et verdoyants. Côtes, collines, plateaux et plaines se succèdent jusqu'aux confins de la Champagne, tandis que la forêt partout présente se mêle aux champs, aux prairies humides et aux étangs.**

**DÉPART :** SARREGUEMINES - 5 jours – 300 km

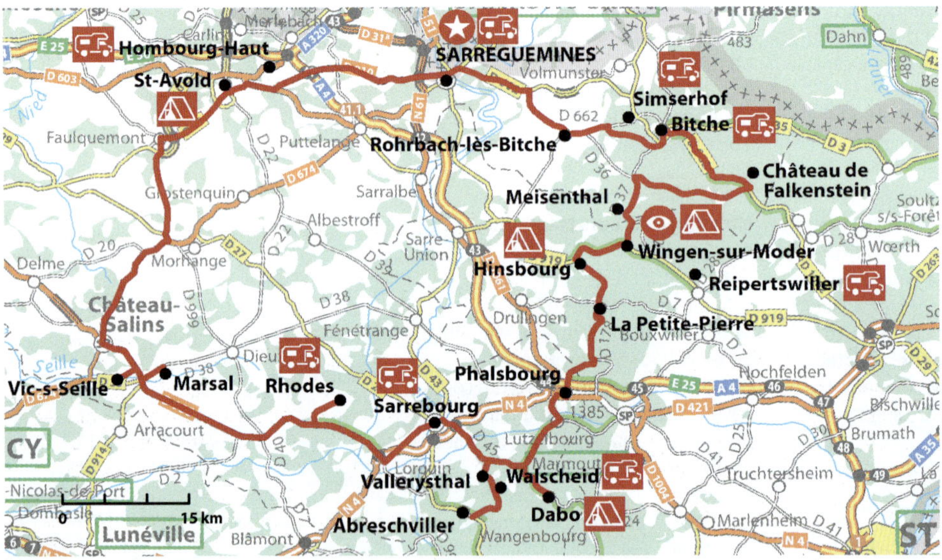


## JOUR 1

Histoire et tradition pour commencer la visite de la Lorraine, car **Sarreguemines** a su entretenir son savoir-faire faïencier (musée des Faïences) et mettre en valeur son passé gallo-romain, au parc archéologique de Bliesbruck. La Lorraine, c'est aussi de petits villages blottis au milieu des collines boisées comme **Hombourg-Haut**. Du haut de son éperon rocheux, Hombourg possède quelques vestiges de remparts et une vieille porte. C'est peu, mais le tout est vraiment joli. Marque du passé à **St-Avold** où l'ancienne église abbatiale côtoie le château-mairie de Henriette de Lorraine et le cimetière américain.

## JOUR 2

La journée commence par une visite du musée Georges de La Tour à **Vic-sur-Seille**, ville natale du peintre. Vous pourrez y voir une œuvre exceptionnelle de ce maître du clair-obscur : *Saint Jean Baptiste dans le désert*. À **Marsal**, ville du sel, fortifiée par Vauban, on perce tous les secrets de cette substance précieuse recueillie dans les terrains salifères de la vallée de la Seille depuis l'Antiquité. Vous êtes au cœur de la partie orientale du Parc naturel régional de Lorraine, l'occasion de satisfaire les enfants avec une visite du parc animalier Ste-Croix. Passez ensuite la nuit à **Sarrebourg**.

## JOUR 3

Chagall réalisa à Sarrebourg un immense vitrail consacré à la paix. Le peintre est également à l'honneur au musée du Pays de Sarrebourg. Peut-être moins connue que sa cousine Baccarat, la **cristallerie de Vallerysthal** vous permet d'admirer des trésors d'artisanat industriel. Pour prendre l'air, un petit train au départ d'**Abreschviller** vous conduit à Grand-Soldat, à moins que vous ne préfériez les fortifications de **Phalsbourg**.

R. Mattes/mauritius images/age fotostock

*Musée Lalique à Wingen-sur-Moder*

## JOUR 4

La ville de **La Petite-Pierre**, fortifiée par Vauban, est le siège de la Maison du Parc naturel régional des Vosges du Nord. C'est l'occasion d'emprunter un des nombreux sentiers balisés. Et si le travail du verre vous passionne, n'hésitez pas à passer par la Maison du verre et du cristal, au Centre international verrier de **Meisenthal** et plus encore au musée Lalique de **Wingen-sur-Moder** (voir l'encadré ci-contre). Une escapade est alors possible parmi les châteaux de grès des Vosges du Nord. Le **château de Falkenstein** n'est pas loin. Avant de rejoindre Bitche pour y faire étape, profitez du soleil couchant depuis le haut de la tour du Grand Wintersberg, point culminant des Vosges du Nord.

## JOUR 5

Caractéristique de l'architecture militaire du 18$^{e}$ s., la citadelle de **Bitche**, signée Vauban, était réputée imprenable. Perdez-vous dans le dédale des galeries (cuisine, hôpital, corps de garde principal, dortoir des officiers) et des casemates, et revivez le siège de 1870, grâce à des projections audiovisuelles et à des effets olfactifs. Tous aux abris ! à 4 km à l'ouest de Bitche, se trouve le **gros ouvrage de Simserhof** édifié après la guerre de 1914. Encore des fortifications de la dernière guerre, en passant à **Rohrbach-lès-Bitche** avant de repartir sur Sarreguemines.

VISITE

## Musée Lalique (Wingen-sur-Moder)

**INFOS PRATIQUES**

R. du Hochberg - 03 88 89 08 14 - www.musee-lalique.com - - avr.-sept. : 9h30-18h30 ; reste de l'année : tlj sf lun. 10h-18h - fermé janv. (hors vac. scol.), 25 déc. - 6 € (6-18 ans 3 €) - gratuit 1$^{er}$ w.-end de fév. et 1$^{er}$ w.-end de juil. ; 14 € billet famille (1-2 adultes + enf.), 2,50 € visioguide.

**STATIONNEMENT & SERVICES**

**Municipal**

R. de Zittersheim - 03 88 89 71 27 - www.wingensurmoder.fr - De déb. mai à fin sept. - 35 empl.

Tarif camping : 14 €

Cadre nature ombragé de bouleaux, à 2 km du musée Lalique. Paiement tôt le matin.
GPS : E 7.37077 N 48.91751

Installé à quelques kilomètres de la manufacture Lalique, ce musée présente le travail de l'un des plus célèbres ambassadeurs du luxe et de l'élégance *made in France*. L'exposition a pris place dans une ancienne verrerie doublée d'un bel édifice moderne tout en baies vitrées et granite noir signé J.-M. Wilmotte. Dès le hall d'entrée, un énorme lustre (1951) « explosif » composé de 339 pièces et pesant 1,7 tonne hypnotise. Passé la boutique et l'espace dédié aux expositions temporaires, commence la visite proprement dite. Quelque 650 œuvres fort bien scénarisées (espace, lumières, interactivité) racontent chronologiquement la carrière de René Lalique. Après les dessins et esquisses de bijoux, un espace est consacré aux flacons de parfum et aux nouvelles techniques qu'il invente, celles qui l'amènent à passer au verre industriel. Le poète du verre surfe sur la vague Art déco et diversifie sa production en dessinant aussi bien des verrières d'églises que des carafes ou de luxueux bouchons de radiateurs d'automobiles. L'exposition raconte aussi le passage au cristal. L'utilisation de nouvelles techniques (injection, soufflé-moulé, coloration) est illustrée par la présentation des étapes de fabrication du célèbre vase Bacchantes. Ce savoir-faire permet des créations de plus en plus « vivantes » : banc de poissons colorés, animaux et figures humaines. Cet héritage est aujourd'hui entretenu, perfectionné, à travers un large éventail de créations. Le parcours s'achève le long d'un jardin minéral et végétal, coloré par quelques-unes des fleurs qui inspirèrent l'artiste. Divers ateliers et activités sont proposés pour faire vivre les lieux dans l'année.

Tout au long de la visite, on est subjugué par l'imagination de ce génie du verre et du cristal, frappé par la modernité des objets exposés, leur capacité à traverser les décennies et les modes. Seule frustration : ne pas avoir pu assister au travail des ouvriers-artisans qui matérialisent l'imaginaire Lalique, compensée seulement par quelques vidéos.

## Aires de service & de stationnement

### BITCHE

**Aire des Contreforts de la Citadelle**
R. des tilleuls, accès par la r. des Tilleuls - 03 87 96 00 13
Permanent
Borne AireService : 2 € (eau + élec.)
5 - Illimité - Gratuit
Services :
Au pied de la citadelle.
GPS : E 7.43377 N 49.05435

### HOMBOURG-HAUT

**Aire de Hombourg-Haut**
R. des Suédois, parking de la salle des fêtes - 03 87 90 53 5
Permanent
Borne flot bleu 2 € 2 €
5 - 72h - Gratuit
Paiement : - jetons
Services :
GPS : E 6.7796 N 49.1244

### REIPERTSWILLER

Voir p. 192.

### RHODES

**Aire du Camping de Rhodes**
R. de l'Étang - 06 70 93 40 92 - www.campingrhodes.fr
De déb. avr. à fin oct.
Borne artisanale : Gratuit
30 - - Illimité - 20 €/j. - dans le camping
Paiement :
Services :
Au bord de l'étang du Stock.
GPS : E 6.90053 N 48.75784

### SARREBOURG

**Aire de Sarrebourg**
R. du Tennis - 03 87 03 05 06
Permanent (mise hors gel)
Borne AireService : Gratuit
10 - Illimité - Gratuit
Près du centre aquatique et de l'étang Lévêque.
GPS : E 7.03726 N 48.72264

### SARREGUEMINES

**Aire de la halte nautique**
R. de Steinbach - 03 87 98 80 81
Permanent
Borne Urbaflux 1 € 1 €
27 - - Illimité - 6 €/j.
Paiement :
Services :
GPS : E 7.07879 N 49.10058

### WALSCHEID

**Aire du Plan d'eau**
R. d'Alsace - 03 87 25 51 02
De déb. mai à fin oct.
Borne flot bleu 5 €
5 - 72h - Gratuit
Paiement : jetons (boulangerie Littner)
Services :
GPS : E 7.15639 N 48.64583

*Rocher de Dabo.*

R. Mattes/hemis.fr

## Campings

### HINSBOURG

**Aire naturelle municipale Le Steinberg**
R. Principale, D 251, au N. de Hinsbourg - 06 24 71 17 99
De déb. avr. à fin oct. - 10 empl.
borne AireService 2 € 2 €
Tarif camping : 3,50 € 3,50 €
Joli terrain ombragé, dominant les environs.
GPS : E 7.28837 N 48.91021

### ST-AVOLD

**Le Felsberg**
R. en Verrerie - 03 87 92 75 05 - www.mairie-saint-avold.fr
Permanent - 30 empl. -
borne artisanale
Tarif camping : 4 € 6 €
(10A) 5 €
Services et loisirs :
Sur les hauteurs agréablement boisées de la ville.
GPS : E 6.71579 N 49.11102

### WINGEN-SUR-MODER

Voir p. précédente

# Les bonnes adresses de bib

## ABRESCHVILLER

**Auberge de la Forêt** – 276 r. des Verriers - 03 87 03 71 78 - www.aubergedelaforet57.com - - fermé mar. soir, jeu. soir et lun. - formules déj. en sem. 17,50/20 € - 36/69 €. Une auberge qui en impose avec sa tourelle. Place à un style moderne et cossu, élégant, en phase avec la cuisine, bien de son époque.

## BITCHE

**La Tour des Saveurs** – 3 r. de la Gare - 03 87 96 29 25 - latourdessaveurs.com - mar.-sam. midi - formules 14,50/17,50 € - carte 25/45 €. Entre gare et centre-ville, on reconnaît cette grande bâtisse à sa tourelle. Inspiration Belle Époque dans les trois salles à manger, parfaitement adaptées à une cuisine traditionnelle éprise de produits tripiers.

## MEISENTHAL

**Auberge des Mésanges** – R. des Vergers - 03 87 96 92 28 - aubergedesmesanges.fr - fermé dim., lun. midi et mar. midi - plats 15/19 €. Après une visite à la Maison du verre et du cristal, cette auberge constitue une bonne halte, pour un repas. Le week-end, flammekueches et pizzas en vedette.

## LA PETITE-PIERRE

**Restaurant Au Château** – 15 r. du Château - 03 88 70 45 18 - restaurantduchateau.fr - fermé mar. soir, jeu. soir et lun. - carte 15/20 €. Bordant l'accès piéton de la vieille ville, le restaurant sert aussi bien des tartes flambées (salées et sucrées), des plats à l'accent régional que des pizzas.

## SARREBOURG

**Chez l'Ami Fritz** – 76 Grand'rue - 03 87 03 10 40 - www.ami-fritz.fr - fermé merc. - formule déj. 13 € - 20/35 €. Une cuisine de tradition, des spécialités typiques de la région.

## SARREGUEMINES

**Le Petit Thierry** – 135 r. de France - 03 87 98 22 59 - - fermé merc-jeu. - formule déj. 27 € - carte 30/40 €. Discrète auberge abritant une salle de restaurant spacieuse et cossue, habillée de boiseries et de poutres. Cuisine inventive variant avec les saisons et belle sélection de vins.

**Croisière sur la Sarre** – Départs entre 10h et 17h30 - 12 € billets en vente à l'office du tourisme de Sarreguemines. Le fameux bateau *Stadt Saarbrücken*, vous fera voyager d'une écluse à une autre.

## VALLERYSTHAL

**Cristallerie de Vallerysthal** – 3-12 r. des Cristalleries - 03 87 25 62 04 - www.cristalleriedevallerysthal.fr - - lun.-vend. 10h-12h, 13h-18h, sam.-dim. 10h-12h, 14h-18h - démonstration de soufflage de verres (se rens.). C'est le baron de Klinglin (nom prédestiné !) qui transporta en 1838 la très ancienne verrerie de Plaine-de-Walsch au val de Vallery. Entreprise prospère dont les produits étaient très demandés au 19e s., notamment en Allemagne, la verrerie comptait 1300 salariés en 1914. Vaisselle, objets de décoration, luminaires, bijoux fabriqués à Troisfontaines ou à Portieux dans les Vosges sont en vente.

## WINGEN-SUR-MODER

**Café Crista'Lion** – R. du Hochberg - 03 88 02 54 04 - hte sais. : 10h-19h ; reste de l'année : tlj sf lun. 10h-18h - formules midi sem. 11/15,50 €, carte 25 € env. Juste à côté du musée Lalique, dans une demeure de caractère rénovée par Jean-Michel Wilmotte. Parfait pour une pause dans l'après-midi ou un déjeuner simple (soupes, quiches ou salades).

# Offices de tourisme

## BITCHE

2 av. du Gén.-de-Gaulle - 03 87 06 16 16 - www.tourisme-paysdebitche.fr.

## SARREBOURG

Pl. des Cordeliers - 03 87 03 11 82 - www.tourisme-sarrebourg.fr.

## SARREGUEMINES

8 r. Poincaré - 03 87 98 80 81 - www.sarreguemines-tourisme.com.

*Sarreguemines, musée des Techniques faïencières.*

*R. Mattes/hemis.fr*

**LE TOP 4 ARTS DE LA TABLE**

1. Cristal (St-Louis-lès-Bitche)
2. Verrerie (Meisenthal)
3. Faïence (Sarreguemines)
4. Cristal (Vallerysthal)

# Route des Crêtes et forêt des Vosges

**Chaussez-vous pour parcourir les bois et les cols des Vosges. C'est un enchantement autant pour le corps que pour les yeux, et toute la famille peut en profiter. L'itinéraire vous conduira jusqu'à la célèbre route des Crêtes et au sommet des plus fameux Ballons des Vosges.**

**DÉPART :** CERNAY - 5 jours – 250 km

## JOUR 1

Si **Cernay**, point de départ de la route des Crêtes, possède encore des vestiges de son enceinte fortifiée du Moyen Âge, la ville est surtout connue pour son Parc de réintroduction des cigognes. En montant la célèbre **route des Crêtes**, créée durant la Première Guerre mondiale, on passe devant le **Hartmannswillerkopf**, ou **Vieil-Armand**, : c'est ici que s'est déroulée l'une des batailles les plus emblématiques des Vosges lors de la Première Guerre mondiale. Le site fut classé Monument historique en 1921 et désigné en 1928 « Nécropole nationale ». Rendez-vous à l'Historial. Fruit d'un travail scientifique innovant, reposant justement sur l'expérience alsacienne d'une double tradition historique, l'exposition entend rendre compte à parts égales des mémoires françaises et allemandes : la dualité des points de vue est rendue sensible par l'usage alterné des langues. En remontant encore sur la route, vous passez au pied du point culminant du massif des Vosges, le fameux **Grand Ballon**, perché à 1424 m d'altitude. Du sommet accessible en 30mn, le panorama est prodigieux sur les Vosges méridionales, la Forêt-Noire et, par temps clair, le Jura et les Alpes. N'oubliez pas vos jumelles ! Faites étape sur place, l'occasion de tutoyer les étoiles, perché à plus de 1300 m d'altitude !

## JOUR 2

Après le Grand Ballon, on arrive à la station de ski du **Markstein**, d'où l'on peut faire du parapente et de la luge, été comme hiver. Puis, direction le **Petit Ballon**, petit frère du Grand Ballon (voir l'encadré p. ci-contre). La route conduit ensuite à **Munster**. Passez la nuit sur place et profitez-en pour déguster son célèbre fromage à l'odeur puissante. La ville abrite aussi la Maison du parc naturel régional des Ballons des Vosges, qui mérite une halte.

## JOUR 3

Retour sur la route panoramique des Crêtes, en remontant la vallée de Munster jusqu'au **col de la Schlucht.** En été, vous pouvez faire un détour par le **Hohneck**, l'une des plus hautes montagnes du massif des Vosges (1362 m), dont le sommet chauve offre un panorama exceptionnel et invite à la contemplation. La route passe ensuite par le Lac vert puis la **réserve naturelle du Gazon du Faing**, qui recèle d'étonnants paysages, et, enfin, par le

L. Loiseau/Michelin

*La forêt des Vosges.*

**col du Bonhomme** perché à 949 m. Vous arrivez à **Ste-Marie-aux-Mines**, berceau des Amish de Pennsylvanie. Vous pourrez vous intéresser aux minéraux ou aux patchworks, selon vos goûts. Impossible d'y passer sans visiter une des mines d'argent : St-Barthélemy ou St-Louis-Eisenthür, au choix. Faites étape sur place.

## JOUR 4

Il est temps de redescendre et de prendre la direction de **St-Dié-des-Vosges**. La patrie de Jules Ferry, reconstruite presque entièrement après la Seconde Guerre mondiale, mérite votre attention, notamment pour sa cathédrale, qui abrite des chapiteaux du 12e s., et pour son cloître gothique. Puis faites un saut à la tour de la Liberté, en forme de vaisseau spatial. Un escalier en hélice permet de monter à son sommet, d'où la vue sur la ville et la ligne bleue des Vosges est magnifique. Continuez vers **Gérardmer** ; au programme, ski nocturne ou balades en pédalo sur le plus grand lac des Vosges... à moins que vous ne souhaitiez en profiter pour entreprendre le tour des usines textiles qui continuent de faire la réputation des Vosges.

## JOUR 5

Ne perdez pas le rythme : plusieurs stations de sports d'hiver vous attendent, comme **La Bresse** ou Rouge-Gazon, tout près de **St-Maurice-sur-Moselle**. De là, vous pourrez monter au **Ballon d'Alsace** (1247 m), à l'extrémité sud de la chaîne des Vosges : un superbe panorama vous attend pour clore en beauté ce périple en montagne.

RANDONNÉE À PIED

# Petit Ballon

### INFOS PRATIQUES

Selon le temps disponible, la météo et l'effort envisagé, plusieurs options s'offrent à vous pour explorer le Ballon sous toutes ses coutures.
**Depuis Wasserbourg :** 4h30 à pied AR. Dénivelé : 800 m.
**De la ferme-auberge Kahlenwasen :** 1h15 à pied AR. Dénivelé : 100 m. De Munster, vous pouvez arriver par Luttenbach ou Sondernach.

### STATIONNEMENT & SERVICES

**Stationnement conseillé**
**À Wasserbourg** : parking de la mairie.
**À la ferme-auberge Kahlenwasen** (voir « Les bonnes adresses de Bib », p. 175).

**Aire de service de Linthal**
15-18 r. du Markstein (D 430) - 03 89 62 12 34
Permanent
Borne flot bleu : 4,30 € (eau + élec.)
GPS : E 7.1276 N 47.94501

Sa silhouette rebondie est un magnifique belvédère sur les principaux sommets des Vosges. Malgré son nom, le « Petit » Ballon (1267 m) est le troisième sommet vosgien derrière le Hohneck (1362 m) et le Grand Ballon (1424 m). Ses monts chauves invitent à la promenade, mais aussi à quelques pauses gourmandes dans l'une des fermes-auberges qui accueillent les randonneurs dans ces prairies naturelles.

**Chemin depuis Wasserbourg** – Du parking de la mairie, suivre la direction du panneau du Club vosgien à gauche de l'église. L'ascension commence par la forêt du Kieferwald et débouche dans les chaumes du Petit Ballon. Poursuivre en direction de l'auberge de Rothenbrunnen, située sous le sommet. De là, un sentier mène vers le sommet du Petit Ballon. Un autre, à l'opposé, remonte vers le Steinberg, parsemé de menhirs naturels en granit. Retour possible par le GR 532.

**Chemin depuis la ferme-auberge Kahlenwasen** – Le sentier vous mènera en 30mn à un superbe panorama à l'est, sur la plaine d'Alsace, les collines du Kaiserstuhl et la Forêt-Noire ; au sud, sur le massif du Grand-Ballon ; à l'ouest et au nord, sur le bassin des deux Fecht.

**LE CONSEIL DU BIB**

**En été, la route des Crêtes est très fréquentée : mieux vaut l'emprunter en semaine, car il y a un peu moins de monde.**

## Aires de service & de stationnement

### BALLON D'ALSACE

**Aire des Sapins**
Lepuix-Gy, rte du Ballon d'Alsace, D 465 - 03 84 28 12 01
Permanent (mise hors gel)
Borne Urbaflux : 3 € (eau + élec.)
9 - Illimité - Gratuit
Paiement :
Services :
GPS : E 6.8206 N 47.76048

### FRAIZE

**Aire de Fraize**
Pl. Jean-Sonrel - 03 29 52 65 56
Permanent
Borne artisanale : Gratuit
Services :
GPS : E 7.00361 N 48.18222

### GEMAINGOUTTE

**Aire de Germaingoutte**
D 459, camping municipal Le Violu - 03 29 57 70 70 - Permanent
Borne eurorelais 2 €
10 - Illimité - 6 €/j. - borne compris
Services :
GPS : E 7.08268 N 48.25371

### GÉRARDMER

**Parking de la Prairie**
Bd d'Alsace - 03 29 27 27 27
Permanent (fermé 10 j. fin août)
Borne eurorelais 2 €
Paiement : jetons (office de tourisme)
Services :
GPS : E 6.87464 N 48.07247

**Aire de la Mauselaine**
Chemin du Rond Faing, derrière Allo skis - 03 29 27 27 27 - Permanent
Borne eurorelais 2 €
80 - Illimité - 7 €/j.
Paiement : jetons (office de tourisme)
GPS : E 6.8898 N 48.05893

### LINTHAL

Voir p. précédente

### MURBACH

**Parking du Grand Ballon**
Col du Grand Ballon, 10 km à l'E. par D 431 - Permanent
- Gratuit
Pour dormir au pied du point culminant des Vosges (1424 m).
GPS : E 7.10335 N 47.90467

### PLAINFAING

**Aire La Croix des Zelles**
La Croix des Zelles - 03 29 52 65 56
Permanent -
Borne AireService : 2,50 € (eau + élec.)
- - Illimité - 6 €/j. - borne compris
Paiement :
Services :
Plat, herbeux ou bitume, site agréable et bien organisé.
GPS : E 7.01284 N 48.17171

### ST-DIÉ-DES-VOSGES

**Aire de St-Dié**
23, avenue de la Vanne-de-Pierre - 03 29 42 22 22 - Permanent
Borne AireService
42 - - Illimité - 6 €/j. - borne compris
Paiement :
Services :
GPS : E 6.95933 N 48.285

### THANN

**Aire de Thann**
38 r. du Gén.-de-Gaulle - 03 89 37 96 20 - Permanent
Borne Urbaflux : 4 € (eau + élec.)
30 - Illimité - Gratuit
Paiement :
Services :
GPS : E 7.10473 N 47.81141

### XONRUPT-LONGEMER

**Aire de Xonrupt-Longemer**
121 rte du Lac, camping Le Domaine de Longemer - 03 29 63 27 10
Permanent
Borne eurorelais
17 - - Illimité - 14 €/j. - borne compris - Paiement :
Services :
GPS : E 6.94263 N 48.07825

## Campings

### LA BRESSE

**Domaine du Haut des Bluches**
5 rte des Planches - 03 29 25 64 80 - www.hautdesbluches.com
De mi déc. à mi nov. - 140 empl.
borne AireService 3 € (eau + élec.) - 11 €
Tarif camping : 29,10 €
(13A) - pers. suppl. 4 €
Services et loisirs :
En pleine montagne traversé par un torrent et survolé par une tyrolienne.
GPS : E 6.91831 N 47.99878

### CERNAY

**Les Cigognes**
16 r. René-Guibert - 03 89 75 56 97 - www.camping-les-cigognes.com
De déb. avr. à fin sept. - 138 empl.
borne artisanale
Tarif camping : 16,30 €
(6A) - pers. suppl. 4,10 €
Services et loisirs :
En ville ; emplacements verdoyants.
GPS : E 7.16876 N 47.80519

### GÉRARDMER

**Les Sapins**
18 chemin de Sapois - 03 29 63 15 01 - www.camping-gerardmer.com
De déb. avr. à mi oct. - 64 empl.
borne AireService 5 € (eau + élec.)
Tarif camping : 22 €
(10A) - pers. suppl. 5 €
Services et loisirs :
Situé à 200m du lac, terrain à l'ambiance familiale.
GPS : E 6.85614 N 48.0635

### MUNSTER

**Tohapi Le Parc de la Fecht**
Rte de Gunsbach - 03 89 77 31 08 - www.tohapi.fr
De mi juin à fin - 192 empl.
borne eurorelais
Tarif camping : 18 €
(10A) - pers. suppl. 5 €
Services et loisirs :
Cadre boisé, au bord de la Fecht.
GPS : E 7.15102 N 48.04316

# Les bonnes adresses de bib

## GÉRARDMER

**L'Assiette du Coq à l'Âne** – Pl. du Tilleul - 03 29 63 06 31 - www.grandhotel-gerardmer.com - formule déj. 16,50 € - menus 19,50/25 € (en sem.). Sautez allégrement sur ce restaurant du Grand Hôtel, la bonne petite adresse « terroir » de Gérardmer, en forme de chalet vosgien. Spécialités : la choucroute, généreuse et goûteuse, la tartiflette, revigorante dès les premiers frimas, ou encore un authentique… « hamburger du bûcheron » !

**Linvosges** – 21 bd Adolphe-Garnier - 03 29 63 12 07 - www.linvosges.com - 10h-12h30, 14h-19h, dim. 10h-12h30, 14h-18h (juil.-août : tlj 10h-19h). Créée en 1923, la société Linvosges s'est lancée dans la vente directe et a contribué à faire de l'industrie textile un atout touristique. La société perpétue la tradition du beau linge vosgien pour le lit, la table, la cuisine ou la salle de bains. Prix d'usine.

## GRAND BALLON

**Ferme-Auberge du Haag** – Geishouse (sur la D431, près du Grand Ballon et sur le sentier GR 5) - 03 89 48 95 85 - P - de Pâques à fin nov. : tlj sf lun.-merc. - 15/25 €. Copieux et savoureux repas pour les randonneurs (ou pas), à base d'excellents produits (en grande majorité labellisés bio) de la ferme.

## LE MARKSTEIN

**Ferme-auberge du Treh** – Près du Markstein, en descendant vers Kruth - 03 89 39 16 79 - www.fermeauberge-treh.fr - P ♿ - de Pâques à fin nov. : tlj sf lun.- mar. ; de déb. janv. à Pâques : w.-end et vac. scol. sur réserv. - plat du jour 12/15 € - 25,50 €. On s'attable dans une salle chaleureuse devant de belles portions de spécialités régionales.

## MUNSTER

**Gilg** – 11 Grand'Rue - 03 89 77 37 56 - www.patisserie-gilg.com - tlj sf lun. 7h30-18h30, sam. 7h30-18h, dim. 7h30-12h30. En 1945, le général de Lattre de Tassigny, de passage à Munster, commandait à la déjà célèbre pâtisserie Paul Gilg des vacherins glacés. Aujourd'hui, le petit-fils du maître vous invite à goûter ses délicieuses créations : Lacthé au nom évocateur, Cyrano glacé ou petits fours maison.

## PETIT BALLON

**Ferme-auberge Kahlenwasen** – Luttenbach - massif du Petit-Ballon sortie sud : 14 km par D10 et rte du Petit-Ballon - 03 89 77 32 49 - P - fermé de déb. déc. à fin avr., merc. Cette ferme renommée est installée dans une modeste maison des années 1920 et peut accueillir 50 personnes au total. Sympathique salle décorée d'outils agricoles. L'été, la terrasse offre une belle vue sur la plaine d'Alsace. Spécialité de fromages.

## ST-DIÉ-DES-VOSGES

**Restaurant des Voyageurs** – 9 r. de la Meurthe - 03 29 56 21 56 - www.restaurant-des-voyageurs.fr - fermé 2 sem. en août, dim. soir-lun. - formules déj. 20/27 € - 38 €. Dans un cadre égayé de jaune, on se régale de plats traditionnels (desserts maison, produits frais scrupuleusement choisis). Carte de vins d'Alsace.

## STE-MARIE-AUX-MINES

**Les Bagenelles** – 15 La Petite-Liepvre - 03 89 58 70 77 - www.bagenelles.com - fermé 15 fév.-15 mars et lun.-mar. - formule déj. sem. 13,50 € - 28/35 €. Entre Ste-Marie et le col des Bagenelles, l'étape est connue des randonneurs et cyclistes. On appréciera les flambées, viandes grillées et le buffet dominical (28 €).

# Offices de tourisme

## GÉRARDMER

4 pl. des Déportés - 03 29 27 27 27 - www.gerardmer.net.

## MUNSTER

1 r. du Couvent - 03 89 77 31 80 - www.vallee-munster.eu.

## ST-DIÉ-DES-VOSGES

6 quai du Mar.-Leclerc - 03 29 42 22 22 - www.vosges-portes-alsace.fr - déménagement prévu à La Boussole. en 2021.

*Le Gazon du Faing.*

*B. Rieger/hemis.fr*

**LE TOP 5 PANORAMAS**

1. Grand Ballon
2. Le Hohneck
3. Petit Ballon
4. Gazon du Faing
5. Ballon d'Alsace

LORRAINE - CIRCUIT 5

# Les Vosges thermales

**Vittel, Contrexéville, Luxeuil-les-Bains, Bains-les-Bains : que d'eaux, que d'eaux... Si vous souhaitez profiter de leurs vertus réparatrices, il vous faudra faire un choix entre les unes et les autres, à moins que vous n'ayez un mois devant vous. En suivant la route des stations thermales vosgiennes, vous constaterez que chacune possède un caractère propre et bien trempé (deux effets aquatiques !).**

**DÉPART :** VITTEL - 4 jours – 270 km

## JOUR 1

Ce petit périple « santé » commence à **Vittel**. « Buvez, é-li-mi-nez ! » « Avec Vittel, retrouvez la vitalité qui est en vous ! » Ces slogans font maintenant partie de la mémoire collective. La spécialité de Vittel, aujourd'hui, c'est la forme. Les cures, le plaisir des bains, la verdure, le golf, la randonnée, l'air pur, les promenades en forêt... Les promoteurs de la station ont fait appel aux meilleurs architectes et artistes, dont Charles Garnier, alors qu'il venait juste d'achever l'Opéra de Paris, puis Bluysen et César. L'établissement thermal, le casino, les parcs fleuris, les grands hôtels et les villas aux façades toutes blanches rappellent les meilleures heures de la Belle Époque. Déjeunez à Vittel. Pour continuer dans les eaux minérales, rejoignez le centre thermal de **Contrexéville**, dont le nom, lui, est associé au régime minceur. La station thermale vaut le détour pour son architecture.

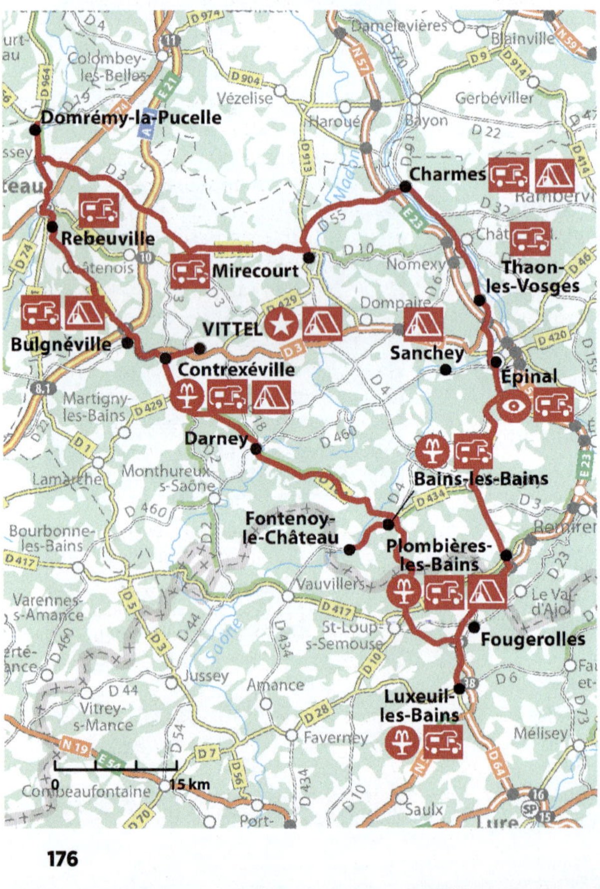


## JOUR 2

Quittez provisoirement les eaux pour plonger dans la légendaire **forêt de Darney** : les druides y cueillaient sans doute le gui en des temps anciens. Puis rejoignez **Bains-les-Bains**. Retour aux eaux donc, avant de vous diriger (D434) vers **Fontenoy-le-Château**, ancienne ville fortifiée dont on voit les vestiges du château et le portail de l'église. Revenez à Bains-les-Bains pour emprunter la D164/D64). **Luxeuil-les-Bains** est thermal, mais aussi culturel : hôtels particuliers du 16e s., ancienne abbaye St-Colomban, Conservatoire de la dentelle.

## JOUR 3

Reprenez la N57 pour aller à Plombières-les-Bains, mais en chemin il faut absolument vous arrêter à **Fougerolles**, capitale du pays de la cerise. Une visite de l'écomusée consacré à ce petit fruit vous permettra de découvrir la production artisanale et industrielle de kirsch. Lors de votre passage à **Plombières-les-Bains**, ne résistez pas à la glace locale... pour y faire étape. Ensuite, direction **Épinal**. Ici, tout est affaire d'images : image papier, mais également image de marque... à aller découvrir à l'Imagerie et au musée de l'Image (voir l'encadré p. ci-contre).

Y. Guichaoua/Guichaoua Photos/age fotostock

*Contrexéville, source de l'établissement thermal.*

Paradoxe en milieu urbain, Épinal est la ville la plus boisée de France et elle accumule les récompenses nationales de fleurissement. Vous retiendrez également d'Épinal, le musée départemental d'Art ancien et contemporain et la basilique St-Maurice.

## JOUR 4

Autre style, autre savoir-faire, **Mirecourt** se distingue par son art de la lutherie, au point d'y avoir une école nationale : amateurs de musique, appréciez. Petit interlude historique, car vous ne pouvez manquer la maison où naquit Jeanne d'Arc, à **Domrémy-la-Pucelle**.

*Les stations thermales de Contrexéville, Luxeuil-les-Bains, Plombières-les-Bains et Bains-les-Bains sont décrites p. 180-181.*

### LE CONSEIL DU BIB

**Eaux minérales et thermales sont pour la plupart très instables et s'altèrent sitôt sorties de terre. Il est donc indispensable pour en tirer un profit thérapeutique maximum, d'en user sur place ! C'est la principale raison de l'existence des stations thermales.**

VISITE

# L'Image à Épinal

### INFOS PRATIQUES

**L'Imagerie d'Épinal** – 42 bis quai de Dogneville - 03 29 34 21 87 - www.imagesdepinal.com - 9h30-12h, 14h-18h, lun. 14h-18h, dim. 10h-12h, 14h-18h - 11,50 € (-18 ans 8,50 €) billet donnant accès au musée ; 29 € billet famille (2 adultes + 2 enf.).

**Musée de l'Image** – 42 quai de Dogneville - 03 29 31 28 88 ou 03 29 81 48 30 - www.museedelimage.fr - - 9h30-12h, 14h-18h, lun. 14h-18h, vend. 9h30-18h, dim. 10h-12h, 14h-18h - 6 € (-18 ans 1 €).

### STATIONNEMENT & SERVICES

**Aire du port de plaisance**
**Aire Camping-car Park d'Épinal**
Voir p. suivante.

Fondée en 1796, l'Imagerie d'Épinal connut pendant près de deux siècles un énorme succès. Les deux guerres mondiales et les nouvelles techniques ont provoqué le déclin de cette activité, mais non sa disparition. Les ateliers toujours en activité de l'Imagerie d'Épinal (ancienne Imagerie Pellerin) ouvrent leurs portes à la visite ; le musée de l'Image complète la connaissance de cette activité.

**L'Imagerie** – Dans les ateliers de l'**Imagerie d'Épinal**, découvrez les techniques de fabrication, avec démonstration sur certaines machines (machine à colorier de 1898) et utilisation d'une tablette faisant parler les images. La xylographie, la stéréotypie, le coloris au pochoir et la lithographie n'auront plus de secret pour vous. À la fin de la visite, flânez dans la galerie Pinot, le seul et unique point de vente des images d'Épinal (rééditions ou créations d'images contemporaines).

**Musée de l'Image** – Installé en face de l'Imagerie, il présente l'histoire, les procédés de fabrication et les fonctions des images. Car qu'est-ce qu'une image d'Épinal, finalement ? Pour ce musée, c'est certes une image populaire imprimée dans la région, mais aussi une image tout court, et, plus globalement, une expression de langage. Cette démarche se décline dans des vitrines thématiques régulièrement renouvelées où sont exposées des images d'Épinal, mais pas seulement. Elle présente aussi, de façon plus large, d'autres réalisations emblématiques de grandes villes françaises ou d'autres pays pour illustrer le pouvoir de l'image. Sur 400 m², la salle permanente déroule l'histoire de l'imagerie populaire du 17e s. à nos jours, suivant ses différentes fonctions : édifier, jouer, instruire, vendre... À noter que, avec plus de 100 000 images à leur actif, les collections du Musée de l'Image sont aussi à disposition sur son site Internet et accessibles à tous les internautes, simples curieux ou avertis.

## Aires de service & de stationnement

### BAINS-LES-BAINS
Voir p. 181

### BULGNÉVILLE

**Aire de Bulgnéville**
R. du Févry - 03 29 09 10 73
Permanent (mise hors gel)
Borne artisanale : Gratuit
30 - Illimité - 3 €/j.
Services :
Aire agréable au bord de l'étang des Récollets.
GPS : E 5.83899 N 48.20733

### CHARMES

**Aire de Charmes**
Port de plaisance - 03 29 66 01 86
Permanent (fermé 1 semaine mi-sept.) -
Borne artisanale 0 € 0 €
80 - - Illimité - 8,60 €/j. - borne compris
Paiement :
Services :
Cadre verdoyant en bordure du canal de l'Est.
GPS : E 6.29568 N 48.37327

### CONTREXÉVILLE

**Aire de Contrexéville**
R. Jean-Moulin, derrière l'hypermarché Leclerc - 03 29 08 33 01
Permanent
Borne AireService 2,50 €
4 - Illimité - Gratuit
Paiement :
Services :
GPS : E 5.88003 N 48.18787

### ÉPINAL

**Aire du port de plaisance**
Quai de Dogneville - 03 29 81 33 45 - Permanent
Borne artisanale : 3 € (eau + élec.)
5 - 48h - 5 €/j. - borne compris
Services :
GPS : E 6.44503 N 48.18666

**Aire Camping-Car Park d'Épinal**
37 chemin du Petit-Chaperon-Rouge - 01 83 64 69 21 - Permanent
Borne flot bleu : 5 € (eau + élec.)
50 - - 72h - 11,88 €/j. - borne compris - Paiement :
Services :
Près du camping municipal Le Parc du Château.
GPS : E 6.46866 N 48.17975

### LUXEUIL-LES-BAINS
Voir p. 181

### MIRECOURT

**Aire de Mirecourt**
Pl. Thierry (D 166) - 03 29 37 05 22
Permanent
Borne AireService : 2 € (eau + élec.)
20 - - 72h - 6 €/j.
Paiement :
Services :
GPS : E 6.14667 N 48.293

### PLOMBIÈRES-LES-BAINS

**Aire de Plombières-les-Bains**
R. St-Claude - 03 29 66 00 24
10 - Illimité - électricité au camping L'Hermitage
Services :
GPS : E 6.462 N 47.965

### REBEUVILLE

**Aire de Rebeuville**
R. du Cougnot - 03 29 94 08 77
Permanent -
Borne artisanale : gratuit
2 - 72h - gratuit
Cadre agréable au bord de la rivière Mauzon.
GPS : E 5.70128 N 48.33529

### THAON-LES-VOSGES

**Aire de Thaon-les-Vosges**
R. du Coignot - 03 29 39 15 45
Permanent
Borne Urbaflux 2,90 €
15 - Illimité - Gratuit
Paiement :
Aire agréable au bord du canal et du port fluvial.
GPS : E 6.42591 N 48.24885

## Campings

Contrexéville et Plombières-les-Bains : voir p. 180

### BULGNÉVILLE

**Porte des Vosges**
ZA La Grande Tranchée - Rte de Contrexéville - 03 29 09 12 00 - www.camping-portedesvosges.com
De fin mars à fin oct. - 100 empl.
borne artisanale
Tarif camping : 20 €
(10A) - pers. suppl. 4,80 €
Services et loisirs :
GPS : E 5.84514 N 48.19529

### CHARMES

**Les Iles**
20 r. de l'Écluse - 03 29 38 15 34 - www.camping-charmes88.fr
De déb. avr. à fin oct. - 64 empl. -
borne artisanale 3,50 € (eau + élec.)
Tarif camping : 19,50 €
(10A) - pers. suppl. 3,50 €
Services et loisirs :
GPS : E 6.28668 N 48.37583

### SANCHEY

**Kawan Villages Lac de Bouzey**
19 r. du Lac - 03 29 82 49 41 - www.lacdebouzey.com
Permanent - 160 empl. -
borne flot bleu
Tarif camping : 42 €
(10A) - pers. suppl. 12 €
Services et loisirs :
GPS : E 6.3602 N 48.1667

### VITTEL

**Vittel**
270 r. Claude-Bassot - 03 29 08 02 71 - www.aquadis-loisirs.com/camping-de-vittel
De déb. avr. à fin oct. - 89 empl.
borne artisanale 2,50 € (eau + élec.)
Tarif camping : 18 €
(10A) - pers. suppl. 4,90 €
Services et loisirs :
GPS : E 5.95605 N 48.2082

# Les bonnes adresses de bib

## BULGNÉVILLE

**La Marmite Beaujolaise** – 34 av. de l'Hôtel-de-Ville - 03 29 09 16 58 - www.restaurant-lamarmitebeaujolaise.com - fermé dim. soir-lun. et mar. soir - 25/45 €. Dans cette auberge du 18e s. Dans son restaurant installé au centre du village, au pied de l'église, le chef Rémi Lebouc propose une cuisine de plus en plus créative au fil des ans, sans pour autant renier ses bases traditionnelles. Prix maîtrisés.

## CONTREXÉVILLE

**L'Entracte - Restaurant du Casino** – Parc thermal - 03 29 08 01 14 - casino-contrexeville.partouche.com - P - fermé lun. - formule déj. en sem. 11,90 € - 16,90/38 € (dont 10 € de jetons aux machines à sous). Dans un cadre « terrasse brasserie », vous dégusterez grillades et salades à prix doux.

## DARNEY

**Fabrique de confiserie Delisvosges** – 20 r. des Fabriques - 03 29 09 82 40 - www.delisvosges.fr - mar. et sam. 10h-12h, 14h-18h, merc.-vend. 14h-18h. Vous apprendrez l'histoire du sucre, assisterez à la fabrication artisanale des bonbons des Vosges et ferez une dégustation.

## ÉPINAL

**Le Bagatelle** – 12 r. des Petites-Boucheries - 03 29 35 05 22 - www.le-bagatelle.fr - ♿ - fermé dim. sf certains jours de fête - formule déj. 15 € - 23/35 €. Sur la petite île d'Épinal, coincée entre deux bras de la Moselle, cette maison pimpante des années 1940 vous permet d'être aux premières loges pour regarder les compétitions de canoë-kayak... en savourant une cuisine inspirée dans sa salle lumineuse décorée de meubles modernes.

**O'Loup en Pyjama** – 6 r. des Petites-Boucheries - 09 82 31 46 89 - www.le-loup-en-pyjama.fr - fermé sam. midi, dim., lun. - 17,90 €. Un attachant restaurant à l'étage de l'Irish Pub. On y sert une cuisine bio et locale inventive et colorée.

## VITTEL

**Au Péché Mignon** – 36 pl. du Gén.-de-Gaulle - 03 29 08 01 07 - tlj sf lun. 7h45-12h30, 14h-19h, dim. 7h30-12h30. Outre les grands classiques tels le pâté lorrain et le vittellois, ce maître pâtissier vous fera découvrir ses spécialités de chocolats : la Creuchotte (petite grenouille en chocolat fourré praliné) ou la « Route thermale du chocolat » (quatre chocolats différents comme les quatre stations thermales des Vosges).

# Offices de tourisme

## BAINS-LES-BAINS

3 av. André-Demazure - 03 29 36 31 75 - www.tourisme-epinal.com.

## ÉPINAL

6 pl. St-Goëry - 03 29 82 53 22 - www.tourisme-epinal.com.

## VITTEL

Pl. de la Marne - gare SNCF - 03 29 08 08 88 - www.vittel-contrex.com.

*L'Imagerie d'Épinal : la prise d'Alexandrie par Napoléon*

*Fine Art Images/Heritage Image/age fotostock*

STATIONS THERMALES

# Contrexéville

## INFOS PRATIQUES

**Thermes de Contrexéville**
Galerie thermale - 03 29 08 03 24 - www.thermes-contrexeville.fr - - de fin mars à fin oct.

**Indications**
Maladies de l'appareil digestif, métaboliques et de l'appareil urinaire.

**Température de l'eau**
13 °C.

## STATIONNEMENT & SERVICES

**Camping Contrexeville**
660 r. du 11-Septembre - 03 29 08 15 06 - www.campingcontrexeville.com
De fin mars à fin oct. - 80 empl. -
borne artisanale - 11 €
Tarif camping : 20 € (10A) - pers. suppl. 4,80 €
Services et loisirs :
À l'orée d'un bois, terrain urbain au calme.
GPS : E 5.88517 N 48.18022

**Aire de Contrexéville**
Voir p. 178.

Si Contrexéville, située dans la plaine des Vosges au sud-ouest du département, vous promet de s'occuper de votre ligne, elle pourrait aussi vous procurer d'autres satisfactions. Parlons du plaisir de la découverte du patrimoine architectural. En effet, Contrexéville, qui s'est véritablement développée en tant que station thermale au milieu du 19e s., a gardé de la Belle Époque des hôtels et palaces, le casino (1900) et la chapelle orthodoxe (1909), érigée en 1909 en mémoire du frère du tsar Alexandre III. La station laisse aussi la place à l'expression contemporaine, comme en témoigne la très colorée place des Fontaines. Continuons le descriptif élogieux en évoquant la large place occupée par les espaces verts. Les lacs de la Folie, au milieu de quelque 10 ha de verdure, s'assortissent d'une base de loisirs propice aux activités nature (marche, cyclotourisme...), comme au farniente. Côté animations et équipements, la station fait cause commune avec Vittel sa voisine, répondant aux exigences des curistes et autres visiteurs. Mais nous vous conseillons aussi de quitter la station en direction du nord-ouest. À quelque 50 km de là s'étendent d'importants vestiges gallo-romains : le site de Grand comprend en effet un amphithéâtre qui, au 1er s., permettait à 17 000 personnes d'assister au spectacle des gladiateurs. Vous n'y manquerez pas non plus la mosaïque de plus de 220 m² remarquablement conservée. Laissez-vous impressionner...

# Plombières-les-Bains

## INFOS PRATIQUES

**Centre thermal**
Av. des États-Unis - 03 29 30 07 14 - www.plombieres-les-bains.com - de déb. mars à fin nov.

**Indications**
Rhumatologie, maladie de l'appareil digestif.

**Température de l'eau**
De 45 à 85 °C.

## STATIONNEMENT & SERVICES

**Camping L'Hermitage**
54 r. du Boulot - 03 29 30 01 87 - www.hermitage-camping.com
De mi avr. à mi oct. - 55 empl.
borne artisanale 4 € (eau + élec.) - 16,92 €
Tarif camping : 18,80 € (10A) - pers. suppl. 4,70 €
Services et loisirs :
Terrain fonctionnel convenant parfaitement au passage ; piscine pour la détente.
GPS : E 6.4431 N 47.96859

**Aire de Plombières-les-Bains**
Voir p. 178.

Située dans les Vosges méridionales, Plombières-les-Bains fera mouche auprès des connaisseurs qui verront en elle l'évocation du fameux parfum mêlant kirsch et fruits confits. Si vous n'en faites pas partie, c'est le moment ou jamais de combler cette lacune en goûtant une glace... plombières ! Au-delà de plaisirs gustatifs, la station réserve de jolies découvertes architecturales. En premier lieu, les thermes Napoléon, bâtis sous le Second Empire, impressionnent par leurs proportions voulues par l'empereur. D'autres hôtes historiques ont fréquenté la station, parmi lesquels les filles de Louis XV qui résidèrent dans la maison des Arcades. Ce patrimoine historique ne doit pas faire oublier les équipements plus actuels que propose Plombières pour le plaisir de ses visiteurs : casino, piscine et minigolf. Et si une promenade dans les parcs verdoyants de la ville vous donne l'envie de plonger dans la nature environnante, dirigez-vous sans hésitation vers les vallées de l'Augronne et de la Semouse, à l'ouest, ou vers la vallée des Roches à l'est. Cette dernière prête notamment son cadre à la magnifique cascade du Géhard, une succession de vasques alimentées par les eaux fougueuses de la rivière. Et pour achever de brosser le portrait de Plombières et sa région, ajoutons que bien évidemment, les occasions de randonnée à pied, à cheval ou à VTT sont nombreuses. Avis aux amateurs.

# Luxeuil-les-Bains

## INFOS PRATIQUES

**Thermes de Luxeuil-les-Bains**
3 r. des Thermes - 03 84 40 44 22 - www.chainethermale.fr - de mi-mars à fin nov. - fermé dim.

**Indications**
Rhumatologie, phlébologie, gynécologie.

**Température de l'eau**
22 et 58 °C.

## STATIONNEMENT & SERVICES

**Aire de l'étang de la Poche**
17bis r. Gambetta, à côté de l'étang de la Poche - 03 84 93 90 00 - Permanent (fermé 15 j. pour fête en mai/juin)
Borne eurorelais : 5 € (eau + élec.)
45 - 72h - 12 €/j.
Paiement : jetons (office de tourisme, Maison de la Presse et Domaine de Chatigny)
Services :
Près de l'étang de la Poche.
GPS : E 6.38659 N 47.81679

Située 31 km au nord de Vesoul, la vosgienne mais non moins franc-comtoise station balnéaire de Luxeuil-les-Bains conjugue les atouts. Commençons par son patrimoine culturel : entre la tour des Échevins du 15e s. et son musée riche de vestiges gallo-romains, l'ancienne abbaye St-Colomban et la basilique Sts-Pierre-et-Paul abritant un magnifique buffet d'orgues, les maisons Renaissance de la Grand-Rue dont la remarquable maison du cardinal Jouffroy... l'amateur d'art et d'histoire trouvera de quoi satisfaire sa curiosité. Continuons par les activités et loisirs qu'offre Luxeuil : en plus des soins prodigués au sein du bel édifice des thermes daté du 18e s., on pourra se balader à pied ou à vélo dans la forêt du Banney, pique-niquer autour du lac des Sept-Chevaux, faire du golf sur le green de Luxeuil-Bellevue, voir un film au cinéma de l'Espace Molière, ou encore fréquenter le casino cherchant à satisfaire tous les appétits avec ses tables de jeu, ses machines à sous et son restaurant. Évoquons aussi l'agenda fourni qui garantit une animation régulière. Citons entre autres les marchés nocturnes en été, les festivals Art dans la rue et Les Pluralies qui se déroulent dans le centre ancien... sans omettre bien évidemment le festival de la dentelle. Il se déroule tous les deux ans seulement, mais le conservatoire de la dentelle s'ouvre à la visite régulièrement pour faire découvrir la virtuosité des dentellières. Enfin, signalons que Luxeuil est la ville porte du parc naturel régional des Ballons des Vosges, augurant de belles découvertes de pleine nature.

# Bains-les-Bains

## INFOS PRATIQUES

**Thermes de Bains-les-Bains**
1 av. du Dr-Mathieu - La Vôge-les-Bains - 03 29 36 32 04 - www.chainethermale.fr - - de mi-mars à fin nov. - fermé dim.

**Indications**
Rhumatologie, maladies cardio-artérielles.

**Température de l'eau**
De 33 à 53 °C.

## STATIONNEMENT & SERVICES

**Aire municipale de Bains-les-Bains**
Ruelle de la Pavée - 03 29 36 34 29 - lavogelesbains.fr
Permanent (mise hors gel)
Borne AireService : Gratuit
Services :
GPS : E 6.26559 N 47.99985

Jamais station thermale n'aura porté un nom si explicite ! Ici, les bains sont au nombre de deux : le bain romain, en lieu et place des premières sources découvertes en l'an 90, et le bain de la promenade qui s'assortit d'un hôtel et d'un casino. C'est là que vous pourrez profiter de moments de détente et de bien-être qui vous mettront dans d'excellentes dispositions pour découvrir la région. Vous voilà au cœur du paisible et verdoyant pays de la Vôge, rafraîchi notamment par les étangs de la Picarde et Lallemand, propices au pique-nique ou à la pêche, ainsi que par le canal des Vosges sur lequel s'organisent des minicroisières au départ de Fontenoy-le-Château (7 km au sud de Bains). Vous êtes en outre à une trentaine de kilomètres au sud-ouest d'Épinal, et non loin de la vaste forêt de Darney (15 000 ha). Il faut se promener sur les sentiers qui cheminent parmi hêtres et chênes et se laisser habiter par l'histoire et les légendes des lieux, par exemple au cuveau des Fées, étonnant octogone de pierre dont l'origine reste mystérieuse. Le village même de Darney mérite aussi votre intérêt : vous pourrez y visiter le Centre d'animation de la préhistoire et, pour les plus gourmands d'entre vous, y déguster le fameux bonbon des Vosges après bien sûr avoir assisté à sa fabrication ! À noter aussi le musée du Verre et des Activités anciennes de la forêt, près d'Hennezel, ou le musée de la Broderie à Fontenay-le-Château, et le patrimoine local n'aura plus de secret pour vous.

Colmar. – StevanZZ/iStock

Cigogne dans un nid – HansJoachim/iStock

Kugelhopf. – stocknshares/iStock

# Alsace

Abritée par le massif des Vosges, l'Alsace offre au soleil ses coteaux couverts de vignes et ses villages fleuris. Du grès rose aux enduits bleu, vert ou ocre rythmés par le bois sombre des colombages, en passant par le rouge des géraniums et les camaïeux de vert des forêts, se dessine un paysage riant pavoisé de couleurs. L'Alsace se déploie ainsi, le long du fossé rhénan, de Strasbourg à Mulhouse, comme pour mieux se moquer des vicissitudes de l'Histoire qui l'a ballottée d'un pays à l'autre.

Née sous le signe de la cigogne, grand oiseau migrateur, et nourrie aux mamelles de multiples sources culturelles, qu'elles soient latines, germaniques ou d'Europe centrale, la région a su se forger un art de vivre authentique et pérenniser des coutumes, une langue et un folklore qui culmine à la période de l'Avent. Marchés de Noël, fêtes de la St-Nicolas, carnavals, fêtes du Vin et autres contribuent à rythmer avec jovialité une année riche en événements.

Qui dit fête, dit gastronomie : foie gras, choucroute, charcuteries diverses, flammekueche et autres baeckeofe réveilleront vos papilles en attendant la dégustation d'un munster au cumin et l'apothéose gourmande des pâtisseries alsaciennes, couronnée par le célèbre kugelhopf. Pour relever ces agapes, faites votre choix au long de la route des Vins, la première créée en France, riche de nombreux cépages prestigieux (à déguster avec modération !). Christian Dior en parlait ainsi : « Un petit verre de vin d'Alsace, c'est comme une robe légère, une fleur de printemps, c'est le rayon de soleil qui vient égayer la vie ».

# ALSACE

*Le vignoble alsacien. – N. Blythe/Cephas/Photononstop*

## LES ÉVÉNEMENTS À NE PAS MANQUER

- **Carnaval de Mulhouse** (68) : en mars.
- **Festival des véhicules anciens** à Mulhouse (68) : en juin.
- **Slow Up** sur la route des vins (67) : 1er dim. de juin.
- **Fête des roses** à Saverne (67) : 3e dim. de juin.
- **Festival international de Musiques** de Colmar (68) : 1re quinz. de juillet ; musique classique.
- **Fête des vins et de la gastronomie** à Ribeauvillé (68) : en juillet, le w.-end suivant le 14.
- **Les vignerons fêtent le munster** à Rosheim (67) : dernier sam. de juil.
- **Festival du houblon** à Haguenau (68) : 1 sem. à la mi-août ; rythmes et couleurs du monde.
- **Corso fleuri** à Sélestat (68) : en août ; défilé de chars.
- **Fête des ménétriers ou Pfifferdaj** à Ribeauvillé (68) : 1er dim. de sept. ; fête médiévale avec défilés et animations.
- **Fête de la bière** à Molsheim (67) : 1er dim. de sept.
- **Fête de la choucroute** à Krautergersheim (67) : fin sept.-déb oct.
- **Marchés de Noël** : partout en Alsace, dont à Mulhouse (68), tlj fin nov.-fin déc. ; à Colmar (68), tlj fin nov.-fin déc. ; Strasbourg (67), tlj fin nov.-fin déc.

# Votre séjour en Alsace

## Circuits N°

1 Route des vins d'Alsace
5 jours - 210 km **P186**

2 Les Vosges du Nord
4 jours - 135 km **P190**

3 De part et d'autre du Rhin
6 jours - 260 km **P194**

## Étapes

Strasbourg **P187**

Colmar **P195**

## Randonnée

Tour des quatre châteaux forts **P191**

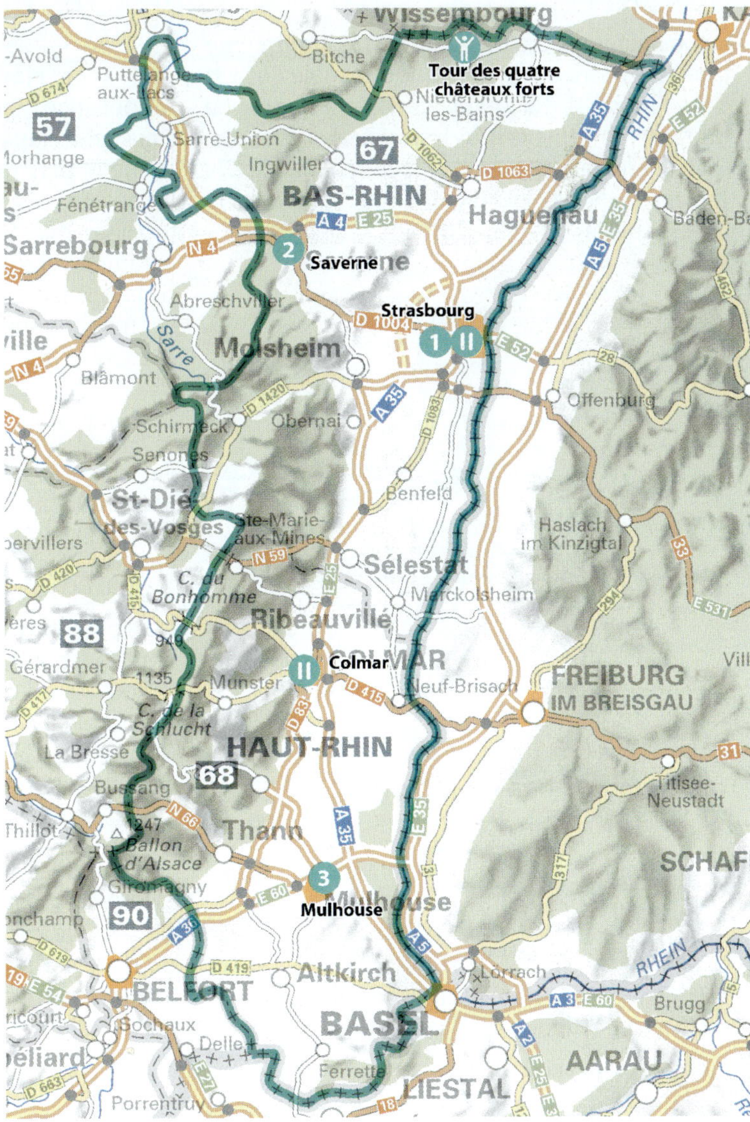


**EN COMPLÉMENT, UTILISEZ...**

- Le Guide Vert : Alsace Vosges
- Cartes Michelin Région 516 et Départements 315

ALSACE - CIRCUIT 1

wettolsheim

# Route des vins d'Alsace

**Voici peut-être la plus fameuse route gastronomique de France ! Elle favorise la découverte de crus délicieux et de mets savoureux au gré des flâneries dans les nombreux villages de charme de l'Alsace. Outre les plaisirs de la table, ce circuit intègre des visites de châteaux et l'exploration de Strasbourg, la capitale européenne, et de Colmar, la « petite Venise » alsacienne, aux patrimoines culturel et architectural dont la renommée n'est plus à faire.**

**DÉPART :** STRASBOURG - 5 jours - 210 km

## JOUR 1

Le premier jour sera consacré à **Strasbourg** (voir l'encadré p. ci-contre), la grande capitale de l'Est de la France et, surtout, la capitale européenne qui foisonne de hauts lieux historiques et culturels. En matière de gastronomie, faites confiance aux *winstubs* : vins et plats régionaux vous attendent. Nuit sur place.

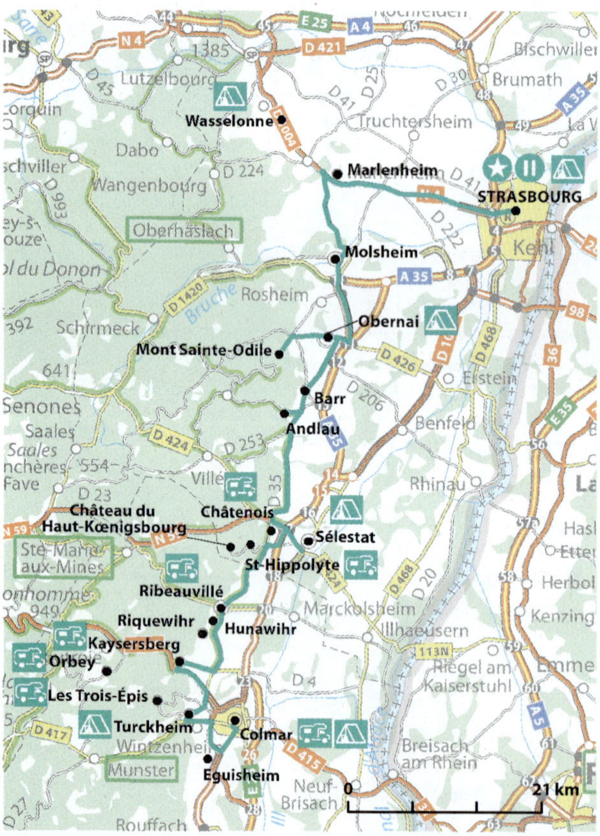


## JOUR 2

Première étape de la plus célèbre route des vins de France, **Marlenheim** est située au cœur de l'appellation bien nommée de « Couronne d'Or ». Deuxième étape importante de la route, **Molsheim** abrite le plus grand bâtiment culturel d'Alsace, l'église des Jésuites, ainsi que l'unique chartreuse urbaine jamais construite. À ne pas manquer, enfin, le fameux grand cru du bruderthal. Ultime étape de la journée, la cité d'**Obernai** : vous apprécierez ses maisons aux teintes dorées, ses remparts et sa place du Marché. Passez la nuit sur place.

## JOUR 3

Faites un détour pour grimper sur le **mont Ste-Odile**. La visite du couvent rivalise avec la vue sur la Forêt-Noire et le Mur païen, une muraille énigmatique qui court entre forêts et éboulements. Revenez sur la Route des vins. Au sud d'Obernai, la ville de **Barr** vous délectera de ses spécialités, le sylvaner et le gewurztraminer. Descendez vers le sud. Arrivé à **Sélestat**, flânez dans le centre historique. La ville a conservé un joyau de style Renaissance, la Bibliothèque humaniste, l'une des plus importantes du monde. Nuit sur place ou dans les environs, par exemple à **Châtenois**.

## JOUR 4

De Sélestat, dirigez-vous vers Kintzheim et bifurquez vers **Kintzheim** et le **château du Haut-Kœnigsbourg** : voici une étape majeure de votre périple alsacien ! Pour la visite de la forteresse médiévale et les spectacles de ses deux attractions – la Volerie des Aigles et la Montagne des Singes –, comptez presque une journée.

30/09/2021
VOL DE nos 2 velos électrique

Razvanjp/Fotosearch LBRF/age fotostock

*Les ponts couverts de Strasbourg.*

# JOUR 5

Poursuivez sur la Route des vins direction plein sud. Première étape, la perle du vignoble, **Ribeauvillé**, terre de riesling et de gewurztraminer. Au sud, arrêtez-vous au NaturOparC à **Hunawihr**, ancien Centre de réintroduction des cigognes et des loutres qui conserve aujourd'hui des espèces locales menacées et sensibilise le public. Gagnez ensuite **Riquewihr**, ceinturé de remparts et pratiquement inchangé depuis le 16e s. Enfin, vous arrivez à **Kaysersberg**, village remarquable par son aspect médiéval. S'il vous reste un peu de temps, faites un saut à **Kientzheim** pour son intéressant musée du Vignoble et des Vins. Nuit à Kaysersberg ou aux **Trois-Épis**.

# JOUR 6

Le matin, les tours massives de **Turckheim** vous attendent pour une balade avant de descendre sur **Eguisheim**, quasiment circulaire au cœur des vignes. Le reste de la journée sera consacré à **Colmar**. La visite de la « Petite Venise » ne vous laissera pas indifférent. Les maisons anciennes sont toutes plus remarquables les unes que les autres, sans oublier l'incontournable musée d'Unterlinden qui préserve le fameux retable d'Issenheim : ce polyptyque monumental constitué de sept panneaux en bois de tilleul et de dix sculptures, fut peint par Grünewald et sculpté par Nicolas de Haguenau entre 1512 et 1516.

**LE CONSEIL DU BIB**

**À Strasbourg, visitez la ville et les musées en journée et profitez des marchés de Noël en soirée, l'ambiance y est plus chaleureuse et féerique avec les illuminations.**

ÉTAPE 11

# Strasbourg

## OFFICE DE TOURISME

17 pl. de la Cathédrale - 03 88 52 28 28 - www.otstrasbourg.fr.

## STATIONNEMENT & SERVICES

**Parking conseillé**

Stationnement en journée sur le parking relais-tram « Elsau » (6 €/j entre 7h et 20h, billet AR en tram inclus jusqu'à 7 pers.

**Camping de Strasbourg**

9 r. de l'Auberge-de-Jeunesse - 03 88 30 19 96 - www.camping-strasbourg.com - Permanent - 105 empl.
borne flot bleu
Tarif camping : 29,50 € (16A)
Services et loisirs :
Camping de ville, verdoyant, traversé par ruisseau, avec le train en fond sonore. Bus pour le centre ville.
GPS : E 7.71752 N 48.57463

Strasbourg. Voilà une capitale européenne à taille humaine, au charme intact avec son art de vivre si alsacien. Ville d'avant-garde depuis le Moyen Âge, Strasbourg a réussi le pari de l'esthétique et de la protection de l'environnement, grâce au choix du tramway et des pistes cyclables.
Elle dispose d'un patrimoine architectural exceptionnel : on pense bien évidemment d'abord à la **cathédrale Notre-Dame** reconnaissable à sa belle pierre rousse (grès rose des Vosges) et à sa flèche ajourée, chef-d'œuvre de grâce et de légèreté ; l'intérieur abrite notamment de magnifiques fresques bibliques. À compléter par la visite du **musée de l'Œuvre Notre-Dame**, dédié à l'art alsacien du Moyen Âge et de la Renaissance, qui ne représente qu'une toute petite partie de la riche offre culturelle de la ville. Voyez aussi le **musée des Beaux-Arts**, qui recèle une très riche collection de tableaux européens de la fin du Moyen Âge au 18e s., le **musée d'Art moderne et contemporain**, et le **musée des Arts décoratifs**, qui abrite l'une des plus importantes collections de céramiques de France. Vous tomberez aussi sous le charme des différents quartiers de Strasbourg. Le **centre**, inscrit dans sa ceinture de canaux, cœur architectural et poumon commerçant et touristique de la ville, la **Krutenau** et ses quais aménagés, la **Petite France** et ses maisons à colombage des 16e et 17e s. à parcourir à pied ou en bateau sur les bras de l'Ill. Changement de décor à **Neustadt**, ville nouvelle de la fin du 19e et du début du 20e s., et naturellement dans le récent **quartier européen**.
Il ne faut pas oublier le **jardin des Deux-Rives**, symbolisé par le pont à haubans qui permet aux piétons et aux cyclistes de traverser paisiblement le Rhin, aujourd'hui trait d'union entre Strasbourg et Kehl, entre la France et l'Allemagne.

## Aires de service & de stationnement

### CHÂTENOIS

**Aire de Châtenois**
Allée des Bains, en face de la pharmacie - 03 88 82 02 74
Permanent (mise hors gel de mi-nov. à mars)
Borne artisanale 2 € 2 €
7 - 24h - Gratuit
Services :
GPS : E 7.39775 N 48.27468

### COLMAR

Voir p. 195

### KAYSERSBERG

**Aire de Kaysersberg**
Parking de l'Erlendab - 03 89 78 22 78 - Permanent (fermé de 18h à 8h pendant le marché de Noël)
Borne artisanale : Gratuit
80 - Illimité - 10 €/j.
Paiement :
Services :
Près du centre bourg.
GPS : E 7.26191 N 48.13616

### ORBEY

**Aire des Terrasses du Lac Blanc**
Le lac Blanc, à l'O. d'Orbey (D 48) - 03 89 86 50 00
Permanent (fermé qq jours en avr. et nov.) -
Borne artisanale
10 - Illimité - 10,50 €/j. - borne compris - gratuit si repas pris au restaurant
Paiement :
Services :
Jolie vue sur la vallée.
GPS : E 7.09019 N 48.13561

### RIBEAUVILLÉ

**Aire de Ribeauvillé**
Rte de Colmar, face à l'espace culturel - 03 89 73 20 35
Permanent (mise hors gel)
Borne AireService
17 - - Illimité - 15 €/j.
Paiement :
Services :
GPS : E 7.32949 N 48.19233

### LES TROIS-ÉPIS

**Aire des Trois-Épis**
Parking sur la pl. des Antonins - 03 89 78 90 78 - De déb. mai à fin oct.
Borne raclet 6 € 6 €
10 - 48h - Gratuit
Paiement : jetons (distributeur dans les toilettes publiques)
Services :
En lisière de forêt, apprécié des marcheurs.
GPS : E 7.22948 N 48.10101

### ST-HIPPOLYTE

**Aire de St-Hippolyte**
13-17 r. Kleinforst - 03 89 73 00 13
Permanent
Borne artisanale : 2 € (eau + élec.)
3 - Illimité - Gratuit - paiement à l'entrée, dans le village
Services :
GPS : E 7.37532 N 48.23117

*Le marché de Noël de Strasbourg sur la place de la Cathédrale.*

R. Mattes/hemis.fr

## Campings

**Colmar** : voir p. 196 ;
**Strasbourg** : voir p. précédente

### OBERNAI

**Municipal le Vallon de l'Ehn**
1 r. de Berlin - 03 88 95 38 48 - www.obernai.fr - De mi mars à déb. janv. - 146 empl. -
borne eurorelais 3 € (eau + élec.)
Tarif camping : 21 € (16A) - pers. suppl. 5 €
Services et loisirs :
GPS : E 7.46715 N 48.46505

### SÉLESTAT

nuit du 1/10/2021

**Municipal Les Cigognes**
R. de la 1re-Division-Française-Libre - 03 88 92 03 98 - www.camping.selestat.fr
De déb. avr. à mi oct. - 48 empl.
borne eurorelais 3,50 € (eau + élec.)
Tarif camping : 17,85 € (10A) - pers. suppl. 4,70 €
Services et loisirs :
GPS : E 7.44828 N 48.25444

### TURCKHEIM

**Le Médiéval**
Quai de la Gare - 03 89 27 02 00 - www.camping-turckheim.com
De déb. avr. à mi oct. - 123 empl.
borne artisanale 4 € (eau + élec.)
Tarif camping : 22 € (16A) - pers. suppl. 4 €
Services et loisirs :
GPS : E 7.27144 N 48.08463

### WASSELONNE

**Municipal**
6 r. des Sapins - 03 88 87 00 08 - www.campingwasselonne.fr
De déb. avr. à fin oct. - 95 empl.
borne eurorelais 2 € (eau + élec.) - 11 €
Tarif camping : 19,50 € (16A) - pers. suppl. 5 €
Services et loisirs :
GPS : E 7.44869 N 48.63691

# Les bonnes adresses de bib

## COLMAR

Voir aussi p. 197

**Wistub Brenner** – 1 r. Turenne - 03 89 41 42 33 - wistub-brenner.fr - tlj - 22,20/28,40 €. Ambiance décontractée et animée dans cette authentique winstub agrandie d'une sympathique terrasse. Cuisine du pays (tête de veau, pieds de porc...) et ardoise de suggestions.

## KAYSERSBERG

**La Vieille Forge** – 1 r. des Écoles - 03 89 47 17 51 - vieilleforge-kb.com - fermé 2 sem.en janv., 2 sem. en été - lun.-mar. - ♿ - menus 33/69 €. Le cachet de l'ancien (façade à colombages du 15e s., poutres, poêle en faïence...), mais une décoration contemporaine. Carte colorée assortie de suggestions de saison.

**Verrerie d'Art de Kaysersberg** – 30 r. du Gén.-de-Gaulle - 03 89 47 14 97 - www.verrerie-kaysersberg.fr - boutique : lun.-sam. 10h-12h30, 14h-17h avr.-sept. ; atelier : mar.-sam. 10h-12h, 14h-17h - fermé janv. Située dans le centre historique de Kaysersberg, cette verrerie d'art ouvre au public les portes de son atelier de fabrication artisanale. Les maîtres verriers font découvrir les différentes opérations de leur travail : cueillage, soufflage et façonnage à la main. Exposition et vente des objets à la boutique située en face de l'atelier.

## RIQUEWIHR

**Domaine Dopff « Au Moulin »** – 2 av. Jacques-Preiss - 03 89 49 09 69 - www.dopff-au-moulin.fr - 10h-19h - visite des caves sur RV. Impossible de parler des vins d'Alsace sans évoquer la célèbre famille Dopff, liée à la vigne depuis le 17e s. Citons ses sept crémants incontournables, dont la cuvée Julien brut, l'excellente gamme traditionnelle et les grands crus de schoenenbourg en riesling ou sporen en gewurztraminer.

## STRASBOURG

**Le Clou** – 3 r. du Chaudron - 03 88 32 11 67 - www.le-clou.com - 11h45-14h30, 18h-0h - tram ligne A ou D, station Langstross - Grand'Rue - formule déj. 14,50 €. À proximité de la cathédrale, décor traditionnel (esprit maison de poupée à l'étage) et bonne humeur caractérisent cette authentique et fameuse winstub à la cuisine généreuse.

**Pains d'épices Mireille Oster** – 14 r. des Dentelles - 03 88 32 33 34 - www.mireille-oster.com - 9h-19h - tram ligne A ou D, station Langstross - Grand'Rue. Des parfums d'orange, de miel, de cannelle et de cardamome embaument cette maison à colombages datant de 1643. C'est qu'ici le pain d'épices est roi : tendre ou croquant, sucré, salé et même glacé, il se décline à l'infini. Nos recommandations : le pain d'Amour, le Verdi et le pain de Soleil.

*Hunawihr, sur la route des vignobles d'Alsace.*

Simon Dannhauer/iStock

# Offices de tourisme

## COLMAR

Voir p. 195

## SÉLESTAT

Pl. du Dr-Kuble - 03 88 58 87 20 - www.selestat-haut-koenigsbourg.com.

## STRASBOURG

Voir p. 187

*Vendanges à Riquewihr.*

K. Galvin/imageBROKER/age fotostock

### LE TOP 5 VILLAGES DE CARTE POSTALE

1. Riquewihr
2. Eguisheim
3. Kaysersberg
4. Obernai
5. Ribeauvillé

ALSACE - CIRCUIT 2

# Les Vosges du Nord

**Bien moins connues que leur grande sœur du sud, les petites montagnes des Vosges du Nord ne manquent pourtant pas d'attrait, avec leurs nombreux étangs, leurs vallées joliment dessinées et leurs panoramas sur la plaine d'Alsace et les massifs alentour. C'est justement l'occasion de profiter du charme des sentiers délaissés : la faune ne s'y trompe pas et il est courant d'apercevoir cerfs, chevreuils, sangliers et gélinottes des bois. Les vastes forêts de hêtres, de sapins, d'épicéas et d'érables vous invitent à de belles randonnées.**

**DÉPART :** SAVERNE - 4 jours – 135 km

## JOUR 1

Après avoir visité le château et le musée de **Saverne**, ancienne résidence des princes-évêques de Strasbourg, dirigez-vous vers **Neuwiller-lès-Saverne**, lovée dans un joli site au milieu des collines et des forêts. Dans l'église St-Pierre-et-St-Paul, où reposent les reliques de saint Adelphe, quatre tapisseries, datant de la fin du 15e s., retracent les miracles du saint. Ensuite, direction **Ingwiller**, où vous pourrez suivre le sentier botanique et poétique du Seelberg *(comptez 2h)*. En prenant la D28 à la sortie d'Ingwiller, on traverse **Rothbach**, **Offwiller** et **Zinswiller** pour atteindre **Niederbronn-les-Bains**, station thermale où vous ferez ce soir étape. Flânez dans les rues de la cité puis choisissez un restaurant qui concocte la spécialité locale, le *keschtewurscht*, du boudin aux châtaignes très apprécié.

## JOUR 2

Avec sa source thermale qui jaillit au cœur de la ville, Niederbronn-les-Bains était déjà connue des Romains pour la richesse de ses eaux. La ville est située au pied du point culminant des Vosges du Nord, le Wintersberg, perché à 580 m d'altitude et dominé par une tour-signal dont vous atteindrez le sommet après avoir grimpé 112 marches. De là, le panorama sur les Basses-Vosges et la plaine est époustouflant. Gagnez ensuite **Obersteinbach** d'où l'on aperçoit l'arche des rochers du Wachtfels qui offre une belle perspective sur la vallée de la Steinbach et les montagnes environnantes. Nuit dans les environs.

Nellmac/iStock

*La maison du sel à Wissembourg.*

# JOUR 3

Consacrez la matinée au **château de Fleckenstein** (voir l'encadré ci-contre), une immense forteresse. Gagnez **Lembach**, ornée de bâtisses anciennes : maisons bourgeoises, lavoirs, auberges. Un circuit panoramique *(dép. de la mairie ; durée 1h)* permet de découvrir les alentours et de s'initier au paysage, à la géologie et aux milieux vivants comme les vergers et les haies. Un kilomètre plus loin, sur la route de Woerth, à gauche, se trouve l'accès à l'ouvrage du **Four à Chaux** : cet ouvrage d'artillerie fut bombardé massivement le 19 juin 1940 par 27 stukas, aboutissant au cessez-le-feu le 25 juin. Il a conservé des locaux en bon état, équipés de leur matériel d'origine : à 25 m de profondeur, on découvre les conditions de vie des soldats (système d'aération, cuisines, dortoirs, infirmerie, etc.). Fin de journée et nuit à Wissembourg.

# JOUR 4

Visite de **Wissembourg** : miraculeusement préservée d'une histoire parsemée de sièges et de désastres de guerre, la cite offre une belle promenade sur ses remparts, dans les quartiers anciens ou dans celui de la « Petite Venise », avec plus de 70 maisons bâties avant 1700. Dernière étape à **Haguenau**, cité blottie au cœur d'un vaste massif forestier de près de 20 000 ha. La deuxième ville du Bas-Rhin abrite notamment le Musée historique dont l'édifice néo-Renaissance protège une collection d'objets des âges de bronze et du fer. Après la visite de la ville, faites un tour dans la forêt voisine, notamment près du Gros chêne, où vivaient autrefois des ermites, et empruntez le sentier botanique.

RANDONNÉE À PIED

## Tour des quatre châteaux forts

### INFOS PRATIQUES

Départ du parking au pied du Fleckenstein. 4 km. Comptez environ 2h.

**Visite du château de Fleckenstein** – Fleckenstein - 03 88 94 28 52 - www.fleckenstein.fr - juil.-août : 10h-18h ; de fin mars à fin juin et déb. nov. : 10h-17h30 ; reste de l'année : se rens. - fermé 5 nov.-25 déc. - 4,50 €.

### STATIONNEMENT

**Parking du château de Fleckenstein**
Stationnement plat à 5mn à pied du château et point de départ de randonnées dans la forêt alentour - gratuit.

Avant de vous engager sur les chemins, visitez le **château de Fleckenstein** point de départ de votre excursion. Sa fondation au 12e s., ce château s'inscrivait dans le dispositif défensif des frontières nord du duché d'Alsace, contrôlant la vallée de la Sauer. Des murs d'enceinte cernent la basse-cour, où l'on pénètre par une porte fortifiée. En approchant du rocher principal, on aperçoit l'impressionnante tour carrée qui lui fut accolée à la fin de l'époque gothique. Des escaliers intérieurs *(attention aux marches)* conduisent à plusieurs chambres taillées dans le roc, dont l'étonnante salle des Chevaliers et son pilier central monolithe, puis à la plate-forme, large de 8 m, où se trouvait le logis seigneurial ; jolie **vue** sur la haute vallée de la Sauer et son confluent avec le Steinbach. *Engagez-vous sur le chemin balisé d'un rectangle rouge, puis à droite dans le sentier des Rochers (triangle rouge) qui conduit à la fontaine de la Jeune Fille.* Selon la légende, cette fontaine fut le théâtre d'un amour malheureux entre un chevalier du Wegelnburg et une demoiselle du Hohenburg. *Tournez à gauche (rectangle bleu).* Après avoir franchi la frontière avec l'Allemagne, on atteint le **Wegelnburg**, forteresse impériale qui, devenue repaire de brigands, fut en grande partie détruite vers la fin du 13e s. Jolie vue sur le Palatinat. *Revenez vers la fontaine de la Jeune Fille et continuez tout droit (rectangle rouge).* Le **Hohenburg**, fief des Fleckenstein, fut détruit en 1680. Sa partie basse Renaissance a conservé un puissant bastion d'artillerie et le logis seigneurial. Vue remarquable sur la forêt et les Vosges du Nord. En poursuivant par le même chemin vers le sud, on accède au **Loewenstein**, détruit en 1386 après avoir, lui aussi, servi de repaire à des chevaliers-brigands. Le même sentier balisé d'un rectangle rouge passe devant un curieux chicot de grès rouge (le Krappenfels) et mène à la ferme de Gimbel *(ferme-auberge, restauration en saison).* Superbe point de vue sur le château du Fleckenstein. À l'emplacement de l'ancien château de **Gimbelhof**, aire de jeux médiévale. *Retour au parking par le chemin de droite (rectangle rouge-blanc-rouge).*

## Aires de service & de stationnement

### LEMBACH

**Aire de la station du Fleckstein**
45 rte de Bitche, derrière la station-service - 03 88 09 71 85
Permanent
Borne eurorelais : 4 € (eau + élec.)
GPS : E 7.78644 N 49.0112

### NIEDERBRONN-LES-BAINS

**Parking**
13 av. Foch - 7 - Illimité - Gratuit
Un parking idéal pour faire la visite du centre de Niederbronn.
GPS : E 7.64573 N 48.94869

### NIEDERSTEINBACH

**Aire de service du Cheval Blanc**
11 r. Principale - 03 88 09 55 31
Permanent
Borne sanistation : 2 € (eau + élec.)
4 - Illimité - Gratuit
Paiement : jetons (à l'hôtel-restaurant)
Services :
Tables de pique-nique.
GPS : E 7.71077 N 49.03141

### REICHSHOFFEN

**Aire de Reichshoffen**
42 r. d'Oberbronn - 03 88 80 89 70
Permanent
Borne artisanale : Gratuit
- Illimité - Gratuit
À deux pas du centre historique.
GPS : E 7.64521 N 48.93428

### REIPERTSWILLER

**Aire de service**
14 r. des Écoles - 03 88 89 96 05
Permanent (mise hors gel)
Borne eurorelais : 5 € (eau + élec.)
10 - Illimité - Gratuit
Au bord d'un petit étang.
GPS : E 7.46421 N 48.93331

### WISSEMBOURG

**Aire Camping-Car Park**
R. de la Messagerie - 03 88 94 10 11
Permanent
Borne AireService : 5,50 € (eau + élec.)
- Illimité - Paiement : CC
Services :
À deux pas du centre historique.
GPS : E 7.94793 N 49.03251

*Saverne, château des Rohan.*

B. Rieger/hemis.fr

## Campings

### LAUTERBOURG

**Municipal des Mouettes**
Chemin des Mouettes - 03 88 54 68 60
De mi avr. à mi oct. -
Tarif camping : 5 € 5 €
(10A) 6 €
Services et loisirs :
À côté d'une grande base de loisirs.
GPS : E 8.1654 N 48.9708

### OBERBRONN

**Flower L'Oasis**
3 r. du Frohret - 06 50 51 95 17 - www.camping-oasis-alsace.com
De déb. avr. à fin oct. - 105 empl. -
borne AireService
Tarif camping : 21 €
(10A) - pers. suppl. 4 €
Services et loisirs :
À la lisière d'une forêt, magnifique vue dégagée sur la montagne et le village d'Oberbronn.
GPS : E 7.60347 N 48.9286

### SAVERNE

**Seasonova Les Portes d'Alsace**
40 r. du Père-Libermann - 03 88 91 35 65 - www.camping-lesportesdalsace.com
De fin mars à déb. nov. - 145 empl.
borne AireService : 4 € (eau + élec.)
Tarif camping : 33 €
(6A) - pers. suppl. 5 €
Services et loisirs :
Un petit coin de campagne dans un cadre urbain, terrain paisible et confortable.
GPS : E 7.35539 N 48.73095

# Les bonnes adresses de bib

## HAGUENAU

**L'Essentiel** – 2 pl. du Marché-aux-Bestiaux - 03 88 73 39 47 - www.lessentiel-haguenau.fr - fermé dim., lun. soir et sam. midi. - 19/37 €. Au pied de la tour des Chevaliers (13e s.), l'Essentiel est dans l'assiette. Aux fourneaux, le jeune chef concocte une goûteuse cuisine du marché avec des recettes bien ficelées et des saveurs marquées.

**Le Jardin** – 16 r. de la Redoute - 03 88 93 29 39- www.lejardinhaguenau.fr - fermé 2 sem. en fév., 2 sem. en août, mar., mer. - formule déj. 21,50 € en sem. - 34/66 €. Dans un beau décor classique (superbe plafond Renaissance), père et fils composent une carte très appétissante qui fait la part belle au poisson.

## INGWILLER

**Aux Comtes de Hanau** – 139 r. du Gén.-de-Gaulle - 03 88 89 42 27 - www.auxcomtes-de-hanau.com - P - fermé lun. soir et mer. soir - formules déj. sem. 9,40/15,50 € - 23/34 €. Cette maison du 19e s. abrite un restaurant où l'on sert une cuisine alsacienne aux portions copieuses servie dans la salle à manger rustique. Vous pouvez aussi choisir un plat du jour de la brasserie.

## NIEDERBRONN-LES-BAINS

**Le Caveau de l'Étable** – 43 r. Gén.-de-Gaulle - 03 88 09 62 02 - www.aucaveaudeletable.fr - fermé lun., jeu. et sam. midi - formule déj. 11 € - 23/25 €. Cette ancienne étable cultive son style. La table propose des spécialités alsaciennes et une cuisine de saison, avec enthousiasme et simplicité. C'est l'occasion de retrouver le goût un peu oublié du rosbif de cheval, tradition régionale largement passée de mode. Bon appétit !

## OBERSTEINBACH

**Anthon** – 40 r. Principale - 03 88 09 55 01 - www.restaurant-anthon.fr - fermé mar. et merc. et en janv. - P - 26/54 €. Ravissante maison à colombages (1860) abritant une élégante salle à manger en rotonde tournée vers le jardin. Cuisine du terroir qui fait la part belle aux producteurs locaux.

## SAVERNE

**Taverne Katz** – 80 Grand-Rue - 03 88 71 16 56 - www.tavernekatz.com - plats 17/24 € - 45/56 €. Dans cette boucherie devenue tonnellerie, l'une des plus belles et anciennes maisons d'Alsace (1605), on défend depuis des décennies la cuisine locale dans une atmosphère conviviale.

**Caveau de l'Escale** – 10 quai du Canal - 03 88 91 12 23 - www.escale-saverne.fr - fermé sam. midi, mar. soir, merc., 2e quinz. de juil., 1 sem. fin oct. - formules déj. 11/14 € - carte 18/32 €. Cette maison discrète, proche du canal, abrite un restaurant. Sous sa cave voûtée, attablez-vous autour de plats régionaux, complétés le soir par un large choix de tartes flambées. Accueil cordial.

## WISSEMBOURG

**Au Pont M** – 3 r. de la République - 03 88 63 56 68 - www.aupontm.com - fermé du dim. soir. au mar. soir - 20 € (déj.)/50 €. Au cœur du quartier de la « Petite Venise », on se régale d'une belle cuisine dans l'air du temps. Le chef concocte des recettes aux saveurs franches. Dans la salle, on profite de la vue sur l'eau et l'église St-Pierre-et-St-Paul. Service prévenant.

# Offices de tourisme

## NIEDERBRONN-LES-BAINS

6 pl. de l'Hôtel-de-Ville - 03 88 80 89 70 - www.niederbronn.com.

## SAVERNE

37 Grand'Rue - 03 88 91 80 47 - www.tourisme-saverne.fr.

## WISSEMBOURG

11 pl. de la République - 03 88 94 10 11 - www.ot-wissembourg.fr.

ALSACE-CIRCUIT 3

# De part et d'autre du Rhin

**Histoire, loisirs ou nature : c'est la variété qui fait le charme de cette escapade franco-allemande le long du Rhin. Vous aurez l'occasion de goûter à l'Alsace gastronomique, de découvrir les paysages vallonnés et enchanteurs de la Forêt noire et de comprendre la richesse d'une région frontalière que l'Histoire s'est longtemps disputée.**

**DÉPART :** MULHOUSE - 6 jours – 260 km

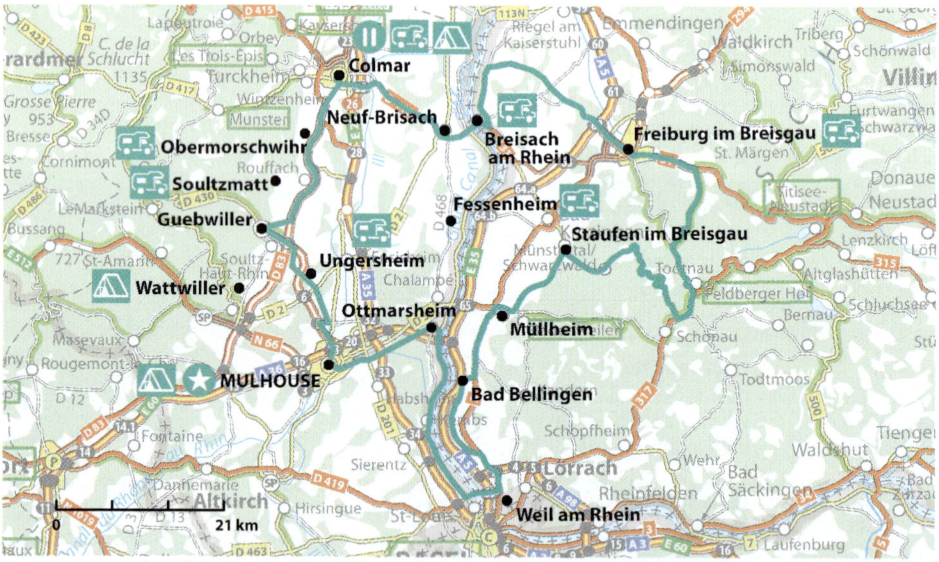


## JOUR 1

En arrivant à **Mulhouse**, vous entrez tout à la fois dans une ancienne république indépendante, un centre industriel et une ville de musées. Et vous aurez grandement de quoi occuper votre première journée ! Pour vous y retrouver, les « sentiers » pédestres vous emmènent dans le vieux Mulhouse ou dans le Nouveau Quartier. Vous pourrez vous amuser à y chercher les murs peints qui évoquent l'histoire de la ville. Promenades également, mais dans la nature, avec les **parcs** et **jardins** qui ponctuent la ville. Le soir, les lieux de nuit de cette ville étudiante vous laissent le choix des armes : cuisine locale, bars à bière et à whiskies, salles de concerts ou discothèques. Pour terminer votre découverte de la « ville aux cent cheminées », visitez l'un ou l'autre des musées industriels, parmi la Cité de l'Automobile la Cité du Train, le musée EDF Électropolis, le musée de l'Impression sur étoffes ou le musée du Papier peint.

## JOUR 2

En quittant Mulhouse, longez le Rhin pour découvrir l'étonnante église d'**Ottmarsheim**, et, dans un autre registre, son bief et ses écluses, puis les richesses naturelles de la **Petite Camargue alsacienne**. Six sentiers balisés permettent d'observer les oiseaux de la réserve.

## JOUR 3

Traversez ensuite la frontière pour sillonner le **Markgräflerland**, en suivant la route badoise du Vin, depuis **Weil am Rhein**. En parcourant les superbes villages d'Efringen-Kirchen, **Bad Bellingen**, **Müllheim**, **Sulzburg** et **Staufen im Breisgau**, ne manquez pas de visiter une cave et de faire honneur à la gastronomie locale. Après avoir profité du panorama du Schauinsland, gagnez les environs de **Freiburg im Breisgau** pour y passer la nuit.

adisa/iStock

*Colmar, la Petite Venise.*

## JOUR 4

Visitez la belle cathédrale de Freiburg et promenez-vous dans la vieille ville où vous trouverez aisément de quoi déjeuner, avant d'explorer les collines du Kaiserstuhl. Puis passez la douane (aujourd'hui virtuelle), pour parcourir les remparts de **Neuf-Brisach**, ancienne place forte de Vauban, dont les rues à angle droit lui donnent un aspect très sobre. Rejoignez ensuite Colmar pour profiter de son ambiance nocturne.

## JOUR 5

**Colmar** (voir l'encadré ci-contre) est une ville typiquement alsacienne, où il fait bon flâner dans les rues aussi bien que sur les canaux. En période de Noël, impossible de manquer le marché. Après le déjeuner, saluez les jolies maisons à colombage et rejoignez **Guebwiller**, petite ville riche en architecture d'où est originaire l'inventeur du bleu Deck.

## JOUR 6

En revenant vers Mulhouse, initiez-vous au patrimoine rural et industriel local à l'**Écomusée d'Alsace**, où l'on passe facilement toute la journée. Soixante-dix maisons paysannes, minutieusement démontées puis remontées, ont servi à créer ce musée en plein air qui résume l'Alsace traditionnelle.

ÉTAPE 11

# Colmar

### OFFICE DE TOURISME

Pl. Unterlinden - 03 89 20 68 92 - www.tourisme-colmar.com.

### STATIONNEMENT & SERVICES

**Parking conseillé**
R. de la Cavalerie, près du centre historique - 3 €/h, 4h max.

**Aire du Port de Plaisance**
6 r. du Canal - 03 89 20 82 20
Permanent
Borne eurorelais : 10 € (eau + élec.)
75 - Illimité - 15 €/j.
Services :
À 1,5 km du centre historique.
GPS : E 7.37544 N 48.08035

**Camping L'Ill Colmar**
Voir p. suivante

Canaux de la « Petite Venise », fontaines, maisons à colombage, géraniums aux balcons.... Colmar rassemble tout le meilleur de l'Alsace, mais pas seulement ! Son **musée Unterlinden**, qui expose le célèbre retable d'Issenheim, a été récemment agrandi : l'extension, confiée aux architectes bâlois Herzog & de Meuron, abrite des collections d'art moderne. Parmi le très riche patrimoine de la ville, ne manquez pas d'admirer la **maison des Têtes Plan**, de l'époque Renaissance : la plus célèbre maison de Colmar doit son nom à ses 106 visages grimaçants qui décorent les panneaux de l'oriel (fenêtre en saillie) ainsi que les montants et les meneaux des autres fenêtres. Construite en 1609 pour un riche commerçant, cette demeure en pierre tranche ostensiblement avec les maisons en bois du 17e s. Autre monument à voir absolument, la **Maison Pfister** : petit bijou de l'architecture locale, construite en 1537 pour un chapelier de Besançon, elle doit son nom aux propriétaires qui l'occupèrent entre 1840 et 1892. Les peintures murales extérieures, qui mêlent imagerie humaniste et quelques scènes bibliques, datent du 16e s. On ne se lasse pas, enfin, de déambuler dans les venelles de la **Petite Venise**, quartier historique longtemps habité par les pêcheurs et les bateliers. Récemment réhabilitée en marché couvert, son **ancienne halle marchande** (1865), sur le bord du canal, permettait aux maraîchers d'apporter directement leurs produits en barques à fond plat. En franchissant le pont de la Lauch, on entre dans le quartier de la **Krutenau**, jadis peuplé de maraîcher. Et si vous voulez aller encore plus loin, faites un tour à la **collégiale St-Martin**, élégant édifice gothique en grès jaune où l'on peut voir une Crucifixion sculptée du 14e s, et au **musée Bartholdi** installé dans la maison natale du sculpteur (1834-1904) de la statue de la Liberté.

## Aires de service & de stationnement

### BREISACH AM RHEIN (ALLEMAGNE)

**Aire de Breisach am Rhein**
Josef-Bueb-str. - (+49) 76 67 94 01 55 - Permanent (fermé lors de la fête du vin de mi-août à déb. sept.)
Borne artisanale 1 €
80 - 72h - 7 €/j. - payant de 20h-8h
Paiement :
Services :
Proche du centre-ville (500 m).
GPS : E 7.57527 N 48.03027

### COLMAR

Voir p. précédente.

### FESSENHEIM

**Aire de Fessenheim**
R. de la 1re-Armée - 03 89 48 60 02 Permanent
Borne flot bleu : 2,50 € (eau + élec.)
15 - Illimité - Gratuit
Paiement : jetons (mairie, restaurant Au Bon Frère et Super U)
Services :
Piste cyclable à proximité.
GPS : E 7.53139 N 47.91862

### FREIBURG IM BREISGAU (ALLEMAGNE)

**Aire de Fribourg**
Bissierstr. - (+49) 76 12 02 51 39 - Permanent
Borne AireService : Gratuit
80 - 72h - 12 €/j.
Paiement :
Services :
Transports en commun pour le centre-ville.
GPS : E 7.82567 N 47.99966

### OBERMORSCHWIHR

**Le Vignoble**
2 r. Principale - 03 89 49 32 02
De déb. avr. à fin sept.
Borne artisanale 2 € 4 €
Vue sur la plaine d'Alsace et la Forêt Noire.
GPS : E 7.2989 N 48.0178

### SOULTZMATT

**Aire de Soultzmatt**
R. St-Blaise, (D 18bis) - 03 89 47 00 01 - Permanent (mise hors gel)
Borne eurorelais : 2 € (eau + élec.)
10 - Illimité - Gratuit
Services :
GPS : E 7.25095 N 47.95637

### UNGERSHEIM

**Aire de l'Écomusée d'Alsace**
Chemin du Grosswald, sur le parking de l'Écomusée - 03 69 58 50 25
De mi mars à déb. nov.
Borne artisanale 0 €
- 24h - 6 €/j. - paiement à l'hôtel Les Loges
Paiement :
Services :
GPS : E 7.28587 N 47.85179

*La vieille ville de Staufen im Breisgau.*

H. Payelle/Michelin

## Campings

### COLMAR

**Camping L'Ill Colmar**
03 89 41 15 94 - www.campingdelill.fr -
De fin mars à déb. janv. - 133 empl.
borne flot bleu 7 € (eau + élec.) - 25 €
Tarif camping : 27,84 €
(10A) - pers. suppl. 5,80 €
Services et loisirs :
Camping de ville avec bruit de la route dans un cadre verdoyant, ombragé, au bord de la rivière.
GPS : E 7.38676 N 48.07838

### MULHOUSE

**L'Ill**
1 r. Pierre-de-Coubertin - 03 89 42 64 76 - www.camping-mulhouse.com
De mi mars à fin oct. - 152 empl.
borne eurorelais
Tarif camping : 22,10 €
(10A) - pers. suppl. 5,80 €
Services et loisirs :
Cadre boisé en bordure de rivière, le long de l'Eurovéloroute 6 et de la rivière l'Ill.
GPS : E 7.32283 N 47.73425

### WATTWILLER

**Huttopia Wattwiller**
Rte des Crêtes - 03 89 75 44 94 - europe.huttopia.com
De mi avr. à mi oct. - 100 empl. -
borne AireService
Tarif camping : 32 €
(10A) - pers. suppl. 6,50 €
Services et loisirs :
Agréable site boisé.
GPS : E 7.16736 N 47.83675

# Les bonnes adresses de bib

## COLMAR

Voir aussi p. 189

**Le Caveau St-Pierre** – 24 r. de la Herse - 03 89 41 99 33 - lecaveausaintpierre-colmar.com - de déb. janv. à fin mars : fermé dim. soir, lun. et mar. midi ; reste de l'année : dim. soir et lun. - menus 24,50/39,90 €. Un petit coin de paradis que cette maison du 17ᵉ s. à laquelle on accède par une jolie passerelle en bois enjambant la Lauch. Décor rustique fidèle à la tradition alsacienne et terrasse les pieds dans l'eau. Plats du terroir.

**Fortwenger** – 32 r. des Marchands - 03 89 41 06 93 - www.fortwenger.fr - 9h30-12h30, 13h30-18h30, dim. et j. fériés 10h-12h30, 13h30-18h - fermé 3 sem. en janv. C'est à Gertwiller que Charles Fortwenger fonda en 1768 sa fabrique de pain d'épice. Dans la boutique de Colma, vous trouverez un large choix de savoureux produits : chocolat, miel, sucre glace, anis, cannelle, etc. Également des spécialités régionales et des souvenirs.

## FREIBURG IM BREISGAU (ALLEMAGNE)

**Grosser Meyerhof** – Grünwälderstr. 1 - 0761 3837397 - www.grosser-meyerhof.de - fermé dim. et j. fériés - 16/37 €. On se régale de recettes simples et régionales dans une ambiance conviviale. Spectacles littéraires et concerts réguliers.

## MULHOUSE

**La Table de Michèle** – 16 r. de Metz - 03 89 45 37 82 - www.tabledemichele.fr - fermé sam. midi, dim. et lun. - formules déj. 20,50/26,50 € - plats 26/32 €. Michèle joue du piano debout… en cuisine bien sûr ! Son répertoire ? Plutôt traditionnel, mais sensible aux quatre saisons. En salle, chaleur du bois brut et éclairage intime.

## STAUFEN IM BREISGAU (ALLEMAGNE)

**Schladerer** – Alfred-Schladerer-Platz 1 - pour les GPS : Am Schießrain 1 - 07633 8320 - schladerer.de - tlj sf dim. (et lun. en hiver) 9h30-12h30, 14h-18h, sam. 10h-14h. Fondée en 1844, voici l'une des distilleries d'eaux-de-vie les plus renommées d'Allemagne, où trouver, entre autres liqueurs nobles, la fameuse Kirschwasser de la Forêt-Noire ou la Williamsbirne, non moins célèbre poire Williams.

## THANN

**Le Caseus** – 100 r. de la 1ʳᵉ-Armée - 03 89 37 10 68 - lecaseus.fr - - fermé dim. - carte 7/25 €. Valérie a repris cette winstub familiale et propose une carte qui mêle saveurs alsaciennes, burgers, grillades et quelques spécialités savoyardes (tartiflettes).

# Offices de tourisme

## COLMAR

Voir p. 195

## FORÊT-NOIRE

Habsburgerstr. 132 - D-79104 Freiburg - 00 49 (0)761 89 64 60 - www.foretnoire.info.

## MULHOUSE

1 av. Robert-Schuman - 03 89 35 48 48 - www.tourisme-mulhouse.com.

*Centre historique de Mulhouse.*

CSP_clodio/Fotosearch LBRF/age fotostock

*Cascade du Hérisson. – GFC Collection/age fotostock*

La saline d'Arc-et-Senans. – Hiroshi Higuchi/age fotostock

# Franche-Comté

Encore trop méconnue, la Franche-Comté est une région riche et préservée qu'il est urgent de découvrir ! Sous la rudesse de son climat se cache en effet une nature généreuse dont il faut admirer les « forêts-cathédrales », les rivières et les cascades, les lacs et les montagnes couvertes de neige en hiver.

Les stations de Métabief-Mont d'Or, Mont du Jura ou encore Rousses-Haut-Jura à proximité de la Suisse sont adaptées à toute la famille... Certains sites naturels sont uniques en France, comme les célèbres reculées creusées dans la roche et semblables à des vallées nichées au fond d'amphithéâtres montagneux. Celles du cirque de Baume et des Planches sont les plus spectaculaires. Il faut aussi admirer le belvédère des roches de Baume et les grottes des Moidons à 12 km au sud d'Arbois.

Randonnées à VTT, escapades à cheval, cures thermales, canoë-kayak, traîneaux à chiens, pêche à la truite... Le Jura est revigorant et nourrit le corps à l'image de son comté, le fromage le plus consommé de France ! Pays de vignobles, le Jura produit des vins blancs secs qui se marient bien avec la volaille aux morilles. Les vignes plantées sur les flancs de Château-Chalon, l'un des plus beaux villages de France, sont les plus réputées grâce à son fameux vin jaune issu du savagnin, un très vieux cépage.

Outre sa nature et sa gastronomie, le pays de Pasteur et de Courbet est une terre industrieuse qu'il faut également découvrir à travers son artisanat (les pipes de St-Claude, les jouets), son industrie de précision et ses monuments (la Saline royale d'Arc-et-Senans, le vieux Besançon).

# FRANCHE-COMTÉ

*Cave d'affinage de comté. – Philippe Paternolli/iStock*

## LES ÉVÉNEMENTS À NE PAS MANQUER

- **Percée du vin jaune** : dans une commune de la zone d'AOC, déb. fév. www.percee-du-vin-jaune.com.
- **Transjurassienne** : course de ski de fond à Lamoura-Mouthe le 2e dim. de fév. latransju.com.
- **Fête des sapins** : en forêt de Levier, le w.-end de Pentecôte.
- **Festival de musique baroque du Jura** à St-Claude : juin. www.festival-musique-baroque-jura.com
- **Festival de la dentelle** à Luxeuil-les-Bains, tous les 3 ans : prochain 2021.
- **Fête des cerises** à Fougerolles : juil.
- **Festival des Mômes** à Montbéliard fin août. www.festivaldesmomes.fr.
- **Foire aux vins de France et gastronomie** à Belfort déb. sept., en même temps que les Ballons du Territoire, petit festival de montgolfières.
- **Festival international de musique de Besançon Franche-Comté** la 2e quinz. de sept. www.festival-besancon.com.
- **Foire de la Ste-Catherine** à Vesoul le 25 nov. Foire agricole et paysanne.
- **Noël au pays du jouet** à Moirans-en-Montagne, le w.-end avant Noël.

# Votre séjour en Franche-Comté

### Circuits

1. Au cœur du Doubs et du Haut-Jura
7 jours - 400 km **P202**
2. La montagne jurassienne
6 jours - 250 km **P206**
3. Le pays d'Arbois, de caves en fruitières
4 jours - 140 km **P210**

### Étape

Besançon **P203**

### Randonnées

Cascades du Hérisson **P207**

Reculée des Planches **P211**

### Stations de ski

Les Rousses **P214**

Métabief **P214**

### Stations thermales

Salins-les-Bains **P215**

Lons-le-Saunier **P215**

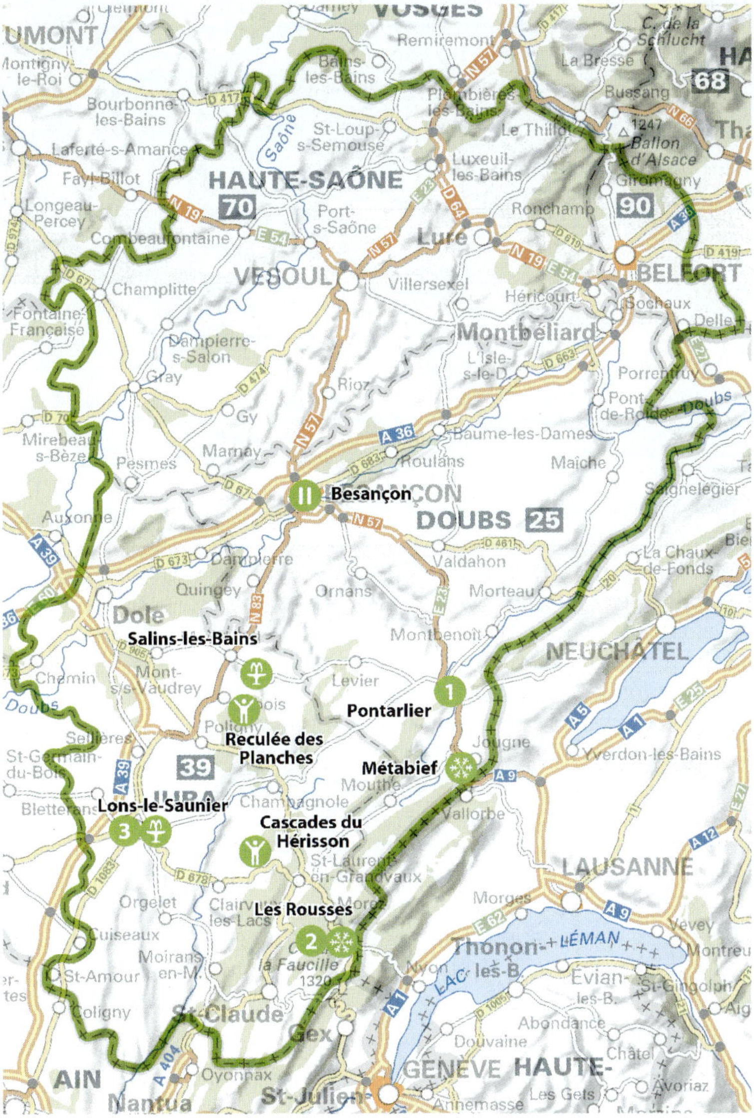


**EN COMPLÉMENT, UTILISEZ...**

- Le Guide Vert : Franche-Comté Jura
- Cartes Michelin : Région 520 et Départements 321

# Au cœur du Doubs et du Haut-Jura

**Thermal, gastronome et grandiose : ce circuit l'est tour à tour. La Franche-Comté tient à son terroir et à son artisanat dont l'horlogerie est un des fleurons. Elle sait aussi entretenir son capital nature : ses eaux thermales, ses lacs, ses gouffres, les gorges admirables de ses cours d'eau et bien sûr son immense forêt.**

**DÉPART :** PONTARLIER - 7 jours – 400 km

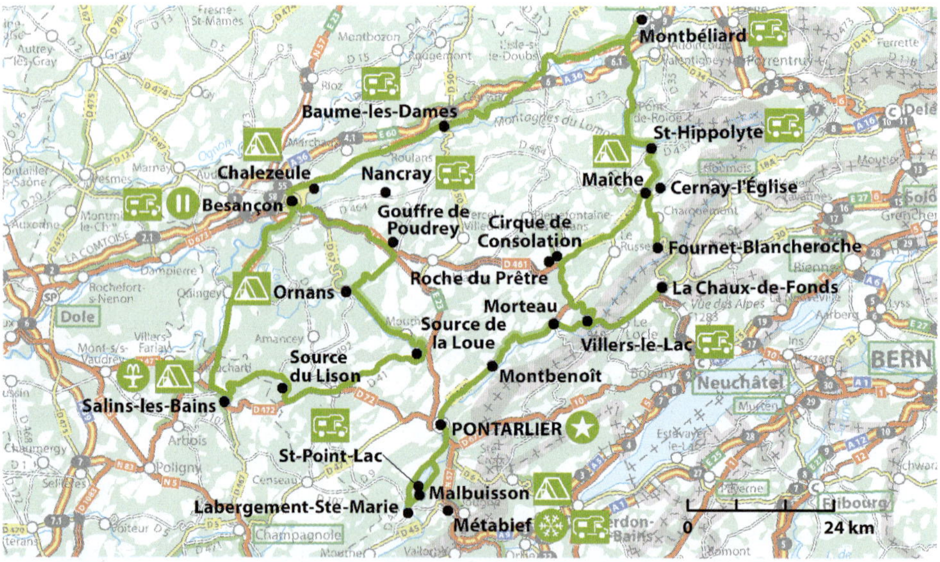


## JOUR 1

Commencez votre journée en flânant dans les rues de **Pontarlier**. Visitez le Musée municipal, présentant le passé archéologique de la ville. Partez ensuite vers le sud pour gagner le **château de Joux**, perché au-dessus d'une profonde cluse. Vous découvrirez l'histoire de ce fort et de ceux, parfois célèbres comme Toussaint Louverture, qui y furent incarcérés. Finissez la journée par une escapade au bord du **lac de St-Point**. Si vous en avez le temps, poussez vers **Malbuisson**, puis la **réserve naturelle du lac de Rémoray**. La ludique Maison de la réserve, consacrée à sa faune, laissera un merveilleux souvenir aux petits comme aux grands. Non loin, s'étend la station de ski de Métabief (voir l'encadré p. 214). Revenez à Pontarlier.

## JOUR 2

Rendez-vous à **Montbenoît** par la D437, et admirez son église et son cloître. Continuez votre route jusqu'à **Morteau**. Une visite du musée de l'Horlogerie du Haut-Doubs, au **château Pertusier**, vous permettra d'admirer le savoir-faire des artisans de la région.

## JOUR 3

Quittez Morteau par la D461 en traversant Villers-le-Lac et passez la **frontière suisse** au col des Roches. Prenez la direction de **La Chaux-de-Fonds** et arrêtez-vous dans cette cité atypique, ville natale de Le Corbusier, et dont l'architecture abonde en éléments décoratifs Art nouveau. Ne manquez pas de visiter le musée international d'Horlogerie. Revenez par le même chemin, arrêtez-vous à **Villers-le-Lac** et finissez la journée par une promenade en bateau qui vous mènera au **saut du Doubs.**

## JOUR 4

Une journée très nature vous attend. Quittez Morteau par le nord pour rejoindre le magnifique **belvédère**

Leonid Andronov

*Quais du Doubs à Besançon.*

**de la Roche du Prêtre**, surplombant la vallée du Dessoubre et le **cirque de Consolation**. Prenez la direction de Maîche, et engagez-vous dans la Franche Montagne, par **Cernay-l'Église**. Faites l'ascension des Échelles de la Mort, à **Fournet-Blancheroche** puis retournez sur Maîche et rejoignez tranquillement **Montbéliard** ou Besançon via Baume-les-Dames, pour la nuit.

## JOUR 5

Consacrez cette journée à la visite de **Besançon**, capitale de la Franche-Comté (voir l'encadré ci-contre). En fin d'après-midi, rejoignez **Salins-les-Bains** (voir l'encadré p. 215).

## JOUR 6

Vous pourrez consacrer une demi-journée à la visite de la ville, plus si vous profitez des installations thermales. Quittez Salins-les-Bains et rejoignez l'extraordinaire **source du Lison**. Le cours du Lison, en partie souterrain, sur lequel donnent de surprenantes fenêtres rocheuses, telles le Creux Billard ou la Roche Sarrazine, vous fascinera.

## JOUR 7

Rejoignez la **source de la Loue**, résurgence impressionnante issue d'une vaste grotte située au pied d'une falaise. Puis descendez la vallée de la Loue en faisant escale à **Ornans**. Prenez le temps d'apprécier cette charmante ville, célèbre pour sa double rangée de maisons à pilotis, et son musée Gustave-Courbet. De retour sur Besançon, faites halte au **gouffre de Poudrey** qui vous étonnera par son impressionnante salle souterraine d'effondrement et sa grande variété de concrétions.

ÉTAPE 11

# Besançon

**OFFICE DE TOURISME**

52 Grande-Rue - ✆ 03 81 80 92 55 - www.besancon-tourisme.com.

**STATIONNEMENT & SERVICES**

**Aire de Besançon**
Quai Veil-Picard, accès par la r. d'Arènes - ✆ 03 81 80 92 55 - www.besancon-tourisme.com
Permanent
Borne AireService 0 €
12 - 24h - 7 €/j. - services compris
Paiement :
Services :
Vue exceptionnelle sur le quai Vauban. Tout près du centre-ville.
GPS : E 6.01577 N 47.23796

Dominée par la **citadelle Vauban**, admirablement conservée, l'ancienne capitale de la Franche-Comté se love dans la boucle formée par le Doubs. Construite entre 1668 et 1711, cette forteresse constitue un site naturel et historique d'un grand intérêt. Le chemin de ronde ouest offre une superbe vue sur Besançon et la vallée du Doubs. Le **Musée comtois** est installé dans le Front royal ; vous y découvrirez la faune et la flore locales ainsi que l'habitat, évoqué à l'aide de maquettes.
Au pied de la citadelle, les rues piétonnes de la vieille ville sont une invitation à la flânerie. Admirez les belles façades gris-bleu et ocre, celles des hôtels particuliers puis visitez le majestueux **palais Granvelle**, de style Renaissance, occupé par le musée du Temps – qui n'a rien d'ennuyeux grâce à sa muséographie moderne et interactive. La discrète et étonnante **cathédrale St-Jean** recèle une belle collection de tableaux du 18e s. dus aux peintres Van Loo, Natoire et de Troy. Le **musée des Beaux-Arts et d'Archéologie**, rouvert en 2018, est l'un des plus anciens et riches de France. Il se distingue surtout par son impressionnante collection de peintures, parmi lesquelles il ne faut pas manquer les œuvres de Cranach l'Ancien, Bronzino, Vouet, Fragonard, Goya, Courbet, Signac, Marquet, Bonnard... Non loin, le pont Battant et le quai Vauban ménagent aussi de beaux points de vue.
En fin de journée, asseyez-vous à l'une des nombreuses terrasses de la **rue Bersot**, l'occasion de goûter les vins de la région : vins rouge, blanc, jaune, vin de paille, crémant, macvin... La gamme est étendue ! Et pour accompagner le breuvage, rien de tel qu'une assiette de fromage avec du comté, bien sûr, du mont-d'or ou du morbier.

## Aires de service & de stationnement

### BAUME-LES-DAMES

**Domaine d'Aucroix**
Quai du canal - 03 81 84 38 89 - Permanent
Borne artisanale : gratuit
44 - 72h - 10,40 €/j.
Paiement : - jetons
Services :
Au bord du Doubs.
GPS : E 6.35806 N 47.34035

### BESANÇON

Voir p. précédente

### MÉTABIEF

Voir p. 214

### MONTBÉLIARD

**Aire de Montbéliard**
Pl. du Champ-de-Foire - 03 81 99 24 31 - Permanent
Borne eurorelais : 4 € (eau + élec.)
4 - Illimité - Gratuit
Paiement : jetons - Services :
Proche du centre-ville.
GPS : E 6.7915 N 47.50662

### NANCRAY

**Aire de Nancray**
Musée de plein air des Maisons-Comtoises - 03 81 55 29 77
De déb. avr. à fin nov.
Borne artisanale 2 €
50 - Illimité - Gratuit
Paiement : - jetons
Services :
GPS : E 6.1862 N 47.2392

### ST-HIPPOLYTE

**Aire de stationnement**
Parking du Clos-Pascal - 03 81 96 53 75
Borne AireService
6 - Illimité
Services :
Aire de vidange à la station d'épuration, rte de Montbard.
GPS : E 6.81445 N 47.31877

### ST-POINT-LAC

**Aire de St-Point-Lac**
R. du Lac, D 129 - 03 81 69 62 08
De mi mars à mi nov.
Borne AireService : 1 € (eau + élec.)
36 - - Illimité - 10 €/j. - borne compris
Paiement :
Services :
Près de la plage du lac.
GPS : E 6.30375 N 46.81268

### VILLERS-LE-LAC

**Aire des vedettes panoramiques du Saut du Doubs**
2 pl. Maxime-Cupillard - 03 81 68 05 34 - Permanent (sur demande nov.-mars)
Borne artisanale 2 € 0 €
15 - 24h - Gratuit
Paiement :
Services :
Croisières sur le Doubs.
GPS : E 6.67126 N 47.0612

*Ornans.*

alainolympus/iStock

## Campings

### CHALEZEULE

**Camping de Besançon**
12 rte de Belfort - 03 81 88 04 26 - www.campingdebesancon.com
De mi mars à fin oct. - 99 empl.
borne artisanale 4 € (eau + élec.)
Tarif camping : 40,20 €
(16A) - pers. suppl. 6 €
Services et loisirs :
Tramway à 500 m pour Besançon.
GPS : E 6.07103 N 47.26445

### MAÎCHE

**Municipal St-Michel**
23 r. St-Michel - 03 81 64 12 56 - www.mairie-maiche.fr
De déb. mai à fin oct. - 70 empl.

Tarif camping : 3,60 € 5 € 2 €
(16A) 4,50 €
Services et loisirs :
GPS : E 6.80109 N 47.24749

### MALBUISSON

**Les Fuvettes**
24 rte de la Plage et des Perrières - 03 81 69 31 50 - www.camping-fuvettes.com
De déb. avr. à fin sept. - 306 empl.
borne artisanale
Tarif camping : 33,30 €
(10A) - pers. suppl. 7 €
Services et loisirs :
Au bord du lac de St-Point.
GPS : E 6.29391 N 46.79232

### ORNANS

**Camping Le Chanet**
9 chemin du Chanet - 03 81 62 23 44 - www.lechanet.com
De déb. avr. à déb. oct. - 95 empl. -
borne artisanale
Tarif camping : 29 €
(10A)
Services et loisirs :
Sur les hauteurs. Piscine écologique.
GPS : E 6.12779 N 47.10164

### SALINS-LES-BAINS

Voir p. 215

# Les bonnes adresses de bib

## BESANÇON

**Le Bleu de Sapin** – 7 r. Richebourg - 09 50 38 57 16 - www.bleudesapin.fr - fermé dim.-lun. - formules 12/20 € - carte (soir) 26/36 €. Des produits locaux de qualité pour une cuisine jeune et créative dans l'air du temps, aux saveurs multiples. N'hésitez pas à réserver, c'est souvent complet!

**Le Petit Atelier** – 20 r. François-Louis Bersot - 03 81 21 97 49 - www.lepetitatelier-restaurant.fr - fermé dim., lun., mar. soir, merc. soir - suggestion du jour 12/14 € (sf juil.-août) - 15/25 €. Ce restaurant qui affiche souvent complet propose cinq plats au choix à l'ardoise. Multiples influences pour une cuisine teintée de fusion, réalisée à base de produits locaux et bio ou en agriculture raisonnée.

## MALBUISSON

**Le Restaurant du Fromage** – 65 Grande-Rue - 03 81 69 34 80 - www.complexe-le-lac.fr - fermé de mi-nov. à déb. déc., merc.-jeu. midi et vend. midi - formule déj. 12 € - 19/23,50 €. À côté de l'Hôtel du Lac, le décor en bois sculpté du sol au plafond évoque la maison en pain d'épice d'un conte pour enfants. Ce cadre chaleureux convient à merveille pour un repas de spécialités fromagères et autres plats régionaux. Bien sûr, pain et pâtisseries maison.

## ORNANS

**La Table de Gustave** – 11 r. Jacques-Gervais - 03 81 62 16 79 - www.latabledegustave.fr - 15 € (déj.) - 25/33 €. Une carte courte avec de grands classiques de la région (salade comtoise, croûte aux morilles, fondue au comté, ou encore cette truite « belle lodoise » farcie aux morilles), le tout dans un décor contemporain agréable : une bonne adresse.

## PONTARLIER

**Distillerie Armand-Guy** – 49 r. des Lavaux - 03 81 39 04 70 - www.pontarlier-anis.com - tlj sf dim. et lun. 8h-12h, 14h-18h, sam. 8h-12h ; visites toutes les 30mn : mar.-vend. 8h30-11h30, 14h30-17h30, sam. 8h30-11h30 - fermé 1 sem. janv. et 1 sem. oct. C'est la dernière distillerie artisanale de Pontarlier. Découverte de la fabrication des apéritifs (à base d'anis ou de gentiane), des liqueurs, des eaux-de-vie et de l'absinthe, entre alambics et foudres centenaires.

## SALINS-LES-BAINS

**Le Petit Blanc** – 1 pl. des Alliés - parc des thermes - 03 84 73 01 57 - www.restaurantlepetitblanc.com - fermé dim. soir, jeu. soir et lun. - formules déj. 13/14,50 € - 25/35 €. Ce sympathique bistrot installé dans un ancien grenier à sel est tenu par deux frères qui proposent spécialités jurassiennes et lyonnaises à base de produits soigneusement choisis.

## SOCHAUX (MONTBÉLIARD)

**Brasserie du musée de l'Aventure Peugeot** – Carrefour de l'Europe - 03 81 99 41 85 - www.brasseriemuseepeugeot.fr - fermé le soir - formules (en sem.) 13/26 €. Brasserie sympathique qui vaut surtout pour son cadre puisqu'elle est installée au cœur même des collections du musée de l'aventure Peugeot : dépaysant!

## VILLERS-LE-LAC

**Les Bateaux du Saut du Doubs** – Les Terres Rouges - 03 81 68 13 25 - www.sautdudoubs.fr - fermé 1er nov.-Pâques - réserv. obligatoire - 41/63 €. Trois bateaux-restaurants, « Le Milan Royal » et « Le Cristal », servent des repas gastronomiques à déguster en contemplant un paysage exceptionnel.

# Offices de tourisme

## BESANÇON

Voir p. 203

## PONTARLIER

14 bis r. de la Gare - 03 81 46 48 33 - www.pontarlier.org.

## SALINS-LES-BAINS

Pl. des Salines - 03 84 73 01 34 - www.salins-les-bains.com.

*Les bords du lac de Saint-Point.*

*R. Mattes/hemis.fr*

**LE TOP 5 SITES NATURELS**

1. Gouffre de Poudrey
2. Cirque de Consolation
3. Source de la Loue
4. Source du Lison
5. Lac de St-Point

# FRANCHE-COMTÉ - CIRCUIT 2

# La montagne jurassienne

**Supposons un instant que la montagne jurassienne n'existe pas : les fumeurs seraient privés de pipes ; les myopes, de lunettes ; les élégants, de peignes ; les enfants, de jouets. Voilà bien des raisons d'exprimer à cette région notre gratitude en la visitant, d'autant que l'on sera récompensé par de superbes paysages et une authenticité que le Jura a su préserver.**

**DÉPART :** LES ROUSSES - 6 jours – 250 km

## JOUR 1

Des **Rousses** et de sa station de ski (voir l'encadré p. 214), rejoignez **Morez**, par la N5. Première visite : le Viséum ou musée de la Lunette. Faites ensuite vos achats de morbier dans une fromagerie locale, puis direction **St-Laurent-en-Grandvaux**. Vous atteindrez le splendide **belvédère du pic de l'Aigle**, et sa vue exceptionnelle sur les lacs et les chaînes du Jura. Gagnez **Bonlieu**, son lac et le belvédère des Quatre Lacs, qui se trouve à **La Chaux-du-Dombief**.

Consacrez l'après-midi à la découverte des nombreux lacs du site. Le lac d'Ilay a la particularité de comporter une petite île qui abritait autrefois un monastère. Celui de Narlay est le plus petit lac de la région, mais aussi le plus profond.

## JOUR 2

Gagnez **Doucier**, à partir duquel vous pourrez emprunter le sentier qui mène aux **cascades du Hérisson** (voir l'encadré p. ci-contre). Tout près, le **lac de Chalain** recèle des vestiges d'une cité lacustre, mais aussi nombre d'aménagements plus modernes, dont une base nautique ! Gagnez ensuite **Clairvaux-les-Lacs**, puis **Pont-de-Poitte**, par la D678. Vous pourrez passer le reste de la journée au bord du **lac de Vouglans**.

## JOUR 3

Prenez la direction de St-Claude par la D470 et faites une halte aux cascades des Combes et de la Queue de cheval. Vous pourrez aussi consacrer une partie de la journée à l'exploration des gorges du Flumen. À **St-Claude**, une visite de la cathédrale et de l'exposition de pipes, diamants et pierres fines s'impose. La ville a de quoi vous accueillir pour la nuit.

## JOUR 4

Prenez la D124, suivez la direction des Bouchoux, puis de **La Pesse**, avant de vous lancer dans l'ascension du crêt de Chalam, où une pause pique-nique récompensera vos efforts. Revenez à La Pesse, et partez vers le sud en direction de **Champfromier** où vous rejoindrez la D14 pour vous rendre à **Chézery-Forens**, puis à **Lélex** sur la D991. Finissez la journée en prenant la télécabine de la Catheline. De la station supérieure, à 1450 m d'altitude, un sentier mène au crêt de la Neige d'où la vue sur les Alpes est saisissante.

Ph. Roy/hemis.fr

*St-Claude.*

## JOUR 5

Quittez Lélex par le nord, et commencez la journée par une visite de la Maison du parc du Haut-Jura, à **Lajoux**. Vous y découvrirez un « grenier fort » et des expositions sur la nature et la vie rurale du Haut-Jura. Rejoignez ensuite **Mijoux** et le col de la Faucille. Laissez-y votre camping-car et partez à pied explorer les balcons du Léman, suite de crêts desquels vous aurez une vue imprenable sur Genève et son lac. Commencez par l'ascension du Mont-Rond, puis poussez en direction du **Colombey de Gex**. En fin de journée, descendez le col de la Faucille pour rejoindre **Divonne-les-Bains** où vous ferez étape. Certes, la ville ne fait plus partie du Haut-Jura, mais la descente du col de la Faucille, avec la vue sur le lac Léman et l'impérial massif alpin, vaut vraiment le déplacement.

## JOUR 6

Jogging matinal au bord du lac Léman, après avoir passé la frontière suisse ! Puis faites demi-tour pour regagner **Lajoux** et **Lamoura**, où un petit lac accueille pêcheurs et amoureux du calme. À partir de ce village, partez explorer la forêt du Massacre, l'un des plus belles du Jura. Rejoignez **Les Rousses** pour y découvrir le fort désaffecté et ses caves d'affinage du comté. Faites ensuite un crochet par le lac des Rousses, puis par **Bois-d'Amont** pour le musée de la Boissellerie.

RANDONNÉE À PIED

# Cascades du Hérisson

### INFOS PRATIQUES

Parcours de 7,4 km AR. Comptez 3h AR de la Maison des cascades (lieu-dit Val-Dessus, accès par Doucier, D326) au saut Girard. Le sentier ne fait pas une boucle et vous devrez revenir sur vos pas. De la Maison des cascades au pied de l'Éventail, des chaussures de ville peuvent suffire, ensuite prévoyez impérativement de bonnes chaussures. Dénivelé 255 m. Le sentier des cascades suit les gorges, presque toujours sous bois. Il est parfois très escarpé mais sécurisé.

### STATIONNEMENT & SERVICES

**Parking**
À la Maison des cascades, de mi-juin à déb. sept. : payant tlj ; d'avr. à mi-juin et de déb. à fin sept. : payant w.-ends et j. fériés. Tarif (donne accès à la Maison des cascades) : 4 €/1h, 6 € de 1h à 3h, 8 € de 3h à 5h.

**À Bonlieu : camping L'Abbaye**
2 rte du Lac - 03 84 25 57 04 - www.camping-abbaye.com - De déb. avr. à fin sept. -
borne flot bleu 9 € (eau + élec.)
Tarif camping : 23,30 € (10A)
Services et loisirs :
Dans un joli site au pied des falaises, non loin de la cascade du Hérisson.
GPS : E 5.87562 N 46.59199

Prenant sa source à 805 m d'altitude, le Hérisson est un cours d'eau souvent tumultueux. Il s'écoule en de multiples sauts dans ses célèbres gorges et forme ainsi l'un des plus beaux ensembles de chutes du massif jurassien... Le spectacle est particulièrement grandiose à l'automne. En suivant le sentier, vous parvenez au bout de 200 m au pied de la **cascade de l'Éventail**. L'eau dégringole par rebonds successifs, d'une hauteur de 65 m, formant avec la falaise une frémissante forteresse. Vous accédez au sommet de la chute par un sentier très raide avant de franchir le torrent sur la passerelle Sarrazine et de gagner le belvédère d'où se dégage une belle vue sur la vallée du Hérisson et la cascade. Au **Grand Saut**, l'eau tombe d'un seul bond, d'une hauteur de 60 m. Le sentier en corniche, souvent en forte montée, conduit ensuite à la **cascade du Gour Bleu**. Au pied de celle-ci s'étend une belle vasque (gour) dont les eaux présentent une transparence bleutée. Plus loin, au **saut de la Forge**, l'eau se précipitant du haut d'une paroi rocheuse cintrée et en surplomb constitue un très joli spectacle. Le chemin, tantôt sous bois, tantôt à travers prés, mène enfin au **saut du Moulin** et au **saut Girard**, haut d'une vingtaine de mètres. Une buvette permet de faire une halte avant de rentrer.

## Aires de service & de stationnement

### CLAIRVAUX-LES-LACS

**Aire des Tilleuls**
Rte de Lons-le-Saulnier, sortie N. par D 678, face à la gendarmerie - 03 84 25 27 47 - www.juralacs.com
Permanent (mise hors gel)
Borne flot bleu : Gratuit
6 - Illimité - Gratuit
Services :
GPS : E 5.74727 N 46.58117

### LAMOURA

**Aire de Lamoura**
Rte de Prémanon (D 25) - 03 84 41 20 28
Permanent (mise hors gel)
Borne : Gratuit
- Illimité - Gratuit
Services :
GPS : E 5.97633 N 46.39217

### MAISOD

**Aire de la Mercantine**
Port de la Mercantine, au-dessus du parking du port de plaisance - 03 84 42 03 32
Borne artisanale
40 - 24h
GPS : E 5.686 N 46.47017

### MIJOUX

**Aire de Mijoux**
Rte de la Combe-en-Haut, entre le village et le golf - 04 50 41 32 04
Permanent (mise hors gel)
Borne AireService : Gratuit
- Illimité
Paiement : CC
Services : WC
GPS : E 6.00223 N 46.36914

### ORGELET

**Aire d'Orgelet**
Champ-de-Foire - 03 84 35 54 54
Permanent (mise hors gel) -
Borne artisanale : Gratuit
6 - 48h - Gratuit - sanitaires chauffés
Services : WC
Cadre idyllique, une aire bien ombragée.
GPS : E 5.60805 N 46.52248

### LA PESSE

**Aire de La Pesse**
R. de l'Épicéa, parking derrière la supérette - 03 84 42 70 83
Permanent
Borne flot bleu : 2 € (eau + élec.)
15 - Illimité - Gratuit
Paiement : jetons (point-information, boulangerie, épicerie)
Services : WC
Le préau, lieu de rencontre des randonneurs, n'est pas une aire de pique-nique.
GPS : E 5.84764 N 46.284

### LES ROUSSES

Voir p. 214

### ST-CLAUDE

**Aire de St-Claude**
Av. de la Libération - 03 84 45 34 24
Permanent (mise hors gel)
Borne eurorelais : Gratuit
3 - Illimité - Gratuit
Très accessible. Ombragée, en bord de rivière.
GPS : E 5.85209 N 46.38049

### LA TOUR-DU-MEIX

**Domaine du Surchauffant**
Lac de Vouglans, entrée du camping Le Surchauffant - 03 84 25 41 08 - www.camping-surchauffant.fr
De déb. mai à fin sept.
Borne artisanale : 3 € (eau + élec.)
10 - - Illimité - 28 €/j. - au camping
Paiement : CC
Services : WC
GPS : E 5.67102 N 46.52081

## Campings

### BONLIEU

Voir p. précédente

### DOUCIER

**Domaine de Chalain**
03 84 25 78 78 - www.chalain.com
De déb. mai à mi sept. - 350 empl.
borne Urbaflux 2 € (eau + élec.)
Tarif camping : 47 €
(10A) - pers. suppl. 7 €
Services et loisirs :
Agréablement situé dans une baie cernée de falaises, entre la forêt et le lac de Chalain.
GPS : E 5.81395 N 46.66422

### ST-CLAUDE

**Flower Le Martinet**
14 rte du Martinet - 03 84 45 00 40 - www.camping-saint-claude.fr
De déb. avr. à fin sept. - 89 empl.
borne artisanale
Tarif camping : 22 €
(10A) - pers. suppl. 4,50 €
Services et loisirs :
Blotti dans un agréable site montagneux en bord de rivière.
GPS : E 5.87 N 46.37

### ST-LAURENT-EN-GRANDVAUX

**Municipal Champ de Mars**
8 r. du Camping - 06 03 61 06 61 - www.camping-saint-laurent-jura.fr
De mi déc. à fin sept. - 137 empl.
borne artisanale 5 € (eau + élec.) - 13,70 €
Tarif camping : 4,20 € 5,30
(10A) 2,70 €
Services et loisirs :
Près des pistes de raquette et de ski de fond. Tarifs plus élevés en hiver.
GPS : E 5.96294 N 46.57616

# Les bonnes adresses de bib

## CHÉZERY-FORENS

**Le Commerce** – 04 50 56 90 67 - www.hotelducommerce-blanc.fr - fermé d'oct.à déb. mars, mar.- merc. (sf vac. scol.) - 13/30 €. Cette attachante maison propose une cuisine de terroir (truite meunière, saucisson cuit...) dans un cadre authentiquement campagnard. Chaque dimanche, on retrouve le fameux poulet à la crème et aux morilles. Sur la terrasse, on se laisse bercer par le murmure des eaux de la Valserine...

## DIVONNE-LES-BAINS

**Le Rectiligne** – 2981 rte du Lac - 04 50 20 06 13 - www.lerectiligne.fr - P ♿ - fermé sept.-mai : dim.-lun. - formules déj. 33/38 € - 55/100 €. Maison blanche moderne dont le restaurant et la terrasse donnent sur le lac. L'espace est volontairement épuré et zen (tons pastel, mur d'eau). Goûteuse cuisine actuelle.

## DOUCIER

**La Sarrazine** – 145 r. de la Chaline - 3 km au S. du lac de Chalain par D27 - 03 84 43 92 95 - tlj - formule déj. 16,50 € - 12/19,90 €. Ce restaurant aux grandes fresques murales propose des spécialités jurassiennes : morbiflettes, édel de Cléron... Vins du Jura à l'honneur.

## MOREZ

**Fromagerie de Morbier** – Rte royale - au carrefour des Marais, col de la Savine, N5 - 03 84 33 59 39 - 9h-12h, 16h-19h, vend.-sam. 9h-12h30, 15h-19h, dim. 9h-12h30 - fermé 25 déc. et 1er janv. Salle d'exposition « de l'herbe au fromage » et vidéo sur la fabrication du morbier. À découvrir aussi : la tomme du Jura, le mont-d'or, le bleu de Gex, la cancoillotte et le saucisson au comté ou au morbier.

## LES ROUSSES

**Fromagerie des Rousses** – 137 r. Pasteur - 03 84 60 02 62 - www.lesmontsdejoux.com - lun.-sam. 9h-12h, 15h-18h45 (18h30 en basse sais.), dim. 9h30-12h ; fermé 1er Mai, 25 déc., 1er janv., Ascension. Une adresse incontournable pour de délicieux fromages (comté, tomme du Jura, morbier) et produits laitiers. Galerie de visite pour observer la fabrication et la salle d'affinage (à 9h). Vente aussi de salaisons, champignons, confiseries, miel, vins et alcools de la région.

**Boissellerie du Hérisson** – 101 r. Pasteur - www.cascadesduherisson.fr - 10h-12h, 14h-19h - fermé dim.-lun. hors vac. scol. Des objets en bois réalisés par des artisans jurassiens : jouets comme autrefois, jeux de société, coffrets à peindre, tire-bouchon, casse-noix...

## ST-CLAUDE

**Le Mot de la Faim** – 12 r. du Pré - 03 84 45 52 32 - www.lemotdelafaim.fr - fermé de fin déc. à mi-janv., 15 j. en août, 24-25 déc., dim. et lun. - 17,50/28,80 €. Ne craignez pas de pousser la porte de cette salle sans attrait particulier ! Vous serez agréablement surpris par la cuisine, fraîche et savoureuse, et la gentillesse du service. La carte, respectueuse du rythme des saisons, plaira tout spécialement aux amateurs de poissons.

**Genod Maître Pipier** – 13 fg Marcel - 03 84 45 00 47 - www.maitrepipier.fr - lun.-vend. 9h-11h30, 14h-18h (et sam. en juil.-août) - 2 € pour la visite des ateliers. Le jeune maître pipier qui a repris cet atelier vous montrera avec passion les étapes qui transforment un ébauchon en une digne pipe.

# Offices de tourisme

## CLAIRVAUX-LES-LACS

36 Grande-Rue - 03 84 25 27 47 - www.juralacs.com.

## MOREZ

Pl. Jean-Jaurès - 03 84 33 08 73 - www.haut-jura.com.

## LES ROUSSES

Voir p. 214

*Lac de Vouglans.*

Razvan/iStock

## FRANCHE-COMTÉ - CIRCUIT 3

# Le pays d'Arbois, de caves en fruitières

**La faiblesse pour le vin d'Arbois que le bon roi Henri ne cherchait nullement à dissimuler, les travaux de l'enfant du pays, Pasteur, et le mystère qui entoure la vinification du vin jaune : rien d'étonnant à ce que les vins du Jura soient reconnus et appréciés, d'autant plus lorsqu'on les associe aux fromages régionaux, au premier rang desquels le comté !**

**DÉPART :** LONS-LE-SAUNIER - 4 jours – 140 km

## JOUR 1

Promenez-vous dans la vieille ville de **Lons-le-Saunier** et amusez-vous à retracer son passé. Retrouvez la porte des anciennes salines qui ont fait le renom de Lons et partez à la recherche de la source du Puits-Salé, déjà utilisée dans l'Antiquité romaine et qui est à l'origine du développement du thermalisme de la ville (voir p. 215).

## JOUR 2

Reprenez la route pour rejoindre **Arlay**, son domaine et son château du 18e s. N'oubliez pas de visiter le centre de reproduction des espèces de la faune sauvage du Jura, qui met l'accent sur la préservation des rapaces diurnes et nocturnes. Vous pourrez assister, dans le cadre romantique des ruines du château, à une démonstration de vol des rapaces de Jurafaune. Rejoignez ensuite **Poligny**. Pour le plus grand plaisir des gastronomes avertis, Poligny associe avec bonheur la production de vins réputés à celle du comté, dont la ville est devenue la capitale. Emmenez les enfants à la Maison du comté : ils pourront découvrir, toucher, sentir, et goûter ce merveilleux produit du terroir. Les adultes s'attarderont au Caveau des Jacobins. Poligny possède aussi plusieurs caveaux de vignerons réputés comme les domaines Xavier Reverchon et Benoît Badoz.

## JOUR 3

Quittez Poligny à la fraîche et promenez-vous dans les vignes autour de **Pupillin** par exemple. Arrêtez-vous ensuite à **Arbois.** Vous y visiterez l'église St-Just, le musée de la Vigne et du Vin, et la maison de Louis Pasteur. Par ses recherches et ses conseils, Pasteur a largement contribué à la renaissance du vignoble dévasté par le phylloxéra. Arbois est aussi une halte gastronomique réputée, avec la table de Jean-Paul Jeunet et le chocolatier Claude Hirsinger.

T. Stankiewicz/Look/age fotostock

*Le village d'Arbois, entouré de vignes.*

Côté cave, vous apprécierez l'accueil chaleureux de la célèbre Maison Henri Maire, ou celui des domaines Jacques Tissot et Rolet Père et fils. Avant de regagner **Champagnole** pour l'étape du soir, consacrez votre après-midi à un site naturel unique, que vous pourrez parcourir à pied : celui de la **reculée des Planches** et de **ses grottes**, superbe laboratoire de l'érosion souterraine (voir l'encadré ci-contre). Une alternative consiste à s'arrêter à Molain pour découvrir l'univers magique des concrétions des grottes des Moidons.

## JOUR 4

Quittez Champagnole vers l'ouest par la D471 et la D5, faites un détour vers le **belvédère du cirque de Ladoye** et poursuivez jusqu'à **Château-Chalon**. Le charme de ce village et les vues magnifiques sur les vignes vous enchanteront. En regagnant Lons-le-Saulnier, découvrez l'exceptionnel site naturel constitué par la reculée du **cirque de Baume**, né du confluent minéral de trois vallées. L'extraordinaire belvédère des roches de Baume, formé par le bord de la falaise, vous laissera une impression inoubliable. Les courageux pourront descendre au fond de l'abîme par les Échelles de Crançot. Ne manquez pas, dans le village de **Baume-les-Messieurs**, l'abbatiale et son retable anversois.

### LE CONSEIL DU BIB

**Le premier week-end de février, assistez à la « Percée du Vin Jaune ». Elle a lieu chaque année dans un village différent situé dans la zone AOP.**

RANDONNÉE À PIED

# Reculée des Planches

### INFOS PRATIQUES

La reculée des Planches est la plus haute du Jura. Cette vallée en cul-de-sac, fermée par un amphithéâtre rocheux, atteint jusqu'à 245 m de haut. On la découvre à travers plusieurs sites accessibles à pied mais reliés par la route (il faudra donc reprendre votre véhicule).

### DÉPART

Aux **Planches-près-Arbois**, après l'église, passez un pont de pierre et prenez, tout à fait à gauche, une route étroite qui longe le pied des falaises. Laissez votre camping-car 600 m plus loin (buvette).

**Grande source de la Cuisance** – C'est la plus intéressante des deux sources de cet affluent de la Loue. La caverne, d'où l'eau s'écoule en cascade en période de hautes eaux, constitue l'entrée des grottes des Planches.

**Petite source de la Cuisance** – 0,5 km au départ des Planches, puis 1h à pied AR. En arrivant d'Arbois, prenez la direction « Auberge du Moulin » et laissez votre camping-car au parking, au bord de la rivière. Suivez un chemin en montée. La cascade des Tufs, formée en période de grandes eaux par la rivière naissante, et la source elle-même occupent un site agréable. Faites demi-tour. Aussitôt après le pont sur la Cuisance, avant l'église des Planches, tournez à gauche dans la D339, route étroite et en montée. Prenez ensuite, à gauche, la D469 en corniche. Vous passez bientôt sous un tunnel que suit un passage rocheux. Laissez votre camping-car 30 m plus loin au parking.

Revenez sur vos pas pour jouir d'un point de vue sur le cirque du Fer-à-Cheval.

*Reprenez votre camping-car et suivez la D469.*

**Belvédère du cirque du Fer à Cheval** – 10mn à pied AR. Laissez votre camping-car à hauteur d'une auberge et suivez le sentier signalé qui s'amorce à gauche. On traverse un petit bois à la lisière duquel le cirque s'ouvre, béant (barrière de protection). Du belvédère dominant de près de 200 m le fond de la vallée, superbe perspective sur la reculée.

*Reprenez la D469, puis tournez tout de suite à gauche et suivez la D248.*

**Belvédère de la Châtelaine** – 20mn à pied AR. Laissez votre camping-car sur le parking. Suivez le sentier qui descend, à gauche de l'église. Le belvédère se situe 200 m au-dessus des grottes des Planches, et offre un beau point de vue sur la vallée de la Saône.

*Pour rejoindre Champagnole, faites demi-tour et prenez à gauche la D469.*

## Aires de service & de stationnement

### CHAMPAGNOLE

**Aire de Boÿse**
20 r. Georges-Vallerey, face au camping Le Boÿse - 03 84 52 00 32 - www.camping-boyse.com
De déb. avr. à mi sept.
Borne AireService : 6 €
(eau + élec.)
5 - 24h - 6 €/j.
Paiement : jetons (au camping et à l'office de tourisme)
Services :
GPS : E 5.89916 N 46.74666

### CONLIÈGE

**Aire de Conliège**
R. du Saugeois - 03 84 24 13 20 - www.conliege.fr
De déb. avr. à mi nov. (mise hors gel)
Borne sanistation : Gratuit
3 - 72h - Gratuit
Services : WC
GPS : E 5.59981 N 46.65271

### MESNAY

**Aire de Mesnay**
1 r. Vermot, près de l'écomusée du Carton - 03 84 66 24 17 -
Borne AireService
P
Plat, bitume, herbeux avec quelques places ombragées.
GPS : E 5.80075 N 46.89786

### POLIGNY

**Aire de Poligny**
Rte de Lons-Le-Saunier, à l'extérieur du camping de la Tulipe de Vigne - 03 63 86 97 93 - www.camping-poligny.com
De déb. avr. à fin sept.
Borne AireService -
Paiement : CC
Services : WC
GPS : E 5.69828 N 46.83434

### PUPILLIN

**Domaine Désiré Petit**
R. Ploussard - 03 84 66 01 20 - www.desirepetit.com
Permanent (fermé Noël, 1er dim. de janv.)
Paiement : CC
Réseau France Passion.
GPS : E 5.75658 N 46.88094

*Morbier sur un étal de marché.*

jeangill/iStock

## Campings

### LONS-LE-SAUNIER

Voir p. 215

### MARIGNY

**Capfun La Pergola**
1 r. des Vernois - 03 84 25 70 03 - www.lapergola.com -
De fin avr. à mi sept. - 350 empl.
Tarif camping : 23 €
(12A) - pers. suppl. 4,70 €
Services et loisirs :
Bel ensemble de piscines dominant le lac de Chalain.
GPS : E 5.77984 N 46.67737

### MONNET-LA-VILLE

**Sous Doriat**
34 r. Marcel-Hugon - 03 84 51 21 43 - www.camping-sous-doriat.com
De déb. mai à fin sept. - 70 empl. -
borne flot bleu 5 €
(eau + élec.)
Tarif camping : 26 €
(10A) - pers. suppl. 4,50 €
Services et loisirs :
Très simple. Superbe vue sur le Jura.
GPS : E 5.79779 N 46.72143

### VERS-SOUS-SELLIÈRES

**Aire naturelle Les Étangs**
Rte de Sellières - 06 87 12 22 74
De déb. avr. à mi oct. - 15 empl. -
borne artisanale 5 €
Tarif camping : 19 €
Services et loisirs :
GPS : E 5.52484 N 46.84237

## Les bonnes adresses de bib

### ARBOIS

**Le Bistronome** – 63 r. de Faramand - 03 84 53 08 51 - www.le-bistronome-arbois.com - fermé dim.-lun. - formule déj. 19 € - 26 €. Après cinq ans passés à la Maison Jeunet, Lisa et Jérôme ont repris cette sympathique adresse. Au programme : salle d'été en terrasse donnant sur la rivière, intérieur de bistrot chaleureux, et surtout menu très attractif ! Plat phare de la maison, la ballottine de truites farcie aux morilles et sauce au vin jaune n'attend que vous...

**Maison Hirsinger** – 38 pl. de la Liberté - 03 84 66 06 97 - www.chocolat-hirsinger.com - 8h-19h30 - fermé merc. et jeu. sf juil.-août et 15 j. avant Noël. Il serait impardonnable de traverser Arbois sans rendre une petite visite à ce Meilleur Ouvrier de France 1996 qui décline avec brio une succulente gamme de chocolats (à la menthe, au gingembre, aux épices, etc.) dominée par quelques spécialités de renom comme l'arboisien, gâteau aux noisettes et amandes, ou les Bouchons.

### CHÂTEAU-CHALON

**Le Ptit Castel** – R. de la Roche - 03 84 44 20 50 - www.casteldamandre.com/fr - tlj soir seult sf le dim. midi de Pâques à août - formule déj. 29 € - 39/69 €. Situé sur les hauteurs de Château-Chalon, ce restaurant propose une cuisine traditionnelle copieuse. Si vous voulez profiter de la terrasse et de sa superbe vue sur les vignes, précicez-le en réservant. Accueil chaleureux.

### LONS-LE-SAUNIER

**La Comédie** – 65 pl. de la Comédie - 03 84 24 20 66 - www.restaurant-lacomedie.com - fermé 2 sem. en avr., 3 sem. en août, dim., lun. - formule déj. 18 € - 40/55 €. On apprécie la terrasse-jardin à l'arrière, lieu propice pour déguster la cuisine fraîche et raffinée de ce restaurant situé sur une discrète place du centre-ville. Simplicité, calme et volupté.

**Maison Pelen** – Pl. de la Liberté - 03 84 24 31 39 - www.pelen.fr - boutique : lun. et sam. 9h30-12h (9h le sam.), 14h30-19h, mar.-vend. et dim. 9h-12h15 ; salon de thé : 03 84 24 31 39 - lun.-sam. 14h30-19h ; visite chocolaterie (175 r. Blaise-Pascal) sur réserv. au 03 84 47 28 24. Depuis 1899, la famille Pelen régale Lons-le-Saunier avec ses galets de Chalain (nougatine et praliné enrobés de chocolat), son gâteau Écureuil (à la noisette !) et bien d'autres gourmandises. Un élégant salon de thé occupe l'étage.

### POLIGNY

**Les Délices du Plateau - Fruitière de Plasne** – 1 rte. du Sied - 5 km au sud-ouest de Poligny par la D68 - 03 84 37 16 67 - www.lesdelicesduplateau.fr - 9h-12h15, 14h-19h sf dim. 9h-12h30. Le comté bien sûr, mais aussi la tomme du Jura et le morbier, autres fleurons de la gastronomie locale, sont affinés dans cette coopérative fromagère. La visite de l'atelier de fabrication du comté (mar. et jeu. à 9h - sur réserv., 2 €, gratuit -6 ans) et des caves d'affinage se termine par une dégustation (en saison).

### PUPILLIN

**Le Grapiot** – 3 r. Bagier - 03 84 37 49 44 - www.legrapiot.com - fermé 1 sem. en juil., de fin déc. à fin janv., mar. et merc. - 38/62 €. Installé dans un village de vignerons renommé, ce restaurant chaleureux est le fief d'un passionné de saveurs et de beaux produits. Sa cuisine se prête idéalement aux accords avec les vins locaux – ça tombe bien, sa carte des vins du Jura est l'une des plus imposantes du département. Bon rapport qualité-prix.

## Offices de tourisme

### ARBOIS

17 r. de l'Hôtel-de-Ville - 03 84 66 55 50 - www.arbois.com.

### CHAMPAGNOLE

28 r. Baronne-Delort - 03 84 52 43 67 - www.juramontsrivieres.fr.

### LONS-LE-SAUNIER

Pl. du 11-Novembre-1918 - 03 84 24 65 01 - www.tourisme-coteaux-jura.com.

### LE TOP 5 FRUITIÈRES

1. Crémerie Marcel Petite (Pontarlier)
2. Fruitière du plateau d'Arbois
3. Fruitière de Salins-les-Bains
4. Fort de St-Antoine
5. Fruitières du Lomont

# STATIONS DE SKI

## Les Rousses

**INFOS PRATIQUES**

**Office de tourisme**
495 r. Pasteur - 03 84 60 02 55 - www.lesrousses.com - autres bureaux point info de Lamoura - Grande-Rue - 03 84 41 27 01; point info de Bois-d'Amont - 165 r. des Couennaux ; accueil de l'Espace des Mondes-Polaires - 03 84 60 02 55.

**Géolocalisation**
GPS : E 6.0587 N 46.4861
Altitude basse : 1120 m
Altitude haute : 1677 m

**Remontées mécaniques**
Télésièges : 5 Téléskis : 25
Télécorde : 2

**56 pistes**
Noires : 5 Rouges : 14
Bleues : 20 Vertes : 17

**STATIONNEMENT & SERVICES**

**Aire des Rousses**
Rte du Lac, suivre la direction de Marez, puis Les Rousses-en-Bas - 03 84 60 01 52
Permanent (mise hors gel)
Borne AireService : 5 € (eau + élec.)
15 - Illimité - Gratuit
Paiement : CC
Services :
GPS : E 6.06678 N 46.48779

**Parking du Balancier**
N 5, rte du Tabagnoz, parking du télésiège du Balancier - 03 84 60 02 55
Permanent
Borne flot bleu : Gratuit
20 - Illimité - Gratuit - en hiver, prévoir de déplacer le véhicule afin de faciliter le déneigement. Équipements hivernaux obligatoires en hiver.
GPS : E 6.07597 N 46.44848

Au cœur du Parc naturel du Haut Jura, quatre villages se sont regroupés pour vous offrir tous les avantages d'une station de sports d'hiver tout en préservant leur intimité. Sur les traces de la célèbre transjurassienne, découvrez un des plus beaux domaines français pour les glisses nordiques. Pour les skieurs alpins, évoluez dans un espace franco-suisse de grande qualité.

## Métabief

**INFOS PRATIQUES**

**Office de tourisme**
Pl. Xavier-Authier - 03 81 49 13 81 - www.tourisme-metabief.com.

**Géolocalisation**
GPS : E 6.3517 N 46.7736
Altitude basse : 1000 m
Altitude haute : 1463 m

**Remontées mécaniques**
Télésièges : 8 Téléskis : 11
Télécorde : 2

**35 pistes**
Noires : 3 Rouges : 11
Bleues : 11 Vertes : 10

**STATIONNEMENT & SERVICES**

**Aire de Métabief**
R. Crêt de Lernier et la Perr, prendre l'av. du Bois-du-Roi, en direction de Longevilles-Mont-d'Or - 03 81 49 13 22
Permanent
Borne flot bleu : 2 € (eau + élec.)
50 - Illimité - 9 €/j.
Paiement : CC
GPS : E 6.34521 N 46.76408

La station de Métabief est en toute saison une destination de séjour idéale pour les sportifs. Elle est sans conteste le paradis des vététistes. Professionnels et amateurs y dévalent les pistes du mont d'Or avec autant de plaisir. Les sports d'hiver ne sont pas oubliés : la station est composée de trois domaines (Métabief, Piquemiette, Super-Longevilles) reliés entre eux par 21 remontées mécaniques. Si Métabief est bien équipée pour le ski alpin, elle est surtout prisée pour le ski de fond et les promenades en raquettes.

## Salins-les-Bains

### INFOS PRATIQUES

**Centre thermal ThermaSalina**
Pl. Barbarine - 03 84 73 04 63 - www.thermes-salins.com - 14h30-18h30, dim. 9h30-11h45, 14h-17h30, j. fériés 14h-17h30 - fermé janv. - 14 € (6 € 3-12 ans). Plusieurs types d'eau salée, bassin thermo-ludique, saunas, hammam jacuzzi, caldarium,

**Indications**
Rhumatologie.

**Température de l'eau**
17 °C.

### STATIONNEMENT & SERVICES

**Municipal domaine des Gabelous**
Pl. de la Gare - 06 77 34 65 15 - www.salins-camping.com - De déb. avr. à fin oct. - 25 empl.
Tarif camping : 18,50 € (16A) - pers. suppl. 4 €
Services et loisirs :
Dans un vallon avec vue superbe sur les montagnes alentours et la citadelle.
GPS : E 5.87919 N 46.94625

Un nom explicite s'il en est ! Salins-les-Bains affiche tout de suite la couleur, et ce n'est pas le visiteur qui s'en plaindra ! Pourquoi Salins ? car ici se cache un trésor classé au Patrimoine mondial de l'Unesco : il s'agit des grandes salines qui, du haut Moyen Âge jusqu'en 1962, ont produit le fameux « or blanc ». Aujourd'hui, le site abrite un musée du Sel grâce auquel le processus de fabrication est dévoilé de A à Z. Avis aux amateurs qui, sur le thème, ne manqueront bien évidemment pas Arc-et-Senans et sa saline royale, à 16 km au nord-ouest. Quant aux bains, ils ont leur réalité à Salins depuis 1854, date de création de la station thermale. Et pour être exhaustif sur ce qui fit la renommée de la ville, sachez que la faïencerie y était l'activité phare à la fin du 19e s. : poussez la porte de quelque artisan potier pour la découvrir. Ainsi, si les hommes ont été à l'origine d'une activité économique florissante, ils ont aussi fait de Salins une ville au patrimoine architectural intéressant. Voyez par exemple ses édifices religieux, et notamment l'église St-Anatoile (13e s.), son hôtel de ville du début du 18e s. ou encore son casino, dû aux architectes Malcotti et Roussey. Et pour embrasser l'ensemble de la ville d'un seul regard, il faudra se rendre au pied des remparts du fort St-André ; le mont Poupet, à 850 m, tiendra aussi ses promesses en ouvrant loin sur le mont Blanc, la Bresse ou le Beaujolais et, dans un autre registre, en accueillant les adeptes de vol libre... Sensations garanties !

## Lons-le-Saunier

### INFOS PRATIQUES

**Centre thermal Valvital Thermes Lédonia**
Parc des Bains - 03 84 24 20 34 - www.valvital.fr - fermé j. fériés. ; 10h-19h, sam. 9h-19h, dim. 9h-13h.

**Indications**
Rhumatologie, troubles du développement de l'enfant.

**Température de l'eau**
15-16 °C.

### STATIONNEMENT & SERVICES

**La Marjorie**
640 bd de l'Europe - 03 84 24 26 94 - www.camping-marjorie.com
De déb. avr. à mi oct. - 169 empl.
borne artisanale 4,80 € (eau + élec.)
Tarif camping : 25,90 € (10A) - pers. suppl. 6 €
Services et loisirs :
Agréable décoration arbustive, au bord d'un ruisseau.
GPS : E 5.56855 N 46.68422

À l'orée du plateau jurassien, Lons-le-Saunier a tout du berceau de « stars » ! La capitale régionale a en effet vu naître quelques illustres noms dont la renommée, chacune dans son genre, dépasse les frontières hexagonales. Commençons par Rouget de L'Isle : cet enfant du pays écrivit *La Marseillaise* en 1792, et si les Invalides à Paris accueillirent ses cendres en 1915, Lons honore sa mémoire dans le musée installé dans sa maison natale, rue du Commerce. La ville a aussi donné le nom de l'artiste à un gâteau et à une bière... avis donc aux gastronomes, qui ne manqueront pas non plus la fameuse Vache qui Rit® : elle aussi vit le jour à Lons grâce à l'ingéniosité de la famille Bel. Aujourd'hui, son succès est planétaire et la visite de la maison consacrée à cette sacrée invention fromagère un incontournable, notamment avec les plus jeunes. Pour parfaire votre découverte des spécialités locales, faites un détour par le vignoble alentour et l'affaire sera entendue. Après ces quelques visites et dégustations, bien-être et activité sportive s'imposent. Pourquoi ne pas programmer, si ce n'est déjà fait, un séjour aux thermes ? Ou bien une baignade, dans le lac de Desnes bordé d'une agréable plage, ou au centre nautique Aqua'rel ? Ou encore un golf sur le 18-trous de Vernantois ? Les propositions de loisirs se bousculent à Lons et dans sa région, mais veillez à garder un peu d'énergie car entre théâtre, cinéma et casino, la soirée en ville pourrait être longue...

*Intérieur de la basilique de Vézelay. – J.-P. Lescourret/Getty Images*

*Château de Tanlay. – Hoffmann Photography/age fotostock*

*Roche de Solutré. – phbcz/iStock*

# Bourgogne

Avec ses petits châteaux, ses églises, ses abbayes et ses villages aux tuiles vernissées, la Bourgogne est un concentré d'histoire, un livre d'images qu'il faut parcourir doucement, sans se presser ! Le duc de Bourgogne, ennemi mortel de Louis XI, a marqué durablement cette région fière et prospère qui ne s'est rattachée que tardivement au royaume de France.

Dijon, sa capitale, a conservé son faste et son élégance et vous impressionnera par sa vie culturelle. Aux confins du Morvan, Vézelay est un site d'exception qui fut sauvé de la ruine par Mérimée et qui figure depuis 1979 au Patrimoine mondial de l'humanité.

Mais ce que la Bourgogne a de plus fascinant, c'est bien sûr son incroyable vignoble morcelé en milliers de clos, de crus, de parcelles, de climats différents ! Une œuvre d'art façonnée au fil des siècles par les moines-vignerons du Moyen Âge, qui furent les premiers à identifier les plus grands terroirs. Ceux, mythiques de Vosne-Romanée, de Nuits-St-Georges, de Chambolle-Musigny ou, plus au sud, de Montrachet, une petite colline dont les coteaux produisent le plus grand vin blanc du monde...

Traverser ces vignes et ces villages à vélo est un vrai bonheur (entre Beaune et Meursault notamment), mais ne manquez pas non plus de faire une croisière fluviale le long des canaux : c'est ainsi que la beauté des paysages bourguignons vous sera le plus perceptible... Et la pêche à la truite et au brochet est le sport régional par excellence !

# BOURGOGNE

*Les Hospices de Beaune. – SteveAllenPhoto/iStock*

## LES ÉVÉNEMENTS À NE PAS MANQUER

- **St-Vincent tournante** : dernier w.-end de janv. ; procession en l'honneur du patron des vignerons qui a lieu chaque année dans un village différent. En 2022, c'est à Couchey que se déroulera la fête.
- **Pèlerinage de la Madeleine** à Vézelay (89) le 22 juil. www.basiliquedevezelay.org.
- **« La cathédrale en lumière »** et autres animations nocturnes à la cathédrale d'Autun (71) : tous les soirs en juil.-août. www.autun-tourisme.com.
- **Les Grandes Heures de Cluny** (71) : juil.-août ; concerts de musique et dégustation de vins. Puis **Festival de jazz** : août. www grandesheuresdecluny.com.
- **Festival « Musiques en voûtes »** dans diverses localités : sept. ; musique de chambre dans des églises romanes. www.cotedor-tourisme.com.
- **Paulée de la côte chalonnaise** à Chalon-sur-Saône (71) : fête de fin des vendanges 3e w.-end d'oct. www.paulee-cote-chalonnaise.fr.
- **« Les Trois Glorieuses »** au Clos de Vougeot, à Beaune et à Meursault (21), vente aux enchères des vins des Hospices de Beaune : mi-nov. www.vins-bourgogne.fr.
- Concours de volailles **« Les Quatre Glorieuses »** à Louhans (71) : 3e sem. de déc. www.glorieusesdebresse.com.

# Votre séjour en Bourgogne

---

**EN COMPLÉMENT, UTILISEZ...**

- Le Guide Vert : Bourgogne
- Cartes Michelin : Région 519 et Départements 319 et 320

BOURGOGNE - CIRCUIT 1

# L'Auxerrois et la Puisaye

**Quelle que soit la richesse des grands centres anciens tel celui d'Auxerre, cette escapade vous séduira davantage par les petites villes – St-Fargeau, Noyers, Ancy-le-Franc ou Chablis – qui vous laisseront le souvenir d'une belle région, calme et fière de ses spécialités comme de son histoire. D'ailleurs, commencez votre découverte par l'incroyable chantier du château de Guédelon.**

**DÉPART :** GUÉDELON - 6 jours – 315 km

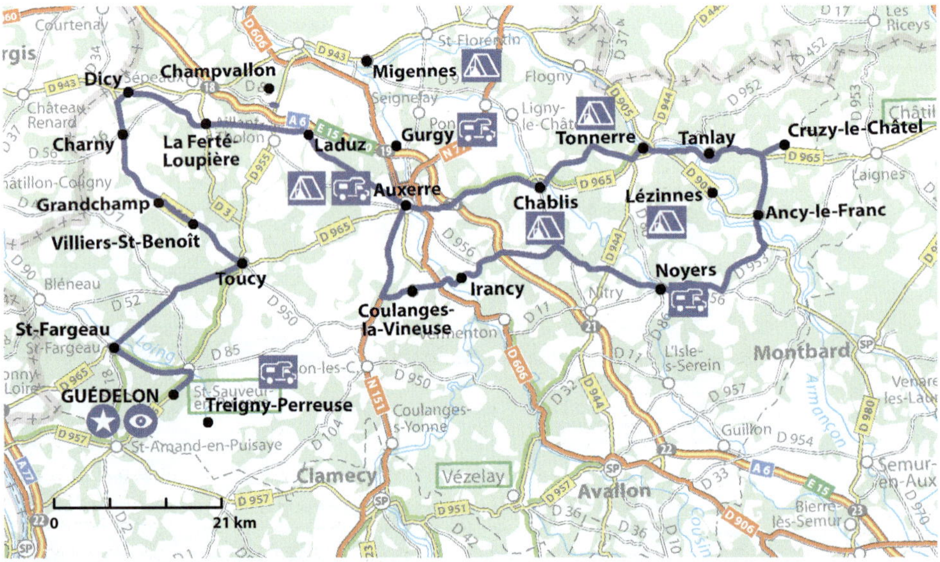


## JOUR 1

Première étape : l'incroyable chantier de **Guédelon** (voir l'encadré p. ci-contre). Démarré en 1997, il a pour ambition l'édification d'un château fort comme au 13e s., en utilisant les techniques et les outils de l'époque ! Vous continuez votre route dans les paysages verdoyants de la Puisaye, pays natal de Colette, avec son bocage, ses forêts et ses étangs. Ici a été conservée une forte tradition potière. Visitez quelques-uns de ses châteaux, notamment celui de **St-Fargeau**, signalé par la tendre couleur rose de la brique et toujours cerné de fossés. Nuit dans les environs.

## JOUR 2

Consacrez une partie de la matinée à **Toucy**. La cité, bâtie sur la rive droite de l'Ouanne, fut le pôle historique de la Puisaye jusqu'au 14e s. Faites ensuite halte à **Villiers-St-Benoît** qui accueille le musée d'Art et d'Histoire de Puisaye. Poursuivez jusqu'à **Grandchamp** où s'élève un château d'aspect longiligne très original, remanié plusieurs fois entre la Renaissance et le Second Empire. Rejoignez enfin **Charny** par la D950. Une plaque commémorative rappelle les événements terribles du 14 juillet 1944 : tous les hommes et quelques femmes du village, soupçonnés de soutenir le maquis, furent regroupés sous les armes dans la petite école. Nuit dans les environs.

## JOUR 3

Direction le nord-ouest, vers **Dicy** où vous vous rendez au musée d'art brut de La Fabuloserie. Une visite à faire en famille ! Rejoignez par la D145 **La Ferté-Loupière** pour admirer dans l'église des peintures murales remarquables (dont la « Danse macabre »). Poursuivez vers l'est par la D145 pour découvrir l'étonnant musée des Arts populaires de **Laduz**. Rejoignez **Auxerre**. Promenez-vous dans la ville, sur les pas de Cadet Roussel. Visitez la cathédrale St-Étienne et l'ancienne abbaye St-Germain. Nuit sur place.

*photofort 77/Shutterstock.com*

*Chantier du château de Guédelon.*

# JOUR 4

Quittez Auxerre au sud par la N151, prenez la D85 qui mène à **Coulanges-la-Vineuse**, traversez l'Yonne pour continuer dans les vignobles jusqu'à **Irancy**. Un tour dans les caves et le vignoble s'impose. Passez la fin de la journée à **Noyers**, que vous aurez rejoint par la D956. Cette ville médiévale se reconnaît à ses toits couverts d'écailles qu'on appelle ici des « laves ».

# JOUR 5

Voici la **vallée de l'Armançon** et le canal de Bourgogne. Peupliers, écluses, péniches et bateaux de plaisance composent un décor de vacances. Parmi les châteaux de l'Yonne, ne manquez pas, à quelques kilomètres de distance, les joyaux de la Renaissance : **Ancy-le-Franc**, qui conserve un décor intérieur peint superbe, **Tanlay** et son pont flanqué de deux obélisques, et, sur la commune de **Cruzy-le-Châtel**, l'étonnant château de Maulnes. Arrivez à Tonnerre en fin de journée par la D952.

# JOUR 6

Flânez dans la ville de **Tonnerre**, avant de retrouver le vignoble du Chablisien par la D965. Petite ville baignée par le Serein, **Chablis** est la capitale du prestigieux vin blanc de Bourgogne. Consacrez un peu de temps aux caves, avant de regagner Auxerre.

VISITE

# Château de Guédelon

## INFOS PRATIQUES

Entre St-Sauveur-en-Puisaye et St-Amand-en-Puisaye, sur la D955 - 03 86 45 66 66 - www.guedelon.fr - juil.-août : 9h30-18h30 ; reste de l'année : se rens. - fermé de déb. nov. à mi-mars - 15 € (5-17 ans 12 €).

## STATIONNEMENT & SERVICES

**Parking du château de Guédelon**
Les camping-cars ne sont autorisés à stationner sur le parking que durant les périodes d'ouverture du château - gratuit.

**Aire de Treigny-Perreuse**
1-3 r. du Champ-de-Foire - 03 86 74 72 99
Permanent
Borne artisanale
30 P - 72h - Gratuit - ouvert à tout véhicule
Services : WC
Face au cimetière, à quelques kilomètres seulement du chantier de Guédelon.
GPS : E 3.18163 N 47.55093

Édifier un château fort du 13e s. avec les techniques et les outils de l'époque... Ce pari lancé en 1997 était audacieux. Il l'est encore vingt ans plus tard et le restera jusqu'à la fin, prévue d'ici une quinzaine d'années. L'objectif de ce projet est d'apprendre en construisant, de construire en apprenant.

Aussi, vous ne verrez ni bulldozers ni grues sur le chantier, mais les ancêtres de ces machines : des charrois de pierre tirés par des bœufs et d'ingénieux systèmes de levage. Les « œuvriers », en cagoule et en chausses, taillent la pierre, battent le fer, tressent le chanvre, scient le bois, reprenant les gestes oubliés des anciens bâtisseurs. Matériaux et outils sont aussi fabriqués sur place. Allez donc interroger les tailleurs de pierre, les maçons, les tuiliers, les cordiers... ils commenteront et vous expliqueront leur pratique.

À ce jour, ont été élevés l'enceinte fortifiée, dont les murs font 2,10 m de large, et le logis seigneurial, aux fenêtres géminées, ainsi que la charpente. Vous verrez donc une partie du chemin de ronde avec créneaux et merlons, et des tours d'angle. À l'intérieur, la chambre possède des peintures murales dont les pigments ont été fixés avec de la peau de lapin, les murs de la chapelle sont habillés d'ocres issus des hématites du chantier, la cuisine et le cellier recèlent de magnifiques carreaux de pavements. Le donjon devrait à terme mesurer 30 m de haut !

## Campings

### AUXERRE

**Municipal**
8 rte de Vaux - 03 86 52 11 15
De déb. avr. à déb. oct. - 164 empl.
borne artisanale
Tarif camping : 19 €
(6A)
Services et loisirs :
GPS : E 3.58703 N 47.7865

### CHABLIS

**Municipal du Serein**
Quai Paul-Louis-Courier -
03 86 42 44 39 - www.ville-chablis.fr
De fin avr. à fin sept. - 43 empl. -
borne artisanale 4 €
(eau + élec.)
Tarif camping : 16 €
(10A) - pers. suppl. 4 €
Services et loisirs :
Cadre verdoyant, confort simple, terrain bien tenu situé dans une boucle du Serein.
GPS : E 3.80596 N 47.81368

### LÉZINNES

**Municipal la Gravière du Moulin**
7 rte de Frangey - 03 86 75 68 67 -
www.gravieredumoulin.lezinnes.fr
De déb. avr. à déb. oct. - 32 empl.
borne artisanale 3,20 €
(eau + élec.)
Tarif camping : 10,94 €
(16A) - pers. suppl. 2,20 €
Services et loisirs :
GPS : E 4.08845 N 47.79936

### MIGENNES

**Les Confluents**
Allée Léo-Lagrange -
03 86 80 94 55 -
www.les-confluents.com
61 empl.
borne AireService
Tarif camping : 19,60 €
(10A) - pers. suppl. 4,10 €
Services et loisirs :
Sur les bords de l'Yonne.
GPS : E 3.5095 N 47.95613

### TONNERRE

**Révéa La Cascade**
Av. Aristide-Briand - 03 86 55 15 44 - www.camping-la-cascade-tonnerre.com
De déb. avr. à fin sept. - 54 empl.

Tarif camping : 18 €
(6A) - pers. suppl. 4 €
Services et loisirs :
Confort simple, cadre verdoyant sur une presqu'île entre l'Armançon et le canal de Bourgogne.
GPS : E 3.98415 N 47.8603

## Aires de service & de stationnement

### AUXERRE

**Aire au Camping L'Arbre Sec**
8 rte de Vaux, parc Roscoff -
03 86 52 11 15 -
www.campingauxerre.fr
De déb. avr. à fin oct.
Sur le bord de l'Yonne, rive droite.
GPS : E 3.57726 N 47.79768

### GURGY

**Aire de Gurgy**
Chemin du Halage -
03 86 53 02 86t
Permanent (mise hors gel)
Borne artisanale
30 - 48h - 13,10 €/j. - borne compris - paiement sur place à L'escale de Gurgy
Paiement :
Services :
Au bord du canal.
GPS : E 3.55467 N 47.86402

### NOYERS

**Parking de Noyers**
Parking de la salle polyvalente, chemin des Angles - 03 86 82 83 72
Permanent
Borne artisanale : Gratuit
- Illimité
Services :
GPS : E 3.99479 N 47.69447

### TREIGNY-PERREUSE

**Aire de Treigny-Perreuse**
Voir p. précédente

*Auxerre.*

I. Vdovin/age fotostock

# Les bonnes adresses de bib

## ANCY-LE-FRANC

**Hôtel-restaurant de l'Écluse 79** – 2 chemin de Ronde - à 3 km par D17 et D317 - 03 86 75 13 88 - www.hotelrestaurantdelecluse.com - 14/35 €. Excellente adresse en bordure du canal de Bourgogne. Cuisine du terroir classique, renouvelée à chaque saison.

## AUXERRE

**Le Bourgogne** – 15 r. de Preuilly - 03 86 51 57 50 - www.lebourgogne.fr - P - fermé 2 sem. en août, 22 déc.-5 janv., dim.-lun. - formules déj. 21/27 € - 35/56 €. Sympathique cadre rustique, belle terrasse d'été et petits plats du marché aussi appétissants : reconversion réussie pour cet ancien garage !

**La P'tite Beursaude** – 55 r. Joubert - 03 86 51 10 21 - la-ptite-beursaude.business.site - fermé mar., merc. midi et jeu. midi - 20,50/31,50 €. L'enseigne à consonance régionale, la salle à manger au cachet campagnard simple et chaleureux, les serveurs qui officient en costume local et de copieuses recettes puisant dans le terroir : voilà un véritable concentré de Bourgogne que l'on découvre en poussant la porte de cette P'tite Beursaude !

## CHABLIS

**Le Syracuse** – 19 av. du Mar.-de-Lattre-de-Tassigny - 03 86 42 19 45 - fermé dim. soir et lun. - 15/32 €. Ce restaurant installé au cœur du village dispose d'une salle rustique et climatisée plaisante, tout comme la terrasse, peut-être trop bondée en été. Cuisine traditionnelle assez soignée. Le service est parfois un peu désinvolte.

## CHARNY

**Cyclorail de Puisaye** – Gare de Charny - 06 32 45 63 91 - www.cyclorail.com - 9/15 € de 2h à 1 j (5 pers. maxi). Une façon originale de partir à la découverte de la Puisaye : rouler en vélorail sur une ancienne voie ferrée. Le parcours, de Charny à Villiers-St- Benoît, d'une longueur maximale de 32 km AR, offre la possibilité de pique-niquer ou de se restaurer en chemin.

## COULANGES-LA-VINEUSE

**J'MCA** – 12 r. André-Vildieu - 03 86 34 33 41 - www.jmcarestaurant.fr - déj. tlj sf merc., dîner vend.-sam. - fermé 2 sem. en fév. et 2 sem. en août - formule déj. 19 € - 27/43 €. Ce restaurant contemporain propose une cuisine de saison bien ficelée. La carte est renouvelée chaque semaine, au gré des inspirations du chef et du marché.

## IRANCY

**Le Soufflot** – 33 r. Soufflot - 03 86 42 39 00 - www.restaurant-irancy.fr - fermé lun. et le soir sf vend. et sam. - 24/34 €. Dans le centre-ville d'Irancy, ce bistrot convivial propose une carte au goût du jour, courte et savoureuse (avec une prédilection du chef pour les légumes) et une carte des vins (évidemment !) 100 % bourguignonne.

## TOUCY

**Train touristique du pays de Puisaye-Forterre** – Av. de la Gare - Accueil touristique de Toucy - 03 86 44 05 58 - train-de-puisaye.com - juil.-août : merc. et w.-end 9h-18h30 ; mai-juin et sept. : dim. 14h-18h30 - 8 € (-14 ans 5,50 €) pour Villiers-St-Benoît (AR). Possibilité de déjeuner en wagon restaurant en période touristique : 35 € (-14 ans 21,50 €). Ce train touristique qui emprunte la voie ferrée entre Toucy et Villies-St-Benoît, vous fera découvrir la verdoyante Puisaye. Le billet, valable toute la journée, permet de monter et descendre à n'importe quelle gare.

# Offices de tourisme

## AUXERRE ET L'AUXERROIS

7 pl. de l'Hôtel-de-Ville - 03 86 51 03 26 - www.ot-auxerre.fr.

## TONNERRE

12 r. Campenon - 03 86 55 14 48 - www.escales-en-bourgogne.fr.

*Vignoble d'Irancy.*

*J. Arnold Images/hemis.fr*

**LE TOP 5 VIGNOBLES**

1. St-Bris
2. Coulanges-la-Vineuse
3. Irancy
4. Tonnerre
5. Chablis

# BOURGOGNE - CIRCUIT 2

## Au cœur du Morvan

**Que vous soyez allergique aux vieilles pierres ou désabusé de nature, il semble impossible que vous ne succombiez pas aux charmes de la basilique de Vézelay ou de l'abbaye de Fontenay, deux monuments inscrits au Patrimoine mondial de l'Unesco. Impossible, non plus, de ne pas être séduit par cette Bourgogne ponctuée de lacs, de petites routes serpentant à travers des vallons boisés et de jolis bourgs assoupis autour de leur clocher...**

**DÉPART :** VÉZELAY - 5 jours - 230 km

### JOUR 1

Cet itinéraire débute par la visite de **Vézelay**, sa mémorable basilique, son musée Zervos (art moderne) et ses maisons anciennes. Prenez au sud la direction de **St-Père** et sa charmante église, puis rendez-vous au château de Vauban, à **Bazoches**. De là, par la D944, gagnez Château-Chinon en longeant le **lac de Pannecière-Chaumard**, le plus grand des lacs du Morvan. La D944 vous mène à Château-Chinon ou restez pour la nuit au bord du lac.

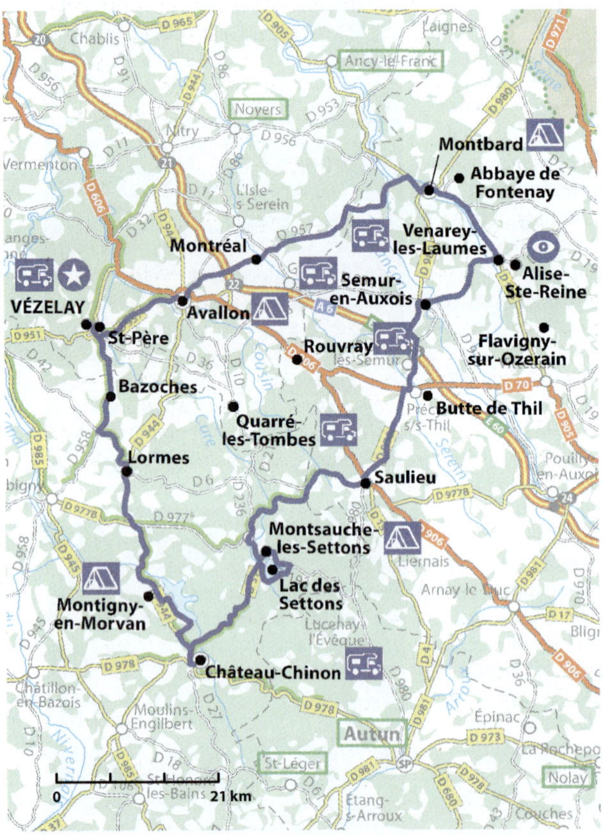


### JOURS 2 ET 3

Capitale du Morvan, **Château-Chinon** accueillit tour à tour un oppidum gaulois, un camp romain, un monastère, un château féodal et des siècles plus tard, la ville devint le fief d'un célèbre maire, futur président de la République : François Mitterrand. Allez admirer les sommets du Morvan depuis le calvaire, suivez l'agréable promenade du château. Faites une visite au musée du Septennat ; parmi les cadeaux protocolaires offerts au président Mitterrand se cachent des trésors parfois insolites ! Par la D37, regagnez le **lac des Settons**. Entouré de bois de sapins et de mélèzes, à 573 m d'altitude, cet agréable plan d'eau s'étale au travers de la **vallée de la Cure**. Consacrez une journée supplémentaire à la découverte du site. On peut y pêcher, s'y promener, et pratiquer des sports nautiques. La beauté du site et les multiples activités proposées font du plus ancien lac artificiel du Morvan, un lieu de séjour très agréable.

### JOUR 4

Poursuivez vers le nord jusqu'à Saulieu en passant par le **lac de St-Agnan**. Après la visite de **Saulieu** et du musée François Pompon (sculpteur et élève de Rodin), gagnez la **butte de Thil** (ancienne collégiale et château du 14ᵉ s.) par la D980 et la D70. Puis, en revenant sur la D980, vous parviendrez à **Semur-en-Auxois,** admirable cité médiévale campée sur une falaise de granit rose. Poursuivez vers Venarey-les-Laumes pour vous rendre à **Alise-Ste-Reine**, dont les fouilles archéologiques nous transportent sur le champ de bataille d'Alésia, aux côtés de Vercingétorix et César (voir l'encadré p. ci-contre). Rendez-vous également possible **Flavigny-sur-Ozerain.** Ses délicieuses petites graines d'anis enrobées de sucre ont fait sa célébrité. Finissez la journée à Montbard, que vous gagnez par la D905.

LianeM/iStock

*Vézelay.*

## JOUR 5

Visitez **Montbard** et la Grande Forge de Buffon avant d'aller admirer le chef-d'œuvre qu'est l'**abbaye de Fontenay**. L'abbaye donne une vision exacte de ce qu'était un monastère cistercien au 12e s., vivant en complète autarcie. Revenez sur la D103 et suivez la D957. Vous pouvez faire une étape dans le village de **Montréal** pour admirer l'église, avec ses 26 stalles sculptées. Arrivé à **Avallon**, promenez-vous dans la ville, le long de sa ceinture murée et parée de jardins. Pour terminer ce voyage sur une touche raffinée, visitez le Centre d'exposition du costume.

**LE CONSEIL DU BIB**

**Profitez du lac des Settons et de ses activités en faisant étape au camping de Montsauche-les-Settons (voir p. suivante).**

VISITE

# MuséoParc Alesia (Alise-Ste-Reine)

**INFOS PRATIQUES**

1 rte des Trois-Ormeaux - 03 80 96 96 23 - www.alesia.com - juil.-août : 10h-19h ; avr.-juin et sept.-oct. : 10h-18h ; reste de l'année : 10h-17h - fermé de déb. déc. à fin janv. - 10 € ou 8 € (basse sais.) (7-16 ans 6 € ou 4,50 € en basse sais.). Au rez-de-chaussée se trouvent la ludothèque et la boutique.

**Restauration**

Restaurant dans le parc. Terrasse.

**STATIONNEMENT & SERVICES**

Stationnement uniquement de jour devant le centre, de nuit près des vestiges gallo-romains.

**Aire de service de Venarey-les-Laumes**

À 3 km (voir p. suivante).

La recherche de traces du siège d'Alésia, qui mit aux prises César et Vercingétorix en 52 av. J.-C., anime le village d'Alise-Ste-Reine depuis le 19e s. Les milliers de clichés aériens et les grandes campagnes de fouilles de la seconde moitié du 20e s. ont dissipé les doutes. Depuis 1985, le lieu (7 000 ha) est classé Site d'intérêt historique et paysager national. Il est adossé au mont Auxois, butte de 407 m aux versants abrupts qui sépare les vallées de l'Oze et de l'Ozerain et domine la plaine des Laumes.
Le centre d'interprétation du MuséoParc, ouvert au printemps 2012, est consacré au siège et au mythe d'Alésia en attendant l'ouverture ultérieure d'un musée archéologique qui complétera le site. De forme circulaire, pour évoquer l'encerclement des Gaulois, ce beau bâtiment fait aussi référence aux fortifications romaines par son revêtement extérieur en bois. L'édifice (6 000 m$^2$ env.) abrite une scénographie moderne jalonnée de maquettes, vidéos et bornes interactives présentant les objets issus des fouilles et des reconstitutions – armes, panoplies des guerriers gaulois et romains – et évoquant l'organisation de l'armée, la stratégie, la logistique. Un film raconte le siège et les batailles. Au dernier étage, une terrasse panoramique offre une vision à 360° sur le site.
N'oubliez pas, à l'extérieur, l'intéressante reconstitution d'une partie des lignes fortifiées en grandeur nature, et, à quelques kilomètres, les vestiges de la ville gallo-romaine qui s'était développée au sommet de l'oppidum, là où Vercingétorix et ses 80 000 fantassins gaulois s'étaient retranchés.

## Aires de service & de stationnement

### CHÂTEAU-CHINON

**Aire de Château-Chinon**
Pl. Jean-Sallonnyer - 03 86 85 15 05
Permanent
Borne flot bleu : Gratuit
20 - Illimité - Gratuit
Services :
GPS : E 3.93583 N 47.06356

### ROUVRAY

**Aire de Rouvray**
Pl. du Champ-de-Foire - 03 80 64 72 42
Permanent (mise hors gel)
Borne artisanale : Gratuit
2 - 48h - Gratuit
Services :
GPS : E 4.10643 N 47.42376

### QUARRÉ-LES-TOMBES

**Aire de Quarré-les-Tombes**
R. des Écoles - 03 86 32 23 38
De déb. mars à mi nov. (mise hors gel - fermé lors d'événements sportifs ou associatifs)
Borne artisanale : Gratuit
- Illimité - Gratuit
Services : WC
GPS : E 3.99952 N 47.36807

### SEMUR-EN-AUXOIS

**Aire de Semur-en-Auxois**
Av. Pasteur, parking complexe sportif - 03 80 97 05 96
Permanent (mise hors gel - fermé mai à déb. juin)
Borne artisanale : Gratuit
30 - Illimité - Gratuit
Services : WC
GPS : E 4.3494 N 47.49486

### VENAREY-LES-LAUMES

**Aire du Nid de la Caille**
115 r. du Dr-Roux, plan d'eau Nid de la Caille - 03 80 96 01 59
Permanent
Borne eurorelais : 2 € (eau + élec.)
2 - Illimité - Gratuit
Paiement : jetons (office de tourisme)
GPS : E 4.44852 N 47.54353

### VÉZELAY

**Aire de stationnement de Vézelay**
4 rte de Clamecy, parking des Ruesses - 03 86 33 23 69
Permanent
20 - Illimité - 5 €/j. - gratuit la nuit
Plat, ombragé, parking pour les bus et les camping-cars. Accès à la ville par petit chemin piétonnier.
GPS : E 3.74076 N 47.46438

*Le château de Bazoches.*
*Ch. Boisvieux/hemis.fr*

## Campings

### AVALLON

**Municipal Sous Roches**
Rte de Méluzien - 03 86 34 10 39 - www.campingsousroche.com
De déb. avr. à mi oct. - 87 empl. -
borne artisanale 5 € (eau + élec.)
Tarif camping : 19,20 € (10A) - pers. suppl. 4,40 €
Services et loisirs :
À l'entrée du Parc naturel régional du Morvan, terrain en terrasse avec de beaux sapins pour l'ombrage.
GPS : E 3.91293 N 47.47993

### MONTBARD

**Municipal les Treilles**
R. Michel-Servet - 03 80 92 69 50 - www.montbard.fr
De déb. avr. à déb. nov. - 78 empl.
borne AireService 3,50 € (eau + élec.) - 11 €
Tarif camping : 6 € 1,90 € 5,70 € (16A) 4,20 €
Services et loisirs :
GPS : E 4.33129 N 47.63111

### MONTIGNY-EN-MORVAN

**Municipal du Lac**
06 70 85 22 30 - www.montigny-en-morvan.fr
De mi juin à mi oct. - 59 empl. -
Tarif camping 2020 :
12,30 € - pers. suppl. 3 €
Services et loisirs :
Site agréable près d'un lac.
GPS : E 3.8735 N 47.15573

### MONTSAUCHE-LES-SETTONS

**Les Mésanges**
Rive gauche, L'Huis-Gaumont - 03 86 84 55 77 - www.campinglesmesanges.fr
De déb. mai à fin sept. - 100 empl. -
borne artisanale
Tarif camping : 18,50 € (10A) - pers. suppl. 5 €
Services et loisirs :
Au bord d'un étang.
GPS : E 4.05385 N 47.18077

# Les bonnes adresses de bib

## AVALLON

**Le Gourmillon** – 8 r. de Lyon - 03 86 31 62 01 - www.legourmillon.com - fermé jeu. soir et dim soir - formule midi 16,50 € - menus 24,50/34 €. Petite adresse familiale du centre-ville où simplicité rime avec générosité. Fraîche salle à manger sagement champêtre. Les menus font la part belle au terroir. Excellente adresse.

## CHÂTEAU-CHINON

**Gaudry** – 25 pl. St-Romain - 03 86 85 13 87 - 7h-19h - fermé dim. apr.-midi (oct.-juin). Mme Gaudry mène seule ce commerce de grande qualité où tout est fabriqué sur place. La délicate odeur qui embaume la boutique est le gage de la fraîcheur des produits qu'elle élabore : petits fagots de Château-Chinon, pâté de foie, terrine à l'ancienne, jambonnette, boudin noir, quiche et rosette du Morvan, la spécialité, ont fière allure derrière les vitrines.

**Les Ruchers du Morvan** – Port-de-l'Homme - à 4 km de Château-Chinon via D37 direction Montsauche-les-Settons - 03 86 78 02 43 - www.achat-nivernais-morvan.com/lerucherdumorvan - lun.-sam. 9h-12h, 14h-18h - fermé dim. 15 déc.-15 fév. Propriétaire de 800 à 1000 ruches suivant la saison, M. et Mme Coppin vous font partager leur passion ; une ruche vitrée permet de voir les abeilles s'affairer. Les visiteurs peuvent assister à l'extraction du miel, s'aventurer dans la miellerie, goûter les miels et le pain d'épice élaboré avec 70 % de miel.

## LES SETTONS

**Les Grillons du Morvan** – Lac des Settons (rive droite du barrage) - 03 86 84 51 43 - www.lesgrillonsdumorvan.com - tlj midi et soir sf merc. et jeu. midi - 26 € - carte 20/30 €. Ce restaurant familial sert une cuisine simple et roborative, à base de produits locaux et frais. La grande salle lumineuse bénéficie d'une belle vue sur le lac.

## VENAREY-LES-LAUMES

**Le Bistrot de Louise** – 7 r. Eugène-Edon - 03 80 89 69 94 - P - fermé dim. sf le midi en été, lun. soir et mar. soir - formule déj. 15 € - 22/35 €. Ce bistrot contemporain est la seconde adresse de Régis Bolâtre (l'auberge du Cheval Blanc). Cuisine aussi soignée, mais à des prix plus modestes.

## VÉZELAY

**Le Cheval Blanc** – 16 pl. du Champ-de-Foire - 03 86 33 22 12 - www.lechevalblancvezelay.fr - fermé merc., jeu. sf juil.-août - formules déj. 25/30 €. Situé en bas du village, cet établissement propose une cuisine traditionnelle de qualité. Le menu du midi est élaboré en fonction des produits de saison.

Le lac des Settons.

P. Escudero/hemis.fr

# Offices de tourisme

## AVALLON

6 r. Bocquillot - 03 86 34 14 19 - www.avallon-morvan.com.

## MORVAN ET LACS

5 rte d'Avallon - Lormes - 03 86 22 82 74 - www.morvansommetsetgrandslacs.com.

## VÉZELAY

12 r. St-Étienne - 03 86 33 23 69 - www.destinationgrandvezelay.com.

Miels du Morvan.

F. Olart/hemis.fr

### LE TOP 5 LOISIRS NAUTIQUES

1. Lac des Settons
2. Lac de Pannecière
3. Lac de Chameçon
4. Lac de St-Agnan
5. Rivière la Cure

BOURGOGNE - CIRCUIT 3

# Dijon et la route des grands crus

**La renommée de l'ancien duché de Bourgogne est indissociable de son vignoble. Mariés à une cuisine de qualité, les grands crus de la Côte contribuent à faire de cette région un des hauts lieux de la gastronomie française. Notre escapade vous propose une dégustation sans modération de ces villages dont les saveurs s'égrènent de Dijon à Beaune. Elle s'achève en des terres un peu plus sobres, à l'ouest, entre Le Creusot et Autun, en Sâone-et-Loire.**

**DÉPART :** DIJON - 6 jours – 235 km

## JOURS 1 ET 2

Pour vraiment tirer parti de ces deux jours à **Dijon**, vous devez bien préparer votre séjour, car il y a beaucoup à voir et à faire ! Fiez-vous à notre programme, (voir l'encadré p. ci-contre).

## JOUR 3

Partez vers le sud, sur la N74, jusqu'à Beaune à travers les prestigieux vignobles de la **côte de Nuits et de la côte de Beaune**. Vous pourrez visiter les caves de ces villages célèbres dans le monde entier pour la qualité de leurs crus : **Vougeot** (ne manquez pas la visite du **Clos-Vougeot**), **Chambolle-Musigny**, **Vosne-Romanée** et son inaccessible **Romanée-Conti**, et **Nuits-St-Georges**. Un conseil : pensez à prévenir de votre venue si vous voulez déguster des vins. Passez la fin de la journée à **Beaune** : vous vous rendrez aux fameux Hospices avec leur toiture vernissée. Connus dans le monde entier, ils recèlent un stupéfiant *Jugement dernier* (1445-1448) signé Rogier de le Pasture dit « Rogier van der Weyden ». Si vous avez encore le temps, faites un tour à la moutarderie Fallot, dernière maison familiale et indépendante de Bourgogne, ou au musée du Vin de Bourgogne, installé dans l'ancien hôtel des ducs de Bourgogne, datant des 15e et 16e s.

## JOUR 4

Continuez vers le sud par la D973 qui passe par **Pommard, Volnay, Meursault et Auxey-Duresses**... L'itinéraire s'enfonce ensuite dans l'Arrière-Côte et permet de découvrir de beaux châteaux, comme celui de **La Rochepot**. Après un passage par **Nolay**, charmante cité médiévale aux pittoresques maisons à pans de bois, rejoignez **Le Creusot** en empruntant la D1. Le musée

Ch. Boisvieux/hemis.fr

*Dijon, palais des Ducs de Bourgogne.*

de l'Homme et de l'Industrie retrace l'histoire de la dynastie des Schneider et celle de la métallurgie à la fin du 19e s. Les enfants vous entraîneront ensuite au parc touristique des Combes, où les attendent de nombreuses activités de loisirs.

## JOUR 5

Reprenez la N80 pour **Autun** dont le tympan de la cathédrale St-Lazare, chef-d'œuvre roman richement sculpté, impressionne. Poursuivez vers l'ouest par la N81 et la D61 jusqu'au **mont Beuvray**, riche de profondes futaies de hêtres et d'un oppidum, Bibracte, daté du 1er s. av. J.-C. Un intéressant musée de la Civilisation celtique vous permettra d'en savoir plus sur cette ancienne cité gauloise. Revenez sur vos pas sur la D61, puis prenez la N81 jusqu'à **Arnay-le-Duc**. Cette petite ville ancienne domine la vallée de l'Arroux et a conservé ses maisons anciennes aux toits pointus. Étape sur place.

## JOUR 6

Rejoignez **Châteauneuf-en-Auxois** par la N81 : vous tomberez sous le charme du site qui domine la vallée de la Vandenesse et le canal de Bourgogne ; ce vieux bourg est célèbre pour son château fort ; n'hésitez pas à pousser la porte. Hors de la cité, à quelques kilomètres au nord, le **château de Commarin**, du 14e s., est habité par la même famille depuis 26 générations ! Une belle visite en perspective. Vous reviendrez à Dijon par la D16 et la 905 ou l'A38.

**LE CONSEIL DU BIB**

**Favorisez les haltes chez les viticulteurs qui accueillent les camping-caristes.**

ÉTAPE 11

# Dijon

### OFFICE DE TOURISME

11 r. des Forges - ✆ 0 892 70 05 58 - www.destinationdijon.com.

### STATIONNEMENT & SERVICES

**Parking conseillé**

1 quai François-Galliot. Petit parking au bord du canal situé à 10mn à pied du centre historique.

**Aire du Camping du Lac Kir**

Voir p. suivante

La capitale de la Bourgogne a aujourd'hui tout d'une grande cité culturelle. Incontournable des lieux, le **Palais des ducs et des États de Bourgogne** abrite aujourd'hui l'hôtel de ville et le **musée des Beaux-Arts**, l'un des plus anciens musées de France. Ne manquez pas d'aller voir les tombeaux des ducs de Bourgogne, chefs-d'œuvre installés dans l'ancienne salle des Gardes, ainsi que les remarquables retables de la chartreuse de Champmol. Promenez-vous ensuite dans les rues commerçantes du centre. Peut-être serez-vous tenté par l'achat de quelques spécialités locales : vins, moutarde, pain d'épice... Poursuivez votre déambulation dans le **quartier du palais de Justice**, qui recèle encore de beaux hôtels particuliers, notamment les hôtels Bouhier, Legouz-de-Gerland et de Bretagne, puis visitez le **musée Magnin**. Ce dernier conserve tout le charme et le caractère d'une demeure d'amateurs d'art. En soirée, rendez-vous autour des Halles et dans la rue Berbisey, secteurs truffés de restaurants branchés, pour dénicher une bonne table et tester la gastronomie locale. Le lendemain, prenez le temps d'aller voir la **cathédrale St-Bénigne**, ancienne abbatiale de pur style gothique bourguignon. Sa crypte en forme de rotonde mérite votre attention. Faites aussi un saut à la **chartreuse de Champmol**, dont l'ancien cloître dissimule le puits de Moïse, un trésor de la sculpture médiévale. Si vous êtes en famille, les dioramas du Museum de la ville et le musée de la Vie bourguignonne, avec ses mannequins et ses reconstitutions de boutiques du 19e s., passionneront petits et grands. Pour les gourmands, le musée de la moutarde Amora est une option intéressante. Il présente cette dernière maison familiale et indépendante de Bourgogne dont le savoir-faire artisanal repose toujours sur le broyage des graines à la meule de pierre. Ce procédé évite l'échauffement de la pâte de moutarde et préserve ainsi toutes les qualités gustatives du fameux condiment.

## Aires de service & de stationnement

### AUTUN

**Aire du Plan d'eau du Vallon**
Rte de Chalon - 03 85 86 80 38
Permanent
Borne eurorelais : 4 € (eau + élec.)
- Illimité - Gratuit
Paiement : jetons (office de tourisme)
Services :
GPS : E 4.31657 N 46.9558

### BEAUNE

**Aire de Beaune**
Av. Charles-de-Gaulle -
03 80 24 57 50 - Permanent
Borne eurorelais : 4,20 € (eau + élec.)
5 - 24h - 5,90 €/j.
Paiement : - jetons
Services :
À 5 mn à pied du centre historique.
GPS : E 4.83633 N 47.01728

### LE CREUSOT

**Aire du Creusot**
Parc touristique des Combes -
03 85 77 59 59 - Permanent
Borne artisanale : Gratuit
5 - Illimité - Gratuit
Services :
GPS : E 4.41243 N 46.81131

### DIJON

**Aire du Camping du Lac Kir**
3 bd Chanoine-Kir - 06 66 96 56 26
De déb. avr. à fin oct.
Borne AireService : gratuit
-
Paiement :
Services :
Transports en commun pour le centre-ville. Réservation : reservation@camping-du-lac-dijon.com
GPS : E 5.01099 N 47.32129

### ÉTANG-SUR-ARROUX

**Aire d'Étang-sur-Arroux**
Pl. du Mousseau - 03 85 86 80 38
Permanent
Borne AireService : Gratuit
- Illimité - Gratuit
Services :
GPS : E 4.1896 N 46.8663

### MARSANNAY-LA-CÔTE

**Aire de Marsannay-la-Côte**
3 r. du Rocher - en face de la Mairie - 03 80 54 09 00
Permanent (mise hors gel)
Borne artisanale : Gratuit
5 - Illimité - Gratuit
Services :
GPS : E 4.9923 N 47.27099

### NUITS-ST-GEORGES

**Aire de Nuits-St-Georges**
R. de Cussigny - 03 80 62 01 20
Permanent (mise hors gel)
Borne artisanale : Gratuit
10 - Illimité - Gratuit
Services :
GPS : E 4.951 N 47.12566

### POMMARD

**Domaine Virely-Rougeot**
9 pl. de l'Europe - 03 80 24 96 70 - www.domaine-virely-rougeot.fr
Permanent (fermé pdt les vendanges ; arrivée av. 19h)
Borne
4 - 24h
Services :
Pas de borne
GPS : E 4.79679 N 47.00799

### VANDENESSE-EN-AUXOIS

**Aire de Vandenesse-en-Auxois**
Halte Nautique - 03 80 49 24 32
Permanent -
Borne artisanale : 2 € (eau + élec.)
6 - Illimité - 4,50 €/j.
Services :
GPS : E 4.61654 N 47.22036

## Campings

### ARNAY-LE-DUC

**Huttopia L'Étang de Fouché**
R. du 8-Mai-1945 - 03 80 90 02 23 - europe.huttopia.com
De déb. avr. à mi oct. - 150 empl. -
borne artisanale 7 € (eau + élec.) - 31,35 €
Tarif camping : 33 €
(10A) - pers. suppl. 7,50 €
Services et loisirs :
Au bord d'un étang.
GPS : E 4.49802 N 47.13414

### MEURSAULT

**Huttopia La Grappe d'Or**
2 rte de Volnay - 03 80 21 22 48 - www.camping-meursault.com
De mi avr. à mi oct. - 50 empl.
borne AireService 7 € (eau + élec.) - 26,60 €
Tarif camping : 28 €
(16A) - pers. suppl. 4,90 €
Services et loisirs :
En surplomb du vieux village de Meursault et des vignobles.
GPS : E 4.76987 N 46.98655

### NOLAY

**La Bruyère**
R. de Moulin-Larché - 03 80 21 87 59 - www.nolay.com
De déb. avr. à déb. oct. - 21 empl. -
Tarif camping : 14,50 €
(6A) - pers. suppl. 2,40 €
Services et loisirs :
Cadre champêtre au bord de la Bruyère.
GPS : E 4.62202 N 46.95055

### VANDENESSE-EN-AUXOIS

**Le Lac de Panthier**
1 chemin du Lac - 03 80 49 21 94 - www.lac-de-panthier.com
De déb. avr. à fin sept. - 200 empl. -
borne artisanale
Tarif camping : 20,50 €
(6A) - pers. suppl. 5,50 €
Services et loisirs :
GPS : E 4.62507 N 47.24935

## Les bonnes adresses de bib

**AUTUN**

✕ **Le Châteaubriant** – 14 r. Jeannin - ✆ 03 85 52 21 58 - www.lechateaubriant.com - fermé dim.-lun. - formules déj. 16/18,50 € - 24/35 €. Situé près de la place du Champ-de-Mars, ce restaurant est très fréquenté par les Autunois. Vous ne serez pas déçu par son accueil sympathique et sa cuisine traditionnelle : œufs en meurette, joues de bœuf, rognons de veau, foie gras maison, filet de bœuf à l'Époisses, etc. Une valeur sûre.

**BEAUNE**

**Cave Patriarche Père et Fils** – 5-7 r. du Collège - ✆ 03 80 24 53 78 - www.patriarche.com - 9h30-11h15, 14h-17h15 - fermé 1er janv., 24-25 et 31 déc. Les plus grandes caves de Bourgogne (20 000 m²), situées dans l'ancien couvent des Dames de la Visitation, datent des 14e et 16e s. Visite audioguidée et dégustation de 10 vins (17 €/pers.).

**CHAMBOLLE-MUSIGNY**

✕ **Le Millésime** – 1 r. Traversière - ✆ 03 80 62 80 37 - www.restaurant-le-millesime.com - fermé dim.-lun. - formule déj. 19,90 € - 33/70 €. Au centre de ce village réputé pour sa production viticole, cet ancien bistrot a été repris par un jeune chef talentueux. Cuisine au goût du jour. Vins à emporter.

**DIJON**

✕ **Restaurant et Caveau de la Porte Guillaume** – Pl. Darcy - ✆ 03 80 50 80 50 - www.hotel-nord.fr - formules déj. 25,50/38 € - 48 €. Le restaurant de l'hôtel Quality Hotel du Nord Dijon Centre abrite une table distinguée, où les spécialités régionales sont à l'honneur : œufs en meurette, jambon persillé, coq au vin, miroir de cassis... Le bar à vin du caveau voûté ravira les amateurs de bourgogne.

**NUITS-ST-GEORGES**

**Cartron Joseph** – 25 r. du Dr-Louis-Legrand - ✆ 03 80 62 00 90 - www.cartron.fr - 8h-12h, 13h30-17h30, vend. 8h-12h, 13h30-16h30 - fermé w.-end et j. fériés. Depuis 1882, cette maison élabore eaux-de-vie et liqueurs selon des méthodes artisanales, privilégiant un grand respect du fruit, et utilise, pour ce faire, bonbonnes d'osier, foudres, demi-muids et alambics de cuivre hérités des ancêtres. Dans la petite boutique vous trouverez la double-crème de cassis, le marc de Bourgogne et diverses eaux-de-vie de fruits.

## Offices de tourisme

**AUTUN**

13 r. du Gén.-Demetz - ✆ 03 85 86 80 38 - www.autun-tourisme.com.

**BEAUNE**

6 bd Perpreuil - ✆ 03 80 26 21 30 - www.beaune-tourisme.fr.

**DIJON**

Voir p. 229

*Clos de Vougeot.*

missaigong/iStock

**LE TOP 5 GRANDS CRUS**

1. Nuits-saint-georges
2. Romanée-conti
3. Vosne-romanée
4. Chambertin
5. Vougeot

# Au sud de la Bourgogne

**Flâner à Tournus, parmi les boutiques d'antiquaires, se dégourdir les jambes en partant à l'ascension de la roche de Solutré au milieu des vignes, admirer les très honorables vestiges de l'abbaye de Cluny, se poser le temps d'une méditation à Taizé... Voici quelques-uns des moments de charme qui vous attendent dans le Mâconnais, région également connue pour la douceur de son climat...**

**DÉPART :** MÂCON - 4 jours – 135 km

## JOUR 1

Aux portes d'une belle région célébrée par Lamartine, l'enfant du pays, **Mâcon** est le point de départ idéal pour découvrir les paysages vallonnés et les vignobles alentour. Au préalable, flânez dans le centre historique pour voir l'hôtel-Dieu et son apothicairerie ainsi que le musée des Ursulines qui regroupe trois sections : archéologie, ethnographie et beaux-arts ; sans oublier bien entendu une pause à la Maison des Vins.

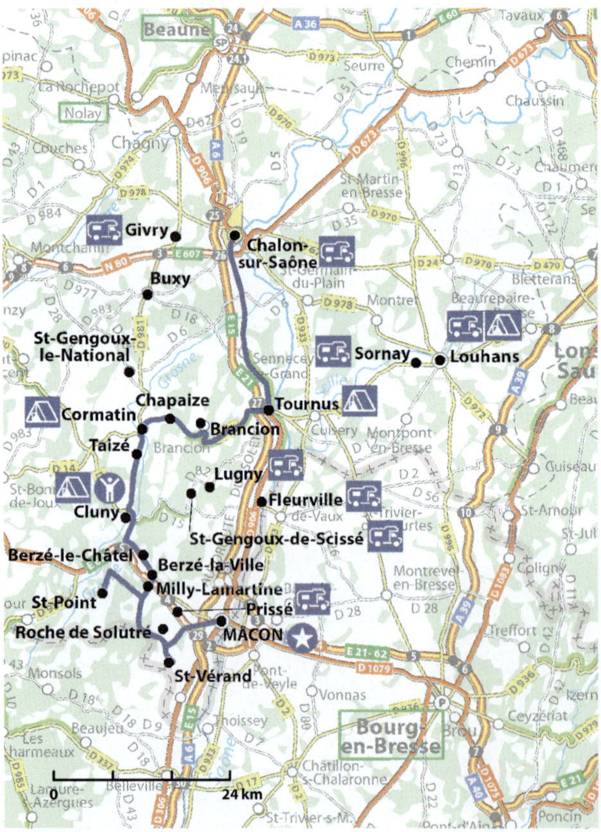


Puis prenez la D54 à travers les célèbres vignobles de **St-Vérand** et de **Pouilly-Fuissé**, et gagnez la célèbre **roche de Solutré**. L'ascension de ce piton n'est pas difficile, et la vue de son sommet à 360° est vraiment belle sur les vignobles et les villages. Pour en savoir plus sur le « solutréen », arrêtez-vous au musée de la Préhistoire, en partie creusé sous la roche.

## JOUR 2

Une dizaine de kilomètres séparent le site préhistorique des lieux lamartiniens. **Milly-Lamartine**, qui abritait la résidence préférée du poète, est une découverte émouvante. **St-Point**, pour les inconditionnels de l'auteur de Jocelyn, n'est pas loin avec son château de Lamartine. Passez sous la N79 pour gagner **Berzé-la-Ville** et sa chapelle des Moines conservant des peintures murales d'époque romane, puis **Berzé-le-Châtel**, dominé par un château féodal réputé imprenable, flanqué de treize tours et deux donjons. Mais déjà, celle qui fut la « lumière du monde », Cluny, se profile à l'horizon.

## JOUR 3

Partez à la découverte de **Cluny**, dont l'abbaye fut au temps de sa splendeur le plus grand centre monastique d'Europe. Si les bâtiments monastiques ont été presque entièrement démantelés à la Révolution, des écrans orientables et pivotants permettent d'admirer en 3D l'église abbatiale dans son architecture et ses dimensions originelles. Visitez ensuite les maisons romanes ou gothiques et la Tour des Fromages (pour le panorama), ainsi que le haras national qui garde chevaux pur-sang et de trait parfois présentés attelés. Si vous souhaitez vous dégourdir les jambes, suivez à vélo la **Voie verte**, de Cluny à Chalon (voir l'encadré p. ci-contre), mais prévoyez alors une journée supplémentaire. Suivez maintenant la vallée de

Ch. Goupi/age fotostock

*Des cyclistes sur la Voie verte, près de Berzé-le-Châtel.*

la Grosne : elle vous conduit au village de **Taizé**, où vit une communauté œcuménique au rayonnement mondial. La D981 vous mène ensuite au **château de Cormatin**, aux extraordinaires et uniques trésors du 17e s. L'intérieur est d'une richesse inouïe mais n'a rien à envier aux jardins à la française, tout à fait remarquables.

## JOUR 4

L'itinéraire ouvre un nouveau chapitre de l'art roman en Bourgogne. En suivant la D14, vous arrivez à **Chapaize** où il faut voir la belle église St-Martin, puis **Brancion**, bourg médiéval soigneusement restauré, perché sur une arête. **Tournus** impose une halte plus importante ne serait-ce que pour son église abbatiale St-Philibert, l'un des plus grands monuments romans de France. Tout autour, les petites rues abritent antiquaires, artisans et galeries d'art. Étape gastronomique réputée, la cité ne saurait se visiter au pas de course. Photographes amateurs, prenez votre temps. Filez ensuite plein nord jusqu'à **Chalon-sur-Saône**. La deuxième agglomération de Bourgogne est connue pour son carnaval, son vignoble (voir la Maison des Vins) et surtout son musée Nicéphore Niépce, inventeur de la photographie. Les collections comprennent notamment 3 millions de photographies et 6 000 appareils photographiques. Les jardiniers, eux, apprécieront aux beaux jours la belle roseraie St-Nicolas qui compte quelque 25 000 plants. Terminez la journée sur l'île St-Laurent pour apprécier la vue sur la ville et les quais accueillants.



# La Voie verte, de Cluny à Chalon

**INFOS PRATIQUES**

Circuit de 52 km. Niveau facile, aucun dénivelé. Comptez 3h30 (une journée AR).

**STATIONNEMENT & SERVICES**

**À Cluny : Camping municipal St-Vital**
30 r. des Griottons - 03 85 59 08 34 - www.cluny-camping.blogspot.com
De mi avr. à mi oct. - 177 empl.
borne AireService 5 € (eau + élec.)
Tarif camping : 21 € (10A) - pers. suppl. 3 €
Services et loisirs :
Vue sur la vieille ville de Cluny.
GPS : E 4.66778 N 46.43088

De Cluny à Cormatin, la Voie verte est parfaitement plane ; chevaux, vaches et taureaux paissent à proximité. La promenade devient familiale : elle est d'ailleurs plus fréquentée, presque jusqu'à l'encombrement en été. Il n'est pas rare de croiser en chemin des marcheurs en route vers St-Jacques, via Le Puy-en-Velay, venant parfois même d'Allemagne.
On longe et on traverse des bosquets de la forêt de Cluny. Les roches et la couleur de la terre changent à plusieurs reprises tout au long du parcours qui passe dans une zone de faille érodée.
Des boucles de plusieurs niveaux de difficulté vous sont proposées : moyenne sur 31 km en passant par Bray, ou plus difficiles sur 35 km en direction de Blanot jusqu'à Massilly, et sur 34 km jusqu'à Cormatin en traversant Chapaize et sa jolie petite église de style roman.
Après avoir traversé la Grosne, on aperçoit sur la gauche le village escarpé de **Taizé**, et on remarque une belle ferme en contrebas.
Rejoignez ensuite le château de **Cormatin**, tout proche, qui possède un somptueux intérieur Louis XIII.
On traverse à nouveau la Grosne pour pénétrer dans le village de Cormatin. Quittez Cormatin pour rejoindre **Malay.** Après avoir admiré son église romane, remettez-vous en selle pour parcourir 5 km jusqu'à **St-Gengoux-le-National** dont le bourg médiéval mérite une halte. En passant par étiveau et ses vignobles, vous atteignez **Buxy**, où vous prendrez le temps d'apprécier son vieux bourg et ses anciennes maisons vigneronnes. Là encore des itinéraires bis de niveaux et de distances variables sont proposés au départ de Savigny-sur-Grosne, Sercy, Étiveau, Jully-lès-Buxy où à la sortie de Buxy. Offrez-vous une dernière halte à **Givry** avant de rejoindre **Chalon-sur-Saône**, où se termine cet agréable circuit de découverte.

## Aires de service & de stationnement

### CHALON-SUR-SAÔNE

**Aire de Chalon-sur-Saône**
Av. Léon-Blum, au S.-E. de la ville, suivre Maison des Vins -
03 85 48 37 97
Permanent
Borne AireService : Gratuit
Services :
GPS : E 4.86283 N 46.78421

### FLEURVILLE

**Aire de Fleurville**
D 906 - 03 85 27 00 20
Permanent (mise hors gel)
Borne Urbaflux 2 €
2 - Illimité - Gratuit
Services :
GPS : E 4.88095 N 46.44706

### GIVRY

**Aire de Givry**
R.de la Gare, parking La Croix-Verte -
03 85 94 16 30
Permanent
Borne eurorelais : 2,60 € (eau + élec.)
- Illimité - Gratuit
Paiement : jetons (commerçants, office de tourisme et mairie)
Services :
Idéale pour se balader sur la Voie Verte.
GPS : E 4.74836 N 46.78022

### LOUHANS

**Aire de Louhans**
R. du Port, au port fluvial -
03 85 75 19 02
Permanent
Borne flot bleu : 2 € (eau + élec.)
25 - Illimité - 4 €/j. - ticket de stationnement à retirer à la borne flot bleu
Paiement :
Services :
Face à la rivière.
Voie verte à proximité.
GPS : E 5.21471 N 46.62956

### LUGNY

**Aire de Lugny**
R. de la Folie, entre la poste et le centre de secours - 03 85 27 00 20
Permanent (mise hors gel) -
Borne artisanale : Gratuit
Services :
Jolie vue sur le vignoble.
GPS : E 4.81187 N 46.47159

### PRISSÉ

**Aire des Vignerons des Terres Secrètes**
158 r. des Grandes Vignes -
03 85 37 88 06 -
www.terres-secretes.com
Permanent
Borne AireService : 2 € (eau + élec.)
6 - Illimité - Gratuit
Paiement : jetons (boutique de la Cave)
Services :
GPS : E 4.75304 N 46.32197

### ST-GENGOUX-DE-SCISSÉ

**Aire de St-Gengoux-de-Scissé**
678 r. du Tacot, face au cimetière -
03 85 33 20 61
De déb. avr. à déb. nov.
Borne AireService : Gratuit
4 - 48h - Gratuit
Services :
GPS : E 4.77517 N 46.46079

### SORNAY

**Aire de Sornay**
Pl. de la Mairie - 03 85 75 11 40
De déb. avr. à fin nov. (mise hors gel)
Borne flot bleu : Gratuit
3 - 48h - Gratuit
Services :
GPS : E 5.17943 N 46.62639

## Campings

### CLUNY

Voir p. précédente

### CORMATIN

**Le Hameau des Champs**
25 rte de Chalon - 03 85 50 76 71 -
www.le-hameau-des-champs.com
De déb. avr. à fin sept. -
borne artisanale 3 € (eau + élec.)
Tarif camping : 4,40 € 6,40 €
(13A) 3,90 €
Services et loisirs :
À 150 m d'un plan d'eau et de la Voie Verte Givry-Cluny.
GPS : E 4.68391 N 46.54868

### LOUHANS

**Les 3 Rivières**
10 chemin de La Chapellerie -
03 85 75 19 02 -
www.louhans-chateaurenaud.fr
De déb. avr. à fin sept. - 55 empl.

Tarif camping : 18 €
(16A) - pers. suppl. 4 €
Services et loisirs :
Cadre verdoyant en bordure de rivière.
GPS : E 5.21714 N 46.62436

### TOURNUS

**Camping de Tournus**
14 r. des Canes - 03 85 51 16 58 -
www.camping-tournus.com
De mi mars à fin oct. - 90 empl.
borne AireService
Tarif camping : 7 € 10 €
(10A) 5 €
Services et loisirs :
GPS : E 4.90932 N 46.57375

## Les bonnes adresses de bib

### BUXY

**L'Empreinte** – 2 Grande-Rue - ✆ 03 85 92 15 76 - www.lempreinte-restaurant.fr - P ♿ - fermé dim. soir, lun., mar. midi - formule déj. 31 € - 51/80 €. Bien situé au centre du village. Décor contemporain dans la salle ornée d'une cheminée en pierre et terrasse intérieure agrémentée de barriques. Cuisine soignée, de région et de saison.

### CHALON-SUR-SAÔNE

**Le Bistrot** – 31 r. de Strasbourg - ✆ 03 85 93 22 01 - ♿ - fermé dim.-lun. et merc. soir - 30/60 €. Agréable bistrot tout de rouge vêtu (boiseries, banquettes, lustres...). Au sous-sol, le salon voûté donne sur la cave vitrée. Cuisine actuelle avec légumes du jardin et beaux bourgognes.

### CLUNY

**Hostellerie d'Héloïse** – 7 r. de Mâcon - ✆ 03 85 59 05 65 - www.hostelleriedheloise.com - ♿ - fermé merc., jeu. midi, dim. soir - formule déj. 22 € bc - menus à partir de 33 €. Un établissement familial à l'entrée de la ville, apprécié pour son accueil chaleureux et sa cuisine de tradition soignée. Grande salle et véranda d'esprit colonial.

### MÂCON

**Le Poisson d'Or** – Allée du Parc - ✆ 03 85 38 00 88 - www.lepoissondor.com - P ♿ - fermé mar. soir-merc. et dim. - menus 27/80 €. Cuisine du terroir joliment revisitée et friture de poissons (en été) dans ce restaurant au bord de la Saône, près du port de plaisance. Salle surplombant la rivière et terrasse face à l'eau.

### MILLY-LAMARTINE

**L'Auberge de Jack** – 2 pl. de l'Église - ✆ 03 85 36 63 72 - P - fermé le soir et lun. - formule déj. 14 € - 26 €. Bienvenue chez Jack : posté juste devant l'église, l'établissement joue la carte du terroir et du caractère avec un décor de bois et d'affiches anciennes qui caractérise les bouchons lyonnais. On aime la cuisine savoureuse et copieuse, accompagnée de vins de la région. Des w.-ends à thème culinaire sont régulièrement proposés.

### ST-GENGOUX-LE-NATIONAL

**Restaurant de la Gare** – Rte de la Gare - ✆ 03 85 94 18 50 - fermé lun. soir et mar. soir - formule déj. 13,50 € - 20/33 €. Sans prétention, la cuisine est ici une affaire sérieuse. On est là pour manger ! Une cuisine traditionnelle copieuse et riche, digne de ces repas dominicaux qu'on prenait autrefois dans les campagnes.

### TOURNUS

**Aux Terrasses** – 18 av. du 23-Janvier - ✆ 03 85 51 01 74 - www.aux-terrasses.com - ♿ - fermé dim.-lun. - formule déj. 28 € - 70/105 €. Étape de charme : salles à manger alliant touches classiques, baroques et modernes, beau jardin intérieur et cuisine traditionnelle complice du terroir.

**LE CONSEIL DU BIB**

**Ne manquez pas le marché à la volaille à Louhans, chaque lundi matin. C'est spectaculaire et authentique.**

## Offices de tourisme

### CLUNY

6 r. Mercière - ✆ 03 85 59 05 34 - www.cluny-tourisme.com.

### MÂCON

1 pl. St-Pierre - ✆ 03 85 21 07 07 - www.macon-tourism.com.

### TOURNUS

2 pl. de l'Abbaye - ✆ 03 85 27 00 20 - www.tournus-tourisme.com.

*Tournus et l'église St-Philibert.*

M. Dr.Schulte-Kellinghaus/imageBROKER/age fotostock

**LE TOP 5 SITES RELIGIEUX**

1. Taizé
2. Cluny
3. Tournus
4. Chapaize
5. Berzé-la-Ville

*Vitrail Notre-Dame-de-la-Belle-Verrière, cathédrale de Chartres.* – *JurgaR/iStock*

Château de Blois. – B. Rieger/hemis.fr

La Loire et ses nombreuses îles. – H. Lenain/hemis.fr

# Centre Val-de-Loire

Région Centre ? Mais est-ce le centre de la France ? Pourquoi pas... région Cœur...

Au cœur de l'histoire de France, par ses parcours éminemment culturels de la cathédrale de Chartres au nord, à l'abbaye de Noirlac au sud ; du palais Jacques-Cœur de Bourges à l'est, aux châteaux du val de Loire qui égrènent vers l'ouest forteresses, palais Renaissance et classiques, tout au long du fleuve.

Au cœur d'une France agricole et rurale, longtemps surnommée « grenier... » et « jardin de la France », des horizons infinis offerts par les grandes plaines de Beauce au charme pastoral distillé par les vallées du Loir, du Cher et de l'Indre ; des collines du Perche aux forêts solognotes hantées par le Raboliot de Maurice Genevoix ; des vertes campagnes berrichonnes aux paysages bucoliques de la haute vallée de la Creuse parcourus par la plume de George Sand.

Au cœur d'une certaine douceur de vivre où se sont multipliés au cours des siècles, demeures de plaisance, parcs et jardins, où ont fleuri des villes aux charmes certains, comme Chartres, Châteaudun, Vendôme, Tours, Blois, Orléans, Bourges, etc.

Relisez Ronsard, Balzac, Proust et menez l'enquête sur les lieux qu'ils ont aimés. Partez sur les traces de Jeanne d'Arc à Orléans, de Léonard de Vinci à Amboise, du célèbre cardinal à Richelieu, de Georges Sand à Nohant, de Max Jacob à St-Benoît-sur-Loire.

Allez à la découverte de plaisirs gastronomiques aussi variés que la mosaïque composée par les paysages traversés ; le fleuve fera le lien en vous offrant une belle diversité de vignobles qui en font le pays de la « dive bouteille ».

# CENTRE VAL-DE-LOIRE

Château de Chenonceau. – Antoine2K/iStock

## LES ÉVÉNEMENTS À NE PAS MANQUER

- **Printemps de Bourges** (18) : mi-avr. ; musiques actuelles.
- **Fêtes de Jeanne d'Arc** à Orléans (45) : fin avr. au 8 mai.
- **Festival international des jardins** à Chaumont-sur-Loire (41) : de mi-mai à mi-oct. Installations végétales contemporaines.
- **Festival de musique de Sully et du Loiret** à Sully-sur-Loire (45) : de fin mai à déb. juin.
- **Foire aux vins** à Sancerre (18) : déb. juin.
- **Foire aux ânes et aux mules** à Lignières (18) : lun. Pentecôte.
- **Marché potier** à Argenton-sur-Creuse (36) : dernier dim. juin.
- **Fêtes musicales en Touraine** à Tours (37) : juin.
- **Foire aux vins** à Bourgueil (37) : 15 août.
- **Festival de Loire** à Orléans (45) : sept., années impaires ; vieux gréements de la marine fluviale.
- **Nuit Chopin** au château d'Ars (36) : mi-oct. ; musique.
- **Marché aux truffes et lentilles vertes** à Issoudun (36) : déc.
- **Noël au pays des châteaux** à Chenonceau, Amboise, Langeais, Azay-le-Rideau et Chinon (37) : déc.

# Votre séjour en Centre Val-de-loire

## Circuits Nº



## Étapes



## Visites



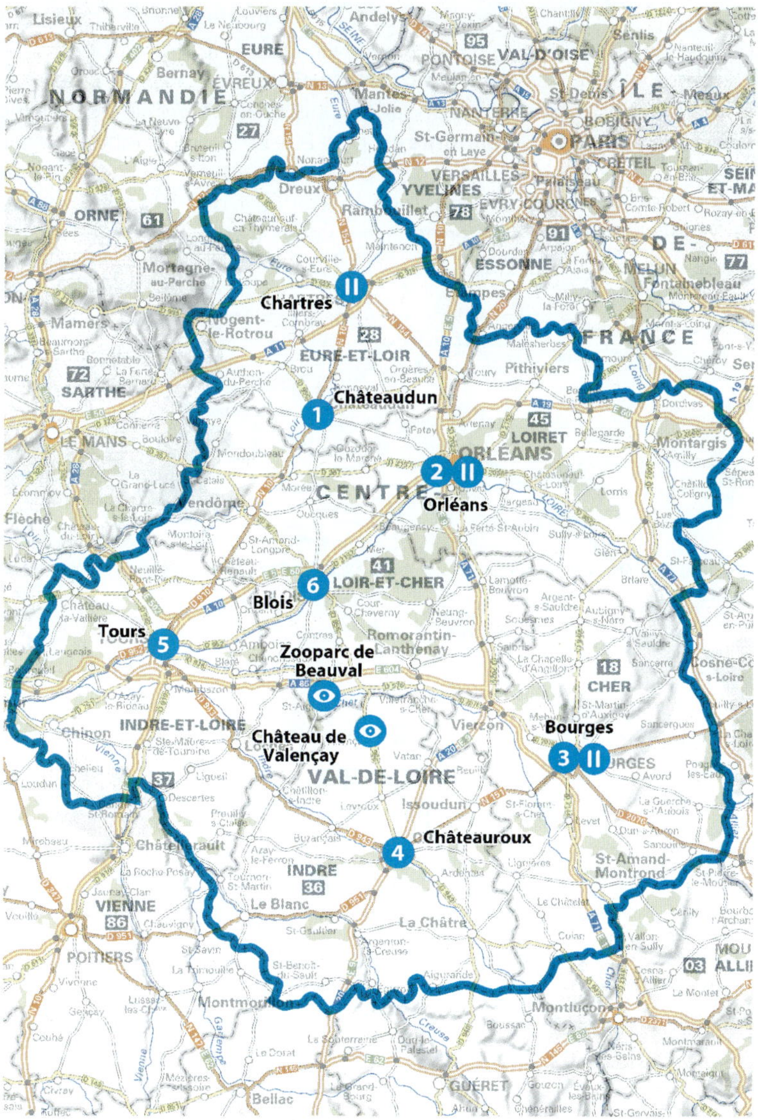


**EN COMPLÉMENT, UTILISEZ...**

- Guides Verts : Châteaux de la Loire, Île-de-France, Limousin Berry
- Cartes Michelin Région nº 518 et Départements nº 317, 323, 310, 311 et 318

# CENTRE VAL-DE-LOIRE – CIRCUIT 1

# À cheval entre Perche et Eure-et-Loir

**On vient dans le Perche comme si on rendait visite à sa grand-mère, mains dans les poches et bonnes chaussures au pied, pour prendre un énorme bol de vraie campagne, manger du boudin et compter les derniers percherons. On le quitte joyeux, dans la perspective d'une belle balade en Eure-et-Loir, entre les vitraux de la cathédrale de Chartres et le château de Châteaudun…**

**DÉPART :** CHÂTEAUDUN - 5 jours – 300 km

## JOUR 1

Comptez un bon début de matinée à **Châteaudun**, pour visiter son imposant château. Suivez ensuite le cours du Loir en passant par **Montigny-le-Gannelon** dominé par son château Renaissance, puis **Areines** (fresques), tout près de **Vendôme** qui peut être l'étape de votre déjeuner. L'après-midi n'est pas de trop pour visiter la vieille ville, notamment l'ancienne abbaye de la Trinité et, si le temps le permet, pour vous offrir le plaisir d'une promenade en barque sur le Loir.

## JOUR 2

Faites connaissance avec vos premiers gîtes troglodytiques aux Roches-l'Évêque le long du Loir à l'ouest, puis continuez vers **Montoire-sur-le-Loir** et le beau village de **Lavardin** pour y déjeuner. Ne manquez pas Troo et son « Puits qui parle », avant de rendre visite à **La Possonnière**, le manoir des Ronsard, et au château de **Poncé-sur-le-Loir**.

## JOUR 3

Rendez-vous à **La Ferté-Bernard**, « la Venise de l'Ouest ». Après une visite de ses vieux quartiers, prenez le temps de vous y restaurer avant de partir découvrir le **Perche**. Cette région vallonnée où forêts, bocages et cours d'eau composent un paysage soigné, propose de superbes randonnées à pied, à cheval, en roulotte attelée de percherons, ou à vélo. De La Ferté, suivez la N23 au nord. Vous traverserez **Nogent-le-Rotrou**, capitale du Perche. De là, vous pourrez sortir vos vélos et suivre le circuit VTT dans la vallée de l'Huisne (plan à retirer à l'office de tourisme), ou faire un petit crochet jusqu'au Manoir de Courboyer, qui présente le patrimoine de la région. Ensuite, direction Dreux, pour votre halte du soir. Suivez la D728. Vous traverserez La Loupe et Châteauneuf-en-Thymerais.

## JOUR 4

La visite de **Dreux** et de la chapelle royale St-Louis permettent un beau voyage dans le temps. Après le déjeuner, suivez la vallée de l'Eure jusqu'à **Nogent-le-Roi**, où l'on s'arrêtera voir l'église St-Sulpice. Plus au sud, toujours en suivant le cours de l'Eure, on parvient au très beau château Renaissance de **Maintenon**, qui évoque la dame du même nom, compagne de Louis XIV, avant **Épernon** (il est plus agréable de s'y

Ch. Goupi/age fotostock

*La cathédrale de Chartres.*

rendre par la D116 puis la route qui suit la Drouette à partir de Villiers-le-Morhier), également doté d'une belle église et de belles maisons à pans de bois. Si l'on continue la Drouette, on arrive à **Émancé** et au château de Sauvage, dont le parc a été aménagé en réserve zoologique, mais on peut aussi continuer la série des églises en gagnant directement **Gallardon** (par la D28 au sud d'Épernon). Dans ce bourg médiéval, vous apprécierez bien sûr l'église, mais aussi deux autres curiosités, l'épaule de Gallardon et le château d'eau moderne, tous les trois dressés vers le ciel, mais pour des raisons différentes...

## JOUR 5

Passez votre journée à **Chartres** (voir l'encadré ci-contre). Regagnez Châteaudun sans oublier de faire halte à **Bonneval** qui campe sur la rive gauche du Loir.

ÉTAPE 11

## Chartres

### OFFICE DE TOURISME

8 av. de la Poissonnerie - ✆ 02 37 18 26 26 - www.chartres-tourisme.com.

### STATIONNEMENT & SERVICES

**Parking conseillé**

Pour les 2,90 m maxi de haut et 5 m de long, le parking des Épars propose 55 places.

**Aire de Chartres**

Voir p. suivante

Émergeant des immensités de la Beauce, les flèches de Notre-Dame de Chartres, signalent de loin l'approche de la ville. Celle que Rodin appelait « l'Acropole de la France » impressionne par son unité architecturale.

Tout d'abord vous remarquez son portail royal, l'une des merveilles de l'art roman (1145-1170) dont le tympan central et les statues-colonnes sont célèbres : rois et reines de la Bible, prêtres, prophètes ou patriarches s'alignent, hiératiques, dans l'embrasure des portes, tandis que les personnages des voussures et des chapiteaux contrastent par leur vivacité.

À l'intérieur, l'ensemble incroyablement complet de vitraux (176 au total) court du 12e au 20e s. Ceux des 12e et 13e s. constituent la plus importante collection de France, avec celle de Bourges. Notez entre autres : la Vierge à l'Enfant, les scènes de l'Annonciation et de la Visitation, au fond du chœur ; sur la façade ouest, trois verrières du 12e s. à la hauteur exceptionnelle ; Notre-Dame-de-la-Belle-Verrière, d'une finesse extraordinaire (12e s.), figurant Marie et l'enfant Jésus sur trois panneaux épargnés par l'incendie de 1194.

N'oubliez pas la clôture du chœur (41 groupes sculptés du 16e-18e s.), la crypte (11e s.), la plus vaste de France, et en sortant de Notre-Dame, le Centre international du vitrail (rue du Cardinal-Pie), dans l'ancienne grange à dîme de Loëns.

Les vieux quartiers de Chartres méritent aussi une balade Du chevet de la cathédrale, traversez les jardins de l'Évêché (musée des Beaux-Arts dans l'ancien palais épiscopal, 15e s.-18e s.) et descendez jusqu'à la rivière ; de la passerelle de fer, jolie vue sur de vieux ponts bossus. Remontez les quais où les biefs des anciens moulins et les lavoirs ont été mis en valeur. Par la rue aux Juifs, le tertre (escalier) au pied plat mène rue des Écuyers, dans l'un des quartiers les mieux restaurés du vieux Chartres : aux nos 17 et 19, portails à bossages du 17e s. ; à l'angle de la rue aux Cois, maison à pans de bois formant proue ; à l'opposé, la tourelle d'escalier de la Reine Berthe (16e s.). Plus loin à gauche, les escaliers conduisent à la place de la Poissonnerie avec la célèbre Maison du saumon (16e s.).

## Aires de service & de stationnement

### BREZOLLES

**Aire de Brezolles**
Rte de Verneuil, à l'entrée du bourg depuis Verneuil-sur-Avre - 02 37 48 20 45
Permanent
Borne artisanale : Gratuit
10 - Illimité - Gratuit
Services :
Aire agréable.
GPS : E 1.06972 N 48.69083

### CHARTRES

**Aire de Chartres**
9 r. de Launay, à l'entrée du camping Le Bord de l'Eure - 02 37 28 79 43 - www.camping-de-chartres.fr
De déb. mars à fin oct.
Borne eurorelais 3 € 4 €
Paiement :
Services :
Face à l'accueil du camping. À 3 km de la cathédrale.
GPS : E 1.49923 N 48.43417

### CHÂTEAUDUN

**Parking des Grands Moulins**
2 r. des Fouleries, à la base de canoë-kayak (au pied du château) - 02 37 45 22 46
Permanent
Borne AireService : 2 € (eau + élec.)
7 - 72h - Gratuit
Services :
Au bord du Loir.
GPS : E 1.3242 N 48.0713

### CLOYES-SUR-LE-LOIR

**Aire de Cloyes-sur-le-Loir**
R. du Dr-Teyssier, sortie S. de Cloyes, dir. Vendôme - 02 37 98 53 18
Permanent
Borne artisanale : 3 € (eau + élec.)
7 - Illimité - Gratuit
Services :
GPS : E 1.23219 N 47.99188

### MARBOUÉ

**Aire de Marboué**
R. du Croc-Marbot - 02 37 45 10 04
Permanent (mise hors gel)
Borne AireService : 2 € (eau + élec.)
15 - Illimité - Gratuit
Services :
GPS : E 1.32866 N 48.11236

### NOGENT-LE-ROTROU

**Aire des Viennes**
R. des Viennes, devant le camping municipal des Viennes - 02 37 29 68 68
De déb. mai à fin sept.
Borne artisanale : 3,40 € (eau + élec.)
Services :
GPS : E 0.82035 N 48.32444

### ST-DENIS-LES-PONTS

**Aire de St-Denis-Lanneray**
R. Jean-Moulin - 02 37 45 19 04 - www.saintdenislesponts.fr
Permanent (fermé 14 Juil., 1er w.-end de sept., mi-oct.) -
Borne eurorelais 3 €
20 - Illimité - Gratuit
Paiement : jetons (commerçants)
Services :
Au bord du Loir.
GPS : E 1.28951 N 48.06652

### THIRON-GARDAIS

**Aire de Thiron-Gardais**
Av. de la Gare - 02 37 49 42 50 - www.mairie-thiron-gardais.fr
Permanent -
Borne AireService : Gratuit
- Illimité - Gratuit
Services :
Terrain en pente.
GPS : E 0.99629 N 48.31228

## Campings

### BONNEVAL

**Le Bois Chièvre**
Rte de Vouvray - 02 37 47 21 93 - www.bonnevalaufilduloir.com
102 empl. -
borne artisanale
Services et loisirs :
Agréable chênaie dominant le Loir.
GPS : E 1.3864 N 48.1708

### FONTAINE-SIMON

**Du Perche**
3 r. de la Ferrière - 02 37 81 88 11 - www.campingduperche.com
De déb. mars à fin nov. - 46 empl.
borne artisanale 3 € (eau + élec.) - 11 €
Tarif camping : 16 € (10A) - pers. suppl. 4,80 €
Services et loisirs :
Au bord de l'Eure et d'un plan d'eau et à proximité d'un petit parc aquatique couvert.
GPS : E 1.0194 N 48.5132

### MONTOIRE-SUR-LE-LOIR

**Municipal les Reclusages**
Les Reclusages - 02 54 85 02 53 - www.mairie-montoire.fr
De déb. avr. à fin sept. - 110 empl.
Tarif camping : 4,60 € 2,60 € (10A) 4 €
Services et loisirs :
Sous les tilleuls au bord du Loir.
GPS : E 0.86289 N 47.74788

### VILLIERS-LE-MORHIER

**Les Ilots de St-Val**
Lieu-dit : Le Haut Bourray - 02 37 82 71 30 - www.campinglesilotsdestval.com
De mi mars à mi nov. - 157 empl. -
borne eurorelais
Tarif camping : 23 € (10A) - pers. suppl. 5,50 €
Services et loisirs :
Cadre verdoyant légèrement ombragé avec des installations sanitaires vieillissantes.
GPS : E 1.5476 N 48.6089

# Les bonnes adresses de bib

## BONNEVAL

**Auberge de la Herse** – 2 pl. Leroux - 02 37 47 21 01 - www.aubergelaherse.com - - fermé lun. - 12h-14h, 19h-21h - déj. : formule 16 €, menu 14,50 € - 23,50/42,50 €. Cette auberge est appréciée dans la région pour sa cuisine traditionnelle évoluant au fil des saisons. Plusieurs salles à manger, dont une très spacieuse et les autres plus intimes. Décor associant des couleurs ensoleillées au mobilier campagnard.

## CHARTRES

**Esprit Gourmand** – 6 r. du Cheval-Blanc - 02 37 36 97 84 - fermé la sem., dim. soir-mar. - menu 29 € - carte 40 €. Dans une petite rue proche de la cathédrale, ce bistrot, tenu par un Tourangeau-Basque, a vraiment l'esprit gourmand. Cuisine traditionnelle faite maison avec des produits choisis : terrine de porc à l'ancienne aux herbes, poulet-cocotte, foie gras du Perche au whisky et miel d'acacia... à déguster dans le calme de la cour intérieure quand le temps le permet.

## CHÂTEAUDUN

**Aux Trois Pastoureaux** – 31 r. André-Gillet - 02 37 45 74 40 - www.aux-trois-pastoureaux.fr - fermé dim.-mar. midi - formule déj. 25,50 € - 34/75 €. Le chef, Jean-François Lucchese, est soucieux des associations d'ingrédients, des cuissons et des assaisonnements. Recettes savoureuses et carte traditionnelle, menu médiéval, choix de vins au verre.

## LÈVES

**Atelier Loire** – 16 r. d'Ouarville - 28300 Lèves - 5 km au nord de Chartres - 02 37 21 20 71 - www.ateliers-loire.fr - visite guidée (1h) vend. 14h30 - fermé j. fériés, août - gratuit. Une propriété bourgeoise agrémentée de vitraux abrite cet atelier créé par Gabriel Loire en 1946 et maintenant dirigé par ses petits-fils. L'art du vitrail et ses techniques y sont soigneusement mis en valeur, depuis le modèle dessiné par un artiste jusqu'à la conception menée par les maîtres verriers.

## NOGENT-LE-ROI

**Relais des Remparts** – 2 r. du Marché-aux-Légumes - 02 37 51 40 47 - www.restaurant-relais-des-remparts.com - fermé dim. soir, mar. soir et lun. - formule déj. 16,50 € - carte 19,50/39 €. Les clés du succès de ce restaurant ? Une cuisine traditionnelle et goûteuse, un service aimable et efficace, et une confortable salle à manger harmonieusement décorée.

## NOGENT-LE-ROTROU

**Brocéliande** – 28 r. de Sully - 02 37 81 83 76 - fermé lun.-merc. - formule déj. 13,80 € - 16-23 € - réserv. conseillée le w.-end. Une jolie crêperie à deux pas du tombeau de Sully. À la carte, pas de galette complète, mais de savoureuses et copieuses compositions (andouille-camembert ; st-jacques...), et une formule midi avantageuse.

## VENDÔME

**Pertica** – 15 pl. de la République - 02 54 23 73 02 - www.restaurantpertica.com - fermé dim.-lun. et mer. midi - menus 32/70 €. Le chef propose trois menus « mystère »... On se laisse porter ! Fruits et légumes du Perche agrémentent ses créations. Il décline une bonne cuisine traditionnelle, avec des touches asiatiques, qui joue sur les textures et les saveurs.

# Offices de tourisme

## CHARTRES

Voir p. 241

## CHÂTEAUDUN

1 r. de Luynes - 02 37 45 22 46 - www.chateaudun-tourisme.fr.

## NOGENT-LE-ROTROU

9 r. Villette-Gâté - 02 37 29 68 86 - www.nogentlerotrou-tourisme.fr.

## VENDÔME

47 r. de la Poterie - 02 54 77 05 07 - www.vendome-tourisme.fr.

*L'aqueduc et le château de Maintenon.*

A. Chicurel/hemis.fr

# Orléanais, Sologne et Sancerrois

**À proximité d'Orléans, la Sologne attire les amoureux de la nature et les gastronomes. Ses landes de bruyère, ses étangs et ses grands bois mélancoliques constituent un cadre merveilleux pour randonner tout en observant les biches, les hérons, les butors et autres sangliers. Terrines de gibier et tarte Tatin dégustées, vous rejoindrez le cours de la Loire et traverserez Sancerre, Briare, Gien, Sully et St-Benoît.**

**DÉPART :** ORLÉANS - 7 jours – 330 km

## JOUR 1

Visite d'**Orléans** (voir l'encadré p. ci-contre).

## JOUR 2

Quittez Orléans de bonne heure pour vous rendre au **parc floral de la Source**. Faites un détour par la basilique de **Cléry-St-André** puis poursuivez jusqu'à **Beaugency** pour ses maisons médiévales du centre et la façade Renaissance de l'hôtel de ville. Quittez les bords de Loire pour descendre vers la **Sologne**, paradis des randonneurs, des chasseurs et des pêcheurs. Après avoir goûté aux charmes de la vie de château à **La Ferté-St-Aubin**, prenez le temps de déjeuner dans la petite ville. Rejoignez **Lamotte-Beuvron**, célèbre grâce à la tarte Tatin ! Le soir, faites étape à **Aubigny-sur-Nère**, la cité des Stuarts, après avoir traversé les pittoresques villages de **Souvigny-en-Sologne** et **Cerdon**.

## JOUR 3

En route pour parcourir un petit morceau de Sologne, de **Brinon-sur-Sauldre** (prenez la D923 au nord-ouest d'Aubigny) à **Argent-sur-Sauldre**, où vous pourrez visiter un intéressant musée des Métiers et Traditions de France. Un peu plus loin au sud-est, par la D8, se trouve le remarquable **château de Blancafort**.

## JOUR 4

Au sud de Blancafort, à l'orée de la forêt d'Yvoy, le château de **La Verrerie** aurait inspiré le cadre de la « fête au château » à l'auteur du *Grand Meaulnes*. Plus à l'ouest, un autre château vous attend : celui de **La Chapelle-d'Angillon**, dont l'enceinte abrite un musée qui rend hommage à Alain-Fournier, originaire du village. Halte le soir à **Humbligny**.

K. Amthor/imageBROKER/age fotostock

*Orléans, l'hôtel Groslot.*

## JOUR 5

Partez à la découverte de **Sancerre** avant de vous consacrer à son vignoble et de goûter aux « crottins » originaires du village de vignerons de Chavignol. En fin d'après midi, rejoignez **Briare**. à l'entrée de la ville, deux musées intéressants : le musée des Deux Marines et du Pont-Canal, et celui de la Mosaïque et des Émaux. Enfin, le voici devant vous : le célèbre pont-canal de Briare, majestueux ouvrage d'art du 19e s. Une promenade s'impose, à pied ou en bateau.

## JOUR 6

Cet avant dernier-jour est consacré à **Gien**, avec la visite du château d'Anne de Beaujeu, fille de Louis XI, qui s'impose au cœur de la cité, et le remarquable musée de la Chasse, qui a fait peau neuve. Naturellement, ne manquez pas d'aller admirer la fameuse faïence de Gien, bleue avec ses rehauts de jaune, au musée de la Faïencerie... avant de faire quelques emplettes au magasin d'usine.

## JOUR 7

Découvrez **Sully-sur-Loire** et son château. Traversez le pont et poursuivez votre itinéraire sur la rive droite de la Loire jusqu'à **St-Benoît-sur-Loire** et sa célèbre abbatiale. Une promenade sur les bords de Loire à **Châteauneuf-sur-Loire** peut conclure ce séjour : votre dernière étape est l'occasion d'une agréable promenade qui démarre par l'ancien parc du château et se poursuit le long des quais jusqu'au charmant canal d'Orléans, en partie ouvert à la navigation.

ÉTAPE 11

# Orléans

### OFFICE DE TOURISME

2 pl. de l'Étape - ✆ 02 38 24 05 05 - www.tourisme-orleansmetropole.com.

### STATIONNEMENT & SERVICES

**Parking conseillé**
Parking du théâtre, 10 bd Aristide-Briand, un emplacement central pour visiter la ville - 2 €/h, 8 €/j.

**Camping d'Olivet**
À côté d'Orléans ; liaison en tram. Voir p. suivante.

Orléans poursuit sa mue... notamment au gré de l'aménagement de ses lignes de tramway. Pour découvrir cette métamorphose et vous imprégner de l'ambiance de la ville, déambulez dans les vieilles rues aux noms évoquant la vie des artisans du Moyen Âge, comme les rues des Tanneurs ou des Bouchers qui descendent vers le fleuve. Rendez-vous **place du Martroi**, cœur névralgique de la ville, rendue aux piétons. En son centre, trône la statue équestre de Jeanne d'Arc, symbole d'Orléans qui dépasse de loin la notoriété architecturale des lieux. Les **Fêtes johanniques**, en mai, constituent d'ailleurs un événement majeur. Et si vous souhaitez en savoir plus sur ce personnage historique, visitez la **maison de Jeanne-d'Arc**. Autre moment fort, le marché du vendredi, toujours place du Martroi, qui joue les prolongations en nocturne, et celui du samedi matin, qui anime le **quai du Roi** (alimentaire) et le **boulevard Alexandre-Martin** (brocante). Quelques sites retiendront aussi votre attention. La **cathédrale Ste Croix** conserve de splendides boiseries du début du 18e s. dans le chœur, et de belles stalles. Le **musée des Beaux-Arts** offre, lui, un remarquable panorama de l'art en Europe du 16e au 20e s. Ne manquez pas le superbe cabinet des Pastels où sont accrochés des œuvres du 18e s. de Chardin, Quentin de La Tour et Jean-Baptiste Perronneau.
En fin de journée, dirigez-vous vers les **bords de Loire** qui s'animent, à l'automne, à l'occasion du Festival de Loire, avec le grand rassemblement de la marine fluviale. Pour l'heure, le coucher de soleil vous réserve un moment romantique.

## Aires de service & de stationnement

### ARGENT-SUR-SAULDRE

**Aire privée du magasin Super U**
Rte d'Aubigny (D 940), parking Super U - 02 48 81 08 08
Permanent
Borne artisanale
Services :
GPS : E 2.44859 N 57.54854

### AUBIGNY-SUR-NÈRE

**Aire de la Chapelotte**
Rte de la Chapelotte - 02 48 81 50 00
Permanent
Borne artisanale : Gratuit
6 - Illimité - Gratuit
Services :
GPS : E 2.45004 N 47.48194

### BRIARE

**Aire du Pont-Canal**
R. des Vignes - 02 38 31 20 08
Permanent -
Borne flot bleu : 2 € (eau + élec.)
20 - Illimité - Gratuit
Paiement :
Services :
Proche du pont-canal, emplacements sur herbe ou terre battue.
GPS : E 2.73986 N 47.63213

### CHAON

**Aire de Chaon**
Rte de Vouzon, parking de la Maison du Braconnage - 02 54 88 46 36
Permanent (mise hors gel)
Borne artisanale : Gratuit
3 - Illimité - Gratuit - stationner de préférence à coté du terrain de sport
Services :
GPS : E 2.16687 N 47.61038

### LA CHAPELLE-ST-MESMIN

**Aire de La Chapelle-St-Mesmin**
R. du Château - 02 38 22 34 54
Permanent
Borne AireService : gratuit
23 - 24h - 6 €/j. - borne compris
Paiement :
Services :
Très belle aire, en bord de Loire.
GPS : E 1.83958 N 47.88537

### GIEN

**Aire de Gien**
Rte de Briare - 02 38 67 25 28
Permanent (mise hors gel)
Borne Urbaflux 3 € 0 €
8 - - 48h - Gratuit
Paiement : jetons (à la piscine)
Services :
GPS : E 2.64359 N 47.67995

### HUMBLIGNY

**Aire d'Humbligny**
Chemin des Faviots - 02 48 69 58 38
Permanent
Borne eurorelais : Gratuit
5 - Illimité - Gratuit
GPS : E 2.65861 N 47.25453

### LAMOTTE-BEUVRON

**Aire de stationnement**
Chemin de Maisonfort, N 20 - 02 54 83 09 92 - Permanent
Borne artisanale : Gratuit
10 - Illimité - 8 €/j.
Services :
Ombragée, le long du canal.
GPS : E 2.02553 N 47.59789

### SULLY-SUR-LOIRE

**Aire de Sully-sur-Loire**
Chemin de la Salle-Verte - 02 38 36 20 08 - Permanent
Borne artisanale : Gratuit
70 - 72h - Gratuit
Services :
À proximité du château, en bord de Loire.
GPS : E 2.38398 N 47.77109

### VOUZON

**La Ferme de Marie-Louise**
Le Rabot, N 20 - 07 85 73 47 04 - www.lafermedemarielouise.org
Borne artisanale -
Marché de producteurs locaux.
GPS : E 47.6547 N 1.9861

## Campings

### AUBIGNY-SUR-NÈRE

**Les Étangs**
Av. du Parc-des-Sports - 02 48 58 02 37 - www.camping-aubigny.com
De déb. avr. à fin oct. - 75 empl. -
- 12 €
Tarif camping : 26 €
(10A) - pers. suppl. 5 €
Services et loisirs :
GPS : E 2.46101 N 47.48574

### GIEN

**Les Castels Les Bois du Bardelet**
Lieu-dit : Le Petit Bardelet, rte de Bourges - 02 38 67 47 39 - www.bardelet.com
De mi avr. à mi sept. - 260 empl. -
borne artisanale -
13 €
Tarif camping : 41,80 €
(10A) - pers. suppl. 7 €
Services et loisirs :
GPS : E 2.61619 N 47.64116

### OLIVET

**Olivet**
325 r. du Pont-Bouchet - 02 38 63 53 94 - www.camping-olivet.org
De déb. avr. à fin sept. -
borne artisanale
Tarif camping : 27,70 €
(16A) - pers. suppl. 5,90 €
Services et loisirs :
Station du Tram à proximité pour Orléans.
GPS : E 1.92543 N 47.85601

### ST-PÈRE-SUR-LOIRE

**Le Jardin de Sully**
1 rte de St-Benoit - 02 38 67 10 84 - www.camping-bord-de-loire.com
Permanent - 80 empl. -
borne AireService
Tarif camping : 22,50 €
4 € - pers. suppl. 5 €
Services et loisirs :
Longé par le GR 3, le long de la Loire. Emplacements avec beaucoup d'espaces verts.
GPS : E 2.36229 N 47.7718

# Les bonnes adresses de bib

## BEAUGENCY

**Chez Henri** – 43 r. du Pont - 02 38 44 16 65 - 12h-14h, 19h-22h - fermé dim.-lun. - formule déj. 13,90 € - menus 19,90/50 €. À mi-chemin entre brasserie et restaurant, une cuisine variée avec des pointes exotiques comme ce magret de canard, sauce au soja et gingembre, servie dans une belle salle voûtée ou en terrasse.

## BRIARE

**Le Petit St-Trop** – 5 r. Tissier - 02 38 37 00 31 - ♿ - 12h-14h, 19h30-20h45, fermé dim. soir et lun. - menus 20/32 €. Tenu par un chef cuisinier ancien globe-trotter, ce restaurant propose une carte brasserie traditionnelle. Une jolie fresque représente le port de St-Tropez dans l'une des salles.

## GIEN

**Côté Jardin** – 14 rte de Bourges - 02 38 38 24 67 - fermé de mi-avr. à déb. mai, de déb. juil. à déb. août, dim. et lun.-mar. soir - 32/85 €. Sur la rive gauche de la Loire, Arnaud Billard signe une savoureuse cuisine du marché : saumon mi-cuit aux asperges blanches, suprême de poulet fermier, pommes confites. Une finesse aromatique et visuelle pour cet étoilé 2017 du Guide Michelin.

**Faïencerie de Gien** – 78 pl. de la Victoire - 02 38 05 21 50 - www.gien.com - mai-août et déc. : 9h-19h ; janv.-avr. et sept.-nov. : 9h-12h, 14h-18h - fermé 1er janv., 1er Mai, 25 déc. Vous trouverez dans la boutique d'usine plus de 60 services de table de fin de série à des prix attractifs ainsi qu'un grand choix de bougies.

## LAMOTTE-BEUVRON

**Hôtel-Restaurant Tatin** – 5 av. de Vierzon - 02 54 88 00 03 - www.hotel-tatin.fr - fermé vac. de fév., de fin juil. à mi-août, 19 déc.-4 janv., dim. soir-mar. mat. - formule déj. 28 € - 35 €. C'est ici que les sœurs Tatin inventèrent leur tarte (le fourneau d'époque est exposé au bar). Tradition toujours vivante !

## ORLÉANS

**La Dariole** – 25 r. Étienne-Dolet - 02 38 77 26 67 - lun., merc., jeu. 12h-13h30, mar., jeu. 12h-13h30, 19h30-21h30 - fermé w.-end - formules déj. 23,50/28 €. Une savoureuse cuisine servie dans la pimpante salle à manger d'une maison à colombages du 15e s., ou bien sur la petite terrasse d'été qui ouvre sur une placette.

**Martin Pouret** – 11 r. Jeanne d'Arc - 02 38 62 19 64 - martinpouret.com - tlj sf dim. 10h-19h, mar. 14h-19h - Créée en 1797, Martin Pouret est la dernière maison en France à perpétuer la traditionnelle fabrication en tonneaux du vinaigre de vin et de la moutarde d'Orléans, graines broyées à la meule de pierre, selon une recette remontant à 1580.

## SANCERRE

**Aux Trésors de Bacchus** – 25 Nouvelle-Place - 02 48 54 17 45 - fournier-pere-fils.fr - 10h-18h (19h en été). Cave tenue par un vigneron, évidemment très grand connaisseur des crus de sa région. Outre ses propres bouteilles, il met en avant les sancerre, pouilly-fumé et coteau-du-giennois, tous issus de vignobles de propriétaires et choisis avec soin. Belle sélection de bourgognes, bordeaux, champagnes et vins de Loire.

# Offices de tourisme

## BRIARE

1 pl. Charles-de-Gaulle - 02 38 31 24 51 - www.terresdeloireetcanaux.com.

## GIEN

Pl. Jean-Jaurès - 02 38 67 25 28 - www.gien-tourisme.fr.

## ORLÉANS

Voir p. 245

## SANCERRE

Espl. Porte-César - 02 48 54 08 21 - www.tourisme-sancerre.com.

*Pont-Canal de Briare.*

F. Guiziou/hemis.fr

# Au cœur du Berry

**Jardins, vignobles, châteaux et abbayes... les terres berrichonnes réjouissent autant la vue que les papilles. Entre deux haies, derrière un pré et des taillis, se dissimulent de beaux villages, des jardins remarquables et des châteaux qui comptent parmi les plus beaux de la route Jacques-Cœur... sans oublier des vignobles de qualité.**

**DÉPART :** BOURGES - 5 jours – 280 km

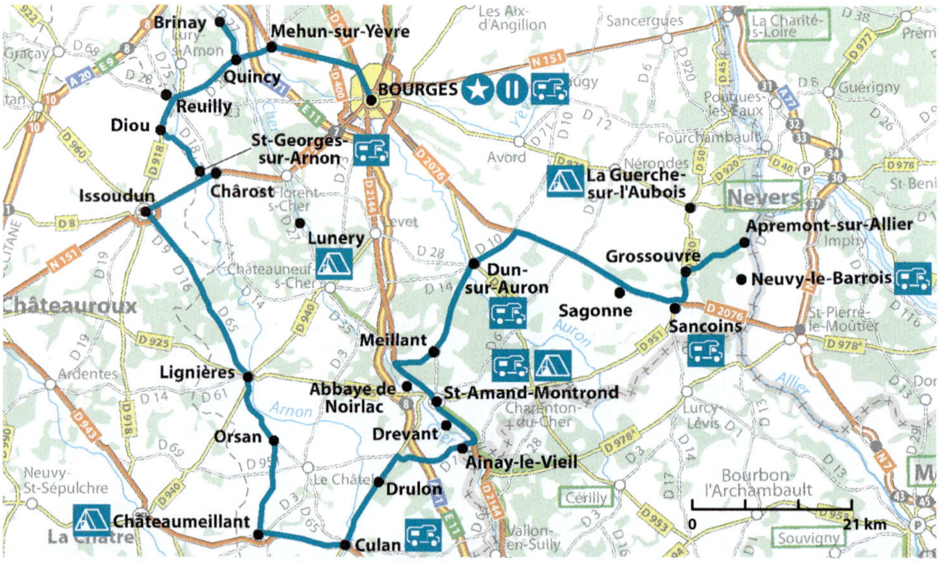


## JOUR 1

À 17 km au nord-ouest de **Bourges** (voir l'encadré p. ci-contre) par la D2076, gagnez **Mehun-sur-Yèvre**. Là, dans les vestiges de son château vous apprendrez à connaître la porcelaine du Berry. Les amoureux de fresques médiévales feront un détour par l'église St-Agnan à **Brinay** sur la rive gauche du Cher, charmant village dont le vignoble rejoint celui de **Quincy** (à 6 km) un peu plus haut sur la rivière. Continuez vers le sud-ouest (D20) pour arriver à **Reuilly**. Le vignoble s'étend jusqu'à **Diou** (halte agréable sur la Théols). Le village de **Chârost** constituera une halte culturelle, avec la visite de son église, avant de rejoindre Issoudun.

## JOUR 2

**Issoudun** compte d'intéressants monuments. Les rues du Boucher-Gris, des Champs-d'Amour et de l'Âne-Vert évoquent son passé médiéval. Voyez aussi le beffroi, l'église St-Cyr pour ses verrières et l'ancien hôtel-Dieu qui abrite le musée de l'hospice St-Roch. La D9, au sud, vous conduira ensuite à **Lignières**, d'où vous rejoindrez les très beaux jardins du prieuré **Notre-Dame d'Orsan** (à 10 km plus au sud par la D65). Poursuivez au sud jusqu'à **Châteaumeillant**, ville-étape agréable.

## JOUR 3

Dirigez-vous vers l'est (D943). **Culan** vous attend avec sa forteresse médiévale bâtie sur un éperon rocheux ceinturé de 300 m de muraille. Suivez la D997. Après quelques kilomètres, arrêtez-vous dans les jardins artistiques de **Drulon**, classés « Jardins remarquables ». Plein nord et en bifurquant par la D1 vous retrouvez la vallée du Cher à **Ainay-le-Vieil**. Son château, surnommé « la Petite Carcassonne » à cause de sa poterne et de ses remparts, évoque le Moyen Âge, alors que son logis affiche les grâces de la Renaissance. Contemplez aussi les jardins où se

B. Merz/Look/Photononstop

*La cathédrale de Bourges.*

mêlent parc à l'anglaise, roseraie, chartreuse... faites enfin une pause archéologique aux vestiges gallo-romains de **Drevant**, sur la route de **St-Amand-Montrond** où vous ferez une halte au bord du canal du Berry.

## JOUR 4

Prenez au nord la D2144 pour visiter l'abbaye cistercienne de **Noirlac**. C'est l'un des plus beaux et plus complets ensembles monastiques de France, à voir absolument. L'étape suivante (suivez la D35 vers le nord puis la D92) ne manque pas non plus de charme avec le château de **Meillant** où se mêlent style gothique flamboyant et tours médiévales. Les intérieurs montrent de belles tapisseries de Bruges, des plafonds décorés et un riche mobilier. Poursuivez sur la D10 et faites une petite pause à **Dun-sur-Auron**. Vous y visiterez un beau beffroi fortifié et le musée du Canal du Berry. Prenez ensuite la direction de Sancoins (par la D10, puis la D2076). Au passage vous pouvez visiter la forteresse médiévale de **Sagonne**. Halte à Sancoins.

## JOUR 5

Si vous êtes à **Sancoins** un mercredi matin, levez-vous très tôt (5h) et allez au parc des Grivelles où se déroule l'un des plus grands marchés aux bestiaux de France (bovins et ovins), un spectacle un peu hors du temps qui se poursuit en centre-ville avec la volaille vivante. Un peu plus au nord la halle de **Grossouvre** raconte de belle manière l'industrie métallurgique. Rejoignez maintenant le village d'**Apremont-sur-Allier** où vous ferez une étape agréable entre flânerie dans le village et découverte du magnifique parc floral.

ÉTAPE 11

# Bourges

### OFFICE DE TOURISME

21 r. Victor-Hugo - ✆ 02 48 23 02 60 - www.bourgesberrytourisme.com.

### STATIONNEMENT & SERVICES

**Aire de Bourges**
Voir p. suivante

De l'aire de stationnement, laissez à votre droite la surprenante Maison de la Culture à l'architecture typique des années 1930 pour gagner les magnifiques **jardins de l'Archevêché**. Ses allées et ses parterres fleuris vous offrent le plus beau point de vue sur le chevet et les arcs-boutants de la **cathédrale St-Étienne**, majestueuse, inscrite au Patrimoine mondial par l'Unesco en 1992. Prenez le temps de détailler le portail sud et la façade ouest de ce vaisseau gothique et profitez de la lumière matinale pour admirer ses **vitraux** réalisés du 12e au 17e s. Vous verrez aussi une **horloge astronomique**, descendrez dans la **crypte** avant de vous armer de courage pour monter à la tour nord. Au sommet, superbe panorama sur la vieille ville et les marais. Traversez ensuite la place pour visiter dans l'ancien archevêché le **musée des Meilleurs Ouvriers de France** *(visite gratuite)* qui propose de grandes expositions thématiques. Plan de ville en main (l'office de tourisme donne sur la place), vous dénicherez la promenade des anciens remparts, prendrez l'escalier George-Sand, puis la rue Bourbonnoux pour une halte impérative à l'**Hôtel Lallemant**, joyau de la Renaissance qui abrite le **musée des Arts décoratifs**. Vous voilà **place Gordaine** d'où rayonnent les ruelles piétonnes où les hautes maisons à colombages rivalisent d'élégance. De retour à la place Séraucourt, voyez l'ancien château d'eau qui propose de belles expositions temporaires *(visite gratuite)*. Le deuxième jour, vous partirez à pied ou à vélo à la découverte des marais avant de faire la tournée des hôtels particuliers. Dans les marais, comptez deux heures de balade tant les rigoles et cours d'eau se faufilant entre les jardins potagers (privés) incitent à la pause.
Au retour par le nord de la cité, faites une halte dans le **Jardin des Prés-Fichaux** de style Art déco. Impossible de manquer ensuite l'exubérant **palais Jacques-Cœur**, l'**hôtel Cujas** et son **musée du Berry** *(gratuit)* ou encore l'**hôtel des Échevins** qui abrite l'œuvre très éclectique du peintre Maurice Estève *(gratuit)*... Des hôtels à voir de jour et à revoir de nuit durant les « Nuits lumières de Bourges ».

# Aires de service & de stationnement

## BOURGES

**Aire de Bourges**
R. du Pré Doulet - 02 48 23 02 60
Permanent
Borne Urbaflux 2,50 €
10 - Illimité - Gratuit
Paiement :
Emplacements ombragés.
GPS : E 2.39933 N 47.07586

## CULAN

**Aire de Culan**
Pl. du Champ-de-Foire -
02 48 62 03 92 - Permanent
Borne artisanale 1,50 €
20 - Illimité - Gratuit - stationnement possible sur le site de l'ancienne tuilerie, rte de St-Amand
Paiement : jetons (office de tourisme et bureau de tabac)
Services :
GPS : E 2.34672 N 46.54754

## DUN-SUR-AURON

**Aire de Dun-sur-Auron**
Pl. du Pavé - 02 48 66 64 20
Permanent -
Borne artisanale : Gratuit
3 - 24h - Gratuit
Services :
Aux pieds des remparts et au bord de l'Auron. Plat, bitume et ombragé.
GPS : E 2.56771 N 46.88304

## NEUVY-LE-BARROIS

**Aire privée la Prairie**
Le Penisson - 02 48 74 62 54 - www.escalelaprairie.com
Permanent -
Borne artisanale : 7 € (eau + élec.)
6 - Illimité - 6 €/j.
Services :
Cadre verdoyant et vente de produits de la ferme en été.
GPS : E 3.03957 N 46.86104

## ST-AMAND-MONTROND

**Aire du Lac de Virlay**
Lac de Virlay, en direction de Bourges -
02 48 96 16 86
Permanent (mise hors gel)
Borne artisanale : Gratuit
 - - Illimité - Gratuit
Services :
Agréable stationnement en bordure du canal.
GPS : E 2.4889 N 46.7344

## ST-GEORGES-SUR-ARNON

**Aire de St-Georges-sur-Arnon**
N 151, intersection D 9A entre Bourges et Châteauroux -
02 54 04 01 05
Permanent
Borne artisanale : Gratuit
3 - Illimité - Gratuit
Services :
GPS : E 2.09873 N 46.99987

## SANCOINS

**Aire de Sancoins**
Quai du Canal, rte de Bourges -
02 48 77 52 42
Permanent (mise hors gel) -
Borne eurorelais : 3 € (eau + élec.)
35 - Illimité - Gratuit
Paiement : jetons (commerçants)
Services :
Au bord du canal du Berry.
GPS : E 2.9152 N 46.83385

# Campings

## CHÂTEAUMEILLANT

**Municipal l'Étang Merlin**
Rte de Vicq - 02 48 61 31 38 - www.camping-etangmerlin.e-monsite.com
De déb. mai à fin sept. - 46 empl. -
borne artisanale 12,90 € (eau + élec.)
Tarif camping : 12,90 € (5A) - pers. suppl. 3,40 €
Services et loisirs :
GPS : E 2.19034 N 46.56818

## LA GUERCHE-SUR-AUBOIS

**Municipal le Robinson**
2 r. de Couvache - 02 48 74 99 86 - www.laguerche-aubois.fr
De mi avr. à fin sept. - 35 empl. -
borne artisanale 12 € (eau + élec.)
Tarif camping : 3 € 11 €
 (6A) 11 €
Services et loisirs :
Situation agréable au bord d'un plan d'eau.
GPS : E 2.95872 N 46.94029

## LUNERY

**Intercommunal de Lunery**
6 r. de l'Abreuvoir - 02 48 68 07 38 - www.ccfercher.fr
De mi-juin à août - 36 empl. -
Tarif camping : 4 € 6 € 5€
Autour des vestiges d'un ancien moulin, près du Cher.
GPS : E 2.27039 N 46.93658

## ST-AMAND-MONTROND

**Municipal de la Roche**
Chemin de La Roche - 02 48 96 09 36 - www.entreprisefrery.com
De déb. avr. à fin sept. - 97 empl. -
Tarif camping : 17,70 € (6A) - pers. suppl. 2,60 €
Services et loisirs :
Beaux emplacements verdoyants entre le canal et le Cher.
GPS : E 2.49108 N 46.71816

# Les bonnes adresses de bib

## BOURGES

**Le Bourbonnoux** – 44 r. Bourbonnoux - 02 48 24 14 76 - www.bourbonnoux.com - fermé 1 sem. en fév., 2 sem. en août, sam. midi, dim. soir et vend. - 20 € (déj. en sem.), 29/38 €. Coloris vifs et colombages composent le plaisant intérieur de ce restaurant situé dans une rue jalonnée de boutiques d'artisans. Accueil aimable. Cuisine classique et savoureuse.

**La Courcillière** – R. de Babylone - Accès av. Marx-Dormoy - 02 48 24 41 91 - www.lacourcilliere.com - ♿ - fermé dim. soir, mar. soir et merc. - 16,50/30 €. Ici, vous êtes au cœur du marais, ensemble de verdure, de faune et de flore. Gentil restaurant au cadre rustique avec terrasse au bord de l'eau face aux jardins. Table honnête à prix raisonnables. Pour le dépaysement...

**Arôme du Vieux Bourges** – 11 pl. Gordaine - 02 48 24 64 25 - aromeduvieuxbourges.fr - lun. 14h30-19h30, mar.-sam. 9h30-19h30 ; ouv. les soirs des w.-ends des Nuits Lumière. Dans une maison au décor gothique proliférant, toutes les spécialités du Berry, depuis les lentilles jusqu'aux forestines, en passant par les vins et les sirops Monin. Sans oublier le camembert au chocolat et les palets Jacques-Cœur.

## CHÂTEAUMEILLANT

**Bituriges Vins** – Rte de Culan - 02 48 61 33 55 - www.biturigesvins.fr - 9h30-18h - fermé dim. sf mai, juil.-août. Cette cave regroupe une trentaine de viticulteurs qui élaborent des vins de pays du Cher.

## ISSOUDUN

**La Cognette** – Bd Stalingrad - 02 54 03 59 59 - www.la-cognette.com - fermé 3 sem. en janv., dim. soir (sept.-juin), mar. midi et lun. - formule déj. sem. 19 € - 26/98 €. Balzac est à l'honneur dans ce restaurant qu'il décrivit en détail dans « La Rabouilleuse ». Cuisine classique et raffinée qui célèbre les plats du terroir. Sympathique menu « Instant » sur lequel le chef improvise tous les jours, au gré du marché.

## MEHUN-SUR-YÈVRE

**Magasin de vente Pillivuyt** – Allée de la Manufacture - 02 48 67 31 00 - www.pillivuyt.fr - tlj sf dim. 10h-12h, 14h-18h30, lun. 14h-18h30 - fermé j. fériés. Services et pièces de porcelaine culinaire, blanche ou décorée vendus au poids. Ce spécialiste de la porcelaine à feu est implanté dans le Berry depuis environ 200 ans.

**L'Octroi** – 62 r. Jeanne-d'Arc - 09 84 23 76 74 - 26 €. À quelques pas du château, une des seules adresses ayant survécu à Mehun-sur-Yèvre, mais pas la moindre ! Cuisine à l'orientation sud-ouest raffinée, rehaussée de pointes d'épices.

## REUILLY

**Domaine Claude Lafond** – 8 rte de St-Pierre-de-Jards - Le Bois-St-Denis - 02 54 49 22 17 - claudelafond.com - tlj sf dim. 9h-18h, sam. 10h-18h. C'est Nathalie, la fille de Claude Lafond, qui gère à présent les 35 ha en AOC Reuilly et les 3 ha en AOC Valençay, plantés en sauvignon, pinot noir et pinot gris. En été, le domaine propose balades vigneronnes, dégustations de vins et visites des chais.

## SANCOINS

**Le St-Joseph** – Pl. de la Libération - 02 48 74 61 21 - www.hotel-stjoseph.com - 13/33 €. Le St-Joseph propose une cuisine traditionnelle à base de produits locaux ou crêperie.

# Offices de tourisme

## BOURGES

Voir p. 249

## ISSOUDUN

Pl. St-Cyr - 02 54 21 74 02 - www.issoudun.fr.

## ST-AMAND-MONTROND

Pl. de la République - 02 48 96 16 86 - www.tourisme-coeurdefrance.com.

*Le château de Meillant.*

*P. Michel/age fotostock*

## CENTRE VAL-DE-LOIRE - CIRCUIT 4

# L'ouest du Berry et la Brenne

**Ce circuit traverse ces paysages aux « teintes vigoureuses et sombres », aux « horizons mélancoliques et profonds » que George Sand s'est plu à dépeindre. Chemin faisant, vous découvrirez avec étonnement les sites qui ont servi de décor à ses récits berrichons. Vous serez de même séduit par la Brenne, qui reste sauvage et mystérieuse. Pays d'étangs et de brandes au sud de l'Indre, elle abrite une richesse écologique incomparable.**

**DÉPART :** CHÂTEAUROUX - 5 jours – 315 km

## JOUR 1

De **Châteauroux**, direction vers le nord. Des champs se succèdent à perte de vue jusqu'à **Levroux**, où vous ne manquerez pas d'entrer dans la belle collégiale. Empruntez ensuite la D2, au nord-est : soudain apparaît, dans un écrin de verdure, le sobre château de **Bouges**. Poursuivez dans la Champagne berrichonne, sur la D2, jusqu'à **Vatan** où se trouve un musée du Cirque puis, plus au nord, vous atteindrez la jolie cité médiévale de **Graçay** qui possède un musée de la Photo. Les gourmets pourront aller à **Chabris**, sur les pentes du Cher, réputé pour ses fromages de chèvre et ses vins.

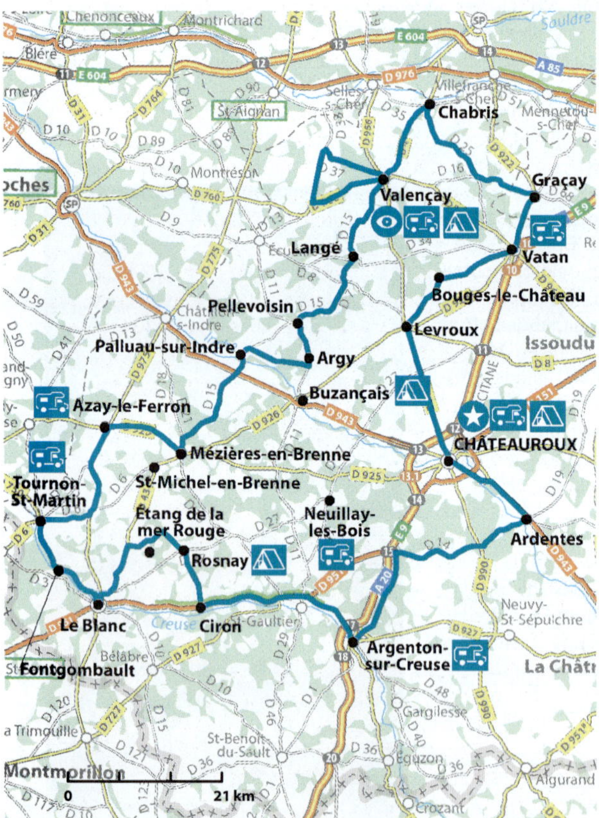


## JOUR 2

En route vers le joyau berrichon, l'élégant **château de Valençay** (voir l'encadré p. ci-contre), où plane encore l'ombre de Talleyrand, et que protège la belle **forêt de Gâtine** (faites-y un tour en empruntant la D37). Prenez vers le sud (D15) : bois et prairies défilent entre **Langé** et **Pellevoisin** jusqu'au château d'**Argy**, renommé pour sa galerie. Faites une halte dans la charmante petite ville de **Palluau-sur-Indre**, dominée par son château.

## JOUR 3

Au sud de l'Indre s'étend le **Parc naturel régional de la Brenne**. **Mézières-en-Brenne**, localité la plus importante de cette région, est la porte d'entrée pour partir à la découverte de cette mosaïque de cultures, de prairies, de landes et d'étangs où niche une grande variété d'oiseaux. Mais rendez-vous d'abord à **Azay-le-Ferron** (prenez vers l'ouest la D925), dominé par son beau château, puis devant l'imposant chevet de l'**abbaye de Fontgombault** (suivez la D975 vers le sud). Sur les rives de la Creuse, 8 km à l'est, **Le Blanc** constituera une autre étape agréable aux portes sud de la Brenne. La principale localité du Parc naturel régional de la Brenne offre un séduisant visage avec sa ville haute en terrasses et ses maisons alignées au bord de la rivière. Le viaduc, monument emblématique de la ville, domine les eaux de près de 30 m et a été transformé en voie verte.

A. Chicurel/hemis.fr

*Le château de Valencay.*

## JOUR 4

Enfin, vous allez faire une incursion dans le Parc naturel régional de la Brenne. Direction donc le sublime **étang de la Mer Rouge** (au nord par la D17). Avec ses 180 ha, c'est l'étang le plus vaste de la Brenne. Vous pourrez le longer grâce au chemin communal. Sortez vos jumelles et ouvrez les yeux. Vous passerez ensuite devant le **château du Bouchet**, qui prouve une nouvelle fois qu'en Brenne, nature et architecture sont intimement liées. Revenez sur les bords de la Creuse à **Ciron**, traversez le pont d'où vous verrez le château de Romefort. Longez la Creuse jusqu'à **Argenton-sur-Creuse** où vous passerez la nuit après avoir flâné dans sa partie ancienne et visité le musée de la Chemiserie et de l'Élégance masculine.

## JOUR 5

Repartez vers le nord, à Lothiers, tournez à droite dans la D14 pour suivre la **vallée de la Bouzanne** jusqu'à Arthon, puis traversez la forêt de Châteauroux jusqu'à **Ardentes**, dont l'église St-Martin renferme de beaux chapiteaux sculptés. En remontant la rive droite de l'Indre, vous apercevrez le château de Clavières et arriverez à **Châteauroux**. Promenez-vous tranquillement dans la ville qui possède d'intéressants musées et églises. S'il vous reste un peu de temps, terminez votre séjour par la visite de l'hôtel Bertrand (qui abrite le musée) ou celle de l'ancien couvent des Cordeliers (centre culturel actif qui accueille des expositions temporaires).

VISITE

# Château de Valençay

### INFOS PRATIQUES

2 r. de Blois - ✆ 02 54 00 10 66 - www.chateau-valencay.fr - juil.-août : 9h30-19h ; de mi-mars à fin avr. et de déb. oct. à mi-nov. : 10h30-18h ; mai et sept. : 10h-18h ; juin : 9h30-18h ; vac. de Noël : 11h-18h30 - fermé de déb. janv. à mi-mars, 25 déc. - 14 € (-18 ans 11 €). Audioguide et livret-jeu pour enfant disponibles.

### STATIONNEMENT & SERVICES

**Aire de Valençay**
2 av. de la Résistance, sur le parking derrière l'office de tourisme - ✆ 02 54 00 04 42 - Permanent
Borne eurorelais 2 € 2 €
- Illimité - Gratuit
Paiement : CC
Services : WC
GPS : E 1.56167 N 47.16037

Le **pavillon d'entrée** est sans conteste la merveille de Valençay : il est traité comme un donjon « de plaisance » troué de nombreuses fenêtres et agrémenté de tourelles inoffensives et d'une couronne de mâchicoulis. Les combles sont ajourés de hautes lucarnes et surmontés de cheminées monumentales. De chaque côté du donjon s'alignent les corps de bâtiment, dont une galerie italienne à arcades. Sur une architecture caractéristique des châteaux Renaissance du Val de Loire apparaissent les premières touches de classicisme : pilastres superposés, chapiteaux doriques au rez-de-chaussée, ioniques au 1er étage et corinthiens au 2e étage du pavillon d'entrée. Ce style prend toute sa mesure dans les toitures des tours d'angle dont les dômes remplacent les toits en poivrière qui étaient encore la règle au 16e s. sur les bords de la Loire.
L'**aile ouest** fut ajoutée au 17e s. puis remaniée au 18e s. avec un toit où alternent mansardes et œils-de-bœuf. Au rez-de-chaussée, le grand vestibule Louis XVI et la galerie consacrée à la famille Talleyrand-Périgord : le Grand Salon et le salon Bleu sont tous deux dotés de nombreux objets d'art et d'un somptueux mobilier Empire. Au 1er étage, on parcourt les appartements de Ferdinand, prince des Asturies puis roi d'Espagne, et ceux du duc de Dino et de Mme de Bénévent (portrait par Vigée-Lebrun), avant de traverser la Grande Galerie ornée d'une Diane chasseresse (œuvre de Houdon) puis, enfin, de prendre l'escalier d'honneur. Le sous-sol, l'office, la cuisine et les caves permettent d'imaginer le faste des réceptions d'alors.
Le château est entouré par un vaste **parc** planté d'arbres centenaires. Des parterres rigoureusement ordonnancés, à la française, s'étendent face à la façade du château. Le jardin de la duchesse, enfin, à la symétrie parfaite, domine toute la vallée.

## Aires de service & de stationnement

### ARGENTON-SUR-CREUSE

**Aire d'Argenton-sur-Creuse**
Pl. du Champ-de-Foire - 02 54 24 12 50 - Permanent (mise hors gel)
Borne artisanale : Gratuit
10 - Illimité - Gratuit
Services : WC
GPS : E 1.52249 N 46.58584

### AZAY-LE-FERRON

**La Ferme du Caroire**
10 Champ-d'Œuf - 06 80 40 75 13 - ferme-du-caroire.business.site/
Permanent
Borne artisanale : Gratuit
6 - - Illimité - Gratuit
Paiement : CC
Services : WC
GPS : E 1.04246 N 46.82796

### NEUILLAY-LES-BOIS

**Aire de Neuillay-les-Bois**
Rte de Buzançais - 02 54 39 40 12
Permanent (mise hors gel)
Borne AireService : Gratuit
Services : WC
Au bord de l'étang communal.
GPS : E 1.47389 N 46.76931

### TOURNON-ST-MARTIN

**Aire de Tournon**
R. du Moulin - 02 54 37 50 60
Permanent
Borne eurorelais : Gratuit
1 - 24h - Gratuit
Services : WC
Aire très agréable, au bord de la Creuse.
GPS : E 0.95216 N 46.73111

### VALENÇAY

Voir p. précédente

### VATAN

**Aire de Vatan**
R. Ferdinand-de-Lesseps -
02 54 49 76 31 - De mi mars à fin oct.
Borne artisanale : Gratuit
6 - Illimité - Gratuit
Services : WC
GPS : E 1.80605 N 47.07148

*Brenne, étang de la Touche.*

B. Rieger/hemis.fr

## Campings

### BUZANÇAIS

**La Tête Noire**
02 54 84 17 27 - www.campinglatetenoire.fr
De déb. avr. à mi oct. - 100 empl. -
borne AireService
2 € (eau + élec.) - 11 €
Tarif camping : 17 €
(10A) - pers. suppl. 3 €
Services et loisirs :
GPS : E 1.41805 N 46.89285

### CHÂTEAUROUX

**Le Rochat Belle-Isle**
17 av. du Parc-de-Loisirs -
02 54 08 96 29 - www.camping-lerochat.fr
Permanent - 142 empl.
borne AireService : gratuit - 20 €
Tarif camping : 7 € 3 € 3 €
(10A) 6 €
Services et loisirs :
Bus gratuit pour le centre-ville.
GPS : E 1.69472 N 46.8236

### ROSNAY

**Municipal Les Millots**
Rte de St-Michel-en-Brenne -
02 54 37 80 17
De mi fév. à mi nov. - 32 empl. -
Tarif camping : 2 € 2 € 3 €
(10A) 3 €
Services et loisirs :
Petite et agréable structure soignée, au bord d'un étang.
GPS : E 1.21171 N 46.70645

### VALENÇAY

**Les Chênes**
40 rte de Loches - 02 54 40 76 81 - www.camping-leschenes.fr
De déb. avr. à fin oct. - 52 empl. -
borne artisanale -
20 €
Tarif camping : 15 €
(10A) - pers. suppl. 4,50 €
Services et loisirs :
Agréable cadre de verdure en bordure d'étang.
GPS : E 1.55542 N 47.15808

# Les bonnes adresses de bib

## ARGENTON-SUR-CREUSE

**Café de la Place** – Pl. de la République - 02 54 24 12 91 - www.hotel-argenton.com - formules 7,60/13,80 €. Une pause repas dans cette brasserie qui sert une cuisine bistro vous permettra de profiter de la ville depuis la terrasse.

## LE BLANC

**Le Cygne** – 8 av. Gambetta - 02 54 28 71 63 - www.lecygneleblanc.fr - fermé dim. soir, lun. et mar. - 26,90/45 € - réserv. conseillée. Non loin de l'église réputée pour ses guérisons miraculeuses, agréable restaurant aux tables soigneusement dressées. Cuisine au gré du marché.

## CHÂTEAUROUX

**Le Nulle Part Ailleurs** – 78 r. Grande - 02 54 27 21 81 - nullepartailleurs.eatbu.com - fermé dim. - 10/15 €. Burgers, salades, bruschettas, tapas... Cette adresse est aussi un bar à cocktails fréquenté par la jeunesse locale. Aux beaux jours, sa cour en partie couverte est très prisée. Dîner jusqu'à minuit en fin de semaine.

**Le P'tit Bouchon** – 64 r. Grande - 02 54 61 50 40 - www.leptitbouchon.fr - fermé 3 sem. en août, dim., lun. et j. fériés - 21 € (déj. en sem), 25/30 €. Ambiance familiale dans ce bistrot « canaille » de la vieille ville. Bons crus.

**Caves Raffault** – 12 r. de la Poste - 02 54 27 18 75 - www.caves-raffault.com - tlj sf dim.-lun. 9h30-12h30, 14h30-19h, sam. 9h30-13h, 15h-19h. Éric Raffault, installé à Châteauroux et à La Châtre, présente ici 800 références de vins, du petit vin au grand cru. Organisation de dégustations.

## MÉZIÈRES-EN-BRENNE

**Au Bœuf couronné** – 9 pl. du Gén.-de-Gaulle - 02 54 38 04 39 - www.restaurant-bœufcouronne.com - - fermé de mi-déc. à fin janv., dim. soir, lun. et mar. midi - menus 13,50 € (déj. en sem., sauf j. fériés et j. de foire), 26/38 €. On mange divinement bien dans cet ancien relais de poste ! Cuisine à base de produits du terroir (carpe, gibier, volailles, fromages de chèvre, miels de pays, etc.). Une adresse incontournable de la Brenne.

## ROSNAY

**L'Entre Nous** – 2 bis r. Henri-Barboux - 02 54 07 65 11 - www.restaurantlentrenous.fr - fermé dim.-lun. - formule déj. 13,10 € - menu 25 € - carte 30/45 €. Une cuisine traditionnelle du Berry, avec des produits de la région : lentilles vertes, œufs en cocotte au lard et ste-maure, cocotte de ris de veau aux morilles, filet de bœuf... Accueil sympathique.

## VALENÇAY

**Restaurant de l'Orangerie** – 2 r. de Blois - Château de Valençay - 09 83 57 52 77 - www.chateau-valencay.fr - mêmes horaires que le château - 14,50/22 €. Des plats de style brasserie à déguster dans la grande salle de l'ancienne orangerie (18e s.) ou sur la terrasse qui étend quelques tables dans la cour du château. La maison fait aussi salon de thé.

# Offices de tourisme

## CHÂTEAUROUX

1 pl. de la Gare - 02 54 34 10 74 - www.chateauroux-tourisme.com.

## MAISON DU PARC NATUREL RÉGIONAL DE LA BRENNE

St-Michel-en-Brenne - Chérine - 02 54 28 11 00 - www.maison-nature-brenne.fr.

## PALLUAU-SUR-INDRE

19 pl. Frontenac - 02 54 39 44 89 - www.palluausurindre.fr.

*Argenton-sur-Creuse.*

Ch. Guy/hemis.fr

# Châteaux et jardins en Touraine

**Le château de Villandry possède l'un des plus beaux jardins de France ; Langeais dévoile son chemin de ronde et ses mâchicoulis à l'ombre de son donjon ; Chinon impose sa forteresse médiévale ; Azay-le-Rideau déploie ses infinies délicatesses ; Ussé dissimule ses tours et clochetons derrière des cèdres du Liban... Quant au château de Chenonceau, c'est la demeure de charme par excellence. On trouvera difficilement dans le monde, en un périmètre aussi réduit, autant de lieux et de châteaux prestigieux.**

**DÉPART :** TOURS - 7 jours – 220 km

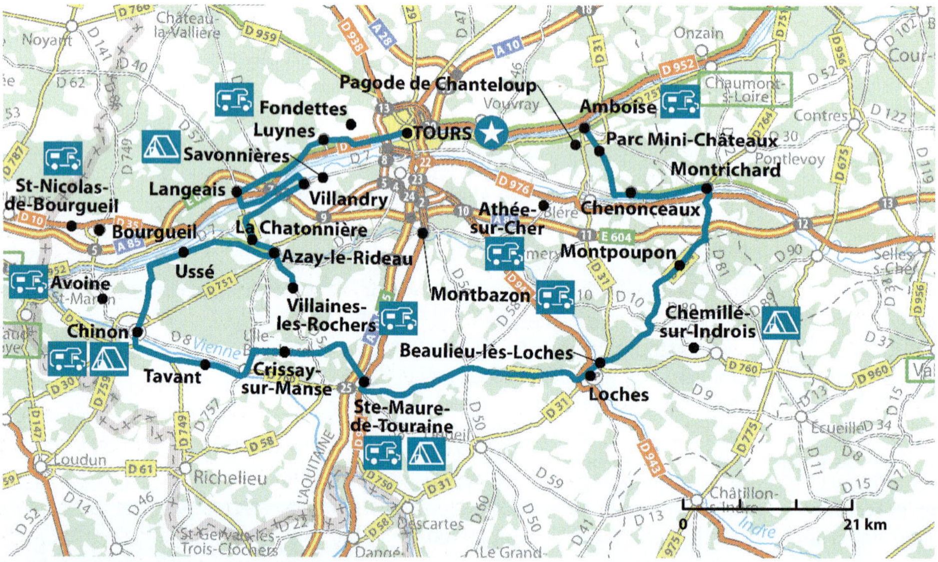


## JOUR 1

Un jour ne sera pas de trop pour découvrir la capitale de la Touraine. Si vous voulez connaître l'âme de **Tours**, commencez par flâner du côté de la place Plum' (c'est ainsi que les Tourangeaux désignent la place Plumereau). C'est le quartier où se côtoient les plus belles façades romanes, les plus remarquables maisons à pignon du 15e s. Vous avez ici de quoi vous restaurer avant d'aller à la rencontre des souvenirs liés à saint Martin (tour Charlemagne, basilique St-Martin, musée St-Martin). La fin de l'après-midi est réservée à l'hôtel Gouin et au musée du Compagnonnage. Plus loin, les rues Colbert et de la Scellerie, peuplées d'antiquaires, n'attendent que votre visite. Autres possibilités de visite, le quartier de la cathédrale St-Gatien et le cloître de la Psalette, les collections du musée des Beaux-Arts ou les jardins de l'ancien archevêché.

## JOUR 2

Quittez Tours vers l'ouest par la rive droite de la Loire (D952) pour visiter **Luynes** et sa vieille halle (marché le samedi), ainsi que son château aux allures féodales et richement meublé. Vous apprécierez ensuite l'incontournable château de **Langeais** avec pont-levis et son chemin de ronde abritant quelques collections bien mises en valeur avant de sauter rive gauche de la Loire pour découvrir les jardins à la française du château de **Villandry**, un modèle du genre, les plus beaux jardins du Val de Loire avec d'extraordinaires parterres de fleurs et de légumes décoratifs.

## JOUR 3

Revenez un peu sur vos pas et bifurquez par la D57 pour rejoindre les jardins du château de la **Chatonnière**, douze jardins thématiques réalisés

A. Jocard/AFP Creative/Photononstop

*Le château d'Amboise.*

par un ancien jardinier de Villandry. Vous visiterez ensuite l'admirable château d'**Azay-le-Rideau**, l'un des chefs-d'œuvre de la Renaissance dont les tourelles et les façades se reflètent à merveille dans les eaux de l'Indre. Son grand escalier et ses tapisseries constituent le temps fort de la visite. De là ne manquez pas de faire un crochet par **Villaines-les-Rochers** où des artisans vanniers perpétuent un savoir-faire ancestral (expositions, atelier et magasin). La coopérative compte 70 vanniers. De retour sur Azay, filez sur **Ussé** et son château « de la Belle au bois dormant » hérissé de tours et de clochetons. **Chinon** vous attend pour le reste de la journée avec sa forteresse royale, sa ville historique, dite le Grand Carroi, avec ses maisons à pans de bois, ses caves painctes où planent les souvenirs de François Rabelais. Dans les alentours, visitez quelques caveaux de dégustation du divin breuvage.

## JOUR 4

Au sud de Chinon, rattrapez la D749 puis D760 en direction de L'Île-Bouchard. Au passage à **Tavant**, faites une pause le temps de découvrir les peintures médiévales de son église romane (dans le chœur et la crypte). À L'Île-Bouchard, prenez au nord la D757 et la D21 à droite pour rallier le modeste mais charmant village de **Crissay-sur-Manse**. La petite D21 suivie de la D210 vous guide ensuite à **Ste-Maure-de-Touraine** (l'occasion de goûter son célèbre fromage de chèvre, marché le vendredi), et filez droit sur **Loches**. Cité médiévale, portes de ville, remparts, château, logis royaux, donjon, collégiale St-Ours au portail roman... En flânant dans ses rues tortueuses, vous remonterez le temps mais surtout, vous prendrez beaucoup de plaisir au présent.

## JOUR 5

Terminez votre visite de Loches et mettez le cap au nord-est pour gagner le château de **Montpoupon**, dont les communs et écuries sont consacrés à l'art de la chasse et de la vénerie. Une visite très agréable. Plein nord, la D764 vous guidera droit sur **Montrichard**, gentille bourgade flanquée d'un donjon impressionnant qui offre un beau panorama sur la ville et la rivière. Une plage de sable sur le Cher a été aménagée, très appréciée en saison. Profitez du cadre exceptionnel de **Chenonceaux** avant d'en visiter le château et les jardins, embellis au fil du temps par des femmes célèbres, l'un des plus gracieux châteaux de la Loire qui déjà à lui seul justifie le voyage, et offrez-vous une balade en barque sur le Cher pour voir cet admirable édifice enjambant la rivière sous un jour nouveau.

## JOUR 6

Partez en promenade à travers le vieil **Amboise**. Prenez votre temps pour visiter le château et la délicieuse chapelle St-Hubert. À midi, de très bons restaurants vous attendent en bord de Loire. Tout en dégustant un sandre accompagné d'un cru local, vous observerez le vol léger des sternes et le mouvement incessant de la Loire placide et puissante. À deux pas, vous rendrez visite au **Clos Lucé**, la demeure de **Léonard de Vinci** dont les fabuleuses machines ne laissent pas d'étonner les plus blasés. Le soir, le spectacle « À la cour du roy François » évoquera pour vous tous les fastes de la Cour... dans la cour du château.

## JOUR 7

Après une bonne nuit, partez avec votre pique-nique, pour, au choix, découvrir en un seul coup d'œil la totalité des châteaux de la Loire dans le **Parc Mini-Châteaux** ou grimper au sommet de la **pagode de Chanteloup**. La première option, sur 2 ha, concentre 44 maquettes au 1/25$^{e}$ des grands châteaux, belles demeures ou petits manoirs de la vallée de la Loire. La seconde est une authentique pagode chinoise au centre d'un somptueux jardin agrémenté de folies ; elle ménage une vue sur toute la vallée, de Tours à Amboise. Et si le temps vous le permet, canotez sur la grande pièce d'eau de l'ancien domaine du duc de Choiseul.

## Aires de service & de stationnement

### ANGÉ

Voir le circuit suivant

### AMBOISE

**Aire Camping-Car Park d'Amboise**
Allée de la Chapelle St-Jean, sur l'île d'Or, à côté du camping - 02 47 57 09 28 - Borne AireService : 5 € (eau + élec.)
24 - Illimité - 12 €/j. - borne compris
Paiement :
Services :
GPS : E 0.98883 N 47.41853

### ATHÉE-SUR-CHER

**Aire de stationnement d'Athée-sur-Cher**
R. Cigogné - 02 47 50 68 09 - www.athee-sur-cher.com
Permanent (mise hors gel)
Borne : Gratuit
2 - 48h - Gratuit
Services :
GPS : E 0.9175 N 47.31417

### AVOINE

**Aire d'Avoine**
Lac Mousseau - 02 47 98 11 11
Permanent
Borne Urbaflux 2 € 2 €
11 - 72h - 5,50 €/j.
Paiement :
Services :
GPS : E 0.17706 N 47.21287

### CHINON

**Aire de la Station-Service U**
4 r. René-Cassin - 02 47 93 01 98
Permanent
Borne AireService : 2 € (eau + élec.)
5 - Illimité - Gratuit
Services :
GPS : E 0.2375 N 47.1494

### FONDETTES

**Aire de Fondettes**
R. Édouard-Branly, ZA La Haute-Limougère - 02 47 88 11 11
Permanent
Borne artisanale : Gratuit
GPS : E 0.624 N 47.40916

### MONTBAZON

**Aire de Montbazon**
Allée de la Robinetterie - 02 47 26 01 30 - Permanent
Borne AireService : Gratuit
4 - 48h - Gratuit
GPS : E 0.71993 N 47.29175

### ST-NICOLAS-DE-BOURGUEIL

**Cave Nathalie et David Drussé**
1 impasse de la Villatte (sur D 35) - 02 47 97 98 24 - www.drusse-vindeloire.com - Permanent
Borne artisanale : Gratuit
5 - 24h - Gratuit
Paiement :
Services :
Réseau France Passion. Animations œnotouristiques toute l'année. Cave troglodytique.
GPS : E 0.1572 N 47.28793

### STE-MAURE-DE-TOURAINE

**Aire du Bois Chaudron**
Le Bois Choudron, N 10, 1 km du centre ville - 06 84 97 84 22
Permanent -
Borne artisanale 2 € 2 €
35 - 72h - 4 €/j.
Services :
Aire très agréable.
GPS : E 0.61283 N 47.09321

### VILLAINES-LES-ROCHERS

**Aire de Villaines-les-Rochers**
R. des Écoles - 02 47 45 43 08
Permanent (mise hors gel)
Borne artisanale : Gratuit
5 - 24h - Gratuit
Services :
GPS : E 0.49543 N 47.22136

## Campings

### CHEMILLÉ-SUR-INDROIS

**Les Coteaux du Lac**
À la base de loisirs - 02 47 92 77 83 - www.lescoteauxdulac.com
De fin mars à déb. oct. - 77 empl.
borne AireService - 16 €
Tarif camping : 31 €
(16A) - pers. suppl. 7 €
Services et loisirs :
GPS : E 1.15889 N 47.15772

### CHINON

**Intercommunal de l'Île Auger**
Quai Danton - 02 47 93 08 35 - www.camping-chinon.com
De fin mars à fin oct. - 153 empl.
borne artisanale
Tarif camping : 18 €
(12A) - pers. suppl. 4 €
Services et loisirs :
Situation agréable face au château et en bordure de la Vienne.
GPS : E 0.23654 N 47.16379

### STE-MAURE-DE-TOURAINE

**Municipal de Marans**
R. de Toizelet - 02 47 65 44 93 - www.sainte-maure-de-touraine.fr/editorial/153/camping-municipal-.html
De déb. mars à fin nov. - 66 empl.
borne artisanale
Tarif camping : 16 €
(6A) - pers. suppl. 3 €
Services et loisirs :
GPS : E 0.6252 N 47.10509

### SAVONNIÈRES

**Onlycamp La Confluence**
Rte du Bray - 02 47 50 00 25 - www.onlycamp.fr
De mi avr. à fin sept. - 80 empl.
borne flot bleu 9 € (eau + élec.)
Tarif camping : 24 €
(10A) - pers. suppl. 5,30 €
Services et loisirs :
Au bord du Cher et d'une piste cyclable.
GPS : E 0.55006 N 47.34887

# Les bonnes adresses de bib

## AMBOISE

**L'Épicerie** – 46 pl. Michel-Debré - 02 47 57 08 94 - lepicerie-amboise.com - P - fermé 1er déc.-21 janv., mar.-mer. (sf juil.-sept.) - formule déj. 14,90 € - carte 20/30 €. Maison à colombages de 1338. Belle terrasse face au château, ou alors salle à l'ambiance tamisée, où l'on savoure au coude à coude une cuisine traditionnelle.

## AZAY-LE-RIDEAU

**L'Aigle d'Or** – 10 av. A.-Riché - 02 47 45 24 58 - laigle-dor.fr - fermé dim. soir, mar.-merc. (et lun. soir en hiver) - formules déj. (sf dim. et j. fériés) 24/26 € - 33/55 €. Excellente cuisine traditionnelle revisitée : civet d'escargots de Moulihèrne au chinon, filet de sandre aux asperges, crème de morilles. Ambiance feutrée dans la salle à manger aux poutres apparentes et compositions florales.

## BOURGUEIL

**La Rose de Pindare** – 4 pl. Hublin - 02 47 97 70 50 - www.larosedepindare.com - 12h-13h45, 19h-21h - P - 21/43 €. fermé merc. Anagramme de Pierre Ronsard, la Rose de Pindare offre un décor simple et fleuri avec poutres apparentes. Cuisine au goût du jour (marbré de lapereau aux carottes et herbes fraîches...) servie en été sur une très agréable terrasse.

## CHENONCEAUX

**Auberge du Bon Laboureur** – 6 r. du Dr-Bretonneau - 02 47 23 90 02 - www.bonlaboureur.com - P - fermé de déb. janv. à mi-fév. et de mi-nov. à mi-déc., mar. midi - 32/115 €. Excellente table emmenée avec rigueur et grand professionnalisme. Accords fructueux et innovants pour des produits de saison soigneusement choisis. Belle carte des vins.

## CHINON

**Caves Plouzeau** – 94 r. Haute-St-Maurice - 02 47 93 32 11 - www.plouzeau.com - juil.-août : 11h-19h ; reste de l'année : 11h-13h, 15h-19h (14h-18h en hiver) - fermé 1er Mai. On peut encore voir deux puits d'extraction des pierres de cette cave (1500 m²) creusée au 12e s. sous le château. Dégustation libre de vins de Chinon (chinon Chapelle, 7 000 bouteilles, 2 ha, vignes de 40 ans) issus de raisins de l'agriculture biologique (certification Écocert).

## LANGEAIS

**Au Coin des Halles** – 9 r. Gambetta - 02 47 96 37 25 - www.aucoindeshalles.com - tlj sf merc.-jeu. - 12h15-13h45, 19h15-20h15 - menus 18/68 € - carte 45/50 €. Mi-bistrot, mi-gastronomique, ce restaurant récemment créé par Pascal Bouvier, un ancien chef étoilé, sert une cuisine de marché qui privilégie les produits du terroir : mulet et sandre de Loire, volaille fermière...

## TOURS

**Le St-Honoré** – 7 pl. des Petites-Boucheries - 02 47 61 93 82 - fermé sam.-dim., vac. de Noël, 15 j. en août et 1 sem. en fév. - 32/54 €. Installé dans une ancienne boulangerie de 1625 qui a conservé son four et une belle cave voûtée, ce restaurant a tout pour plaire aux amateurs d'authenticité. Le chef fait pousser ses légumes dans son potager et signe une cuisine délicate et gourmande... servie avec le sourire. Pensez à réserver, succès oblige !

## VILLANDRY

**La Maison Tourangelle** – 9 rte des Grottes-Pétrifiantes - 3 km à l'est - 02 47 50 30 05 - www.lamaisontourangelle.com - fermé lun., mar. et dim. soir. de mi-fév. à mi-mars, août - réserv. conseillée - menus 33/95 €. Le rustique marié au moderne, une délicieuse terrasse sur le Cher et une belle cuisine gourmande et précise : voilà les atouts – et non des moindres – qui font de cette maison tourangelle l'une des tables les plus courues du département.

# Offices de tourisme

## AMBOISE

Quai du Gén.-de-Gaulle - 02 47 57 09 28 - www.amboise-valdeloire.com.

## CHINON

1 r. Rabelais - 02 47 93 17 85 - www.azay-chinon-valdeloire.com.

## TOURS

78 r. Bernard-Palissy - 02 47 70 37 37 - www.tours-tourisme.fr.

*Le fromage AOC sainte-maure-de-touraine.*

Makosh/Shutterstock.com

**LE TOP 5 CHÂTEAUX**

1. Chambord
2. Chenonceau
3. Villandry
4. Amboise
5. Valençay

# Châteaux de la Loire autour de Blois

**La Sologne est un endroit privilégié, somptueux, et riche en beautés naturelles, et la Loire - aujourd'hui dernier fleuve sauvage d'Europe, inscrit au Patrimoine mondial de l'Unesco - a sans doute ajouté à la féerie du lieu, idéal pour construire des châteaux parmi les plus beaux du monde. Nous vous en proposons ici une petite sélection : Chambord, Cheverny, Chaumont... Entre deux visites, n'hésitez pas à varier les plaisirs : découverte du vieux Blois, dégustation de vouvray...**

**DÉPART :** BLOIS - 6 jours – 160 km

## JOURS 1 ET 2

Consacrez les deux premiers jours à **Blois.** Commencez par la visite guidée du château. De l'autre côté de l'esplanade, des spectacles d'illusion vous attendent à la Maison de la magie Robert-Houdin. Ville royale, Blois a conservé nombre de ruelles et de rues escarpées du Moyen Âge. Il est agréable de s'y promener. Pour le dîner, un marbré d'asperges vertes de Sologne au foie gras et un poisson de Loire s'imposent dans un restaurant au bord du fleuve. Si vous venez le deuxième dimanche du mois, vous pourrez chiner à la brocante du mail. Sinon, visitez la cathédrale St-Louis et sa vaste crypte. Restaurez-vous avant de partir pour le jardin en terrasses de l'évêché (derrière la cathédrale), d'où vous pouvez prendre encore quelques photos sur la Loire. Pour terminer sur une note insolite, arrêtez-vous au musée de l'Objet et ses créations contemporaines, rue Franciade.

## JOUR 3

Rejoignez **Chambord** de préférence tôt le matin en faisant un petit détour par **St-Dyé-sur-Loire**, port historique de Chambord, et remarquez les postes d'observation des animaux. À la visite du château de Chambord, vous pouvez associer une balade en attelage dans le parc *(45mn)*, le spectacle équestre aux écuries du maréchal de Saxe *(45mn)* ou une partie de canotage sur le Cosson. L'après-midi, découvrez le **château de Villesavin**, intéressante demeure du surintendant des travaux de Chambord, avant de terminer la journée par la visite extérieure et intérieure du **château de Cheverny**. Prenez le temps de visiter les communs (chenil d'une meute de chasse à courre) et le parc. Faites étape ici.

## JOUR 4

Beau début de matinée au **château et jardins de Beauregard**. Dans cette même veine « château et jardin », on poursuivra (via Cellettes et **Les Montils**) jusqu'à **Chaumont-sur-Loire** pour une visite guidée du château, de ses écuries, et profiter de ses formidables jardins (notamment pendant le Festival des jardins, de mi-mai à mi-octobre) jusqu'à la tombée de la nuit...

*Panda au Zooparc de Beauval.*

## JOUR 5

Par **Pontlevoy**, où se trouve une vieille abbaye, gagnez la vallée du Cher à **Montrichard** où vous ferez étape. Sous la masse imposante de son donjon, la petite cité est très appréciée en été pour sa plage de sable au bord de la rivière (baignade, canoë, pédalo…). Remontez le cours du Cher rive droite ou rive gauche pour atteindre **St-Aignan** où se situe le **zoo-parc de Beauval**, l'un des plus beaux d'Europe (voir l'encadré ci-contre). Vous y passerez le reste de la journée, surtout si vous avez des enfants.

## JOUR 6

Filez plein sud sur **Nouans-les-Fontaines**, dont la petite église garde une merveille de l'art primitif : la Pietà de Nouans. Rejoignez **Montrésor**, où vous visiterez le château Renaissance. Terminez la journée par une promenade à travers les ruelles pittoresques de ce très beau village.

VISITE

# Zooparc de Beauval

**INFOS PRATIQUES**

02 54 75 50 00 - www.zoobeauval.com - ♿ - juil.-août : 9h-20h ; avr.-juin et sept. : 9h-19h ; mars et oct. : 9h-18h ; reste de l'année : 9h-17h30 - 34 € (-11 ans 27 €) - 51 € (-10 ans 39,50 €) pour 2 j. - nouveautés : télécabine « Le nuage de Beauval », les diables de Tasmanie et le dôme équatorial (8 000 m²).

**STATIONNEMENT & SERVICES**

**Parkings du zoo de Beauval**
Il y a 8 parkings gratuits, dont un réservé aux camping-cars (25 pl.).

**Aire Camping-Car Park de St-Aignan**
15 bd Valmy - 02 54 44 23 09 - Permanent
Borne artisanale : 5,50 € (eau + élec.)
29 P - 72h - 12 €/j. - borne compris
Services : WC
Tous les services à 3 km du zoo.
GPS : E 1.37805 N 47.26594

À la fois roseraie, avec 2 000 plants, forêt amazonienne dans sa partie la plus ancienne, et zoo avec 10 000 animaux répartis en 600 espèces, le parc, aménagé sur 26 ha, est un véritable paradis. Il accueille régulièrement de nouveaux occupants, comme les loups arctiques arrivés en 2018, et sert régulièrement de cadre à des naissances. Il est également associé à de nombreux programmes de conservation, tant végétal qu'animal. Ainsi, il héberge depuis peu le diable de Tasmanie, espèce endémique d'Australie, menacé d'extinction.
Les **fauves** sont les vedettes du parc : à voir, de rarissimes tigres blancs de Sibérie aux yeux bleus – qui ont récemment donné naissance à de nouveaux petits –, mais aussi des lions blancs, des panthères noires, des pumas, des jaguars et un couple de tigres de Sumatra. Sans oublier des guépards, arrivés en 2018, observables du haut d'une passerelle.
Autre temps fort, la **serre tropicale des gorilles** où vous pourrez observer les rarissimes lamantins évoluant dans leur piscine-aquarium. C'est également là que se trouve la nombreuse famille d'Asato, magnifique gorille de 250 kg. Ce mâle polygame possède le meilleur taux de reproduction d'Europe !
Beauval est enfin le seul zoo de France à héberger des pandas. L'espace qui leur est dédié, **Sur les hauteurs de Chine**, est décoré de pagodes aux tuiles vernissées, d'animaux légendaires… Tout est fait ici pour rappeler au visiteur que Huan Huan et Yuanzi viennent de l'empire du Milieu. Accompagnés de quelques congénères chinois, comme les takins (cousins montagnards des chèvres) et les aigles de Steller, ils profitent surtout de leur bébé, « Yuan Meng », né à Beauval en août 2017.

## Aires de service & de stationnement

### ANGÉ

**Aire d'Angé**
Centre du village, derrière la mairie - 02 54 32 05 37 - Permanent -
Borne eurorelais : 8 € (eau + élec.)
10 - Illimité - Gratuit
Paiement :
Services :
Près du bourg, plat, gravier, herbeux au bord du Ruisseau d'Angé.
GPS : E 1.2446 N 47.3324

### BLOIS

**Aire Parc Expositions**
Av. Wilson - 02 54 90 41 41
Permanent
Borne artisanale : 2 € (eau + élec.)
20 - - 8 €/j. - interphone 24/24, vidéosurveillance
Services :
GPS :

### CHAMBORD

**Domaine national de Chambord**
Parking P1 - 02 54 50 40 00 - www.chambord.org
Permanent
Borne
\- - Illimité
Services :
Parking du château.
GPS : E 1.51368 N 47.61523

### CHEVERNY

**Domaine de la Plante d'Or**
5 voie de la Démalerie - 02 54 44 23 09 - www.plantedorcheverny.com
Permanent
Borne artisanale : Gratuit
5 - 24h - Gratuit
Paiement :
Services :
Réseau France Passion.
GPS : E 1.43118 N 47.4861

### LES MONTILS

**Aire Camping-Car Park des Montils**
Rte de Seur - 01 83 64 69 21 - www.campingcarpark.com
Permanent
Borne raclet : 5,50 € (eau + élec.)
45 - - 72h - 10,56 €/j. - borne compris
Paiement :
Services :
À 500 m du centre-ville.
GPS : E 1.30608 N 47.49381

### MONTRÉSOR

**Aire de Montrésor**
R. du 8-Mai, à côté des terrains de tennis - 02 47 91 43 00
Permanent
Borne flot bleu : Gratuit
15 - Illimité - Gratuit
Services :
GPS : E 1.20222 N 47.15805

### OUCHAMPS

**Aire de l'Étang**
R. Toussaint-Galloux, D 7 - 02 54 44 02 88
Permanent (mise hors gel)
Borne eurorelais : 4 € (eau + élec.)
3 - Illimité - Gratuit
Paiement : jetons (mairie et dépôt de pain)
Services :
Près d'un étang de pêche.
GPS : E 1.31878 N 47.47937

### PONTLEVOY

**Aire de Pontlevoy**
4 r. du Petit-Bois - 02 54 71 60 70
Permanent
Borne eurorelais : Gratuit
10 - 72h - Gratuit
Paiement : jetons (commerçants)
Plat, gravier et petit ombrage dans un cadre verdoyant.
GPS : E 1.26051 N 47.38835

### ST-AIGNAN

Voir p. précédente

## Campings

### BRACIEUX

**Huttopia Les Châteaux**
11 r. Roger-Brun - 02 54 46 41 84 - www.huttopia.com
De déb. avr. à déb. nov. - 350 empl. -
borne artisanale 7 € (eau + élec.) - 18 €
Tarif camping : 32,50 € (13A) - pers. suppl. 6,70 €
Services et loisirs :
Cadre boisé composé d'essences variées.
GPS : E 1.53821 N 47.55117

### CHAUMONT-SUR-LOIRE

**Municipal Grosse Grève**
81 r. de Mar.-de-Lattre-de-Tassigny - 02 54 20 95 22 - www.chaumont-sur-loire.fr - De fin avr. à fin sept.
borne eurorelais
Tarif camping : 3,70 € 1,10 € 2,20 € (10A) 2,20 €
Services et loisirs :
GPS : E 1.1999 N 47.48579

### CHEVERNY

**Sites et Paysages Les Saules**
Rte de Contres - 02 54 79 90 01 - www.camping-cheverny.com
De déb. avr. à mi sept.
borne artisanale
Tarif camping : 38 € (10A) - pers. suppl. 4,50 €
Services et loisirs :
Cadre champêtre sous les saules.
GPS : E 1.45184 N 47.47871

# Les bonnes adresses de bib

## BLOIS

**Les Banquettes Rouges** – 16 r. des Trois-Marchands - ✆ 02 54 78 74 92 - www.lesbanquettesrouges.com - ♿ - 12h-13h30, 19h-21h30 - fermé 10 j. en juin, 10 j. en août, vac. de noël, dim. et lun. - menus 17,50/36 €. D'entrée, on éprouve de la sympathie pour ce petit restaurant à la jolie devanture rouge. Le cadre est très chaleureux : chaises bistrot, tables au coude à coude et, bien sûr, banquettes rouges. Dans l'assiette, tout est fait maison. Cuisine élaborée, créative, inventive et pleine de saveur.

## CHAMBORD

**Balade en calèche** – ✆ 02 54 50 50 40 - juil.-sept. - 11 € (5-17 ans : 8 €). Des calèches avec cocher vous emmènent dans la partie privée du domaine à la rencontre de la faune et de la flore. Points de vue exceptionnels sur le château.

## CHAUMONT-SUR-LOIRE

**Millière Raboton, homme de Loire** – ✆ 06 88 76 57 14 - www.milliere-raboton.net - dép. du port de chaumont-sur-Loire, promenade-découverte (1h30) sur réserv. (5 pers. mini) - fermé vac. de noël - 20 € (enf. 12 €). Une expérience intime, presque initiatique, au fil de la Loire, menée par Jean Ley et ses acolytes sur l'une de ses huit toues, bateaux de 12 places. Également des soirées, lectures, parties de pêche, affûts animaliers, bivouacs et randonnées. Parce qu'un vol de grues en V au-dessus la Loire n'est pas simplement un vol de grues...

## CHEVERNY

**Le Manoir de Contres** – 23 r. des Combattants-d'Afrique-du-Nord - ✆ 02 54 78 45 39 - www.manoirdecontres.com - 🅿 ♿ - tlj sf dim. et j. fériés 19h30-21h (ouv. 1er dim. du mois 12h-14h) - 30/42 €. Servie dans un beau manoir du 19e s., une cuisine traditionnelle bien faite à base de produits frais : ris de veau poêlé, filet de canard à la moutarde.

## ST-AIGNAN

**Le Mange-Grenouille** – 10 r. Paul-Boncourt - ✆ 02 54 71 74 91 - www.lemangegrenouille.fr - fermé sam. midi, dim. soir et lun. - formules 14/19 € - 36/42 €. Cet ancien relais de poste mérite un détour. Cuisine traditionnelle servie dans une décoration baroque qui ne manque pas non plus de caractère. Les papilles sont aux anges : tartare de crevettes royales aux mangues, guacamole et pop-corn ; cuisses de grenouille fraîches en croustillant d'ail nouveau et parmesan ; filet de lapin en croûte de citron confit et mini-chou farci de homard. Plats renouvelés tous les 3 mois.

*Balade en toue au pied du château de Chaumont-sur-Loire.*

*Ph. Renault/hemis.fr*

# Offices de tourisme

## BLOIS-CHAMBORD

5 r. de la Voûte - ✆ 02 54 90 41 41 - www.bloischambord.com.

## CHAUMONT-SUR-LOIRE

R. du Mar.-Leclerc - ✆ 02 54 20 91 73 - www.bloischambord.com.

*Chambord, lanterne du Grand Escalier.*

*M. Gaspar/Michelin*

*Talmont-sur-Gironde, maison traditionnelle de Charente-Maritime. – Ph. Body/hemis.fr*

Pont de l'île de Ré. – lucentius/iStock

# Poitou-Charentes

Plages, ports, îles et marais composent ici le cocktail idéal des vacances et attirent une foule hétéroclite de pêcheurs à pied, d'amateurs de glisse, d'amoureux des oiseaux et d'adeptes du farniente. Mais l'attrait du littoral ne doit pas éclipser les richesses des édifices historiques et le charme discret de l'intérieur des terres, alternance de plaines et vallées, de collines, de fleuves et rivières qui se découvrent au fil de l'eau et révèlent un étonnant patrimoine...

Terre romane ! De Poitiers à Bordeaux, au long du chemin de St-Jacques qui traverse le Poitou et les Charentes, ont fleuri des églises et abbayes de pierre claire et tendre, sculptées à profusion et ornées de lumineuses peintures murales. Les amoureux de l'iconographie romane, éminemment présente dans la région, poseront leurs valises à Saintes, Poitiers, ou encore Angoulême, incontournable capitale de la bande dessinée, à moins qu'ils ne se perdent sur les traces de Mérimée jusqu'à St-Savin-en Gartempe.

Terre océane ! De Royan à la pointe de l'Aiguillon, en passant par les îles de Ré et d'Oléron, soleil et climat sec, plages de sable fin et multiples activités nautiques vous attendent. Tandis que les amateurs d'échappées vertes iront à la rencontre du marais poitevin en partant de Niort ou de Coulon, les adeptes du char à voile se lanceront à marée basse sur les vastes plages de St-Georges-de-Didonne, et les découvreurs arpenteront les sites de caractère que sont Brouage, Rochefort ou La Rochelle, capitale historique de l'Aunis.

Et pour les sensations fortes ? Au choix, dégustation de cognac dans les chais ou attractions « décoiffantes » au Futuroscope de Poitiers !

# POITOU-CHARENTES

*La Rochelle, Tour de la Grosse Horloge. – nevskyphoto/iStock*

## LES ÉVÉNEMENTS À NE PAS MANQUER

- **Festival international de la bande dessinée** à Angoulême (16) : fin janv.
- **Festival de Cerfs-volants** à Châtelaillon (17) : w.-end de Pâques.
- **Festival Jazzellerault** à Châtellerault (86) : mai ou juin.
- **Festival de musique de chambre** à Melle (79) : mi-juin.
- **Salon du livre** à Montmorillon (86) : mi-juin.
- **Les Polychromies de N.-D.-la-Grande** à Poitiers (86) : en été.
- **Fête du cognac** à Cognac (16) : fin juil.
- **Fêtes médiévales** au château à Montguyon (17) : fin juil.
- **Les Francofolies de La Rochelle** (17) : autour du 14 Juil.
- **Festival de Saintes** à l'Abbaye-aux-Dames (16) : mi-juil. ; musique baroque.
- **Festival danses et musiques du monde** à Confolens (16) : mi-août.
- **Soirées Lyriques** à Sanxay (86) : 2e sem. août.
- **Coup de chauffe** à Cognac (16) : déb. sept. ; arts de la rue.
- **Gastronomades** à Angoulême (16) : fin nov.
- **Distilleries en fête** dans le vignoble de Cognac (16) : déc.-fév. ; visites chez les bouilleurs de cru.

# Votre séjour en Poitou-Charentes

## Circuits ⓃⓄ



## Étapes

**EN COMPLÉMENT, UTILISEZ…**

- Guides Verts : Les Charentes, Poitou
- Cartes Michelin : Région 521 et Départements N° 322 et 324

## POITOU-CHARENTES - CIRCUIT 1

# Douceurs du Poitou

**Avec ses paysages de landes, ses prés arrosés par la Vienne ou la Gartempe, ses moutons, ses chèvres dont le lait est utilisé pour la fabrication du chabichou, ses fresques, ses lanternes des morts, ses châteaux et ses églises romanes, le Poitou semble incarner l'image d'une douce France ou le cher pays de l'enfance...**

**DÉPART :** POITIERS- 7 jours – 320 km

## JOURS 1

**Poitiers** séduit par son dynamisme culturel. Les ruelles pentues entraînent à la découverte d'une ville attachante (voir l'encadré p. ci-contre).

## JOUR 2

Rendez-vous au **Futuroscope**. Là, laissez-vous guider par vos enfants dans la « planète » du virtuel, du cinéma en 3D ou dynamique, des jeux interactifs et restez au moins le soir pour les féeries nocturnes.

## JOUR 3

Allez au nord pour vous promener dans **Châtellerault** sur les traces de Descartes ; visitez l'église St-Jacques aux éléments romans et près du pont Henri-IV la Manu et son attrayant musée Auto Moto Vélo. La D725 mène à l'est à **La Roche-Posay**, ville thermale dont les eaux sont réputées pour les soins de la peau.

## JOUR 4

Au sud, par Vicq-sur-Gartempe vous rejoindrez **Angles-sur-l'Anglin**, magnifique village construit sur un coteau. Ne manquez pas l'exposition-vente à la Maison des Jours d'Angles (broderie), un savoir-faire local qui a fait sa renommée. Le château se visite en saison. Au-dessus se trouve le Roc-aux-Sorciers présentant une sculpture magdalénienne (reproduction grandeur nature) taillée et peinte il y a 15 000 ans. En remontant la Gartempe (D5), vous arrivez à l'abbaye de **St-Savin**, dont les fresques bibliques (11e s.), inscrites au Patrimoine mondial de l'Unesco saisissent par leur beauté et leur force.

## JOUR 5

Vers l'ouest (D951), vous gagnerez **Chauvigny** et sa ville haute pour visiter la collégiale St-Pierre aux chapiteaux surprenants, ainsi que ses châteaux en ruine. Dans l'un d'eux, spectacle de fauconnerie en saison. Gagnez au sud (D8), le joli village de **Morthemer** où église et château se côtoient. Un peu plus loin, **Civaux** conserve une remarquable nécropole mérovingienne. Finissez la journée à la « Planète des crocodiles », où vivent caïmans, alligators et crocodiles.

SergiyN/iStock

*Poitiers.*

## JOUR 6

Passez vite fait à **Lussac-les-Châteaux** et prévoyez quelques heures pour flâner dans **Montmorillon**, ville natale de Régine Deforges. En franchissant le pont du 14e s. sur la Gartempe, vous entrez dans le quartier médiéval et La Cité de l'Écrit où se regroupent librairies, bouquinistes, ateliers de reliure... Ne manquez pas de goûter à ses macarons ni de visiter son hôtel-Dieu flanqué d'une énigmatique tour octogonale. Vous irez via Saulgé en exploration aux **Portes d'Enfer** (16 km au sud), sortez vos chaussures de marche pour une promenade le long d'une rivière fougueuse (comptez 1h AR). Étape à **Moulismes**.

## JOUR 7

La D729 vers le sud mène à **L'Isle-Jourdain,** puis la D10 plein ouest conduit aux vestiges de l'**abbaye de La Réau,** puis à ceux de **Charroux** (remarquable salle capitulaire, trésor et tour de Charlemagne). Pour cette dernière, puis pour la magnifique église romane St-Nicolas à **Civray**, comptez une bonne heure. Allez à **Gençay** (D1) et bifurquez vers **Château-Larcher** (vestiges du château), puis **Vivonne** au confluent de trois rivières. Prévoyez un arrêt à **Lusignan** (vestiges de sa forteresse). Par la D94 plein ouest, ralliez **Jazeneuil** (chevet de son église). Terminez par le site gallo-romain de **Sanxay** (théâtre, thermes, temple).

### LE CONSEIL DU BIB

**L'été, assistez à l'une des polychromies sur la façade de l'église N.-D.-la-Grande à Poitiers. Les jeux d'éclairage rappellent qu'au Moyen Âge, les églises étaient parées de couleurs.**

ÉTAPE 11

# Poitiers

**OFFICE DE TOURISME**

45 pl. Charles-de-Gaulle - 05 49 41 21 24 - www.ot-poitiers.fr.

**STATIONNEMENT**

**Parking des Feuillants**, bd Mar.-de-Lattre-de-Tassigny (gratuit). Halte nocturne possible.

Le Moyen Âge fut une période glorieuse pour Poitiers. Son plus surprenant témoignage se trouve sur la **place Charles-de-Gaulle**, où se tient un grand marché chaque samedi matin, et où trône le monument phare de la ville : l'**église Notre-Dame-la-Grande**. Du plus pur style roman poitevin d'influence saintongeaise, cette authentique merveille présente sur sa **façade** ouest un portail orné de niches, de frises et de sculptures superbement restaurées. Jadis l'église était peinte et en été, à la nuit tombée, un spectacle de lumières créé par Skertzò remet en couleur l'admirable façade. L'intérieur du sanctuaire (repeint au 19e s.) conserve une très belle fresque du 12e s. représentant la Vierge en majesté et le Christ en gloire. En sortant de l'église, passez le long de la **médiathèque François-Mitterrand** pour rejoindre la **rue Descartes** se prolongeant par la **rue de la Chaîne**, riche en maisons médiévales. Au no 8 de la rue Descartes, faites une pause à l'**hôtel Fumé**, de style gothique flamboyant, et dans sa cour pour admirer sa galerie sur piliers. De retour vers la place Charles-de-Gaulle, allez voir, place Alphonse-Lepetit, le **palais de justice** dont la **grande salle des pas-perdus** aux dimensions impressionnantes se visite librement. Louvoyez ensuite dans les rues piétonnes et commerçantes pour découvrir les **hôtels particuliers Jean-Beaucé** et **Péllisson**, tous deux caractéristiques de la Renaissance, ainsi que l'**hôtel de l'Échevinage**, ancien hôtel de ville bâti au 15e s. Au passage, rue Gambetta, remarquez l'**église St-Porchaire**, bâtie au 11e s., au magnifique clocher-porche, puis rejoignez la remarquable **église St-Hilaire-le-Grand**, chef-d'œuvre de l'art roman inscrit au Patrimoine mondial de l'Unesco. À l'heure du déjeuner, les restaurants de la vieille ville vous proposeront un large choix avant de descendre sur le quartier épiscopal qui regroupe de prestigieux édifices : la **cathédrale St-Pierre**, surprenante par son ampleur, riche de **stalles** et d'un orgue considéré comme l'un des meilleurs de France ; l'**église Ste-Radegonde**, qui abrite le tombeau de la reine des Francs ; et le **baptistère St-Jean**, le plus ancien sanctuaire chrétien de France, aux somptueuses **fresques romanes et gothiques**. Pour finir, ne manquez pas le **musée Ste-Croix**, voisin du baptistère. Outre une riche section archéologique, il présente des peintures des mouvements artistiques des 19e et 20e s., et une très belle collection de sculptures de Camille Claudel.

# Aires de service & de stationnement

## BEAUMONT-ST-CYR

**Aire Camping-Car Park du Lac de St-Cyr**
16 r. de la Bourdillière, à l'entrée de la base de loisirs - 01 83 64 69 21
Permanent -
Borne AireService : 5,50 € (eau + élec.)
36 - - Illimité - 13 €/j. - borne compris
Paiement : - Services :
GPS : E 0.45612 N 46.72185

## CHARROUX

**Aire de Charroux**
05 49 87 50 33 - Permanent
Borne AireService : 2 € (eau + élec.)
20 - Illimité - Gratuit
Paiement : jetons (commerçants indiqués sur la borne)
Services :
GPS : E 0.40633 N 46.14299

## CHÂTEAU-LARCHER

**Aire de Château-Larcher**
Rte du Stade - 05 49 43 40 56
De déb. mars à fin oct.
Borne artisanale : Gratuit
14 - Illimité - 6 €/j.
GPS : E 0.3155 N 46.41465

## CIVAUX

**Les Tuileries**
Rte du Fond-d'Orveau - 05 49 48 45 08 - Permanent (mise hors gel) -
Borne : Gratuit
15 - Illimité - Gratuit
Services :
GPS : E 0.66657 N 46.4493

## COUHÉ

**Aire de Couhé**
Esplanade St-Martin -
05 49 37 44 20 - Permanent -
Borne artisanale : Gratuit
5 - 24h - Gratuit
Services :
Jolie vue, plat, bitume.
GPS : E 0.17889 N 46.29908

## PARC DU FUTUROSCOPE

**Aire du Futuroscope**
05 49 49 30 80 - Fermé janv.
Borne AireService 2 €
400 - - Illimité - 9 €/j.
Paiement :
Services :
GPS : E 0.36758 N 46.66372

## GENÇAY

**Aire de Gençay**
Pl. du Champ-de-Foire -
05 49 59 31 36 - www.gencay.fr
Permanent - fermé les 2e et dernier jeudi du mois (marché)
Borne flot bleu : Gratuit
10 - Illimité - Gratuit - stat. au plan d'eau de Verneuil, à moins de 500 m de la borne
Services :
GPS : E 0.40638 N 46.37315

## LUSSAC-LES-CHÂTEAUX

**Aire de Lussac-les-Châteaux**
Pl. de l'Amitié-entre-les-Peuples, près de la mairie -
05 49 48 40 33r
Permanent - fermé vend. matin (marché), 1er jeudi matin de chaque mois (foire)
Borne artisanale : Gratuit
15 - Illimité - Gratuit
Services :
GPS : E 0.72562 N 46.40279

## MONTMORILLON

**Aire de Montmorillon**
1 r. des Jardins - 05 49 91 13 99 - Permanent
Borne Urbaflux : 2 € (eau + élec.)
25 - Illimité - Gratuit
Paiement :
Services :
GPS : E 0.86694 N 46.42311

## MOULISMES

**Aire Camping-Car Park de Moulismes**
Rte de Poitiers - 05 49 91 90 64
Permanent -
Borne AireService : 5,50 € (eau + élec.)
53 - - Illimité - 11 €/j. - borne compris
Paiement :
Services :
Préférer le fond de l'aire (circulation importante sur la route).
GPS : E 0.80972 N 46.33264

## POITIERS

**Aire du Camping St-Benoît**
2 rte de Passelourdain -
05 49 88 48 55 - Permanent
Borne flot bleu : 3 € (eau + élec.)
Paiement :
Services :
GPS : E 0.33972 N 46.59028

## LA ROCHE-POSAY

**Aire privée du magasin Super U**
ZA Les Chaumettes, parking du Super U -
05 49 90 30 67 - Permanent
Borne AireService : Gratuit
20 - 24h - Gratuit
Services :
GPS : E 0.79763 N 46.79384

## ROMAGNE

**Aire de Romagne**
Rte du Vignaud - 05 49 87 70 68
De déb. mars à fin oct.
Borne artisanale : Gratuit
6 - 72h - Gratuit
Services :
Bien aménagée, très agréable.
GPS : E 0.30359 N 46.2688

## VIVONNE

**Aire de Vivonne**
Pl. du Champ-de-Foire -
05 49 43 47 88 - Permanent
Borne AireService : 2 € (eau + élec.)
20 - Illimité - Gratuit - marché samedi matin parking restreint
Services :
GPS : E 0.26318 N 46.42626

## Campings

### CHAUVIGNY

**Municipal de la Fontaine**
R. de la Fontaine - ✆ 05 49 46 31 94 - www.chauvigny.fr
De déb. avr. à fin sept. - 104 empl.
borne artisanale
Tarif camping : 3,10 € 2 €
2,30 € (16A) 4 €
Services et loisirs :
Emplacements soignés et fleuris.
GPS : E 0.65349 N 46.57095

### INGRANDES

**Les Castels**
**Le Petit Trianon de St-Ustre**
1 r. du Moulin-de-St-Ustre - ✆ 05 49 02 61 47 - www.domaine-petit-trianon.com - De fin avr. à mi sept. -
116 empl. - -
Tarif camping : 20 €
(10A) - pers. suppl. 5 €
Services et loisirs :
Cadre agréable autour d'un petit château.
GPS : E 0.58653 N 46.88779

### LA ROCHE-POSAY

**Yelloh! Village La Roche-Posay**
Rte de Lésigny - ✆ 05 49 86 21 23 - www.larocheposay-vacances.com
De déb. avr. à mi sept. - 96 empl. -
borne artisanale
Tarif camping : 40 €
(10A) - pers. suppl. 9 €
Services et loisirs :
GPS : E 0.80963 N 46.7991

### ST-GEORGES-LÈS-BAILLARGEAUX

**Le Futuriste**
R. du Château - ✆ 05 49 52 47 52 - www.camping-le-futuriste.fr
Permanent - 107 empl.
borne artisanale 6 € (eau + élec.)
Tarif camping : 34,20 €
(6A) - pers. suppl. 4 €
Services et loisirs :
Cadre verdoyant. De la piscine, vue panoramique sur le Futuroscope.
GPS : E 0.39543 N 46.66468

## Les bonnes adresses de bib

### ANGLES-SUR-L'ANGLIN

**Le Relais du Lyon d'Or** – 4 r. d'Enfer - rte de Vicq - ✆ 05 49 48 32 53 - www.lyondor.com - - ts les soirs 19h-21h - fermé de nov. à mars - 27/39 €. Dans cette maison du 15e s., la cuisine copieuse est servie dans une salle campagnarde avec poutres et cheminée.

### CHAUVIGNY

**Vélo-Rail de Chauvigny** – 10 r. de la Folie - ✆ 09 75 41 80 56 - www.velorail-chauvigny.fr - départs juil.-août : à 10h, 14h, 17h et mar. et jeu. à 20h30 ; avr.-juin et de déb. sept. à déb. nov. : merc.-dim. et j. fér. à 10h et 14h (et 17h le w.-end en juin et sept.) ; vac. de printemps et de la Toussaint : tlj à 10h et 14h - 11,50 € (6-12 ans 6,50 €) - réserv. conseillée. Un circuit de 17 km (2h) en vélorail pour découvrir la nature et les vestiges des anciennes carrières.

**Les Choucas** – 21 r. des Puys - ✆ 05 49 46 36 42 - fermé de fin oct. à déb. avr. - 10h-22h - formule déj. en sem. 13,90 € - plats 9/17,50 €. Installée dans un ancien couvent du 15e s., cette maison sert des planches de charcuteries, des salades et quelques plats simples et traditionnels. Côté décor : fenêtres à meneaux, cheminée et poutres ou, à l'extérieur, une très agréable terrasse, située juste en face du donjon de Gouzon.

### MONTMORILLON

**Les Orangeries** – 12 av. du Dr-Dupont - ✆ 05 49 84 07 07 - www.lesorangeries.fr - fermé lun., sam. midi, dim. soir - 37,50/50 € - bistro (à midi uniquement) : formule 19,50 € - 25 €. Voilà une adresse où le terme « écolo-responsable » a un sens : on y cuisine presque exclusivement des produits bio, venant soit du potager, soit des producteurs fermiers de la région, et la carte des vins est dans le même esprit. Un respect des saisons et du marché qui se retrouve dans l'assiette. Ici, même les chambres sont « durables », c'est dire !

### POITIERS

**Les Bons Enfants** – 11 bis r. Cloche-Perse - ✆ 05 49 41 49 82 - 12h-13h15, 19h-21h15 - fermé dim.-lun. - formule déj. 13 € - 11,50/30 €. Près de l'hôtel Fumé. On se serre les coudes pour déguster, entre autres, ses spécialités poitevines, servies dans une ambiance... bon enfant !

### LA ROCHE-POSAY

**Le St-Roch** – 4 cours Pasteur - 22 km à l'est par D725 - www.saintroch-larocheposay.fr - ✆ 05 49 19 49 00 - fermé de fin déc. à mi-janv. - formule déj. 16 € - 29/45 €. En terrasse ou à l'intérieur, vous apprécierez une cuisine fine, généreuse... ou diététique pour les curistes.

*Futuroscope.*

*Futuroscope/Calune*

## POITOU-CHARENTES - CIRCUIT 2

# Découverte des Deux-Sèvres

**En parcourant les Deux-Sèvres, vous rencontrerez plusieurs chefs-d'œuvre de l'art roman poitevin, quelques spécialités très locales comme le baudet du Poitou aux longs poils, la coque noire du tourteau fromager et la liqueur d'angélique. Vous pourrez aussi atteindre le « nombril du monde » à Pougne-Hérisson. Alors, d'accord pour une découverte des Deux-Sèvres ?**

**DÉPART :** NIORT - 4 jours – 330 km

## JOUR 1

Débutez votre journée à **Niort** (voir l'encadré p. ci-contre). Partez ensuite à la découverte des **tumulus de Bougon**, monumentales sépultures datant du néolithique. En gagnant Melle, faites une halte à **Celles-sur-Belle** pour son abbaye renommée. Arrivé à **Melle**, admirez son église St-Hilaire bâtie dans le plus pur style roman poitevin (voir le cavalier du portail gauche) et ses anciennes mines d'argent des rois francs. Ensuite, allez découvrir le **château de Javarzay** dont une partie est consacrée à Jean-François Cail, grand industriel et inventeur, natif de la petite ville proche de Chef-Boutonne.

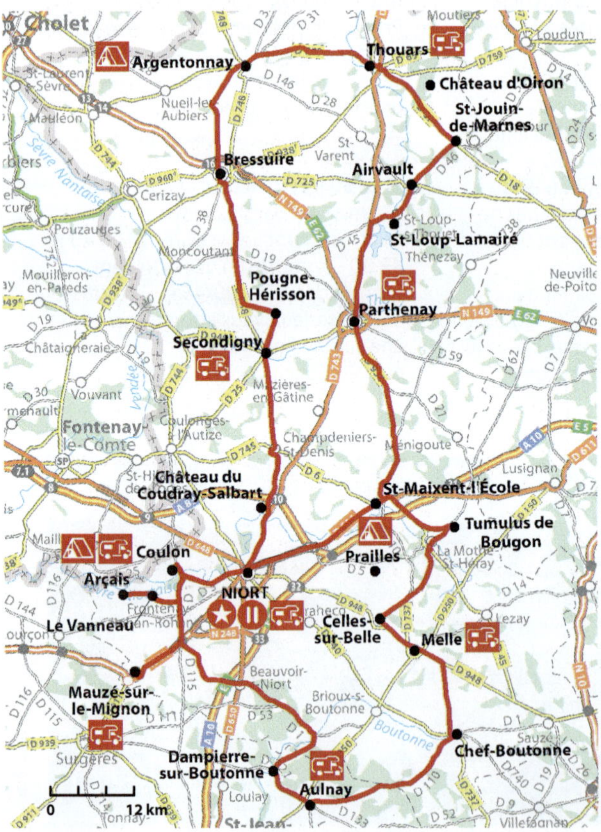


## JOUR 2

Rejoignez **Aulnay** et son église, autre chef-d'œuvre de l'art roman poitevin, placée sur le chemin de Compostelle, et prenez le temps d'en décrypter les remarquables sculptures. Vient ensuite la rencontre du **baudet du Poitou**, cet âne aux yeux tendres dont la race, menacée d'extinction, fut sauvée grâce à la création de l'asinerie de **Dampierre-sur-Boutonne**. Ne manquez pas pour autant de jeter un œil à la fameuse galerie à caissons du **château de Dampierre**. L'après-midi, depuis les **ports d'Arçais, Le Vanneau ou Coulon**, embraquez-vous pour une visite en barque du **Marais poitevin** (divers parcours et durées).

## JOUR 3

Dirigez-vous vers **St-Maixent-l'École**, célèbre pour son école militaire. En poursuivant au nord, gagnez **Parthenay** où vous grimperez dans l'ancienne citadelle pour une agréable balade surplombant le cours du Thouet, avant de redescendre dans la rue de la Vau-St-Jacques, sur les traces des pèlerins de Compostelle. Arrêtez-vous en centre-ville pour déjeuner. Comptez l'après-midi pour parcourir la **vallée du Thouet** avec la découverte d'**Airvault**, petite ville tranquille baignée par le Thouet et dont l'église romane présente un portail typiquement poitevin. Les amateurs de monuments découvriront avec intérêt le **château de St-Loup-Lamairé** et ses très beaux jardins à la française (remarquez la collection de fruitiers). Ou encore l'église **St-Jouin-de-Marnes**. Dans la plus grande tradition de l'architecture romane

clodio/iStock

*Niort, l'église St-André et le marché.*

poitevine, sa façade est ornée de voussures sculptées et d'un pignon triangulaire, alors que l'intérieur est composé de trois nefs. Stationnez aux alentours de Thouars.

## JOUR 4

À **Thouars**, puis au **château d'Oiron**, l'art contemporain sera au rendez-vous. Gagnez ensuite **Argentonnay**. Vous trouverez à déjeuner dans cette ville au cadre bucolique. Descendez dans la vallée de l'Ouère, au **lac d'Hautibus**, où est aménagée une belle base de loisirs. Un petit tour par **Bressuire**, important marché agricole, avant d'atteindre « le nombril du monde » du conteur Yannick Jaulin : **Pougne-Hérisson**. Son Jardin des histoires vous fait entrer dans un univers imaginaire, à la fois drôle et décalé. Le retour vers Niort s'effectue par le **château de Coudray-Salbart**, une imposante forteresse du 13e s. édifiée par les seigneurs de Parthenay. Regagnez Niort.

**LE CONSEIL DU BIB**

**À Niort, goûtez à l'angélique, plante aromatique dont les tiges sont confites, cuites (confiture) ou distillées (liqueur), et au tourteau fromagé, délicieux gâteau au fromage de chèvre et de vache.**

ÉTAPE 11

# Niort

**OFFICE DE TOURISME**

2 r. Brisson - 05 49 24 18 79 - www.niortmaraispoitevin.com.

**STATIONNEMENT & SERVICES**

**Parking conseillé**

Parking de la Mégisserie, 1 r. de la Mégisserie, gratuit.

**Aire de Niort**

R. de Bessac, parking de Bessac - 05 49 78 77 12 - Permanent

Borne artisanale : Gratuit

14 - 72h - 10 €/j.

Proche du centre-ville et de la Sèvres. Arborée.

GPS : W 0.46471 N 46.32896

Mieux que toutes les grandes mutuelles d'assurance françaises, l'imposante masse du double donjon de Richard Cœur de Lion veille sur Niort. Ici, l'art de vivre se conjugue avec l'artisanat d'art, car la ville, pôle régional des métiers d'art, fourmille d'artisans et de créateurs. Niort occupe deux collines de part et d'autre de la Sèvre Niortaise. Sur la **rive gauche**, sont érigés l'église **Notre-Dame**, dont la flèche du 15e s. se dresse à 76 m de haut, et le fameux **donjon** édifié au 12e s. Ses deux tours massives carrées, reliées par un bâtiment du 15e s., composent un ensemble d'architecture militaire hors du commun. Juste à côté, se tiennent les belles **Halles** (1869), au fronton triangulaire décoré des figures de Mercure et de Cérès. Poussez un peu plus loin et visitez le **musée Bernard-d'Agesci**, du nom du peintre et sculpteur niortais (1757-1828). Il abrite des collections d'une grande variété réparties en trois sections : beaux-arts et arts décoratifs, histoire naturelle et conservatoire de l'éducation. Rejoignez ensuite la **rive droite** où sont installés l'ancien **hôtel de ville** et le **quartier St-André** aux ruelles tortueuses. Nombre d'entre elles, bordées de maisons basses à toit de tuiles rondes, ont conservé des noms évocateurs : de l'Huilerie, de la Regratterie, du Tourniquet, du Rabot... Enfin, le long de la Sèvre Niortaise, une **Coulée verte** de 2 km a été aménagée. En la suivant, vous découvrirez des sites témoignant du passé de la ville : l'ancien quartier des mégissiers et chamoiseurs, le Jardin des plantes (18e s.), l'ancien chemin de halage, l'écluse... Terminez la journée **avenue de la République**, en partie piétonne. Lieu de sortie et de rendez-vous, elle est particulièrement agréable à la belle saison grâce à l'ombre de ses grands platanes séculaires. Installez-vous et dégustez l'une des spécialités de la ville.

## Aires de service & de stationnement

### AULNAY

**Aire de vidange d'Aulnay**
Rte de Salles - 05 46 33 10 02
Permanent
Borne AireService : Gratuit
10 - Illimité - Gratuit
Services :
GPS : W 0.34516 N 46.0223

### COULON

Voir p. 58

### MAUZÉ-SUR-LE-MIGNON

**Aire du Gué de la Rivière**
R. du Port, près du camping municipal Le Gué de la Rivière - 05 49 26 30 35 - Permanent (mise hors gel)
Borne flot bleu : 4 € (eau + élec.)
10 - Illimité - Gratuit
Paiement : jetons (commerçants et camping)
Services :
GPS : W 0.68014 N 46.19951

### MELLE

**Aire Camping-Car Park de Melle**
R. de Villiers, face au camping La Fontaine de Villiers - 01 83 64 69 21 - Permanent
Borne Urbaflux : Gratuit
24 - - 72h - 12 €/j. - borne compris
Paiement :
Services :
Stat. interdit sur l'aire de service.
GPS : W 0.14402 N 46.23145

### NIORT

Voir p. précédente

### PARTHENAY

**Aire du Bois Vert**
R. de Boisseau, près du camping Le Bois Vert - 05 49 64 78 43
De déb. avr. à fin oct.
Borne artisanale
8 - Illimité - 10,50 €/j. - borne compris - paiement au camping
Paiement :
Services :
GPS : W 0.26654 N 46.64054

### SECONDIGNY

**Aire du camping Le Moulin des Effres**
Chemin des Effres - 05 49 65 54 25 - www.camping-lemoulindeseffres.com
De déb. avr. à mi nov.
Borne artisanale : Gratuit
10 - Illimité - Gratuit
Paiement :
GPS : W 0.41605 N 46.60487

### THOUARS

**Aire de Thouars**
R. Félix-Gelusseau - 05 49 66 17 65
Permanent (mise hors gel) -
Borne AireService 2 €
18 - - Illimité - 5 €/j.
Paiement :
GPS : W 0.21138 N 46.97611

*Le château d'Oiron.*

*Ph. Body/hemis.fr*

## Campings

### ARGENTONNAY

**Municipal Le Lac d'Hautibus**
R. de la Sablière - 06 16 10 10 96 - www.argentonnay.fr
De mi juin à mi nov. - 64 empl.
borne artisanale
Tarif camping : 20 €
(6A) - pers. suppl. 4 €
Services et loisirs :
Beaux emplacements délimités et un peu ombragés, à 150 m du lac avec accès direct (site pittoresque).
GPS : W 0.45164 N 46.98764

### COULON

**Flower La Venise Verte**
178 rte des Bords de Sèvre - 05 49 35 90 36 - www.camping-laveniseverte.fr
De déb. avr. à mi oct. - 120 empl. -
borne AireService -
18 €
Tarif camping : 31 €
(10A) - pers. suppl. 8 €
Services et loisirs :
Tout près du canal et de la Sèvre Niortaise.
GPS : W 0.60889 N 46.31445

### PRAILLES

**Municipal Le Lambon**
Au plan d'eau du Lambon - 05 49 32 85 11 - www.lelambon.com
Avr.-oct. - 44 empl. -
borne AireService
Tarif camping : 11 € -
2,30 € - pers. suppl. 4,50 €
Services et loisirs :
À 200 m de la base nautique aux nombreuses activités.
GPS : W 0.20753 N 46.30055

# Les bonnes adresses de bib

## ARÇAIS

**Le Patio d'Arçais** – 24 r. du Marais - 79210 Arçais - 05 49 24 65 85 - restaurantlepatiodarcais.jimdo.com - - 12h-13h30, 19h30- 20h30 - fermé lun. - plats 15/17 €. Cette grande salle claire ne désemplit pas. Au menu, farci poitevin, blanquette de seiche, steak de thon au lard, gratin d'écrevisses. Desserts inventifs, service adorable.

## ARGENTONNAY

**Base de loisirs du lac d'Hautibus** – 05 49 65 70 22. Au fond de la vallée de l'Ouère, ce lac artificiel de 6 ha fut créé en 1969 dans un site verdoyant. Circuits pédestres ou VTT, pêche, pédalos, etc. La baignade est interdite.

## CELLES-SUR-BELLE

**Hostellerie de l'Abbaye** – 1 pl. des Époux-Laurant - 05 49 26 03 18 - www.hostellerie-de-abbaye.fr - fermé sam. midi, dim. soir - formule déj. en sem. 14,40 € - 29/44 €. Cette ancienne maison est plus agréable côté cour, où s'installe la terrasse aux beaux jours. En hiver, la cuisine traditionnelle est servie dans une agréable salle à manger colorée.

## COULON

**L'Auberge de l'Écluse** – 3285 rte des Bords-de-Sèvre - 05 49 35 90 42 - www.aubergedelecluse.com - 12h-14h, 19h30-21h - de Pâques à fin sept. : fermé le mar. ; oct.-avr. : fermé du dim. soir au mar. - formule 18 € - menus 23/55 €. Située en bordure de la Sèvre niortaise, dans un cadre exceptionnel, c'est la plus ancienne des auberges du Marais poitevin : elle remonte en partie à la fin du 18e s. Dans une vaste salle aux murs de pierre ornés d'ustensiles du Marais, on vous servira une cuisine régionale : escargots, anguilles, filet de sandre, côtelettes d'agneau. Et pourquoi ne pas essayer le confit de porc de mogettes ?

## MELLE

**Méli Mellois** – 2 pl. Bujault - 05 49 29 15 10 - 9h30-12h30, 14h-17h30, sam. 10h-13h, 14h-18h, j. fériés 14h-18h - fermé lun. mat. et dim. Installée dans l'office de tourisme, cette boutique propose chaussons Patounes, bijoux, poteries, tisanes, huiles artisanales, pineaux, cognacs...

## NIORT

**Restaurant du Donjon** – 7 r. Brisson - 05 49 24 01 32 - www.restaurant-le-donjon.com - 12h-14h30, 19h-22h30 - fermé dim. - formules déj. 11,50/13,50 € - 20/28 €. Goûteux poissons et viandes. Le saumon fumé et le foie gras figurent au premier rang des spécialités de la maison, et le plat du jour est toujours un régal.

**La Belle Étoile** – 115 quai Maurice-Métayer, près du périph. ouest - 05 49 73 31 29 - www.la-belle-etoile.fr - P - 12h-14h, 19h45-21h30 - fermé dim. soir, lun. et sam. midi - formules déj. 19/24 € - 38/53 €. Au bord de la Sèvre, maison isolée de la circulation par un rideau de verdure. Élégante salle à manger bourgeoise et terrasse ombragée ; jolie collection de vieux millésimes.

## THOUARS

**Le Trait d'Union** – 8 pl. St-Médard - 05 49 66 08 13 - www.letraitdunion-restaurant.com - - 12h-13h30, 19h30-21h30 - fermé merc. et dim. soir (et mar. soir de nov. à avr.) - formules déj. 13,50/15,50 € - 21,50/42 €. Ce restaurant est situé sur une place tranquille semi-piétonne, à deux pas de l'office de tourisme. La cuisine repose ici sur des produits de saison, pour le plus grand bonheur des papilles.

# Offices de tourisme

## NIORT

Voir p. 273

## THOUARS

32 pl. St-Médard - 05 49 66 17 65 - www.tourisme-pays-thouarsais.fr.

*Baudet du Poitou.*

*Ph. Renault/hemis.fr*

POITOU-CHARENTES - CIRCUIT 3

# Rochefort, La Rochelle et l'île de Ré

**La Rochelle, Rochefort, St-Martin-de-Ré : ces lieux chargés d'histoire et soumis aux caprices de l'océan permettront aux rêveurs de guetter, face à la mer, l'apparition d'un trois-mâts revenant des « isles ». Vaine attente ? Qu'importe, il fait si bon demeurer sur ce lumineux littoral aux immenses plages de sable fin, que parsèment des marais à la faune protégée.**

**DÉPART :** ROCHEFORT - 6 jours – 270 km

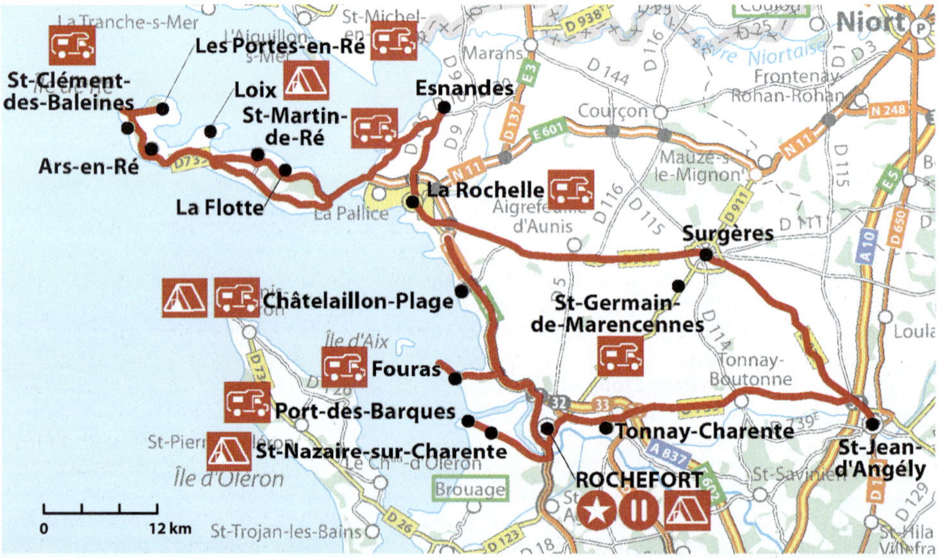


## JOUR 1

**Rochefort** sera votre port d'attache. Dans cette ville bâtie au 17ᵉ s. autour d'un arsenal, vous pourrez notamment visiter la Corderie royale, un bâtiment de 374 m de long situé au cœur d'un jardin, et un musée au décor éclectique et exotique, aménagé dans la maison de l'écrivain Pierre Loti.

## JOUR 2

Quittez Rochefort par la N137 à l'est pour passer le pont suspendu de **Tonnay-Charente** et profiter des vues sur la vallée. À **St-Jean-d'Angély**, ville d'histoire, flânez au milieu des demeures à pans de bois des 15ᵉ et 16ᵉ s. et des vieux hôtels restaurés des 17ᵉ et 18ᵉ s. Prochaine étape de votre voyage, **Surgères**, important centre laitier, réputé pour son beurre. Allez admirer les étranges cavaliers de l'église Notre-Dame. Sur la route de La Rochelle, l'École nationale d'industrie laitière et des industries agroalimentaires possède un magasin de vente proposant un très grand choix de beurres.

## JOURS 3 ET 4

Commencez par une promenade sur le port de **La Rochelle** (voir l'encadré p. ci-contre), dominé par de robustes tours médiévales. Continuez dans les parcs rochelais et sous les arcades blanches du quartier ancien afin d'embrasser du regard la beauté de cette cité. Faites du shopping au marché, qui se tient tous les matins jusqu'à 13h, ou dans les agréables boutiques du centre. Ensuite, choisissez parmi les nombreux monuments et musées. Dînez sur le port. Le lendemain, découvrez l'univers nautique de La Rochelle avec la Ville-en-Bois et le port des Minimes, le Musée maritime et le superbe aquarium.

legna69/iStock

*La Rochelle, tour St-Nicolas.*

## JOURS 5 ET 6

Allez jusqu'à **Esnandes**, la ville des bouchots, ces fameux piquets de bois sur lesquels engraissent les moules. Vous y ferez une jolie promenade ponctuée de la découverte d'une église à l'allure de forteresse. Et puis, en route pour **Ré**, une île préservée qui ne peut que ravir les amoureux de nature. Une fois encore, optez pour le vélo ! Ré dispose de nombreuses pistes cyclables et d'itinéraires touristiques balisés. C'est le meilleur moyen de découvrir les paysages de l'île : plages de sable blanc bordées de forêts de pins, marais salants, parcs à huîtres, charmants villages aux maisons blanches parées de roses trémières, et un terroir de vignes et de légumes primeurs. Visitez la partie est de l'île le premier jour : les fortifications de St-Martin-de-Ré, l'abbaye des Châteliers et le fort de la Prée. Le lendemain matin, attaquez la partie ouest : faites provision de sel à **Loix**, puis pédalez autour du Fier d'Ars où se trouve la réserve naturelle de Lilleau des Niges pour y observer les oiseaux du marais, avant de repartir pour le **phare des Baleines**. S'il n'y a pas de montagnes sur cette île, le vent – fréquent – sait très bien les remplacer pour les cyclistes. Tenez-en compte pour calculer vos étapes. L'après-midi, de retour sur la côte, arrêtez-vous à **Châtelaillon-Plage** pour profiter de sa promenade en front de mer. Et, toujours en fonction du temps, allez étendre votre serviette sur sa superbe plage de sable. À **Fouras**, même programme : détente absolue.

## ÉTAPE 11

# La Rochelle

**OFFICE DE TOURISME**

2 quai Georges-Simenon - ✆ 05 46 41 14 68 - www.larochelle-tourisme.com.

**STATIONNEMENT**

**Parking conseillé**
R. du Québec - gratuit
GPS : W 1.207 N 46.1479

**Aire de Port-Neuf**
6 bd Aristide-Rondeau - ✆ 05 46 51 51 51 - Permanent
Borne AireService : Gratuit
171 P - Illimité - 12 €/j. - Paiement : CC
Services : WC
Plat, bitume, ombragé. Bus pour le centre ville.
GPS : W 1.18429 N 46.16037

Bien qu'excentré, le Vieux Port est le cœur battant de la ville. À la mi-juillet, il accueille, dans une ambiance survoltée, nouveaux talents et artistes confirmés lors des Francofolies. En toile de fond se dressent la **tour de la Chaîne** et la puissante **tour St-Nicolas** qui protégeaient l'entrée des bassins ; de la plate-forme supérieure de guet, bordée de hautes parois à meurtrières et mâchicoulis, vue sur la sortie de la rade, la baie et l'île d'Aix. La **tour de la Lanterne**, quant à elle, servait de phare, avant d'être transformée en prison ; de son sommet s'offre un large panorama. Autour du Vieux Port, sur le **cours des Dames,** jalonné par d'anciennes maisons d'armateurs, et le quai Duperré s'alignent terrasses de restaurants et de cafés.

À l'angle des quais, la **porte de la Grosse Horloge** ouvre sur la vieille ville et ses rues aristocratiques où alternent passages voûtés et galeries couvertes, en grand nombre à La Rochelle. La **rue du Palais,** artère principale, mène, par le Palais de Justice et la cathédrale St-Louis, au **Café de la Paix**, emblématique des anciens cafés du 19ᵉ s. Au passage faites quelques écarts pour voir la **maison Venette** (rue de l'Escale) et la **maison Henri II** (rue des Augustins). Le nord du centre historique compte trois musées majeurs : le **Muséum d'histoire naturelle**, célèbre pour son cabinet de curiosités, le **musée du Nouveau Monde**, qui illustre les relations tissées entre La Rochelle et les Amériques depuis la Renaissance, le **musée des Beaux-Arts** (ancien Palais épiscopal), riche en œuvres européennes du 15ᵉ au 20ᵉ s. N'oubliez pas les quartiers sud avec l'**Aquarium** et le **Musée maritime** qui présente des bateaux à flot. Impossible aussi de quitter La Rochelle sans faire un tour au **port des Minimes** qui accueille en septembre le Grand Pavois dans le plus grand port de plaisance de l'Atlantique, l'occasion d'admirer au large de la plage l'énigmatique **phare du Bout du Monde**.

# Aires de service & de stationnement

## CHÂTELAILLON-PLAGE

**Aire Camping-Car Park de Châtelaillon-Plage**
3 bd Georges-Clemenceau, r. des Sulkys - 01 83 64 69 21
Permanent -
Borne eurorelais : gratuit
51 - - 72h - 12,65 €/j. - borne compris - Paiement :
Services :
Plat, herbeux et verdoyant à 15 mn à pied de la grande plage.
GPS : W 1.07874 N 46.07265

## FOURAS

**Aire du Cadoret**
Av. du Cadoret - 05 46 84 60 11
Permanent
Borne Urbaflux 1 €
Paiement :
Services :
Plat, bitume, ouvert à tout véhicule.
GPS : W 1.0868 N 45.99203

**Aire de stationnement du Fort de l'Aiguille**
69 bd de La Fumée - 05 46 84 60 11
Permanent
30 - Illimité - 8,30 €/j.
Pratique pour se rendre sur l'île d'Aix.
GPS : W 1.11874 N 46.00239

**Aire de l'Espérance**
R. de l'Espérance - 05 46 84 60 11
Permanent
Borne Urbaflux 1 €
11 - 48h - 8,30 €/j.
Paiement :
Face au camping municipal
GPS : W 1.08255 N 45.97884

## PORT-DES-BARQUES

**Aire de Port-des-Barques**
45 av. des Sports - 05 46 84 80 01
Permanent -
Borne artisanale : 2 € (eau + élec.)
43 - - Illimité - 13,18 €/j.
Paiement :
Services :
Plat, gravier et ombragé. Idéal pour se rendre sur l'île Madame.
GPS : W 1.08987 N 45.94706

## LES PORTES-EN-RÉ

**Aire des Portes**
Rte du Fier, parking de la Patache - 05 46 29 50 56 - Permanent
Borne Urbaflux : 3 € (eau + élec.)
10 - 72h - 12 €/j.
Services :
Proche de la mer mais sans charme, sol plat, bitume.
GPS : W 1.48316 N 46.2295

## LA ROCHELLE

Voir p. précédente

## ST-CLÉMENT-DES-BALEINES

**Aire de St-Clément-des-Baleines**
R. de la Forêt - 05 46 29 24 19
Permanent -
Borne artisanale 0 € 0 €
45 - - 48h - 8 €/j. - borne compris
Paiement :
Services :
Plat, pierreux, herbeux, à 300 m de la plage.
GPS : W 1.5464 N 46.22757

## ST-GERMAIN-DE-MARENCENNES

**Aire de St-Germain**
R. du Moulin-Neuf, derrière les tennis - 05 46 37 13 71 - Permanent -
Borne artisanale : gratuit
8 - Illimité - 6 €/j. - paiement au régisseur
Services :
Plat, bitume dans un cadre verdoyant.
GPS : W 0.78252 N 46.07895

## ST-MARTIN-DE-RÉ

**Aire de St-Martin-de-Ré**
R. du Rempart - 05 46 09 21 96
Permanent
Borne eurorelais : gratuit
17 - - 72h
Paiement :
Services :
Sur les remparts, ombragé, gravier, étroit pour stationner et manœuvrer.
GPS : W 1.36536 N 46.19926

# Campings

## CHÂTELAILLON-PLAGE

**Au Port Punay**
Allée Bernard-Moreau - 05 17 81 00 00 - www.camping-port-punay.com
De déb. mai à fin sept. - 114 empl. -
borne AireService 3 € (eau + élec.)
Tarif camping : 40 €
(10A) - pers. suppl. 8 €
Services et loisirs :
Emplacements ombragés ou plus ensoleillés à 200 m de la plage.
GPS : W 1.0846 N 46.05352

## LOIX

**Flower Les Ilates**
Le Petit Boucheau, rte du Grouin - 05 46 29 05 43 - www.camping-loix.com
De déb. avr. à fin sept. - 69 empl. -
borne eurorelais 4 € (eau + élec.)
Tarif camping : 46 €
(10A) - pers. suppl. 8,50 €
Services et loisirs :
GPS : W 1.42608 N 46.22756

## ROCHEFORT

**Le Bateau**
106 r. des Pêcheurs-d'Islande - 05 46 99 41 00 - www.campinglebateau.net
De fin mars à déb. nov. - 47 empl. -
borne artisanale 16 € (eau + élec.)
Tarif camping : 16 €
(13A) - pers. suppl. 4,70 €
Services et loisirs :
GPS : W 0.9962 N 45.94834

## ST-NAZAIRE-SUR-CHARENTE

**Flower L'Abri-Cotier**
26 La Bernardière - 05 46 84 81 65 - www.camping-la-rochelle.net
De déb. avr. à fin sept. - 45 empl. -
borne artisanale 4 € (eau + élec.)
Tarif camping : 34 €
(16A) - pers. suppl. 4,50 €
Services et loisirs :
Ombrage, emplacements délimités.
GPS : W 1.05856 N 45.93349

# Les bonnes adresses de bib

## ARS-EN-RÉ

**La Cabane du Fiers** – Le Martray - ✆ 05 46 29 64 84 - www.lacabanedufier.com - plats 15,50/42 €. Sa terrasse face aux marais met tout de suite dans l'ambiance des assiettes qui font la part belle aux plats locaux : chaudrée charentaise (soupe avec morceaux de poissons), bar ou blanc de seiche grillés au feu de bois... Les carnivores trouveront aussi leur bonheur (andouillette, agneau...).

## ESNANDES

**Les Viviers de l'Océan** – La Prée-de-Sion - ✆ 05 46 01 33 12 - ♿ - du w.-end de Pâques à la Toussaint : 12h-13h30, 19h-21h30 - fermé lun. (sf j. fériés) - menu 24,50 € - plateau de fruits de mer 30 €. Sis en bordure de la zone conchylicole au sud de la baie de l'Aiguillon, les Viviers de l'Océan puisent leur inspiration dans les produits de la mer : moules de bouchot à la crème ou au pineau des Charentes, soupe de poissons, crustacés vivants du marché, ces évocations mettent d'emblée l'eau à la bouche. Si l'on y ajoute un baba au rhum fait maison en dessert, les palais seront comblés. Les carrelets et les falaises ajoutent au charme du lieu.

## FOURAS

**Ti Sable** – Av. Charles-de-Gaulle - ✆ 05 46 84 61 10 - ♿ - fermé lun. et mar. soir (hors sais.) - menus 19,50/29,50 €. Contempler la mer en dégustant des plats inspirés de la cuisine des Caraïbes devient un vrai plaisir lorsqu'on est attablé ici. Les portions sont généreuses et le service bien souriant. D'ailleurs, c'est très vite plein.

## ROCHEFORT

**Le Cap Nell** – 1 quai Joseph-Bellot - ✆ 05 46 87 31 77 - www.capnell.com - ♿ - fermé mar. soir et merc. (sept.-juin) - menus 19 € (déj.)/22 € - assiettes de fruits de mer 15/40 € (en été). Un cadre raffiné pour une cuisine subtile. Les produits de la mer et du terroir sont ici relevés par des alliances originales.

## LA ROCHELLE

**La Gerbe de Blé** – R. Thiers - ✆ 05 46 41 05 94 - ♿ - 6h30-16h - fermé mar. hors sais. - plats 12,50/17,50 €. Ce bistrot propose une petite restauration simple : dégustation d'huîtres du marché voisin à prix coûtant, onglet, entrecôte, etc.

**Le P'tit Nicolas** – 6 r. Chef-de-Ville - ✆ 05 46 41 01 14 - www.leptitnicolas-larochelle.fr - fermé dim.-lun. - 17/50 €. Près de la tour de la Lanterne, Nicolas vous propose ses compositions colorées réalisées à base de produits provenant des meilleurs éleveurs et producteurs de la région. Ici, tout est fait maison.

## ST-MARTIN-DE-RÉ

**Les Embruns** – 6 passage Chay-Morin - ✆ 05 46 66 46 31 - lesembruns-iledere.com - fermé 26 nov.-12 déc., lun.-mar. de sept. à juin, midi en juil.-sept. - formule déj. 20 € - menu soir 32 €. L'ardoise met à l'honneur le retour de la pêche et du marché, avec des assiettes généreuses que l'on déguste dans un décor de carte postale – bateau, rames, épuisette... Une adresse qui ne triche pas.

## ST-JEAN-D'ANGÉLY

**Le Scorlion** – 5 r. de l'Abbaye - ✆ 05 46 32 52 61 - www.restaurantle-scorlion.fr - 12h-13h30, 19h-21h30 - fermé dim. soir, lun. et merc. soir (et mar. d'oct. à mai) - 18,50/40 €. Installé dans l'Abbaye royale, cet élégant restaurant sert une cuisine bien maîtrisée avec une touche de créativité.

# Offices de tourisme

## LA ROCHELLE

Voir p. 277

## ROCHEFORT

Av. Sadi-Carnot - ✆ 05 46 99 08 60 - www.rochefort-ocean.com.

## ST-MARTIN-DE-RÉ

2 av. Victor-Bouthillier - ✆ 05 46 09 00 55 - www.iledere.com.

*Le fort Louvois.*

J. Alba/age fotostock

**LE TOP 5 PLAGES**

1. Châtelaillon-Plage
2. Patache, île de Ré
3. La Tremblade
4. St-Denis-d'Oléron
5. Grande Conche à Royan

# Balade en Charentes

**Si vous aimez la diversité, cette escapade est pour vous : de la plaine, des marais, la côte atlantique, une île, Oléron, des villes, Angoulême, Cognac, Saintes, de la bande dessinée, des églises romanes, des citadelles, de l'alcool fort, des huîtres... Un dénominateur commun ? Vous êtes toujours en Charentes !**

**DÉPART :** ANGOULÊME - 6 jours - 370 km

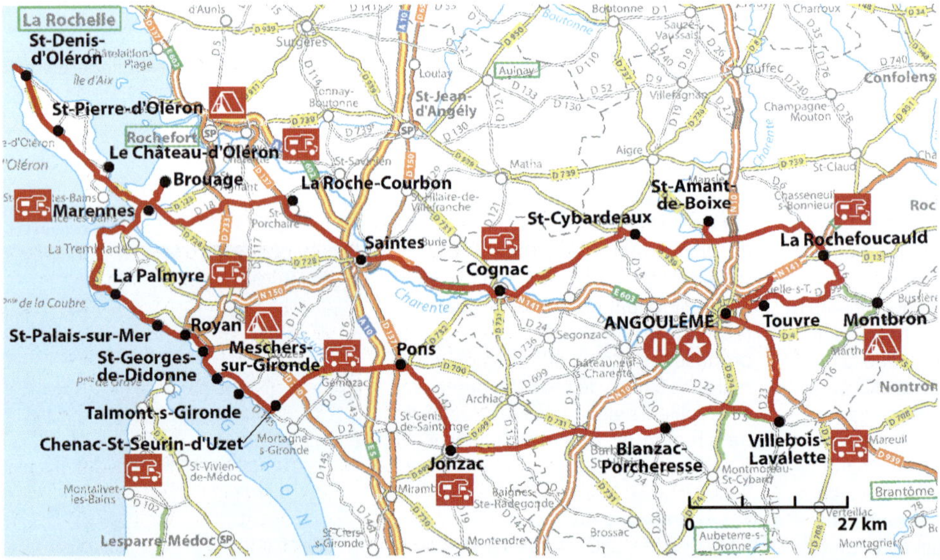


## JOUR 1

**Angoulême** sera votre première étape (voir l'encadré p. ci-contre). En fin de matinée, partez découvrir les **sources de la Touvre**, et profitez d'une visite guidée des **grottes du Queroy**. Continuez par **La Rochefoucauld** : s'y dresse un superbe château Renaissance (ne manquez pas son escalier à vis et son petit boudoir). Cette ville commerçante est à l'origine des fameuses « charentaises ». Gagnez **St-Amant-de-Boixe** pour sa très belle église et son logis abbatial ou arrêtez-vous au théâtre gallo-romain de **St-Cybardeaux**, situé dans un cadre campagnard. Faites étape à Cognac.

## JOUR 2

À **Cognac**, vous vous initierez dans la matinée à la distillation de l'eau-de-vie en visitant le fabuleux musée des arts du Cognac et l'un des célèbres chais, en bordure de Charente. Après être passé par l'**abbaye de Fontdouce** et sa remarquable salle capitulaire, rejoignez **Saintes**. C'est là que commence l'approche des joyaux de l'art saintongeais. L'Antiquité y est très présente, avec l'arc de Germanicus et les arènes ; le Moyen Âge aussi, avec l'abbaye aux Dames et l'église St-Eutrope ; quant aux autres siècles, ils sont évoqués au travers des collections de peintures et de faïences conservées dans les divers musées. Repartez pour **La Roche-Courbon** que l'écrivain Pierre Loti appelait « le château de la Belle au bois dormant ».

## JOUR 3

Direction les marais. **Brouage**, citadelle esseulée au beau milieu des marais, vous offre une inoubliable promenade sur ses remparts. Gagnez **Marennes**, où vous dégusterez des huîtres dans l'une des cabanes du marais ou dans un lieu plus protocolaire ! Tâchez de profiter de la marée basse pour accéder au fort Louvois, puis passez la nuit à **Oléron**.

R. Mattes/mauritius images/age fotostock

*La cathédrale d'Angoulême.*

# JOUR 4

**Oléron** mérite en soi, surtout s'il fait beau, une journée de balade à pied ou à vélo, et de baignade. Reliée au continent par un viaduc, la plus grande des îles de France après la Corse a su garder ses caractères d'insularité. Vous ne manquerez pas d'aller à Fort Boyard, au sommet du phare de Chassiron et dans l'une des nombreuses cabanes d'ostréiculteurs, pour déguster sur place quelques huîtres d'Oléron !

# JOUR 5

De retour sur le continent, suivant le temps qu'il fait, et l'envie que vous aurez de vous baigner, vous passerez un ou deux jours à descendre le long de la Grande Côte. Traversez la forêt de la Coubre sans manquer le **zoo de La Palmyre**, considéré comme l'un des plus beaux de France. Stations balnéaires et plages de sable s'enchaînent avec nonchalance : **St-Palais-sur-Mer**, **Royan**, **St-Georges-de-Didonne**, **Meschers-sur-Gironde**. Arrêt obligatoire à **Talmont-sur-Gironde**, pour son église plantée au bout d'une presqu'île, avec au premier plan les cabanes de pêcheurs perchées sur pilotis... Profitez de la situation exceptionnelle de quelques restaurants surplombant l'océan pour dîner.

# JOUR 6

Gagnez **Pons**. Vous y verrez un rarissime hôpital du 12e s. qui servait d'étape aux pèlerins de Compostelle. Si vous avez des enfants, faites un détour par le château des énigmes : il propose un amusant parcours-jeu. En saison, flânez à **Jonzac**, ville thermale dédiée au **pineau des Charentes** et au **cognac**. Et de Barbezieux, allez à **Blanzac** qui possède une belle église de style roman, avant de revenir à Angoulême par le village médiéval de **Villebois-Lavalette.**

ÉTAPE 11

# Angoulême

## OFFICE DE TOURISME

Mairie - pl. de l'Hôtel-de-Ville - ✆ 05 45 95 16 84 - www.angouleme-tourisme.com.

## STATIONNEMENT

**Parking conseillé**

Deux parkings, un rue des Îles et un rue Marcel-Pierre, accessibles en journée mais limités à 1 nuit, gratuit.

L'incontournable capitale de la bande dessinée – dont le Salon se déroule en janvier – se partage entre une ville haute et une ville basse. Ses agréables rues aux maisons de calcaire blanc couvertes de tuiles roses se parcourent à pied au gré des placettes anciennes, des beaux hôtels particuliers et des peintures murales d'auteurs de BD qui ornent les murs de la ville.

Angoulême a conservé une grande partie de son **enceinte médiévale** (9e-13e s.). Elle est dominée par la **cathédrale St-Pierre**, bel édifice roman. Sa façade forme un magistral tableau sculpté où plus de 70 personnages, statues et bas-reliefs illustrent les thèmes du Jugement dernier et de l'Ascension. Les rues alentour sont assez calmes, contrairement à celles du quartier du **palais de justice** où bars, restaurants et boutiques attirent foule.

La ville compte plusieurs **musées** consacrés à l'archéologie, aux arts africains et océaniens, au papier, à la peinture et à l'art contemporain et, bien entendu, aux images. Mais le site à ne manquer sous aucun prétexte est la **Cité internationale de la bande dessinée et de l'image** scindée en deux sites situés de part et d'autre de la Charente et reliés par une passerelle ornée d'une statue représentant Corto Maltese. Clin d'œil à Hollywood, le parvis recouvert de dalles peintes par des stars de la BD. Le complexe accueille un musée, deux salles de cinéma, un restaurant, un cyberespace et deux écoles, la Human Academy, spécialisée dans les mangas, et l'École des films documentaires. Dix autres lieux de formation consacrés à l'image, aux jeux vidéos, au cinéma... sont implantés autour du site.

Et si la marche ne vous rebute pas, rejoignez les **chais Magelis** et longez la Charente vers l'**Houmeau**. Faites une pause sur l'**île Marquet**, aux rives sauvages avant d'atteindre le **plan d'eau de la Grande Prairie**. Là, s'étend la « plage » d'Angoulême et le centre nautique **Nautilis** équipé d'une piscine et d'une patinoire.

## Aires de service & de stationnement

### LE CHÂTEAU-D'OLÉRON

**Aire de Château-d'Oléron**
Bd Philippe-Daste - 05 46 75 53 00
Permanent -
Borne AireService : 12,50 € (eau + élec.) -
Paiement :
Services :
Gravier, ombrage, sanitaires complets. Bus pour la plage et la ville.
GPS : W 1.20219 N 45.8964

### CHENAC-ST-SEURIN-D'UZET

**Aire de Chenac-St-Seurin-d'Uzet**
Quai de l'Esturgeon -
05 46 90 44 03 -
Borne artisanale : gratuit
10 - 24h - 9 €/j. - paiement lors du passage d'un employé municipal
Services :
Le long du petit port, cadre verdoyant et ombragé, plat, bitume.
GPS : W 0.83556 N 45.50126

### COGNAC

**Aire de stationnement de Cognac**
Pl. de la Levade - 05 45 36 64 30
3 - 24h - Gratuit
Services :
En centre ville, places exiguës.
GPS : W 0.33222 N 45.69845

### JONZAC

**Aire de Jonzac**
Pl. St Exupéry - 05 46 48 49 29
Permanent -
Borne Urbaflux : 9 € (eau + élec.)
21 - Illimité - 9 €/j. - borne compris
Paiement :
Services :
Site verdoyant, plat, herbeux.
GPS : W 0.43276 N 45.4426

### MARENNES

**Aire de Marennes**
R. Jean-Moulin - 05 46 85 04 36
Permanent
Borne eurorelais : 5 € (eau + élec.)
15 - 24h - Gratuit
Paiement : jetons (office de tourisme)
Services :
Tout véhicule ; plat, bitume.
GPS : W 1.09703 N 45.82573

### MESCHERS-SUR-GIRONDE

**Aire de Meschers-sur-Gironde**
Allée des Salines, port de plaisance -
05 46 39 71 00 - Permanent -
Borne artisanale
28 - Illimité - 10 €/j. - accès borne gratuit si stationnement payé
Paiement :
Services :
Tout près du petit port, plat, bitume, herbeux et ombragé.
GPS : W 0.94468 N 45.55639

### LA PALMYRE

**Aire du Corsaire**
Av. de l'Atlantique - 05 46 22 48 72
Permanent
Borne AireService
80 - - 24h - 12 €/j. - borne compris
Paiement :
Services :
Proche de la plage, plat, bitume.
GPS : W 1.18951 N 45.69091

### LA ROCHEFOUCAULD

**Aire de la Rochefoucauld**
Rte de Limoges, supermarché Leclerc -
05 45 63 00 52 - Permanent
Borne eurorelais : 4 € (eau + élec.)
3 - 24h - Gratuit
Paiement : jetons
Services :
GPS : E 0.38712 N 45.75041

### VILLEBOIS-LAVALETTE

**Aire de Villebois-Lavalette**
Pl. du Champ-de-Foire -
05 45 64 90 04 - Permanent -
Borne Urbaflux : 2 € (eau + élec.)
10 - Illimité - Gratuit
Paiement : jetons (commerçants)
Services :
En pente douce, herbeux, ombragé.
GPS : E 0.27748 N 45.48188

## Campings

### MONTBRON

**Yelloh! Village Les Gorges du Chambon**
Lieu-dit : Le Chambon -
05 45 70 71 70 -
www.camping-gorgesduchambon.com
De fin mai à déb. sept. - 132 empl. -
borne artisanale
Tarif camping : 47 €
(10A) - pers. suppl. 8 €
Services et loisirs :
Joli cadre vallonné, verdoyant et boisé autour d'une ancienne ferme restaurée.
GPS : E 0.5593 N 45.65945

### ROYAN

**Campéole Clairefontaine**
À Pontaillac, r. du Col.-Lachaux -
05 46 39 08 11 - www.campeole.com/camping/charente-maritime/clairefontaine-royan
De déb. avr. à fin sept. - 125 empl. -
borne artisanale
Tarif camping : 42,90 €
(10A) - pers. suppl. 11 €
Services et loisirs :
Agréable site verdoyant avec des locatifs équipés de sanitaires individuels. Proximité des commerces (300 m).
GPS : W 1.04977 N 45.63094

### ST-PIERRE-D'OLÉRON

**La Perroche Plage**
18 r. du Renclos-de-la-Perroche -
05 46 75 37 33 -
www.oleron-camping.eu
De déb. avr. à fin sept. - 65 empl. -
borne eurorelais -
16 €
Tarif camping : 31,30 €
(10A) - pers. suppl. 7,50 €
Services et loisirs :
Sur la côte ouest, au bord de l'océan, emplacements ombragés ou ensoleillés.
GPS : W 1.3031 N 45.9016

# Les bonnes adresses de bib

## ANGOULÊME

**Chez Paul** – 8 pl. Francis-Louvel - 05 45 90 04 61 - www.chez-paul.com - - 12h-14h, 19h-23h - fermé dim. (nov.-mars) - formules déj. 13/16 € - menus 24/32 €. Ce grand café propose une cuisine traditionnelle. Sièges design et véranda à l'asiatique. Le jardin est un endroit des plus agréables du centre historique.

## COGNAC

**L'Atelier des Quais** – 2 quai St-Jacques (juste après le pont) - 05 45 36 31 03 - www.atelierdesquais.fr - - avr.-sept. : 12h-14h, 19h-22h - fermé dim. (hors sais.) - formules déj. 14/17,50 € - menus 19,50/28 €. Pour déjeuner ou dîner dans un cadre agréable, design, avec une superbe vue sur la Charente et le château. Carte de brasserie, formule express à midi.

**La Cognathèque** – 10 pl. Jean-Monnet - 05 45 82 43 31 - www.cognatheque.com - 9h30-19h ; fermé dim. sf 15 juin-15 sept. Pas moins de 500 références de cognacs et de pineaux des Charentes sont réunies dans ce magasin, sélectionnées chez les producteurs et auprès des négociants. Presque tous les millésimes de 1930 à nos jours sont représentés, et certaines bouteilles, comptant plus de cent ans de garde, sont de vrais produits de collection.

## MARENNES

**Le Cayenne** – 19 rte du port-de-la-Cayenne - 05 46 85 01 06 - - 9h-23h - 23/30 €, plateau fruits de mer 20/48 € - réserv. conseillée en sais. Cette ancienne baraque de pêcheurs séduit par sa décoration sans chichi, son accueil souriant et la qualité de ses assiettes et plateaux de fruits de mer.

## LA ROCHEFOUCAULD

**Chez Steph** – 48 r. des Halles - 05 45 62 09 11 - www.chez-steph.fr - - 12h-14h, 19h-22h - fermé dim. soir-lun., mar. soir et merc. soir (mar. midi en juil.-août) - plats 10/30 €. Pour les amateurs de bonnes viandes (côte de bœuf, entrecôte) ou de pizzas maison. Atmosphère sympathique dans une maison ancienne rénovée. Réserv. conseillée.

## ROYAN

**Les Filets Bleus** – 14 r. Notre-Dame - 05 46 05 74 00 - 12h-14h, 19h-21h - fermé 2 sem. en fév., de fin juin à déb. juil. et 2 sem. en nov., lun. (sf soir juil.-août) et dim. - formule déj. 19 €, menu 21 € - 30/62 €. Restaurant très prisé des Royannais, dédié aux produits de la pêche et décoré à la façon d'un bateau : tons bleu et blanc, bois, hublots, lampes-tempêtes, etc. Menu spécial homard en saison.

*Estuaire de la Gironde, cabanes sur pilotis pour la pêche au carrelet.*

*F. Guiziou/hemis.fr*

# Offices de tourisme

## ANGOULÊME

Voir p. 281

## SAINTES

Pl. Bassompierre - 05 46 74 23 82 - www.saintes-tourisme.fr.

## TALMONT-SUR-GIRONDE

R. de l'Église - 05 46 08 17 62 - www.royanatlantique.fr.

*Vignoble de Cognac.*

*russellkord.com/age fotostock*

Rocher de la Fileuse. – G. Labriet/Photononstop

Vallée de la Dordogne. – Ch. Guy/hemis.fr

Le château de Pompadour. – Ch. Guy/hemis.fr

# Limousin

Bienvenue dans une France rurale, verte et humide, qui vit au rythme imperturbable des saisons, des champignons, de la pêche et de la chasse… Et que d'eau, que d'eau ! Des rivières impétueuses qui ont pour nom Creuse, Gartempe, Cher, Vienne, Vézère, Corrèze s'abreuvent à ces collines verdoyantes tandis que la capricieuse Dordogne court de barrages en retenues creusant au sud-est les roches cristallines des vieux massifs auvergnats. Divers plans d'eau ont ainsi éclos : pêche, baignades et activités nautiques sont donc au menu et les rafraîchissements garantis ! Les lacs de la « montagne » limousine et le plateau de Millevaches, à la fois poumons verts et châteaux d'eau, ont tout pour attirer les amateurs de randonnées et de repos dès l'été venu, tandis qu'à l'automne, les monts d'Ambazac se parent d'un panel de couleurs chatoyantes, pour le régal des yeux.

Au fil des routes, tout un patrimoine de charme attend le voyageur : des villages parmi les plus beaux de France comme Collonges-la-Rouge ou Turenne, des cités ravissantes telles Beaulieu-sur-Dordogne ou Uzerche, des vestiges féodaux égarés dans le paysage, des chapelles romanes oubliées… le tout ponctué de surprenantes expositions d'art contemporain à Meymac, Rochechouart, etc.

Étape finale avec le trésor de la région, qui fut un temps souterrain, quand l'or blanc du Limousin s'appelait kaolin, du nom de cette argile blanche aussi pure que rare nécessaire à la fabrication de la délicate porcelaine de Limoges…

# LIMOUSIN

*Argentat. – RolfSt/iStock*

## LES ÉVÉNEMENTS À NE PAS MANQUER

- **Fête de la fraise** à Beaulieu-sur-Dordogne (19) : 2e dim. de mai.
- **Concours national des coqs de pêche** à Neuvic (19) : mai.
- **Urbaka** à Limoges (87) : juin ; festival des arts de la rue.
- **Festival national** de Bellac (87) : juil.
- **Théâtrales** à Collonges-la-Rouge (19) : juil.-août.
- **Foire internationale de la céramique** à Argentat (19) : 1er w.-end d'août ; l'une des plus importantes de Corrèze.
- **Les Nuits de nacre** à Tulle (19) : juin.
- **Fête de la châtaigne** à Dournazac (87) : oct.
- **Foire du livre** à Brive-la-Gaillarde (19) : nov.

# Votre séjour en Limousin



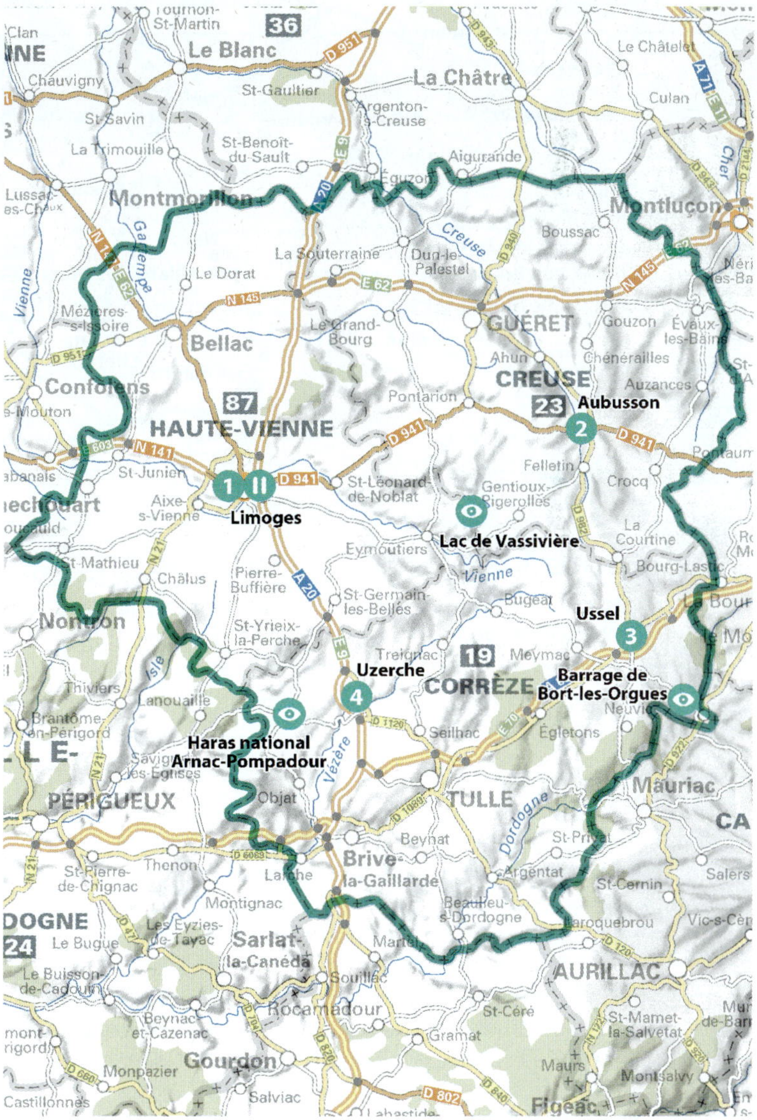


## EN COMPLÉMENT, UTILISEZ...

- Le Guide Vert : Limousin Berry
- Cartes Michelin : Région 522 et Départements 325 et 329

LIMOUSIN - CIRCUIT 1

# Le Limousin au carrefour de l'Histoire

**Longtemps fief anglo-angevin, défendu par de nombreux châteaux forts, le Limousin a été rattaché au domaine royal en 1607. Le bon saint Éloi, ministre du roi Dagobert, fonda son abbaye à Solignac, Richard Cœur de Lion mourut à Châlus et Ahmed Pacha, alias Claude Alexandre de Bonneval, réorganisa l'armée turque. La date la plus tragique est celle du 10 juin 1944, jour où les 642 habitants d'Oradour-sur-Glane furent assassinés par les nazis.**

**DÉPART :** LIMOGES - 6 jours - 210 km

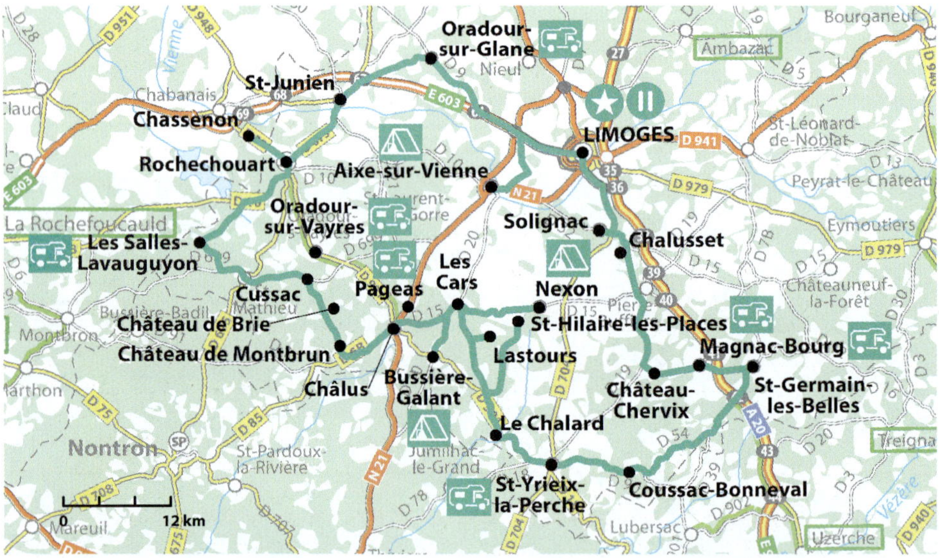


## JOURS 1 ET 2

Ces deux premières journées seront consacrées à la visite de **Limoges** (voir l'encadré p. ci-contre). Au programme : veilles pierres et porcelaine, entre patrimoine bâti et artisanat, de quoi contenter tout le monde...

## JOURS 3

Commencez par vous rendre à **Oradour-sur-Glane**. Le 10 juin 1944, quatre jours après l'annonce du débarquement allié en Normandie, ce village entier - soit 642 personnes - fut anéanti par la division d'élite « Das Reich ». Des pans de murs calcinés, un mémorial, un cimetière où ont été rassemblées les dépouilles des victimes du nazisme composent le « village martyr ». Retraversez la N141 pour rejoindre, au sud, **St-Junien** dont la collégiale renferme le tombeau du saint. Poursuivez vers le sud-ouest pour arriver à **Chassenon** où vous visiterez les thermes gallo-romains. En quittant ce village, vous traversez un insolite paysage lunaire recouvert de végétation. C'est dans ce cratère dû à la chute d'une météorite géante, il y a quelque 200 millions d'années, que furent édifiés **Rochechouart** et son château ! Cette ville sera l'étape du jour.

## JOUR 4

Quittez Rochechouart par la D10 au sud ouest. Faites une halte aux **Salles-Lavauguyon** et allez jeter un coup d'œil aux fresques de l'église. Puis reprenez la route en direction du sud jusqu'à la D699 que vous suivez vers l'est. Après **Cussac**, suivez la D42. Vous voilà transporté en pleine période médiévale au **château de Brie** (15e s.) et un peu plus loin vers le sud, dans celui de **Montbrun** (12e s.). Pour finir, rendez-vous dans la vieille cité de Châlus, située au cœur du Parc naturel régional du Périgord-Limousin.

Ch. Guy/hemis.fr

*Limoges, le pont et la cathédrale St-Étienne.*

## JOUR 5

Commencez par visiter le château de **Châlus**. Richard Cœur de Lion tomba au pied du donjon, foudroyé par une arbalète. La route qui porte son nom vous mène au **château des Cars** et, après avoir traversé la forêt, à celui de **Lastours** qui propose une visite nocturne en été et des grandes fêtes médiévales trois fois par an. Ensuite, continuant vers le sud, faites une promenade dans le village du **Chalard** (intéressante église) avant de vous arrêter pour la soirée à **St-Yrieix-la-Perche**.

## JOUR 6

Visitez la collégiale de St-Yrieix et reprenez votre périple par la D901 à l'est. Depuis **Coussac-Bonneval**, où vous revivrez le destin peu commun d'un Limousin devenu pacha, la route traverse des paysages vallonnés jusqu'à **St-Germain-les-Belles** (agréable plan d'eau). Retraversez l'A20 pour vous rendre à **Château-Chervix** à travers la forêt de Fayat : la route offre de belles vues. Poursuivez sur la D19, au nord, passer devant les ruines du **château de Chalusset** (vous pourrez en faire le tour à pied) avant un nouvel arrêt à **Solignac**, pour finir en beauté devant l'église abbatiale fondée par le bon saint Éloi. Rentrez à Limoges.

ÉTAPE 11

# Limoges

### OFFICE DE TOURISME

12 bd de Fleurus - ✆ 05 55 34 46 87 - www.limoges-tourisme.com.

### STATIONNEMENT

Pas facile de garer son camping-car à Limoges, les parkings étant réservés aux voitures. Tentez votre chance sur la voie publique…

Capitale de la porcelaine et important pôle universitaire, Limoges est une ville à ne pas manquer. Elle possède deux visages : celui de la « Cité épiscopale », groupée autour de sa cathédrale, et celui du « Château », animé et commerçant, construit sur le versant voisin autour de l'abbaye St-Martial. La porcelaine, dont les usines sont à la pointe du progrès, les émaux et les fabriques de chaussures ont largement contribué à son essor industriel. Enfin les musées, rénovés, possèdent de remarquables collections qui dévoilent sans conteste la richesse du passé artistique de Limoges.
Commencez votre visite de Limoges par son centre-ville, où vous pourrez découvrir les vestiges de la **crypte St-Martial**, l'**église St-Michel-des-Lions**, qui abrite un reliquaire en argent doré et cristal taillé, du 13e s., le curieux quartier de la Boucherie et sa **chapelle St-Aurélien**. Midi, les halles décorées d'une frise de porcelaine sont devant vous. Arrêtez-vous dans ce secteur pour y déjeuner (produits frais garantis). Si vous êtes à Limoges, impossible de faire l'impasse sur la porcelaine… Alors, direction le **musée Adrien-Dubouché**. La visite terminée, partez au hasard des rues dénicher la boutique dont la vitrine expose le service de vos rêves… (voir « Les bonnes adresses de bib » p. 291).
Au programme du lendemain, la « **Cité » de Limoges** que vous découvrirez, d'abord dans son ensemble, depuis la rive gauche de la Vienne, en empruntant le pont St-Étienne. Gravissez les escaliers qui mènent aux charmants **jardins de l'Évêché** pour accéder au musée (remarquable collection d'émaux). Ensuite, une visite intérieure et extérieure de la **cathédrale St-Étienne** s'impose. L'après-midi, vous aurez le choix entre l'**aquarium du Limousin** ou l'espace **FRAC**, pour ceux qui préfèrent l'art contemporain.

## Aires de service & de stationnement

### MAGNAC-BOURG

**Aire de Magnac-Bourg**
Au Camping municipal, au centre du bourg - 05 55 00 80 28
De mi mai à mi sept.
Borne artisanale : 2 € (eau + élec.)
- 24h - Gratuit - stat. interdit à côté du Camping, gratuit sur l'aire du Champ de Foire
Services :
Aire agréable et reposante.
GPS : E 1.43354 N 45.61739

### ORADOUR-SUR-GLANE

**Aire d'Oradour-sur-Glane**
Allée du Stade - 05 55 02 14 60
Permanent (mise hors gel sf électricité)
Borne eurorelais 3 € 3 €
30 - Illimité - Gratuit
Paiement : jetons (office de tourisme et mairie)
Services :
GPS : E 1.02514 N 45.93531

### ORADOUR-SUR-VAYRES

**Aire d'Oradour-sur-Vayres**
R. Jean-Giraudoux - 05 55 31 92 92
Permanent (mise hors gel)
Borne artisanale : Gratuit
- Illimité - Gratuit
Services :
GPS : E 0.866 N 45.7326

### PAGEAS

**Aire de Pageas**
N 21, à côté du restaurant Chez Agnès - 05 55 78 41 86 - www.pageas.fr
Permanent
Borne AireService 2 € 2 €
- Illimité - Gratuit
Services :
Aire agréable.
GPS : E 1.00222 N 45.67762

### ST-HILAIRE-LES-PLACES

**Aire du camping Flower l'Air du Lac**
Impasse du Lac Plaisance, à l'entrée du camping du Lac Plaisance - 05 55 58 79 18 - www.campinglairdulac.com
De déb. avr. à fin sept.
Borne artisanale
20 - - Illimité - 20 €/j. - borne compris
Paiement :
Services :
GPS : E 1.16075 N 45.63489

### ST-YRIEIX-LA-PERCHE

**Aire de St-Yrieix-la-Perche**
Parking Jean-Pierre-Fabrègue - 05 55 08 20 72
Permanent
Borne eurorelais 3,50 €
10 - Illimité - Gratuit
Paiement : jetons (office de tourisme, maison de la presse, brasserie le Sporting et boulangerie)
GPS : E 1.20639 N 45.51271

### LES SALLES-LAVAUGUYON

**Aire des Salles-Lavauguyon**
Rte de St-Mathieu, au S.-E. des Salles-Lavauguyon, par la D 33 - 05 55 00 30 681
De déb. avr. à fin oct.
Borne flot bleu 2 €
6 - Illimité - Gratuit - borne compris
Services :
GPS : E 0.70134 N 45.73987

## Campings

### AIXE-SUR-VIENNE

**Municipal les Grèves**
R. Jean-Claude-Papon - 05 55 70 12 98 - www.mairie-aixesurvienne.fr
De déb. juin à fin sept. - 80 empl. -
borne artisanale 6 € (eau + élec.)
Tarif camping : 18,40 €
(15A) - pers. suppl. 5,20 €
Services et loisirs :
Emplacements au bord de la Vienne tout proches du centre-ville.
GPS : E 1.1149 N 45.8069

### BUSSIÈRE-GALANT

**Municipal de l'Espace Hermeline**
Av. du Plan-d'eau - 05 55 78 86 12 - www.espace-hermeline.com
De mi avr. à fin oct. - 23 empl. -
borne eurorelais 2 € (eau + élec.)
Tarif camping : 15 €
(12A) - pers. suppl. 6 €
Services et loisirs :
Sur le site d'une base de loisirs.
GPS : E 1.03086 N 45.61364

### NEXON

**Municipal de la Lande**
Étang de la Lande - 05 55 58 35 44 - www.camping-nexon.fr
Permanent
borne artisanale
Tarif camping : 12 €
(10A) - pers. suppl. 3,50 €
Services et loisirs :
Cadre verdoyant et bien ombragé avec vue sur le lac pour certains emplacements.
GPS : E 1.17997 N 45.67078

# Les bonnes adresses de bib

## BUSSIÈRE-GALANT

**Vélo-rail de Bussière-Galant** – Av. du Plan-d'Eau - Espace Hermeline - 6,5 km au sud-est par D901 - ✆ 05 55 78 86 12 - www.epace-hermeline.com - juil.-août : dép. à 14h et 16h30 (et à 11 h de-mi-juil. à mi-août) ; avr.-juin et sept.-nov. : w.-end, j. fériés et vac. scol. (zone A) tlj sf mar. dép. à 14h et 16h - vélo-rail 28 € (4 pers.), 32 € avec assistance électrique. Circulez en draisine sur 12 km d'anciennes voies de chemin de fer.

## CHÂLUS

✕ **Le Sax'o** – 10 pl. de la Fontaine - ✆ 05 55 78 50 29 - fermé lun. - formules 12/14 €. Cuisine traditionnelle et cadre rustique, mais mobilier contemporain. L'été, on s'installe en terrasse; l'hiver, on se réchauffe près de l'imposante cheminée du 13ᵉ s. Et l'après-midi, on prend le thé...

## LIMOGES

✕ **Le Versailles** – 20 pl. d'Aine - ✆ 05 55 34 13 39 - www.brasserie-le-versailles-limoges.com - fermé 1er mai - formule déj. lun.-sam. 18,50 € - 25/31 €. Avec le palais de justice en toile de fond, cette brasserie haut de gamme fondée en 1932, agrandie d'une mezzanine circulaire, sert des petits plats simples adaptés à l'esprit du lieu, avec un large choix de viandes limousines.

✕ **Le 27** – 27 r. Haute-Vienne - ✆ 05 55 32 27 27 - www.le27.com - fermé dim. et j. fériés - formules déj. en sem. 13,30/16,80 € - menu 27 €. Les cuisiniers officient devant les clients dans la salle aux couleurs chaudes, très contemporaine. Les produits sont choisis en fonction des arrivages au marché et le menu change chaque semaine. Les viandes sont à l'honneur, accompagnées de vins dont les bouteilles s'alignent sur les longues étagères.

**Magasin d'usine Haviland** – ZI Magré, 3 av. du Prés.-John-Kennedy - autoroute A 20, sortie nº 36 - ✆ 05 55 30 21 86 - mar.-sam. 10h-12h30, 13h30-18h - fermé dim.-lun. Les Haviland, originaires d'Amérique, s'installèrent à Limoges en 1842 et produisirent des services prestigieux pour les rois, les reines, et autres sommités. Musée en accès libre. Grand choix de pièces (vaisselle, décoration...) à la boutique.

**Paul Buforn** – 10 pl. de l'Église - ✆ 06 37 25 62 62 - sur RV. Cet artisan émailleur dont le savoir-faire est classé au Patrimoine de l'Unesco, vous expliquera tout sur cette profession, sa tradition et ses techniques. Il propose des stages et procède à des expertises et à la restauration d'émaux anciens.

## NEXON

**Le Sirque - Pôle national du cirque Nexon Limousin** – 6 pl. de l'Église - Château de Nexon - ✆ 05 55 00 73 53 - lesirque.com - 14 € (-12 ans 8 €). Dans l'enceinte du parc du château de Nexon, le Pôle du cirque accueille des créations de compagnies originaires du monde entier, et notamment l'événement phare, La Route du Sirque. Des répétitions publiques gratuites, « Le Hors piste », permettent aux spectateurs d'aller à la rencontre des artistes.

## ST-HILAIRE-LES-PLACES

✕ **Le St-Hilaire** – 1 r. des Places - ✆ 05 55 58 76 95 - www.lerocduboeuf.com - fermé lun. soir, mar. soir-merc. - formule déj. 13,90 € - 20 €. Une cuisine contemporaine, où tout est fait maison. Terrasse aux beaux jours.

# Offices de tourisme

## LIMOGES

Voir p. 289

## MONTS DE CHÂLUS

6, place de l'église - Nexon- ✆ 05 55 58 28 44 - tourisme-nexon-chalus.fr.

## PAYS DE LA MÉTÉORITE

6 r. Victor-Hugo - Rochechouart - ✆ 05 55 03 72 73 - www.poltourisme.fr.

*Gare de Limoges-Bénedictins.*

mick1980/iStock

LIMOUSIN - CIRCUIT 2

# Le plateau de Millevaches

**Selon la légende, les hautes terres du plateau de Millevaches devraient leur nom imagé à une bergère séduite ici par les milles vaches du diable… À moins que l'expression ne signifie tout bonnement « mille sources » (mille batz en langue celte). Quant au nom de montagne limousine, donné aux Millevaches ainsi qu'au plateau des Gentioux, vous le verrez par vous-même : c'est plus en raison de la rigueur du climat que du relief. Le plus haut point culmine en effet à 977 m !**

**DÉPART :** AUBUSSON - 5 jours – 370 km

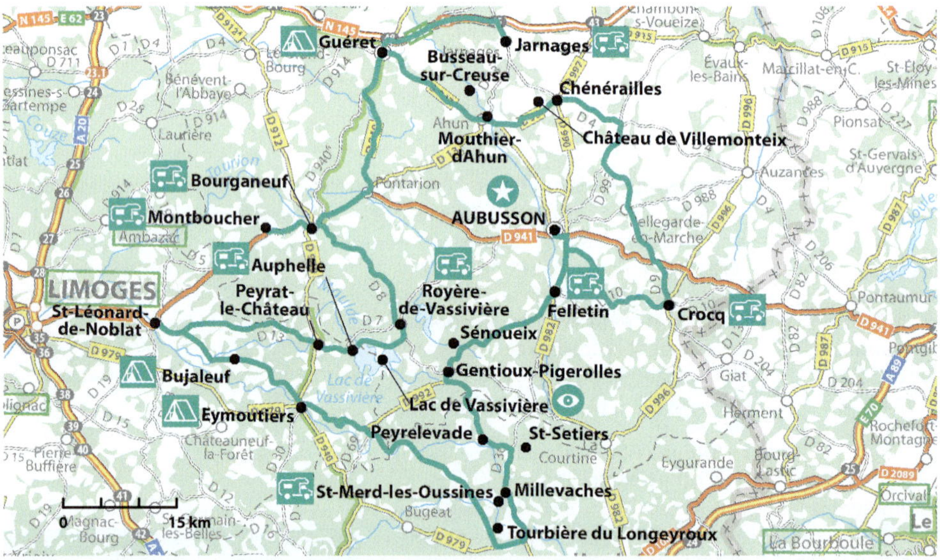


## JOUR 1

La renommée de la tapisserie d'Aubusson ou de Felletin vous incitera à en percer les secrets : parcourez le matin les salles de la Cité internationale de la Tapisserie à **Aubusson**, fraîchement inaugurée, puis découvrez, après le déjeuner, la technique en visitant un atelier et une filature à **Felletin**.

## JOUR 2

Felletin est aussi un point de départ pour la montagne limousine, votre première bouffée d'oxygène. Suivez la D992 au sud-ouest sur 20 km et prenez à droite direction **Sénoueix** pour aller voir le pont romain. Revenez sur vos pas et continuez jusqu'à **Gentioux-Pigerolles**, où vous prendrez la D16 pour atteindre le bucolique site du Rat, invitant à une petite promenade. Un peu plus loin, à Négarioux se trouve une tourbière. Enfin, vous ferez étape dans le joli bourg de **Peyrelevade**. Amoureux des arbres, vous vous rendrez auparavant à l'**arboretum de St-Setiers**.

## JOUR 3

Prenez donc de l'altitude en sillonnant le **plateau de Millevaches**. Le toit du Limousin réserve bien des surprises. Véritable château d'eau - sur ce plateau granitique naissent quantité de rivières (Corrèze, Creuse, Vézère) – c'est aussi un espace encore très préservé. Gagnez **Millevaches** proprement dit, puis l'étang des Oussines (par la D164) ou la surprenante tourbière du **Longeyroux**. Rejoignez **Eymoutiers**, 25 km plus au nord par la D940. Dans cette petite ville, ne manquez pas l'Espace Paul-Rebeyrolle.

E. Chaix/Photononstop

St-Léonard-de-Noblat.

## JOUR 4

Dirigez-vous vers le nord-ouest (D14). Ceux qui veulent en savoir plus sur le pays Monts et Barrages en Limousin (label Pays d'art et d'histoire) s'arrêteront à **Bujaleuf**, les autres fileront vers **St-Léonard-de-Noblat** : sa collégiale, sa porcelaine et ses vaches sont trois bonnes raisons d'y faire une halte. La suite ne réserve pas moins de belles surprises : de St-Léonard-de-Noblat, vous arriverez par la vallée de la Maulde à **Peyrat-le-Château** et au **lac de Vassivière**, où, dans un cadre sauvage superbe, se trouve un centre d'art contemporain original (voir ci-contre). Longez le lac en direction de **Royère**, puis par la D8, rejoignez **Bourganeuf** marqué par le destin du prince Zizim, au 15e s... Vous dirigeant vers Guéret, vous traverserez l'énigmatique forêt de Chabrières, beau massif forestier avec ses loups (arrêtez-vous au parc animalier des Monts de Guéret) et son planétarium. **Guéret** sera l'étape du jour. Prenez le temps d'aller admirer à la Sénatorerie les émaux et les œuvres de peintres qui ont été fascinés avant vous par les paysages creusois.

## JOUR 5

Ce matin, après avoir visité l'église de **Mouthier-d'Ahun**, vous pouvez partir à **Chénérailles** car son l'église vaut aussi le coup d'œil. En cours de route, arrêtez-vous au **château de Villemonteix**, qui renferme notamment de belles tapisseries. Il vous reste un peu de temps devant vous? Alors, avant de regagner Aubusson, allez voir la petite cité médiévale de **Crocq.**

VISITE

# Lac de Vassivière

### INFOS PRATIQUES

Pour y accéder, rejoignez la presqu'île de Pierrefitte en empruntant la route circumlacustre vers le sud (dir. de Beaumont-du-Lac et parking de l'île).

**Centre international d'art et du paysage (CIAP) et parc** : 05 55 69 27 27 - www.ciapiledevassiviere.com - ♿ - juil.-août : 11h-13h, 14h-19h ; reste de l'année : tlj sf lun. 14h-18h - 4 € (-18 ans 2 €).

**Le Bois des sculptures** – 05 55 69 27 27 - www.ciapiledevassiviere.com - juil.-août : 11h-19h ; reste de l'année : tlj sf lun. 14h-18h - gratuit - 3 € (-18 ans 1,50 €).

**Pour atteindre l'île :**

**Bateaux-taxis** – 05 55 69 76 70 - www.lelacdevassiviere.com- juil.-août : tlj ; de déb. à mi-sept. : w.-end, horaires, se rens. aux embarcadères - ils sillonnent le lac au dép. des Pontons : plage d'Auphelles (rive ouest), plage de Broussas (rive sud-est) et port de Masgrangeas (rive nord-est) pour rejoindre l'île de Vassivière.

En contrebas du parking de l'île, sur la presqu'île de Pierrefitte (rive sud), un petit train conduit gratuitement à l'île de Vassivière.

**Restauration**

Pré du Lac, dans le château de l'île de Vassivière.

### STATIONNEMENT

Laissez votre camping-car au parking (pont interdit à la circulation).

Inscrit dans un cadre préservé de collines boisées à 700 m d'altitude, le lac de Vassivière (1000 ha) résulte d'une retenue créée sur la Maulde. Chaque année s'y déroulent d'importantes manifestations nautiques. Mais la vedette du site reste son île. Bien abritée dans la partie ouest du lac, elle associe ses attraits naturels au plaisir d'aborder des œuvres d'art grâce à un aménagement spectaculaire réalisé en 1991.

Le **Centre international d'art et du paysage**, édifié en brique et en granit par l'architecte milanais Aldo Rossi et son homologue français Xavier Fabre, a été conçu en rapport étroit avec la nature. La galerie, grande salle muséale qui se développe sous une voûte de bois évoquant une carène de navire renversée, et le « phare », desservi par un grand escalier hélicoïdal (large panorama sur le lac de la base du lanternon), accueillent exclusivement des expositions d'art contemporain qui mettent en relation l'art et le paysage. Prolongement indispensable du Centre, le **parc des sculptures** met en scène, à travers le bois situé à l'arrière, une soixantaine d'œuvres, certaines créées *in situ* telles celles d'Andy Goldsworthy, Bernd Lohaus, Michelangelo Pistoletto.

## Aires de service & de stationnement

### AUPHELLE

**Aire d'Auphelle**
Rte du Barrage (D 233) - 05 55 35 60 81 - www.campings-vassiviere.com
De fin avr. à mi sept.
Borne Urbaflux : 2,50 € (eau + élec.)
- Illimité - 3 €/j.
Services :
Au bord du lac de Vassivière.
GPS : E 1.84329 N 45.80567

### BOURGANEUF

**Aire de Bourganeuf**
Pl. du Champ-de-Foire, entre la Poste et le Trésor public, accès par D 912 - 05 55 64 12 20
Permanent (accès difficile merc. matin - marché) -
Borne eurorelais : Gratuit
10 - 48h - Gratuit
Services :
Proche du centre-ville.
GPS : E 1.75734 N 45.95483

### CROCQ

**Aire du Crocq**
Rte de la Bourboule, à côté du stade - 05 55 67 40 32
De mi avr. à mi nov. (mise hors gel)
Borne eurorelais : 3 € (eau + élec.)
Paiement : jetons (mairie ; en été, un conseiller municipal passe tous les soirs.
Services :
GPS : E 2.38 N 45.858

### FELLETIN

**Aire de Felletin**
Av. Joffre, parking Reby-Lagrange - 05 55 66 51 11 - www.felletin.fr
Permanent (mise hors gel)
Borne eurorelais : Gratuit
50 - Illimité - Gratuit
Services :
Aire agréable.
GPS : E 2.17474 N 45.88252

### JARNAGES

**Aire de Jarnages**
Rte de Pionnat, À la poste, prendre la direction du plan d'eau, par la D 65, près des courts de tennis - 05 55 80 90 46
Permanent -
Borne eurorelais : 2 € (eau + élec.)
20 - Illimité - Gratuit
Services :
Au bord du plan d'eau.
GPS : E 2.08126 N 46.18417

### MONTBOUCHER

**Aire de Montboucher**
Pl. Maurice-Chaumeil, au centre du bourg, près de la mairie et des tennis - 05 55 64 12 87
Permanent
Borne artisanale : Gratuit
8 - 24h - Gratuit
Services :
Aire très agréable.
GPS : E 1.6804 N 45.95147

### ROYÈRE-DE-VASSIVIÈRE

**Aire de Royère-de-Vassivière**
Pl. du Dr-Ferrand, face à la supérette Proxi, par la D 83 - 05 55 64 71 06
Permanent (fermé mardi matin pour marché)
Borne eurorelais : Gratuit
5 - Illimité - Gratuit
Services :
GPS : E 1.91121 N 45.84004

### ST-MERD-LES-OUSSINES

**Aire de St-Merd-les-Oussines**
D 109 - 05 55 95 57 65
Permanent
Borne eurorelais 0 €
15 - Illimité - 3 €/j. - services compris
Paiement : jetons (Auberge du Mt-Chauvet)
Services :
GPS : E 2.0355 N 45.64167

## Campings

### BUJALEUF

**Lac de Bujaleuf**
Rte de La Plage - 06 25 33 62 33 - www.campingbujaleuf.com
De fin avr. à fin sept. -
Tarif camping : 16,50 €
(10A) - pers. suppl. 3,50 €
Services et loisirs :
Grandes terrasses qui dominent le lac.
GPS : E 1.6297 N 45.80166

### EYMOUTIERS

**Municipal**
St-Pierre Château - 05 55 69 27 81 - www.tourisme-portesdevassiviere.fr
De déb. juin à fin sept. -
Tarif camping : 9,50 €
(16A) - pers. suppl. 2 €
Petit terrain en position dominante, tout simple sans aucun service.
GPS : E 1.75296 N 45.73161

### GUÉRET

**Courtille**
Rte de Courtille - 05 55 81 92 24 - www.camping-courtille.com
De déb. avr. à fin oct. - 70 empl. -
Tarif camping : 3,50 € 3 € 8 €
(10A) 3,50 €
Services et loisirs :
Cadre verdoyant et boisé au bord d'un joli plan d'eau et sa base de loisirs.
GPS : E 1.85823 N 46.16093

## Les bonnes adresses de bib

**AUBUSSON**

**À La Terrade** – R. Alfred-Assolant - 05 55 67 72 20 - www.alaterrade.fr - fermé Noël et dim. soir-lun. - 32/44 €. Les propriétaires des Maisons du Pont ont ouvert ce restaurant gastronomique dans le quartier ancien de la Terrade. Vous pourrez y dîner en terrasse au bord de la Creuse. Site agréable et assiette de qualité. Choix de produits locaux.

**Boutique de l'Office de tourisme** – 63 r. Vieille - 05 55 66 32 12 - 10h-13h, 14h-18h (et dim. en été 10h-13h). La boutique de l'office de tourisme d'Aubusson propose des tapisseries mais aussi des créations originales issues d'ateliers d'artisans d'art creusois, sans oublier des produits du terroir : chocolats, conserves, miel, confitures, bières, etc.

**AUPHELLE**

**L'Escale** – Rte circumlacustre - 05 55 69 41 35 - www.escale-vassiviere.com - de mi-fév. à mi-déc. Les patrons de ce bar-restaurant organisent en juil.-août des croisières d'une heure (8 €; -10 ans 5,50 €) sur le lac de Vassivière. Vous pourrez aussi, selon les périodes, déjeuner (menu 21,50 €) ou prendre un verre à la brasserie avec vue sur le lac. Terrasse aux beaux jours.

**Lac de Vassivière** – 05 55 69 76 70 - www.lelacdevassiviere.com. Nombreuses activités sportives et de plein air (baignade, kayak, voile, ski nautique, VTT, etc.) et animations. L'agenda et l'application Vassivière (téléchargeables sur le site Internet) les répertorient toutes.

**BUSSEAU-SUR-CREUSE**

**Le Viaduc** – 9 Busseau-Gare - 05 55 62 57 20 - www.restaurant-leviaduc.com - ♿ - fermé dim. soir, lun., jeu. soir - formule déj. sem. 13,50 € - 24/46 €. La salle à manger rustique et la terrasse offrent une belle vue sur un viaduc de 1863 qui enjambe la Creuse. Cuisine traditionnelle actualisée à base de bons produits.

**CHÉNÉRAILLES**

**Le Coq d'Or** – 7 pl. du Champ-de-Foire - 05 55 62 30 83 - www.restaurant-coqdor-23.com - fermé fin juin., fin sept., 3 sem. en janv., dim. soir-lun., mar. soir et merc. soir - formule déj. sem. 16,50 € - 26/56 €. Décor soigné et coloré pour cet établissement où le restaurateur concocte une cuisine goûteuse et réputée : ris de veau, pièce de bœuf limousine, foie gras de canard poêlé... Accueil aimable.

**GUÉRET**

**Villechalane-Sionneau** – 1 pl. Bonnyaud - 05 55 52 53 31 - www.villechalane-sionneau-patisserie-gueret.fr - tlj sf lun. 6h45-19h15, dim. 7h-12h30 - fermé 3 sem. en juil. Vous trouverez chez ce boulanger-pâtissier-chocolatier les spécialités locales comme le creusois, un gâteau à base de noisettes, et du pain cuit au feu de bois.

**Le Coq en Pâte** – 2 r. de Pommeil - 05 55 41 43 43 - www.restaurant-lecoqenpate.com - ♿ - fermé dim. soir et lun. soir - 19 € (déj.) - 28/62 €. Dans cette maison bourgeoise du 19e s. ou, aux beaux jours, installé sur la terrasse, on savoure une cuisine actuelle généreuse et soignée, entre terre, région limousine oblige, et mer – le chef est d'origine bretonne.

## Offices de tourisme

**AUBUSSON**

63 r. Vieille - 05 55 66 32 12 - www.tourismecreuse.com/aubusson-felletin.

**EYMOUTIERS**

17 av. de la Paix - 05 55 69 27 81 - tourisme-portesdevassiviere.fr.

**MONTS DE GUÉRET**

1 r. Eugène-France - Guéret - 05 55 52 14 29 - www.gueret-tourisme.fr.

*Le petit port de plaisance de Broussas sur le lac de Vassivière.*

H. Lenain/hemis.fr

# Au fil de la Dordogne

**Au fil de la Dordogne s'alignent des maisons à balcon, aux toits pentus, couverts de lauzes et d'élégantes demeures à tourelles et à poivrières. Au fil de la Dordogne, glissent encore quelques gabares, chargées de troncs de chênes ou de tuteurs en châtaignier. Au fil de la Dordogne, les lacs succèdent aux gorges étroites. Et de fil en aiguille, d'une rivière à l'autre, le massif des Monédières se traverse, tranquille montagne limousine, splendide fenêtre ouverte sur les reliefs de l'Auvergne.**

**DÉPART :** USSEL - 5 jours – 345 km

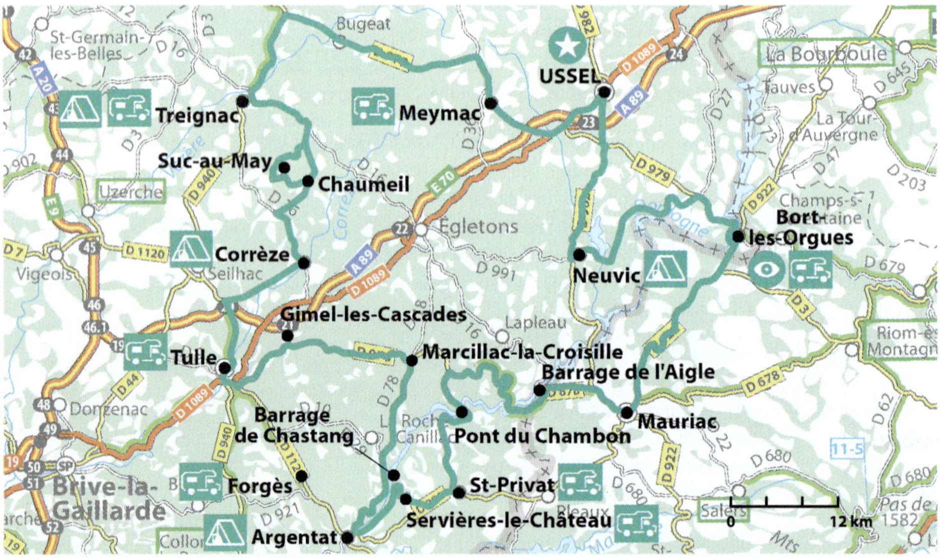


## JOUR 1

Un petit tour avec les enfants au musée du pays d'**Ussel** pour tout connaître sur le pays, puis quittez la ville au sud par l'agréable D991 pour gagner **Neuvic**. Cette petite ville connue des estivants pour son lac et sa plage peut inspirer une étape, à moins que vous ne lui préfériez **Bort-les-Orgues** où vous attend un bel ouvrage d'art : le barrage (voir l'encadré p. ci-contre). Vous atteindrez cette autre « station » estivale par une route (D20) jalonnée de belvédères (puy de Manzagol, site de St-Nazaire, Marèges et bien d'autres). La route suit la Dordogne, et mène aux spectaculaires **orgues de Bort**. Pourquoi ne pas embarquer pour une promenade en vedette sur le lac de Bort ?

## JOUR 2

Quittez Bort au sud par la D922, perdant de vue la Dordogne le temps d'une incursion dans le Cantal, à **Mauriac,** avant des retrouvailles majestueuses au monumental **barrage de l'Aigle** (suivez la D105). Rendez-vous ensuite, via Auriac, au joli **site du pont du Chambon** et arrêtez-vous un peu plus loin au **barrage de Chastang**. Votre parcours envoûtant au fil des gorges de la Dordogne finit sur les quais d'**Argentat**, où venaient mouiller les gabares, ces larges barques à fond plat.

## JOUR 3

Sortez d'Argentat par la D18 pour atteindre **Marcillac-la-Croisille** à 26 km au nord. Promenez-vous autour du lac (base de loisirs pour une pause détente) avant d'aller visiter le château de Sédières, à l'ouest de Marcillac par la D978 et D135$^{e}$. Enfin, faites un tour aux **cascades de Gimel**. Étranglée dans une gorge sauvage, la Montane se fraie un chemin au milieu des rochers et se précipite d'une hauteur de 143 m ! La Corrèze a son Niagara... Revenez sur la D978 et poursuivez vers l'ouest pour vous poser à **Tulle** où s'achèvera votre journée.

Ch. Guy/hemis.fr/Getty Images

*Le village d'Argentat.*

## JOUR 4

Direction le vieux bourg de **Corrèze** (à une vingtaine de kilomètres au nord par la D23), pour vous attaquer à la traversée des Monédières. Vous découvrirez ce massif, bastion méridional de la montagne limousine, au fil d'un itinéraire qui débute dans le coquet petit village de **Chaumeil** (quittez Corrèze au nord par la D26, puis prenez la D32 au Tourondel). Capitale des Monédières, Chaumeil vous offrira ses maisons d'ardoises à toit de granit ou de lauzes, et ses produits régionaux (à la Maison des Monédières). La D121, à l'est, d'abord puis la D128, vers le nord, vous entraînent de cirque (Freysselines) en puy (Chauzeix) au **Suc-au-May**. La route serpente jusqu'à Lestards et quitte définitivement les Monédières à **Treignac** où vous ferez étape.

## JOUR 5

Blotti au pied du massif des Monédières, Treignac est l'un des plus beaux villages de France. Attardez-vous ! Rejoignez ensuite **Meymac**. La route contourne le mont Bessou, le point le plus élevé du plateau de Millevaches. À Meymac, vous déambulerez dans d'agréables rues anciennes : vos pas vous conduiront vers le cloître qui abrite désormais un centre d'art contemporain. Enfin, vous pourrez aller vous détendre au lac de Sechemailles (aménagé pour les loisirs) avant de revenir à Ussel.

VISITE

# Barrage de Bort-les-Orgues

### INFOS PRATIQUES

**Espace EDF** – ✆ 05 34 39 88 70 - juil.-août : 10h-12h30, 14h-18h30 ; reste de l'année : se rens. - gratuit - photos et sac à dos interdits.
**Vedettes panoramiques** – Lanobre - ✆ 05 55 46 21 67 - vedettes-panoramiques.fr - ✆ 06 82 01 99 56 - circuit château de Val/remontée gorges de la Dordogne (1h15) ou circuit château de Val/barrage (1h15) - avr.-sept. - horaires, se rens. - 12,50 € (-14 ans 8 €).

### STATIONNEMENT & SERVICES

**Parking**
Le stationnement près du château de Val, au barrage de Bort, n'est toléré que sur le parking situé au dessus de la capitainerie.

**Aire de Bort-les-Orgues**
Pl. de la Font-Grande, en centre-ville, le long de la Dordogne - ✆ 05 55 46 17 60
Permanent (mise hors gel) -
Borne AireService : Gratuit
6 P - Illimité - Gratuit
Services : WC
Lieu très agréable.
GPS : E 2.4971 N 45.39913

De la route de crête du barrage, qui s'étire sur 390 m, on découvre, côté amont, le lac de retenue et, vers l'aval, l'usine principale et l'évacuateur de crues. Par sa masse considérable, le barrage de Bort, mis en eau en 1952, est la pièce maîtresse de l'aménagement hydroélectrique de la Dordogne. Sa retenue de 477 millions de $m^3$ est longue de 18 km. Si son activité principale est la production d'électricité, il sert également à réguler le cours de la Dordogne.
Plusieurs bases nautiques ont été aménagées le long du lac de barrage : à Val, la Siauve et Beaulieu (Cantal), Singles (Puy-de-Dôme), Aubazine et Outre Val (Corrèze).
Au pied du barrage, l'**Espace EDF** évoque les différents moyens de produire de l'électricité, les économies d'énergie et la protection de l'environnement. Un autre moyen d'approcher le barrage est de faire une croisière commentée (1h) sur la Dordogne avec les **Vedettes panoramiques**.

## Aires de service & de stationnement

### BORT-LES-ORGUES

Voir p. précédente

### FORGÈS

**Aire Camping-Car Park de Forgès**
10 r. Pierre-et-Marie-Curie, au bourg - 01 83 64 69 21
Permanent
Borne AireService : 5,50 € (eau + élec.)
33 - Illimité - 9,24 €/j. - borne compris
Paiement : CC
Services :
GPS : E 1.8709 N 45.15376

### MEYMAC

**Aire de Meymac**
Bd de la Garenne, D 30, à l'extérieur du camping municipal de la Garenne - 05 55 95 22 80
De déb. mai à fin sept. (mise hors gel)
Borne AireService : Gratuit
30 - 72h - Gratuit
Services : WC
À proximité de la plage du lac.
GPS : E 2.1533 N 45.5393

### ST-PRIVAT

**Aire de St-Privat**
R. des Chanaux, près du centre de secours - 05 55 28 28 77
Permanent -
Borne AireService : Gratuit
10 - Illimité - Gratuit
Services : WC
Cadre verdoyant, plat sur jolie pelouse.
GPS : E 2.09776 N 45.14037

### SERVIÈRES-LE-CHÂTEAU

**Aire du Lac de Feyt**
Centre touristique du lac-de-Feyt, D 75, puis prendre la voie qui mène au camping municipal du lac de Feyt - 05 55 28 25 42 - www.domainedulacdefeyt.com
De déb. avr. à fin oct.
Borne eurorelais 2 €
8 - Illimité - 5 €/j. - dans le camping
Services :
Au bord du lac de Feyt.
GPS : E 2.03665 N 45.14415

### TREIGNAC

**Aire de Treignac**
D 940, parking des Rivières, entre le lac des Bariousses et le village, au bord de la Vézère, à 1,5 km du centre-ville - 05 55 98 00 49
Permanent (mise hors gel) -
Borne artisanale : 5 € (eau + élec.)
- 72h - 3 €/j.
Paiement : CC
Services : WC
Tout près de la Vézère, plat, herbeux avec quelques emplacements ombragés.
GPS : E 1.80056 N 45.54528

### TULLE

**Aire de Tulle**
Av. du Lieut.-Col.-Faro, station-service du centre commercial Citéa - 05 55 26 64 63
Permanent
Borne eurorelais 0 € 0 €
6 - Illimité - 8 €/j.
Paiement : CC
Services :
GPS : E 1.77379 N 45.27409

## Campings

### ARGENTAT

**Le Vaurette**
Vaurette - 05 55 28 09 67 - www.vaurette.com - De déb. mai à mi-sept. - 120 empl. -
Tarif camping : 33,40 € (6A) - pers. suppl. 6,50 €
Services et loisirs :
Le long de la rivière avec des emplacements les pieds dans l'eau.
GPS : E 1.8825 N 45.04568

### CORRÈZE

**Municipal la Chapelle**
La Chapelle - 05 55 21 25 21 - www.mairie-correze.fr
De déb. juin à fin sept. -
borne artisanale
Tarif camping : 2,70 € 1,40 € 2,50 € (16A) 2,50 €
Services et loisirs :
Traversé par une petite route, au bord de la Corrèze.
GPS : E 1.8798 N 45.37191

### NEUVIC

**Municipal du Lac**
Rte de la Plage - 05 55 96 70 69 - camping.neuvic-correze.net
De déb. avr. à fin oct. - 60 empl. -
borne artisanale
Tarif camping 2020 : 8 € - pers. suppl. 1,50 €
Services et loisirs :
Vue sur le lac pour quelques emplacements.
GPS : E 2.29207 N 45.3841

### TREIGNAC

**Flower La Plage**
Au Lac des Barriousses - 05 55 98 08 54 - www.camping-correze.com
De déb. avr. à fin sept. - 81 empl.
borne flot bleu
Tarif camping : 24 € (6A)
Services et loisirs :
En terrasses dominant le lac mais aussi la route.
GPS : E 1.81373 N 45.55992

## Les bonnes adresses de bib

### ARGENTAT

🍴 **St-Jacques** – 39 av. Foch - ✆ 05 55 28 89 87 - www.lesaintjacques-argentat.com - fermé lun. (et dim. soir d'oct. à juin) - 20 € (déj.) - 36/68 €. Patrick Ceaux a repris d'une main de maître cet établissement où il propose des plats à base de produits du terroir. Corrézien d'origine, il a acquis une riche expérience dans des établissements prestigieux. Carte actualisée en fonction des saisons. Cuisine créative et raffinée.

**Promenade en gabare** – www.tourismecorreze.com - mai-oct. sur réserv. - 2 points d'embarquement : Spontour (✆ 05 55 95 88 78) ; Argentat (barrage du Sablier) et Beaulieu-sur-Dordogne (✆ 05 55 91 09 94) : 7,50 €. Pour revivre un pan de l'histoire et de l'aventure des gabares.

### CHAUMEIL

**Ferme de la Monédière** – La Monédière - 17 km au sud-est par D16 et D32 - ✆ 06 63 85 20 48 - 10h-18h. La myrtille sous toutes ses formes ! En saison, myrtilles fraîches, tartes aux myrtilles à emporter et goûter à la ferme. Un sentier pédestre balisé (1h) permet de découvrir la flore des Monédières.

### MAURIAC

🍴 **L'Écu de France** – 6 av. Charles-Perié - ✆ 04 71 68 00 75 - www.ecudefrance-mauriac.com - 14 € (déj.) - 26/32 €. Cet hôtel-restaurant fait la part belle aux spécialités régionales et draine aussi bien une clientèle d'habitués que de passage.

### MEYMAC

🍴 **Chez Françoise** – 24 r. Fontaine-du-Rat - ✆ 05 55 95 10 63 - fermé 24 déc.-1er fév., dim. soir et lun. - 14 € (déj.), 29/35 €. Goûtez aux spécialités corréziennes telles que la farce dure et les tourtous, dans cette maison rustique du 16e s. flanquée d'une tour. Vente de produits régionaux.

### SERVIÈRES-LE-CHÂTEAU

🍴 **Les Contes de Bruyère** – 1 r. des Nauges - ✆ 05 55 28 09 50 - 15 € (déj.) - 25/49 €. La cheffe Martina Kömpel, qui a officié chez les plus grands, venait en Corrèze en vacances. Un jour, elle a décidé de s'y installer, pour le plus grand bonheur de ceux qui ont goûté à sa cuisine inventive à souhait, à base de produits du terroir.

### TULLE

🍴 **Les 7** – 32 quai Baluze - ✆ 05 44 40 94 89 - restaurant-les7.fr - ♿ - fermé dim. soir-lun. et merc. soir - formule déj. en sem. 21 € - 34 €. Le nom de cet établissement évoque les sept collines qui surplombent la ville et les dates de naissance des propriétaires, nés en juillet. Le jeune chef Cyrill Auboiroux, formé chez Alain Ducasse, élabore une cuisine soignée, avec une carte renouvelée chaque mois. Produits de saison, excellent rapport qualité-prix.

**Le Renouveau du Poinct de Tulle** – 2 pl. Émile-Zola - ✆ 05 55 21 46 08 - lepoinctdetulle.com - juin-sept. : lun.-merc. et sam. 14h30-17h30. Créations de l'atelier de l'association Diffusion et renouveau du poinct de Tulle. Visite de l'atelier.

### USSEL

**Station Sports Nature Haute-Corrèze** – 18 av. Turgot - Château de la Diège - ✆ 06 24 12 85 72 - www.sportsnaturehautecorreze.com. Une myriade d'activités de plein air : canoë-kayak, tir à l'arc, VTT, escalade, course d'orientation, Accrobranche, randonnée pédestre... Sports accompagnés, location de VTT et de canoë-kayak, rens. sur le site.

## Offices de tourisme

### BORT-LES-ORGUES

Pl. Marmontel - ✆ 05 19 60 00 30 - www.tourisme-hautecorreze.fr.

### MEYMAC

1 pl. de l'Hôtel-de-Ville - ✆ 05 19 60 00 30 - www.tourisme-hautecorreze.fr.

### USSEL

Pl. Voltaire - ✆ 05 19 60 00 30 - www.tourisme-hautecorreze.fr.

*Dans le Parc naturel régional de Millevaches-en-Limousin.*

*Ch. Guy/hemis.fr*

LIMOUSIN-CIRCUIT 4

# Au cœur de la Corrèze

**Il y a deux Corrèze : la « Haute-Corrèze » à l'architecture un peu austère et la « Corrèze méridionale », plus riante, qui touche aux causses du Quercy et flirte avec le Périgord. Cette balade vous conduira de l'un à l'autre pays, articulé autour de Brive-la-Gaillarde, au centre d'un riche et lumineux bassin agricole qui vous mettra l'eau à la bouche.**

**DÉPART :** UZERCHE - 5 jours – 250 km

## JOUR 1

« Qui a maison à Uzerche possède château en Limousin », voilà un dicton qui dit assez qu'**Uzerche** affiche une certaine noblesse, bien campée au-dessus des eaux de la Vézère avec ses hautes toitures d'ardoise, ses tourelles et clochetons. Les amateurs de vieilles maisons seront comblés. Quittez Uzerche par le nord (D920) et à **Montfumat** prenez la D902 vers l'ouest. Faites une halte à **Lubersac** dont l'église conserve des chapiteaux historiés, avant de vous rendre à **Ségur-le-Château**, charmant village niché dans une gorge creusée par l'Auvezère et couronné par les ruines d'un château fort. Ralliez ensuite **Arnac-Pompadour**, la cité du cheval (voir l'encadré p. ci-contre).

## JOUR 2

Revenez par la D7 dans la vallée de la Vézère à **Vigeois**. Remarquez un vieux pont roman (base de loisirs du lac de Pontcharal, au sud-est). De là, par les petites routes, descendez la vallée (D7 puis D9) par le site de la Roche (panorama) et le petit village du **Saillant** qui occupe une position agréable au débouché des gorges. Là, vous pourrez admirer des vitraux de Chagall dans la chapelle. Par **Allassac**, gagnez **Donzenac** et les proches carrières d'ardoise : les pans de Travassac, une visite très intéressante.

## JOUR 3

Imprégnez-vous de l'ambiance qui règne à **Brive-la-Gaillarde**, animée par ses fameux marchés les mardis, jeudis et samedis. Un petit tour dans les ruelles qui rayonnent autour de la collégiale St-Martin, la tour des Échevins et l'hôtel de Labenche et vous voilà prêt à visiter la distillerie Denoix qui élabore liqueurs et apéritifs depuis 1839. L'après-midi, sortez à l'est par la D1089 pour visiter **Aubazine** et son abbaye avec un monastère masculin et un féminin reliés par un Chemin des moines très agréable (1,5 km). Montez ensuite au Puy de Pauliac et finissez la journée autour du lac du Coiroux.

## JOUR 4

Revenez sur Brive et au sud de la ville prenez la D38 puis la D8 pour rejoindre la vieille cité de **Turenne**, magnifique village moyenâgeux dominé par une forteresse préservant deux tours. Par Turenne-Gare, la D19 vous conduira ensuite à **Collonges-la-Rouge**,

D. Delimont/Getty Images

*Les rues de Collonges-la-Rouge.*

entièrement bâtie de grès rouge et où naquit l'association des « Plus Beaux Villages de France ». Un peu plus au sud, **Meyssac** n'a rien à lui envier et accueille des foires très prisées les 2e et 4e vendredis de chaque mois. Enfin finissez la journée en gagnant (D38 puis D15) l'exceptionnel village médiéval de **Curemonte** qui compte trois châteaux et autant d'églises.

## JOUR 5

De Curemonte, descendez sur la vallée de la Dordogne à **Beaulieu-sur-Dordogne**, étape agréable dans cette ville surnommée la « Riviera limousine » en raison de son climat tempéré. Visitez son église abbatiale de style roman (le porche en particulier) et, au bord de la rivière, la chapelle des pénitents. Par la rive gauche de la Dordogne (nombreuses haltes possibles), remontez ensuite sur **Argentat** qui fut longtemps un important port fluvial. Pour terminer cette balade, gagnez les **tours de Merle** dans un cadre boisé. Chaque tour appartenant jadis à un seigneur différent et ils furent sept à se partager cette forteresse.

VISITE

# Haras national Arnac-Pompadour

### INFOS PRATIQUES

05 55 98 99 27 - chateau-pompadour.fr - visite libre tte l'année - possibilité de visite guidée (1h) de déb. juil. à mi-sept. : 10h-18h ; de déb. avr. à déb. juil. et de mi-sept. à fin oct. : tlj sf lun. 11h-18h - 9,50 € (-14 ans 7 €).

### STATIONNEMENT & SERVICES

**Parking conseillé**
Parking, près de l'office du tourisme, sur la D901, gratuit.
L'aire la plus proche est à **Concèze**, à quelques km au sud d'Arnac :

**À Concèze : Les vergers de Leycuras**
Leycuras - 06 74 56 11 57 - www.giteferme.fr
Permanent (hors sais., prévenir par tél.)
Borne artisanale : Gratuit
5 P - 48h - Gratuit
Services :
Réseau France Passion.
GPS : E 1.34133 N 45.38432

Dès 1751, Mme de Pompadour avait créé un haras privé à Arnac-Pompadour en faisant venir des chevaux de Paris. Dix ans plus tard, Louis XV y établit un haras royal qui sera florissant jusqu'à la Révolution, époque à laquelle il est démantelé et les chevaux vendus aux enchères. Rétabli par Napoléon Ier en 1795, le haras devient national en 1872, et poursuit depuis sa mission d'amélioration de la race chevaline.
L'immense domaine de Pompadour dispose de différentes infrastructures : anciennes écuries modifiées en stade équestre, orangerie transformée par Napoléon Ier en écurie, petites écuries de la Marquise aménagées en box pédagogiques, forge, manège, hippodrome... Dans la cour d'honneur se déroulent des concours de dressage. L'élégant terrain en herbe du Puy Marmont (25 ha), réservé à des manifestations de prestige (courses de plat et surtout d'obstacles), se prête particulièrement bien aux parcours de cross.
Le domaine de Pompadour se compose par ailleurs de l'exploitation de Chignac (80 ha), sur la route de Lubersac, à la périphérie de Pompadour, qui accueille les poulains et pouliches nés au haras national.

## Aires de service & de stationnement

### ALLASSAC

**Aire Camping-Car Park d'Allassac**
Garavet Rives de Vézère -
05 55 84 92 38 - Permanent
Borne AireService : 5 € (eau + élec.)
15 - Illimité - 10 €/j. - borne compris - Paiement :
Services :
GPS : E 1.47353 N 45.25902

### BEAULIEU-SUR-DORDOGNE

**Aire de Beaulieu-sur-Dordogne**
R. Gontrand-Royer -
05 55 91 11 31 - Permanent
Borne flot bleu 2 € 2 €
30 - Illimité - 6 €/j. - Paiement :
Services :
GPS : E 1.84076 N 44.97602

### BRIVE-LA-GAILLARDE

**Aire de Brive-La-Gaillarde**
R. des 3-Provinces -
05 55 92 39 39 - Permanent
Borne flot bleu 3 €
12 - Illimité - 9,40 €/j.
Paiement : - jetons
Services :
GPS : E 1.54179 N 5.1649

### COLLONGES-LA-ROUGE

**Aire de Collonges-la-Rouge**
Parking Le Marchadial -
06 89 18 21 76 -
Permanent (mise hors gel)
Borne artisanale : Gratuit
40 - 72h - 8 €/j. - paiement au passage du régisseur
Services :
GPS : E 1.65885 N 45.05843

### CONCÈZE

Voir p. précédente

### DAMPNIAT

**Aire de Dampniat**
Parking du complexe sportif -
05 55 25 70 21 - Permanent -
Borne eurorelais : gratuit
- 72h - Gratuit
GPS : E 1.6374 N 45.1625

### DONZENAC

**Aire Camping-Car Park de Donzenac**
Face au camping municipal La Rivière -
01 83 64 69 21 - Permanent
Borne eurorelais : 5,50 € (eau + élec.)
32 - Illimité - 11,88 €/j. - borne compris - Paiement :
Services :
GPS : E 1.3106 N 45.1308

### FORGÈS

Voir circuit précédent

### LANTEUIL

**La ferme de Brossard**
Brossard - 06 81 96 13 38
De déb. mars à fin nov.
Borne artisanale 2 € 1 €
5 - 48h - 5 €/j. - Services :
GPS : E 1.62564 N 45.124

### OBJAT

**Aire d'Objat**
Av. Jules-Ferry - 05 55 25 81 63
Permanent
Borne eurorelais 2 €
26 - Illimité - 9,75 €/j.
Paiement : - jetons
Services :
GPS : E 1.41147 N 45.2711

### UZERCHE

**Aire d'Uzerche**
R. Paul-Langevin - 05 55 73 17 00
Permanent (fermé 10-13 juil.)
Borne flot bleu 2 € 2 €
35 - Illimité - Gratuit
Paiement : - jetons
Services :
GPS : E 1.56631 N 45.42463

### VIGEOIS

**Aire de Vigeois**
Rte de Brive - 05 55 98 91 93
De déb. avr. à fin sept.
Borne eurorelais 3 € 3 €
10 - 24h - Gratuit
Paiement : jetons (camping et mairie)
Services :
GPS : E 1.53392 N 45.36717

## Campings

### ARGENTAT

**Club Airotel Au Soleil d'Oc**
À Monceaux-sur-Dordogne -
05 55 28 84 84 -
www.campingsoleildoc.com
De fin avr. à mi nov. - 120 empl. -
borne artisanale
Tarif camping : 38 €
(10A) - pers. suppl. 6,90 €
Services et loisirs :
Emplacements très ombragés, au bord de la rivière pour certains.
GPS : E 1.91836 N 45.07618

### BEAULIEU-SUR-DORDOGNE

**Huttopia Beaulieu-sur-Dordogne**
Bd Rodolphe-de-Turenne -
05 55 91 02 65 - www.huttopia.com
De mi avr. à fin sept. - 162 empl. -
borne artisanale -
21,15 €
Tarif camping : 44 €
(10A) - pers. suppl. 8,30 €
Services et loisirs :
Cadre et situation pittoresques sur une île de la Dordogne.
GPS : E 1.84049 N 44.97968

### DONZÉNAC

**La Rivière**
Rte d'Ussac - 06 82 92 67 65 -
campinglariviere.jimdo.com
De déb. mars à fin oct. - 60 empl.
borne eurorelais 5 € (eau + élec.) - 16 €
Tarif camping : 6 € 6 €
(10A) 5 €
Services et loisirs :
Agréable pelouse ombragée entre un petit ruisseau et les installations sportives municipales.
GPS : E 1.52149 N 45.21761

# Les bonnes adresses de bib

## AUBAZINE

**Hôtel-restaurant St-Étienne** – Av. Brugeilles - 05 55 25 71 01 - www.le-saint-etienne.com - fermé déc.-fév. - 17/29 €. On ne peut pas manquer cette jolie bâtisse en pierre de pays, avec sa tour dominant la place du village. La grande salle à manger, aux meubles anciens et aux deux imposantes cheminées, offre une place de choix aux repas si le temps ne permet pas de manger en terrasse. On déguste une cuisine à base de produits du terroir.

## BRIVE-LA-GAILLARDE

**Chez Francis** – 61 av. de Paris - 05 55 74 41 72 - www.chezfrancis.fr - fermé dim.-lun. - 19/29 €. Réclames rétro et dédicaces laissées par les clients décorent ce sympathique restaurant aux allures de bistrot parisien. Cuisine traditionnelle revisitée au fil des saisons, carte volontairement courte ; vins du Languedoc.

## COLLONGES-LA-ROUGE

**Le Cantou** – R. de la Barrière - 05 55 84 25 15 - www.lecantou.fr - - fermé janv. et le soir sf juil.-août - 19/24 €. Sur l'agréable terrasse ombragée ou dans la salle en partie voûtée, vous pourrez choisir menus, tartines ou omelettes. Vraie cuisine du terroir et desserts maison. Boutique.

## CUREMONTE

**Crêperie O Champs de l'heure** – 51 rte de la Grotte - 05 55 84 03 49 ou 06 82 61 40 70 - fermé dim. soir, mar. soir-merc. - 15/20 €. Installée dans une ancienne grange restaurée, cette crêperie, pourvue d'une superbe terrasse donnant sur les environs, privilégie les produits locaux.

## DONZENAC

**Le Périgord** – 9 av. de Paris - 05 55 85 72 34 - fermé merc. - 17 € (déj.) - 23/40 €. Restaurant à la façade couverte de vigne vierge où l'on s'attable autour d'une cuisine traditionnelle régionale servie en généreuses portions.

## UZERCHE

**Chez Denise** – 8 r. Gaby-Furnestin - 05 55 73 22 12 - fermé de fin déc. à fin. janv. et à midi le w.-end - 13/30 €. Entrez dans cette modeste maison, tenue par Denise depuis plus de 40 ans, aux portes de la vieille ville et choisissez, si possible, une table sur le balcon. Vous apprécierez tout autant la vue sur les jardins et la Vézère en contrebas que le confit fondant, l'omelette aux cèpes ou l'assiette limousine, généreuse en foie gras, gésiers et magret.

*Vue sur le village de Turenne.*

J.-P. Azam/hemis.fr

# Offices de tourisme

## BRIVE-LA-GAILLARDE

Pl. du 14-Juillet - 05 55 24 08 80 - www.brive-tourisme.com.

## COLLONGES-LA-ROUGE

R. de la Barrière - 05 65 33 22 00 - www.vallee-dordogne.com.

## UZERCHE

10 pl. de la Libération - 05 55 73 15 71 - www.terresdecorreze.com.

**LE CONSEIL DU BIB**

**Très peu de places au parking de la vieille ville de Brive : garez-vous pl. du 14-Juillet (sf mar., jeu. et sam.) ou pl. du Gén.-de-Lattre-de-Tassigny, situées à proximité du centre-ville...**

*Surfeur.* – Paul64/iStock

La Bastide-Clairence. – chrizmo/Fotosearch LBRF/age fotostock

Montagne St-Émilion. – J.D. Dallet/age fotostock

# Aquitaine

Évoluant d'ouest en est entre nature et bonne chère, la région s'ouvre par le plus vaste estuaire d'Europe sur une incroyable diversité de paysages. À l'ouest, le littoral atlantique et son immense cordon dunaire, qui culmine à la dune du Pilat, se déroule jusqu'à la « corniche basque » où trône Biarritz ; si une partie de la côte est redoutée des baigneurs à cause de ses courants, elle attire les surfeurs du monde entier grâce à ses vagues. Plus avant dans les terres, cet horizon infiniment plat se cogne à la barrière odorante des Landes, la plus grande forêt artificielle d'Europe. Celle-ci s'arrête aux portes du Pays basque où la langue et les traditions (chant, feria) constituent encore un ciment qui traverse la frontière naturelle des Pyrénées. Un peu plus à l'est, le pays natal d'Henri IV, le Béarn, abrite à une encablure des sommets pyrénéens une faune et une flore exceptionnellement denses.

Quittant Pau, puis traversant les doux coteaux de l'Adour et ses producteurs de foie gras, on rejoint la Garonne et la vallée du Lot couverte de vergers. Patrimoine et plaisirs de la table font là encore bon ménage, d'autant que l'on s'approche du Périgord, territoire très rural qui attire par son authenticité, ses châteaux perchés au-dessus de la Dordogne et sa gastronomie parmi les plus riches de France ! Sans oublier son exceptionnelle concentration de grottes ornées, dont le célébrissime site de Lascaux.

Retour plein ouest, via St-Émilion, vers Bordeaux, vivante capitale culturelle, et le Bordelais : ses grands vignobles ont façonné le paysage jusqu'aux rives de la Gironde et produisent quelques-uns des plus célèbres vins du monde tels château Margaux, château Pétrus, château Ausone, château Yquem.

# AQUITAINE

*Lac Gentau, dans le Béarn. – Oks_Mit/iStock*

## LES ÉVÉNEMENTS À NE PAS MANQUER

- **Fête de la truffe** à Sarlat (24) : mi-janv.
- **Foire au gras** à Monségur (33) : fév.
- **Carnaval Biarnés** à Pau (64) : fin fév.-déb. mars ; traditions béarnaises.
- **Printemps des châteaux du Médoc** à Pauillac (33) : en avr.
- **Foire aux jambons** à Bayonne (64) : 4 j. en avr.
- **Maïder Arosteguy** à Biarritz (64) : mars ou avr. ; surf.
- **Fête de la lamproie** à Ste-Terre (33) : dernier w.-end. d'avr. ; dégustations, vente…
- **Fête de la Ringueta** à Sarlat (24) : dim. de Pentecôte (années paires) ; jeux traditionnels occitans.
- **Fête du Fleuve** à Bordeaux (33) : 3e w.-end de juin, années impaires ; dégustations vins et fruits de mer, régates…
- **Fête des cerises** à Itxassou (64) : 1er dim. de juin.
- **Transhumances en Ossau** à Laruns (64) : juil.
- **Féria de la Madeleine** à Mont-de-Marsan (40) : 2e quinz. juil.
- **Internationaux professionnels de Cesta Punta** à St-Jean-de-Luz (64) : juill.-août.
- **Féria de Dax** (40) : autour du 15 août ; corridas, jeux landais, bandas…
- **Festival de la force basque** à St-Palais (64) : dim. après le 15 août.
- **Pruneau show** d'Agen (47) : août.
- **Fête de la palombe** à Bazas (33) : dernier sam. de sept.

# Votre séjour en Aquitaine

## Circuits

1. Vignoble et châteaux du Bordelais
   5 jours - 265 km **P308**
2. La côte océane
   6 jours - 270 km **P312**
3. L'arrière-pays landais
   7 jours - 290 km **P316**
4. Splendeurs basques
   7 jours - 300 km **P320**
5. Villages et vallées du Béarn
   6 jours - 400 km **P324**
6. Agenais, entre Lot et Garonne
   5 jours - 290 km **P328**
7. Merveilles de l'Histoire en Périgord
   7 jours - 380 km **P332**
8. La traversée des Pyrénées
   9 jours - 940 km **P336**

## Étapes

Bordeaux **P309**

Arcachon **P313**

Pau **P325**

## Visites

Écomusée de Marquèze **P317**

Château de Bonaguil **P329**

## Randonnée

La Rhune **P321**

## Stations de ski

Arette-Pierre-St-Martin **P346**

Gourette **P346**

## Stations thermales

Cambo-les-Bains **P347**

Dax **P347**

**EN COMPLÉMENT, UTILISEZ…**

- **Guides Verts : Aquitaine, Périgord-Quercy**
- **Cartes Michelin Région 524 et Départements 335, 336 et 342**

AQUITAINE - CIRCUIT 1

# Vignobles et châteaux du Bordelais

**La vigne est souveraine aux portes de Bordeaux. Elle règne sur la vie des hommes comme sur le paysage. C'est une mer verdoyante qui monte à l'assaut des collines, occupant chaque parcelle de terrain aux portes des bastides et des villages. C'est ce que vous découvrirez en parcourant les petites routes des Graves, de l'Entre-deux-Mers et du Libournais.**

**DÉPART :** BORDEAUX - 5 jours – 265 km

## JOUR 1

Quittez **Bordeaux** (voir l'encadré p. ci-contre) par le sud-est et empruntez la D113 puis la D10 qui longent la Garonne. Après le château féodal de **Langoiran** qui conserve son donjon, et la cité fortifiée de **Rions**, la route vous conduit à **Cadillac**, belle bastide du 13e s., où vous pourrez visiter le château des ducs d'Épernon. Par la D10, gagnez ensuite **St-Macaire**, cité médiéva le avec une place centrale des plus typiques, entourée de galeries couvertes.

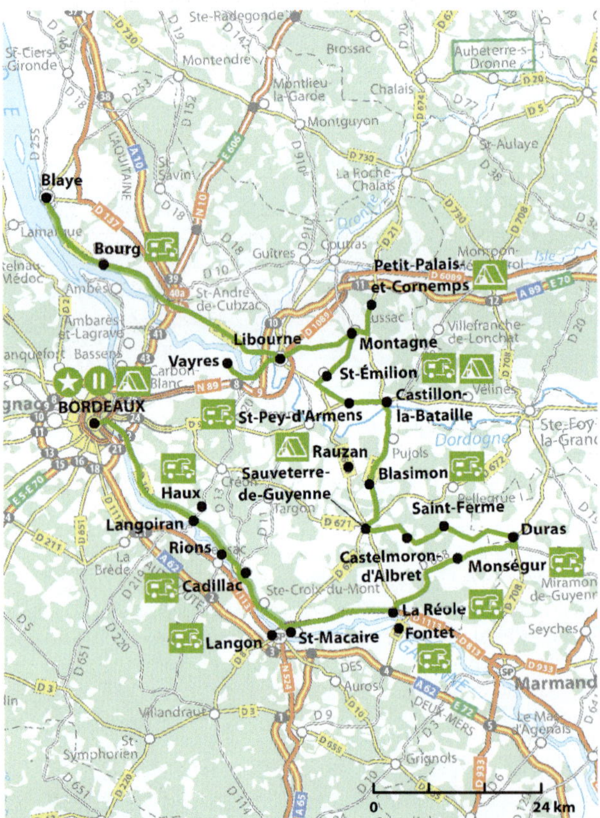


Les peintures murales de l'église St-Sauveur retiendront votre attention. Sur l'autre rive de la Garonne, **Langon** mérite la pause. Votre prochaine étape, **La Réole**, alanguie au bord de la Garonne (grand marché le samedi matin), compte de beaux monuments et de nombreux artisans d'art.

## JOUR 2

Par la D670 puis la D668, montez à **Monségur**, bastide du 13e s. dominant la vallée du Dropt, et qui n'a rien perdu de ses charmes, avant de rejoindre, plein est, **Duras**. Son château vous attend, bien sûr, mais aussi sa Maison des Vins qui propose 150 références de côtes-de-duras au prix propriété, en rouge, blanc, rosé et moelleux. Revenez sur le village de **St-Ferme**, gardien d'une abbaye bénédictine dont l'église présente d'intéressants chapiteaux. Via **Castelmoron-d'Albret**, finissez la journée à **Sauveterre-de-Guyenne**. Cette jolie bastide avec portes fortifiées sert de point de départ à une Voie Verte, belle façon de découvrir de plus près l'Entre-deux-Mers à vélo.

## JOUR 3

Par la D17, rendez-vous aux ruines de l'abbaye de **Blasimon**. Gardez la D17 plein nord pour **Castillon-la-Bataille** posé sur la rive droite de la Dordogne. Ses coteaux produisent un bordeaux supérieur non dénué d'intérêt. Mais vous voilà aux portes d'un autre vignoble précieux, celui de **St-Émilion**. Attention, la traversée de St-Émilion étant interdite aux camping-cars, laissez votre véhicule au parking public, 17 Grand-Pontet. La cité est l'une des plus jolies d'Aquitaine et une valeur sûre pour les papilles comme pour les yeux. Assistez à la Jurade, au printemps ou à l'automne, sera un souvenir inoubliable, si vous passez par là à ce moment.

B. Gardel/hemis.fr

*Bordeaux, miroir d'eau place de la Bourse.*

## JOUR 4

Profitez de la matinée pour terminer la visite de la cité médiévale de St-Émilion avant de gagner **Montagne** et son écomusée du Libournais consacré aux vins et d'où part un sentier en boucle au cœur du vignoble *(3,5 km, bien balisés)*. Poussez jusqu'à **Petit-Palais** pour admirer l'église romane. La pause déjeuner peut s'effectuer à **Libourne**, sur les bords de la Dordogne par exemple. Aux alentours de la ville, de belles visites en perspective dont celle du **château de Vayres**, prestigieuse demeure meublée, dont les jardins dégringolent jusqu'aux rives de la Dordogne. Revenez à Libourne pour y passer la nuit.

## JOUR 5

Allez à **Bourg**, une jolie petite ville, blonde et paisible, où il fait bon flâner dans les ruelles pentues. Suivez ensuite la **route de la corniche fleurie**. Entre falaises calcaires et fleuve, elle traverse une série de hameaux aux habitations troglodytiques et offre de jolies vues sur l'estuaire. Elle est particulièrement charmante à l'aube ou au soleil couchant. Des carrelets ponctuent la promenade. Ces petites cabanes sur pilotis, accessibles par un ponton, sont l'emblème de l'estuaire. Vous voici maintenant devant la citadelle de **Blaye**, témoignage formidable de l'architecture militaire du 17e s. et pièce maîtresse du « verrou Vauban ». La citadelle abrite aujourd'hui une petite cité qui accueille des artisans et quelques cafés et ménage une vue majestueuse sur l'estuaire de la Gironde. C'est ici que vous terminerez en beauté votre périple bordelais.

### LE CONSEIL DE BIB

**Préférez les châteaux de moindre renommée pour accéder aux visites et aux dégustations plus abordables.**

## ÉTAPE 11

# Bordeaux

### OFFICE DE TOURISME

12 cours du 30-Juillet - ✆ 05 56 00 66 00 - www.bordeaux-tourisme.com.

### STATIONNEMENT & SERVICES

**Parking conseillé**

Parc des allées de Chartres : places pour camping-cars situées entre les allées de Chartres et les allées de Bristol, aux abords de l'esplanade des Quinconces - 8h-20h - 2,20 € la 1re heure, 6,20 € pour 3h et 13 € pour 12h.

**Camping Yelloh! Village du Lac**

Voir p. suivante

Vous ne résisterez pas aux charmes du riche patrimoine bordelais ! Pour commencer, rendez-vous aux abords du miroir d'eau, sur les quais, où se reflètent les façades de la **place de la Bourse** : au nord le palais de la Bourse, au sud l'ancien hôtel des Fermes, qui abrite le musée national des Douanes. Vous traversez ensuite le commerçant quartier St-Pierre pour rejoindre la place Pey-Berland où s'élève la **cathédrale St-André**. Voici le plus majestueux des édifices religieux de la ville, notamment en raison de son portail royal datant du 13e s. À ses côtés, se dresse la tour Pey-Berland qui offre une belle vue sur les toits de Bordeaux et sur la Garonne. Avis aux courageux ! Remontez le cours Pasteur jusqu'au **musée d'Aquitaine**, qui retrace la vie de l'homme aquitain de la préhistoire à nos jours. Puis direction le **Triangle d'or**. Ce somptueux quartier historique s'inscrit autour du triangle formé par le cours Clemenceau, le cours de l'Intendance, piétonnier, et les allées de Tourny. Ne manquez pas d'y admirer le Grand Théâtre. Édifié sur les vestiges d'un temple gallo-romain, il est reconnaissable à son péristyle à l'antique et à sa balustrade ornée des neuf Muses et des trois Grâces. Vous êtes juste à quelques mètres des quais qui mènent à la **Cité du vin**, lieu incontournable pour qui veut tout savoir sur les vins et le vignoble bordelais. Inaugurée en 2016, elle se déploie sur 3 000 m² répartis en dix-neuf espaces thématiques que l'on explore à l'occasion d'un parcours de visite basé sur l'expérience sensorielle. Celui-ci aborde le vin sous tous ses angles : civilisations, terroirs, art de vivre, imaginaire, etc. On y apprend que seulement soixante des dix mille cépages connus sont utilisés pour la vinification, que quinze sites viticoles bénéficient du classement à l'Unesco, que la barbe d'Osiris symbolise un cep de vigne... Enfin, les amateurs d'art contemporain peuvent aussi faire un tour au **CAPC**, musée reconnu en la matière, installé dans l'ancien entrepôt Lainé (1824). Tout près, le jardin public et le quartier des Chartrons invitent à la flânerie. En soirée, installez-vous en terrasse sur l'une des charmantes places du Vieux Bordeaux et dégustez un grand cru local.

## Aires de service & de stationnement

### BLASIMON

**Château La Peyraude**
Bleurette - 06 88 02 09 76
Permanent
Borne artisanale : élec. offerte la 1re nuit si achat de 20 € de vins
10 - - 48h - Gratuit
Paiement : CC
Services : WC
GPS : W 0.0994 N 44.7346

### BOURG

**Aire de Bourg**
Le Port - 05 57 68 31 76 -
Permanent
Borne eurorelais : 3 € (eau + élec.)
10 - Gratuit
Paiement : CC - jetons (office de tourisme, piscine et camping)
GPS : W 0.55526 N 45.03811

### CADILLAC

**Aire de Cadillac**
19 allée du Parc - 05 57 98 02 10
Permanent
Borne artisanale : Gratuit
10 - 72h - Gratuit
Services : WC
Accès difficile sam. matin (marché).
GPS : W 0.31707 N 44.63857

### FONTET

**Aire de Fontet**
R. Couture, base de loisirs - 05 56 61 08 30 - Permanent -
Borne artisanale : gratuit
24 - - Illimité - 10 €/j.
Services :
GPS : W 0.02282 N 44.56118

### HAUX

**Château Peneau**
747 Les Faures - 05 56 23 05 10
Permanent
Borne AireService : gratuit si achat de vin
- 48h - Gratuit - Paiement : CC
Services :
GPS : W 0.36302 N 44.72708

### LANGON

**Château Le Maine Périn**
Rte d'Auros - 05 56 62 29 32
De déb. fév. à fin sept. (et déc.)
Borne artisanale : 7 € (eau + élec.)
6 - 24h - 7 €/j. - Paiement : CC
Services : WC
Gratuit si achats au domaine
GPS : W 0.21608 N 44.52657

### MONSÉGUR

**Aire de Monségur**
Pl. du 8-Mai-1945 - 05 56 61 60 12
Permanent
Borne AireService : Gratuit
- 48h - Gratuit
Services : WC
GPS : W 0.0837 N 44.6506

### LA RÉOLE

**Aire de la Réole**
Av. Gabriel-Chaigne - 05 56 61 10 11
Permanent
Borne artisanale 4 €
12 - 24h - Gratuit
Services :
GPS : W 0.03023 N 44.58084

### ST-ÉMILION

**Aire privée Château de Rol**
Château de Rol, rte de Libourne D 243 - 06 85 20 62 90 - Permanent
Borne artisanale 4 €
6 - 24h - Gratuit - Paiement : CC
Services :
Réseau France Passion.
Dégustation et vente de vin.
GPS : W 0.16316 N 44.90918

### ST-PEY-D'ARMENS

**Aire du Château Gerbaud**
4 Gerbaud, D 936 - 05 57 47 12 39
Permanent
Borne artisanale 5 € 3 €
50 - - 48h - Gratuit
Paiement : CC
Services :
Propriété viticole.
Accessible aux gros camping-cars.
GPS : W 0.10677 N 44.85293

## Campings

### BORDEAUX

**Yelloh! Village du Lac**
À Bordeaux-Lac, bd Jacques-Chaban-Delmas - 05 57 87 70 60 - www.camping-bordeaux.com - 340 empl.
borne artisanale
Services et loisirs :
Cadre boisé et jolis petits étangs. Bus pour le centre-ville.
GPS : W 0.5827 N 44.89759

### PETIT-PALAIS-ET-CORNEMPS

**Le Pressoir**
29 Queyrai - 05 57 69 73 25 - www.campinglepressoir.com
Permanent - 100 empl. -
borne eurorelais
Tarif camping : 34 €
(10A) - pers. suppl. 7 €
Services et loisirs :
Totalement encerclé par les vignes bordelaises ; restaurant renommé.
GPS : W 0.06301 N 44.99693

### RAUZAN

**Le Vieux Château**
6 Blabot-bas - 05 57 84 15 38 - www.vieuxchateau.fr
De déb. avr. à mi oct. - 77 empl. -
borne artisanale
Tarif camping : 26 €
(6A) - pers. suppl. 5 €
Services et loisirs :
Au pied des ruines d'une forteresse avec chemin piétonnier pour le village.
GPS : W 0.12715 N 44.78213

### ST-ÉMILION

**Yelloh! St-Émilion**
Les Combes - 05 57 24 75 80 - www.camping-saint-emilion.com
De fin avr. à mi sept. - 105 empl. -
borne eurorelais 5 € (eau + élec.)
Tarif camping : 45 €
(10A) - pers. suppl. 9 €
Services et loisirs :
Cadre agréable avec le petit lac et le bar-caveau.
Navette gratuite pour St-Émilion.
GPS : W 0.14241 N 44.91675

## Les bonnes adresses de bib

### BORDEAUX

**La Brasserie bordelaise** – 50 r. St-Rémi - 05 57 87 11 91 - www.brasseriebordelaise.fr - 12h-15h, 19h-0h. La bouteille est reine dans ce grand restaurant-cave aux pierres apparentes. Passé chez Jean-Pierre Xiradakis (La Tupina), Nicolas Lascombes y délivre, sur de longues tables de bois ou au comptoir de dégustation, ce que la région fait de mieux : jambon de porc noir, épaule d'agneau braisée, lamproie à la bordelaise. À voir : la superbe salle voûtée, au sous-sol.

**Symbiose** – 4 quai des Chartrons - 05 56 23 67 15 - symbiose-bordeaux.com - lun.-vend. midi, mar.-merc. soir - cocktail club mar.-sam. 19h-2h - menus 14 € (midi)/40 € (soir). Ils sont quatre garçons aux manettes de ce nouveau lieu tendance du quai des Chartrons : Félix et Thomas, au resto, concoctent une cuisine bistronomique dans le vent, tandis que Lucas et Simon, au bar à cocktails, inventent ou revisitent des mélanges audacieux. Tout est très réussi, de la déco à la cuisine, en passant par l'ambiance. Un sans-faute !

### CADILLAC

**L'Entrée Jardin** – 27 av. du Pont - 05 56 76 96 96 - www.restaurant-entree-jardin.com - fermé lun. et le soir du dim., mar. et merc. (sf l'été dim.-lun.) - - formules déj. 10/18 € - 26/68 €. Cette adresse marie avec brio accueil souriant, service efficace et cadre agréable. La cuisine régionale, comme le hamburger de pigeonneau royal au foie gras sauce cacao ou le homard à la truffe crème crustacés et vin de Cadillac, a de quoi combler les appétits les plus féroces.

### DURAS

**Hostellerie des Ducs** – Bd Jean-Brisseau - 05 53 83 74 58 - www.hostellerieducs-duras.com - - fermé lun. midi et sam. midi de juil. à sept. ; lun., sam. midi et dim. soir d'oct. à juin - 16 € (déj.)/55 €. Cet ex-presbytère voisin du château propose une cuisine traditionnelle, label « fait maison » et « maître restaurateur ». Salle meublée en style Louis XIII et véranda.

### LIBOURNE

**La Tour du Vieux-Port** – 23 quai Souchet - 05 57 25 75 56 - latourduvieuxport.com - formule déj. 15 € - menu 26 €. Cet hôtel-restaurant faisant face à la Dordogne propose dans l'une des salles à manger, une cuisine traditionnelle préparée avec les produits du marché.

### ST-ÉMILION

**Ferlion Macarons - Nadia Fermigier** – 9 r. Guadet - 05 57 24 72 33 - www.macarons-saint-emilion.com - 8h-19h (19h30 en sais.), dim. 9-19h (19h30 en sais.). Les archives attestent l'existence de macarons à St-Émilion dès 1620. Après moult péripéties, la recette échut en 1930 à la famille Blanchez. Les délicieux gâteaux se travaillent encore de façon artisanale.

**Union de producteurs de St-Émilion (Udspe)** – Haut-Gravet - près de la route Libourne-Bergerac - 05 57 24 70 71 - www.udpse.com - de mi-juin à mi-sept. : tlj sf dim. 9h-19h ; de mi-sept. à mi-juin : tlj sf dim. 9h-12h30, 13h30-18h. - ouv. j. fériés. du lun. de Pâques au 15 août. L'œnothèque propose une douzaine d'appellations à la vente.

### ST-MACAIRE

**L'Abricotier** – 2 r. François-Bergoeing (D1113) - 05 56 76 83 63 - www.restaurant-labricotier.com - - fermé lun.-mar., de mi-nov. à mi-déc. et 1 sem. en mars - 23/35 €. Cet établissement en léger retrait de la D1113 abrite de coquettes salles à manger actuelles et s'agrémente d'une terrasse ombragée de mûriers. En cuisine, son chef mitonne de bons petits plats régionaux, que vous pourrez arroser d'une bouteille choisie parmi la judicieuse sélection de vins.

## Offices de tourisme

### BORDEAUX

Voir p. 309

### ENTRE-DEUX-MERS

8 r. du Canton - St-Macaire - 05 56 63 32 14 - www.entredeuxmers.com.

### LIBOURNE

40 pl. Abel-Surchamp - 05 57 51 15 04 - www.tourisme-libournais.com.

### ST-ÉMILION

Pl. des Créneaux - 05 57 55 28 28 - www.saint-emilion-tourisme.com.

*St-Émilion.*

*Kloeg008/iStock*

AQUITAINE - CIRCUIT 2

# La côte océane

**De la pointe de Grave aux confins sud des Landes, en passant par le bassin d'Arcachon, la côte Atlantique déroule son long ruban de sable. Après le majestueux phare de Cordouan, là où les eaux mêlées de la Garonne et de la Dordogne se jettent dans l'océan, les plages de sable fin, les dunes et les pins s'égrènent le long de ce circuit, avec, parmi les moments forts, la spectaculaire dune du Pilat…**

**DÉPART :** SOULAC-SUR-MER - 6 jours – 270 km

## JOUR 1

Passez cette première matinée à **Soulac-sur-Mer**, station située à la pointe nord de la péninsule du Médoc : c'est à la fin du 19ᵉ s. que la grande vague des bains de mer fit pousser des centaines de maisons de poupée qui donnent tout son charme à la station. Visitez également la basilique N.-D.-de-la-Fin-des-Terres, édifice bénédictin du 10ᵉ s. (restauré à la fin du 19ᵉ s.). L'après-midi, ralliez **Le Verdon-sur-Mer** et la **pointe de Grave**. De là, la belle vue sur le **phare de Cordouan**, « le phare des rois », avant d'aller découvrir cette merveille de plus près. Appartements dallés de marbre, éléments Renaissance et chapelle royale en font le plus beau phare de France et l'un des plus anciens. La traversée pour Cordouan, distant de 9 km en mer, dépend des marées. Il faudra donc anticiper cette excursion et penser à réserver votre place sur le bateau.

## JOUR 2

Aujourd'hui, détente en Médoc ! Si vous aimez vous baigner en eaux calmes, choisissez le lac d'**Hourtin-Carcans**. En revanche, si vous aimez les vagues et le surf, faites escale à **Lacanau-Océan** : c'est en effet un spot réputé et la station possède de nombreuses écoles d'initiation ou de perfectionnement. L'après-midi, visitez le musée des Arts et Traditions de **Maubuisson**, consacré aux métiers anciens (sabotiers, bergers landais…) ainsi qu'au gemmage, à l'agriculture et l'arrivée du train. Passez enfin la nuit au bord d'un lac ou près de la mer. De Lacanau, suivez la D3, puis la D106 jusqu'au **Cap-Ferret**, point de départ du tour du **bassin d'Arcachon**. Mais pour l'heure, passez-y la nuit.

## JOURS 3 & 4

En route pour le tour du bassin ! Au Canon, à **L'Herbe**, à **Arès** ou **Andernos-les-Bains**, vous aurez l'occasion de déguster des huîtres dans ces petits ports traditionnels, un rituel à ne pas manquer. À Andernos-les-Bains ou au Cap-Ferret en saison, vous pourrez aussi embarquer pour faire le tour de « l'île aux Oiseaux » et admirer au passage les pittoresques « cabanes tchanquées », cabanes sur pilotis emblématiques du bassin. Gagnez ensuite le **parc ornithologique du Teich** où trois sentiers permettent de découvrir les différents milieux naturels et des centaines d'oiseaux.

AgenceAnotherOne/iStock

*Dune du Pilat.*

N'oubliez pas vos jumelles ! Enfin, avant le coucher du soleil, il vous faudra gravir la **dune du Pilat**, classée Grand Site national. Culminant à 114 m, c'est la plus haute d'Europe. Le lendemain, explorez **Arcachon** (voir ci-contre).

## JOUR 5

Descendez le long de la côte à **Biscarrosse**. Vous trouverez des possibilités de baignade et d'activités sportives aux lacs de Biscarrosse, de Parentis et à Biscarrosse-Plage (surf). Si vous préférez des haltes culturelles, visitez le musée de l'Hydraviation à Biscarrosse, très intéressant et unique en son genre. Une pause déjeuner à **Mimizan**, vous voici prêt pour enfourcher votre vélo pour découvrir la forêt de Mimizan par l'une des pistes cyclables qui courent entre le village et **Contis-Plage**. Le soir, étape à Contis-Plage.

## JOUR 6

Gagnez **Léon** où il faut programmer impérativement une descente en barque du **courant d'Huchet** jusqu'à l'océan. Faites ensuite le tour de l'étang de **Soustons**, puis explorez la réserve naturelle de l'étang Noir à **Seignosse**, pourvue d'une faune et d'une flore d'une rare diversité. Gagnez **Hossegor** : vous aurez le choix entre le circuit culturel des villas vers le lac et le golf, les activités nautiques sur le lac (recommandées avec des enfants) ou la baignade en mer. L'après-midi, flânez à **Capbreton** et si vous êtes amateur de vin, visitez les chais du Domaine Les Dunes de la Pointe qui élabore des rouges, blancs et rosés. Puis gagnez **Labenne** pour découvrir librement la réserve naturelle du Marais d'Orx.

ÉTAPE 11

# Arcachon

### OFFICE DE TOURISME

21 av. du Gén.-de-Gaulle - ✆ 05 57 52 97 97 - www.arcachon.com.

### STATIONNEMENT & SERVICES

**Parking conseillé**
1 av. Pierre-Frondaie, à 10mn à pied du centre-ville - gratuit.

**Aire d'Arcachon**
2 bd Mestrezat - ✆ 05 57 52 98 98 - Permanent
Borne sanistation : Gratuit
P - 24h - Gratuit
Services :
GPS : W 1.14834 N 44.65145

La réputation d'Arcachon n'est plus à faire. Belle en toute saison, elle est née de l'imagination de pionniers audacieux. Commencez par le front de mer ou la **ville d'été**. À la fois détendue aux terrasses des restaurants de fruits de mer, mondaine dans son casino ou sportive lors des régates à la voile, la ville d'été, qui occupe une position centrale, longe la mer entre la jetée de la Chapelle et la jetée d'Eyrac. La **jetée Thiers** a conservé son style rétro ; on y embarque pour les promenades en mer dans le bassin d'Arcachon. De part et d'autre, les promeneurs affluent dès le début de la soirée. La **ville de printemps**, quant à elle, est plutôt sportive (tennis, piscine, fronton...) et cossue ; elle s'étend à proximité du parc Pereire. Le long de la **plage Pereire** court une charmante promenade piétonne ombragée qui mène au sud jusqu'au spot de surf réputé des Arbousiers et à la plage des Abatilles. Vous pouvez pousser la promenade jusqu'au Moulleau, quartier agréable et animé (voir « Les bonnes adresses de bib »). Perchée sur une butte, la surprenante **église N.-D.-des-Passes** domine la rue piétonne et commerçante du même nom. Jolie plage familiale avec vue sur le phare du Cap Ferret. La **ville d'hiver**, enfin, est bien abritée des vents du large. La paisible vieille dame chic et excentrique est tout en dentelle festonnée. Ses belles artères jalonnées de villas de la fin du 19e s. et du début du 20e sillonnent une forêt de pins. C'est l'endroit le plus reposant d'Arcachon. Conçue pour les tuberculeux, la ville d'hiver est une sorte de parc urbain où les villas se parent de dentelle de bois sur les pignons, les balcons, les escaliers extérieurs et les vérandas. De la place du 8-Mai, prenez l'amusant ascenseur jusqu'à la station supérieure, située en bordure du parc mauresque, qui domine la ville d'été. Et si vous avez encore un peu de temps, visitez l'**aquarium** (animaux marins du bassin et du proche Océan) et le musée dont les collections sont consacrées aux oiseaux, reptiles, poissons et invertébrés avec notamment une section réservée aux huîtres.

## Aires de service & de stationnement

### ANDERNOS-LES-BAINS

**Aire d'Andernos-les-Bains**
Av. du Cdt-David-Allègre -
05 56 82 02 95 - Permanent
Borne AireService 3,50 €
45 - 48h - 16 €/j.
Paiement :
Services :
GPS : W 1.10962 N 44.74472

### ARCACHON

Voir p. précédente

### CAPBRETON

**Aire de Capbreton**
Allée des Ortolans - 05 58 72 10 09
Permanent
Borne artisanale
133 - Illimité - 12 €/j. - borne compris
Paiement :
Services :
Plage à 100 m.
GPS : W 1.44659 N 43.63569

### CONTIS-PLAGE

**Aire de Contis-Plage**
301 av. du Phare - 05 58 42 80 08
Permanent (mise hors gel)
Borne artisanale : gratuit
75 - 72h - 13 €/j.
Paiement :
Services :
GPS : W 1.32004 N 44.09368

### LACANAU

**Aire de Lacanau-Huga**
Allée des Sauviels, à la ZA Le Huga -
05 56 03 20 72 - Permanent
Borne Urbaflux
125 - 48h - 13,80 €/j. - borne compris
Paiement :
Services :
GPS : W 1.16528 N 45.00584

### LÈGE-CAP-FERRET

**Aire de Claouey-Lège-Cap Ferret**
14 av. Paul-Émile-Victor -
06 78 32 54 99 - Permanent
Borne flot bleu : Gratuit
10 - 48h - Gratuit
Services :
GPS : W 1.18031 N 44.75154

### LÉON

**Aire des Berges du Lac**
Rte du Puntaou - 05 58 49 20 00
De déb. avr. à fin oct. (mise hors gel)
Borne AireService 0 €
100 - Illimité - 11 €/j. - Paiement :
Services :
GPS : W 1.3186 N 43.8844

### PARENTIS-EN-BORN

**Aire de Parentis-en-Born**
Rte des Campings - 05 58 78 59 12
Permanent
Borne eurorelais
25 - 72h - 8,60 €/j. - borne compris - Paiement :
Services :
GPS : W 1.09913 N 44.34423

### SEIGNOSSE

**Aire Camping-Car Park de Seignosse**
D 79, Les Estagnots -
01 83 64 69 21 - Permanent
Borne artisanale : 5,50 € (eau + élec.)
110 - Illimité - 12,10 €/j. - borne compris - Paiement :
Services :
GPS : W 1.42562 N 43.69063

### SOULAC-SUR-MER

**Aire de Soulac-sur-Mer**
31 bd de l'Amélie - 05 56 73 29 29
Permanent -
Borne AireService : 3,70 € (eau + élec.)
- 24h - 4,61 €/j. - Paiement :
Services :
GPS : W 1.1375 N 45.49917

### LE VERDON-SUR-MER

**Aire du Verdon-sur-Mer**
Allée des Baïnes - 05 56 09 61 78
Permanent
Borne Urbaflux 2 €
20 - 24h - 10,60 €/j. - Paiement :
Services :
GPS : W 1.05481 N 45.54607

## Campings

### ARÈS

**Pasteur**
1 r. du Pilote - 05 56 60 33 33 -
www.atlantic-vacances.com
De mi mars à fin sept. - 17 empl. -
borne artisanale -
17 €
Tarif camping : 21 €
(10A) - pers. suppl. 3 €
Services et loisirs :
Cadre soigné au milieu d'une zone pavillonnaire.
GPS : W 1.13681 N 44.76174

### HOURTIN-PLAGE

**Airotel La Côte d'Argent**
05 56 09 10 25 - www.cca33.com
De mi mai à mi sept. - 618 empl. -
Tarif camping : 65 €
(10A) - pers. suppl. 13 €
Services et loisirs :
Jolie pinède vallonnée à 500 m de l'océan avec un parc aquatique très ludique.
GPS : W 1.16446 N 45.22259

### LABENNE-OCÉAN

**Municipal Les Pins Bleus**
Av. de l'Océan - 05 59 45 41 13 -
www.lespinsbleus.com
De déb. avr. à fin oct. - 80 empl. -
borne artisanale 5 € (eau + élec.) - 11 €
Tarif camping : 26,30 €
(10A) - pers. suppl. 7 €
Services et loisirs :
GPS : W 1.45687 N 43.60229

### MIMIZAN-PLAGE

**La Plage**
Bd de l'Atlantique -
05 58 09 00 32 -
www.camping-mimizan-plage.com
De déb. avr. à fin sept. - 250 empl.
Tarif camping : 47 €
(10A) - pers. suppl. 10 €
Services et loisirs :
GPS : W 1.28384 N 44.21719

## Les bonnes adresses de bib

### ARCACHON

**Chez Yvette** – 59 bd du Gén.-Leclerc - 05 56 83 05 11 - www.restaurant-chez-yvette-arcachon.fr - fermé dim. et lun. hors vac. scol. - forme déj. 19,80 - menu 29,80 €. Une véritable institution. Gérée par une famille d'ostréiculteurs depuis plus de trente ans, l'adresse est réputée pour ses produits de la mer. Cadre marin. Ambiance animée et décontractée.

**Pâtisserie Alain Guignard** – Le Moulleau - 11 av. N.-D.-des-Passes - 05 56 54 50 92 - juil.-août : 7h30-20h ; d'apr. vac. de Pâques à fin juin et sept. : tlj sf lun. 8h-12h30, 15h30-19h ; d'oct. aux vac. de Pâques : vend.-dim. (sf vac. scol. : tlj sf lun.) 8h-12h30, 15h30-19h - fermé 5 sem. après le w.-e. de l'Épiphanie. En été, les entremets glacés maison connaissent un succès équivalent à celui des chocolats hors saison. Les habitués apprécient ses canelés et ses tartes feuilletées aux fruits, coupées à la demande.

### CAPBRETON

**Ma Cabane sur le Port** – 3 r. des Pêcheurs - 05 58 72 13 42 - fermé lun. (à l'année), dim. soir (sept.-juil.) et mar. soir (sept.-juin) - formule 17 € - 19/22 €. Passé la vue un peu austère sur le parking, découvrez les plaisirs d'un restaurant de qualité. Les viandes sont fondantes et les poissons arrivent directement du port situé en face. On vient ici avant tout pour se régaler !

### GUJAN-MESTRAS

**L'Escalumade** – Port de Larros - 8 bd Pierre-Dignac - 05 56 66 02 30 - escalumade.com - fermé dim. soir et lun. sf juil.-août - menu déj. 16,50 € - menus 28/34 €. Une bonne table sans prétention, au calme. Cette cabane d'ostréiculteur convertie en restaurant est coquette avec ses boiseries, ses baies vitrées et sa terrasse au-dessus de l'eau. Au menu, poissons, coquillages et crustacés.

### LACANAU

**La Cabane** – 19 av. du Gén.-Leclerc - 05 56 03 19 15 - de mi-fév. à mi-nov. (se rens.) : 19h-22h, dim. et j. fériés 12h-15h et 19h-22h ; juil.-août : 10h-15h, 19h-22h30 - brunch 9,80/19,80 € - menu 35 €. Dépaysement assuré dans ce jardin où le restaurant, la déco et la cuisine sont d'inspiration exotique.

### LÉON

**Maison Tenoy** – 1736 rte de Betoy - 05 58 48 74 66 - maison-tenoy.com - juil.-août : tlj sf lun. ; avr.-juin et sept.-oct. : merc.-dim. midi - 19/36 €. Si la visite de ce producteur vous a mis l'eau à la bouche, transformez l'essai en vous attablant à la ferme-auberge où vous seront servis foie gras, confit, manchons... De l'artisanal garanti et délicieux.

### MIMIZAN

**L'Île de Malte** – 5 r. du Casino - Mimizan-Plage - 05 58 82 48 15 - www.restaurant-iledemalte.com - fermé dim. soir - 12/34 €. Le cadre de ce restaurant sait se faire discret. C'est peut-être pour ne pas empiéter sur la qualité de l'assiette, où saveurs et cuissons justes sont au rendez-vous. Service attentionné. Terrasse.

### SOULAC-SUR-MER

**Le Grill Océan** – 2 espl. des Girondins - front de mer - 05 56 09 89 64 - www.legrillocean.com - avr.-sept. : tlj ; mars et oct. : vend.-dim. - 16 € (déj.) - 26/35 € (soir). Idéalement situé sur le front de mer, ce restaurant sert des produits de qualité. Goûtez l'aïoli, le foie gras ou la soupe de fruits, faits maison.

## Offices de tourisme

### ARCACHON

Voir p. 313

### BORDEAUX

Voir p. 309

### CAPBRETON

Av. Georges-Pompidou - 05 58 72 12 11 - www.capbreton-tourisme.com.

### HOSSEGOR

166 av. de la Gare - 05 58 41 79 00 - www.hossegor.fr.

*Le phare de Cordouan.*

*Cloud-Mine-Amsterdam/iStock*

**LE TOP 5 PLAGES**

1. Lette Blanche (Léon)
2. Contis
3. Lacanau
4. Lespecier (Mimizan)
5. Vivier (Biscarrosse)

AQUITAINE - CIRCUIT 3

# L'arrière-pays landais

**À l'est de Dax, les Landes se déploient en de vertes collines, jalonnées de vignes. Du bocage de la Chalosse jusqu'aux plateaux du Tursan, les villages de St-Sever, Aire-sur-l'Adour, Montfort-en-Chalosse et Mont-de-Marsan dessinent un territoire du bien boire et du bien manger. Vous êtes au cœur d'un pays digne du Sud-Ouest, riche en vieilles pierres et en bons produits, foie gras et Armagnac en tête. Un peu plus au nord, s'étend la forêt landaise qui invite à la pratique d'activités de plein air et notamment, le long de ses sentiers et de ses pistes, à la promenade. En son cœur, dans sa partie la plus sauvage et méconnue, se tient une pépite, l'écomusée de Marquèze !**

**DÉPART :** DAX - 7 jours – 290 km

## JOUR 1

Protégée des vents maritimes par la forêt landaise, et riche de ses eaux, **Dax** est un bain de jouvence pour les curistes et pour les touristes : alors n'hésitez pas à vous offrir un instant de détente dans les thermes (voir l'encadré p. 347). Nuit à Dax ou à St-Paul-lès-Dax.

## JOUR 2

Entrez sans plus attendre dans le **pays de Chalosse.** Quittez Dax par le sud-est (D47) puis, 10 km plus loin sur la gauche, empruntez la D15. Au niveau de Castel-Sarrazin, prenez la D399 à gauche, puis, peu après, la D58 sur la droite : vous voici au **château de Gaujacq**, qui a su mettre en valeur ses jardins sur fond de chaîne des Pyrénées. Quelques kilomètres plus loin (D58), à **Brassempouy**, a été trouvée la statuette dite de la « Dame à la capuche ». Il s'agit de la plus ancienne représentation de visage humain sculpté, connue. Après cette descente dans la préhistoire, pause à **Amou** (D21). Contemplez son château avant d'aller à **Hagetmau,** pour déchiffrer les vestiges de l'abbaye de St-Girons.

## JOUR 3

Prenez la route de **Samadet** (D2) pour y découvrir le musée de la Faïencerie et des Arts de la Table. Avant la fin de la matinée, gagnez **Aire-sur-l'Adour**, toujours par la D2, pour vous immerger dans l'ambiance du Sud-Ouest et déguster de bons produits du terroir (foie gras d'oie et de canard, magrets, confits). La cité taurine conserve un riche patrimoine, notamment l'église Ste-Quitterie, classée au Patrimoine mondial de l'Unesco. D'octobre à mars, un marché au gras s'y tient tous les mardis. Dirigez-vous ensuite vers **Grenade-sur-l'Adour**. Les fans du ballon ovale feront un détour par **Larrivière**, juste au sud, pour rendre hommage à Notre-Dame-du-Rugby, avant de rejoindre **St-Sever** par la D924. En effet ce périple serait incomplet sans un passage par l'abbatiale romane du Cap-de-Gascogne aux chapiteaux colorés. Ralliez Mont-de-Marsan pour la nuit.

R. Cintract/hemis.fr

*Écomusée de Marquèze.*

## JOURS 4 & 5

**Mont-de-Marsan** s'anime dès les beaux jours le long des berges et la musique résonne dans ce fief du flamenco. Visitez le musée Despiau-Wlérick, dédié à la sculpture moderne figurative entre 1880 et 1950. L'après-midi, explorez le **château de Ravignan**, au style classique, puis l'écomusée de l'Armagnac dans le domaine de Château Garreau. Finissez la journée à **Labastide-d'Armagnac**, où le célèbre digestif est également à l'honneur. Cette jolie bastide fondée en 1291 est une étape très agréable.

## JOUR 6

De bonne heure, rejoignez **Sabres** en empruntant la N10, puis la D44. De là, montez dans le petit train qui vous mènera au cœur de la forêt landaise à l'**écomusée de la Grande Lande de Marquèze** (voir ci-contre). Prévoyez de pique-niquer et une grosse demi-journée pour profiter au maximum de ce lieu d'exception.

## JOUR 7

Le matin, vous découvrirez à **Pissos** le travail traditionnel des Landes : l'artisanat du verre, du bois et du cuivre. Au musée de **Moustey**, les croyances locales sont présentées. Faites un détour par **Belhade** pour apercevoir l'église et le château, puis profitez des activités du domaine de loisirs. Consacrez le reste de la journée aux loisirs nature, au centre du Graoux à **Belin-Béliet** : canoë sur la Leyre, balades à pied, à VTT. Vous pourrez aussi vous essayer au tir à l'arc ou à l'escalade, suivre un parcours d'orientation ou un sentier de découverte.

VISITE

# Écomusée de Marquèze (Sabres)

### INFOS PRATIQUES

Gare de Sabres - Sabres - 05 24 73 37 40 - www.marqueze.fr - - juil.-août : 10h-18h ; sept. : tlj sf lun. 10h-12h, 14h-18h ; reste de l'année : se rens. - fermé de la fin des vac. de la Toussaint à fin mars - possibilité de visite guidée (1h) - 14 € (-18 ans 9,50 €) - 47 € billet famille (2 adultes + 3 enf.) - 2 € location de tablette. Trois visites par jour sont proposées hors sais., à chaque arrivée de train en sais.

### STATIONNEMENT & SERVICES

**Parking conseillé**
Rte de Solférino - WC et eau potable - gratuit.

**Camping Le Domaine de Peyricat**
05 58 07 51 88 -
camping-sabres.com - 69 empl.
borne eurorelais
Services et loisirs :
Nombreuses activités avec le village vacances mitoyen.
GPS : W 0.74235 N 44.144

Cet écomusée se décompose en deux sites : le pavillon de Marquèze, situé en face de la gare de Sabres, et le quartier de Marquèze, accessible en train.
Le **Pavillon de Marquèze**, d'abord, abrite une exposition didactique et interactive, riche et attractive, sur l'aventure de l'aménagement du territoire des Landes de Gascogne au cours des derniers siècles, la transformation des paysages qui en découlent (dunes, forêt, plage, marais...) et l'agropastoralisme. Une parfaite introduction à la visite du quartier que l'on rejoint ensuite avec le train équipé de voitures datant de 1903 à 1910.
Le **quartier de Marquèze** est un hameau reconstitué, composé d'une trentaine de bâtiments, pour présenter la vie telle qu'elle s'organisait ici à la fin du 19e s. Dans une grange, une exposition aborde à nouveau l'histoire de ces bergers agriculteurs, la vie des familles et les métiers ainsi qu'une ruche en activité permettant d'observer un essaim d'abeilles noires à travers une vitre. Outre la maison des métayers et son cortège de granges, et la maison du berger, au poutrage plus grêle et aux dimensions plus modestes, une petite promenade dans la forêt vous conduira à l'aire meunière avec la maison du meunier et à l'espace où opérait le résinier. La visite ne serait pas complète sans un petit tour au parc à moutons, pour observer ces anciens défricheurs de la lande dont le fumier enrichissait les champs.

## Aires de service & de stationnement

### BARBOTAN-LES-THERMES

**Aire de Barbotan-les-Thermes**
Av. de l'Uby - 05 62 69 50 01
Permanent (fermé lors des compétitions d'aviron)
Borne artisanale : 2 € (eau + élec.) - clé d'accès à l'office de tourisme
50 - Illimité - 9,70 €/j.
Paiement :
Services :
Navette pour centre-ville en saison.
GPS : W 0.03222 N 43.93442

### BAZAS

**Aire de Bazas**
Cours Gambetta -
05 56 65 06 65
Permanent
Borne eurorelais : Gratuit
Services :
Parking ombragé.
GPS : W 0.21554 N 44.43346

### BERNOS-BEAULAC

**Aire de Caroy**
N 524 - 05 56 25 28 81
Permanent
Borne Urbaflux
- Illimité - 4 €/j.
Services :
En bordure d'une petite rivière.
GPS : W 0.24331 N 44.37077

### BRASSEMPOUY

**Aire de stationnement de La Ferme Moulié**
250 chemin du Moulié, depuis Brassempouy, prendre la D 21 direction Amou - 05 58 89 20 29 - www.bienvenue-a-la-ferme.com
Permanent
Borne : Gratuit
2 - Illimité - Gratuit
Services :
Réseau France-Passion.
GPS : W 0.69222 N 43.61692

### DAX

Voir p. 347

### GRENADE-SUR-L'ADOUR

**Aire de Grenade-sur-Adour**
Pl. du 19-Mars-1962, entre le stade et le cimetière, en face du centre commercial -
05 58 45 91 14
Permanent
Borne artisanale : Gratuit
5 - 24h - Gratuit
GPS : W 0.43516 N 43.77469

### MONT-DE-MARSAN

**Aire de Mont-Marsan**
541 av. de Villeneuve, (D 1) -
05 58 05 87 37
Permanent
Borne Urbaflux : 2 € (eau + élec.)
45 - - 72h - 8,50 €/j.
Paiement :
Services :
GPS : W 0.46 N 43.88

### ST-PAUL-LÈS-DAX

**Aire de St-Paul-lès-Dax**
Au bout de l'allée du Plumet -
05 58 91 20 20
Permanent
Borne artisanale : Gratuit
8 - 72h - Gratuit
Bel endroit sous les pins.
GPS : W 1.07709 N 43.73433

### ST-SEVER

**Aire de St-Sever**
Parc de Toulouzette, derrière l'école primaire -
05 58 76 00 02
Permanent (lors des manifestations, stationnement possible pl. Morlanne et r. du Dr-Louis-Fournier)
Borne artisanale : Gratuit
20 - 72h - Gratuit
GPS : W 0.57572 N 43.7592

## Campings

### AIRE-SUR-L'ADOUR

**Les Ombrages de l'Adour**
R. des Graviers - 05 58 71 75 10 - www.camping-adour-landes.com
De fin mars à déb. nov. - 100 empl. -
borne AireService
3 € (eau + élec.)
Tarif camping : 20,60 €
(6A) - pers. suppl. 4,50 €
Services et loisirs :
Proche du centre-ville, des arènes et au bord de l'Adour.
GPS : W 0.25793 N 43.70257

### BARBOTAN-LES-THERMES

**Les Rives du Lac**
Av. du Lac - 05 62 09 53 91 - www.camping-lesrivesdulac.com
De déb. avr. à mi oct. - 124 empl. -
borne artisanale
Tarif camping : 28 €
(10A) - pers. suppl. 8 €
Services et loisirs :
Les emplacements ont pour beaucoup une jolie vue sur le lac.
GPS : W 0.04431 N 43.93971

### DAX

Voir p. 347

### SABRES

Voir p. précédente

### ST-PAUL-LÈS-DAX

**Les Pins du Soleil**
Rte des Minières - 05 58 91 37 91 - www.pinsoleil.com
De déb. avr. à fin oct. - 145 empl.
borne artisanale
Tarif camping : 25 €
(10A) - pers. suppl. 7 €
Services et loisirs :
Emplacements bien ombragés.
GPS : W 1.09373 N 43.72029

# Les bonnes adresses de bib

## DAX

**Bistrot des vignes** – 40 r. Neuve - 05 58 58 45 39 - www.lebistrotdesvignes.wordpress.com - fermé mar. soir-merc., sam. midi et dim. - formules 14/17 €. Dans ce restaurant et bar à vins, vous pourrez acheter une bonne bouteille, accompagner votre dégustation d'une assiette gourmande ou encore vous installer à l'étage où vous seront servis des plats, souvent imaginatifs. Plus de cent vins référencés. N'hésitez pas à demander conseil.

**El Meson** – 18 pl. Camille- Bouvet - 05 58 74 64 26 - www.el-meson-40.fr - fermé 1er janv., 1 sem. fin avr., 15 j. (se rens.) apr. les fêtes de Dax - mar.-vend. 12h-14h, 19h-23h, lun. 12h-14h, sam. 19h-23h - tapas 5 €, carte 35/40 €. L'Espagne dans l'assiette et dans l'ambiance ! El Meson vous propose de passer un chaleureux moment en picorant de délicieuses tapas maison ou, plus copieux, un plat de poisson cuisiné à l'espagnole. Goûtez aussi à la sangria maison.

## HAGETMAU

**Restaurant Le Jambon** – 245 r. Carnot - 05 58 79 32 02 - www.hotel-restaurant-lejambon.com - fermé vend., dim. soir et lun. - réserv. conseillée - 16/40 €. Cette grande maison du centre-ville abrite une salle bourgeoise où vous sera servie une généreuse cuisine traditionnelle et landaise : à la carte délice de foie gras chaud pommes et raisins, filet de dorade royale...

## MONT-DE-MARSAN

**Le Bistrot de Marcel** – 1 r. du Pont- de-Commerce - 05 58 75 09 71 - www.lebistrotdemarcel.fr - 12h-14h, 19h30-22h30 - fermé sam. midi et dim. - 12,50 € - carte env. 30 €. La façade de ce bistrot n'a pas d'attrait particulier mais n'hésitez pas à pousser la porte car l'intérieur, moderne, où dominent la pierre et le bois, est très agréable, de même que les deux terrasses surplombant la rivière. Dans l'assiette, plats landais.

## PISSOS

**Le Café de Pissos** – 42 r. Pont-Battant - 05 58 08 90 16 - www.cafe-de-pissos.com - fermé 22-28 juin, dim. soir, mar. soir et merc. - 12h-14h, 19h30-20h45 - menu déj. 13,50 €, 22,50 €. Cette auberge familiale propose une authentique cuisine régionale dans un cadre campagnard ou sur la terrasse ombragée de platanes centenaires. Également bar.

## SABRES

**Auberge des Pins** – R. de la Piscine - 05 58 08 30 00 - www.aubergedespins.fr - ♿ - fermé 15 j. en janv. (congés annuels, se rens.) - rest. fermé dim. soir et lun. soir (sf juil.-août), lun. midi - 2 rest. : menu 14 € ; menus 25/75 €. Ravissante maison landaise nichée dans un parc planté de pins. Attablez-vous dans la belle salle à manger ornée d'armoires du pays et agrémentée de boiseries anciennes, et régalez-vous avec la délicate cuisine régionale du chef.

## ST-SEVER

**L'Art des Mets** – Chemin du Prouyant - 05 47 87 90 41 - www.lartdesmetsaintsever.com - tlj à midi, vend. et sam. le soir - menus 14/32 €. Installé dans l'ancien chai des écuries du général Lamarque, ce restaurant propose une cuisine simple et bonne, élaborée avec des produits locaux et de saison. L'équipe, jeune et dynamique, a indéniablement le sens de l'accueil et du service !

# Offices de tourisme

## DAX

11 cours Foch - 05 58 56 86 86 - www.dax-tourisme.com.

## MONT-DE-MARSAN

1 pl. Charles-de-Gaulle - 05 58 05 87 37 - www.visitmontdemarsan.fr.

*La dame de Brassempouy.*

*Angus Oborn/Getty Images*

AQUITAINE - CIRCUIT 4

# Splendeurs basques

**Les Basques ont la fierté des hommes qui savent affronter les tempêtes et apprivoiser les montagnes. Des paysages fabuleux nous familiarisent avec leur histoire que nous content les cris des bergers descendant vers les villages où le rouge et le vert s'inscrivent aux volets des maisons, sur les guirlandes de piments séchant au soleil et jusque sur les bérets.**

**DÉPART :** BAYONNE - 7 jours – 300 km

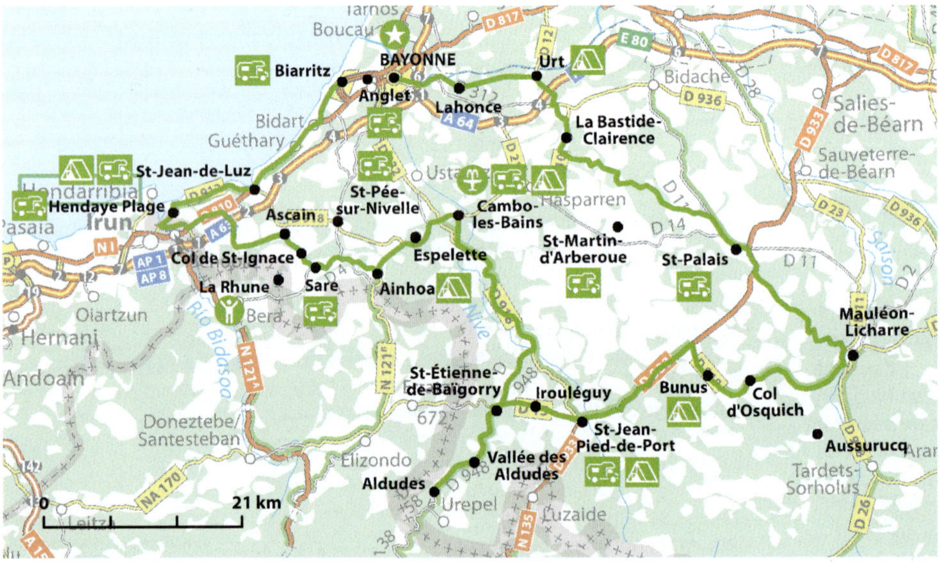


## JOUR 1

Consacrez une journée à **Bayonne**. Voyez les quais sur la Nive, la cathédrale Ste-Marie et son cloître, les ruelles pavées du vieux centre, avec les chocolatiers de la rue du Port-Neuf. L'après-midi, dans le petit Bayonne, visitez le Musée basque ou le musée Bonnat. En fin de journée, quittez la ville en longeant l'Adour par **Lahonce** et **Urt** où vous pouvez faire étape.

## JOUR 2

Repartez pour **La Bastide-Clairence**, bastide médiévale animée de nombreux artisans. Prenez la pittoresque D123 qui vous guide jusqu'à **St-Palais**, ancienne capitale de Basse Navarre où se tient le vendredi un marché réputé, puis rejoignez **Mauléon-Licharre**, capitale de la Soule et de l'espadrille, par la D11, ou, si vous n'avez pas peur des petites routes, par les D933 et D242. Deux châteaux se visitent, celui d'Andurain, de la Renaissance et le château fort de Mauléon.

## JOUR 3

Pour rejoindre St-Jean-Pied-de-Port, vous avez le choix entre deux routes offrant de très beaux panoramas, celle qui passe par le **col d'Osquich** (D918) sans difficultés, ou plus scénique encore mais étroite, D918, puis à gauche D147 via **Aussurucq** (village pittoresque) et D117 jusqu'au col d'Aphanize et de nouveau D147 pour Mendive. Dans cette seconde option, vous découvrirez les hauts pâturages d'Ahusquy, où pâturent vaches, chevaux et brebis. Fin de journée à **St-Jean-Pied-de-Port**, halte majeure sur le chemin de Compostelle.

## JOUR 4

Le matin, visitez St-Jean-Pied-de-Port, sa citadelle, ses ruelles, son vieux pont sur la Nive et sa porte St-Jacques (grand marché le lundi). L'après-midi, prenez la route de **St-Étienne-de-Baïgorry** d'où vous remonterez la **vallée des Aldudes** (D948).

aurelienantoine/iStock

*Le petit train de la Rhune.*

À **Aldudes**, ne manquez pas la boutique de Pierre Oteiza et sa nurserie de porcs basques Pie Noir. Un sentier vous permet ensuite de parcourir la montagne où les porcs vivent en liberté sous les châtaigniers.

## JOUR 5

Retour à St-Étienne-de-Baïgorry. Descendez sur **Cambo-les-Bains** où vous visiterez la Villa Arnaga, la maison d'Edmond Rostand, tout en profitant des eaux thermales (voir l'encadré p. 347). À quelques kilomètres, **Espelette** est célèbre pour ses piments rouges qui sèchent sur les façades des maisons. Quant aux villages d'**Ainhoa** et de **Sare**, ce sont des merveilles où il faut flâner tranquillement. De Sare, vous pourrez envisager l'ascension de la **Rhune**, la montagne mythique du Pays basque (comptez une petite journée supplémentaire - voir l'encadré ci-contre).

## JOUR 6

Commencez votre journée au **col de St-Ignace** d'où vous emprunterez le Petit Train de La Rhune, la montagne sacrée des Basques. Panorama immense le matin. Après une pause au magnifique village d'**Ascain**, descendez sur **Hendaye** pour vous promener sur le front de mer et dans le domaine d'Abbadia et son étrange château construit par Viollet-le-Duc.

## JOUR 7

Le matin, arrêtez-vous à **St-Jean-de-Luz** pour voir la maison de Louis XIV et profiter de son port de pêche. L'église aussi vaut le coup d'œil tout comme le front de mer. Ralliez enfin **Biarritz** où les visites ne manquent pas : le rocher de la Vierge, le musée de la Mer, les belles villas qui vous conduisent au phare sans oublier le pittoresque port des pêcheurs.

RANDONNÉE À PIED

## La Rhune

### INFOS PRATIQUES

Renseignez-vous sur la visibilité au sommet (inutile de monter par temps couvert) et prévoyez un vêtement chaud et de bonnes chaussures.
Sentier balisé en jaune - compter 2h30 à 3h pour la montée, 2h pour la descente.
**Train à crémaillère** – Col de St-Ignace - Sare - 05 59 54 20 26 - www.rhune.com - de mi-juil. à fin août : 8h20-17h30, dép. ttes les 40mn ; de mi-mars (se rens.) à mi-juil. et de déb. sept. à la fin des vac. de la Toussaint : 9h15-12h15, 13h-16h - 19,50 € (-12 ans 12,50 €) - achat des billets à la gare ou sur le site Internet. Animations sur différents thèmes vac. scol. et w.-end, se rens.
Navette de St-Jean-de-Luz (en sais., 2 €).

### STATIONNEMENT & SERVICES

**Parking conseillé**
Sur la D4 : à proximité du parking du train de la Rhune, en dir. d'Ascain - gratuit.

**Aire de Sare**
Omordia - 05 59 54 20 14 -
Permanent (mise hors gel)
Borne artisanale 0 €
25 - 24h - 8 €/j. - borne compris
Services :
GPS : W 1.57679 N 43.31307

La Rhune (en basque, larrun : « bon pâturage ») est la montagne emblématique du Pays basque français.
De son sommet-frontière où trône un émetteur de télévision, le panorama porte jusqu'à l'Océan, la forêt des Landes, les Pyrénées basques et, au sud, la vallée de la Bidassoa.
Un obélisque rappelle que l'impératrice Eugénie en fit l'ascension à dos de mulet en 1859.
En haute saison, la route qui y mène est littéralement prise d'assaut. Si vous partez assez tôt, peut-être pourrez-vous profiter tranquillement du trajet qui s'élève au-dessus d'un gracieux vallon jusqu'au col de St-Ignace (alt. 169 m). Là, le petit chemin de fer à crémaillère de 1924 mène en 35mn au sommet. Son allure (8 km/h) laisse tout le loisir d'admirer les vautours fauves, les pottoks et les manechs (brebis locales à tête noire) qui paissent tranquillement. À l'arrivée, vous trouverez trois ventas, gigantesques supermarchés détaxés situés sur la frontière.
Pour tous ceux qui ne souhaitent pas faire l'ascension à pied, il faut prendre le train à crémaillère qui mène au sommet.

## Aires de service & de stationnement

### ANGLET

**Aire des Corsaires**
Bd des Plages (D405), parking
Haut de la plage des Corsaires -
05 59 58 35 00 - Permanent
Borne flot bleu 0 €
80 - - 72h - 10 €/j. - borne compris
Paiement :
Services :
GPS : W 1.53403 N 43.50701

### BIARRITZ

**Aire de Biarritz**
Av. de la Milady, au parking
de la Milady - 05 59 24 55 77 -
www.parkindigo.fr
Permanent
Borne artisanale : gratuit
20 - - 48h - 12 €/j. - borne compris
Paiement :
Services :
À proximité des plages.
GPS : W 1.57162 N 43.46532

### CAMBO-LES-BAINS

Voir p. 347

### HENDAYE-PLAGE

**Aire d'Hendaye-Plage**
R. d'Ansoenia, près de la gare dite des
Deux-Jumeaux - 05 59 48 23 23
Permanent
Borne AireService 2 € 2 €
25 - 72h - 10 €/j.
Paiement :
GPS : W 1.76438 N 43.37022

### ST-JEAN-DE-LUZ

**Aire de St-Jean-de-Luz**
Av. Charles-de-Gaulle (D 810), sur le
pont - 05 59 51 61 71 - Permanent
Borne AireService 2 € 2 €
17 - 48h - 8 €/j. - Paiement :
Services :
Proche du centre-ville, mais
bruyant, le long de la voie ferrée.
GPS : W 1.66277 N 43.38536

### ST-JEAN-PIED-DE-PORT

**Aire du Jaï Alaï**
Av. du Jaï-Alaï - 05 59 37 00 92
Permanent
Borne Urbaflux : 5 €
(eau + élec.)
50 - - Illimité - 9 €/j.
Paiement :
Services :
À proximité du centre-ville.
GPS : W 1.23231 N 43.16531

### ST-MARTIN-D'ARBEROUE

**Aire privée de La Ferme Agerria**
Maison Aguerria - 06 32 62 10 64 -
www.agerria.fr - Permanent
Borne artisanale : gratuit
20 - - 48h - Gratuit - dans le
camping
Paiement :
Services :
Visite guidée et vente de
produits de la ferme (porcs du
Kintoa, brebis Manech, fromage
Ossau Iraty).
GPS : W 1.19556 N 43.33639

### ST-PALAIS

**Aire de St-Palais**
R. Gaztelu-Zena, près du marché
couvert - 05 59 65 71 78
Permanent (sauf vend. matin, marché)
Borne artisanale : Gratuit
20 - Illimité - Gratuit - ouvert à tout
véhicule
Services :
GPS : W 1.03244 N 43.32916

### ST-PÉE-SUR-NIVELLE

**Aire de St-Pée-sur-Nivelle**
Prom. du Parlement-de-Navarre,
à la sortie de St-Pée-sur-Nivelle -
05 59 54 10 19 - Permanent -
Borne flot bleu 2,50 € 2,50 €
60 - - 48h - 18,50 €/j.
Paiement : - jetons
Services :
En saison, activités à la base de
loisirs.
GPS : W 1.52141 N 43.3494

### SARE

Voir p. précédente

## Campings

### AINHOA

**Xokoan**
05 59 29 90 26 -
www.camping-xokoan.com
Permanent - 30 empl. -
borne AireService
7 € (eau + élec.)
Tarif camping : 22 €
(10A) - pers. suppl. 9 €
Services et loisirs :
GPS : W 1.50369 N 43.29139

### BUNUS

Voir p. 344

### CAMBO-LES-BAINS

Voir p. 347

### ST-JEAN-DE-LUZ

**Le Tamaris-Plage**
720 rte des Plages - 05 59 26 55 90 -
www.tamaris-plage.com
De déb. avr. à déb. nov. - 25 empl. -
Tarif camping : 46 €
(7A) - pers. suppl. 14 €
Services et loisirs :
GPS : W 1.62387 N 43.41804

### ST-JEAN-PIED-DE-PORT

**Narbaïtz**
Rte de Bayonne - 05 59 37 10 13 -
www.camping-narbaitz.com
De mi mai à mi sept.
borne artisanale
Tarif camping : 40 €
(10A) - pers. suppl. 6,50 €
Services et loisirs :
Vue sur le vignoble d'Irouléguy.
GPS : W 1.25911 N 43.17835

### URT

**Etche Zahar**
175 allée de Mesplès - 05 59 56 27 36 -
www.etche-zahar.fr
De déb. avr. à fin sept. -
- 18 €
Tarif camping : 4,60 € 3,50 €
13 € (10A) 3,90 €
Services et loisirs :
GPS : W 1.2973 N 43.4919

## Les bonnes adresses de bib

### ASCAIN

**Cidrerie artisanale Txopinondo Sagarnotegia** – D918, rte de St-Jean-de-Luz - ZA Lan Zelai - 05 59 54 62 34 - www.txopinondo.com - ♿ - restaurant : vac. scol. tlj 12h30-13h30, 19h30-21h30 - formule pintxos (tapas) bc 12 € ; carte 12/45 € - boutique et visite de la cidrerie : avr.-oct. : lun.-sam. 10h30-12h, 15h-19h ; nov.-mars : mar.-vend. 15h-19h. Au milieu des chais, de longues tables vous accueillent pour un festin basque. « Txotx ! » C'est le signal : le sagardoa (cidre) jaillit d'une barrique. Pintxos, cassolette de thon ou txuleta (côte de bœuf) grillée au charbon de bois dans la salle, à partager. Monsieur Lagadec, seul artisan cidrier du Pays basque côté français à faire visiter ses installations au public, fabrique de savoureuses spécialités : sagardoa, muztioa (jus), dultzea (pâte de fruits accompagnant le fromage de brebis) et patxaka (liqueur anisée aux pommes sauvages). Il a installé un petit musée-atelier du goût dont la découverte est un bon prélude au repas !

### BAYONNE

**Bodega Chez Gilles** – 23 quai de l'Amiral-Jauréguiberry - 05 59 25 40 13 - www.bodegachezgilles.com - 9h30-15h30, 18h-23h (sam. en continu) - 16/21 €. Un endroit qui ne manque pas d'ambiance, un joli bar, une équipe sympa, des pierres apparentes et une belle terrasse confèrent à la bodega son caractère bayonnais. Au menu, de savoureuses spécialités locales, à découvrir par exemple dans de grandes assiettes-dégustation qui composent un repas.

### BIARRITZ

**Pim'Pi Bistrot** – 14 av. de Verdun - 05 59 24 12 62 - www.lepimpi-bistrot.com - mar.-sam. 12h-14h, 19h-22h30 - fermé dim. (sf août) et lun. - formules déj. (mar.-vend.) 14,50/19 € - carte 10/26 €. Une carte courte (c'est bon signe !) pour ce bistrot rassembleur dont le chef cuisine les produits frais avec inspiration. Et pourquoi pas un boudin noir de chez Ospital et des queues de gambas snackées ?

### ESPELETTE

**Pottoka** – Pl. du Jeu-de-Paume - 05 59 93 90 92 - www.restaurant-pottoka-espelette.com - fermé de fin fév. à fin mars, de mi-nov. à déb. déc. et lun. hors sais. - formule déj. 15 € - menus 24/26 €. De magnifiques piments d'Espelette décorent ce restaurant typiquement basque. La cuisine accorde une large place aux produits du terroir. Goûtez donc l'axoa (épaule de veau hachée, assaisonnée du piment local), la sole aux cèpes ou le gâteau basque. C'est un régal. L'été, profitez de la terrasse couverte.

### ST-ÉTIENNE-DE-BAÏGORRY

**Cave d'Irouléguy** – Rte de St-Jean-Pied-de-Port - 05 59 37 41 33 - www.cave-irouleguy.com - avr.-sept. : 9h30-13h, 14h-18h30 ; mars et oct. : tlj. sf dim. 9h-12h, 14h-18h30 ; nov.-fév. : 9h-12h, 14h-18h - fermé j. fériés en basse sais. et durant les vendanges. La réputation de cette cave qui, depuis une cinquantaine d'années, vinifie et commercialise l'essentiel des vins d'AOC Irouléguy blancs, rouges et rosés, n'est plus à faire. Elle propose de nombreuses cuvées de qualité.

### ST-JEAN-PIED-DE-PORT

**Paxkal Oillarburu** – 8 r. de l'Église - 05 59 37 06 44 - txitxipapa.overblog.com - fermé mar. sf juil.-août - 16,50/30 €. Posé contre les remparts, ce restaurant joue le répertoire régional : garbure, ris d'agneau au chorizo et poivrons, truitelles d'Iraty au beurre aillé, chipirones, axoa d'agneau, etc. Petite terrasse au calme à l'arrière, pour les beaux jours.

## Offices de tourisme

### BAYONNE

25 pl. des Basques - 05 59 46 09 00 - www.bayonne-tourisme.com.

### BIARRITZ

Square d'Ixelles - 05 59 22 37 10 - tourisme.biarritz.fr.

### ST-JEAN-DE-LUZ

20 bd Victor-Hugo - 05 59 26 03 16 - www.saint-jean-de-luz.com.

*Espelette, piments suspendus.*

*Sylvain THIOLLIER/iStock*

**LE TOP 5 BONS PRODUITS**

1. Jambon de Bayonne
2. Piment d'Espelette
3. Ossau-iraty (fromage)
4. Irouléguy (vin)
5. Chocolat

# AQUITAINE - CIRCUIT 5

# Villages et vallées du Béarn

**Amoureux de la nature, vous allez être servi ! La découverte du Béarn est une suite de spectacles grandioses : le pic du Midi d'Ossau, les prestigieux cols de l'Aubisque et du Somport, les cirques de montagne, les gaves tumultueux d'Aspe et d'Ossau. Mais, au préalable, vous aurez visité Pau et les villages du Piémont qui sauront vous séduire... voire vous retenir.**

**DÉPART :** PAU - 6 jours – 400 km

## JOUR 1

Après la visite de **Pau** (voir l'encadré p. ci-contre), rejoignez **Morlanne**, dont l'église fortifiée cernée de trois tours vaut le coup d'œil tout comme le château féodal élevé par Gaston Phébus, tout en brique avec donjon et chemin de ronde. Ensuite, mettez le cap sur **Orthez**, cité médiévale qui fut un temps capitale du Béarn. Montez au sommet de la tour Moncade, seul vestige du château, flânez dans le centre historique et sur le pittoresque Pont Vieux enjambant le gave de Pau. L'après-midi, gagnez **Salies-de-Béarn**, petite station thermale (visite du musée du Sel) avant de rejoindre **Sauveterre-de-Béarn**, belle cité médiévale dominant le gave d'Oloron.

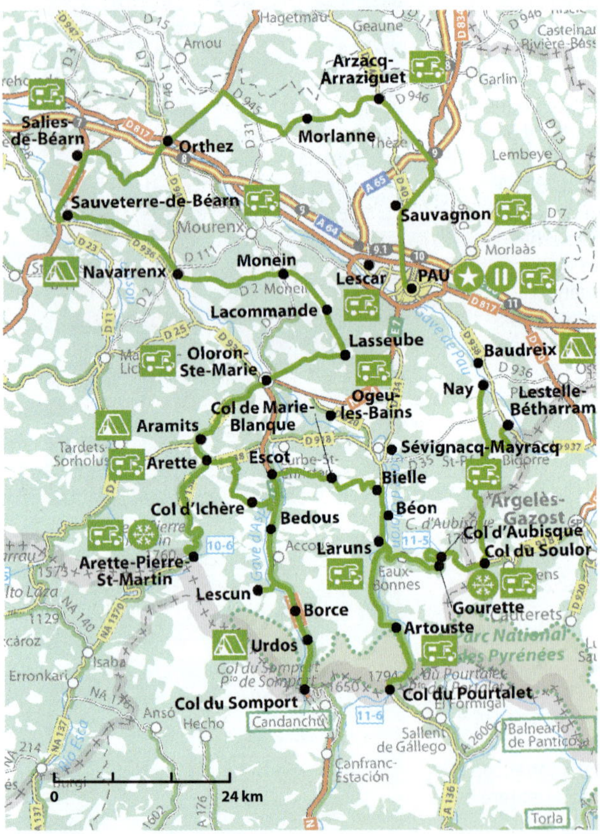


## JOUR 2

**Navarrenx**, agréable bastide fondée en 1316 entièrement dissimulée derrière d'épais remparts, sera votre première étape de la journée. Les amateurs de jurançon poursuivront jusqu'à **Monein**, puis par la D34 au travers des coteaux couverts de vignes par **Lacommande** et **Lasseube** pour découvrir l'Arboretum de Payssas aux variétés exotiques. Gagnez enfin **Oloron-Ste-Marie**, capitale du béret, le temps de voir ses maisons Renaissance sur « couverts », les vestiges des thermes romains et la cathédrale Ste-Marie au portail roman.

## JOUR 3

Vous attaquez désormais la montagne béarnaise via **Aramits**. À partir de ce village, les D918 puis D132 dévoilent des paysages superbes jusqu'à la station de sports d'hiver d'**Arette-Pierre-St-Martin** (voir l'encadré p. 346) célèbre pour son gouffre. De retour dans la vallée, à **Arette**, suivez la D918 en direction de la vallée d'Aspe, puis la D241 via le **col d'Ichère**. Découvrez maintenant la **vallée d'Aspe** en remontant la N134. Ne manquez surtout pas un crochet par le village de **Lescun**, au milieu d'un cirque d'aiguilles acérées : il offre l'un des plus beaux panoramas sur les Pyrénées et nombre de randonnées époustouflantes.

## JOUR 4

Poursuivant dans la vallée d'Aspe, faites une pause à **Borce** pour visiter le Parc Ours qui présente la faune pyrénéenne en semi-liberté. Ensuite, en direction du col, faites une pause au niveau du pont de Sebers pour suivre le chemin de la Mâture. Passé le fort de Portalet, montez enfin jusqu'au **col du Somport** *(accessible toute l'année)* pour les amples panoramas sur la montagne aragonaise. De retour dans la vallée, arrêtez-vous à l'abbaye de **Sarrance**, et à **Escot** prenez la petite D294 qui vous guide au **col de Marie-Blanque**. Halte nocturne dans les environs.

## JOUR 5

**Bielle** vous ouvre les portes de la vallée d'Ossau. Un peu plus haut, au village de **Béon**, vous pourrez observer des vautours fauves à l'aide de l'écran panoramique de la Falaise aux Vautours. Remontant la D934, **Laruns** est la dernière étape tous commerces avant la haute montagne. Car désormais vous entrez dans la zone protégée du Parc national des Pyrénées et, si la météo est bonne, les paysages peuvent toucher au sublime, notamment en empruntant la télécabine de Fabrèges. De la gare terminale, le Petit Train d'Artouste vous mènera au fameux **lac d'Artouste**. Finissez la journée en montant au **col du Pourtalet**, haut lieu de pâturage en été où se regroupent chaque soir les troupeaux de brebis. Redescendez dans la vallée, à **Laruns**, pour y dormir.

## JOUR 6

Prenez la D918 pour les **Eaux-Bonnes** et **Gourette** (voir p. 346) d'où vous monterez au **col d'Aubisque** *(vérifiez les heures de passage autorisées)* qui offre d'immenses panoramas sur le pic de Ger et sur le Grand Gabizos. La route très scénique se poursuit par le **col du Soulor** où quelques chalets d'altitude vendent des fromages pur brebis. De là, la pittoresque D126 redescend doucement vers le gave de Pau. Au niveau d'Arthez-d'Asson, vous pouvez entreprendre un crochet vers le sanctuaire de **Lestelle-Betharram** ou vers les grottes de Betharram avant de rejoindre **Nay** où vous attendent le musée du Béret d'une part et le Musée Béarnais installé dans un bel hôtel particulier de la Renaissance d'autre part.

**LE CONSEIL DE BIB**

**Dans de nombreux petits village du Béarn, le stationnement est obligatoire hors village.**

ÉTAPE 11

# Pau

**OFFICE DE TOURISME**

Pl. Royale -
05 59 27 27 08 -
www.pau-pyrenees.com.

**STATIONNEMENT & SERVICES**

**Aire de stationnement de Pau**
Parking de l'Usine de Tramway - 05 59 27 27 08
Permanent (fermé lors de manifestations)
Services :
Au bord de l'Ousse, plat, bitume, ouvert à tout véhicule.
GPS : W 0.36335 N 43.29369

En 1450, Pau devient capitale du **Béarn**. C'est la ville natale d'**Henri IV** (1553-1610), petit-fils d'Henri II d'Albret, roi de Navarre et seigneur souverain du Béarn. Reconnue comme la plus élégante des cités de la bordure pyrénéenne, même si elle n'a pas la grandiloquence d'un Versailles, elle porte son royal passé avec sobriété et raffinement. Façonnée par de grandes figures, elle doit son **château** à Gaston Phœbus (14e s.), ses **jardins** Renaissance à Marguerite d'Angoulême (16e s.) et l'ouverture de sa **place Royale** à Napoléon Ier ; laquelle place sera prolongée en véritable terrasse faisant balcon sur la vallée, sous l'impulsion... d'Anglais en villégiature !
En arrivant à Pau, allez admirer la vue sur les montagnes depuis le **boulevard des Pyrénées.** On y monte depuis la ville basse par le funiculaire ou à pied par les sentiers du Roy. Au-delà des coteaux de Gelos et de Jurançon, le **panorama** s'étend du pic du Midi de Bigorre, se détache parfaitement, au pic d'Anie. Par temps clair, surtout le matin et le soir et en hiver, le spectacle est d'une grande beauté. Pour faire plus ample connaissance avec la ville, baladez-vous dans les rues autour du **château** qu'il faut visiter et qui a vu naître le futur Henri IV. Pourtant restauré sous Louis Philippe et Napoléon III, il présente surtout de remarquables collections de **tapisseries**, notamment des Gobelins *(château fermé 1er janv., 1er Mai, 25 déc.)*.
Ensuite, vous pourrez faire du shopping entre les places Clemenceau et de la Libération, avant de vous promener dans le parc Beaumont où se dresse le casino et admirer quelques-unes des surprenantes villas anglaises au style très hétéroclite dans le quartier Trespoy. S'il est encore temps, allez découvrir le très réputé haras national de Gelos, au sud de Pau.

## Aires de service & de stationnement

### ARETTE-PIERRE-ST-MARTIN
Voir p. 346

### ARTOUSTE
**Aire d'Artouste**
Lac de Fabrèges - 05 59 05 34 00 -
Permanent (mise hors gel)
Borne artisanale 5 € 5 €
Paiement : jetons (office de tourisme et épicerie Le Petit Lurien)
Services :
GPS : W 0.39894 N 42.88052

### SÉVIGNACQ-MEYRACQ
**Aire du Gave d'Ossau**
Quartier Raguette - 06 81 12 87 97 - martine.raguette.free.fr - Permanent
Borne artisanale : 3 € (eau + élec.)
20 - - Illimité - 11 €/j.
Services :
GPS : W 0.42056 N 43.10667

### ARZACQ-ARRAZIGUET
**Aire d'Arzacq-Arraziguet**
Pl. du Marcadieu - 05 59 04 54 72
Permanent
Borne artisanale : Gratuit
30 - illimité - Gratuit
Services :
GPS : W 0.41022 N 43.53447

### GOURETTE
Voir p. 346

### LARUNS
**Aire de Laruns**
Av. de la Gare - 05 59 05 31 41
Permanent (fermé 14 juillet, sem. 15 août, 1re sem. d'oct.)
Borne eurorelais : gratuit
- - Illimité - 6 €/j. - Paiement :
Services :
GPS : W 0.4251 N 42.98845

### LESCAR
**Aire de Lescar**
Av. du Vert-Galant - 05 59 81 15 98
Permanent - Borne AireService : Gratuit - Services :
GPS : W 0.44366 N 43.32639

### OGEU-LES-BAINS
**Aire d'Ogeu-les-Bains**
Av. de Pau - 05 59 34 91 90
Permanent (mise hors gel)
Borne artisanale : Gratuit
- Illimité - Gratuit
Services :
GPS : W 0.50205 N 43.15358

### OLORON-STE-MARIE
**Aire du Tivoly**
R. Adoue - 05 59 39 99 99
Permanent
Borne AireService : 4 € (eau + élec.)
7 - 48h - Gratuit
Paiement : jetons (office de tourisme)
Services :
GPS : W 0.60861 N 43.18396

### PAU
Voir p. précédente

### SALIES-DE-BÉARN
**Aire de Salies-de-Béarn**
Chemin du Herre - 05 59 38 00 40
Permanent
Borne artisanale 2,80 € 4,10 €
24 - - 72h - 7,80 €/j. - borne compris - durée max. pour curistes : 3 sem. - Paiement :
Services :
GPS : W 0.9339 N 43.4731

### SAUVAGNON
**Aire de Sauvagnon**
Pl. du Champ-de-Foire - 05 59 33 11 91 - Permanent
Borne artisanale : Gratuit
7 - 48h - Gratuit
GPS : W 0.38626 N 43.40389

### SAUVETERRE-DE-BÉARN
**Aire de Sauveterre-de-Béarn**
Rte de Salies - 05 59 38 50 17
Borne artisanale : Gratuit
6 - Illimité - Gratuit - parking à 100 m r. Jean-Recapet, face au tennis
Services :
GPS : W 0.94072 N 43.4011

## Campings

### ARAMITS
**Barétous-Pyrénées**
Quartier Ripaude - 05 59 34 12 21 - www.camping-pyrenees.com
De déb. mars à mi oct. - 61 empl.
borne artisanale
Tarif camping : 30,95 €
(10A) - pers. suppl. 6,95 €
Services et loisirs :
GPS : W 0.73243 N 43.12135

### BAUDREIX
**Les Ôkiri**
Av. du Lac - 05 59 92 97 73 - www.lesokiri.com
De déb. juin à mi sept. - -
Tarif camping : 26 €
(10A) - pers. suppl. 8,50 €
Services et loisirs :
Camping sur une importante base de loisirs.
GPS : W 0.26124 N 43.20439

### NAVARRENX
**Beau Rivage**
Allée des Marronniers - 05 59 66 10 00 - www.beaucamping.com
De fin mars à fin oct. -
borne artisanale
Tarif camping : 31,50 €
(16A) - pers. suppl. 6,30 €
Services et loisirs :
Entre le gave d'Oloron et les remparts du village.
GPS : W 0.76121 N 43.32003

### URDOS
**Le Gave d'Aspe**
R. du Moulin-de-la-Tourette - 05 59 34 88 26 - www.campingaspe.com
De déb. mai à fin sept. -
borne eurorelais 2 € (eau + élec.)
Tarif camping : 17,24 €
(6A) - pers. suppl. 4,40 €
Services et loisirs :
Emplacements bien ombragés le long du gave d'Aspe.
GPS : W 0.55642 N 42.87719

# Les bonnes adresses de bib

## ARAMITS

**Fromagerie du pays d'Aramits** – D19 - Quartier Esquiasse - ✆ 05 59 34 63 03 - www.fromagerie-aramits.com - lun.-vend. 9h-12h, 13h-18h, sam. 9h-12h - fermé j. fériés. Dans cette fromagerie artisanale, les affineurs grattent encore la croûte à l'eau salée… La boutique propose de nombreux fromages AOC, ainsi que divers produits locaux.

## ARETTE

**Chez Gouaillardeu** – 47 r. Marcel-Loubens - ✆ 05 59 88 90 94 - www.restaurantgouaillardeu.fr - 12h-14h, 19h30-21h - fermé lun. soir hors vac. scol. - menus 13,50 € (déj.), 19/24 €. La façade un brin austère de cet établissement cache une salle à manger joliment colorée. La cuisine est simple et copieuse : garbure, tarte aux pommes…

## GOURETTE

**L'Amoulat** – ✆ 05 59 05 12 06 - www.hotel-amoulat.com - à partir de 19h30 - fermé 1er avr.-15 juin, 11 sept.-19 déc., midi - menus 18/30 €. Mobilier robuste et belle collection d'assiettes anciennes président au décor rustique de ce sympathique chalet idéalement situé sur la route du col d'Aubisque. La cuisine du chef, qui panache saveurs régionales et touches actuelles, flatte joliment les papilles.

## MONEIN

**Domaine Bordenave** – Rte d'Ucha - ✆ 05 59 21 34 83 - www.domainebordenave.com - lun.-sam. 9h-19h, dim. sur RV - appeler avant de s'y rendre. Ce domaine viticole familial cultive la vigne avec passion et patience depuis 1676. Résultat ? Une production digne et de qualité, qui réservera de belles surprises grâce à l'esprit entreprenant des propriétaires qui replantent aujourd'hui d'anciens cépages. Exposition permanente de photographies et d'outils anciens de la vigne et du vin.

## OLORON-STE-MARIE

**La Cancha** – 4 allée du Fronton - complexe sportif Guynemer - ✆ 05 59 39 57 41 - lun. 10h-15h, mar.-vend. 9h-15h, 18h-23h (2h jeu. et vend.), sam. 10h-2h - formule déj. 13,90 € - 25 €. Restaurant situé dans le complexe de pelote. Les produits du terroir sont à l'honneur, en particulier dans le vaste choix de pintxos (3 €) à prendre au comptoir.

## PAU

**Henri IV** – 18 r. Henri-IV - ✆ 05 59 27 54 43 - 12h-13h45, 19h-21h45 - fermé mar.-merc. et 15 j nov., 1 sem. juin, 1 sem. sept. (se rens.) - formule déj. 14 € - menus 24/29 €. Dans un espace intime, une bonne cuisine régionale. Belle terrasse.

**Au Parapluie des Pyrénées - Parapluie Berger** – 12 r. Montpensier - ✆ 05 59 27 53 66 - www.parapluiedeberger.com - tlj sf dim.-lun. 8h-12h, 14h-19h, sam. 9h-12h, 14h-19h. Depuis 1890, on fabrique ici, et devant vous, les immenses parapluies des Pyrénées qui sont les seuls capables de résister aux pires averses du Sud-Ouest. C'est aujourd'hui la dernière entreprise du genre en France.

## SALIES-DE-BÉARN

**Restaurant des Voisins** – 12 r. des Voisins - ✆ 05 59 38 01 79 - www.restaurant-des-voisins.fr - fermé lun.-merc. - formule déj. 18 € - menus 30/47 €. Voici une adresse où l'on aimerait toujours pouvoir venir en voisin ! Objets chinés, piano, œuvres contemporaines, etc. : le décor éclectique séduit dans cette maison qui passe pour être la plus ancienne du village. Quant à l'assiette, elle ne triche pas avec le produit : les plats sont savoureux, légers et inventifs, en prise sur le marché. On peut également y déguster la confiture de piperade de Thierry Bourgeois, l'organisateur de la piperadère annuelle.

# Offices de tourisme

## PAU

Voir p. 325

## VALLÉE D'ASPE

5 pl. François-Saraillé - Bedous - ✆ 05 59 34 57 57 - www.pyrenees-bearnaises.com.

*Pau, boulevard des Pyrénées.*

N. Thibaut/Photononstop

**LE TOP 5 ARTISANAT BÉARNAIS**

1. Béret
2. Sonnailles
3. Gourde du marcheur
4. Laine pure
5. Parapluie de berger

# Agenais, entre Lot et Garonne

**Bienvenue dans l'Agenais, la plus petite des régions d'Aquitaine. Engoncé paisiblement entre le Périgord et les Landes, ce pays de vallées aux confins du Lot et de la Garonne rayonne autour d'Agen, élue « Ville la plus heureuse de France », dont la réputation repose sur le fameux pruneau. La bonhomie et l'insouciance d'Agen se retrouvent au gré des villages qui l'entourent.**

**DÉPART :** AGEN - 5 jours – 290 km

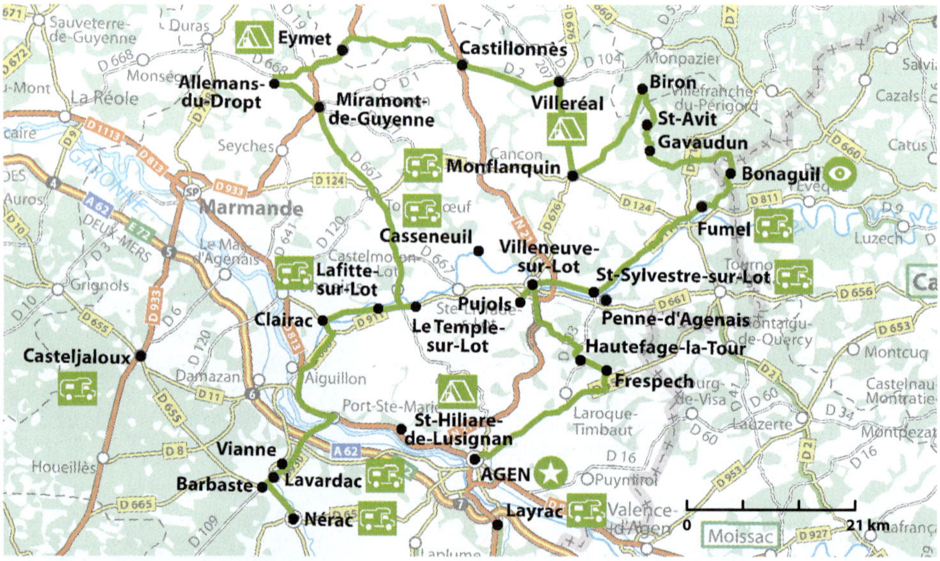


# JOUR 1

Consacrez cette journée à la découverte d'**Agen**. Flânez dans les ruelles de la vieille ville, admirez les maisons médiévales de la rue Beauville. L'esplanade des Graviers offre une belle vue sur la Garonne ; le samedi matin s'y tient le marché. Les gourmands se rendront à la Confiserie Boisson pour tout savoir sur la fabrication du pruneau. Ne manquez pas non plus le musée des Beaux-Arts, riche en peintres de renom (19e s.).

# JOUR 2

Quittez Agen par le nord-est et empruntez la D656 pour **Frespech**. Une visite au musée du Foie Gras vous mettra l'eau à la bouche. Un peu plus à l'ouest au-dessus des champs, **Hautefage-la-Tour** pointe sa haute tour Renaissance. Il est temps de rejoindre **Villeneuve-sur-Lot** (capitale du pruneau d'Agen), grosse bastide au plan régulier établie de part et d'autre du Lot... sans oublier son Haras national. Finissez la journée en montant au village de **Pujols** aux charmes tout à fait irrésistibles.

# JOUR 3

**Penne-d'Agenais**, village perché aux séduisantes ruelles médiévales, sera votre première étape du jour avant de rejoindre **Fumel** pour gagner un peu plus au nord le **château de Bonaguil**. Cette merveille féodale, archétype du château fort, ne livra jamais aucun combat (voir l'encadré p. ci-contre). Les petites routes vers l'ouest vous mènent vers un autre château, celui de **Gavaudun**, flanqué d'un gros donjon dominant le village. De là faites un crochet par **St-Avit**, patrie de l'émailleur Bernard Palissy. S'y déroulent en saison de grandes expositions de poterie et de céramique contemporaines. À quelques kilomètres au nord, vous visiterez ensuite le gros château de **Biron** qui accumule huit siècles d'architecture, aux confins du Périgord.

ICP/age fotostock

*Château de Bonaguil.*

## JOUR 4

La bastide de **Monflanquin** vous retiendra un bon moment avec ses ruelles pittoresques et sa place centrale, un modèle du genre. Un captivant musée des Bastides vous y attend. Deux autres bastides valent la visite : **Villeréal** avec une église fortifiée et une très ancienne halle, puis **Castillonnès** préservant une belle place centrale. Faites un nouveau crochet en Périgord pour découvrir la bastide d'**Eymet**, puis gagnez (D933 au sud et D134) le petit village d'**Allemans-du-Dropt**, le temps de voir les peintures médiévales de son église. Via **Miramont-de-Guyenne** (base de loisirs sur le lac du Saut du Loup) puis la D667, revenez sur la vallée du Lot et **Le Temple-sur-Lot** où une visite des pépinières Latour-Marliac s'impose pour ses somptueux bassins à nénuphars. Allez ensuite à **Lafitte-sur-Lot** : le musée du Pruneau vous livrera tous ses secrets.

## JOUR 5

Le matin, filez sur **Clairac :** si vous voulez vous baigner, le village dispose d'une plage sur le Lot. Par la D666, gagnez Aiguillon, puis **Vianne** aux fortifications intactes (atelier de souffleurs de verre). Descendez ensuite sur **Barbaste** pour voir l'impressionnant moulin d'Henri IV, avant de rejoindre **Nérac** où vous finirez la journée entre parc et château, au bord de la Baïse.

**LE CONSEIL DU BIB**

**De nombreux parkings se trouvent à la périphérie du centre-ville d'Agen.**

VISITE

# Château de Bonaguil

**INFOS PRATIQUES**

05 53 41 90 71 - www.chateau-bonaguil.com - juil.-août : 10h-19h ; avr.-juin et sept. : 10h-17h30 ; mars et oct. : 14h-17h30 ; reste de l'année : vac. scol. 14h-17h - fermé 1er janv., 11 Nov., 25 déc. - 9,50 € (-13 ans 5 €).

**STATIONNEMENT**

**Parking conseillé**

Le parking public, situé au bord de la rivière, peut accueillir les camping-cars (gratuit). Autre parking possible à proximité de l'entrée du château (gratuit).

Le village de Bonaguil s'est lové dans l'ombre de ses châteaux : celui du 13e s., construit sur les ruines d'un plus ancien, et caractéristique de son époque (murs épais, donjon, mâchicoulis...). L'autre de style Renaissance, tout en légèreté et en finesse, qui ne fut jamais achevé. Un contraste unique en Aquitaine, fruit de l'Histoire et d'un espoir déçu.

On pénètre dans le château par la barbacane, énorme bastion qui avait sa garnison autonome, ses magasins et son arsenal. La barbacane faisait partie de la première ligne de défense, longue de 350 m, dont les bastions permettaient le tir rasant grâce à des canonnières.

La seconde ligne se composait de cinq tours, dont la « Grosse Tour » qui est l'une des plus importantes tours de plan circulaire jamais construites en France. Haute de 35 m, couronnée de corbeaux, elle servait à ses étages supérieurs de logis d'habitation, tandis que ses étages inférieurs étaient équipés de mousqueterie, couleuvrines, arquebuses, etc.

Dominant ces deux lignes, ultime bastion de la défense, le donjon à pans coupés était le poste de guet et de commandement. Ni circulaire ni carré, il a la forme d'un vaisseau dont la proue est tournée vers le nord, secteur le plus vulnérable. À l'intérieur, une salle abrite des armes et des objets provenant de fouilles effectuées dans les fossés. Panorama depuis la terrasse. Un puits taillé dans le roc, des dépendances (dont un fournil) où l'on accumulait les provisions, des cheminées monumentales, un réseau d'écoulement des eaux fort bien conçu, des fossés intérieurs secs, voire des tunnels admirablement voûtés constituant de véritables axes de circulation rapide des troupes, permettaient à près d'une centaine d'hommes de soutenir un siège (ce qui n'arriva jamais).

# Aires de service & de stationnement

## CASSENEUIL

**Aire de Casseneuil**
R. des Remparts-Montfort (D 225) - 05 53 41 07 92 - De déb. mai à fin oct.
Borne artisanale : Gratuit
20 - 48h - Gratuit
Services :
GPS : E 0.61838 N 44.44655

## CASTELJALOUX

**Aire de Casteljaloux**
Imp. de la Forêt, rte de St-Michel-de-Castelnau - 05 53 93 48 00
Permanent
Borne artisanale : Gratuit
4 - 48h - Gratuit
Services :
GPS : E 0.07893 N 44.30988

## FUMEL

**Aire de Fumel**
Pl. du Saulou, à l'entrée est de Fumel - 05 53 49 59 69
De déb. mars à fin nov.
Borne artisanale : Gratuit
5 - Illimité - Gratuit
Services :
GPS : E 0.97171 N 44.49823

## LAFITTE-SUR-LOT

**Aire du Musée et Ferme du Pruneau**
Domaine de Gabach, au musée du Pruneau - 05 53 84 00 69 - www.musee-du-pruneau.com
Permanent (fermé Noël - 1er janv. et 15-31 janv.)
Borne artisanale : 3 € (eau + élec.)
15 - Illimité - Gratuit
Paiement :
Services :
GPS : E 0.451 N 44.382

## LAVARDAC

**Aire de Lavardac**
La Grévière - 05 53 97 41 54
Permanent
Borne artisanale : Gratuit
4 - 72h - Gratuit
Services :
GPS : E 0.29896 N 44.17918

## LAYRAC

**Aire de Layrac**
R. du 19-Mars-1962 - 05 53 66 51 53
Permanent (fermé 1er et 2e w.-end de mars, 1er w.-end de juil.)
Borne artisanale : Gratuit
6 - 48h - Gratuit
Services :
GPS : E 0.65958 N 44.13265

## MONFLANQUIN

**Aire de Monflanquin**
Zone de Piquemil - 05 53 36 40 05
Borne artisanale : Gratuit
2 - Illimité - Gratuit - stationnement possible à côté du cimetière et derrière la piscine municipale
Services :
GPS : E 0.7564 N 44.5246

## NÉRAC

**Aire de Nérac**
Pl. du Foirail - 05 53 65 27 75
Permanent
Borne artisanale : Gratuit
2 - Illimité - Gratuit
Services :
Aire bruyante.
GPS : E 0.33641 N 44.13397

## ST-SYLVESTRE-SUR-LOT

**Aire de St-Sylvestre**
Av. Jean-Moulin - 05 53 41 24 58
Permanent
Borne artisanale : Gratuit
12 - 48h - Gratuit
Services :
GPS : E 0.80564 N 44.39576

# Campings

## EYMET

**Le Château**
R. de la Sole - 05 53 23 80 28 - camping-eymet.fr
De déb. avr. à fin sept. -
Tarif camping : 18,70 €
(12A) - pers. suppl. 4,95 €
Services et loisirs :
Site agréable bordé par la rivière, le jardin public et les remparts.
GPS : E 0.39584 N 44.66925

## ST-HILAIRE-DE-LUSIGNAN

**Le Moulin de Mellet**
Rte de Prayssas - 05 53 87 50 89 - www.camping-moulin-mellet.com
De déb. avr. à mi oct. - 45 empl.
borne artisanale - 16 €
Tarif camping : 28,85 €
(10A) - pers. suppl. 7,15 €
Services et loisirs :
Préférer les emplacements près de l'étang et du petit ruisseau, plus éloignés de la route.
GPS : E 0.54188 N 44.2436

## VILLERÉAL

**Yelloh! Village Le Château de Fonrives**
Rte d'Issigeac, Rives - 05 53 36 63 38 - www.campingchateaufonrives.com - De déb. juin à déb. sept. - 141 empl. -
- 44,65 €
Tarif camping : 47 €
(10A) - pers. suppl. 9 €
Services et loisirs :
De grands espaces verts bordés de noisetiers, idéals pour la détente. Loisirs installés dans les dépendances du château.
GPS : E 0.7314 N 44.65739

# Les bonnes adresses de bib

## AGEN

**Le Margoton** – 52 r. Richard-Cœur-de-Lion - 05 53 48 11 55 - lemargoton.com - fermé 2e quinz. de juil., fin déc.-déb. janv., sam. midi, dim. et lun.-mar. midi - formule déj. 17 € - menus 26/32 € - carte 45 €. Sympathique adresse de la vieille ville : accueil familial, décor à base de matériaux traditionnels, couleurs cosy et notes actuelles. Appétissante cuisine actuelle.

**Marchés fermiers** – Sam. mat. pl. Jasmin ; dim. mat. et merc. mat. porte du Pin.

## FRESPECH

**Marché paysan de la ferme de Souleilles** – Musée du Foie gras - Souleilles - 05 53 41 23 24 - www.souleilles-foiegras.com - juil.-août : vend. 9h-14h ; 1er ou 2e vend. d'août : Festa Occitana avec concert et bal occitans gratuits. Au menu : poulets à la ficelle, escargots, foie gras, confits, armagnac, fruits, légumes... L'idéal : un pique-nique à midi.

## MONFLANQUIN

**Le Bistrot du Prince Noir** – Pl. des Arcades - 09 74 56 40 28 - www.lebistrotduprincenoir.fr - fermé dim. soir et mar.-merc. - formule déj. en sem. 17 € - menus 25/30 €. Cette agréable adresse sur la place du village vous permet de savourer en terrasse des plats simples et généreux : nems d'effilochés de canard, chutney de figues, lasagnes d'aubergines, bricks de chèvre ou burgers maison réinventés...

## NÉRAC

**Les Terrasses du Petit Nérac** – 7 r. Séderie - 05 53 97 02 91 - hotel-restaurant-nerac.fr - fermé sam. midi et soir et dim. soir en hiver - menus 13,50 (déj.), 25 €. Dans l'une des salles à manger ou sur la terrasse au ras de l'eau, vous goûterez de bons plats traditionnels accompagnés d'une belle carte de vins locaux, pour un prix tout à fait raisonnable. Un grand bol d'air et de saveur avec vue sur la vieille ville.

**Château du Frandat** – Rte d'Agen - 05 53 65 23 83 - www.chateaudufrandat.fr - tlj sf dim. 9h-12h, 13h30-18h - fermé 1er sam. du mois, j. fériés d'oct. à mai, 1 sem. fin déc. Le château du Frandat élabore trois produits d'Appellation d'origine contrôlée : buzet (rouge et rosé), floc de Gascogne (rosé et blanc) et armagnac. Visite du chai et dégustations (payant - sur réserv.). Le domaine propose également des pruneaux d'Agen

## PUJOLS

**Villa Smeralda** – Passage des ponts du Castel - 05 53 36 72 12 - juin-août : tlj ; sept. : mar. midi-dim. midi ; reste de l'année : se rens. - fermé 10 j. en oct. - formule déj. 14,50 €, menu 16 € - 25/30 €. Décor très sobre et clair pour ce restaurant qui recueille tous les suffrages locaux. La carte, cuisine française traditionnelle, lorgne aussi vers l'Italie et l'Espagne. Possibilité de s'attabler dehors, sur une petite terrasse-jardinet.

## VILLENEUVE-SUR-LOT

**La Boutique des Pruneaux** – 11 pl. de la Libération - 05 53 70 02 75 - www.laboutiquedespruneaux.fr - tlj sf dim. 9h-12h, 14h-19h. Cette boutique est spécialisée dans les pruneaux et ses dérivés. Également de vieux armagnacs de propriétaires, des produits du terroir, des chocolats fins et des conserves sélectionnées.

**L'Oustal** – 4 pl. Lafayette - 05 53 41 49 44 - fermé mar. et merc. soir et dim. - carte 20/30 €. Sous les arcades de la place Lafayette, on déguste dans une salle aux couleurs basques des spécialités concoctées à base de produits frais : chipirones a la plancha, piperade, tapas... Tout est fait maison, et servi dans la bonne humeur.

# Offices de tourisme

## AGEN

38 r. Garonne - 05 53 47 36 09 - www.destination-agen.fr.

## NÉRAC

7 av. Mondenard - 05 53 65 27 75 - www.albret-tourisme.com.

## VILLENEUVE-SUR-LOT

Allée Federico-Garcia - 05 53 36 17 30 - www.tourisme-villeneuvois.fr.

*Le village de Pujols.*

H. Lenain/hemis.fr

**LE TOP 5 BASTIDES**

1. Puymirol
2. Villeneuve-sur-Lot
3. Monflanquin
4. Lavardac
5. Villeréal

# Merveilles de l'Histoire en Périgord

**Dans le Périgord, les vestiges préhistoriques rivalisent avec le patrimoine médiéval. Aux peintures pariétales répondent d'impressionnants châteaux, témoins de la guerre de Cent Ans. Cette terre féconde invite au voyage, qu'il soit temporel ou gastronomique, car elle n'est pas riche de sa seule histoire, elle propose aussi aux gourmets les fastes de ses tables : confits, foie gras et magrets.**

**DÉPART :** PÉRIGUEUX - 7 jours – 380 km

## JOUR 1

**Périgueux** : sa cathédrale romane, première église à coupole élevée au Moyen Âge, les constructions médiévales et hôtels particuliers Renaissance du quartier St-Front... Ce quartier se déploie depuis le sommet de la tour Mataguerre (à côté de l'office de tourisme). La matinée passée, suivie d'une promenade sur les quais, arpentez le quartier de la Cité. L'église St-Étienne-de-la-Cité, les arènes occupées aujourd'hui par un jardin public, le temple de Vésone et son imposante tour ronde sont autant d'étapes avant de découvrir le musée gallo-romain Vesunna bénéficiant d'une muséographie tout à fait remarquable et lumineuse, sur les vestiges mêmes d'une grande demeure gallo-romaine ornée d'enduits peints.

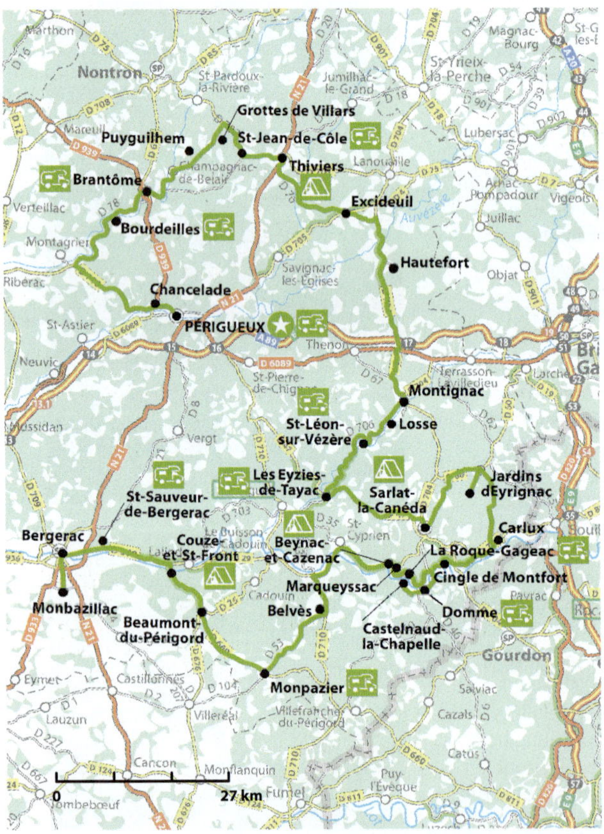


## JOUR 2

Pour commencer, dirigez-vous plein ouest vers la vallée de la Dronne et faites une pause à **Chancelade** le temps de voir son église abbatiale d'origine romane. La D710 puis la sinueuse et verdoyante D78 qui flirte avec la Dronne conduisent à **Bourdeilles** où la visite du château s'impose. Son logis Renaissance abrite collections de meubles et cheminée remarquables. Ensuite rejoignez **Brantôme**. Préhistorique, gallo-romaine, carolingienne et troglodytique, Brantôme mérite une longue étape. Consacrez la fin de l'après-midi aux charmes du **château de Puyguilhem** au nord-est de Brantôme, belle demeure Renaissance.

## JOUR 3

De bon matin, gagnez les **grottes de Villars** (belles concrétions et peintures de chevaux, bouquetins et bisons) avant de rattraper **St-Jean-de-Côle** au prestigieux ensemble architectural. Poursuivez par **Thiviers** pour visiter le musée du Foie gras. Puis filez au sud par **Excideuil**, joli bourg dominé par une imposante forteresse, pour rejoindre le **château de Hautefort** massif et élégant, juché sur un éperon rocheux. La visite des intérieurs, très riche, se complète d'un jardin à la française en terrasses et d'un parc à l'anglaise. S'il est encore temps, rendez-vous ensuite plein sud à **Montignac** où se trouve la célébrissime grotte de Lascaux, la « chapelle Sixtine de la préhistoire ». Seule sa copie, **Lascaux II**,

olegmit/iStock

*Sarlat.*

se visite et en été, mieux vaut être patient car il y a foule (éventuellement reportez votre visite au lendemain en achetant vos billets à l'avance).

## JOUR 4

Descendez la vallée de la Vézère par la rive gauche (D65). Visitez le château Renaissance de **Losse** dominant la rivière, avant de rejoindre **St-Léon-sur-Vézère** avec deux châteaux et l'une des plus belles églises romanes de la région, pour rejoindre enfin **Les Eyzies-de-Tayac**, capitale de la préhistoire où vous consacrerez le reste de la journée à la découverte de nos ancêtres. Commencez par la grotte de Font-de-Gaume, puis celle des Combarelles. L'après-midi, traversez la Vézère : la vallée compte une densité exceptionnelle de sites préhistoriques. Offrez-vous la visite de la grotte du Grand Roc pour ses splendides concrétions, et celle du rare site de plein air de La Micoque, ancienne aire de dépeçage préhistorique. Fin de la visite impérative avec le musée national de la Préhistoire.

## JOUR 5

Consacrez une demi-journée à découvrir **Sarlat-la-Canéda**, jolie ville sauvée de la ruine par André Malraux, où se mélangent avec bonheur Moyen Âge, gothique et Renaissance. Un ensemble si parfait qu'il servit de cadre à de nombreux films de cape et d'épée. Parcourez les ruelles du vieux centre, de l'ancien évêché à l'hôtel Plamon en passant par le présidial et la maison de La Boétie. Chaque samedi se tient ici l'un des plus beaux marchés du Périgord, une vitrine de la gastronomie régionale. L'après-midi, direction de **Salignac-Eyvignes** jusqu'aux magnifiques allées des **jardins d'Eyrignac**, un chef-d'œuvre de l'art topiaire. Halte nocturne possible sur le parking visiteur.

## JOUR 6

Rejoignez la vallée de la Dordogne à hauteur de Carlux pour contempler la silhouette du château de Fénelon et en aval la beauté du **cingle de Montfort** par la route de la falaise. Sautez rive gauche pour monter à la bastide de **Domme**, fondée en 1281 par Philippe le Hardi, un petit bijou posé en belvédère sur la vallée. Retour à Domme pour passer rive droite et rejoindre **La Roque-Gageac** dont les maisons en pierre ocre appuyées sur la falaise s'alignent en une suite magnifique. Le château de **Marqueyssac** n'est qu'à quelques pas et ses jardins suspendus au-dessus de la vallée constituent une étape obligée avec ses massifs de buis tout en rondeur et arabesques, un travail inouï, l'une des plus belles réussites des jardins français.

## JOUR 7

Poursuivez au long de la Dordogne par **Beynac-et-Cazenac**, dominé par un château fort impressionnant, qu'il faut visiter pour connaître l'histoire de cette région âprement disputée durant tout le Moyen Âge entre les Anglais et les Français. En descendant la vallée, bifurquez vers **Belvès** (D703 puis D710). Au cœur du bourg, la place d'Armes a gardé son beffroi et sa halle du Moyen Âge sur piliers de bois. Le marché s'y tient toujours le samedi. La D53 conduit ensuite à **Monpazier**, l'une des plus belles bastides du Périgord. Sa place des Cornières entourée de galeries couvertes fait le bonheur des photographes. Une autre bastide vous attend, un peu plus au nord, celle de **Beaumont-du-Périgord** avec son plan typique en damier. De ses anciennes fortifications ne subsiste que la porte Luzier par laquelle vous entrez dans le bourg. De retour dans la vallée de la Dordogne, **Couze-et-St-Front** est réputé de longue date pour ses moulins à papier. Deux tournent encore et se visitent. En longeant le fleuve, le vignoble de Pécharmant vous conduit jusqu'à **Bergerac** qui vaut la pause pour ses vieilles maisons et ses deux musées (musée du Tabac, musée du Vin et de la Batellerie). Mais vous vous devez de terminer ce grand tour du Périgord par l'admirable château Renaissance de **Monbazillac** niché dans les vignes où l'on produit le célèbre vin blanc liquoreux.

## Aires de service & de stationnement

### BOURDEILLES

**Aire de Bourdeilles**
D 106 - 05 53 03 73 13
Permanent -
Borne eurorelais : Gratuit
60 - Illimité - 7 €/j.
Paiement : jetons (snack sur place et commerçants)
Services :
Cadre verdoyant, plat, herbeux et ombragé.
GPS : E 0.58303 N 45.32392

### BRANTÔME

**Aire de Brantôme**
Chemin du Vert-Galant -
05 53 05 70 21 - Permanent
Borne Urbaflux 2 € 0 €
110 - Illimité - 8,10 €/j.
Paiement :
Services :
camping pour camping-cars, plat, herbeux et ombragé.
GPS : E 0.64829 N 45.36147

### DOMME

**Aire du Pradal**
Le Pradal (D 46E) - 05 53 28 61 00
Permanent
Borne AireService 2 € 2 €
- 72h - 7 €/j. - Paiement :
Services :
GPS : E 1.22173 N 44.80108

### LES EYZIES-DE-TAYAC

**Aire des Eyzies**
Promenade de la Vézère - 05 53 06 97 15 - Permanent (mise hors gel)
Borne eurorelais 2 €
40 - 48h - 6 €/j.
Services :
GPS : E 1.0092 N 44.93875

### MONPAZIER

**Aire de Monpazier**
Rte de Belvès - 05 53 22 60 38
Permanent
Borne artisanale : Gratuit
10 - Illimité - Gratuit
Services :
GPS : E 0.89419 N 44.68498

### PÉRIGUEUX

**Aire de Périgueux**
37 r. des Prés -
03 5 53 02 82 00
Permanent (mise hors gel)
Borne AireService : 2 € (eau + élec.)
41 - - 48h - 6,61 €/j. - Paiement :
Services :
GPS : E 0.73092 N 45.18781

### LA ROQUE-GAGEAC

**Aire de la Roque-Gageac**
Pl. Publique - 05 53 29 51 52
Permanent
Borne artisanale : 4 € (eau + élec.)
20 - Illimité - 8 €/j.
Services :
GPS : E 1.18431 N 44.82506

### ST-JEAN-DE-CÔLE

**Aire de St-Jean-de-Côle**
Parking du tennis, derrière la Mairie -
05 53 62 14 15 - Permanent
Borne eurorelais : 3 € (eau + élec.)
- Illimité - Gratuit
Paiement : jetons (office de tourisme et épicerie Vival)
Services :
GPS : E 0.84057 N 45.41996

### ST-LÉON-SUR-VÉZÈRE

**Aire de St-Léon-sur-Vézère**
Av. de la République -
05 53 50 73 16
Permanent
Borne flot bleu : 2 € (eau + élec.)
- - Illimité - 6 €/j. - Paiement :
Services :
GPS : E 1.08943 N 45.01217

### ST-SAUVEUR-DE-BERGERAC

**Aire de St-Sauveur-de-Bergerac**
Parking municipal - 05 53 74 55 77
Borne artisanale
8 - 24h
Services :
GPS : E 0.58698 N 44.86842

## Campings

### BEYNAC-ET-CAZENAC

**Le Capeyrou**
944 rte des Gabarriers -
05 53 29 54 95 -
www.campinglecapeyrou.com
De déb. mai à fin sept. - 126 empl.
borne artisanale
Tarif camping : 9,30 € 11,50 €
(10A) 5,20 €
Services et loisirs :
Préférer les emplacements près de la rivière, plus éloignés de la route.
GPS : E 1.14843 N 44.83828

### COUZE-ET-ST-FRONT

**Les Moulins**
Les Maury Bas - 06 89 85 76 24 -
www.campingdesmoulins.com
De déb. avr. à fin oct. - 11 empl.
borne flot bleu 4 € (eau + élec.)
Tarif camping : 30 €
(10A) - pers. suppl. 7 €
Services et loisirs :
Cadre verdoyant face au village perché sur un éperon rocheux.
GPS : E 0.70448 N 44.82646

### SARLAT-LA-CANÉDA

**Les Acacias**
La Canéda, r. Louis-de-Champagne -
05 53 31 08 50 - www.acacias.fr
De déb. avr. à fin sept. - 100 empl.
borne artisanale 6 € (eau + élec.)
Tarif camping : 32 €
(10A) - pers. suppl. 8 €
Services et loisirs :
GPS : E 1.23699 N 44.85711

### THIVIERS

**Le Repaire**
05 53 52 69 75 -
www.camping-le-repaire.fr
De déb. avr. à déb. nov. - 60 empl.
borne artisanale
Tarif camping : 23 €
(6A) - pers. suppl. 4 €
Services et loisirs :
Beaux emplacements autour d'un petit étang.
GPS : E 0.9321 N 45.41305

# Les bonnes adresses de bib

**BERGERAC**

**La Table du Marché Couvert** – 21 pl. de la Bardonnie - 05 53 22 49 46 - www.table-du-marche.com - fermé lun. (hors sais.) et dim., de fin fév. à déb. mars et déb. juil. - formule déj. 26 € - 36/56 €. Impossible de ne pas remarquer cette maison d'angle à la façade rouge, face aux halles ! Dans ce bistrot à l'élégance toute contemporaine – un cadre soigné –, les recettes s'inspirent du marché… évidemment.

**CARLUX**

**Domaine de Béquignol** – Béquignolles - 05 53 29 73 41 - www.bequignol.fr - - 8h-12h, 13h30-17h30, lun. 9h-12h, 13h30-17h30 - fermé w.-end. Confiseries : Arlequines de Carlux (cerneaux de noix enrobés de chocolat et poudrés de cacao), bouchées aux noix, Nogaillous du Périgord (cerneaux de noix enrobés de chocolat), Noir et noix (barre de chocolat noir fourrée à la pâte de noix et de caramel). Ces gourmandises sont distribuées dans les principales boutiques de la région.

**MONTIGNAC**

**Les Pilotis** – 6 r. Laffite - 05 53 50 88 15 - fermé lun. et jeu. soir sf été - carte 9,50/21 €. Le succès de cet établissement familial tient à sa cuisine abordable (classiques régionaux, grandes salades, pizzas, etc.) et à sa terrasse juste au-dessus de la Vézère.

**PÉRIGUEUX**

**Le Petit Nice** – 16 r. Claude-Bernard - 05 53 53 49 07 - www.restaurant-traiteur-lepetitnice.com - fermé soir - formule 13 € - menu 28 €. Situé à deux pas de Vesunna, cet établissement est fréquenté en masse par les employés du quartier : et pour cause, la cuisine du jour, simple, bonne et roborative, se conjugue à petit prix. Grande salle aux tons clairs et terrasse à la belle saison. Service sympathique et efficace.

**ST-JEAN-DE-CÔLE**

**Le St-Jean** – Le Bourg - 09 70 35 57 20 - www.le-stjean.fr - fermé dim. soir et lun. soir - 19,50/34 €. Facile à trouver au centre du bourg, cet établissement propose une carte très classique, avec bien sûr un fort penchant pour la cuisine régionale, à commander de préférence dans la petite salle.

**SARLAT-LA-CANÉDA**

**Le Bistro de l'Octroi** – 111 av. de Selves - 05 53 30 83 40 - www.lebistrodeloctroi.fr - - formules déj. 15/19 € - carte 30 €. Ce restaurant, proche du centre historique, possède de sérieux atouts pour allécher les gourmets. Outre les recettes locales, la carte offre une place de choix au bœuf limousin et aux spécialités de poisson. De beaux volumes dans les salles et une terrasse-jardin sympathique.

*Château de Beynac.*

OSTILL/iStock

# Offices de tourisme

**LES EYZIES-DE-TAYAC**

19 av. de la Préhistoire - 05 53 06 97 05 - www.lascaux-dordogne.com.

**PÉRIGUEUX**

9bis pl. du Coderc - 05 53 53 10 63 - www.tourisme-perigueux.fr.

*Foie gras.*

margouillatphotos/iStock

**LE TOP 5 CHÂTEAUX ET FORTERESSES**

1. Castelnaud
2. Beynac
3. Commarque
4. Bridoire
5. Bourdeilles

AQUITAINE - CIRCUIT 8

# La traversée des Pyrénées

## d'Hendaye à Cerbère

**Des paysages à couper le souffle entre Atlantique et Méditerranée, des routes empruntant des cols mythiques bien connus des amateurs du Tour de France, mais accessibles pour certaines seulement à la belle saison, des villages superbes où les traditions festives et pastorales demeurent vivaces, un artisanat de qualité, des sites préhistoriques exceptionnels, des stations thermales à foison, une riche biodiversité à préserver, un pays de cocagne où prospèrent ceps de vignes et arbres fruitiers, une gastronomie de caractère : voici une traversée dont vous vous souviendrez longtemps.**

**DÉPART :** HENDAYE - 9 jours – 940 km

### JOUR 1

Avant de partir sur les routes de montagne, profitez de la très grande plage de la verdoyante station d'**Hendaye**, puis de la belle côte sauvage en prenant la route sinueuse de la « corniche basque » qui longe le littoral jusqu'à **St-Jean-de-Luz**. Avec sa baie ouverte sur l'Océan et protégée par des digues, cette vieille cité d'armateurs mérite que l'on s'y promène à pied. Le matin, place des Halles, les producteurs et les artisans de la région viennent y vendre leurs spécialités.

Retraversez la Nivelle pour longer Ciboure, visitez le château fortifié d'**Urtubie** à Urrugne et gagnez par la D4 la charmante ville basque d'**Ascain**, où vous deviendrez incollable sur la pelote et le chistera en visitant l'écomusée.

La D4 grimpe jusqu'au **col de St-Ignace** d'où le point de vue est superbe sur la Rhune, montagne emblématique de la région, puis descend en de nombreux virages jusqu'à **Sare**. Ce beau village mérite une halte : voyez son fronton, son église, ses maisons anciennes. Poursuivez jusqu'à **Ainhoa**, un autre village typique du Pays basque avec ses maisons rouges.

### JOUR 2

Dirigez-vous plein sud par la D20 vers Urdazubi (en Espagne), qui vaut le coup d'œil pour ses maisons anciennes, ses petits ponts et ses canaux, puis partez sur la route des grands cols.

Dans la montée assez sinueuse jusqu'au puerto de Oxtondo, vous pourrez admirer les montagnes depuis deux beaux points de vue. Passé le col, la route descend en virages moins marqués vers Orodqui. Là, prenez la NA2600, qui traverse Erratzú aux maisons fleuries et grimpe au **col d'Ispéguy**, à cheval sur la frontière franco-espagnole.

La grande descente vers **St-Étienne-de-Baïgorry** est également très sinueuse. Voyez ses maisons basques, son pont romain et sa jolie place ombragée de platanes. Et pourquoi ne pas vous rendre à la cave d'Irouléguy afin d'y découvrir les vins de cette petite appellation appréciée des connaisseurs, qui se marieront bien avec les spécialités locales ? N'hésitez pas à faire un détour dans la vallée des Aldudes, réputée pour son élevage de cochons pie noir.

Revenez à St-Étienne-de-Baïgorry et, par la jolie D15, traversez Irouléguy, où les vignes poussent sur de petites parcelles à flanc de coteau, puis la vieille ville de **St-Jean-Pied-de-Port**, dont la citadelle édifiée par Vauban apparaît dans un superbe cadre montagneux, au pied du fameux port de Roncevaux.

Poursuivez sur la D933 vers Larceveau-Arros, où vous bifurquez sur la D918 pour vous rendre à St-Just-Ibarre et parvenir au **col d'Osquich** : des vues remarquables sur la Soule, une région très agricole,

*St-Jean-Pied-de-Port.*

*Petegar/iStock*

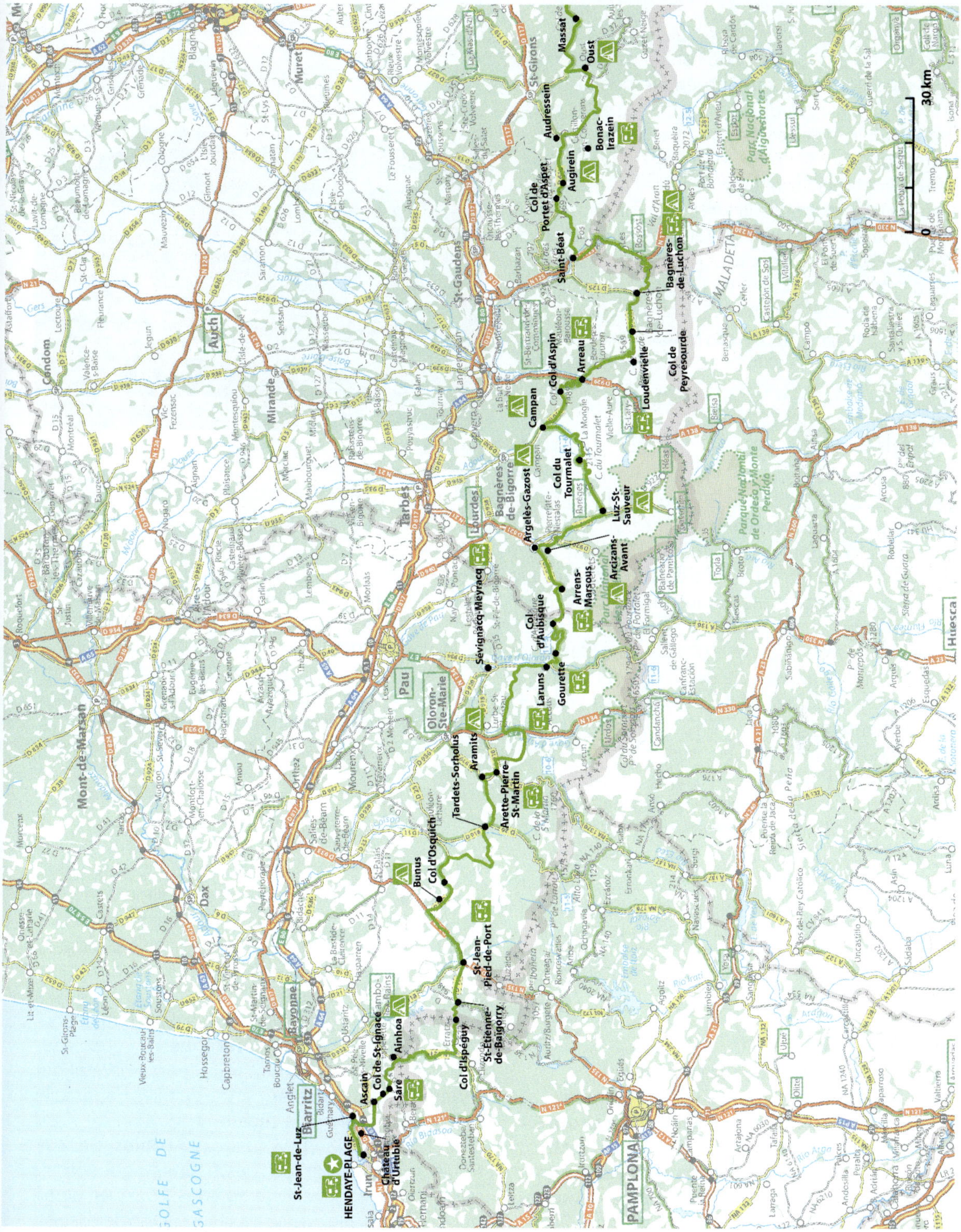
HENDAYE-PLAGE
St-Jean-de-Luz
Château d'Urtubie
Ascain
Col de St-Ignace
Sare
Ainhoa
Col d'Ispéguy
St-Étienne-de-Baïgorry
St-Jean-Pied-de-Port
Bunus
Col d'Osquich
Tardets-Sorholus
Aramits
Arette-Pierre-St-Martin
Oloron-Ste-Marie
Laruns
Gourette
Col d'Aubisque
Arrens-Marsous
Arcizans-Avant
Argelès-Gazost
Luz-St-Sauveur
Col du Tourmalet
Bagnères-de-Bigorre
Campan
Col d'Aspin
Arreau
Loudenvielle
Col de Peyresourde
Bagnères-de-Luchon
Saint-Béat
Col de Portet d'Aspet
Augirein
Audressein
Bonac-Irazein
Oust
Massat
Pau
Lourdes
Tarbes
Bayonne
Biarritz
Irun
PAMPLONA
Huesca
Auch
Mont-de-Marsan
Condom
Mirande
St-Gaudens
St-Girons
Muret
Dax
Orthez
GOLFE DE GASCOGNE
MALADETA
Parque Nacional de Ordesa y Monte Perdido
Parc Nacional d'Aigüestortes
0
30 km

et la forêt des Arbailles, que l'on ne peut parcourir qu'à pied. La route descend en virages jusqu'aux charmants villages d'Ordiarp et d'Aussurucq. Les maisons anciennes et les églises romanes méritent l'attention.
La D147 dessine ensuite de multiples lacets dans la forte montée qui longe la forêt. Au croisement avec la D117, gagnez par une route sinueuse la bastide de **Tardets-Sorholus**, dont la place centrale est entourée de maisons à arcades du 17e s.
Vers l'est, la D918 mène à Lanne-en-Barétous et **Aramits** : vous voilà au pays des mousquetaires immortalisés par Alexandre Dumas ! Passez la nuit à **Arette**.

## JOUR 3

Dirigez-vous vers Issor par la D918. Avant le village, tournez à droite sur la jolie D241 qui suit le gave de Lourdios. À **Lourdios-Ichère**, initiez-vous à la vie pastorale traditionnelle à l'écomusée de la vallée d'Aspe. La route monte ensuite au **col d'Ichère**, puis descend à travers les prairies jusqu'à Pont-Suzon.
Prenez la N134 vers **Sarrance**, grand centre de pèlerinage dans la vallée d'Aspe, la plus sauvage des belles vallées du Béarn. Après le défilé d'Escot, suivez la petite route sinueuse D294 qui grimpe fort au **col de Marie-Blanque** (1035 m) - l'un des fameux passages du Tour de France - d'où vous aurez de beaux points de vue sur les Pyrénées.
La descente vers le plateau de Bénou, lieu de transhumance à la fin du printemps et point de départ de randonnées, s'effectue en virages serrés jusqu'à **Bielle**. Là, remarquez les maisons aux décors sculptés, l'église et le château du 18e s. Puis suivez le gave d'Ossau et la D934 en direction de Laruns.

*N. Thibaut/Photononstop*

*Col d'Aubisque.*

Au village de **Béon**, le château restauré et l'espace muséographique consacré aux vautours méritent un arrêt.
Faites un petit crochet par **Béost**. Découvrez de façon ludique le parcours qui permet de déchiffrer les belles inscriptions sur les linteaux de porte des maisons.
À partir de **Laruns**, vous allez franchir les plus hauts cols pyrénéens, soyez très prudents sur la route.
Par la D918, grimpez vers la station thermale d'**Eaux-Bonnes**, implantée dans une vallée boisée. Découvrez au passage la miellerie de la Montagne Verte implantée dans un site exceptionnel. Vous y trouverez des miels peu communs de rhododendron, de pissenlit et de bruyère. Poursuivez la montée (attention, passage à 10 %) jusqu'à Gourette et le **col d'Aubisque** (1709 m). Par beau temps, le point de vue sur le cirque de Gourette est sublime.
Après le col, la route étroite en corniche domine le cirque du Litor, un des passages les plus saisissants du parcours ! Au col du Soulor, vous verrez notamment le pic du Midi d'Arrens.
La descente, qui emprunte une petite route, aboutit au village d'**Arrens-Marsous**. Arrêtez-vous à la Maison du val d'Azun et du Parc national des Pyrénées, cela vous permettra de mieux apprécier la faune et la flore de la région.
Continuez sur la D918 jusqu'à **Argelès-Gazost**. Flânez dans les petites rues fleuries pour voir les vieilles maisons, faire des emplettes. Pour bien terminer la journée, allez vous relaxer au Jardin des Bains...

**LE CONSEIL DU BIB**

**Ménagez votre moteur et vos freins ! Pour cela, évitez de trop souvent changer de rapport. Sur les routes à forte déclivité en descente, utilisez au maximum le frein moteur pour ne pas faire chauffer les disques de freins et passez sur le même rapport que celui que vous auriez utilisé en montée.**

## JOUR 4

Prenez la D921 vers le sud pour découvrir la gorge de Luz. La jolie route est ponctuée de tunnels. À **Esquièze**, juste avant d'arriver à Luz-St-Sauveur, un sentier permet de se rendre au château fort des comtes de Bigorre. Depuis les ruines, profitez de la vue sur la vallée.

La route grimpe ensuite fortement en direction de Barèges, la plus ancienne station de ski des Pyrénées. La commune a également donné son nom à une race de mouton à la chair finement persillée.

La route du Tourmalet, impressionnante pour les personnes sujettes au vertige, sinue entre des sites ravinés depuis le pont de la Gaubie jusqu'à la station de La Mongie. Après le pont de la Gaubie apparaissent le pic de Néouvielle, puis le pic du Midi de Bigorre, surmonté de son observatoire et de son relais de télévision. Du **col du Tourmalet** (2 115 m), le panorama est remarquable.

Faites une halte à **Artigues** pour aller à pied par un sentier grimpant à travers la forêt de sapins jusqu'à un belvédère qui permet de voir la belle cascade du Garet. Prévoyez de bonnes chaussures.

La route continue sa descente dans la verdoyante vallée de Campan. Au-delà de **Ste-Marie-de-Campan**, poursuivez sur la D918. Remarquez à Espiadet les carrières de marbre, sans relâcher votre attention dans la série de virages qui montent au **col d'Aspin** (1 489 m). Profitez de la vue avant d'entamer la descente très sinueuse.

Une fois arrivés à **Arreau**, promenez-vous dans cette ville charmante et voyez ses maisons à encorbellement, son église romane, ses châteaux et ses halles. Prolongez la visite en montant jusqu'à la volerie de rapaces (faucons, vautours, aigles, etc.).

*Col d'Aspin.*

Y. Guichaoua/Guichaoua Photos/age fotostock

Ensuite, faites un petit détour jusqu'à **Jézeau** par la D112. Son église romane peut s'enorgueillir d'une peinture monumentale du Jugement dernier sur sa voûte en bois et d'un retable au fond du chœur.

Revenez sur vos pas pour prendre la D618 en direction de Bagnères-de-Luchon. Ne manquez pas la petite route qui mène à **Vielle-Louron**, dont l'église peinte est l'une des plus belles de la vallée.

Passez la nuit au bord du lac de **Genos-Loudenvielle**.

## JOUR 5

En reprenant la route D618, admirez le point de vue sur Loudenvielle, puis gagnez par une forte montée le **col de Peyresourde** (1 569 m). La descente débute par plusieurs virages en épingle à cheveux. Passez par **Cazeaux-de-Larboust,** dont l'église est ornée de fresques du 15e s. Puis à Castillon-de-Larboust, suivez la petite route D76 qui traverse le **val d'Oô**. Au bout de la route, empruntez le sentier qui mène au lac de barrage situé dans un cadre magnifique. Au fond, le torrent forme une cascade haute de 275 m. Revenez sur vos pas et passez à **St-Aventin**. Cette petite localité aux toits d'ardoise possède une majestueuse église romane.

La route descend en formant de belles boucles jusqu'à **Bagnères-de-Luchon**. Garez-vous sur l'un des parkings à l'entrée de la ville ou sur l'aire de service et circulez à pied dans cette station thermale très animée.

Puis, toujours par la D618 extrêmement sinueuse, montez au col du Portillon (1 293 m). Vous voilà en Espagne. Dans la descente en belles épingles à cheveux, faites une halte au **parc animalier du val d'Aran**. Prenez vos jumelles pour pouvoir observer les animaux sauvages qui y vivent en semi-liberté : marmottes, loutres, bouquetins...

Continuez sur la N141 jusqu'à Bossòst, village construit le long de la Garonne. Là, tournez à gauche sur la N230. Vous franchissez la frontière au Pont du Roi. Ensuite, quittez la N125 à **St-Béat** pour suivre la D44 qui serpente jusqu'au col de Menté (1 349 m) et à la station de ski du Mourtis dont les chalets se cachent dans la forêt de sapins.

En bas de la route en forte pente, vous arrivez au vallon resserré du Haut-Ger. Remarquez les hameaux perchés, et à **Ger-de-Boutx** et au **Couret**, les églises dont les clochers-murs portent des aiguilles à boules. Tournez à gauche sur la D85, puis à droite pour monter au **col de Portet-d'Aspet** (1 069 m). La D618 est très étroite et sinueuse. Arrêtez-vous au col pour

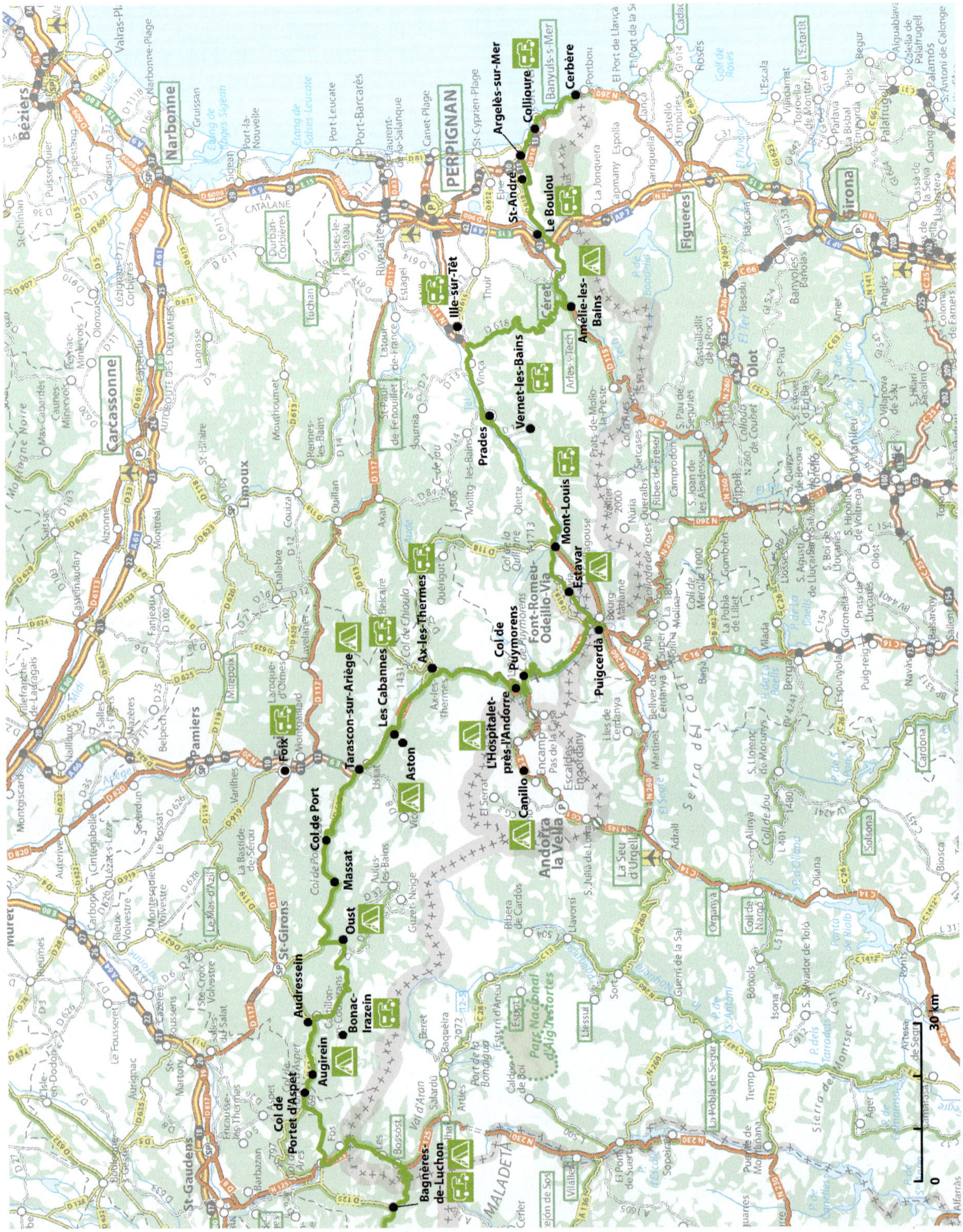

Bagnères-de-Luchon
Col de Portet d'Aspet
Augirein
Audressein
Bonac-Irazein
Oust
Massat
Col de Port
Foix
Tarascon-sur-Ariège
Aston
Les Cabannes
Ax-les-Thermes
L'Hospitalet-près-l'Andorre
Canillo
Andorra la Vella
Col de Puymorens
Font-Romeu-Odeillo-Via
Puigcerdà
Estavar
Mont-Louis
Prades
Vernet-les-Bains
Ille-sur-Têt
Amélie-les-Bains
Céret
Le Boulou
St-André
Argelès-sur-Mer
Collioure
Cerbère
PERPIGNAN
Narbonne
Béziers
Carcassonne
Limoux
Pamiers
St-Girons
St-Gaudens
Figueres
Girona
Olot
MALADETA
Parc Nacional d'Aigüestortes
30 km

admirer le panorama. Vous traversez de beaux villages typiques du Castillonnais, comme celui d'**Audressein**, qui se trouve sur l'un des chemins de St-Jacques-de-Compostelle.
Continuez jusqu'à Castillon-en-Couserans ; cette région de l'Ariège est propice à de belles randonnées. Aux Bordes-sur-Lez, poursuivez sur la D4 jusqu'à l'aire de **Bonac-Irazein** où vous pourrez passer la nuit.

## JOUR 6

Revenez sur vos pas jusqu'aux Bordes-sur-Lez et prenez à droite la D17 qui monte dans la vallée ouverte de Bethmale, connue pour ses fromages de caractère au lait cru de vache, de brebis ou même de chèvre. Goûtez-les ! Vous pourrez même les manger en fondue...
Le très joli village d'**Ayet** possède une église au décor de boiseries naïves du 18e s. Un peu plus loin, laissez la voiture dans un virage à gauche, à l'entrée de la forêt domaniale de Bethmale et marchez le long des rives du lac émeraude encadré de hêtres. Les amateurs de pêche y taquinent la truite.
En gagnant de l'altitude dans un cirque de pâturages, la route atteint le col de la Core (1395 m). Au-delà, la descente sinueuse avec quelques lacets mène à **Seix**, village dominé par un beau château du 16e s.
Par la D3, allez à **Vic**. Ne manquez pas de visiter son église typique de la région avec son clocher-mur et son décor peint.
Tout près de là, à **Soueix-Rogalle**, faites une halte à la Boutique des Colporteurs, qui faisait autrefois office lieu d'approvisionnement, d'épicerie, de quincaillerie, etc. Un espace y est dédié à l'histoire des paysans qui sillonnaient la région pour vendre les denrées dans les villages reculés. Aujourd'hui, l'épicerie propose des produits régionaux.
À **Oust**, tournez à droite sur la D618, toute en virages, pour aller à **Massat**. Remarquez le haut clocher de l'église avant de poursuivre par la route très sinueuse qui grimpe au col des Caougnous (947 m), puis au **col de Port** (1250 m). Vous vous trouvez sur la frontière naturelle entre les « Pyrénées vertes », soumises à l'influence atlantique, et les « Pyrénées du soleil », de caractère méditerranéen. La descente s'effectue par la fertile vallée de Saurat. Vous passez entre les énormes rochers de Soudour et de Calamès.
Vous arrivez dans une région célèbre pour ses grottes préhistoriques ornées de gravures et peintures rupestres. Plusieurs sites méritent la visite. Pour cela, il faudrait y consacrer plusieurs jours. Aussi, aux environs de la vieille cité de **Tarascon-sur-Ariège**, vous aurez le choix entre la grotte de Bédeilhac, avec ses représentations d'animaux, le passionnant Parc de la Préhistoire et la grotte de Lombrives aux 1000 stalactites !
Au-delà de Tarascon, prenez la N20 jusqu'à **Luzenac**.

## JOUR 7

Direction sud-est par la N20 vers **Ax-les-Thermes**, une station thermale, bien fréquentée pendant la période estivale, où une promenade dans le dédale des rues piétonnes permet de découvrir les maisons à colombages et de s'approvisionner en gentiane pour l'apéritif du soir !
Après Mérens-les-Vals, village connu à la fois pour ses petits chevaux noirs, doux et endurants, de race très ancienne, et ses sources chaudes dans des bassins naturels, vous suivez les gorges de la haute vallée de l'Ariège. À mesure que la route s'élève, le paysage devient de plus en plus sévère, tandis que vous apercevez des troupeaux de chevaux en liberté.
Au départ de **L'Hospitalet-près-l'Andorre**, vous pouvez faire une escapade shopping dans la principauté d'Andorre en empruntant la N22 qui passe par le Pas de la Casa. Mais vous pouvez aussi monter directement par la N20 au **col de Puymorens** (1920 m).
Après un pont sur un couloir d'avalanche, la route, en descente, offre un point de vue sur le village de Porté-Puymorens. Vous passez par le défilé de la Faou, puis par le hameau de Carol dominé par deux tours en ruine. À la fin du parcours encaissé, la route débouche dans une plaine fertile
Poursuivez jusqu'à Bourg-Madame et **Puigcerdá** (Espagne), aux rues bordées de vieux édifices et de boutiques traditionnelles. Voyez la plaça Santa Maria toujours animée, l'église gothique Sant Domènec aux belles peintures murales du 14e s. Du sommet du clocher Santa Maria, profitez de la perspective à 360° sur la plaine de Cerdagne.

**LE CONSEIL DU BIB**

**Dans les villages, les rues sont étroites ; évitez de les traverser en camping-car et garez-vous à l'extérieur sur les aires de stationnement. Une promenade à pied permet toujours de mieux apprécier la visite.**

Par la N154, vous traversez l'enclave espagnole de **Llivia**. Circulez à pied dans les ruelles, voyez les vestiges du château médiéval qui surplombe la ville, l'église fortifiée et surtout rendez-vous au musée qui recèle l'une des plus anciennes pharmacies d'Europe.
Quittez Llivia au nord-est par la D33, une route en lacets qui grimpe à **Font-Romeu**. À la fontaine du pèlerin, visitez la chapelle qui est ornée d'un superbe retable, ainsi que le camaril (petite chambre dédiée à la Vierge), datés du début du 18e s.
La descente en virages serrés offre de beaux points de vue sur la ville close de remparts et la forteresse très bien conservée de **Mont-Louis**, bâtie à 1600 m d'altitude.
Prenez la N116 en direction de Prades. La route en corniche forme de nombreux virages dans la forte descente. Au passage, remarquez le pont Giscard, pont ferroviaire suspendu à 80 m au-dessus de la rivière, puis le viaduc Séjourné sur lesquels passe de temps à autre le petit Train jaune, dit « le Canari », qui relie Villefranche-de-Conflent à Latour-de-Carol. Au hameau de Thuès-Entre-Valls, deux chemins permettent de partir en randonnée le long des **gorges de la Carança**.
La route pénètre dans le défilé des Graüs. Après Olette, les virages se font moins fréquents. Sur la droite apparaissent le fameux massif du Canigou, puis une autre belle citadelle de Vauban, celle de **Villefranche-de-Conflent**. Là, suivez le circuit des remparts et promenez-vous dans la ville médiévale, très animée, où les artisans proposent les spécialités catalanes comme les espadrilles ou, pour les gourmands, les rousquilles (biscuits tendres couverts de sucre glace).

*L'abbaye St-Martin-du-Canigou*

M. Siepmann / age fotostock

Prenez la D116 vers le sud pour visiter l'église romane de **Corneilla-de-Conflent**, où vous remarquerez de belles statues de Vierges romanes et un retable gothique.
La route très étroite remonte la vallée du Cady jusqu'à Casteil et mène, en partie du moins car il faut finir à pied, à travers les vergers à l'abbaye **St-Martin-du-Canigou** bâtie sur un piton dans un site sauvage splendide.
Reprenez la D116 jusqu'à **Vernet-les-Bains** pour passer la nuit dans un site agréable.

## JOUR 8

Quittez Vernet vers le nord pour rattraper la N116 et aller à **Prades**, petite cité catalane très connue des mélomanes pour le festival Pablo Casals qui s'y déroule en été.
Par la D27, rendez-vous vers le sud à l'abbaye **St-Michel-de-Cuxa**. Ne manquez pas d'observer le bestiaire sculpté sur les chapiteaux du cloître, le beau clocher roman et la crypte dont la voûte est soutenue par un pilier unique.
Revenez à Prades et par la N116 rejoignez Vinça, ville fortifiée qui offre un beau point de vue sur le Canigou.
Continuez vers l'est pour visiter **Ille-sur-Têt**. Son marché aux fruits et légumes est des plus animés. Faites un petit détour au nord de la ville pour suivre le sentier de découverte des incroyables « orgues » et des imposantes cheminées de fée.
Suivez vers le sud la belle route D618, très sinueuse et parfois étroite, qui passe par les gorges de Boulès.
Le minuscule village de **Boule-d'Amont** est bâti à flanc de coteau ; sa massive église romane cache un étonnant ensemble de retables baroques ainsi que des sculptures en bois polychrome.
Profitez des différents points de vue dans les environs du col Fourtou, notamment depuis la chapelle de Prunet-et-Belpuig. Vous reconnaîtrez bien sûr le Canigou !
Après le col Xatard, la route descend vers Amélie-les-Bains. Avant d'y arriver, baladez-vous dans le bourg médiéval de**Palalda**.
Traversez **Amélie-les-Bains** et prenez à droite la D618 vers **Céret**. Foyer vivant de la tradition catalane,

la ville vit en été au rythme de la feria, ponctuée de corridas et de sardanes.
Sur la route de **Maureillas-las-Illas**, remarquez les forêts de chênes-lièges. Et pour tout savoir sur la fabrication du bouchon, visitez le musée qui lui est consacré.
Juste après être passés sous l'autoroute, arrêtez-vous pour voir la chapelle **St-Martin-de-Fenollar** ; elle conserve d'intéressantes peintures murales du 12e s.
Poursuivez jusqu'au **Boulou** où vous ferez étape pour la nuit.

## JOUR 9

Dernière journée de la traversée des Pyrénées, vous approchez de la Méditerranée...
Quittez le Boulou vers l'est par la D618. Prenez à droite la route qui mène à **St-Génis-des-Fontaines** pour admirer le superbe linteau et le cloître de l'église romane.
Faites un petit tour dans **St-André** et dirigez-vous vers le sud pour atteindre **Sorède**. Le parc de la Vallée des Tortues héberge une quarantaine d'espèces, comme les géantes des Seychelles, les belles Hermann, les tortues hargneuses ou les tortues alligators !
La petite D2 mène à **Argelès-sur-Mer**, réputée pour ses espadrilles artisanales, les *vigatanes*, aux couleurs ensoleillées. Elle est également connue pour son nombre impressionnant de campings, tous au coude-à-coude le long de la mer : il faut dire que sa grande plage de sable invite à la baignade !
Par la D114, extrêmement sinueuse, longez la côte jusqu'à **Collioure**. Laissez votre camping-car au parking obligatoire et promenez-vous à pied sur le chemin du fauvisme où sont reproduites des toiles de Matisse et Derain, puis le long du port et dans le vieux quartier du Mouré.
La route suit la côte Vermeille. Montez au fort St-Elme pour le découvrir. Puis revenez le long de la côte à **Port-Vendres**, dont le port en eau profonde offre un spectacle coloré. Faites un détour sur les hauteurs pour la vue et aussi pour vous rendre à la vinaigrerie artisanale La Guinelle qui fabrique un vinaigre fruité à partir de vin doux naturel de Banyuls.
Rejoignez la route côtière. Arrêtez-vous au site de Paulilles qui héberge un atelier de restauration des emblématiques embarcations de pêche de la région. Les sentiers donnent accès à la superbe plage. Profitez-en !

vilainecrevette/iStock
*Port-Vendres.*

Et voici **Banyuls-sur-Mer** bâtie en bordure d'une jolie baie encadrée des vignobles, qui donnent des vins doux, secs ou demi-secs. Le banyuls a sa place à l'apéritif comme au dessert, mais aussi en accompagnement d'un foie gras, d'un gibier et de chocolat...
Les spectaculaires découpes rocheuses offrent leurs criques de galets aux baigneurs aventureux et aux amateurs de plongée. Pour mieux connaître les fonds marins, sans vous mouiller, rendez-vous à l'aquarium du laboratoire Arago. Ou parcourez avec palmes, masque et tuba le sentier sous-marin de la réserve naturelle marine de Banyuls-Cerbère. Ensuite, continuez la route en corniche vers le sud.
Au **cap Rédéris**, marchez un petit peu pour admirer la vue sur les côtes du Languedoc et de Catalogne, jusqu'au cap de Creus. Enfin, à la frontière espagnole, **Cerbère** est une petite station balnéaire bien abritée au fond de son anse, avec plage de galets, maisons blanches, terrasses de café et allées piétonnes qui annoncent déjà l'Espagne.

### LE CONSEIL DU BIB

**En été la circulation n'est pas toujours aisée le long du littoral. Patientez lorsque vous arrivez en vue de la Méditerranée à Argelès, vous pourrez vous baigner plus loin dans les criques rocheuses des environs de Collioure, par exemple.**

## Campings

### AINHOA
Voir p. 322

### AMÉLIE-LES-BAINS
**Amélia**
Av. Beau-Soleil - 04 68 39 00 49 - www.camping-amelia.fr
Permanent - 83 empl.
borne raclet
Tarif camping : 20,50 €
(10A) - pers. suppl. 6 €
Services et loisirs :
GPS : E 2.66885 N 42.47224

### ARAMITS
Voir p. 326

### ARCIZANS-AVANT
**Du Lac**
29 Camin d'Azun - 05 62 97 01 88 - www.camping-du-lac-pyrenees.com
De déb. juin à mi sept. -
borne artisanale -
36,60 €
Tarif camping : 36,60 €
(10A) - pers. suppl. 7,90 €
Services et loisirs :
Vue dégagée sur les Pyrénées.
GPS : W 0.10803 N 42.9857

### ARGELÈS-GAZOST
**Sunêlia Les Trois Vallées**
Av. des Pyrénées - 05 62 90 35 47 - www.camping3vallees.com
De déb. avr. à mi oct.
borne artisanale
Tarif camping : 57 €
(10A) - pers. suppl. 19 €
Services et loisirs :
GPS : W 0.09718 N 43.0121

### ASTON
**Le Pas de l'Ours**
Les Gesquis - 05 61 64 90 33 - www.lepasdelours.fr -
De déb. juin à déb. sept. - 30 empl. -
Tarif camping : 8 € 9 €
(6A) 4 €
Services et loisirs :
GPS : E 1.67181 N 42.77245

### AUGIREIN
**La Vie en Vert**
05 61 96 82 66 - www.lavieenvert.com -
De déb. juil. à mi sept. - 10 empl. -
Tarif camping : 24 €
(10A) - pers. suppl. 6 €
Services et loisirs :
Autour d'une ancienne ferme en pierre du pays soigneusement restaurée.
GPS : E 0.91978 N 42.93161

### BAGNÈRES-DE-LUCHON
**Pradelongue**
5 chemin des Tretes - 05 61 79 86 44 - www.camping-pradelongue.com
De déb. avr. à fin sept. - 113 empl.
borne artisanale
19,50 € (eau + élec.)
Tarif camping : 32 €
(10A) - pers. suppl. 8 €
Services et loisirs :
GPS : E 0.5981 N 42.81667

### BUNUS
**Inxauseta**
05 59 37 81 49 - www.inxauseta.fr
De déb. juin à mi sept. - 40 empl. -
Tarif camping : 5 € 5 € (6A) 4 €
Services et loisirs :
Belles salles de détente dans une ancienne maison basque rénovée avec organisation d'expositions.
GPS : W 1.06794 N 43.20974

### CAMPAN
**L'Orée des Monts**
La Séoube - 05 62 91 83 98 - www.camping-oree-des-monts.com
Permanent
borne artisanale
Tarif camping : 22,50 €
(6A) - pers. suppl. 5 €
Services et loisirs :
Terrain de montagne au bord du ruisseau.
GPS : E 0.24522 N 42.96664

### CANILLO (ANDORRE)
**Santa-Creu**
Au bourg - (+376) 85 14 62 - www.elsmeners.com
De mi juin à mi sept. - 40 empl.
Tarif camping : 4,50 € 4,50 €
(5A)
Services et loisirs :
Pelouse ombragée proche du centre-ville.
GPS : E 1.59978 N 42.56579

### ESTAVAR (ENCLAVE DE LLIVIA)
**L'Enclave**
2 r. Vinyals - 04 68 04 72 27 - www.camping.lenclave.com
Permanent - 121 empl. -
borne eurorelais 6 € (eau + élec.)
Tarif camping : 33,30 €
(10A) - pers. suppl. 5,60 €
Services et loisirs :
Cadre ombragé de part et d'autre du ruisseau.
GPS : E 1.99813 N 42.4688

### L'HOSPITALET-PRÈS-L'ANDORRE
Voir p. 370

### LUZ-ST-SAUVEUR
**Sites et Paysages Pyrénévasion**
À Sazos, rte de Luz-Ardiden - 05 62 92 91 54 - www.campingpyrenevasion.com -
De déb. avr. à mi oct. -
borne artisanale 8 € (eau + élec.) - 16 €
Tarif camping : 43 €
(10A) - pers. suppl. 7,50 €
Services et loisirs :
Jolie piscine d'intérieur et vue panoramique sur la vallée de Luz pour quelques emplacements.
GPS : W 0.02417 N 42.8831

### OUST
**Les Quatre Saisons**
Rte d'Aulus-les-Bains - 05 61 65 89 21 - www.camping4saisons.com
De déb. mars à fin oct. - 78 empl.

borne artisanale 15,50 € (eau + élec.)
Tarif camping : 23,08 € (10A) - pers. suppl. 6 €
Services et loisirs :
GPS : E 1.22103 N 42.87215

**TARASCON-SUR-ARIÈGE**

**Yelloh! Village Le Pré Lombard**
05 61 05 61 94 - www.prelombard.com
De déb. mars à fin oct. - 90 empl. -
borne artisanale 5 € (eau + élec.)
Tarif camping : 47 € (10A) - pers. suppl. 9 €
Services et loisirs :
Terrain tout en longueur le long de l'Ariège, ombragé.
GPS : E 1.61227 N 42.83984

*Le pic du Midi d'Ossau.*

Fco. Javier Sobrino/age fotostock

**ARETTE-PIERRE-ST-MARTIN**
Voir p. suivante

**ARREAU**
Voir p. 374

**ARRENS-MARSOUS**
Voir p. 374

**AX-LES-THERMES**
Voir p. 370

**BAGNÈRES-DE-LUCHON**
Voir p. 385

**BONAC-IRAZEIN**
Voir p. 370

**LE BOULOU**
Voir p. 408

**LES CABANNES**
Voir p. 370

**COLLIOURE**
Voir p. 408

**FOIX**
Voir p. 369

**GOURETTE**
Voir p. suivante

**HENDAYE-PLAGE**
Voir p. 322

**ILLE-SUR-TÊT**

**Aire de Camp Llarg**
Carrefour Market du centre commercial Le Riberal -
04 68 84 87 70 - Permanent
Borne eurorelais : 2 € (eau + élec.)
4 - Illimité - Gratuit
Paiement : - jetons
Services :
GPS : E 2.6335 N 42.6763

**LARUNS**
Voir p. 326

**LOUDENVIELLE**

**Aire Camping-Car Park Les Séguettes**
La Neste du Louron, au S. du lac de Génos-Loudenvielle - 01 83 64 69 21
Permanent (mise hors gel)
Borne artisanale : 5,50 € (eau + élec.)
25 - - Illimité - 13,20 €/j. - borne compris
Paiement :
Services :
GPS : E 0.4109 N 42.8018

**MONT-LOUIS**
Voir p. 408

**ST-JEAN-DE-LUZ**
Voir p. 322

**ST-JEAN-PIED-DE-PORT**
Voir p. 322

**SARE**
Voir p. 321

**SÉVIGNACQ-MEYRACQ**
Voir p. 326.

**VERNET-LES-BAINS**
Voir p. 408

## STATIONS DE SKI

# Arette-Pierre-St-Martin

**INFOS PRATIQUES**

05 59 66 20 09 - www.pyrenees-bearnaises.com

**Géolocalisation**

GPS : W 0.7465 N 42.9763

Altitude basse : 1500 m - Altitude haute : 2153 m

**Remontées mécaniques**

Télésièges : 5 Téléskis : 4 Tapis : 2

**28 pistes**

Noire : 2 Rouges : 8

Bleues : 11 Vertes : 6

**STATIONNEMENT & SERVICES**

**Aire d'Arette**

R. du Virgou, jardins de Salet - 05 59 88 90 82

Permanent

Borne artisanale : Gratuit

20 - Illimité - Gratuit

Services : WC

GPS : W 0.71529 N 43.09515

**Aire de la Pierre-St-Martin**

La Pierre-St-Martin, à l'entrée de la station, à 150 m des pistes - 05 59 88 90 82 - Permanent

Borne artisanale 5 €

40 - Illimité - Gratuit - branchements électriques à 8h30 et 16h30 - Paiement : CC

Services : WC

GPS : W 0.74876 N 42.97929

Perchée à l'ouest de la chaîne des Pyrénées, à 1650 m d'altitude, La Pierre-St-Martin est une petite station de sports d'hiver au paysage exceptionnel. Située à la frontière espagnole, elle dégage une ambiance latine bien sympathique. Un ravissant village de chalets se niche dans une forêt de pins, les résidences étant au pied des pistes face au majestueux pic d'Anie. Le domaine skiable se déploie en panoramique pour profiter au maximum du soleil. L'endroit est idéal pour les familles, les enfants, les débutants ainsi que pour la pratique d'un ski détente totalement nature, loin des autoroutes à skieurs. Et lorsque la neige fond, c'est pour dévoiler le fantastique relief des « arres », champs de lapiaz truffés de crevasses qui défendent les approches du pic d'Anie. En bas de la station, le bourg d'Arette fut reconstruit après le tremblement de terre du 13 août 1967. L'office de tourisme abrite les nouvelles salles de la Maison du Barétous. Celle-ci expose le patrimoine de la vallée, centrée sur l'exploitation du bois et de la pierre (matériaux de base). On y découvrira aussi l'activité traditionnelle qu'est le pastoralisme. Une salle est réservée à la spéléologie et à la sismologie.

# Gourette

**INFOS PRATIQUES**

05 59 05 12 17 - www.gourette.com

**Géolocalisation**

GPS : W 0.3325 N 42.9579

Altitude basse : 1350 m - Altitude haute : 2450 m

**Remontées mécaniques**

Télécabines : 3 Télésièges : 4

Téléskis : 4 Tapis : 3

**39 pistes**

Noires : 4 Rouges : 16

Bleues : 13 Vertes : 6

**STATIONNEMENT & SERVICES**

**Aire du Camping du Ley**

Plateau du Ley - 05 59 53 75 78 - campingduley.ellohaweb.com - Permanent (fermé en mai, oct. et nov.)

Borne artisanale 2 € 5 €

54 - - Illimité - 15 €/j. - avec sanitaires chauffés (WC et douche) - Paiement : CC

Services :

GPS : W 0.3389 N 42.96215

Une montagne de plaisirs : Gourette c'est un domaine skiable remodelé, de tout nouveaux équipements, l'aménagement du cœur de la station, de quoi satisfaire vos envies de ski, de neige, de montagne. À 1400 m se trouve un concentré de Pyrénées. Le cirque de Gourette s'offre au regard : panoramas somptueux, hymne à l'hiver et à la nature. Imaginez des pentes douces accessibles et exclusivement réservées à l'apprentissage, des pistes plus accentuées pour skieurs confiants et des descentes sportives avec plus de 1000 m de dénivelé. En toute convivialité ! Située plein sud, la station bénéficie d'un ensoleillement privilégié, un atout de plus à la pause déjeuner !

Sasha64f/iStock

*Le domaine skiable de Gourette.*

# STATIONS THERMALES

## Cambo-les-Bains

**INFOS PRATIQUES**

**Centre thermal**
5 av. des Thermes - 05 59 29 39 39 - www.chainethermale.fr - de fin fév. à mi-déc.

**Indications**
Rhumatologie - voies respiratoires

**Température de l'eau**
22 °C

**STATIONNEMENT & SERVICES**

**Aire de Cambo-les-Bains**
7 Impasse Arroka - 05 59 93 74 30 - Permanent
Borne Urbaflux : 10 € (eau + élec.)
44 - - Illimité - 10 €/j.
Paiement :
Services :
GPS : W 1.41093 N 43.35584

**Bixta Eder**
52 av. d'Espagne - 05 59 29 94 23 - www.campingbixtaeder.com -
De mi avr. à mi oct. - 90 empl.
Tarif camping : 27 € (10A) - pers. suppl. 7 €
Services et loisirs :
GPS : W 1.41448 N 43.35567

Edmond Rostand donna ses lettres de noblesse à Cambo-les-Bains et imagina, au tout début du 20e s., la villa Arnaga, fer de lance touristique de ce village du Labourd. Alors bien sûr, tous les pas se pressent vers cette maison, ode au style basque, dessinée par l'architecte Albert Tournaire dans un somptueux jardin à la française ; ils se pressent aussi vers le poète et son époque car la visite, très étayée, se révèle riche d'enseignements. Quelle belle entrée en matière... qui ne demande qu'à se poursuivre ! Pour trouver boutiques et animation, rendez-vous dans le Haut-Cambo, où s'élève l'église St-Laurent et son retable du 17e s., et d'où s'ouvrent de beaux panoramas sur la région environnante. Pour une atmosphère plus traditionnelle, le Bas-Cambo, le long des rives de la Nive, est tout désigné, jalonné de fières bâtisses labourdines striées de boiseries rouges si caractéristiques. Et si elles aussi provoquent l'envie d'entrer plus avant dans la tradition basque, pourquoi ne pas assister au festival d'Otxote (chant choral) en mai, ou regarder les joueurs de pelote s'affronter sur le fronton – Cambo-les-Bains n'a-t-elle pas vu naître le célèbre Joseph Apesteguy, connu sous le nom de Chiquito de Cambo ? Enfin, n'hésitez pas à quitter Cambo en direction des villages qui l'entourent, et notamment Itxassou, renommé pour ses cerises qui font la fête le 1er dimanche de juin.

## Dax

**INFOS PRATIQUES**

05 58 56 86 86. Pour s'informer sur les 16 établissements thermaux de Dax et réserver sa cure - de mi-janv. à mi-déc.

**Indications**
Rhumatologie - fibromyalgie - phlébologie

**Température de l'eau**
62 °C

**STATIONNEMENT & SERVICES**

**Aire de Dax**
Berges de l'Adour, parking du Pont des Arènes - 05 58 56 80 00 - Permanent
Borne artisanale : Gratuit
6 - 72h - Gratuit
Services :
GPS : W 1.04932 N 43.71443

**Le Bascat**
R. de Jouandin - 05 58 56 16 68 - www.campinglebascat.com - De déb. mars à mi nov. - 160 empl. -
borne artisanale - 13 €
Tarif camping : 21,60 € (6A) - pers. suppl. 4,60 €
Services et loisirs :
GPS : W 1.07043 N 43.70617

Dax, au cœur des terres landaises et à 35 km de l'Atlantique, attire bien au-delà de ses eaux bienfaisantes. Son centre historique jalonné de rues piétonnes est propice à la balade. À la cathédrale Notre-Dame de style classique succèdent les fleurons Art déco que sont le Splendid Hôtel et l'Atrium, une salle de spectacles à la programmation éclectique où l'on peut aussi manger ou boire un verre : une idée pour une soirée dacquoise ! Passé la fontaine chaude emblématique de la ville thermale, monuments et boutiques laissent place à la verdure des berges de l'Adour, idéales pour prendre l'air au sortir d'un musée. Ainsi, le musée de Borda organise chaque année une exposition thématique différente mettant en valeur une partie de son fonds (archéologie, beaux-arts, ethnographie...) et marque le point de départ de la visite de la somptueuse crypte archéologique de la Dax antique. Le musée Georgette-Dupouy donne quant à lui l'occasion de découvrir une artiste qui eut à voir avec Utrillo. Et pour revenir au coeur même de l'animation dacquoise, et plus largement des traditions vivantes du Sud-Ouest, il faut traverser le parc Théodore-Denis dans lequel s'élèvent les fameuses arènes. En été, et particulièrement autour du 15 août à l'occasion de la feria, elles vibrent de la ferveur des aficionados, avant que la frénésie n'enflamme la ville tout entière.

*Le Viaduc de Millau. – Daniel JAMME/© CEVM Eiffage / Foster+Partners*

Le lac de Gaube. – Kerin Forstmanis/iStock

Rocamadour. – Rrrainbow/iStock

# Midi-Pyrénées

Entre l'Aquitaine et le Languedoc-Roussillon, la plus vaste région française de métropole n'a peut-être ni l'Atlantique ni la Méditerranée, mais elle possède sa « mer océane », la Garonne, célébrée par l'enfant du pays, Claude Nougaro. Frontière naturelle entre la France et l'Espagne, les Pyrénées ont déchaîné les passions d'explorateurs prêts à toutes les extravagances pour conquérir ses sommets. Ils y ont découvert des paysages étourdissants comme le cirque de Gavarnie, l'« édifice le plus mystérieux du plus mystérieux des architectes », s'émerveillait Victor Hugo. Dans cette contrée aux mille sentiers, les amoureux de la marche n'auront que l'embarras du choix quant au thème de leur balade : hormis la montagne, les chemins de Midi-Pyrénées vous entraîneront vers les mythiques forteresses cathares, sur les pas de d'Artagnan et des cadets de Gascogne ou bien encore sur ceux de St-Jacques de Compostelle.

La douce lumière du sud ravive ici toutes les nuances des vieilles pierres des magnifiques édifices romans et de la « ville rose », Toulouse. Les cépages du pays (gamay, syrah, merlot ou cabernet) donnent des vins de caractère, patiemment vieillis. Et, du caractère, il en faut pour accompagner une cuisine si généreuse : foie gras, magrets et, bien sûr, le fameux cassoulet de Toulouse.

# MIDI-PYRÉNÉES

*Pont St-Pierre, Toulouse. – J. Larrea/age fotostock*

## LES ÉVÉNEMENTS À NE PAS MANQUER

- **Fête de la cocagne** à St-Félix-Lauragais (31) : Pâques.
- **Fête de la transhumance et de la vache Aubrac** (12) : w.-end le plus proche du 25 mai.
- **Fête médiévale du Grand Fauconnier** à Cordes-sur-Ciel (81) : autour du 14 juil.
  **Equestria** à Tarbes (65) : fin juil., festival de création équestre. www.festivalequestria.com
- **Estivada** à Rodez (12) : juil., festival interrégional des cultures occitanes.
- **Festival Tempo Latino** à Vic-Fezensac (32) : musiques latino-américaines, fin juil. www.tempo-latino.com.
- **Festival de Gavarnie** (65) : fin juil., théâtre dans le cirque de Gavarnie. www.festival-gavarnie.com
- **Festival de St-Céré** (46) : Festival d'opéra en juil.-août. festival-saint-cere.com.
- **Festival international de musique sacrée** à l'abbaye de Sylvanès (12) : juil.-août. www.sylvanes.com.
- **Fête des vins** de Gaillac (81) : déb. d'août.
- **Les Médiévales de Gourdon** (46) : déb. août.
- **Fête de l'ail rose** à Lautrec (81) : concours, sculptures sur ail, dégustation, 1er vend. d'août.
- **Festival international de la marionnette** à Mirepoix (09) : déb. août.
- **Jazz in Marciac** (32) : de fin juil. à déb. août. www.jazzinmarciac.com.
- **Pèlerinage annuel** de Rocamadour (46) : août-sept.
- **Fêtons Moissac** (82) : 3e w.-end de sept.
- **Jazz sur son 31** à Toulouse (31) : oct. cultures. haute-garonne.fr/jazz-31.
- **Flamme de l'armagnac** à Eauze (32) : nov.

# Votre séjour en Midi-Pyrénées

## Circuits Nº



## Étapes



## Visite



## Randonnée



## Stations de ski



## Stations thermales



**EN COMPLÉMENT, UTILISEZ...**

- **Guides Verts : Midi toulousain et Lot Aveyron Vallée du Tarn**
- **Cartes Michelin : Région 525 et Départements 336, 337, 338, 342 et 34**

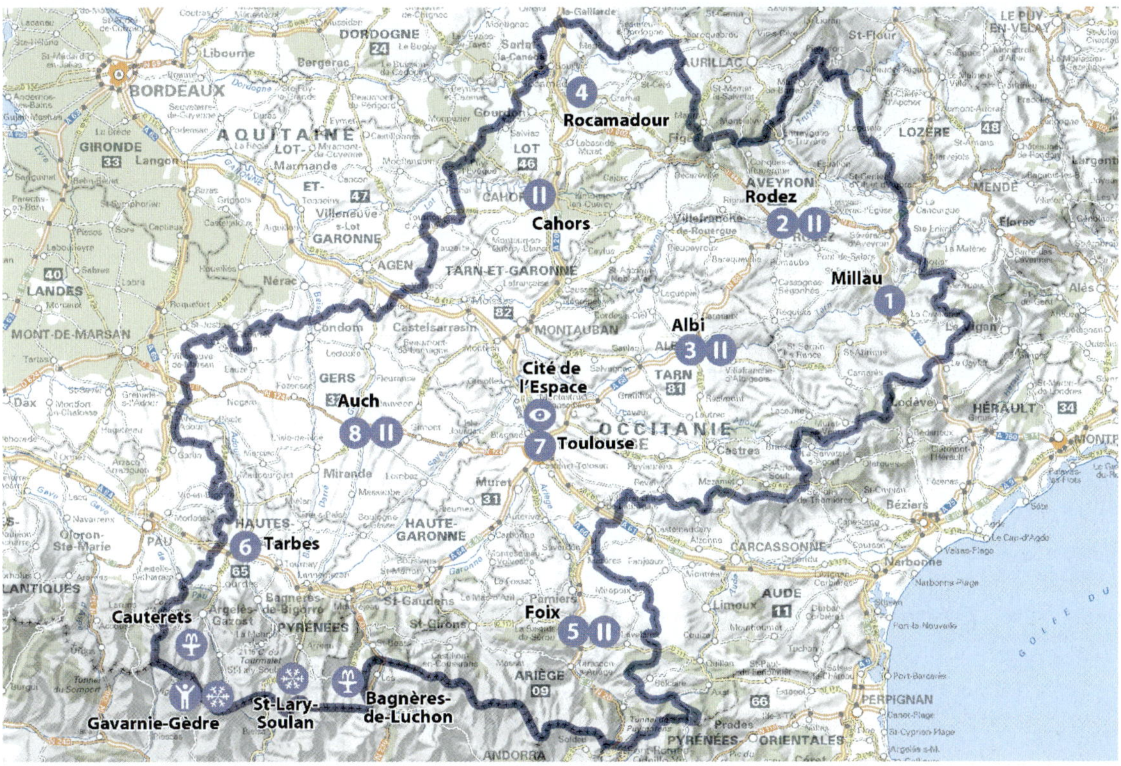

MIDI-PYRÉNÉES - CIRCUIT 1

# Les gorges du Tarn et les grands causses

**Une succession de sites grandioses et de vues vertigineuses : voilà ce que vous réserve la région des causses et des gorges du Tarn. Les murailles de pierre enserrent la rivière aux paillettes d'or et dessinent un tortueux ruban émeraude. Quant aux causses – causse du Larzac, causse Méjean, causse Noir – ils sont de véritables forteresses de calcaire. Rudes, austères ou désertiques, ils dévoilent des paysages d'une fascinante beauté.**

**DÉPART :** MILLAU - 6 jours – 390 km

## JOUR 1

**Millau** est aujourd'hui indissociable de son viaduc ! Après la poterie, puis la mégisserie et la ganterie, c'est désormais ce spectaculaire ouvrage qui fait la célébrité de la ville. Après l'avoir admiré et visité l'espace d'accueil des Cazalous qui lui est consacré, découvrez le vieux Millau avec sa place du Maréchal-Foch et son beffroi, sans oublier son pittoresque vieux moulin sur le Tarn (à voir depuis le pont Lerouge), et le musée de Millau présentant de belles poteries gallo-romaines ainsi qu'un musée de la Peau et du Gant. Passez la nuit à Millau.

## JOUR 2

À une vingtaine de kilomètres de Millau par la D911, à **St-Léons**, se trouve **Micropolis**, la Cité des Insectes qui ravira petits et grands. De là par l'A75 vers le nord (sans péage) vous rejoindrez **Sévérac-le-Château** où un beau château (médiéval et Renaissance) vous ouvre ses portes. Dans le village, quelques maisons Renaissance valent le coup d'œil dont la Maison des Consuls aux beaux plafonds et celle de Jeanne l'une des plus anciennes du Rouergue. Finissez la journée en reprenant l'A75 pour **La Canourgue**, village tranquille traversé par une myriade de canaux à ciel ouvert qui se faufilent sous de vieilles maisons à encorbellement, tout à fait charmant.

## JOUR 3

Direction sud-est. La jolie D998 vous conduit au ravissant village de **Ste-Énimie** dans les gorges du Tarn. Pause obligatoire pour arpenter les ruelles pavées dévoilant les origines médiévales de la petite cité. Vous allez maintenant descendre les gorges du Tarn rive droite en égrainant les points de vue sur la rivière via **St-Chély-du-Tarn** (sautez rive gauche pour le panorama), le **château de la Caze** aux allures médiévales, le site de **La Malène** et le belvédère du Pas de Soucy *(accès payant)*. Chemin faisant, vous remarquerez de très jolis hameaux aux anciennes fermes de pierre couvertes de lourdes toitures de lauze. Arrivé aux **Vignes**, montez impérativement à **St-Georges-de-Lévéjac** pour le panorama du Point Sublime qui domine le cirque des Baumes. Terminez votre descente des gorges puis allez jusqu'au **Rozier**.

R. Mattes/hemis.fr

*Caves d'affinage du roquefort Société, à Roquefort-sur-Soulzon.*

## JOUR 4

Tôt le matin, prenez la petite D29 puis D110 qui vous guide à la Cité de Pierres de **Montpellier-le-Vieux** où il faut absolument emprunter les sentiers pédestres pour découvrir les évocateurs rocheux dolomitiques et les paysages moutonnant à l'infini (chaussures de marche conseillées, comptez au moins 2h de visite). Gagnez ensuite **La Roque-Ste-Marguerite** dominée de saisissants rochers ruiniformes et d'une tour à mâchicoulis. Engagez-vous maintenant dans les gorges de la Dourbie hérissées de roches calcaires, très spectaculaires (voir au passage le village de **Cantobre**) jusqu'à **Nant** (voir les chapiteaux de son église abbatiale, et monter au Roc nantais pour le panorama) ou **St-Jean-du-Bruel** où vous finirez très agréablement la journée sur les rives de la Dourbie entre le vieux pont en dos d'âne et l'ancien moulin.

## JOUR 5

Plein sud la D55 vous conduit à **La Couvertoirade**, isolée en plein cœur du plateau du Larzac, aride et majestueux, où seuls les troupeaux de moutons trouvent leur pitance. Attendez-vous à un choc car ici c'est le Moyen Âge qui revit, évoquant puissamment le temps des chevaliers du Temple et des Hospitaliers. N'oubliez pas de voir, hors de l'enceinte fortifiée, la belle lavogne où viennent encore se désaltérer les brebis de retour des pâturages. Pour rester dans le même registre historique, rattrapez l'A75 pour monter à **La Cavalerie** aux magnifiques remparts, autre témoin de la grande aventure des Templiers et des moines soldats. Tout logiquement vous irez ensuite à **Ste-Eulalie-de-Cernon**, superbe village ceinturé de remparts et de portes quasi intactes, siège aux 12e et 13e s. de la commanderie des Templiers qui gouvernait toutes les dépendances du Larzac.

## JOUR 6

Par la petite D561, vous rejoindrez le **Viala-du-Pas-de-Jaux** où se dresse une haute tour fortifiée qui servait de refuge aux populations et aux animaux en temps de conflits, notamment durant la guerre de Cent Ans. Mais votre découverte des causses ne serait pas complète sans une étape à **Roquefort-sur-Soulzon** où se trouvent les interminables galeries creusées à même le rocher, là où le fameux fromage de brebis est affiné. La visite des caves est très intéressante (voir « Les bonnes adresses de bib », p. 355). Terminez ensuite votre périple à **St-Jean-d'Alcas**, tout petit village fortifié bien préservé qui dépendait de l'abbaye de Nonenque voisine fondée en 1146 par les moines de Sylvanès.

**LE CONSEIL DE BIB**

**Pour avoir la plus belle vue sur le viaduc, il faut se mettre à l'eau… Les Bateliers du viaduc proposent une balade en barque, avec un passage sous le viaduc, au pied de la pile P2 (voir Les bonnes adresses à Millau, p. 355).**

## Aires de service & de stationnement

### LA CANOURGUE

**Aire de La Canourgue**
Av. du Lot, D 998 - 04 66 32 81 47
Permanent
Borne AireService : Gratuit
Services :
Marché le mardi.
GPS : E 3.207 N 44.43333

### LA CAVALERIE

**Aire Camping-Car Park de La Cavalerie**
Le Mas de la Rapine - 01 83 64 69 21
Permanent
Borne eurorelais : gratuit
32 - - 10,89 €/j. - borne compris
Paiement :
Services :
GPS : E 3.1522 N 44.0087

### MILLAU

**Aire Camping-Car Park de Millau**
R. de la Saunerie - 01 83 64 69 21
Permanent
Borne eurorelais : 5,50 € (eau + élec.)
41 - - Illimité - 10,56 €/j. - borne compris - Paiement :
Services :
À 500 m du centre-ville.
GPS : E 3.08599 N 44.0959

### ST-JEAN-D'ALCAS

**Aire de St-Jean-d'Alcas**
Sur la D 516, à côté du cimetière - 05 65 97 61 07
De fin mars à déb. nov. (mise hors gel)
Borne artisanale : Gratuit
10 - Illimité - Gratuit
Services :
GPS : E 3.00873 N 43.92636

### STE-EULALIE-DE-CERNON

**Parking de Ste-Eulalie**
Millasse, près du reptilarium - 05 65 62 79 98 - Permanent
Borne flot bleu : 5 € (eau + élec.)
25 - - Illimité - 9,50 €/j.
Paiement :
Services :
GPS : E 3.13834 N 43.98517

### SÉVÉRAC-LE-CHÂTEAU

**Aire privée de Bellas**
Bellas, par la D 995 - 06 78 39 71 76
Permanent
Borne artisanale : 3 € (eau + élec.)
9 - - Illimité - 5 €/j.
GPS : E 3.12702 N 44.31264

### LA TIEULE

**Aire de stationnement Aux Saveurs d'Autre Foie**
La Tieule - 04 66 48 82 93 - www.foie-gras-lozere.com - Permanent
3 - 48h - Gratuit
Paiement :
Services :
Réseau France Passion. Ferme d'élevage, vente de produits.
GPS : E 3.15713 N 44.38409

*Sévérac-le-Château.*

H. Lenain/hemis.fr

## Campings

### AGUESSAC

**La Via Natura Les Cerisiers**
Pailhas - 05 65 59 87 96 - www.campinglescerisiers.com
De fin avr. à mi sept. - 68 empl. -
borne artisanale 5 € (eau + élec.)
Tarif camping : 24,50 € (6A) - pers. suppl. 5,90 €
Services et loisirs :
Refuge LPO au bord du Tarn.
GPS : E 3.12053 N 44.16745

### NANT

**Les 2 Vallées**
Rte de l'estrade basse - 05 65 62 26 89 - www.lesdeuxvallees.com
De mi avr. à mi oct. - 80 empl. -
borne artisanale 5 € (eau + élec.) - 11 €
Tarif camping : 24,50 € (10A) - pers. suppl. 4 €
Services et loisirs :
GPS : E 3.35457 N 44.0241

### LE ROZIER

**Les Prades**
D 187 - 05 65 62 62 09 - www.campinglesprades.com
De mi mai à mi sept. - 142 empl.
borne Urbaflux 20 € (eau + élec.)
Tarif camping : 46 € (10A) - pers. suppl. 8,50 €
Services et loisirs :
GPS : E 3.17332 N 44.1996

### ST-ROME-DE-TARN

**La Cascade**
Rte du Pont - 05 65 62 56 59 - www.camping-cascade-aveyron.com
Permanent -
borne flot bleu 6 € (eau + élec.)
Tarif camping : 38 € (6A) - pers. suppl. 7,50 €
Services et loisirs :
GPS : E 2.89947 N 44.05336

## Les bonnes adresses de bib

### AGUESSAC

**Esprit Nature** – Rte des Gorges-du-Tarn - ✆ 05 65 59 72 03 - www.escapade-espritnature.com. Canoë, kayak, canyoning, escalade, spéléologie, via ferrata. Location et encadrement.

### LA CAVALERIE

✕ **Le Bonheur est dans le Sud** – 1 r. de Millau - ✆ 05 65 60 94 63 - www.lebonheurestdanslesud.com - fermé été : lun.-jeu. le soir ; hiver : dim.-vend. le soir - plat du jour 14 € - 25 €. Installé dans une ancienne cave coopérative joliment rénovée dans un style industriel, ce restaurant propose de bonnes et copieuses assiettes du terroir à des prix raisonnables. Idéal pour une pause déjeuner.

### MILLAU

✕ **Capion** – 3 r. Jean-François-Alméras - ✆ 05 65 60 00 91 - www.restaurant-capion.fr - fermé 3 sem. en juil., mar. soir et merc. - formule déj. 16,50 € bc - 22/29 € - réserv. conseillée. Cet établissement affiche souvent complet. Vous y dégusterez une copieuse cuisine traditionnelle valorisant le terroir.

✕ **Au Jeu de Paume** – 4 r. St-Antoine - ✆ 05 65 60 25 12 - www.aujeudepaume-millau.com - fermé lun. - formules déj. 14/16 € - 17/42 €. Dans la salle voûtée se trouve une grande cheminée où le chef fait griller poissons et viandes. Bar et tables installés dans une agréable cour (ancien jeu de paume). Concerts mardi soir d'oct. à juin.

**Charcuterie Pangaud-Ramondenc** – 23 r. Droite - ✆ 05 65 60 07 03 - 8h30-13h, 14h30-19h30 - fermé dim. Une charcuterie dans la plus pure tradition aveyronnaise, qui passe pour être la meilleure de la ville. Tout (ou presque) y est produit artisanalement : saucisses sèches, fricandeaux, trénels millavois, etc.

**Les Bateliers du Viaduc** – Pl. du 19-Mars - Creissels (rive gauche) - ✆ 05 65 59 12 41 - www.bateliersduviaduc.com - mai-sept. : 9h-18h, dép. des barques ttes les 45mn - 24 € (9-16 ans 16,50 €, -9 ans 9,50 €). Promenade commentée en barque (8 km ; 1h) sur le Tarn pour passer sous le viaduc. Pour les petites faims, snack avec terrasse sur la rivière.

### ROQUEFORT-SUR-SOULZON

**Roquefort Papillon** – 8 bis av. de Lauras - ✆ 05 65 58 50 00 - www.roquefort-papillon.com. - fermé 1 sem. en janv. - gratuit. Les caves de cette fromagerie centenaire fondée par Paul Alric se visitent : on y découvre les différents stades d'affinage du roquefort Papillon. Un parcours agrémenté par la projection d'un film et une dégustation gratuite.

**Roquefort Société** – 2 av. François-Galtier - ✆ 05 65 58 54 38 - www.roquefort-societe.com. -fermé 24-26 déc. - 7 € (-17 ans 4 €). Ouvertes au public depuis 1957, les caves Société proposent une véritable découverte de l'univers du roquefort : fleurines, Penicillium, cabanières et affinage vous révéleront leurs mystères au cours d'une passionnante promenade exploratoire (maquette animée, son et lumière, film, espace muséographique, etc.).

## Offices de tourisme

### LA COUVERTOIRADE

Maison de La Scipione - ✆ 05 65 58 55 59 - www.lacouvertoirade.com.

### MILLAU

1 pl. du Beffroi - ✆ 05 65 60 02 42 - www.millau-viaduc-tourisme.fr.

### STE-ÉNIMIE

Rte de Mende - ✆ 04 66 45 01 14 - www.cevennes-gorges-du-tarn.com.

*Chaos de Montpellier le Vieux.*

*R. Mattes/hemis.fr*

## MIDI-PYRÉNÉES - CIRCUIT 2

# Le nord de l'Aveyron

**Rodez, la capitale du Rouergue, rendue célèbre grâce au musée consacré à l'artiste Pierre Soulages, sert de prémices à un circuit qui joue à cache-cache avec les eaux tumultueuses du Lot. Ces gorges, d'une beauté sauvage, donnent à voir de superbes panoramas. Çà et là de beaux villages aux architectures médiévales, particulièrement bien conservées, donnent l'occasion de haltes paisibles et gourmandes : Ste-Eulalie-d'Olt, Espalion, Estaing ne vous décevront pas !**

**DÉPART :** RODEZ - 5 jours – 160 km

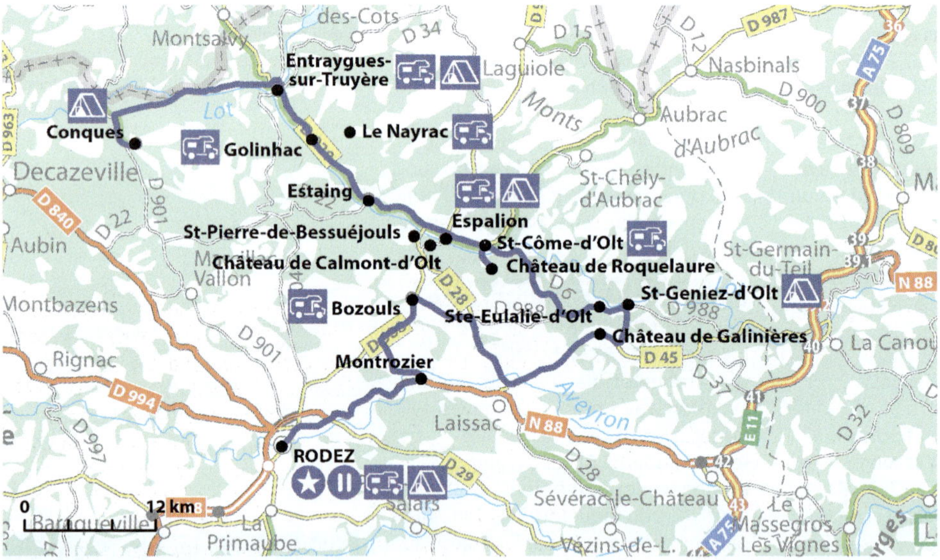


## JOUR 1

Consacrez la journée à la capitale du Rouergue, **Rodez** (voir l'encadré p. ci-contre).

## JOUR 2

Quittez Rodez par la N88 en direction de l'autoroute A75 puis prenez la D988 direction Espalion. À 11 km environ, bifurquez à droite sur la D27. Vous arrivez à **Montrozier**, vieux village au cachet pittoresque. Très bien conservé, le château fut élevé aux 15e et 16e s. (*ne se visite pas*). Le Musée archéologique du Rouergue présente le patrimoine de la région grâce à des expositions temporaires et thématiques. Rejoignez **Bozouls** par la D988. De la place de la Mairie, la vue sur l'ensemble du site est saisissante, notamment sur le trou de Bozouls, canyon de 400 m de diamètre creusé par le Dourdou dans le causse Comtal, que l'on peut également admirer du spectaculaire belvédère de Terra Memoria, un parcours ludique et pédagogique sur les évolutions géologiques depuis l'émergence de la planète (frise murale, films, jeu de maquettes et manivelles). Nuit sur place.

## JOUR 3

De Bozouls suivez la D988 puis la D245, à droite, après Cruejouls. Le **château de Galinières**, une imposante grange cistercienne de plan carré flanquée d'un donjon, mérite un coup d'œil. La D45 vous conduit à **St-Geniez-d'Olt**, point de passage entre les Causses et l'Aubrac qui a su garder son caractère médiéval. Rendez-vous ensuite à **Ste-Eulalie-d'Olt**, classé parmi les « plus beaux villages de France ». C'est l'occasion d'une flânerie dans de jolies rues médiévales fleuries. Reprenez la D988, puis la D6, jusqu'à **St-Côme-d'Olt**, petite ville fortifiée médiévale où l'on pénètre par l'une des trois portes de l'enceinte,

M. Renaudeau/hemis.fr

*Entraygues-sur-Truyère.*

aujourd'hui intégrée aux habitations. Les ruelles sont bordées de maisons des 15e et 16e s. tandis que l'église, surmontée d'un curieux clocher en vrille de style flamboyant (16e s.), abrite un beau Christ en bois de noyer du 16e s. Nuit sur place.

## JOUR 4

De St-Côme-d'Olt, faites un saut au **château de Roquelaure**, presque entièrement reconstruit, avant de vous diriger vers **Espalion**, qui occupe un agréable bassin fertile arrosé par le Lot. Allez voir l'église de Perse, bel édifice roman du 11e s. en grès rose puis rendez-vous au musée du Scaphandre, une visite insolite en ces lieux ! La ville est dominée par les **ruines féodales de Calmont-d'Olt** que vous atteignez par la D920. Juchées sur un piton basaltique, elles offrent une belle vue sur la vallée du Lot. La D920 puis la D108 mènent à **St-Pierre-de-Bessuéjouls**, charmante petite église en grès rose qui surgit en pleine nature, avant d'atteindre la dernière étape du jour, **Estaing**. Son château forme un bel enchevêtrement de formes et de pierres bigarrées. Nuit sur place.

## JOUR 5

En quittant Estaing, la D920 offre une jolie vue sur le Lot et le vieux pont gothique. Vous entrez dans les **gorges du Lot**, sauvages et profondes de 300 m. Vous arrivez à **Entraygues-sur-Truyère**, petite cité au confluent de la Truyère et du Lot et entourée de coteaux couverts de vergers odorants et de vignes. Dirigez-vous enfin vers l'est, direction **Conques**, charmant village médiéval aux ruelles empierrées et aux maisons à pans de bois. Il tient sa renommée de sa majestueuse abbatiale Ste-Foy, où le talent de Pierre Soulages s'exprime dans les sobres vitraux contemporains qui soulignent parfaitement la rigueur cistercienne des lieux.

## ÉTAPE 11

# Rodez

### OFFICE DE TOURISME

10-12 pl. de la Cité - ✆ 05 65 75 76 77 - www.rodez-tourisme.fr.

### STATIONNEMENT & SERVICES

**Parking conseillé**

Parking Aquavallon, près du centre nautique et à proximité du centre-ville - gratuit.

**Aire municipale de Rodez**

Rte du Gué de Salelles - ✆ 05 65 77 88 00
Permanent
Borne artisanale : Gratuit
6 P - Illimité - Gratuit
Services : WC
Près de l'Aveyron, plat, gravier et ombrage.
GPS : E 2.59576 N 44.35778

**Camping municipal de Layoule**

Voir p. suivante

Juché sur une butte à 120 m au-dessus du lit de l'Aveyron, Rodez se signale longtemps à l'avance par le magnifique clocher de la **cathédrale Notre-Dame**, haut de six étages et 87 m. L'intérieur du sanctuaire, construit à partir de 1277, n'est pas en reste : le chœur est meublé de belles stalles dues à André Sulpice (15e s.), le grand jubé est une œuvre très riche de 1470 et le buffet d'orgue, du 17e s, forme une superbe boiserie sculptée d'une hauteur de 20,50 m.
Mais Rodez, c'est aussi et surtout la ville de Pierre Soulages. Elle possède d'ailleurs la plus importante collection au monde d'œuvres du maître de l'outrenoir, que vous admirerez dans le **musée Soulages**, conçu spécialement à cet effet. Ouvert en 2014, l'édifice se compose d'un agencement de cubes de verre et d'acier Corten qui, en vieillissant, ont pris des teintes rouille qui se fondent dans leur environnement. Sur 6 000 m², se déploient quelque 500 œuvres de l'artiste qui témoignent de l'évolution de son travail, des différentes techniques auxquelles il s'est essayé et des nombreux matériaux qu'il a manipulés : peintures sur toile et sur papier (dont les célèbres brous de noix), eaux-fortes, lithographies, sérigraphies, bronzes, inclusions sous verre... Une salle est aussi consacrée à la réalisation des vitraux de l'abbatiale de Conques.
Si vous avez encore un peu de temps, faites un tour au **musée Fenaille**. Installé dans l'hôtel de Jouéry, l'hôtel particulier le plus ancien de Rodez, il abrite un remarquable musée d'Archéologie et d'Histoire du Rouergue, où est rassemblé notamment un ensemble de mystérieuses statues-menhirs provenant du sud de l'Aveyron et datant de 3300 à 2200 av. J.-C.
Enfin, si vous êtes en ville un mercredi ou un samedi, rendez-vous place du Bourg, où se tient un beau marché.

## Aires de service & de stationnement

### BOZOULS

**Aire municipale de Bozouls**
R. de la Combe - 05 65 51 28 00
Permanent
Borne artisanale : 4 €
(eau + élec.)
40 - Illimité - Gratuit
GPS : E 2.72614 N 44.46572

### ENTRAYGUES-SUR-TRUYÈRE

**Aire municipale**
Chemin du Val-de-Saurre, près du camping - 05 65 44 53 31
De déb. avr. à fin nov.
Borne eurorelais : 3 €
(eau + élec.)
30 - Illimité - Gratuit - pkg situé 7 quai Notre-Dame (à 750 m)
Paiement : jetons (à la mairie)
Services :
GPS : E 2.56604 N 44.64258

### ESPALION

**Aire Camping-car Park**
26 av. Pierre-Monteil - 01 83 64 69 21 - Permanent
Borne eurorelais : 5,50 €
(eau + élec.)
25 - - Illimité - 11,88 €/j. - borne compris - Paiement :
Services :
Une jolie aire entourée de verdure située à 600 m du village.
GPS : E 2.7692 N 44.52163

*Estaing.*

Stephan Zabel/iStock

### GOLINHAC

**Aire privée Lo Soulenquo**
Fonteilles - 06 10 97 08 71 - www.losoulenquo.fr -
De mi mars à mi nov.
Borne artisanale : Gratuit
5 - Illimité - 10 €/j.
Paiement :
Services :
Camping à la ferme (20 empl.) - Réseau France Passion.
GPS : E 2.619 N 44.57033

### LE NAYRAC

**Aire du Nayrac**
La Grave, au camping La Planque - 05 63 57 14 65 - Permanent
Borne artisanale : gratuit
26 - Illimité - 13,20 €/j. - hors juil.-août uniquement camping-car (sans sanitaire)
Services :
En juillet-août camping traditionnel ouvert à tous.
GPS : E 2.66867 N 44.60498

### RODEZ

Voir p. précédente

### ST-CÔME-D'OLT

**Aire de St-Côme**
5 r. des Ginestes, face au cimetière - 05 65 44 07 09 - Permanent
Borne eurorelais : Gratuit
6 - Illimité - Gratuit
Paiement : jetons (gratuit - point info tourisme, supérette Vival, tabac presse)
Emplacements ombragés à proximité du village.
GPS : E 2.8209300 N 44.5167010

## Campings

### CONQUES

**Beau Rivage**
Lieu-dit : Molinols - 05 65 69 82 23 - www.campingconques.com
De déb. avr. à fin sept. - 60 empl.
borne artisanale
Tarif camping : 26 €
(6A) - pers. suppl. 5 €
Services et loisirs :
GPS : E 2.39285 N 44.59891

### ENTRAYGUES-SUR-TRUYÈRE

**Le Val de Saures**
Chemin de Saures - 05 65 44 56 92 - www.camping-valdesaures.com
De déb. mai à fin sept. -
borne artisanale - 12 €
Tarif camping : 27 €
(10A) - pers. suppl. 5 €
Services et loisirs :
GPS : E 2.56352 N 44.64248

### ESPALION

**Le Roc de l'Arche**
R. du Foirail - 05 65 44 06 79 - www.rocdelarche.com
De mi mai à mi sept. - 75 empl.
borne artisanale 3 €
(eau + élec.)
Tarif camping : 26,70 €
(10A) - pers. suppl. 6,20 €
Services et loisirs :
GPS : E 2.76959 N 44.52244

### RODEZ

**Municipal de Layoule**
R. de la Chapelle - 05 65 67 09 52 - www.ville-rodez.com
De déb. mai à fin sept. - 79 empl.
Tarif camping : 15 €
GPS : E 2.58532 N 44.35367

### ST-GENIEZ-D'OLT

**Tohapi La Boissière**
Rte de la Cascade - 04 30 63 38 60 - www.tohapi.fr -
De mi avr. à mi sept. -220 empl. -
borne AireService
Services et loisirs :
GPS : E 2.98366 N 44.47011

# Les bonnes adresses de bib

## CONQUES

**Auberge St-Jacques** – R. Gonzague-Florent - 05 65 72 86 36 - www.aubergestjacques.fr - - rest. fermé janv., lun. et dim. soir en nov.-mars - formule déj. 12 ,50 € - 21/33 €. Restaurant au cadre champêtre proposant une cuisine d'inspiration régionale ou inventive. La terrasse ombragée offre une vue plongeante sur l'abbatiale.

## ENTRAYGUES-SUR-TRUYÈRE

**Ferme-auberge de Mejanassère** – Méjanassère - 05 65 44 54 76 - www.domaine-de-mejanassere.fr - - fermé oct.-mars, lun. en juil.-août - 28/35€ - table d'hôte 20 €. L'origine de cette ferme remonterait à l'époque gallo-romaine. De nos jours, sa bonne cuisine du pays, son pain cuit au feu de bois et sa terrasse qui surplombe les vignes face à la vallée en font une adresse de charme.

## ESTAING

**La Maison de la vigne, du vin et des paysages d'Estaing** – L'Escaillou - 12190 Estaing - Coubisou - 05 65 44 04 42 - www.lesvigneronsdolt.fr - mai-sept. : tlj sf dim. 10h-12h30, 15h-19h ; reste de l'année : se rens. - fermé 3 sem. en janv. Cette coopérative, gérée par sept vignerons producteurs des vins d'Estaing, présente un film de 20mn ainsi qu'une exposition sur le vignoble et sa production, suivi d'une visite du chai de l'Escaillou et d'une dégustation-vente.

## RODEZ

**Le Petit Moka** – Pl. des Maçons - 05 65 75 63 34 - tlj sf dim.-lun. - formules déj. 8/13,50 €. Une sympathique adresse dans le vieux Rodez. Agencée sur deux étages, elle propose salades, croques et tartines au déjeuner, crêpes, gaufres et pâtisseries maison l'après-midi. Grand choix de cafés, thés, glaces à déguster aux beaux jours sur l'agréable terrasse. !

**Café Bras** – Av. Victor-Hugo - jardin du Foirail - 05 65 68 06 70 - www.cafebras.fr - rest. : mar.-dim. à midi, sam. soir - réserv. conseillée - 35 € ; Côté comptoir : mar.-dim. 9h-19h sans réserv. - fermeture, se rens. - formule 15 €. Dans l'enceinte du musée Soulages, le Café de Michel Bras est une invitation au voyage. Les menus sont composés de classiques (œufs farcis, carré de porc au chou), mais revisités avec brio par Michel Bras, qui a laissé à son fils les rênes de son 3 étoiles à Laguiole. Si l'on veut plus rapide, il faut aller Côté comptoir où l'on savoure des Niwan (sorte de gaufre garnie).

*Détail de la porte de l'abbatiale Ste-Foy, à Conques.*

wakila/iStock

# Offices de tourisme

## CONQUES

Le Bourg - 05 65 72 85 00 - www.tourisme-conques.fr.

## ENTRAYGUES-SUR-TRUYÈRE

Pl. de la République - 05 65 44 56 10 - www.terresdaveyron.fr.

## ESPALION

23 pl. du Plô - 05 65 44 10 63 - www.tourisme-espalion.fr.

*Clocher de la cathédrale Notre-Dame de Rodez.*

Ch. Guy/hemis.fr

# MIDI-PYRÉNÉES - CIRCUIT 3

# Villages et bastides entre Tarn et Aveyron

**Elles ont la couleur de la brique, semblable à Toulouse, rouge et rose, elles ont la chaleur des villes du Midi, elles sont généreuses et accueillantes, gorgées d'abbayes, de vignobles et de vergers : Cordes-sur-Ciel, Najac, Bruniquel, Gaillac, Lautrec... Entre vallées du Tarn et de l'Aveyron, ces cités et bastides vont vous émerveiller.**

**DÉPART :** ALBI - 6 jours – 260 km

## JOUR 1

Votre circuit commence à **Albi**, que vous allez découvrir ce premier jour (voir l'encadré p. ci-contre).

## JOUR 2

D'**Albi**, filez vers le nord-est pour rejoindre **St-Michel-de-Lescure** et son église romane. Puis longeant le Tarn, arrêtez-vous à **St-Juéry**. Son musée au site du saut du Tarn montre et raconte de belle manière l'activité métallurgique de la vallée. Suivant le Tarn rive gauche vous arrivez ensuite à **Ambialet**, curieux village blotti dans un méandre très étroit de la rivière. Via Valence-d'Albigeois vous rejoindrez **Carmaux**, puis **Monestiés**, petit et paisible village dont la chapelle St-Jacques abrite une remarquable mise au tombeau sculptée au 15e s. Nuit dans les alentours.

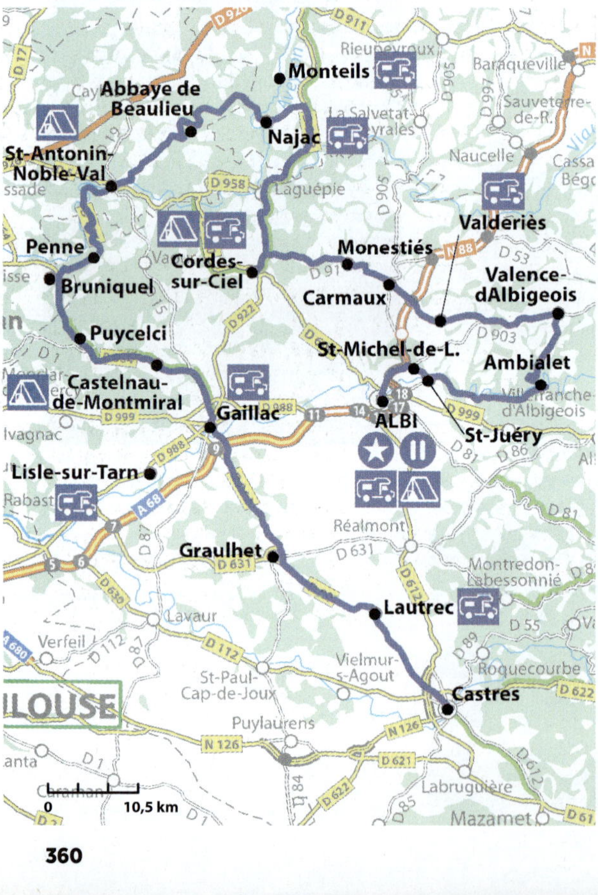


## JOUR 3

Pour éviter la foule, abordez tôt le matin **Cordes-sur-Ciel** la « ville aux cent ogives ». Perchée au sommet du Puech de Mordagne, dans un site splendide, cette ville médiévale est une cité hors du temps, où la lumière vient jouer sur les tons rose et gris des façades en grès où se mêlent les styles roman, gothique et Renaissance. Cordes regorge d'échoppes d'artisans. Montez ensuite plein nord, D922 et D39 à gauche, qui vous conduisent dans la vallée de l'Aveyron et au remarquable village de **Najac** qui vous prendra le reste de la journée entre les ruines de sa forteresse et les ruelles pittoresques. Aires camping-cars à Najac et Monteils.

## JOUR 4

En louvoyant par les petites routes plein ouest, allez visiter l'**abbaye de Beaulieu-en-Rouergue** avant de redescendre dans les gorges de l'Aveyron qui vous conduisent rive droite à **St-Antonin-Noble-Val**, agréable cité médiévale. Ne manquez pas la façade de son hôtel de ville. En suivant les gorges sur une quinzaine de kilomètres vous atteignez ensuite **Penne** dont les vieilles maisons se blottissent au pied d'un château en ruine, puis **Bruniquel** où l'on se souvient du tournage du film *Le Vieux Fusil* avec Romy Schneider et Philippe Noiret. Les ruelles anciennes et le château perché sur la falaise méritent une visite.

dvoevnore/iStock

*Albi.*

## JOUR 5

Dirigez-vous vers la forêt de Grésigne pour une balade matinale. Vous apercevrez, au sud-ouest de la forêt, sur une plate-forme rocheuse, **Puycelci**, ancienne place forte propice aux déambulations. Gagnez par la D964 **Castelnau-de-Montmiral**, beau modèle de bastide fondée au 13e s. par le comte de Toulouse. Voyez sa place aux Arcades et surtout, dans l'église, sa croix-reliquaire ornée de 450 pierres précieuses. Vous finirez la journée à **Gaillac** où les vieilles maisons mêlent avec harmonie brique et colombage. N'oubliez pas son abbaye. Un de ses bâtiments abrite la Maison des vins de Gaillac très bien achalandée (voir « Les bonnes adresses de bib », p. 363).

## JOUR 6

Cette dernière journée vous conduit à **Graulhet** puis au village de **Lautrec** où l'on produit le fameux ail rose de Lautrec. N'hésitez pas à en faire provision car il se conserve très longtemps et c'est un cadeau toujours apprécié. Mais que cela ne vous retienne pas de visiter le village et de monter au moulin à vent pour le panorama. Vous terminerez cette balade à **Castres** pour visiter le musée Goya, le parc à la française du palais épiscopal, sans manquer la place Jean-Jaurès et les vieilles maisons surplombant la rivière Agout.

ÉTAPE 11

# Albi

**OFFICE DE TOURISME**

42 r. Mariès - ✆ 05 63 36 36 00 - www.albi-tourisme.fr.

**STATIONNEMENT & SERVICES**

**Parking de la cathédrale (dit du Bondidou)**
✆ 05 63 49 10 10 - Permanent
Borne artisanale : Gratuit
5 P - 24h - Gratuit
GPS : E 2.1412 N 43.92715

**Aire de Pratgraussals**
R. Lamothe, base de loisirs de Pratgraussals - ✆ 05 63 49 10 10 - Permanent
Borne artisanale : Gratuit
30 P - 🔒 - 24h - Gratuit
GPS : E 2.15127 N 43.94604

La première chose à faire en arrivant à Albi, tôt le matin ou en fin de journée, c'est d'admirer depuis le Pont Neuf la cité historique. L'**ensemble épiscopal** (cathédrale et palais de la Berbie) classé en 2010 au Patrimoine mondial par l'Unesco, et les hautes maisons surplombant le **Pont Vieux** et les eaux sombres du Tarn y brossent un décor très photogénique. Du parking de la Cathédrale où vous pouvez passer la nuit, vous serez à deux pas de l'imposante **cathédrale Ste-Cécile**, gigantesque vaisseau de brique flanqué d'un donjon clocher, presque aveugle tant ses ouvertures ressemblent à des meurtrières. Telle était l'intention de ses bâtisseurs : affirmer la puissance de l'église au lendemain des croisades contre les Albigeois. On y entre par un **portail à baldaquin** remarquable par la finesse de ses sculptures... Attendez-vous à un choc car sa richesse intérieure contraste étonnamment avec son austérité extérieure : **voûtes** Renaissance en bleu et or, **jubé** flamboyant, **orgue** monumental dominant une fresque du **Jugement dernier**, chœur orné de statues des saints et des apôtres, trésor abrité dans une chapelle... vous retiendront un bon moment. Au sortir, prenez la petite rue au pied du clocher. Elle conduit dans le petit **quartier de Castelviel**, le plus ancien d'Albi, où subsiste la charmante place Savène et une fresque allégorique évoquant la Révolution. Après le déjeuner, dirigez-vous vers le **palais de la Berbie**, qui le musée et l'œuvre du peintre **Henri de Toulouse-Lautrec**. Finissez la journée dans ses jardins et par une promenade au long des **berges du Tarn**. Le lendemain, vous n'aurez pas trop de la journée pour visiter le vieux centre, son marché, ses ruelles pittoresques, ses hôtels particuliers (**hôtel Reynès**, **hôtel Decaze**, **pharmacie des Pénitents**...) ainsi que la **collégiale St-Salvi** et son cloître. Reste à profiter de la voie verte au long du Tarn et du beau jardin National très fréquenté où trônent quelques sculptures contemporaines, à moins de préférer une agréable croisière en gabarre sur le Tarn.

## Aires de service & de stationnement

### ALBI

Voir p. précédente

### CORDES-SUR-CIEL

**Aire des Tuileries**
Parking Les Tuileries -
05 63 56 00 40 - Permanent
Borne flot bleu : 1 € (eau + élec.)
25 - Illimité - 10 €/j. - borne compris
Services :
GPS : E 1.95802 N 44.06453

### GAILLAC

**Domaine Vayssette**
2738 chemin des Crêtes - 05 63 57 31 95 - www.vins-gaillac-vayssette.com
Permanent (fermé dim. et j. fériés)
5 - 72h - Gratuit
Paiement :
Services :
Réseau France Passion.
GPS : E 1.88831 N 43.94411

**Aire de Gaillac**
Parking des Rives-Thomas, derrière la salle de spectacle - 05 63 57 14 65
Permanent
Borne sanistation : Gratuit
2 - 24h - Gratuit
Services :
GPS : E 1.89494 N 43.89951

### LAUTREC

**Aire de Lautrec**
Base de loisirs Aquaval, rte de Vielmur-sur-Agout - 05 63 70 51 74
Permanent -
Borne AireService : Gratuit
30 - - 24h - 8 €/j.
Paiement :
Services :
Cadre agréable, plat, gravier et ombrage.
GPS : E 2.13204 N 43.70244

### LISLE-SUR-TARN

**Aire de Bellevue**
Près de la base de loisirs, à côté des tennis - 05 63 33 35 18
Borne eurorelais : 2 € (eau + élec.)
12 - 24h
Paiement : jetons (office de tourisme, mairie, Maison de la Presse)
Services :
Ombragée, au bord d'un étang.
GPS : E 1.81673 N 43.86314

### MONTEILS

**Aire de Monteils**
D 47, le long de l'Assou -
05 65 29 63 48 - Permanent -
Borne artisanale : Gratuit
4 - 72h - Gratuit
Services :
Cadre accueillant en bordure du ruisseau.
GPS : E 1.99667 N 44.26702

### NAJAC

**Aire de Najac**
Roc du Pont, près de la piscine, tennis et camping Le Paisserou -
05 65 29 71 34
Permanent
Borne artisanale : Gratuit
10 - - 24h - 8 €/j. - borne compris
Paiement :
Services :
Au bord de l'Aveyron.
GPS : E 1.96741 N 44.22137

### VALDERIÈS

**Aire de Valderiès**
Pl. André-Billou (stade), D 91 -
05 63 56 50 05 - Permanent
Borne AireService : Gratuit
10 - 72h - Gratuit
Services :
GPS : E 2.23361 N 44.01218

## Campings

### ALBI

**Albirondack Park**
31 allée de la Piscine -
05 63 60 37 06 - www.albirondack.fr
De déb. avr. à fin oct. - 40 empl. -
Tarif camping : 37,50 €
(10A) - pers. suppl. 7,50 €
Services et loisirs :
Proche du centre ville (navette en minibus vintage, un îlot de verdure !
GPS : E 2.16397 N 43.93445

### CASTELNAU-DE-MONTMIRAL

**Le Chêne Vert**
Travers du Rieutort - 05 63 33 16 10 -
www.campingduchenevert.com
De déb. mai à mi sept. - 33 empl. -
Tarif camping : 26 €
(10A) - pers. suppl. 8,50 €
Services et loisirs :
Partie haute en sous-bois, partie basse plus ensoleillée.
GPS : E 1.78947 N 43.97702

### CORDES-SUR-CIEL

**Moulin de Julien**
Livers-Cazelles - 05 63 56 11 10 -
www.campingmoulindejulien.com
De déb. mai à fin sept. - 84 empl.
borne artisanale
Tarif camping : 26 €
(5A) - pers. suppl. 6 €
Services et loisirs :
Cadre ombragé autour d'un étang et traversé par un petit ruisseau. Préférer les emplacements les plus éloignés de la route.
GPS : E 1.97628 N 44.05036

### ST-ANTONIN-NOBLE-VAL

**Les Trois Cantons**
05 63 31 98 57 - www.3cantons.fr
De mi avr. à fin sept. - 99 empl. -
Tarif camping : 30,10 €
(10A) - pers. suppl. 7 €
Services et loisirs :
Très agréable en sous-bois.
GPS : E 1.69612 N 44.1933

## Les bonnes adresses de bib

### ALBI

**La Table du Sommelier** – 20 r. Porta - 05 63 46 20 10 - www.latabledusommelier.com - fermé dim.-lun. - formule déj. 16 € - 25/65 €. L'enseigne et les caisses de bois empilées dans l'entrée annoncent la couleur. Petits plats bistrotiers revisités, accompagnés, comme il se doit, d'une belle sélection de vins.

**Le Lautrec** – 13-15 r. Henri-de-Toulouse-Lautrec - 05 63 54 86 55 - restaurant-le-lautrec.com - fermé dim. soir et lun. - formules déj. 16/18 € - 25/55 €. Un cassoulet à la morue et au safran tarnais : mais oui, les marins qui travaillaient la terre en hiver rapportaient de leurs cales du sel et des morues séchées. Ainsi naquit cet excellent plat. Pour le reste, cuisine de pays impeccable, accueil irrésistible et agréable terrasse estivale à deux pas de la maison d'enfance de Toulouse Lautrec.

**Albi Croisières** – Berges du Tarn - 05 63 43 59 63 - www.albi-croisieres.com - mai-sept., oct. selon la météo - 3 formules au choix : pique-nique croisière Plaisir (1h30) dép. à 12h30, 14 € (-12 ans 8 €) ; croisière Culture (30mn) dép. de 11h à 17h15 (18h30 juil.-août), 7,50 € (-12 ans 5 €) ; croisière Nature (1h45) dép. d'Aiguelèze à 10h ou d'Albi à 17h15, 18 € aller simple (-12 ans 10 €), 25 € AR (-12 ans 18 €). La gabarre est un bateau à fond plat utilisé pour le transport des marchandises jusqu'au 19e s., et destiné maintenant à la promenade. Après avoir quitté l'ancien port situé au pied des remparts du palais de la Berbie, vous découvrirez au fil du Tarn les moulins albigeois, l'écluse des moulins de Gardès et de la Mothe. Vous pouvez préférer le bateau électrique (75 places), plus silencieux mais moins exotique.

### CASTRES

**La Mandragore** – 1 r. Malpas - 05 63 59 51 27 - fermé 1 sem. en mars et 1 sem. en sept., dim.-lun. - formule déj. 16,50 € - 26/40 €. Cette maison du vieux Castres est décorée dans un style contemporain, où dominent bois blond et verre dépoli. On y déguste des préparations traditionnelles.

### GAILLAC

**Vigne en foule** – 80 pl. de la Libération - 05 63 41 79 08 - vigneenfoule.com - fermé dim.-lun. - formule déj. 17 € - 28/32 €. Un sympathique bar-restaurant où la vigne règne en maître : près de 200 références s'offrent à votre choix. Menu du jour imposé au déjeuner, choix plus étoffé le soir. Agréable terrasse.

**Maison des vins de Gaillac - Caveau St-Michel** – Abbaye St-Michel - 05 63 57 15 40 - www.vins-gaillac.com/maison-des-vins - juil.-août : 10h-13h, 14h-19h ; reste de l'année : se rens. Cette Maison des vins bordée par le Tarn présente la production de 95 domaines viticoles et de trois caves coopératives appartenant à l'appellation gaillac. Au programme : dégustations et vente directe, présentation du vignoble et stages d'initiation à la dégustation.

### ST-ANTONIN-NOBLE-VAL

**La Corniche** – Brousses - 6 km au S.-O. de St-Antonin - 05 63 68 26 95 - brousses.wixsite.com/la-corniche - ; - fermé 2 sem. en oct., vac. de Noël, lun., merc.-jeu. et dim. soir. - réserv. conseillée - 32,50 €. Sur la route des gorges de l'Aveyron, cette coquette et chaleureuse maison de village sert une cuisine authentique. En saison, dégustez cailles et agneaux du terroir. Agréable terrasse surplombant la vallée.

## Offices de tourisme

### ALBI

Voir p. 361

### GAILLAC

Abbaye St-Michel - 0 805 40 08 28 - www.tourisme-vignoble-bastides.com.

### LAUTREC

R. du Mercadial - 05 63 97 94 41 - www.lautrectourisme.com.

Cordes-sur-Ciel.

P. Giovannini/imag/imageBROKER/age fotostock

# Les grands sites du Quercy

**On pourrait leur donner la palme des villages les plus impressionnants de France, l'oscar des paysages à couper le souffle, ou le grade le plus haut en matière de grottes et de gouffres. Les grands sites du Quercy savent séduire. Quant à la gastronomie, il suffit de chuchoter les noms de Rocamadour, Figeac, Cahors, pour commencer à saliver.**

**DÉPART :** ROCAMADOUR - 7 jours - 290 km

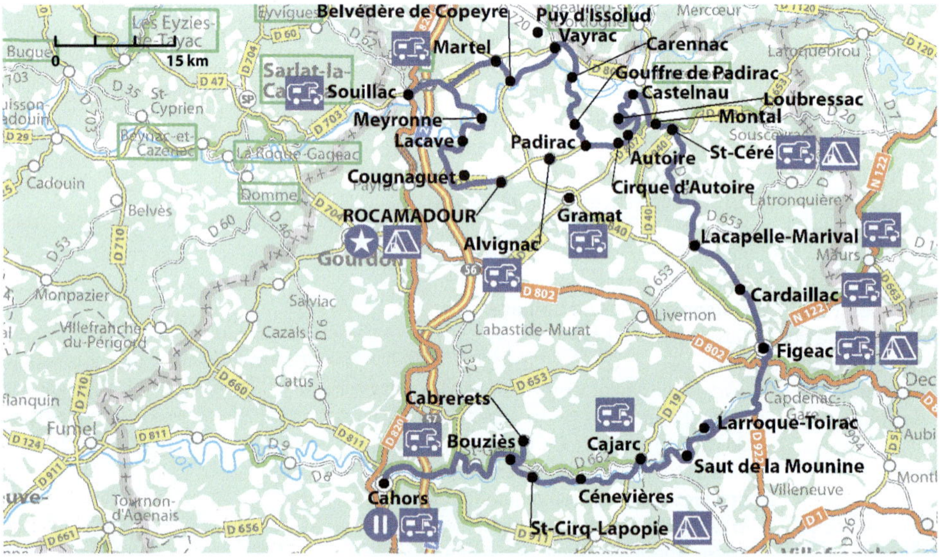


## JOUR 1

L'époustouflant site de **Rocamadour** éblouira votre matinée entre le château perché au sommet de la falaise, les sanctuaires accrochés aux rochers et le bourg qui s'étire comme un village rue. Puis visitez le moulin fortifié de Cougnaguet et dirigez-vous sur les grottes de **Lacave**. Leurs concrétions sont d'une ampleur exceptionnelle. Remontez la vallée de la Dordogne jusqu'à **Meyronne**. Là, deux options : parcourir en canoë l'une des portions les plus sauvages de la Dordogne, ou passer directement la rivière, direction **Souillac** à l'ouest, pour finir la journée à visiter le musée national de l'Automate (3 000 pièces).

## JOUR 2

Partez au matin pour **Martel** « la ville aux sept tours ». La place des Consuls, l'hôtel de la Reymondie, la vieille halle avec mesure à grains, les ruelles de pierre blanche et l'église sont à découvrir. Au sud par la D840, allez profiter du panorama au **Belvédère de Copeyre**. Puis remontez sur le puy d'Issolud au-dessus de **Vayrac** pour apprécier la vue de ce tout dernier lieu de résistance gauloise. Vous pourrez ensuite rallier le village très préservé de **Carennac** baigné par un bras sauvage de la Dordogne qui a conservé ses maisons patinéeset son château des doyens. Passez la nuit à proximité de **Padirac** plus au sud.

## JOUR 3

Prenez votre imperméable pour visiter le **gouffre de Padirac** : les concrétions continuent à se former le long de la rivière souterraine. Prenez la direction du **cirque d'Autoire** d'où se jette une haute cascade. Montez par le chemin rocailleux pour apprécier la vue sur ce site naturel ! Passez enfin par le joli village d'**Autoire** qui exhibe de vieilles maisons aux allures aristocratiques. Faites étape à **Loubressac**, village perché qui a gardé une partie de son enceinte fortifiée.

J.-M. Barrère/hemis.fr

*Cahors, Pont Valentré.*

## JOUR 4

La forteresse médiévale de **Castelnau-Bretenoux**, s'annonce au loin. La visite de ce château caractéristique de l'architecture défensive du Moyen Âge s'impose. Poursuivez par le château de **Montal**, château Renaissance digne de ceux de la Loire. À **St-Céré**, intéressez-vous aux tapisseries et dessins contemporains de Jean Lurçat. L'après-midi, piquez plein sud par la D48 qui vous conduit à **Lacapelle-Marival**, ancienne seigneurie aux charmes rustiques, puis à **Cardaillac** où vous pourrez passer la nuit.

## JOUR 5

**Figeac** mérite une halte, avec son hôtel de la Monnaie, sa place des Écritures et son musée Champollion. Descendez sur la vallée du Lot (D822) jusqu'au château médiéval de **Larroque-Toirac**, édifié au pied de la falaise, puis profitez du point de vue du **saut de la Mounine**, avant de rejoindre l'agréable bourg de **Cajarc** qui abrite un centre d'Art contemporain. S'il est encore temps, le château de **Cénevières** dressé au-dessus de la rivière mérite un détour.

## JOUR 6

Filez sur **St-Cirq-Lapopie** et consacrez-lui la matinée. Puis, gagnez **Bouziès** pour une balade le long du chemin de halage. Franchissez le pont de Bouziès et remontez une partie de la vallée du Célé pour découvrir les deux châteaux de **Cabrerets** et la grotte de Pech-Merle qui compte parmi les plus belles de France. Nuit à Bouziès ou à Cahors.

## JOUR 7

Pour terminer votre parcours, prenez le temps de visiter **Cahors** (voir l'encadré ci-contre).

ÉTAPE 11

# Cahors

### OFFICE DE TOURISME

Pl. François-Mitterrand - 05 65 53 20 65 - www.tourisme-cahors.fr.

### STATIONNEMENT & SERVICES

**Parking conseillé**
432-490 chemin de la Chartreuse, à proximité immédiate du centre-ville - gratuit.
L'aire de Cahors se trouve à proximité.

**Aire de Cahors**
Chemin de la Chartreuse, près du pont Louis-Philippe, parking St-Georges - 05 65 20 87 87
Permanent (mise hors gel)
Borne artisanale : Gratuit
5 P - Illimité - Gratuit
Services :
Navette gratuite pour le centre-ville.
GPS : E 1.4415 N 44.4401

Établie sur une presqu'île enserrée dans un cingle du Lot, l'ancienne capitale des Cadourques a pris pour emblème le célèbre **pont Valentré** qui enjambe la rivière. Avec ses trois tours fortifiées, il compose un exemple remarquable d'architecture militaire médiévale mais il se révèle aussi l'un des plus élégants de France !
Flânez au gré des jardins secrets, parcourez les ruelles et admirez les maisons hautes qui sont autant de témoignages de l'histoire médiévale de Cahors. Cette ville compte un secteur sauvegardé exceptionnel, dans lequel le bâti, très riche, s'organise autour de la cathédrale qui a fêté son 900e anniversaire en 2019 ! Celle-ci retiendra votre attention, notamment son portail nord qui rivalise avec les plus beaux ouvrages d'art roman du Sud-Ouest. N'hésitez pas à faire un tour dans le cloître, de style Renaissance, ainsi que dans la chapelle St-Gausbert, ornée de sculptures remarquables. À voir également, les vestiges des remparts qui barraient entièrement l'isthme du Lot : la **Barbacane**, la tour St-Jean, une grosse tour qui abritait une poudrière et la porte St-Michel qui sert désormais d'entrée au cimetière. Pensez aussi à réserver un tour en bateau, à bord du *Valentré*, pour une croisière d'1h15 avec un **passage d'écluse** qui ravira particulièrement les enfants.
Enfin, la ville est connue des gourmets qui, au fil des saisons, aiment à choisir canards et foies gras ou melons odorants sur les étals de son marché coloré. Elle a également donné son nom à un vin fameux, apprécié depuis des siècles par les plus grandes cours d'Europe. Laissez-vous tenter !

## Aires de service & de stationnement

### ALVIGNAC

**Aire d'Alvignac**
Rte de Padirac - 05 65 33 60 62
Permanent (mise hors gel)
Borne raclet : Gratuit
10 - Illimité - Gratuit
Services :
GPS : E 1.69711 N 44.82504

### BOUZIÈS

**Aire de Bouziès**
Halte nautique - 05 65 30 29 02
De mi fév. à mi nov. -
Borne eurorelais : 2 €
(eau + élec.)
15 - 24h - 5 €/j.
Services :
Cadre reposant au bord du Lot.
GPS : E 1.64468 N 44.48419

### CAHORS

Voir p. précédente

### CAJARC

**Aire de Cajarc**
R. du Cuzoul, proche du camping municipal Le Terriol - 05 65 40 72 74
Permanent
Borne AireService 2 €
14 - 24h - 7 €/j.
Paiement :
Services :
GPS : E 1.83914 N 44.48252

### CARDAILLAC

**Aire de Cardaillac**
Parking du Pré Del Prieu,
à côté de l'église et du vieux lavoir - 05 65 40 14 32 - Permanent
Borne AireService : Gratuit
 - - 48h - Gratuit
Services :
GPS : E 1.99805 N 44.67868

### FIGEAC

**Aire de Figeac**
Av. du Col.-Teulié - 05 65 50 05 40
Permanent
Borne eurorelais : 2 €
(eau + élec.)
12 - 48h - 3 €/j.
Paiement : CC - jetons
Services :
GPS : E 2.03663 N 44.61093

### GRAMAT

**Aire de Gramat**
Av. Louis-Mazet, près de la caserne des pompiers - 05 65 38 70 41
(mise hors gel)
Borne eurorelais : gratuit
10 - 48h - Gratuit
Services :
GPS : E 1.7284 N 44.77958

### LACAPELLE-MARIVAL

**Aire de Lacapelle-Marival**
Pl. de Larroque - 05 65 40 80 24
Permanent
Borne eurorelais 2 € 2 €
30 - Illimité - Gratuit
Services :
GPS : E 1.92995 N 44.72808

### MARTEL

**Aire de Martel**
R. du 19-Mars-1962 - 05 65 37 30 03
Permanent
Borne artisanale : Gratuit
10 - 24h - 5 €/j.
Services :
GPS : E 1.60656 N 44.93483

### ST-CÉRÉ

**Aire de St-Céré**
R. du Stade, sur le parking du Stade - 05 65 10 01 10 - Permanent
Borne flot bleu : Gratuit
10 - Illimité - Gratuit
GPS : E 1.90061 N 44.8561

### SOUILLAC

**Aire de Souillac**
Pl. du Baillot - 05 65 32 71 00
Permanent -
Borne AireService
 - 72h - 9,61 €/j.
Paiement :
Services :
Plat, bitume à 400 m de la Dordogne ou du centre ville.
GPS : E 1.47654 N 44.8915

## Campings

### FIGEAC

**Le Domaine du Surgié**
05 61 64 88 54 - www.domainedusurgie.com
De déb. mai à fin sept.
Tarif camping : 26 €
 (10A) - pers. suppl. 7 €
Services et loisirs :
Au milieu d'une importante base de loisirs.
GPS : E 2.05037 N 44.61031

### ROCAMADOUR

**Koawa Vacances Les Cigales**
L'Hospitalet - 05 65 33 64 44 - www.camping-les-cigales.com
De déb. mars à fin oct. -
Tarif camping : 33,42 €
 (6A) - pers. suppl. 8 €
Services et loisirs :
Emplacements bien ombragés.
GPS : E 1.63221 N 44.80549

### ST-CÉRÉ

**Le Soulhol**
Quai Auguste-Salesses - 05 65 38 12 37 - www.camping-le-soulhol.fr
D'avr. à oct. - 54 empl. -
 borne artisanale
Tarif camping : 16 €
 (10A) - pers. suppl. 4,80 €
Services et loisirs :
Entouré par un ruisseau avec vue sur le château.
GPS : E 1.89747 N 44.85791

### ST-CIRQ-LAPOPIE

**La Plage**
Porte Roques - 05 65 30 29 51 - www.campingplage.com
De mi avr. à fin sept. - 90 empl. -
 borne AireService
Tarif camping : 7 € 17 €
 (10A) 5 €
Services et loisirs :
Bordé par le Lot, au pied d'un des plus beaux villages de France.
GPS : E 1.6812 N 44.46914

# Les bonnes adresses de bib

## CAHORS

**L'Ô à la Bouche** – 56 allée Fénelon - 05 65 35 65 69 - www.loalabouche-restaurant.com - fermé vac. de Toussaint et vac. de Pâques, dim.-lun. - formules déj. 21,50/40 € - 28/45 €. À la tête de ce sympathique restaurant, un couple de passionnés qui a sillonné le monde avant de choisir Cahors. Jean-François concocte des plats gourmands, comme ce saumon mariné au fenouil ou ce bar sauvage, poêlée de blettes et cromesquis d'ail rose de Lautrec.

**Le Courson** – 28 allées Fénelon - 05 65 35 10 74 - fermé mar. soir et merc. soir - 9,50/20 €. Elle, cuisinière inspirée, lui, sommelier passionné... Le Courson est le produit d'une superbe alchimie de couple : un bistrot-bar aux propositions inventives qui ne vous ruinent pas. La cuisine est élaborée à partir de produits frais et locaux. 250 références de vins, majoritairement bio, complètent le repas pris dans une ambiance agréable, ou sur la terrasse aux beaux jours.

## CAJARC

**L'Allée des vignes** – 32 bd du Tour-de-Ville - 05 65 11 61 87 - www.alleedesvignes.com - fermé janv.-mars et lun.-mar. - 34 € (déj.) - 49/95 €. Claude-Emmanuel Robin, un Franco-mexicain, et son épouse russe, Evgenia, ont transformé cet ancien presbytère, élégant et charmant, que l'on appréciera également aux beaux jours grâce à sa jolie terrasse. Le chef passionné et plein de fougue est l'auteur d'une cuisine créative et savoureuse, à l'instar de ce cœur de longe de thon en tartare et tomate. Service jeune et charmant. La table du Lot qui sort du lot.

## FIGEAC

**La Puce à l'oreille** – 5-7 r. St-Thomas - 05 65 34 33 08 - fermé dim.-lun. - formule déj. 20 € - 22/36 €. Aux beaux jours, on s'attable dans la cour verdoyante de cette maison médiévale embusquée dans une ruelle de la vieille ville. Une cheminée monumentale réchauffe l'élégante salle à manger. Cuisine traditionnelle raffinée.

## MARTEL

**Ferme-auberge Le Moulin à Huile de Noix** – Rte de Bretenoux - 3 km à l'est de Martel dir. St-Céré par D803 puis rte à gauche - 05 65 37 40 69 - www.moulin-martel.com - P ♿ - sur réserv - fermé nov.-avr. - 23 €. Dans la belle salle de ce moulin du 17e s., goûteuse cuisine du terroir. En été, (mar. et jeu. apr.-midi), vous pourrez découvrir la fabrication de l'huile dans le respect de la tradition. Boutique de produits maison (mar.-sam.).

## ROCAMADOUR

**Ferme Lacoste** – Les Alix - 05 65 33 62 66 - 10h-12h, 14h-14h30. Cette belle ferme héberge une centaine de chèvres qui broutent pour préserver la réputation de leur délicieux fromage AOP : le fameux Rocamadour.

## ST-CÉRÉ

**Le Victor Hugo** – 7 av. des Maquis - 05 65 38 16 15 - www.hotelsaintcere.com - P ♿ - fermé 3 sem. en oct.-nov., 2 sem. en fév., sam. midi et dim.-lun. - formule déj. 14,50 € - 18,90/37 €. Ancrée sur les bords de la Bave, cette jolie maison à colombages du 17e s. abrite une salle à manger accueillante où l'on sert une cuisine traditionnelle qui met à l'honneur magrets et pâtés locaux. Excellent rapport qualité-prix au déjeuner.

## SOUILLAC

**La Vieille Auberge** – 1 r. de la Recège - 05 65 32 79 43 - www.la-vieille-auberge.com - fermé dim. soir-lun. midi en fév., mars et nov. - 19/55 €. Une institution. Cuisine de haute volée qui fait la part belle à l'agneau du Quercy et au foie gras de canard, avec des échappées marines. Incontournable omelette aux cèpes. Service parfait.

# Offices de tourisme

## CAHORS

Voir p. 365

## FIGEAC

Pl. Vival - hôtel de la Monnaie - 05 65 34 06 25 - www.tourisme-figeac.com.

## ROCAMADOUR

Cité médiévale - 05 65 33 22 00 - www.vallee-dordogne.com.

## ST-CÉRÉ

13 av. François-de-Maynard - 05 65 33 22 00 - www.vallee-dordogne.com.

### LE TOP 5 VILLES ET VILLAGES D'EXCEPTION

1. St-Cirq-Lapopie
2. Gourdon
3. Puy-l'Evêque
4. St-Céré
5. Souillac

# Il était une fois à Foix...

**Le pays de Foix est auréolé de mystères. Cela tient sans doute à l'aspect inquiétant que prennent les paysages de ses étroites vallées par temps de brouillard. À moins qu'il ne s'agisse d'une histoire devenue légende, celle de l'épopée cathare.**

**DÉPART :** FOIX - 5 jours – 345 km

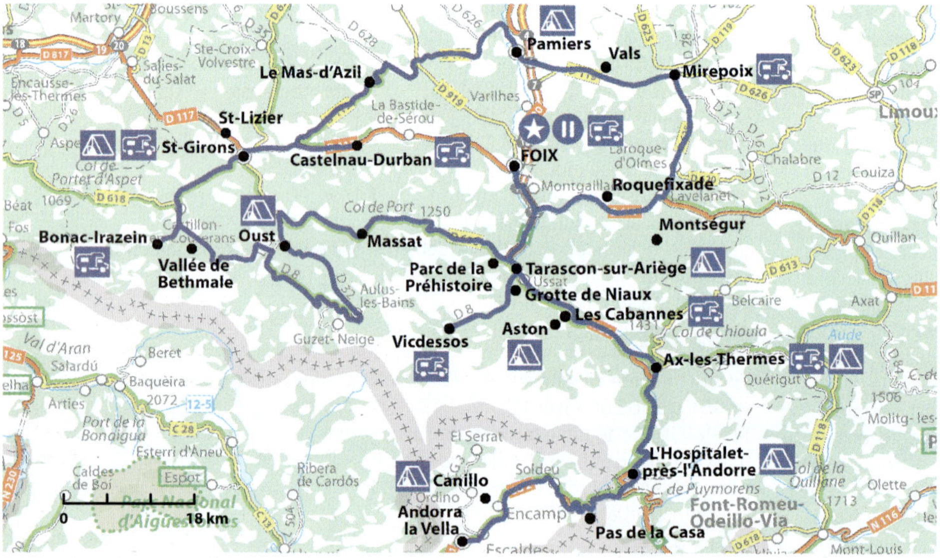


## JOUR 1

Votre première journée d'escapade vous mènera sur les traces des cathares. À **Foix**, d'abord, qui fut aussi la cité du flamboyant Gaston Fébus, poète et politique, passionné de chasse... Vous visiterez le château qui domine fièrement la ville (voir l'encadré p. ci-contre). Si les cathares sont surtout concentrés dans les Corbières, ils furent également nombreux dans les pays entourant Foix. Perdus dans les montagnes, loin de toute voie de communication, les châteaux de Roquefixade et de Montségur furent ainsi des lieux d'asiles pour les cathares lors des chevauchées sanguinaires des croisés. Prenez donc des forces à Foix avant de vous lancer à l'assaut du piton rocheux de **Roquefixade** et du pog de **Montségur**, où fut réduit le dernier foyer cathare. Après un passage par la fontaine intermittente de Fontestorbes (le débit peut osciller entre 100 et 1800 litres/seconde) reposez-vous de vos ascensions à Mirepoix.

## JOUR 2

Commencez la journée par une flânerie sur la superbe place à couverts de la bastide de **Mirepoix**. Gagnez la surprenante église rupestre de **Vals** (on y accède par un escalier creusé dans un boyau rocheux), puis rejoignez **Pamiers**, la plus grande ville du département, hérissée de tours et de clochers, pour déjeuner. Vous entamerez l'après-midi avec la **grotte du Mas-d'Azil**, riche de nombreux témoignages préhistoriques. La grotte est aussi l'une des curiosités naturelles les plus spectaculaires de l'Ariège. Passez ensuite au village du **Mas-d'Azil**, où l'affabuloscope saura vous amuser. La soirée arrivant, arrêtez-vous près de **St-Girons**.

## JOUR 3

En route pour **St-Lizier**, minuscule cité épiscopale au passé prestigieux. En suivant la **vallée de Bethmale**, vous traverserez de magnifiques paysages et rencontrerez le dernier artisan fabriquant des sabots bethmalais. Déjeunez en route. D'églises romanes

J.D. Dallet/age fotostock

*Le château de Foix.*

(Vic et **Massat**) en panoramas (port de Lers), vous atteindrez l'un des berceaux de la préhistoire dans les Pyrénées, autour de **Tarascon-sur-Ariège**. Vous pouvez commencer vos visites par la **grotte de Niaux** et ses peintures rupestres. Passez la nuit à Tarascon.

## JOUR 4

Le très intéressant **parc de la Préhistoire** de Tarascon complétera votre visite de la veille à Niaux. Les enfants apprécieront les différents ateliers de reconstitution du mode de vie préhistorique; vous aurez en plus la possibilité de déjeuner sur place. Explorez ensuite la **grotte de Lombrives** (à côté de celle de Niaux). Son réseau souterrain est le plus vaste d'Europe par le volume évidé et se développe sur 7 niveaux distincts. Prenez la direction d'**Ax-les-Thermes**, à 44 km à l'ouest. En hiver, vous pourrez y faire non seulement du ski mais aussi de la randonnée ou encore une cure thermale. Ax-les-Thermes sera votre étape pour la nuit.

## JOUR 5

Envie de shopping? Prenez la direction de la frontière espagnole et offrez-vous une journée en **Andorre** par le **Pas de la Casa** (station de sports d'hiver et magasins hors taxes). Descendez jusqu'à **Andorra la Vella** pour y savourer une bonne cuisine du terroir. N'oubliez pas de faire le plein de carburant, moins taxé!

ÉTAPE 11

# Foix

**OFFICE DE TOURISME**

29 r. Delcassé - ✆ 05 61 65 12 12 -
www.foix-tourisme.com.

**STATIONNEMENT & SERVICES**

**Aire de Foix**
20 bd François-Mitterrand - ✆ 05 61 05 42 00
Permanent
Borne artisanale : Gratuit
20 P - 🔒 - 72h - Gratuit
Située à proximité immédiate du centre historique.
GPS : E 1.61152 N 42.95983

Vous voici dans la préfecture la moins peuplée de France! La petite cité de Foix, paisible et accueillante, apparaît joliment au débouché de l'ancienne vallée glaciaire de l'Ariège, dans un site tourmenté hérissé de sommets aigus. Entrez dans la ville par le pont de Vernajoul, qui enjambe l'Arget au bout de l'avenue de la Caranne et offre la plus belle vue sur le château; ses trois tours semblent surveiller, du haut de leur roc austère, le dernier défilé de la rivière à travers les plis du Plantaurel.
Puis laissez-vous guider à travers les petites rues du centre. Dirigez-vous vers la halle du marché en fer forgé au bord du cours Gabriel-Faure. Suivez la rue Pierre-Bayle qui longe le jardin public. Prenez à gauche la rue de la Faurie où s'élèvent deux maisons à pans de bois. Au n° 23, se tient le blason des comtes de Foix : pals sang et or et vachettes de la maison de Béarn. Dans la rue se trouvent aussi boutiques et restaurants; idéal pour une pause déjeuner. Continuez ensuite par la place Lazema, puis dans la rue du même nom jusqu'à la **place Parmentier** où se dressent deux belles maisons accolées à pans de bois.
Enfin, visitez le château, le monument emblématique de Foix, et le Musée départemental installé dans les murs du château. Il retrace l'histoire de la ville et de ses seigneurs. Montez sur les terrasses de la tour ronde et de la tour d'Arget pour jouir d'un superbe panorama sur le site de Foix, la vallée de l'Ariège et le Pain de Sucre de Montgaillard.

## Aires de service & de stationnement

### AX-LES-THERMES

**Aire d'Ax-les-Thermes**
Av. Delcassé, parking de la gare - 05 61 64 20 21
Permanent
Borne AireService
25 - - 24h - 11 €/j. - borne compris
Paiement :
GPS : E 1.83175 N 42.72573

### BONAC-IRAZEIN

**Aire de Bonac-Irazein**
Au bourg, Dans Bonac, traverser le pont (maxi 3,5 t), puis tourner à gauche - 06 73 57 39 89
De déb. avr. à mi nov. (mise hors gel) -
Borne artisanale
11 - Illimité - 9 €/j. - borne compris
Services :
Cadre agréable, verdoyant, plat, herbeux au bord du Lez.
GPS : E 0.97541 N 42.87541

### LES CABANNES

**Aire des Cabannes**
Quartier la Bexane, à côté de la gendarmerie - 05 61 64 77 09
Permanent
Borne artisanale 2 €
30 - Illimité - 5 €/j.
Paiement :
Services :
Au pied des pistes de ski de fond du plateau de Beille. Aire très agréable et reposante.
GPS : E 1.68301 N 42.78493

### CASTELNAU-DURBAN

**Aire de Castelnau-Durban**
La Promenade, près de l'église - 05 61 96 34 33
Permanent (mise hors gel)
Borne artisanale : 2 € (eau + élec.)
20 - 48h - Gratuit
Services :
GPS : E 1.34039 N 43.00006

### FOIX

Voir p. précédente

### MIREPOIX

**Aire de Mirepoix**
Allée des Soupirs - 05 61 68 10 47
Permanent
Borne artisanale : Gratuit
35 - 24h - Gratuit
Services :
GPS : E 1.87117 N 43.09333

### ST-GIRONS

**Aire de St-Girons**
Av. Aristide-Bergès, près du point informations et du garage Renault - 05 61 96 26 60
Permanent (mise hors gel)
Borne AireService : 4 € (eau + élec.)
5 - 48h - Gratuit
GPS : E 1.1392 N 42.98875

### VICDESSOS

**Aire de Vicdessos**
Rte de l'Église - 05 61 64 88 25
De mi mars à fin oct.
Borne Urbaflux 0 € 0 €
40 - - Illimité - 8 €/j. - borne compris
Paiement :
Services :
Cadre agréable au bord d'un ruisseau.
GPS : E 1.50192 N 42.76863

## Campings

**Aston**, **Canillo**, **Oust** : voir p. 344 ;
**Tarascon-sur-Ariège** : voir p. 345.

### AX-LES-THERMES

**Le Malazeou**
N 20, rte de l'Espagne - 05 61 64 69 14 - www.campingmalazeou.com
De mi déc. à fin oct. - 198 empl.
borne artisanale
Tarif camping : 20 €
(10A) - pers. suppl. 4 €
Services et loisirs :
Ombragé, au bord de l'Ariège.
GPS : E 1.82538 N 42.72852

### L'HOSPITALET-PRÈS-L'ANDORRE

**Municipal La Porte des Cimes**
05 61 05 21 10 - www.laportedescimes.fr
De déb. juin à fin sept. - 57 empl.
Tarif camping : 17 €
(15A) - pers. suppl. 4 €
Services et loisirs :
GPS : E 1.80343 N 42.59135

### PAMIERS

**L'Apamée**
Rte de St-Girons - 05 61 60 06 89 - www.vap-camping.fr/fr/camping-lapamee
De déb. avr. à déb. nov. - 100 empl.
borne artisanale
Tarif camping : 22 €
(10A) - pers. suppl. 9 €
Services et loisirs :
GPS : E 1.60205 N 43.1249

### ST-GIRONS

**Audinac-Les-Bains**
À Audinac-les-Bains, au plan d'eau - 06 07 38 19 21 - www.camping-audinaclesbains.com
De mi mai à fin sept. - 31 empl. -
borne AireService 3 € (eau + élec.)
Tarif camping : 23 €
(16A) - pers. suppl. 6 €
Services et loisirs :
Vaste domaine avec un étang.
GPS : E 1.18407 N 43.00705

# Les bonnes adresses de bib

## ANDORRA LA VELLA

**Taberna Ángel Belmonte** – Calle Ciutat de Consuegra, 3 - (00-376) 822 460 - www.tabernaangelbelmonte.com - carte 45/60 €. Un lieu agréable aux airs de taverne. Beau décor où domine le bois et mise en place impeccable. À la carte, produits du terroir, poissons et fruits de mer.

**Caldea Inúu** – Parc de la Mola, 10 - (+376) 804 999 - www.caldea.com - dim.-vend. 10h-22h, sam. 10h-0h - fermé 25 déc. - pour Inúu, accès à partir de 16 ans - espace thermoludique Caldea : 37/39 € (3h), espace Inúu + Caldea : à partir de 73 €/j. À 1000 m d'altitude, puisant l'eau thermale d'Escaldes-Engordany à 68 °C, Caldea est un grand centre aquatique (ou plutôt « thermoludique » pour reprendre l'expression locale), dédié au bien-être et au plaisir. L'ensemble architectural, conçu par le Français Jean-Michel Ruols, se présente sous la forme d'une gigantesque cathédrale de verre à l'allure futuriste. L'éventail des possibilités est large : bains indo-romains, hammam, Jacuzzi, lits à bulles, marbres chauds, fontaines de brumisation, etc. Restaurant gastronomique, galerie commerciale et bar panoramique à 80 m.

## FOIX

**Au Grilladou** – 7 r. De Lafaurie - 05 61 64 00 74 - www.restaurant-foix-augrilladou.fr - ♿ - fermé sam. midi et dim. sf juil.-août - plat du jour 8,60 € - formule déj. 10 € - 12,50/25 €. Ce petit restaurant, situé au pied du château, propose pizzas, grillades (viandes et poissons), salades et pâtes fraîches maison, à prix tout doux. Nouveau décor aux tons aubergine et gris, service efficace et accueil souriant. Terrasse l'été dans la rue piétonne.

## ST-GIRONS

**Croustades Martine Crespo** – 38 r. Pierre-Mazaud - 05 34 14 30 20 - croustade.com - mar.-vend. 9h-12h30, 14h30-19h, sam. 8h-13h, 14h30-19h, dim. 8h-13h - fermé 3 sem. en janv., 25 déc. et lun. sf été. La spécialité de cette boutique décorée à l'ancienne, c'est la croustade du Couserans, dessert offert traditionnellement lors des repas de fêtes. Plusieurs parfums : pomme, poire, etc. Également : croustades salées, croustades au fromage de montagne et au foie gras frais.

## TARASCON-SUR-ARIÈGE

**Le Restaurant du Parc** – Rte de Banat - Parc de la Préhistoire, lieu-dit Lacombe - 05 61 05 10 10 - www.sites-touristiques-ariege.fr - 1er avr.-5 nov. - plat du jour 9,50 € - 14/20 €. Dans une vaste salle aux baies vitrées donnant sur le parc, vous dégusterez une cuisine du terroir revisitée : burger magdalénien au foie gras poêlé, cuisse d'oie confite, ravioles de canard aux morilles, etc.

*Tarascon-sur-Ariège, Parc de la Préhistoire.*

A. Spani/hemis.fr

# Offices de tourisme

## ANDORRA LA VELLA

Pl. de la Rotonda - (+376) 750100 - www.turismeandorralavella.com.

## AX-LES-THERMES

6 av. Théophile-Delcassé - 05 61 64 60 60 - www.pyrenees-ariegeoises.com.

## FOIX

Voir p. 369

*L'église de Sant Joan de Caselles à Canillo (Andorre).*

McPHOTO/vario Images RM/age fotostock

**LE TOP 5 PRÉHISTOIRE**

1. Grotte de Niaux
2. Grotte du Mas-d'Azil
3. Grotte de Bédeilhac
4. Grotte de la Vache
5. Parc de la Préhistoire (Tarascon-sur-Ariège)

# Eaux thermales des Pyrénées

**Déjà, les Romains, fins connaisseurs en la matière, avaient établi des thermes çà et là dans les Pyrénées. Mais c'est à partir du 18e s., et plus encore au 19e s., que « prendre les eaux » devint une véritable mode : les Pyrénées doivent à cette vogue leur fortune touristique. Telle est l'explication historique. Mais il suffit de voir une fois le paysage pour comprendre qu'il en est d'autres !**

**DÉPART :** TARBES - 5 jours – 230 km

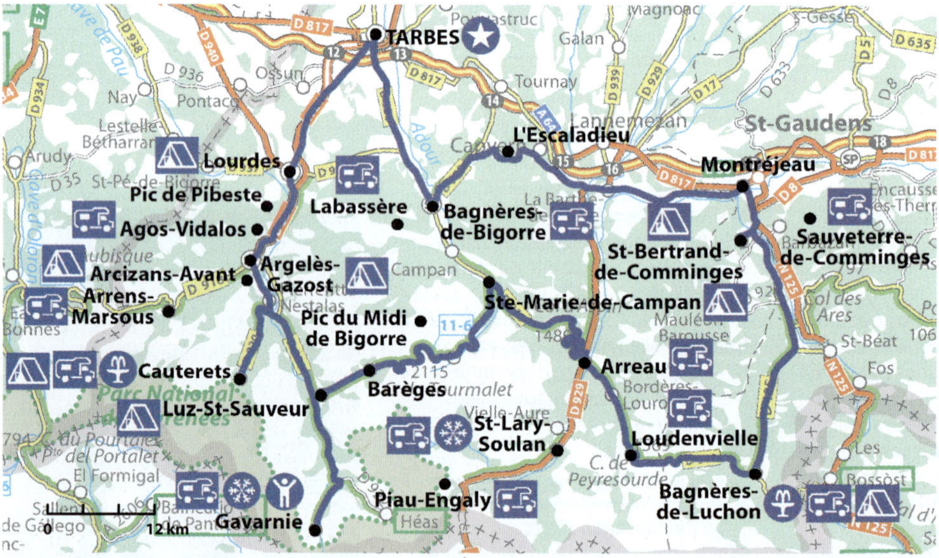


## JOUR 1

Deuxième agglomération de la région Midi-Pyrénées et capitale de la Bigorre, **Tarbes** était autrefois peuplée de chevaux et de hussards, souvenirs relatés au musée des Hussards et au Haras, que vous visiterez. Quittez Tarbes pour gagner **Lourdes** où l'eau n'est pas thermale, mais miraculeuse ! Les apparitions de la Vierge ont transformé cette paisible bourgade en une ville connue du monde entier. Cette cité religieuse réputée pour la grotte de Massabielle, où Bernadette Soubirous vit, à 18 reprises, apparaître la « belle dame », présente l'heureux avantage d'être située au pied des Pyrénées. Commencez votre journée par découvrir les sanctuaires (grotte, basilique néobyzantine du Rosaire, musée Ste-Bernadette), après quoi vous grimperez au château fort. Un petit tour au musée de Cire, puis quittez les foules et les innombrables marchands de pieuseries pour respirer l'air des montagnes.

## JOUR 2

Roulez vers le sud, en direction des Pyrénées. L'ascension du **pic de Pibeste** (chaussures de marche indispensables) vous offrira une vue splendide sur les Pyrénées. Poursuivez vers **Argelès-Gazost** pour une pause déjeuner. Cette petite station thermale se partage entre une ville haute, aux ruelles pentues, et la ville basse où sont installés les commerces. Vous y trouverez de quoi bien manger. À **Cauterets**, une station thermale vous attend (voir l'encadré p. 385).

Revenez sur vos pas pour gagner ensuite **Luz-St-Sauveur**. Petite capitale du pays Toy et station thermale, elle doit sa fortune à l'impératrice Eugénie qui y séjourna de nombreuses fois. De là, un détour s'impose pour voir un cirque inscrit au patrimoine mondial de l'humanité par l'Unesco : le **cirque de Gavarnie**. La promenade à pied est grandiose (voir l'encadré p. ci-contre). Il est aussi possible de profiter de la station de ski (voir l'encadré p. 384). Revenez

J.-M. Barrère/hemis.fr

*Cirque de Gavarnie.*

sur vos pas et continuez jusqu'à **Barèges,** encore une station thermale, autrefois fréquentée par Michelet. Franchissez le col du Tourmalet pour contempler le paysage du haut du **pic du Midi de Bigorre** et visiter l'observatoire (accès en téléphérique depuis La Mongie). Arrêtez-vous à **Arreau** pour la nuit.

## JOUR 3

La ville d'**Arreau** mérite une visite, ne serait-ce que pour sa maison des Lys, place de la mairie. Vous pouvez aussi faire un détour par la station de ski de **St-Lary-Soulan** (voir l'encadré p. 384). Partez en fin de matinée pour la vallée du Louron, avec un pique-nique. Vous y admirerez au passage de belles églises peintes (Mont en particulier). Une fois franchi le col de Peyresourde, délassez-vous dans la cité thermale de **Bagnères-de-Luchon** (voir l'encadré p. 385).

## JOUR 4

Après une matinée de randonnée vers le lac d'Ôo, mettez le cap au nord, vers **St-Bertrand-de-Comminges**, magnifique bourg perché sur une colline et dominé par son abbatiale. L'après-midi sera consacré à la visite de l'abbatiale, de la cité romaine au pied de la colline et de la basilique romane de **St-Just-de-Valcabrère**.

## JOUR 5

Quittant le Moyen Âge pour la préhistoire, gagnez **Montréjeau**, puis partez visiter les grottes de Gargas. Restaurez-vous en chemin avant de rejoindre l'**abbaye de l'Escaladieu** et **Bagnères-de-Bigorre**, ultime étape avant le retour sur Tarbes.

RANDONNÉE À PIED

# Cirque de Gavarnie

**INFOS PRATIQUES**

Comptez 2h de marche aller-retour, du village au cirque (3h30 jusqu'à la Grande Cascade). Pour éviter la foule estivale, choisissez de partir tôt le matin (avant 8h).

**STATIONNEMENT & SERVICES**

Il faut garer son véhicule à l'entrée ou au bout du village de Gavarnie. Nombreux parkings aménagés (municipaux ou privés) : 5 €/j de mai à oct. - gratuit le reste de l'année.

**Aire de Holle**

Voir Gavarnie-Gèdre p. 384

À l'extrémité du village, prenez le chemin de terre, puis suivez la rive gauche du gave. Après un vieux pont de pierre que vous empruntez, le chemin monte dans les sous-bois, laissant la rivière à droite. En redescendant vers celle-ci, le paysage s'éclaircit et le cirque se rapproche dans un cadre de sapins. À gauche, on aperçoit quelques cascades. La dernière portion de trajet se fait en montée, à travers une végétation d'arbres et d'arbustes (églantiers en juin-juillet), pour atteindre les premiers plissements rocheux annonciateurs du cirque. Peu avant l'arrivée à l'hôtel du Cirque, la rivière s'engouffre dans d'étroites gorges.

Le cirque apparaît tout à coup. D'abord trois gradins superposés qui correspondent aux assises résistantes des plis couchés empilés ici, que séparent des taches lumineuses de neige qui tranchent sur la couleur ocrée des calcaires. Et puis, surtout, cette beauté grandiose qui, dépassant l'imagination, coupe littéralement le souffle ! Le cirque se développe sur 3,5 km à sa base et 14 km en suivant la ligne de faîte (de l'Astazou, à l'est, au pic des Sarradets, à l'ouest). Le niveau moyen du fond est de 1676 m. L'altitude des sommets dépasse 3 000 m. Le cirque doit son origine à un « bout du monde » creusé, dès avant la glaciation, dans les assises calcaires de la couverture sédimentaire secondaire. Comme dans les « reculées » du Jura, une résurgence évacuait ici les eaux enfouies dans le massif du Mont-Perdu et faisait reculer la tête de la vallée, en sapant son couronnement de falaises. Le glacier de Gavarnie, dont il ne reste plus que des lambeaux sur les corniches supérieures, a achevé de dégager le cirque et assuré l'évacuation des débris.

De l'hôtel du Cirque, la vue est superbe, ouverte sur l'ensemble du cirque avec ses trois paliers de neige, ses majestueuses murailles à pic, et son flot de cascades argentées. La plus importante, la Grande Cascade, alimentée par une résurgence des eaux de l'étang Glacé du mont Perdu (alt. 2 592 m) sur le versant espagnol, fait un bond de 422 m dans le vide… Les mules ne montant pas plus haut que l'hôtel, il faut y aller à pied *(1h AR)*.

## Aires de service & de stationnement

### AGOS-VIDALOS

**Aire Camping-Car Park Le Pibeste**
16 av. du Lavedan - 01 83 64 69 21
Permanent
Borne artisanale : 5 € (eau + élec.)
24 - Illimité - 13 €/j. - borne compris - Paiement :
Services :
GPS : W 0.07068 N 43.03572

### ARREAU

**Aire Camping-Car Park d'Arreau**
Rte des Lacs - 01 83 64 69 21
Permanent
Borne AireService : 5,50 € (eau + élec.)
36 - Illimité - 13,20 €/j. - borne compris - Paiement :
Services :
Au bord de la rivière. Navettes vers les stations de Peyragudes et Piau-Engaly.
GPS : E 0.35677 N 42.90458

### ARRENS-MARSOUS

**Aire d'Arrens-Marsous**
Rte d'Azun, sur la D 918, derrière les ateliers municipaux et la caserne de pompiers - 05 62 97 02 54 (mise hors gel)
Borne AireService : Gratuit
15 - Illimité - Gratuit
Services :
Pas d'eau en hiver.
GPS : W 0.20747 N 42.95834

### BAGNÈRES-DE-BIGORRE

**Aire de Bagnères-de-Bigorre**
R. René-Cassin, près de la gendarmerie et de l'Adour - 05 62 95 87 60
Permanent
Borne raclet : Gratuit
15 - Illimité - Gratuit
Services :
GPS : E 0.15198 N 43.07387

### BAGNÈRES-DE-LUCHON

Voir p. 385

### CAUTERETS

Voir p. 385

### GAVARNIE

Voir p. 384

### LABASSÈRE

**Ferme de la Clotte**
44 chemin de Labassère-Debat - 05 62 91 08 57
Fermé 1 sem. en août et 1 sem. en sept. (sur réserv. par écrit)
Borne
- Illimité
Réseau France Passion.
GPS : E 0.09619 N 43.07256

### LOUDENVIELLE

Voir p. 345

### PIAU-ENGALY

**Aire de Piau**
Piau Engaly - 05 62 39 61 69
De déb. déc. à mi avr. (fermé l'été)
Borne artisanale
120 - Illimité - 16 €/j.
Paiement :
Services :
Au pied des pistes.
GPS : E 0.15689 N 42.78645

### ST-LARY-SOULAN

Voir p. 384

### SAUVETERRE-DE-COMMINGES

**Aire de Sauveterre-de-Comminges**
Bruncan, à 50 m de la mairie, derrière la station-service - 05 61 88 32 06
Permanent
Borne artisanale : 3 € (eau + élec.)
15 - 24h - 6 €/j. - borne compris
Services :
GPS : E 0.66705 N 43.03389

## Campings

**Arcizans-Avant**, **Argelès-Gazost**, **Bagnères-de-Luchon**, **Campan** et **Luz-St-Sauveur** : voir p. 344.

### CAUTERETS

**Le Péguère**
31 rte de Pierrefitte - 05 62 92 52 91 - www.campingpeguere.com
De déb. avr. à fin oct. - 125 empl.
borne artisanale 5 € (eau + élec.)
Tarif camping : 18 € (10A) - pers. suppl. 5 €
Services et loisirs :
Tout en longueur entre la route et le gave de Cauterets, offrant un bon confort sanitaire.
GPS : W 0.10683 N 42.9024

### LOURDES

**Plein Soleil**
11 av. du Monge - 06 70 25 23 10 - www.camping-pleinsoleil.com
De déb. avr. à mi oct. - 20 empl.
borne artisanale 5 € (eau + élec.) - 15 €
Tarif camping : 24,50 € (13A) - pers. suppl. 5,50 €
Services et loisirs :
Emplacements en terrasse avec un bon confort sanitaire.
GPS : W 0.03646 N 43.11438

### ST-BERTRAND-DE-COMMINGES

**Es Pibous**
235 r. d Antuche - 05 61 88 31 42 - www.es-pibous.fr
De déb. mars à fin oct. - 50 empl. -
borne artisanale 5 € (eau + élec.)
Tarif camping : 5 € 5 € (10A) 5 €
Services et loisirs :
Pour quelques emplacements, vue sur la cathédrale Ste-Marie.
GPS : E 0.57799 N 43.02868

## Les bonnes adresses de bib

### ARREAU

**La Crêpe d'Aure** – R. Brabant - à côté de la mairie - 05 62 98 61 00 - vac. scol. : tlj - fermé à la Toussaint et à Pâques - 15,50 € (déj.) - 22/33,50 €. Garbure, agneau du pays et gâteau à la broche régalent les curieux de la gastronomie locale. Mais vous pouvez aussi manger des crêpes, des pizzas et des salades.

### BAGNÈRES-DE-BIGORRE

**Les Halles** – R. des Thermes - 05 62 95 87 60 - mar.-vend. 8h-13h, 16h-19h, sam. 8h-19h, dim., lun. et j. fériés 8h-13h - marché de producteurs et artisans sam. mat. Marché couvert de style Baltard, ce lieu dédié aux saveurs du terroir, connu pour la qualité et la fraîcheur de ses produits, regroupe une vingtaine de commerçants. L'ambiance est fort sympathique.

### BARÈGES

**Auberge du Lienz Chez Louisette** – 05 62 92 67 17 - chezlouisettebareges.com - P - fermé de mi-avr. à mi-mai et nov. - 29 €. Crémerie à l'origine (1905), puis buvette, cette auberge située à 1600 m d'altitude sert une bonne cuisine de terroir, mettant en valeur le mouton AOC de Barèges agrémenté de plantes d'altitude (serpolet, génépi, réglisse, menthe, angélique), sous la houlette d'un chef renommé. Intérieur montagnard, ambiance conviviale et vue exceptionnelle sur les sommets alentour.

### CAUTERETS

**L'Abri du Benquès** – Rte du Pont d'Espagne - La Raillère - 05 62 92 50 15 - www.benques.com - P ♿ - fermé de mi-nov. à mi-déc., merc. soir (sf vac. scol.), lun. soir et mar. - formule déj. 16 € - 24,50/49 €. Dans un lieu magique sur la route du Pont d'Espagne, entre nature et torrents, ce restaurant chaleureux au décor montagnard vous fait découvrir une généreuse cuisine actuelle.

### LOURDES

**Le Chalet de Biscaye** – 26 chemin du Lac - 05 62 94 12 26 - www.chalet-de-biscaye.fr - P - fermé 2 sem. en janv., lun. soir et mar. - 21/26 €. Dans un quartier résidentiel sur la route du lac, restaurant familial proposant une goûteuse cuisine traditionnelle. Terrasse ombragée et chaleureuses salles à manger.

### ST-BERTRAND-DE-COMMINGES

**La Table de St Bertrand** – Ville basse - 05 61 88 36 60 - www.tabledestbertrand.fr - ts les midis, le soir le w.-end, fermé lun., 11- 30 nov. - 18/24 €. Cuisine bistronomique et décoration contemporaine. Pour les beaux jours, terrasse ombragée.

### ST-LARY-SOULAN

**La Grange** – 13 rte d'Autun - 05 62 40 07 14 - restaurant-saint-lary.com - fermé 2 sem. de fin avr. à déb. mai, nov., mar. et merc. sf le soir en sais. - formules déj. 15/18 € - 27/45 €. Cette ancienne grange s'est transformée en un confortable et coquet restaurant au chaleureux décor de bois. En hiver, belles flambées dans la cheminée. Menus régionaux.

### TARBES

**Le Petit Gourmand** – 62 av. Barère - 05 62 34 26 86 - lepetitgourmand.eatbu.com - fermé sam. midi, dim. soir et lun. - 23/37 €. Accueil sympathique et intérieur chaleureux de style bistrot chic. Cuisine au goût du jour à base de produits frais. Jolie sélection de vins du Languedoc-Roussillon.

## Offices de tourisme

### LOURDES

Pl. Peyramale - 05 62 42 77 40 - www.lourdes-infotourisme.com.

### TARBES

3 cours Gambetta - 05 62 51 30 31 - www.tarbes-tourisme.fr.

*St-Bertrand-de-Comminges.*

*G. Labriet/Photononstop*

# Toulouse et les coteaux de Gascogne

**À l'ouest de Toulouse et de Montauban, se déploie une campagne opulente arrosée par le bassin de la Garonne, un pays tout en rondes bosses qui fleure bon le Midi et annonce déjà la Gascogne sur les coteaux du Gers et les collines de Lomagne.**

**DÉPART :** TOULOUSE - 6 jours - 310 km

## JOURS 1 ET 2

Ce séjour débute par une flânerie dans les rues de **Toulouse** autour de la basilique St-Sernin, joyau de l'art roman, l'église des Jacobins et sa fameuse voûte en palmier, l'hôtel d'Assézat abritant la fondation Bemberg, le Jardin royal et celui des Plantes... Pour l'après-midi, les idées de visite ne manquent pas : le musée des Augustins, les expositions photographiques du Château d'eau... Lorsque le soleil commence à décliner, admirez les reflets de ses derniers rayons sur le quai de la Daurade, en bord de Garonne, entre le pont Neuf et le pont St-Pierre. Le lendemain, retour sous les arcades de la place du Capitole où bat le cœur de la ville *(marché merc., mar. et sam. matin)* face aux marbres roses de la mairie... Pour la suite, si vous êtes curieux de technologie, ou si vous avez des enfants restez à Toulouse visiter la Cité de l'espace (voir l'encadré p. ci-contre). Échappez-vous en fin de journée vers le sud-ouest, en prenant la route de **Muret**, petite place forte et ville natale de Clément Ader, l'inventeur de l'aviation. Gagnez enfin la charmante ville de **Rieux**.

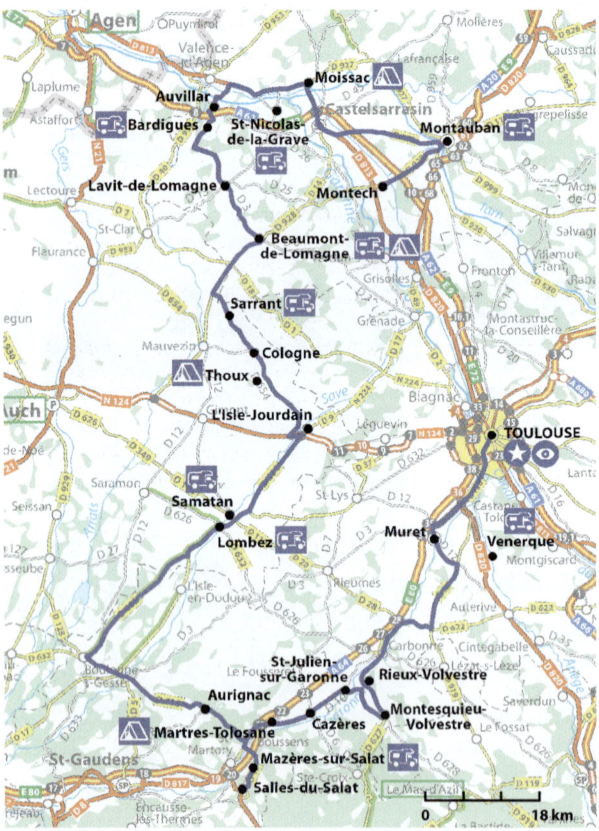


## JOUR 3

Après avoir découvert la cathédrale de Rieux, son trésor et les vieilles maisons à colombage, partez pour **Montesquieu-Volvestre**, jolie bastide de brique qui garde une église fortifiée. Rejoignez ensuite la Garonne que vous traversez à **St-Julien-sur-Garonne**. Le village gaulois constitue une visite idéale pour toute la famille. Gagnez **Cazères**, dont le plan d'eau se prête bien aux activités nautiques ; vous pourrez y pique-niquer. **Martres-Tolosane** s'impose ensuite pour ses ateliers de faïence qui perpétuent une tradition remontant au 18e s. Blottie dans les premiers contreforts des Pyrénées, **Salies-du-Salat** est une agréable ville d'eau.

## JOUR 4

Revenez sur vos pas pour prendre vers l'ouest la D635 passant par **Aurignac** : vous pourrez y visiter le tout nouveau musée consacré à la Préhistoire, plus exactement à l'Aurignacien, une des civilisations du Paléolithique supérieur, contemporaine de celle de Cro-Magnon. À Boulogne-sur-Gesse, rattrapez la D632 filant plein nord vers les coteaux du Gers et sur **Lombez** qui vaut la halte pour sa cathédrale.

À quelques kilomètres de là le petit bourg de **Samatan** est une des Mecque du foie gras et les lundis en hiver son marché du gras draine la foule.

Montez à présent sur **L'Isle-Jourdain** où vous découvrirez l'art campanaire au très beau musée consacré à ce bel instrument servant autant à l'appel des fidèles qu'à garder les troupeaux... De là, vous rejoindez **Cologne** qui conserve une vieille halle tout à fait remarquable entourée d'une place à arcades. En fin de journée, prenez la D165 qui vous guide à **Sarrant**, petit village préservant de beaux pans de remparts avec porte fortifiée et un vieux centre très agréable. Nuit sur place ou à l'aire du stade.

## JOUR 5

Poursuivez la D165 puis D928 pour **Beaumont-de-Lomagne**, très charmante bastide avec belle halle et église gothique. Visitez aussi ses hôtels particuliers qui lui confèrent un certain cachet. En transitant par **Lavit**, gagnez **Bardigues** (très agréable aire) puis **Auvillar**, merveilleux petit village perché au-dessus de la vallée de la Garonne conservant une vieille église avec crypte et surtout une halle à grain circulaire conférant à la place un petit air toscan. L'après-midi, remontant la Garonne rive droite rendez-vous à **Moissac**, grande étape des pèlerins sur le chemin de St-Jacques de Compostelle. Vous n'aurez pas trop du reste de la journée pour apprécier son église et son élégant portail, le cloître de l'abbaye, chef-d'œuvre de l'art roman et les rives fleuries du canal latéral à la Garonne. Nuit à Moissac ou au village de **St-Nicolas-de-la-Grave**.

## JOUR 6

**Montauban** vaut beaucoup mieux qu'une halte pressée. Commencez par visiter le Musée Ingres (natif de la ville), installé dans l'imposant palais épiscopal. Un étage entier est consacré à ses œuvres (peintures et dessins) et des effets personnels dont le fameux violon, aux côtés de prestigieuses signatures telles que Delacroix, David ou Géricault. Les terrasses et les arcades de l'élégante place Nationale vous attendent pour un moment de détente avant de flâner dans le vieux Montauban et de gagner **Montech** (au sud-ouest) et sa Pente d'eau sur le canal latéral à la Garonne. Un spectacle toujours surprenant.

VISITE

# Cité de l'Espace (Toulouse)

**INFOS PRATIQUES**

Av. Jean-Gonord - ✆ 05 67 22 23 24 - www.cite-espace.com - ♿ - horaires variables selon la sais., se rens., nocturne certains mar. et jeu. 23h (en sais.) - fermé certains lun. et janv. - 24,50 € (-18 ans 18 €) - spectacles audiovisuels, animations gratuites (programme à l'accueil), boutique et rest. sur place. Accès depuis le centre-ville par la ligne de métro A et la ligne de bus 37 (comptez 35mn).

**Bon à savoir**

Prévoir 1 journée. Billets à moitié prix 2h avant la fermeture. Audioguides. Espaces bébé. Distributeur d'argent. Salle de pique-nique, 2 snacks, brasserie l'Astronaut'Café.

**STATIONNEMENT**

Stationnement autorisé sur les parkings du site avec possibilité de rester la nuit (attention cependant, le parking ferme entre 19h et 9h). Pas de services.

Pour grands et petits, la Cité de l'espace propose une plongée remarquable dans le monde de l'espace. Les lieux d'exposition se déclinent par thèmes (Mécanique céleste, Communiquer à distance, Vivre dans l'espace, Explorer l'univers...) et tous sont interactifs. Les informations sont complétées par de nombreuses manipulations et des simulateurs vraiment amusants qui permettent d'éprouver la sensation d'apesanteur ou de marcher comme les astronautes sur la Lune. Pas si facile !
La Cité de l'espace expose aussi des spectacles Imax® sur écran géant pour vivre la conquête spatiale, un planétarium pour découvrir le ciel en 3D, d'authentiques vaisseaux spatiaux à visiter comme la station spatiale Mir ou la capsule Soyouz... et une véritable pierre de Lune.
Côté enfants, la Base des enfants pour les 6-12 ans les fait devenir tour à tour astronomes, ingénieurs et astronautes. Les tout-petits ne sont pas oubliés car, dans le stellarium, ils peuvent assister à de courts spectacles de planétarium adaptés aux plus jeunes. Puis, tous peuvent s'ébattre et jouer aux cosmonautes dans le square des petits astronautes (dès 3 ans).
En somme, une journée inoubliable pour toute la famille.

## Aires de service & de stationnement

### BARDIGUES

**Aire de Bardigues**
Bas du village, près du cimetière - 05 63 29 05 01
Permanent -
Borne artisanale : Gratuit
5 - - Illimité - Gratuit
Services :
Plat, bitume tout près du bourg.
GPS : E 0.8925 N 44.03838

### BEAUMONT-DE-LOMAGNE

**Aire de Beaumont-de-Lomagne**
Bd G.-Brassens, Bas de la ville - 05 63 02 32 52
Permanent
Borne artisanale : Gratuit
- 48h - Gratuit
Services :
GPS : E 0.99054 N 43.88026

### LOMBEZ

**Aire de Lombez**
Rte de Toulouse, parking à côté de la gendarmerie, à l'entrée de Lombez - 05 62 62 37 58
Permanent
Borne artisanale : Gratuit
20 - Illimité - Gratuit
Services :
GPS : E 0.91598 N 43.47433

### MAZÈRES-SUR-SALAT

**Aire de Mazères-sur-Salat**
Pl. du Pré-Commun, près des ateliers municipaux - 05 61 97 48 22

Borne artisanale

Services :
Au bord du Salat.
GPS : E 0.97631 N 43.13452

### MONTAUBAN

**Aire privée La Ferme des Pibouls**
1432 rte de St-Antonin-Noble-Val, Le Ramier - 05 63 20 51 11
Borne : Gratuit
10 - 24h
Services :
Vente des produits de la ferme.
GPS : E 1.40511 N 44.03635

### ST-NICOLAS-DE-LA-GRAVE

**Aire Camping-Car Park de St-Nicolas-de-la-Grave**
2466 av. du Plan-d'Eau, à la base de loisirs - 01 83 64 69 21
Permanent
Borne AireService : 5,50 € (eau + élec.)
18 - - Illimité - 13 €/j. - borne compris
Paiement :
Services :
GPS : E 1.02736 N 44.0879

### SAMATAN

**Aire de Samatan**
Parking des Rivages-Vacanciel, D 39 - 05 62 62 30 19
Borne
- - Illimité
Services :
Près du lac.
GPS : E 0.92601 N 43.48813

### SARRANT

**Aire de Sarrant**
Rte de Solomiac, près du stade - 05 62 65 00 34 - (mise hors gel)
Borne artisanale : Gratuit
10 - - Illimité - Gratuit
Services :
GPS : E 0.92757 N 43.77567

### VENERQUE

**Aire de Venerque**
Allée du Duc-de-Ventadour - 05 62 11 59 59 - Permanent
Borne artisanale : Gratuit
6 - 48h - Gratuit
Services :
Base de canoë-kayak.
GPS : E 1.44032 N 43.43295

## Campings

### BEAUMONT-DE-LOMAGNE

**Le Lomagnol**
Av. du Lac - 05 63 02 16 76 - www.camping-tarn-et-garonne.com
De déb. avr. à fin oct. - 100 empl.
borne artisanale
Tarif camping : 16 € - pers. suppl. 3 €
Services et loisirs :
Autour du lac avec de nombreuses activités nautiques. Baignade interdite.
GPS : E 0.99864 N 43.88295

### MARTRES-TOLOSANE

**Sites et Paysages Le Moulin**
Le Moulin - 05 61 98 86 40 - www.campinglemoulin.com
De déb. avr. à déb. oct. - 60 empl. -
borne artisanale
Tarif camping : 32,90 € (10A) - pers. suppl. 7 €
Services et loisirs :
Beaucoup d'espace dans un cadre verdoyant jusqu'à la Garonne et autour d'un ancien moulin.
GPS : E 1.0181 N 43.1905

### MOISSAC

**Municipal L'Île de Bidounet**
St-Benoît - 05 63 32 52 52 - www.camping-moissac.com
De déb. avr. à fin oct. - 88 empl. -
borne artisanale 3 € (eau + élec.)
Tarif camping : 23,30 € (16A) - pers. suppl. 5,50 €
Services et loisirs :
Sur une île du Tarn.
GPS : E 1.09005 N 44.09671

### THOUX

**Lac de Thoux - St-Cricq**
La Téoulère - 05 62 65 71 29 - www.camping-lacdethoux.com
De déb. avr. à déb. sept.
borne artisanale
Tarif camping : 44 € (10A) - pers. suppl. 8 €
Services et loisirs :
GPS : E 1.00234 N 43.68587

# Les bonnes adresses de bib

## MOISSAC

**Le Fromage rît** – 4 bis pl. Roger-Delthil - 09 67 47 28 42 ou 06 80 50 48 00- fermé dim. soir-merc. midi - 15 € (déj.) - 21 €. Les fromagers de la place ont ouvert un restaurant qui propose une excellente formule unique, comprenant une entrée, un plat, un dessert et, bien sûr, une assiette de fromage. Cuisine de marché agréablement relevée d'épices et d'herbes. Petite terrasse sur la place, en face de l'abbaye.

## MONTAUBAN

**Les Délices Gascon** – 7 r. des Carmes - 05 63 20 35 07 - fermé soir et dim.-lun. - 17 €. À la fois épicerie fine et bistrot de charme, cette ancienne boulangerie ravit chaque jour les Montalbanais qui reviennent fidèlement. Salades gourmandes et excellent confit de canard préparé le matin même. Deux belles salles dont une avec cheminée allumée en hiver et terrasse sur la rue piétonne.

## MONTECH

**Bistrot Constant** – 25 r. de l'Usine - 05 63 24 63 02 - www.bistrotconstant.com - formules déj. 19/23 € - 33/37 €. La pimpante maison éclusière, installée au bord du canal latéral à la Garonne, abrite un bistrot de très bonne tenue. Pommes de terre au pied de cochon, choucroute et mille-feuilles sont au menu : du grand classique réalisé dans les règles de l'art, comme on l'aime !

## MONTESQUIEU-VOLVESTRE

**L'Olivier** – 1 r. du Moulin - 05 61 97 28 00 - www.restaurant-lolivier-montesquieu.com - juil.-août : tlj midi et soir ; reste de l'année : tlj sf merc. - formules déj. 10/15 € - 22/31 €. Très bon rapport qualité-prix pour cette inventive cuisine de plats traditionnels. D'inspiration italienne, le restaurant offre un grand choix de pizzas. Beau cadre, avec terrasse ouvrant sur un agréable jardin.

## SARRANT

**La Librairie-Tartinerie** – Pl. de l'Église - 09 79 72 33 30 - www.lires.org - vac. scol. : tlj 10h-21h ; reste de l'année : mar.-jeu. 10h-18h, vend.-dim. 10h-21h - 7/12 €. Au milieu des livres, ou sur la terrasse au pied de l'église, salades et tartines vous sont servies à toute heure de la journée. Original et sympathique.

## TOULOUSE

**Au Petit Bonheur** – 20 r. des Filatiers - M Carmes - 05 61 14 07 06 - restaurantau petitbonheur.fr - tlj sf dim.-lun. 20h-22h30 - formule 25 €. Un excellent accueil dans un cadre à la décoration simple et colorée. On apprécie la cuisine traditionnelle revisitée, à l'assortiment de goûts fins. La petite carte du jour est présentée sur une ardoise. Adresse coup de cœur, à ne pas manquer !

**Au Père Louis** – 45 r. des Tourneurs - M Esquirol - 05 61 21 33 45 - tlj sf dim.-lun. 18h-23h - 12/17 €. Fondé en 1889 et classé Monument historique, ce bar à vins est une institution de la ville rose. Le visage du père Louis, fondateur de l'établissement, décore les étiquettes des bouteilles. La dégustation se fait accoudé à des tonneaux ventrus et, un appétissant choix de tartines garnies est proposé pour combler les petits creux.

**La Maison de la Violette** – 3 bd Bonrepos - M Marengo SNCF - 05 61 99 01 30 - www.lamaisondelaviolette.com - 10h-12h30, 14h-19h - fermé dim. (et lun. en nov.), de janv. à mars. La violette de Toulouse est la vedette de cette boutique installée sur une péniche. Le personnel, très accueillant, vous fera partager sa passion pour cette jolie fleur et vous proposera ses produits dérivés : parfums, liqueurs, confiseries, cosmétiques... Vous pourrez aussi boire un thé à la violette sur le pont de la péniche ou dans la cale.

# Offices de tourisme

## MONTAUBAN

4 r. du Collège - espl. des Fontaines - 05 63 63 60 60 - www.montauban-tourisme.com.

## TOULOUSE

Donjon du Capitole - sq. Charles-de-Gaulle - 0 892 18 01 80 - www.toulouse-tourisme.com.

*Intérieur de l'église des Jacobins à Toulouse.*

D. Zylberyng/hemis.fr

# Bastides et gastronomie d'Armagnac

**Voilà un circuit au pays du foie gras et de l'armagnac qui devrait combler tous les gourmets. Dans les casseroles de l'hospitalière Gascogne, se préparent quelques mets à ne pas manquer : la garbure, les salmis, les magrets, grillés ou fumés, les feuilletés aux pruneaux et aux pommes… Ce périple vous conduira aussi à la découverte d'un patrimoine architectural de bastides et de castelnaux typiquement gascons. Bienvenue aux pays des mousquetaires…**

**DÉPART :** AUCH - 4 jours – 280 km

## JOUR 1

Après votre balade dans les rues de **Auch** (voir l'encadré p. ci-contre), la découverte des bastides et des castelnaux gersois commence après déjeuner. Au menu : Barran, Mirande, Montesquiou et Bassoues. **Barran** sera donc votre première bastide. Elle possède une particularité : la flèche hélicoïdale du clocher de son église. Depuis sa fondation en 1281, **Mirande** a conservé son plan régulier de bastide, avec ses îlots d'habitation d'environ 50 m de côté et sa place d'Astarac à couverts, marquant le centre du damier. Perché sur un coteau étroit, voici **Montesquiou**, non pas une bastide, mais un castelnau de hauteur. À **Bassoues**, vous serez impressionné par le donjon de 43 m qui domine la bastide. Dirigez-vous ensuite vers **Marciac** pour une visite en musique des « Territoires du jazz ». Passez la soirée et la nuit dans cette petite ville qui accueille en août un festival de jazz de renommée internationale.

## JOUR 2

En remontant vers le nord, remarquez la forteresse de **Termes-d'Armagnac**, dont il ne reste que le donjon, et faites un crochet par **Sabazan**, village perché doté d'une église romane particulièrement élancée. Prévoyez votre pause déjeuner à **Aignan**, où l'armagnac agrémentera votre fin de repas. À **Eauze** (D20), visitez le superbe trésor du Musée archéologique. L'Antiquité reste au programme avec la visite de la **villa gallo-romaine de Séviac** tout près de **Montréal**. Poussez dans la foulée jusqu'à la bastide ronde de **Fourcès** pour y passer la nuit.

## JOUR 3

Après la visite de Fourcès, rejoignez **Larressingle**, la « plus petite cité fortifiée de France ». Le circuit vous mène ensuite à **Condom** pour un déjeuner suivi d'une promenade digestive sur la Baïse. Fin de la journée à

A. Chicurel/hemis.fr

*Larressingle.*

**La Romieu**, où les chats sont rois (voir les statuettes de chats disséminées dans la ville). Pause dînatoire dans une ferme-auberge et nuitée sur place.

## JOUR 4

**Lectoure** vous attend au tournant de l'histoire avec son Musée gallo-romain. Ce petit bourg perché sur un promontoire recèle de belles maisons de pierres, et des jardins avec fontaines et palmiers. On y cultive à nouveau le pastel, qui a fait la renommée du Pays de cocagne. Par la D7, gagnez **St-Clar**, capitale de l'ail gerssois, mais avant tout bastide dont la particularité est de posséder deux places à couverts. Plus à l'ouest, **Fleurance** est une bastide du 13e s. qui doit son prestige et son nom à Florence, la cité toscane. Elle conserve son plan géométrique (en triangle) ainsi que le quadrillage régulier de ses rues, signe de sa vocation au commerce. De là, poussez, via **Mauvezin** (le vieux centre mérite un coup d'œil), jusqu'à **Gimont** qui a gardé son plan caractéristique de bastide médiévale. Le retour à Auch se fait tranquillement par la N124.

### LE CONSEIL DE BIB

**Le dimanche matin, de novembre à mars et tous les mercredis de l'année, ne manquez pas la « grasse matinée » de Gimont. Pas question de cure de sommeil. Ici, il s'agit du fameux marché au gras.**

ÉTAPE 11

# Auch

### OFFICE DE TOURISME

3 pl. de la République - 05 62 05 22 89 - www.auch-tourisme.com.

### STATIONNEMENT & SERVICES

Stationnement possible pour quelques heures sur **parking** le long des berges du Gers (ville basse).

**Aire de services d'Auch**
R. du Gén.-de-Gaulle, à l'entrée du camping municipal de l'île St-Martin - 05 62 05 22 89 - www.airecampingcars-auch.com
Permanent
Borne AireService
40 - - Illimité - 11 €/j. - borne compris
Paiement :
Services :
Centre-ville à 15mn par le chemin des berges.
GPS : E 0.58854 N 43.63654

Déjà très animée dans la semaine, Auch, capitale administrative de la Gascogne, se farde de multiples couleurs le samedi, jour de marché. Si vous voulez faire connaissance avec le vrai d'Artagnan, héros de Auch, montez à l'assaut des 234 marches de l'escalier reliant les quais à la place Salinis. En montant, on croise la statue (1931) de Charles de Batz, comte d'Artagnan, puis on découvre une jolie vue sur la tour d'Armagnac (14e s.), haute de 40 m, vestige des prisons de l'officialité. Sur la place Salinis, qui forme une terrasse au-dessus de la vallée du Gers, s'élève la façade sud de la **cathédrale Ste-Marie**. Profitez-en pour découvrir les chefs-d'œuvre que recèle l'édifice : les chapelles du déambulatoire ont été dotées de 18 verrières dues au verrier gascon Arnaud de Moles (1460-1520). Remarquez les figures d'hommes, presque caricaturales, et les scènes familières reproduites en partie basse. Les grandes figures très expressives, la palette de couleurs, les lames de verre de grande dimension, la décoration combinant les médaillons et accolades à l'antique avec les dais du gothique flamboyant font des vitraux de Ste-Marie un chef-d'œuvre de l'art du vitrail du début du 16e s. Quant aux 113 stalles de chêne, dont 69 d'entre elles sont abritées par un baldaquin flamboyant, elles nécessitèrent cinquante années de travail (vers 1500-1552) et sont peuplées de plus de 1500 personnages !
Passez par la halle aux herbes, sur le flanc nord de la cathédrale. Au fond de la place, l'ancien palais archiépiscopal, dont la façade classique est rythmée par de hauts pilastres cannelés, accueille aujourd'hui les services de la préfecture. Puis perdez-vous dans les **Pousterles**, étroites ruelles en escalier de la vieille ville, avant de visiter le musée des Jacobins, ou de partir vous rafraîchir dans une base de loisirs voisine.

## Aires de service & de stationnement

### AUCH

Voir p. précédente

### EAUZE

**Aire de La Ferme de Mounet**
Rte de Parleboscq - 05 62 09 82 85 - www.ferme-de-mounet.com
Permanent (prévenir à l'avance.)
Borne
10 - Illimité - Gratuit
Services :
Réseau France Passion. Vente de produits de la ferme.
GPS : E 0.06307 N 43.89225

### GIMONT

**Aire de Gimont**
Bd du Nord, près du pont de la Gimone - 05 62 67 70 02
Permanent
Borne artisanale : Gratuit
15 - Illimité - Gratuit
Services : WC
Au bord du lac.
GPS : E 0.86942 N 43.63014

### MARCIAC

**Aire du Camping du Lac**
Camping du Lac - 05 62 08 21 19 - www.camping-marciac.com
Permanent
Borne flot bleu : 9 € (eau + élec.)
44 - Illimité - Gratuit - dans le camping
Paiement : CC
Services : WC
Au bord du lac.
GPS : E 0.16668 N 43.53237

### ST-CLAR

**Aire de St-Clar**
Av. de la Garlepe - 05 62 66 40 45
Permanent -
Borne artisanale : Gratuit
11 - Illimité - Gratuit
Beaux emplacements plats, gravier à l'ombre des arbres fruitiers.
GPS : E 0.77265 N 43.89125

*Auch, les berges du Gers et la cathédrale Ste-Marie.*

J.-M. Barrère/hemis.fr

## Campings

### AUCH

**Domaine Le Castagné**
Chemin de Naréoux - 06 07 97 40 37 - www.domainelecastagne.com
De déb. juil. à fin août -
Tarif camping : 6 € 6 €
(12A) 5 €
Services et loisirs :
Dans une ferme en activité. Vue superbe sur la campagne gersoise.
GPS : E 0.6337 N 43.6483

### LECTOURE

**Yelloh! Village Le Lac des 3 Vallées**
05 62 68 82 33 - www.lacdes3vallees.fr
De mi mai à déb. sept. - 320 empl. -
borne AireService
Tarif camping : 23 €
(7A)
Services et loisirs :
Grands espaces verdoyants, vallonnés. Jolie salle de jeux pour les tout-petits.
GPS : E 0.64533 N 43.91252

### MIRANDE

**L'Île du Pont**
Le Batardeau - 05 62 66 64 11 - www.belairvillage.com
De déb. avr. à fin oct. - 161 empl. -
Tarif camping : 21 €
(12A) - pers. suppl. 7 €
Services et loisirs :
Sur une île de la Grande Baïse, avec de grands espaces en pelouse.
GPS : E 0.40932 N 43.51376

### LA ROMIEU

**Les Castels Le Camp de Florence**
Rte Astaffort - 05 62 28 15 58 - www.lecampdeflorence.com
De mi-avr. à mi-oct. - 197 empl. -
borne artisanale
Tarif camping : 35 €
(10A)
Services et loisirs :
Au milieu des champs cultivés.
GPS : E 0.50155 N 43.98303

## Les bonnes adresses de bib

**AUCH**

✕ **Le Daroles** – 4 pl. de la Libération - ✆ 05 62 05 00 51 - www.ledaroles.com - formule déj. 14 € - 29/39 €. Située au cœur de la ville, cette brasserie sert une cuisine traditionnelle de saison. Agréable terrasse, jadis appréciée de Stendhal…

**BASSOUES**

**Domaine de Bilé - Famille Della-Vedove** – ✆ 06 12 86 01 97 - domaine-de-bile.com - 9h-19h - fermé dim. apr.-midi. Cette jolie ferme vous fait découvrir ses chais de vieillissement et de vinification et vous propose des dégustations gratuites : flocs de Gascogne, armagnacs millésimés, vins IGP côtes de Gascogne (produits régulièrement primés dans les concours).

**CONDOM**

✕ **Le Balcon** – 1 pl. St-Pierre - ✆ 05 62 28 44 06 - fermé dim. soir (hors saison) et lun. - formules 14/26 € - carte 13/19 €. Le long balcon donnant sur la cathédrale a donné son nom à ce restaurant privilégiant les produits frais. Installez-vous en salle, en terrasse ou, mieux encore, sur ce fameux balcon qui domine la place, et savourez une cuisine locale inventive qui se décline en plats, planches, tapas… et en délicieux desserts maison.

**EAUZE**

**La Vie en Rose** – 22 r. St-July - ✆ 05 62 09 83 29 - www.restaurant-la-vie-en-rose.com - fermé mar. soir et merc. - formule déj. 15 € - 29/46 €. En face du Musée archéologique, un restaurant accueillant et coloré, qui sert de bons plats traditionnels.

**LECTOURE**

**Le Bleu de Lectoure - SARL Bleus de Pastel** – 55 r. Alsace-Lorraine - ✆ 05 62 28 14 93 - www.bleu-de-lectoure.com - 10h-12h30, 14h-18h, merc. 14h-18h, dim. 10h-13h - Atelier, magasin et galerie d'art, les anciens ateliers d'une tannerie du 18e s. font revivre le bleu de Lectoure. Découvrez l'histoire du pastel, crucifère dont les feuilles produisent un bleu exceptionnel, considéré comme le meilleur d'Europe à la Renaissance et utilisé en cosmétique, peinture et teinture.

**MIRANDE**

✕ **Hôtel-restaurant Le Métropole** – 31 r. Victor-Hugo - ✆ 05 62 66 50 25 - www.hotel-metropole-gers.fr - fermé sam. midi, dim. soir et lun. - menus 22/40 €. Ce restaurant attire tous les connaisseurs de bons produits. La carte met en avant les spécialités (foie gras, magret, confit) et des plats régionaux.

## Offices de tourisme

**AUCH**

Voir p. 381

**CONDOM**

5 pl. St-Pierre - ✆ 05 62 28 00 80 - www.tourisme-condom.com.

**MARCIAC**

21 pl. de l'Hôtel-de-Ville - ✆ 05 62 08 26 60 - www.coeursudouest-tourisme.com.

*La Romieu.*

J.-M. Barrère/hemis.fr

## STATIONS DE SKI

### Gavarnie-Gèdre

**INFOS PRATIQUES**

05 62 92 49 10
www.valleesdegavarnie.com

**Géolocalisation**
GPS E 0.0094 N 42.7321
Altitude basse : 1850 m
Altitude haute : 2400 m

**Remontées mécaniques**
Télésièges : 3 Téléskis : 4

**29 pistes**
Noires : 5 Rouges : 8
Bleues : 9 Vertes : 7

**STATIONNEMENT & SERVICES**

**Aire de Holle**
Rte du col des Tentes - 05 62 92 49 10 - Permanent (mise hors gel)
Borne artisanale : Gratuit
25 - Illimité - 8 €/j. - gratuit hors saison
Paiement :
GPS : W 0.01961 N 42.73857

Deux villages authentiques, « infiniment Pyrénées ». Au cœur du parc National des Pyrénées, découvrez une nature hors du commun, où l'alliance entre l'homme et la nature a été consacrée par l'Unesco patrimoine mondial de l'humanité. Grands cirques glaciaires, rencontres patrimoniales, loisirs de montagne, tout ici vous est accessible. Vacances en famille, à la recherche de sensations fortes : Gavarnie-Gèdre comblera petits et grands, pour un séjour enrichissant, nature et tonique.

*St-Lary-Soulan.*

*A. Felix/hemis.fr*

### St-Lary-Soulan

**INFOS PRATIQUES**

05 62 39 50 81
www.saintlary.com

**Géolocalisation**
GPS E 0.3237 N 42.8176
Altitude basse : 1700 m
Altitude haute : 2515 m

**Remontées mécaniques**
Téléphériques : 1 Téléskis : 15
Télécabines : 2 Télésièges : 11
Tapis : 2

**58 pistes**
Noires : 11 Rouges : 14
Bleues : 26 Vertes : 7

**STATIONNEMENT & SERVICES**

**Aire de St-Lary**
Chemin de la Vieille-Aure, derrière le stade - 05 62 40 87 87 - Permanent
Borne eurorelais 2 € 2 €
60 - Illimité - 6,50 €/j.
Paiement :
Services :
Proche du centre-ville et du téléphérique qui conduit aux pistes de ski.
GPS : E 0.32329 N 42.82248

La vallée d'Aure vous délivre toute l'authenticité et la beauté pyrénéenne. Dominée par les pics de Tramezaïgues et d'Aret, le Pic du Midi de Bigorre et l'Arbizon, elle offre un printemps d'une douceur incomparable, un été ensoleillé, un automne aux couleurs chatoyantes et un hiver enneigé à souhait. Ses villages évoquent les troupeaux sur lesquels veillent encore les bergers et offrent un accueil chaleureux et une hospitalité justement renommée. St-Lary-Village et St-Lary-les-Pistes, deux esprits montagne en parfaite harmonie.

## Cauterets

**INFOS PRATIQUES**

**Thermes de Cauterets**
Av. du Dr-Domer - 05 62 92 51 60 - thermesdecauterets.com - - de mi-fév. à mi-nov.

**Indications**
Rhumatologie, ORL voies respiratoires

**Température de l'eau**
De 55 à 60 °C.

**STATIONNEMENT & SERVICES**

**Aire de la place de la Gare**
Pl. de la Gare, D 920, à 100m du téléphérique - 05 62 92 50 34 - Permanent
Borne eurorelais : gratuit
38 - Illimité - 11,50 €/j. - Paiement :
Services :
GPS : W 0.11256 N 42.89361

**Aire de la route du Pont d'Espagne**
Av. Charles-Thierry - 05 62 92 50 34 - Permanent
Borne eurorelais 0 € 0 €
32 - Illimité - 11,50 €/j. - Paiement :
Services :
GPS : W 0.11567 N 42.88629

Cauterets a eu sa belle époque fastueuse et, heureusement pour nous, la station en garde de beaux restes ! Remontez le boulevard Latapie-Flurin pour admirer palaces et villas bâtis au tournant des 19e et 20e s., lorsque Cauterets attirait visiteurs huppés venus pour ses thermes – aujourd'hui occupés par le casino et le cinéma – ou ses pistes de ski ! Profitez-en pour pousser la porte de l'hôtel d'Angleterre et visitez le musée 1900. Mais la ville d'aujourd'hui fait aussi très bonne figure : les thermes ont vocation à soulager, mais ils procurent aussi détente ou remise à forme aux curistes ; les magasins et les cafés s'alignent dans la galerie de l'esplanade des Œufs ; les animations diverses titillent l'intérêt des visiteurs et la nature, elle, ne cesse d'éblouir. Vous voilà en effet au cœur du Parc national des Pyrénées, créé en 1967. Autant dire que des trésors vous attendent ! Du centre du village, partez pour des balades et randonnées toutes plus belles les unes que les autres : citons pêle-mêle le très fréquenté et rafraîchissant chemin des Cascades, qui mène au fabuleux site du pont d'Espagne, les sentiers de la vallée du Marcadau ou du lac de Gaube. De Cauterets, prenez aussi une télécabine direction le cirque de Lys. Là, une table d'orientation vous aidera à identifier les monts grandioses qui vous entourent, parmi lesquels le Vignemale, point culminant des Pyrénées françaises.

## Bagnères-de-Luchon

**INFOS PRATIQUES**

**Thermes de Luchon**
05 61 94 52 52 - thermes-luchon.fr - - de mi-mars à déb. nov.

**Indications**
ORL, voies respiratoires, rhumatologie.

**Température de l'eau**
61 et 72 °C.

**STATIONNEMENT & SERVICES**

**Aire de Bagnères-de-Luchon**
R. Jean-Mermoz, près du lac de Badech - 05 61 94 68 68 - Permanent
Borne artisanale 2,50 € 2,50 €
50 - 72h - 5 €/j.
Paiement :
Services :
Navettes pour se rendre aux thermes.
GPS : E 0.59837 N 42.79492

Appelez-la Luchon, c'est son petit nom dans la région... et venez-y sans crainte, vous ne vous y ennuierez pas ! Bagnères-de-Luchon, dans le top 5 des stations thermales en France, est en effet connue pour offrir une multitude d'activités à ses visiteurs. Randonnées en tout genre, sports d'eaux vives, VTT, pêche, tennis, golf... Les beaux jours ne seront sans doute pas assez longs tant les sites naturels propices à ces pratiques sont nombreux ici, dans ce pays nommé Comminges, tout à fait au sud de la Haute-Garonne. Mais vous en redemandez ? Sorties raquette, marche nordique, ski de piste... L'hiver voit la station de Superbagnères, à environ 15 km, déployer tous ses charmes pour les sports sur neige ! Sans oublier la saison culturelle et un agenda des manifestations plus que fourni. Si Luchon a beaucoup à offrir à ceux qui veulent « se bouger », les amateurs de détente, de farniente ou de belles promenades trouveront dans cette cité un tantinet huppée de quoi les satisfaire. Les thermes bien sûr tiennent le haut de l'affiche. Bâtis au milieu du 19e s., ils sont le cadre de cures et de prestations « bien être » dans l'air du temps. Le quartier thermal donne aussi le loisir de replonger à la Belle Époque avec ses superbes villas fréquentées en leur temps par têtes couronnées, artistes et intellectuels, avant de goûter au charme du parc des Quinconces. Et pour sentir l'animation luchonnaise, tous se retrouveront sur les allées d'Étigny, installé à une terrasse de café ou lorgnant avec envie sur les étals garnis de spécialités montagnardes ô combien roboratives.

Transhumance dans les Cévennes. – J. Du Boisberranger/hemis.fr

Carcassonne. – T. Richter/LOOK-foto.fr/Getty Images

# Languedoc-Roussillon

Les charmes et l'histoire du Languedoc-Roussillon s'écrivent avec un grand C : C comme la Côte Vermeille de la Méditerranée, comme Collioure où les peintres fauves ont gorgé leurs toiles de cette lumière « blonde, dorée, qui supprime les ombres », déclarait André Derain. C comme Céret, où Picasso et son ami Braque inventèrent le cubisme.

C'est aussi la première lettre du mot « catalan », qui avec l'occitan, fait chanter et habille la langue française de consonances venues d'un autre temps. Enfin C comme les Cathares dont l'âme hante encore les citadelles du vertige juchées sur leurs éperons rocheux : Peyrepertuse, Quéribus, Montségur... Joyau du patrimoine mondial, la cité de Carcassonne entraîne quant à elle le promeneur dans les méandres de son passé médiéval.

La géologie tourmentée de cette région a donné naissance à des cirques, chaos, causses et canyons. Depuis ses Pyrénées natales, semblable à un paisible iceberg lorsque vient l'hiver, le Mont Canigou règne en maître incontesté sur le golfe du Lion.

Aujourd'hui, la réputation de la région n'est plus à faire, tant du point de vue touristique que gastronomique. Les charmantes rues du vieux Montpellier séduiront ceux que le littoral très prisé ennuie. À table, le « plus grand vignoble de France » accompagne un menu riche et varié, dont la fameuse brandade de morue.

# LANGUEDOC-ROUSSILLON

Collioure. – horstgerlach/iStock

## LES ÉVÉNEMENTS À NE PAS MANQUER

- **Carnaval** de Limoux (11) : il dure 10 sem. jusqu'au dim. avant les Rameaux, à minuit avec le jugement de Sa Majesté Carnaval et Nuit de la blanquette. www.carnaval-limoux.com
- **Feria de Pentecôte** à Nîmes (30), du merc. au lun.
- **Fête de la cerise** fin mai-déb. juin à Céret (66).
- **St-Jean Festa Major** à Perpignan (66) le 23 juin : feux de la St-Jean. www.perpignantourisme.com
- **Feria « Céret de Toros »** à Céret (66) le 2e w.-end de juil. www.ceret-de-toros.com
- **Festival de la sardane** à Céret (66) la 2e quinz. de juil. : rencontre de colles (groupes de danseurs) et concours.
- **Festival du Muscat** de Frontignan (34), juil.-août. www.frontignan-tourisme.com
- **Concours international de chiens de berger** à Osséja (66), l'avant-dernier dim. de juil.
- **Joutes nautiques** à Agde (34) juil.-août www.joutes-languedociennes.com
- **Festival Pablo Casals** : musique classique à Prades et St-Michel-de-Cuxa (66) de fin juil. à mi-août. www.prades-festival-casals.com
- **Festival folklorique international** à Amélie-les-Bains (66) la 2e sem. d'août. www.amelie-les-bains.com
- **Feria de Béziers** (34), vers le 15 août. www.ville-beziers.fr
- **Foire aux huîtres de Bouzigues** (34) : 1er ou 2e w.-end d'août. www.lafoireauxhuitresbouzigues.com
- **Fête de la St-Louis** à Sète (34) fin août : joutes, feux d'artifice, traversées de Sète à la nage. www.fiestasete.com
- **Fête du cassoulet** à Castelnaudary (11) le dernier w.-end d'août. www.fete-du-cassoulet.com

# Votre séjour en Languedoc-Roussillon

## Circuits



## Étapes



## Visite



## Randonnée



## Stations de ski



## Stations thermales

**EN COMPLÉMENT, UTILISEZ…**

- Guides Verts : Languedoc et Roussillon Pays Cathare
- Cartes Michelin : Région 526 et Départements 330, 339 et 344

# Refuge dans les Cévennes

**Les Cévennes, le mont Lozère, la bête du Gévaudan, le causse Méjean : vous sentez la bonne odeur des vacances ? Le parfum de la liberté et des grands espaces sur les plateaux de l'Aubrac ? L'arôme de l'aligot ? Bienvenue dans les Cévennes, ancien refuge des bêtes sauvages et des maquisards, terre d'asile des protestants aux 16e et 17e s., aujourd'hui lieu de prédilection de ceux qui recherchent l'authentique**

**DÉPART :** FLORAC - 7 jours – 300 km

## JOUR 1

**Florac** est une jolie petite ville qui s'élève au pied de falaises dolomitiques. Ancienne capitale d'une des huit baronnies du Gévaudan, elle accueille le siège du Parc national des Cévennes. DIrigez-vous vers le nord par la N106 pour franchir le **col de Montmirat** : panorama superbe sur les gorges du Tarn, les Cévennes et le causse Méjean. Vous descendez la vallée du Bramon, qui se rétrécit et offre des vues lointaines sur le Truc de Balduc, petit causse aux escarpements abrupts, puis sur les contreforts du mont Lozère. Après **Balsièges**, dominé au sud par les falaises du causse de Sauveterre, gagnez **Marvejols**, la capitale du Gévaudan, par les N88 et D808 afin de profiter du beau paysage. Faites le tour des portes fortifiées de la ville avant de rejoindre le **parc des Loups du Gévaudan** (voir l'encadré p. ci-contre). La bête du Gévaudan a bel et bien existé, mais vous ne verrez là que des loups gardés dans un parc en semi-liberté. Vous pouvez dormir sur place !

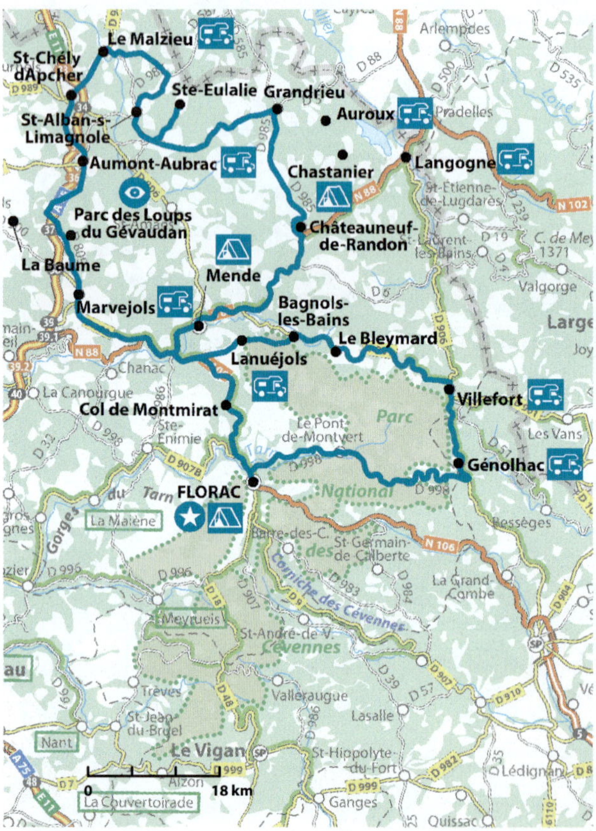


## JOUR 3

Continuez votre route vers le nord pour aller visiter le **château de La Baume** (D73 en direction de Prinsuéjols) : un étonnant château classique dans cette région où l'on est plus habitué à rencontrer des châteaux forts. Cas unique, donc, qui lui valût le surnom de « Versailles du Gévaudan » ! Rejoignez **Aumont-Aubrac** où vous pourrez déjeuner avant d'aller parcourir à pied une des plus belles parties des routes de St-Jacques (GR65, balisé en blanc et rouge). Rejoignez **St-Chély-d'Apcher** pour la nuit et profitez d'une halte avec vue sur l'Aubrac ou la Margeride. Le soir, savourez la spécialité régionale, l'aligot.

## JOUR 4

Passez la matinée à **St-Chély-d'Apcher** pour visiter la chapelle et admirer son beau panorama sur les gorges sauvages du Bès et la Margeride. Rejoignez **Le Malzieu**, remarquable pour ses remparts. Partez ensuite à la découverte du château de **St-Alban-sur-Limagnole**. Faites un tour dans les steppes du Grand Nord avec les bisons de la réserve de **Ste-Eulalie**

P. Frilet/hemis.fr

*Parc des loups du Gévaudan.*

(ne vous approchez pas trop, les bisons peuvent être très dangereux !). Enfin, gagnez **Châteauneuf-de-Randon** où mourut le grand Du Guesclin, pour vous rendre ensuite à Mende.

## JOUR 5

Le matin, visitez **Mende**. Au programme : balade dans la vieille ville, visite de la cathédrale, excursion dans les causses. Entamez votre journée avec une petite randonnée sur le causse, en optant pour la petite boucle du sentier d'interprétation. Vous reviendrez vous promener dans la vieille ville de Mende. Après le déjeuner, quittez Mende au sud-est par la D25 en directionde l'aérodrome ; à Langlade, prenez à gauche la D41. Cette localité est bien connue des archéologues pour le mausolée romain. Vous arrivez à **Bagnols-les-Bains**, où une remise en forme vous détendra après cette journée.

## JOUR 6

Suivez la route sinueuse qui passe par la station du **Bleymard** et qui longe l'Allier avant d'arriver à **Villefort**. Au nord du village, le lac, vaste plan d'eau de 27 ha, offre un cadre idéal pour se détendre et se rafraîchir en été. Un sentier de randonnée permet d'en faire le tour. Dirigez-vous vers le sud par la D906 jusqu'à **Génolhac**. Faites une excursion à l'est au château fort d'Aujac, planté sur un éperon rocheux. Revenez passer la nuit à Génolhac.

## JOUR 7

Prenez la route D998 vers l'ouest, pour gagner **Le Pont-de-Montvert**, dans un site remarquable, au confluent de deux rivières de montagne, où vous pourrez faire une randonnée sur le **mont Lozère** et être de retour en fin de journée à **Florac**.

VISITE

# Parc des loups du Gévaudan (St-Léger-de-Peyre)

**INFOS PRATIQUES**

Hameau de Ste-Lucie - St-Léger-de-Peyre - ☏ 04 66 32 09 22 - www.loupsdugevaudan.com - juil.-août : 10-19h ; avr.-juin et sept. : 10h-17h30 - nov.-mars : 10h-17h - 9 € (-11 ans 6 €) - 12 € (- 11 ans 8 €) visites nocturnes en été.

**Bon à savoir**

Durée de la visite : 2h. Choisissez plutôt le matin ou la fin d'après-midi pour mieux observer les loups.
Le nourrissage des loups a lieu tlj à l'occasion de la dernière visite guidée (h. variable selon la saison).

**STATIONNEMENT & SERVICES**

**Parking conseillé**

Stationnement autorisé aux camping-cars une nuit sur le parking du site aux emplacements dédiés. Surprenante nuit qui s'accompagnera probablement du hurlement des loups. On y vient aussi un peu pour cela !

**Aire de Marvejols**

Parking Pré-de-Suzon, derrière la collégiale - ☏ 04 66 32 02 14 - www.ville-marvejols.fr
Borne artisanale : Gratuit
50 P - Illimité - Gratuit - possibilité de stationner sur l'Esplanade
Services : WC
GPS : E 3.28763 N 44.55384

À quelques kilomètres de Marvejols, dominant le Val d'Enfer, venez à la rencontre des loups du Gévaudan au village de Ste-Lucie où le parc zoologique est installé. Avec l'aide de guides animaliers, vous y découvrirez que cette race est différente des mythes et légendes qui l'entourent. La promenade dans le parc est un parcours d'observation des différentes attitudes des meutes. Cinq sous-espèces de loups sont actuellement présentes : Mongolie, Sibérie, Pologne, Canada et Arctiques. Les différentes aires d'observation installées sur le parcours vous donnent la possibilité de les photographier sans grillage. N'hésitez pas à suivre la visite guidée, ainsi que les séances de nourrissage. Par ailleurs, l'espace muséographique vous propose une vidéo qui vous démontrera que le loup est un animal social, bien loin des clichés que l'on en a. N'oubliez pas de prendre à l'accueil le jeu de piste pour petits et grands.

# Aires de service & de stationnement

## AUMONT-AUBRAC

**Aire du supermarché Auchan**
9 av. de la Méridienne -
04 66 42 86 06
Permanent
Borne artisanale : Gratuit - Illimité - Parking du supermarché
Paiement : jetons
Services :
Aire de stationnement au centre-ville.
GPS : E 3.28739 N 44.7352

## AUROUX

**Aire Camping-Car Park d'Auroux**
Camping La Gravière -
01 83 64 69 21 - Permanent
Borne eurorelais : 5 € (eau + élec.)
35 - - Illimité - 12,40 €/j. - borne compris
Paiement :
Services :
Ancien camping municipal au bord du ruisseau, ouvert aux campeurs avec sanitaires juillet-août.
GPS : E 3.72644 N 44.75149

## GÉNOLHAC

**Aire de Génolhac**
Pl. du 19-Mars-1962, D 906 -
04 66 61 10 55
Borne artisanale
10
Services :
GPS : E 3.94233 N 44.35217

## LANGOGNE

**Aire Camping-Car Park du Lac de Naussac**
Rte du Lac - 01 83 64 69 21
Permanent
Borne raclet : 5,50 € (eau + élec.)
45 - - 72h - 10,89 €/j. - borne compris
Paiement :
Services :
Agréable et au bord du lac.
GPS : E 3.83448 N 44.73643

## LANUÉJOLS

**Randals Bison**
Les Randals, 6 km au S.-O. de Lanuéjols par D 47, dir. Trèves et D 159, rte de Revens - 04 67 82 73 74 -
www.randals-bison.com
De mi avr. à fin sept.
Borne artisanale : Gratuit
100 - 72h - Gratuit
Services :
Réseau France Passion. Au cœur d'un domaine de 300 ha (élevage de bisons, vaches américaines et chevaux).
GPS : E 3.34081 N 44.1052

## LE MALZIEU

**Aire du Malzieu-Ville**
Place du Foirail - 04 66 31 82 73
Permanent (mise hors gel - stationnement ok)
Borne artisanale : Gratuit
6 - Illimité - Gratuit
Services :
GPS : E 3.33389 N 44.85501

## MARVEJOLS

Voir p. précédente

## VILLEFORT

**Aire de Villefort**
R. des Sédaries (D 901) -
04 66 46 25 20
De mi avr. à fin avr.
Borne eurorelais 5 €
GPS : E 3.93082 N 44.43387

# Campings

## CHASTANIER

**Le Pont de Braye**
Les Berges du Chapeauroux -
04 66 69 53 04 -
www.camping-lozere-naussac.fr
De déb. mai à mi sept. -
borne artisanale
2,50 € (eau + élec.) - 11 €
Tarif camping : 21,60 €
(6A) - pers. suppl. 4,90 €
Services et loisirs :
Au bord de la rivière.
GPS : E 3.74755 N 44.72656

## FLORAC

**Flower Le Pont du Tarn**
Rte du Pont-de-Montvert -
04 66 45 18 26 -
www.camping-florac.com
De mi avr. à mi oct. - 181 empl.
borne artisanale 6,50 € (eau + élec.)
Tarif camping : 22,50 €
(10A) - pers. suppl. 4 €
Services et loisirs :
Quelques emplacements au bord du Tarn mais préférer les plus éloignés de la route.
GPS : E 3.59013 N 44.33625

## MENDE

**Le Tivoly**
8 impasse du Tivoli - 06 74 15 57 47 -
www.campingtivoli.com
De déb. mars à mi oct.
borne artisanale
Tarif camping : 25,30 €
(6A) - pers. suppl. 7 €
Services et loisirs :
En contrebas de la route de Rodez et face au complexe sportif accessible par une passerelle au-dessus du Lot.
GPS : E 3.45693 N 44.51268

## Les bonnes adresses de bib

### AUMONT-AUBRAC

**Le Gabale** – 10 rte du Languedoc - 04 66 42 86 14 - www.camillou.com - tlj midi et soir - formules 16,80 € (déj.)/18,80 € - menus 25,80 € (déj.)/28,80 €. Formule idéale pour goûter à la cuisine du terroir de Cyril Attrazic à prix modérés, la brasserie Le Gabale se pare d'un décor moderne avec des photos panoramiques des paysages de l'Aubrac. Jolie terrasse.

### FLORAC

**Atelier du miel et de la châtaigne** – 64 av. Jean-Monestier- 04 66 45 28 41 - été : 9h-13h, 14h30-19h ; reste de l'année : 9h-12h30, 15h-18h30 - fermé dim. apr.-midi. Fabrication artisanale de produits cévenols à base de châtaigne, miel, fruits rouges.

**L'Adonis** – 48 r. du Pêcher - 04 66 45 00 63 - www.hotelgorgesdutarn.com - fermé merc. midi (sf juil.-août), de la Toussaint au w.-end de Pâques - formule déj. 23 € - menus 29/57 €. De bons produits cévenols pour une cuisine actuelle et bio ; un service très attentionné et une jolie sélection de vins régionaux : un Adonis gourmand, feutré et accueillant.

### MARVEJOLS

**Le Domaine de Carrière** – Av. Montplaisir - quartier de l'Empéry - 2 km à l'E. par D1 - 06 38 90 34 82 - www.domainedecarriere.com - - fermé lun., merc. soir (sf juil.-août), dim. soir (sf juil.-août), vac. de la Toussaint et de fin déc. à fin janv. - menus 21/42 €. Ces anciennes écuries domaniales ont été converties en table au goût du jour et au cadre d'esprit contemporain. Belle sélection de vins du Languedoc.

### MENDE

**La Cantine** – 25 r. du Collège - 04 66 32 86 12 - restaurant-lacantine.fr - fermé dim. soir-lun. (et mar. soir hors saison) - formules 16/23 € (déj.), 20/27 € (soir). Comme son nom l'indique, on cultive ici un esprit « cantine » – vaisselle artisanale, service décontracté mais attentionné – à ce détail près qu'on y privilégie aussi les produits bio locaux.

### ST-ALBAN-SUR-LIMAGNOLE

**La Petite Maison** – 5 av. de Mende - 04 66 31 56 00 - www.la-petite-maison.fr - fermé midi sf dim. et nov.-avr. - formule déj. 24 € - menus 29/74 €. Les amateurs d'insolite ne résisteront pas : le restaurant du charmant Relais St-Roch sert de la viande de bison ! Les autres pourront se rabattre sur la cuisine régionale authentique et généreusement servie. Décor rustique et trophée de bison, bien sûr ! Pour les amateurs : plus de 400 références de whiskyes !

*Causse Méjean.*

legna69/iStock

## Offices de tourisme

### GÉNOLHAC

04 66 61 09 48 - www.cevennes-montlozere.com.

### FLORAC

Pl. de l'Ancienne-Gare - N 106 - 04 66 45 01 14 - www.cevennes-gorges-du-tarn.com.

### MARVEJOLS

Porte du Soubeyran - 04 66 32 02 14 - www.gevaudan-authentique.com.

### MENDE

Pl. du Foirail - 04 66 94 00 23 - www.ot-mende.fr.

# Grottes, cirques, chaos et avens cévenols

**La grotte des Demoiselles, la grotte de Dargilan, la grotte de Clamouse, le cirque de Navacelles, le chaos de Montpellier-le-Vieux, le chaos de Nîmes-le-Vieux, l'abîme de Bramabiau, l'aven Armand : découverte immanquable de votre séjour dans cette région des Causses, que celle de toutes ces merveilles naturelles. La roche joue ici toute la palette des formes. Seuls les claustrophobes et ceux qui ont le vertige ne seront pas émus !**

**DÉPART :** GANGES - 5 jours - 375 km

## JOUR 1

La petite ville industrielle de **Ganges** (fabrication, encore aujourd'hui, de bas de soie) est un bon centre d'excursions. Autrefois, au contraire, on ménageait ses jambes pour les couvrir des bas de soie confectionnés ici même. Les mûriers ont aujourd'hui disparu, et c'est sous les « belles platanes » (localement féminins !) des promenades que l'on flâne, nonchalant. À quelques kilomètres de Ganges, visitez la **grotte des Demoiselles**, dont la grande salle est très impressionnante. Les enfants adorent. Faîtes une halte pour déjeuner à **St-Hippolyte-du-Fort** où vous découvrirez l'une des activités encore en place dans la région, la sériciculture, au musée de la Soie. Dirigez-vous ensuite vers **Anduze** pour visiter l'enchanteresse **bambouseraie**. Vous pouvez décider de séjourner à Anduze ou à **St-Jean-du-Gard**.

## JOUR 2

Profitez de votre séjour dans les Cévennes en parcourant du sud au nord sa corniche : prenez ainsi la direction de **Florac**. Bourgade renommée pour sa table, Florac l'est aussi pour son animation estivale et la beauté de son site naturel. Longez ensuite le sud du causse Méjean jusqu'à une ville étrange, celle que forment les rochers de **chaos de Nîmes-le-Vieux**. Pique-niquez dans ce superbe cadre. **Meyrueis** constitue une agréable ville-étape. L'air pur qu'on y respire, la robe verte qui lui sied à ravir, les activités qui y sont proposées, tout semble ici avoir été organisé par une main bien attentionnée, soucieuse du bon déroulement des séjours !

## JOUR 3

Le matin, engouffrez-vous dans l'**aven Armand**, au cœur souterrain du causse Noir. Vous pourrez poursuivre avec la **grotte de Dargilan**. Déjeunez au **Rozier** avant d'aller admirer le **chaos de Montpellier-le-Vieux** au sud-ouest. N'oubliez de faire halte à l'**abîme de Bramabiau** où vous verrez le Bonheur jaillir de la roche, ou de monter au sommet du **mont Aigoual**, toit des Cévennes qui culmine à 1576 m d'altitude. Même s'il a, les trois quarts du temps, la tête dans les nuages, il surplombe un immense panorama qui se perd vers les impressionnantes gorges de la Dourbie,

Ch. Guy/hemis.fr

*Table d'orientation au sommet du mont Aigoual.*

de la Jonte et du Trévezel. Pour y accéder, deux solutions : en voiture par la D269 ou à pied en empruntant le célèbre Sentier des 4 000 marches à partir de **Valleraugue** (voir l'encadré ci-contre). Étape en fin de journée au **Vigan**. Le Musée cévenol et l'ambiance méridionale de cette petite ville vous promettent une charmante soirée.

## JOUR 4

Direction le **cirque de Navacelles** au sud-est, curiosité à voir au moins une fois dans sa vie. C'est beau, c'est désertique et on s'y sent tout petit ! La terrasse de la Baume-Auriol vous permet de déjeuner sans vous lasser du somptueux point de vue sur le cirque. Dirigez-vous vers le sud et Lodève en quittant peu à peu les montagnes pour profiter des joies de la baignade dans le **lac du Salagou**, ou vous balader à travers les rochers du **cirque de Mourèze**.

## JOUR 5

Partez de bon matin et garez-vous au parking Grand Site de France du Pont du Diable. Une navette gratuite vous emmènera admirer les sublimes cristaux d'aragonite de la **grotte de Clamouse**. Par la même navette, vous irez ensuite visiter **St-Guilhem-le-Désert**, superbe village resserré autour d'une ancienne abbaye et niché au pied d'impressionnantes falaises. Regagnez Ganges,

**LE CONSEIL DE BIB**

**Prévoyez une veste ou un pull pour la visite des grottes. Il y fait toujours frais.**

## RANDONNÉE À PIED

# Sentier des 4 000 marches (Valleraugue)

**INFOS PRATIQUES**

25 km - comptez 8h AR - 1200 m de dénivelé – pour marcheurs entraînés. Départ : derrière l'église de Valleraugue. Balisage : les panneaux représentant une chaussure de marche ou deux empreintes de pied.

**STATIONNEMENT & SERVICES**

**Stationnement**
Parking au mont Aigoual, gratuit, interdit la nuit.

**Aire de Valleraugue**
Av. de l'Aigoual - 04 67 82 25 10 - Permanent
Borne eurorelais : 2 € (eau + élec.)
6 - 72h - Gratuit
Paiement : jetons (Maison de Pays de Valleraugue)
Services :
GPS : E 3.63598 N 44.08079

L'agréable village typiquement cévenol de Valleraugue, situé sur la commune de Val-d'Aigoual, s'inscrit au pied du massif de l'Aigoual, au confluent de l'Hérault et du Clarou. Il est le point de départ du célèbre Sentier des 4 000 marches, un sentier empierré qui rejoint le sommet du mont Aigoual (alt. 1567 m) avec son observatoire météorologique et son centre d'interprétation du climat. Le retour décrit une boucle qui suit les crêtes avant de replonger dans la forêt. Cette randonnée est réservée aux bons marcheurs car les 1200 m de dénivelé se font sur les huit premiers kilomètres, avec des pentes à plus 25 %. Mais les efforts consentis sont récompensés par de superbes vues qui se perdent vers les impressionnantes gorges de la Dourbie, de la Jonte et du Trévezel, et s'étendent même jusqu'aux Alpes et aux Pyrénées par temps clair.
L'intérêt de cette balade réside aussi dans la lecture des paysages des différents versants et de leur végétation.
En effet, le sommet du massif de l'Aigoual condense à la fois les nuages venus de l'Atlantique et les vapeurs méditerranéennes, et partage les eaux de pluie entre deux régions très dissemblables. Sur le versant méditerranéen, les gorges profondes alternent avec les crêtes schisteuses très découpées, tandis qu'à l'ouest, vers l'Océan, des pentes douces soudent le massif au vaste pays calcaire des causses. Il en résulte une végétation qui change selon l'orientation et selon l'altitude. Ainsi, l'on aperçoit tout d'abord des chênes verts, des bruyères et des arbousiers, espèces typiquement méditerranéennes et xérophiles, puis un peu plus haut des châtaigniers, remplacés bientôt par des résineux et des buissons de myrtilles, et enfin des hêtres, le tout entrecoupé de zones de pâturage couvertes de landes et de pelouses.

## Aires de service & de stationnement

### ANDUZE

**Aire d'Anduze**
Pl. de la Gare, av. du Pasteur-Rollin - 04 66 61 80 08 - Permanent
Borne AireService 2 € 
20 - Illimité - Gratuit
Paiement : jetons
Aire poussiéreuse.
GPS : E 3.98444 N 44.05

### ANIANE

**Aire du Pont du Diable**
Parking du Pont du Diable - 04 67 57 58 83 - Permanent (mise hors gel)
Borne Urbaflux 1,50 € 1,50 € 
14 - - 48h - 20 €/j. - navettes gratuites du Grand Site de France - stationnement gratuit hors saison
Paiement : CC
Services : WC
GPS : E 3.56308 N 43.70237

### CLERMONT-L'HÉRAULT

**Aire du lac**
Lac de Salagou, à l'ext. du camping Club Lac du Salagou - 04 67 96 13 13 - www.le-salagou.fr
De déb. avr. à fin oct.
Borne artisanale 2 € 
10 - 24h - Gratuit
Paiement : CC - jetons
Services :
Au bord du lac.
GPS : E 3.38891 N 43.64674

### LUNAS

**Aire de Lunas**
Rte de Bédarieux, base de loisirs de Prades - 04 67 23 76 67 - Permanent
Borne artisanale : Gratuit
40 - Illimité - Gratuit - de sept. à juin : parking de la base de loisirs de la Prade ; juil.-août : dans le pré adjacent
Services : WC
Aire très agréable.
GPS : E 3.18545 N 43.70549

### MOURÈZE

**Aire de Stationnement de Mourèze**
D 8 - 04 67 96 08 47 - Permanent
Borne : Gratuit
- 24h - 7 €/j.
Services : WC
GPS : E 3.35979 N 43.6173

### SAUVE

**Aire de Sauve**
Pl. de la Vabre - 04 66 77 50 19 Permanent
Borne AireService : Gratuit
- fermé lors des manifestations l'été
Services : WC
GPS : E 3.95218 N 43.94017

### VALLERAUGUE

Voir p. précédente

*Le lac du Salagou.*

LianeM/iStock

## Campings

### CELLES

**Municipal les Vailhès**
04 11 95 01 82 - www.campinglesvailhes.com
De déb. avr. à fin sept. - 239 empl. -
borne artisanale
Tarif camping : 19,50 € - pers. suppl. 4,20 €
Services et loisirs :
Au bord du lac du Salagou.
GPS : E 3.36012 N 43.66865

### FLORAC

Voir le circuit précédent.

### GIGNAC

**Municipal la Meuse**
Chemin de la Meuse - 04 67 57 92 97 - www.campinglameuse.com
De déb. mai à mi sept. - 100 empl. -
borne eurorelais 3 € (eau + élec.)
Tarif camping : 3 € 9,70 € (16A) 2,90 €
Services et loisirs :
Emplacements vastes et ombragés.
GPS : E 3.55927 N 43.662

### MEYRUEIS

**Hip Village Le Jardin des Cévennes**
Rte de la Brèze - 04 66 45 60 51 - www.campinglejardindescevennes.com
De mi avr. à fin sept. - 91 empl. -
borne eurorelais
Tarif camping : 31 € (10A) - pers. suppl. 4,40 €
Services et loisirs :
GPS : E 3.43536 N 44.18079

### LE VIGAN

**Le Val de l'Arre**
Roudoulouse, rte du Pont-de-la-Croix - 04 67 81 02 77 - www.camping-levaldelarre.com
De déb. avr. à fin sept.
borne artisanale 4 € (eau + élec.) - 14 €
Tarif camping : 32,50 € (10A) - pers. suppl. 8 €
Services et loisirs :
GPS : E 3.63751 N 43.99128

# Les bonnes adresses de bib

## ANDUZE

**Saveurs du Sud** – 11 r. Bouquerie - 06 75 83 50 92 - saveur-du-sud.fr - fermé lun.-mar. et merc. midi, nov.-fév. - menus 22/25 €. Cette adresse discrète nichée dans une petite rue propose une cuisine honnête et parfumée qui privilégie les produits frais et locaux. À déguster dans la salle voûtée ou dans le patio.

## L'ESPÉROU

**Terres d'Aigoual** – Rte du Mont-Aigoual - col de la Serreyrède - 04 67 82 65 39 - www.terres-aigoual.com - de mi-mai à mi-oct. : 10h-19h ; de mi-avr. à mi-mai et de mi-oct. à mi-nov. : 11h-18h ; reste de l'année : tlj sf lun. 14h-17h, dim. 11h-17h. Des agriculteurs installés sur les flancs du mont Aigoual ont réuni leur savoir-faire et ouvert une boutique de produits du terroir (viande, charcuteries, foie gras, fromages, miel, confitures, etc.) issus de leur exploitation.

## FLORAC

Voir le circuit précédent

## LODÈVE

**Le Petit Sommelier** – 3 pl. de la République - 04 67 44 05 39 - fermé lun., merc. soir (sf juil.-août) et dim. soir - formule déj. 19 € - menus 24/36 €. Cette ancienne maison de maître s'est transformée en un petit restaurant sans prétention. La salle à manger est le théâtre d'une cuisine traditionnelle simple et bien maîtrisée.

## MONTPELLIER-LE-VIEUX

**Auberge du Maubert** – À 1 km de la Cité de Pierres - 05 65 61 25 28 - www restaurant-millau-montpellier-levieux.fr - 9h-18h - fermé du 1er nov. au w.-end de Pâques - 9,80/18 € - sur réserv. Cette auberge rustique sert une cuisine familiale et authentique, tels la daube de bœuf ou les fondants de volaille. Excellent rapport qualité-prix et souplesse des horaires de service.

## LE ROZIER

**Restaurant L'Alicanta** – Rte de Meyrueis - 05 65 62 60 25 - www.hotel-restaurant-gorgesdutarn.com - fermé de fin oct. à mi-mars - 22/45 €. Dans le village, cet hôtel-restaurant occupe deux bâtiments situés de part et d'autre de la Jonte. La salle du restaurant que prolonge une agréable terrasse offre une vue des plus plaisantes sur la rivière et le village de Peyreleau. On y savoure une cuisine traditionnelle revisitée et vraiment goûteuse. Service tout en gentillesse. Agréable jardin au bord de l'eau.

## ST-HIPPOLYTE-DU-FORT

**Entre Thym et Châtaigne** – 2 pl. de la Couronne - à la sortie de la ville vers Nîmes - 04 66 77 21 68 - 9h-12h30, 15h-19h - fermé lun. hors vac. scol. Boutique née d'un groupement d'agriculteurs vendant en direct leurs propres productions.

## ST-JEAN-DU-GARD

**Lettres et Mets** – 1071 av. René-Boudon - à côté du Marché U - 04 66 55 10 52 - www.lettresetmets.com - fermeture se rens. - carte 12/20 €. Ne vous arrêtez pas aux abords peu engageants, car passé la porte de cette crêperie bio, l'ambiance est nettement plus agréable. La carte décline un grand choix de galettes au sarrasin et de crêpes au froment originales, confectionnées exclusivement avec des produits bio, frais et locaux. Également quelques salades. Terrasse ombragée et espace enfants.

## ST-MAURICE-NAVACELLES

**Café Mas Guilhou** – R. de l'Église - cirque de Navacelles - 04 67 81 50 69 - www.masguilhou.fr - 12h30-20h30 - fermé mar. - menus 13,50/16 €. Un café sans prétention où l'on se régale de bonnes assiettes du terroir, de copieuses salades, de tartines et de sandwichs à prix doux.

# Offices de tourisme

## ANDUZE

Plan de Brie - 04 66 61 98 17 - www.cevennes-tourisme.fr.

## CÉVENNES MÉRIDIONALES

Pl. du Marché - Le Vigan - 04 67 81 01 72 - www.tourisme cevennesnavacelles.com.

## GANGES

26 av. Pasteur - 04 67 73 00 56 - www.ot-cevennes.com.

## MEYRUEIS

Tour de l'Horloge - 04 66 45 01 14 - www.cevennes-gorges-du-tarn.com/territoire/meyrueis.

*St-Guilhem-le-Désert.*

*R. Mattes/hemis.fr*

LANGUEDOC-ROUSSILLON - CIRCUIT 3

# Balade gourmande en Bas-Languedoc

**Pas de séjour en Languedoc sans goûter aux spécialités gastronomiques : petits pâtés de Pézenas, huîtres de Bouzigues, muscat de Frontignan, picpoul-de-pinet, tielles de Sète... La gastronomie régionale rend hommage à la variété des paysages. Née du terroir et de la mer, elle se teinte du soleil de la Méditerranée et s'épice du côté des terres catalanes.**

**DÉPART :** MONTPELLIER - 5 jours – 180 km

## JOUR 1

**Montpellier** (voir l'encadré p. ci-contre) multiplie les clins d'œil charmeurs. Vous commencerez par parcourir son centre historique et visiter le musée Fabre. Puis vous déjeunerez dans l'un des restaurants de cette ville qui donna son nom à un beurre assez spécial – mélange d'herbes, d'épinards, de cresson, d'œufs et d'anchois – et où l'on mange avec bonheur oreillettes (sorte de beignets) et grisettes (bonbons à la réglisse). La promenade du Peyrou sera idéale pour une balade digestive. En fin de journée, prenez la direction de la mer. Rendez-vous sur la côte à **Frontignan** où un muscat bien frais vous attend. Mieux vaut donc ne pas faire trop de route et passer la nuit à **Vic-la-Gardiole** ou **Sète**.

## JOUR 2

Découvrez l'animation matinale du port de pêche de **Sète** et filez vous balader sur le mont St-Clair qui procure une belle la vue sur la ville et le canal. Après ces efforts, vous apprécierez sans mal de déguster une des spécialités locales : une bourride, bouillabaisse liée à l'aïoli, ou une tielle, tourte à base de poulpe et de tomate. L'après-midi, visitez la villa Loupian et parcourez les rives du bassin de Thau. Quand vient l'heure de l'apéritif, dirigez-vous vers Marseillan pour goûter le Noilly-Prat ou en acquérir une bouteille pour parfumer la sauce des poissons. Le **bassin de Thau** est réputé pour les huîtres et les moules de Bouzigues. Faites-y étape.

R. Mattes/hemis.fr

*Montpellier.*

## JOURS 3

C'est le jour des provisions : rejoignez **Pinet** pour l'excellent picpoul-de-pinet, vin blanc parfait pour accompagner les produits de la mer. À l'heure du déjeuner, gagnez **Béziers**. Vous profiterez de votre après-midi pour découvrir la ville et notamment l'ancienne cathédrale St-Nazaire.

## JOUR 4

La route (D5) vous mène à **Bize-Minervois**, au nord-ouest : la coopérative regorge d'huile d'olive et d'olives (goûtez les lucques, elles sont sublimes). Ce matin, découverte du vignoble ! Vous dégusterez du bout des lèvres le **muscat de St-Jean-de-Minervois**, puis le **vin rouge de St-Chinian**. Gagnez **Bédarieux** pour déjeuner à proximité de votre troisième étape œnologique, **Faugères**. Passez aussi par **Lézignan-la-Cèbe** où vous trouverez ses oignons très doux, avant de gagner Pézenas.

## JOUR 5

**Pézenas**... Voici la petite cité qui a su charmer Molière et, bien plus tard, Bobby Lapointe. Parcourez-la à loisir et restez-y déjeuner pour consommer, cette fois sans modération, les petits pâtés d'origine indo-britannique, ainsi que les berlingots. L'après-midi, rejoignez Montpellier, en faisant halte à l'**abbaye de Valmagne**, ou encore en visitant les « Folies », belles demeures du 18e s. disséminées autour de Montpellier : châteaux d'O, de La Mosson, de l'Engarran et des Évêques-Lavérune à l'ouest, châteaux de Flaugergues et de la Mogère au sud-est.

ÉTAPE 11

# Montpellier

**OFFICE DE TOURISME**

30 allée Jean-de-Lattre-de-Tassigny (pl. de la Comédie) - ✆ 04 67 60 60 60 - www.montpellier-tourisme.fr.

**STATIONNEMENT**

**Parkings**

Parkings autorisés : Moulin-l'Évêque et les Arceaux.

Montpellier, la métropole dynamique et vibrionnante du Languedoc, mêle avec bonheur quartiers anciens et résolument contemporains... le tout à deux pas de la mer ! Elle mérite bien qu'on lui accorde deux jours de visite.

Le premier jour, débutez par l'immense **place de la Comédie**, bordée d'immeubles haussmanniens et centre névralgique de la ville. Visitez le **musée Fabre** qui rassemble des collections exceptionnelles de peintures et de sculptures du 15e au 19e s. ; ne manquez pas les œuvres de Pierre Soulages, le maître de l'Outrenoir, présentées dans une aile spécialement conçue pour temporiser la lumière entrante. Puis déjeunez sur l'une des places du centre historique. Au choix : **place de la Canourgue**, ancien cœur de ville au 17e s. entouré de nombreux hôtels particuliers ; **place Ste-Anne**, la plus belle ; ou encore la charmante **place St-Ravy**. Promenez-vous ensuite dans les petites rues alentour bordées de superbes hôtels particuliers des 17e et 18e s. souvent précédés d'une cour. Faites une halte dans la **cathédrale St-Pierre** avant de rejoindre la **place royale du Peyrou** dont la partie la plus originale est constituée par un élégant **château d'eau** et l'**aqueduc St-Clément**, long de 880 m et haut de 22 m. Passez la soirée **place St-Roch** et dans le quartier, où vous trouverez une terrasse à votre goût.

Le lendemain, flânez le matin dans le **quartier des Beaux-Arts**, aujourd'hui investi par une population bobo, puis rendez-vous dans le **quartier Antigone** réalisé par l'architecte catalan Ricardo Bofill. La **place du Nombre-d'Or**, dont les proportions reflètent un concept antique d'architecture, foisonne de courbes et de décrochements ordonnés autour d'un vaste plan ombragé. Elle vous mène au **quartier de Port-Marianne** où les architectes contemporains rivalisent d'audace. Vous pourrez déjeuner autour du **bassin Jacques-Cœur**. L'après-midi, en fonction de vos centres d'intérêt, visitez le **MoCo**, consacré à l'art contemporain, faites le tour des **« Folies »** montpelliéraines, amenez vos enfants à l'**aquarium Mare Nostrum**, et poussez jusqu'à la mer pour admirer la **cathédrale de Maguelone** et plonger dans la Grande Bleue.

## Aires de service & de stationnement

### AGDE

**Aire Les Peupliers**
Rte de la Tamarissière, à l'extérieur du camping Les Peupliers - 06 33 06 63 54 - www.lespeupliersdelatama.fr
De déb. avr. à mi oct.
Borne artisanale
25 - - Illimité - 12 €/j. - borne compris
Services :
GPS : E 3.45194 N 43.29846

### CARNON-PLAGE

**Aire de Carnon-Plage**
R. de l'Aigoual, à l'entrée du camping Les Saladelles - 04 67 68 23 71
Permanent
Borne artisanale 0 € 0 €
18 - - 24h - 13 €/j. - borne compris
Paiement :
Services :
Plage à 50 m.
GPS : E 3.99414 N 43.55097

### MURVIEL-LÈS-BÉZIERS

**Aire Camping-Car Park**
Rte de Réals - 01 83 64 69 21
Permanent
Borne artisanale : 5,50 € (eau + élec.)
25 - - Illimité - 11,88 €/j. - borne compris - Paiement :
Services :
GPS : E 3.13419 N 43.4395

### OUVEILLAN

**Aire d'Ouveillan**
R. de la Cave-Coopérative - 04 68 46 81 90 - Permanent -
Borne artisanale : Gratuit
10 - Illimité - Gratuit
Services :
Lieu animé pendant les vendanges.
GPS : E 2.9708 N 43.29204

### PALAVAS-LES-FLOTS

**Aire de La Base Paul-Riquet**
R. Frédéric-Mistral - 04 67 07 73 45
Permanent
Borne AireService : 6 € (eau + élec.)
130 - - 72h - 18,68 €/j.
Paiement :
Services :
Entre canal et étang. Location de vélo.
GPS : E 3.92348 N 43.53086

### SÉRIGNAN-PLAGE

**Aire Camping-Car Park**
D 37 - 01 83 64 69 21
De mi mars à mi oct.
Borne artisanale : 5,50 € (eau + élec.)
49 - - 72h - 13,20 €/j. - borne compris - Paiement :
Services :
À 200 m de la plage et près du Canal du Midi.
GPS : E 3.33177 N 43.26895

### SÈTE

**Aire de l'Étang de Thau**
Plage des 3 Digues, rte d'Agde - 04 67 74 66 55 - Permanent
Borne AireService : 1 € (eau + élec.)
50 - 72h - 12 €/j.
Paiement :
Au bord d'une grande plage et à 10 km du centre-ville (arrêt de bus).
GPS : E 3.61568 N 43.36772

## Campings

### LATTES

**Le Parc**
Rte de Mauguio - 04 67 65 85 67 - www.leparccamping.com
Permanent - 66 empl.
borne artisanale 3 € (eau + élec.)
Tarif camping : 30 €
(10A) - pers. suppl. 3,50 €
Services et loisirs :
Emplacements très ombragé à proximité du tramway (ligne 3) pour Montpellier, Pérols ou Lattes.
GPS : E 3.92578 N 43.57622

### LAURENS

**Sites et Paysages L'Oliveraie**
1600 chemin de Bédarieux - 04 67 90 24 36 - www.oliveraie.com
De déb. mars à fin oct. - 110 empl. -
- 19 €
Tarif camping : 34,20 €
(10A) - pers. suppl. 7 €
Services et loisirs :
En 2 grandes terrasses, terrain bien ombragé et bordé par un petit ruisseau avec sur la partie basse la piscine décorée d'oliviers.
GPS : E 3.18571 N 43.53631

### MARSEILLAN

**Flower Le Robinson**
34 quai de plaisance - 04 67 21 90 07 - www.camping-robinson.com
De fin avr. à fin sept. - 179 empl. -
borne artisanale
Tarif camping : 59 €
(10A) - pers. suppl. 10 €
Services et loisirs :
Au bord de la plage, tout près du port et en retrait du centre animé de la station balnéaire, emplacements ombragés.
GPS : E 3.55782 N 43.31912

# Les bonnes adresses de bib

## AGDE

**Le Bistrot d'Hervé** – 47 r. Brescou - ✆ 04 67 62 30 69 - www.lebistrotdherve.com - fermé dim.-lun. - formule déj. 16 € - menu 32 €. Dans un décor contemporain, on déguste une appétissante cuisine d'aujourd'hui comme le pavé de maigre sur une rigoule d'artichauts et une pavlova aux fraises, coulis de fruits rouges et mangue fraîche. Aux beaux jours, profitez de la terrasse à l'ombre des parasols et de la glycine.

## BÉZIERS

**Pica Pica** – 20 bd Jean-Jaurès - ✆ 04 48 11 03 40 - www.pica-pica.fr - midi et soir - formules déj. 18/23 € - carte 6/28 €. Fabien Lefebvre fait un retour remarqué avec ce restaurant basé sur le partage. Dans l'assiette, que ce soit avec les tapas ou les plats, on retrouve la cuisine travaillée et équilibrée de cet ancien étoilé de l'Octopus. Sur les grandes tables accueillantes, une cuisine méditerranéenne inventive élaborée dans la cuisine ouverte. Terrasse.

## BIZE-MINERVOIS

**L'Odyssée de l'Olivier (Coopérative L'Oulibo)** – 4 hameau de Cabezac - ✆ 04 68 41 88 84 - www.loulibo.com - juil.-août : 8h-20h ; juin et sept. : 8h-13h, 14h-19h ; avr.-mai : 8h-12h30, 14h-18h30 ; reste de l'année : 8h-12h, 14h-18h, sam. 9h-12h, 14h-18h, dim. et j. fériés 10h-12h, 14h-18h - fermé 1er janv., 25 déc. - 6 € (-15 ans 4 €). Vente d'huile d'olive, d'olives (lucques de Bize et picholines récoltées manuellement), objets d'artisanat et produits du terroir tels que vins, miel, nougats, confitures... Également une chasse au trésor pour les enfants et des visites guidées (durée 1h30 - 3-5 dép./j - 6 €, enf. 4 €).

## MONTPELLIER

**Rosemarie** – 3 r. des Sœurs-Noires - ✆ 04 67 66 15 95 - 9h-1h - plats 4,50/16 € - Cette sympathique cantine située dans le très animé quartier St-Roch propose une cuisine méditerranéenne. Sur l'agréable terrasse au mobilier chiné et vintage, on se fait servir de savoureux plats faisant la part belle aux poissons. Et en plus, le soir, toutes les entrées peuvent être servies en mode tapas pour tout goûter et partager !

**Abacus** – 26 r. Terral - ✆ 04 34 35 32 86 - abacus-restaurant.fr - sur réserv. uniquement - mar.-jeu. le soir, vend.-sam. midi et soir - 27 € (déj.)- 36/40 € (soir). À deux pas de la cathédrale Ste-Anne, le jeune chef Pierrick Xueref rythme sa carte au fil des saisons, offrant une place de choix aux produits locaux. Le chef aime jouer avec les sens, saveurs et textures et imagine des assiettes très visuelles et colorées, dressées à la minute dans la cuisine ouverte. Dans un cadre à l'ambiance intimiste, la déco à dominante de pierre et de bois est minimaliste et élégante, à l'image de la cuisine, innovante et subtile.

**Maison régionale des vins et des produits du terroir** – 34 r. St-Guilhem - ✆ 04 67 60 40 41 - tlj sf dim. 9h30-20h, lun. 10h-20h. Beau choix de vins régionaux et un rayon réservé aux produits locaux (miels, pâtés, confitures, etc.).

## PÉZENAS

**L'Amphitrion** – 5 r. du Mar.-Plantavint - ✆ 04 67 90 11 84 - fermé dim.-lun. (seult lun. en été) - formule déj. 18 € - plats 15,90/28 €. Dans cette ancienne caserne de pompiers, on s'enflamme dorénavant pour les belles saveurs ! Aux commandes, deux frères qui cuisinent aussi bien la viande que le poisson. Une bonne adresse.

## SÈTE

**Le Petit Bistrot** – 14 rte de la Corniche-de-Neubourg - ✆ 04 99 02 43 89 - fermé dim. et lun. - menus 19,50/33 €. Non loin des plages, un petit bistrot convivial, où les habitués se retrouvent autour du patron plein de verve. Huîtres du bassin, sole grillée... Une bonne cantine !

# Offices de tourisme

## BÉZIERS

Pl. du Forum - ✆ 04 99 41 36 36 - www.beziers-in-mediterranee.com.

## MONTPELLIER

Voir p. 399

*Les joutes sétoises, lors de la Fête de la Saint Louis.*

*J.-P. Degas/hemis.fr*

LANGUEDOC-ROUSSILLON - CIRCUIT 4

# Minervois, Corbières et châteaux cathares

**Ce circuit prend des allures de voyage à travers l'Histoire médiévale. Carcassonne, Peyrepertuse, Quéribus, Puilaurens, Aguilar : ces citadelles qui se gagnent parfois au prix de quelques efforts sont une promesse de séjour époustouflant. En les visitant, vous comprendrez la force de cette hérésie venue d'Orient, le catharisme, qui mit à feu et à sang, aux 12e et 13e s., les terres du comte de Toulouse.**

**DÉPART :** NARBONNE - 8 jours – 450 km

## JOUR 1

Que de choses à voir à **Narbonne** : commencez par le palais des Archevêques et la cathédrale, puis promenez-vous dans la vieille ville et le long du canal de la Robine, en passant par le pont des Marchands. Vous pouvez aussi visiter la maison de Charles Trénet.

## JOUR 2

Quittant Narbonne plein ouest par la D6113 vous atteignez vite **Lézignan-Corbières** d'où vous prendrez la D611 pour rejoindre **Homps**. Là, au bord du canal du Midi au pittoresque Port-Minervois, un chai vous présente un large éventail de vins du Minervois vendus au prix propriété. À bon entendeur... La D610 puis D11 vous posent ensuite à **La Redorte** (joli port fluvial) puis **Rieux-Minervois** célèbre pour sa curieuse église romane de forme quasi circulaire. Par la D11 et D111 gagnez à présent **Villeneuve-Minervois** où se visite un très beau moulin entièrement restauré, niché au milieu des vignobles au lieu-dit Pech Rouzaud (il tourne tous les jours en saison) – vente sur place de produits régionaux. S'il n'est pas trop tard, poursuivez la D111 pour **Lastours**, l'un des plus surprenants sites de la Montagne noire où quatre châteaux comme des sentinelles se sont juchés sur une arête rocheuse toute piquetée de cyprès (à voir du belvédère près du camping). L'histoire retient que cette forteresse résista vaillamment aux croisades contre les Albigeois. En juillet-août, les jeudis soir, s'y tient un spectacle son et lumière très prisé.

## JOUR 3

Allez marcher un peu autour des vestiges des quatre châteaux avant de remonter la pittoresque D101 par **Mas-Cabardès** et rattrapez **Brousses-et-Villaret** pour visiter le moulin à papier. Il perpétue dans la pure tradition un savoir-faire très ancien. Plus bas

R. Mattes/hemis.fr/Getty Images

*Les ruines du château de Peyrepertuse.*

dans la plaine, **Montolieu** labellisé « villages du Livre » réunit une vingtaine de librairies, bouquinistes, artisans du livre... ainsi qu'un conservatoire des métiers du livre. Finissez la journée en visitant l'**abbaye de Villelongue** qui conserve cloître, salle capitulaire, sacristie et réfectoire. Nuit sur place ou à Carcassonne.

## JOUR 4

**Carcassonne** est à découvrir tôt le matin en toute saison et vous prendra la journée. Ici, on marche ! Entrez dans la cité par la porte Narbonnaise, et flânez le nez au vent dans les petites rues. Le midi, mieux vaut manger sur le pouce. Visitez le Château comtal qui donne accès aux remparts et la basilique St-Nazaire pour ses remarquables vitraux, avant de faire le tour des remparts par les lices entourés de deux enceintes et la porte d'Aude. S'il vous reste du temps, sachez que la ville basse compte aussi de beaux monuments à l'intérieur de son quadrilatère caractéristique des bastides médiévales. Et si vous restez dormir sur place, prévoyez de revoir la cité de nuit ou profitez des festivités estivales.

## JOUR 5

Plein sud par la D118, rejoignez **Limoux** réputée pour sa blanquette et son carnaval *(tous les dim. de janv. à avr.)* avant de rejoindre **Alet-les-Bains** et son abbaye romane. Au sud du village, la petite D70 puis D54 vous conduisent ensuite au donjon d'**Arques** puis à **Rennes-le-Château** (au sud de Couiza), où fut prétendument trouvé le fabuleux trésor de l'abbé Saunière (beaucoup y croient encore). De **Couiza** direction ouest (D118 puis D117), pour faire connaissance avec le château de **Puivert** qui fut attaqué durant la croisade contre les Albigeois. Revenez sur **Quillan** puis **Axat** pour rejoindre **Puilaurens** dont le château fut un des hauts lieux du catharisme. Nuit dans les alentours.

## JOUR 6

Par la D117 jusqu'à **Maury** (célèbre pour son vin doux), puis la D19 à gauche, vous visitez aujourd'hui les vertigineuses citadelles cathares en gagnant d'abord le château de **Quéribus**. La matinée vous transporte au temps des croisades. Entre chicanes et meurtrières, de somptueux panoramas s'offrent à vous. Via **Cucugnan** il vous faudra encore un peu de courage pour grimper à l'assaut du château de **Peyrepertuse** perché à 800 m d'altitude, la plus grande des forteresses cathares. Mais une fois en haut, vous ne regretterez pas votre effort. Revenez sur Cucugnan pour rejoindre **Tuchan** et le château d'Aguilar *(10mn à pied)* où vous finirez la journée.

## JOUR 7

Revenez sur vos pas de quelques kilomètres sur les ruines des châteaux de **Padern**, puis vous emprunterez la petite mais superbe D123 pour aller à Davejean et un peu plus au nord **Villerouge-Termenès**. C'est dans son château bien restauré, flanqué de grosses tours que fut dressé le bûcher du dernier cathare connu, Guillaume Bélibaste en 1321. L'après-midi vous aurez la possibilité de visiter plus à l'ouest le château de **Terme** tourmenté et sauvage dominant le village *(comptez 30mn AR à pied, forte pente)* avant de rejoindre **Lagrasse**. Flânez sur le pont vieux dominant l'Orbieu, allez voir sa halle et visitez son abbaye bénédictine préservant un cloître en pierre rose et un dortoir couvert d'une fantastique charpente.

## JOUR 8

Revenant vers la côte via Tournissan vous aurez le choix de descendre en direction de Narbonne pour découvrir l'abbaye cistercienne de **Fontfroide** nichée dans un très sauvage vallon (son cloître est une merveille), ou de piquer directement vers les étangs de Bages et de Sigean au bord desquels se situe la **Réserve africaine de Sigean**. Nul doute que cette option ravira toute la famille.

## Aires de service & de stationnement

### CARCASSONNE

**Aire de la Cité**
Chemin Bernard-Délicieux, à côté du camping La Cité - 04 68 10 01 00
Permanent
Borne Urbaflux 5 €
38 - 72h - 14 €/j. - borne compris
Paiement :
Services :
Proche de la cité, mais bruyant.
GPS : E 2.37312 N 43.20543

### ESPÉRAZA

**Aire d'Espéraza**
Prom. François-Mitterand - 04 68 74 10 01 - Permanent
Borne AireService : Gratuit
20 - 48h - Gratuit
Services :
Espace ombragé au bord de l'Aude.
GPS : E 2.2158 N 42.9336

### LIMOUX

**Aire de Limoux**
R. Louis-Braille - 04 68 31 01 16
Permanent (fermé lors de manifestations)
Borne AireService : Gratuit
30 - - Illimité - Gratuit.
Services :
À 300 m du centre-ville.
GPS : E 2.2149 N 43.05741

### NARBONNE-PLAGE

**Aire Campéole Park de Narbonne-Plage**
Rte de Gruissan - 04 68 49 83 65
Permanent
Borne flot bleu
117 - - Illimité - 13,40 €/j. - borne compris - Paiement :
Services :
Face au Centre Aquajet, à 50 m de la plage.
GPS : E 3.15405 N 43.14726

### PORT-LA-NOUVELLE

**Aire de Port-la-Nouvelle**
Chemin des Vignes - 04 68 40 30 54
Borne artisanale : Gratuit
100 - Illimité
Services :
GPS : E 3.04081 N 43.01369

### QUILLAN

**Aire de Quillan**
Pl. de la Gare - 04 68 20 00 44
Permanent
Borne AireService : 5 € (eau + élec.)
29 - - Illimité - 10,80 €/j.
Paiement :
Services :
GPS : E 2.18145 N 42.87304

### VILLENEUVE-MINERVOIS

**Aire de Villeneuve-Minervois**
Av. du Jeu-de-Mail, en face de la mairie - 04 68 26 16 19
Permanent
Borne artisanale : Gratuit
30 - 48h - Gratuit
Services :
GPS : E 2.46432 N 43.31516

*Canal de la Robine, Narbonne.*

Leonid Andronov/iStock

## Campings

### ALET-LES-BAINS

**Val d'Aleth**
Au bourg - 04 68 69 90 40 - www.valdaleth.com
De déb. janv. à mi déc. - 37 empl.
Tarif camping : 22,40 €
(10A) - pers. suppl. 5,10 €
Services et loisirs :
Emplacements bien ombragés. Bruit de la route en fond sonore.
GPS : E 2.25564 N 42.99486

### LEUCATE

**Original Camping La Franqui**
La Franqui, chemin des Coussoules - 04 68 45 74 93
De fin juin à déb. nov. - 262 empl. -
borne artisanale - 16 €
Tarif camping : 42 €
(10A) - pers. suppl. 8 €
Services et loisirs :
Cadre naturel au bord de la mer.
GPS : E 3.02965 N 42.9435

### NARBONNE

**Yelloh! Village Les Mimosas**
Chaussée de Mandirac - 04 68 49 03 72 - www.lesmimosas.com
De déb. avr. à mi oct. - 133 empl. -
Tarif camping : 54 €
(6A) - pers. suppl. 9 €
Services et loisirs :
Emplacements au milieu des vignes du Languedoc avec, au bar, une sympathique carte des vins de viticulteurs locaux.
GPS : E 3.02592 N 43.13659

### QUILLAN

**Municipal la Sapinette**
21 av. René-Delpech - 04 68 20 13 52 - www.villedequillan.fr
De déb. avr. à fin oct. - 72 empl. -
borne artisanale 15 € (eau + élec.) - 15 €
Tarif camping : 25 €
(16A) - pers. suppl. 5,80 €
Services et loisirs :
GPS : E 2.17585 N 42.87404

# Les bonnes adresses de bib

## ALET-LES-BAINS

**La Buvette** – 17 r. du Séminaire - ✆ 04 68 69 98 56 - buvette.alet.free.fr - haute sais. : tlj sf lun. 12h-22h (horaires de principe, se rens.) fermé oct.-avr. Dans l'ancienne demeure de l'évêque Pavillon et dans le jardin du séminaire, on peut acheter des fruits et des légumes de saison le matin, siroter une boisson et avaler des petits snacks et des grillades à la plancha, le reste de la journée.

## CARCASSONNE

✕ **La Table d'Alaïs** – 32 r. du Plô - ✆ 04 68 71 60 63 - www.latabledalais.fr - fermé merc. et jeu. (sf juil.-août) - 23 € (déj.) - 28/50 €. Au cœur de la cité médiévale, voici votre meilleur allié contre les pièges à touristes ! Au bout d'un escalier, on découvre deux salles décorées dans une veine contemporaine ; au bout, une cour-terrasse où l'on s'attable aux beaux jours. Tradition et modernité se côtoient à la carte, et les saveurs sont aussi au rendez-vous !

✕ **Restaurant Comte Roger** – 14 r. St-Louis - ✆ 04 68 11 93 40 - www.comteroger.com - fermé dim. soir-lun. - formules déj. 26/33 € - 45 €. Vos flâneries dans la Cité vous mèneront peut-être à cette terrasse ombragée dressée au bord d'une venelle animée. Intérieur moderne épuré et carte attentive au marché.

## CUCUGNAN

✕ **Auberge du Vigneron** – 2 r. Achille-Mir - ✆ 04 68 45 03 00 - www.auberge-vigneron.com - fermé de mi-nov. à mi-mars - formule déj. 20 € - 26/38 €. Le chef travaille de beaux produits, le plus possible locaux ou bio et élabore une cuisine régionale où l'originalité trouve sa place. Salle aménagée dans l'ancien chai.

## LIMOUX

**Club de Canoë-Kayak de Limoux** – 2 bis r. des Violettes - ✆ 06 86 57 80 68 - www.canoelimoux.fr - juil.-août : 9h30-19h ; mai-juin et sept. : sur réserv. - pédalo (10 €), canoë (20/27 € selon trajet), kayak (22/29 € incluant matériel, assurance et transport en navette). Découverte de la vallée de l'Aude : trajet vert (10 km) de Limoux à Alet ; trajet bleu (17 km) de Limoux à Couiza ; plan d'eau. Pour les amateurs d'eaux plus calmes, essayez le pédalo !

## MONTOLIEU

✕ **Casquette et chapeau** – 2 pl. de la Liberté - 11170 Montolieu - ✆ 04 68 24 76 72 - www.casquetteetchapeau.fr - fermé lun.-mar. - formules déj. 15,50/20 € - 22/32 €. Cuisine traditionnelle revisitée, à déguster sous les platanes ou dans une jolie salle aux tons clairs.

## NARBONNE

✕ **L'Estagnol** – 5 cours Mirabeau - ✆ 04 68 65 09 27 - www.lestagnol.fr - fermé dim. soir et jeu. soir (dim. en juil., vend. en sept.) - formules déj. 13,50/17,50 € - 25/30 €. Jolie vue sur le canal depuis le 1er étage de cette brasserie. Cuisine du terroir préparée avec les produits provenant des halles.

✕ **La Table Lionel Giraud** – 68 av. du Gén.-Leclerc - à côté du Palais du vin - ✆ 04 68 41 37 37 - maison.saintcrescent.com - P - fermé dim. soir, lun.-mar. (dim. soir et lun. en juil.-août) - formule déj. 65 € - 90/130 €. Décor design dans cet oratoire médiéval. Terrasse entourée de vignes. Séduisante cuisine inventive et vins honorant la région. Réservation conseillée.

✕ **La Table de Fontfroide** – Abbaye de Fontfroide - 14 km au S.-O. - ✆ 04 68 41 02 26 - www.fontfroide.com - ouv. tlj à midi, et mar.-sam. le soir en juil.-août - formules déj. 22/35 € - 25/49 €. Des menus gourmands permettent de se restaurer dans l'ancienne bergerie de l'abbaye, dans une vaste salle ou sur l'agréable terrasse. Location de gîte possible.

# Offices de tourisme

## CARCASSONNE

28 r. de Verdun - ✆ 04 68 10 24 30 - www.tourisme-carcassonne.fr.

## LAGRASSE

16 r. Paul-Vergnes - ✆ 04 68 43 11 56 - www.lagrasse.com.

## LIMOUX

7 av. du Pont-de-France - ✆ 04 68 31 11 82 - www.tourisme-limoux-in-aude.fr.

## NARBONNE

31 r. Jean-Jaurès - ✆ 04 68 65 15 60 - www.narbonne-tourisme.com.

**LE TOP 5 CHÂTEAUX CATHARES**

1. Carcassonne
2. Peyrepertuse
3. Quéribus
4. Puivert
5. Puilaurens

# Art roman et baroque de Catalogne

**Lieu de passage et donc creuset de civilisation, la Catalogne a su assimiler de multiples influences pour élaborer un art qui lui est propre. Qu'il s'agisse de l'architecture romane à l'élégante austérité ou de la sculpture baroque, au foisonnement exubérant.**

**DÉPART :** PERPIGNAN - 8 jours – 250 km

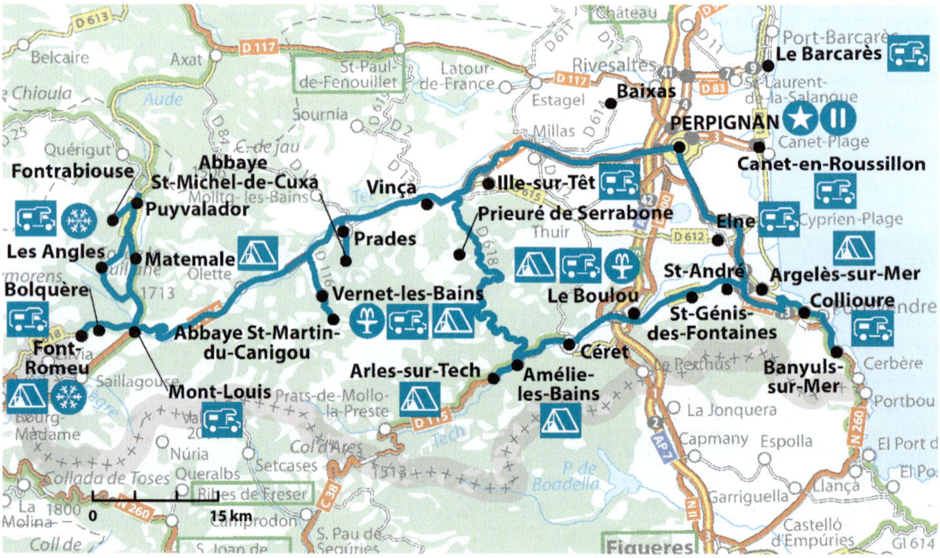


## JOUR 1

Posez-vous d'abord à **Perpignan** que vous visiterez de manière approfondie (voir l'encadré p. ci-contre).

## JOUR 2

Direction **Elne** où le cloître de la cathédrale est un joyau de sculpture médiévale. Puis, en route pour **Collioure**, où la promenade dans la ville vous fera découvrir les retables de l'église Notre-Dame-des-Anges et les derniers ateliers de fabrication d'anchois salés, spécialité locale que vous pourrez déguster dans l'un des restaurants de la ville. Puis baignade et flânerie sur le port, ou saut jusqu'à **Banyuls-sur-Mer** pour goûter le vin doux naturel et visiter la maison du sculpteur Maillol. Revenez à Collioure y faire étape.

## JOUR 3

Retour au roman avec les merveilleux linteaux sculptés des églises de St-André et **St-Génis-des-Fontaines**. Déjeunez au **Boulou**, station thermale (voir l'encadré p. 411) où le maître sculpteur de Cabestany a laissé son empreinte sur le portail de l'église. Autre art majeur du Roussillon : les fresques romanes de la chapelle de **St-Martin-de-Fenollar**. À **Arles-sur-Tech**, attardez-vous au-dessus de la Sainte-Tombe, à Coustouges, devant l'admirable grille en fer forgé.

## JOUR 4

Sur la petite route reliant la vallée du Tech à celle de la Têt, la chapelle de la Trinité, près de **Prunet-et-Belpuig**, renferme un Christ habillé du 12e s. Sous la tribune romane du **prieuré de Serrabone**, vous verrez que les artistes roussillonnais ne manquaient pas de talent. Arrêtez-vous pique-niquer et éventuellement vous baigner dans le lac de Vinça. Rafraîchis, vous apprécierez d'autant plus les retables baroques des églises de **Vinça** et d'**Espira-de-Conflent**. Poursuivez jusqu'à **Prades** où vous passerez la nuit.

W. Bibikow/age fotostock

*Toits de Perpignan..*

## JOUR 5

Visitez **Prades** et son église St-Pierre pour son retable baroque. Après le déjeuner, allez découvrir deux incontournables monuments du roman catalan : les abbayes de **St-Michel-de-Cuxa** et de **St-Martin-du-Canigou**. Tout près, à **Vernet-les-Bains**, offrez-vous une cure thermale (voir l'encadré p. 411).

## JOUR 6

C'est au cœur des montagnes des Pyrénées que nous vous emmenons. Dirigerez-vous vers la place forte de **Mont-Louis**, créée par Vauban. Ne manquez pas le grand four solaire. L'après-midi, allez skier à **Font-Romeu** (voir l'encadré p. 410) ou admirer le camaril de l'Ermitage. En été, faites une randonnée ou une partie de pêche au lac des Bouillouses entouré de sapins. Enfin, direction le **Capcir** pour y passer la nuit.

## JOUR 7

Le matin, allez dire bonjour aux ours et aux isards du parc animalier des Angles. Déjeunez aux **Angles**, découvrez sa station de ski (voir l'encadré p. 410). L'après-midi, si le temps est maussade ou qu'il fait trop chaud, réfugiez-vous dans la **grotte de Fontrabiouse**. **Matemale** sera votre étape pour la soirée.

## JOUR 8

Le lendemain, profitez du lac de **Puyvalador**. Si le temps s'y prête, pique-niquez sur place. Retour sur Perpignan par la N116, sans oublier d'apprécier les volutes baroques de l'église d'**Ille-sur-Têt**. En sortant du village, ne manquez pas les splendides « orgues » naturelles. Faites un saut à **Baixas** pour admirer un gigantesque retable baroque.

ÉTAPE 11

# Perpignan

### OFFICE DE TOURISME

Pl. François-Arago - ✆ 04 68 66 30 30 - www.perpignantourisme.com.

### STATIONNEMENT

**Parking conseillé**

Parking du Mas Balande - av. d'Argelès-sur-Mer - gratuit. Le bus n° 7 permet de rejoindre le centre-ville (2,30 € A/R). Le stationnement de surface à horodateur à Perpignan est interdit aux camping-cars. En revanche, il est autorisé dans les zones résidentielles où le stationnement est gratuit.

Fière de son identité catalane et de son âme festive, Perpignan parle du passé, des comtes de Roussillon et des rois de Majorque, des Catalans et des Aragonais, puis des Français. Ville frontière, de partage culturel, baignée par la mer et à deux pas des sommets pyrénéens, elle a su, au fil des siècles et des conquêtes, se construire une identité particulière, fruit de passages et de mélanges incessants. Il faut bien la matinée pour découvrir le **palais des Rois de Majorque** et la **cathédrale St-Jean-Baptiste**, riche de ses retables du 16e et 17e s. Vous pourrez faire une pause déjeuner dans le quartier piétonnier du centre-ville. L'après-midi, réfugiez-vous dans la fraîcheur des musées. Visitez le **musée des Beaux-Arts Hyacinthe-Rigaud** ou le **Centre d'art contemporain À cent mètres du centre du monde**, en référence à Salvador Dalí. Vous apprécierez l'ombre de la **promenade des platanes** et la fraîcheur de ses fontaines. Elle mène au Castillet, l'emblème de la ville, qui brite le **musée catalan des Arts et Traditions populaires**. Quoi qu'il en soit, prenez le temps de flâner dans les ruelles, faites des provisions de toiles catalanes aux rayures colorées ou de tourons, rousquilles et croquants, gourmandises alléchantes, puis lézarder en fin de journée sur une terrasse de café en dégustant quelques tapas... Et sachez que si vous êtes à Perpignan vers la fin du mois d'août ou au début du mois de septembre, le festival Visa pour l'Image, consacré au photojournalisme, investit nombre de bâtiments comme le **couvent des Minimes**, l'**église des Dominicains**, le **Campo Santo**, la **caserne Gallieni**... l'occasion de belles et instructives visites !

## Aires de service & de stationnement

### LES ANGLES

Voir p. 410

### LE BARCARÈS

**Aire du Barcarès**
Quai de la Tourette - 04 68 86 16 56
Permanent
Borne eurorelais
200 - - Illimité - 12 €/j. - borne compris
Paiement :
Services :
GPS : E 3.03365 N 42.80155

### BOLQUÈRE

**Aire de Bolquère**
Supermarché Casino - R. de la Forêt - 04 68 30 64 20 - Permanent
Borne flot bleu : 2 € (eau + élec.)
- Illimité - Gratuit
Services :
GPS : E 2.0623 N 42.5145

### LE BOULOU

**Aire du Boulou**
Chemin du Moulin-Nou, à proximité du cimetière - 04 68 87 50 95
Permanent
Borne artisanale 2 €
30 - 24h - Gratuit
Services :
GPS : E 2.83722 N 42.52722

### CANET-EN-ROUSSILLON

**Aire des Oliviers**
Av. de Ste-Marie, Canet-Village - 04 68 86 72 00 -Permanent
Borne AireService 5 €
46 - - Illimité - 12,60 €/j. - borne compris
Paiement :
GPS : E 3.01058 N 42.70782

### COLLIOURE

**Aire de stationnement du Cap Dourats**
P2 rte de Madeloc, 2 km du centre-ville (sortie 14 en venant de Perpignan) - 04 68 82 05 66
De déb. mai à fin sept.
Borne : Gratuit
20 - - 24h - 20 €/j.
Paiement :
En saison, navettes gratuites (ttes les 20 mn) du parking à l'entrée de Collioure.
GPS : E 3.06861 N 42.52566

### ELNE

**Aire de Latour-Bas-Elne**
Rte de la Mer - 04 68 22 39 00 - www.airedestcyprienlatourbaselne.fr
De déb. avr. à fin nov.
Borne artisanale : 4 € (eau + élec.)
- - 72h - 10 €/j.
Services :
Aire agréable.
GPS : E 3.00745 N 42.59991

### ILLE-SUR-TÊT

Voir p. 345

### MONT-LOUIS

**Aire de Mont-Louis**
Parking des Remparts - 04 68 04 21 97
Permanent (mise hors gel)
Borne artisanale : Gratuit
12 - 24h - 7 €/j. - gratuit hors saison - ouvert à tout véhicule
Services :
GPS : E 2.12278 N 42.50778

### VERNET-LES-BAINS

**Aire de Vernet-les-Bains**
Chemin de la Laiterie, derrière les thermes - 04 68 05 53 25
De déb. mars à mi nov.
Borne flot bleu : 2,50 € (eau + élec.)
8 - - 72h - Gratuit
Paiement : jetons (mairie)
Services :
GPS : E 2.39076 N 42.5429

## Campings

**Font-Romeu**, **Le Boulou** et **Vernet-les-Bains** : voir p. 410 et 411.
**Amélie-les-Bains** : voir p. 344.

### ARGELÈS-SUR-MER

**Les Castels Les Criques de Porteils**
D 114 - Rte de Collioure - 04 68 81 12 73 - www.lescriques.com
De fin mars à fin oct. -
borne eurorelais 6 € (eau + élec.) - 22 €
Tarif camping : 61 € (10A) - pers. suppl. 14 €
Services et loisirs :
Emplacements avec vue sur la baie d'Argelès-sur-Mer ou sur le vignoble du Roussillon. Accès direct à la plage par un escalier abrupt.
GPS : E 3.06778 N 42.53389

### ARLES-SUR-TECH

**Le Vallespir**
Av. Alzine-Rodone - 04 68 39 90 00 - www.campingvallespir.com
De mars à déc. - 158 empl.
borne artisanale
Tarif camping : 18,80 € (10A) - pers. suppl. 5,30 €
Services et loisirs :
Autour d'une jolie bâtisse en pierres et briques, beaucoup d'espaces verts pour la détente au bord du ruisseau.
GPS : E 2.65306 N 42.46671

### MATEMALE

**Le Lac**
Rte des Angles, à 150 m du lac - 04 68 30 94 49 - www.camping-lac-matemale.com
Permanent - 60 empl. -
borne artisanale 2,50 € (eau + élec.)
Tarif camping : 6 € 5 € (6A) 4,80 €
Services et loisirs :
Site agréable de montagne sous une jolie forêt de sapins et un accès direct au village par chemin piétonnier. Bon confort des chalets.
GPS : E 2.10673 N 42.58164

# Les bonnes adresses de bib

## LES ANGLES

**Le Coq d'Or** – 2 pl. du Coq-d'Or - 04 68 04 42 17 - www.hotel-lecoqdor.com - réserv. conseillée - 17,50/35 €. Sur la place principale du village, cet hôtel-restaurant est une vraie institution dans le pays. Vaste salle à manger rustique au linge de table coloré, et menus où aucun des plats traditionnels catalans ne fait défaut, des boles de picolat (boulettes de viande à la catalane) aux omelettes aux carriolettes (petits mousserons).

## BANYULS-SUR-MER

**Le Fanal** – 18 av. Pierre-Fabre - 04 68 98 65 88 - www.pascal-borrell.com - P - 28/88 €. Pascal Borrell sert une cuisine créative et contemporaine élaborée à partir de produits très frais, servis dans un cadre lumineux, face à la mer. Belle carte de vins régionaux.

## CÉRET

**L'atelier de Fred** – 12 r. St-Ferréol - 04 68 95 47 41 - fermé de mi-déc. à déb. fév., dim. et lun. - formule déj. 23 € - 28 € (déj.)/48 € (soir). Une « place to be » dans la région ! Le sens de l'accueil de Fred, la cuisine méditerranéenne gorgée de soleil de David, son associé... Tous les ingrédients sont réunis pour passer un bon moment. De plus, la carte est renouvelée régulièrement : une bonne raison de revenir !

## COLLIOURE

**Anchois Desclaux** – 3 rte Nationale - 04 68 82 05 25 - www.anchoisdesclaux.com - P - été : 9h-19h ; reste de l'année : 9h-12h, 14h-19h. Depuis 1903, le savoir-faire se transmet dans cette entreprise familiale. Salle d'exposition, vidéo, démonstration, dégustation (sf w.-end) et vente.

**Casa Leon** – 2 r. Rière - 04 68 82 10 74 - fermé dim. soir-lun. - 18/38 €. Très apprécié, ce petit restaurant tenu par des passionnés de pêche propose une excellente cuisine de la mer.

## FONT-ROMEU

**Complexe Casino** – 46 av. Emmanuel-Brousse - 04 68 30 01 11 - www.casino-font-romeu.fr - fermé lun. et mar. (hors sais.) 14h-0h, vend.-sam. 14h-2h. Casino, cinéma, discothèque et restaurant vous attendent dans ce chalet moderne, situé en centre-ville.

**La Chaumière** – 96 av. Emmanuel-Brousse - 04 68 30 04 40 - www.restaurantlachaumiere.fr - fermé lun.,mai-juin et oct.-nov. - formule déj. 18 € - menus 24/65 €. À l'entrée de la station, on ne résiste pas à cette sympathique chaumière où le bois domine. Au menu : une belle sélection de mets catalans et de vins régionaux. Le patron est un amoureux des bonnes choses (viandes de choix, légumes locaux) et a même créé... une cave à jambons !

## PERPIGNAN

**Les Saisons** – 1 r. Camille-Desmoulins - 04 68 34 50 39 - fermé dim.-lun. et mar. soir - formule déj. 16,90 € - 24,50/32,50 €. À deux pas du théâtre, une bonne petite table où se régaler de recettes du marché. Produits frais et préparations maison pour une cuisine 100 % de saison ! Les prix sont doux. Pensez à réserver ou venez tôt, notamment le midi, car les tables sont vite prises d'assaut.

## PRADES

**Le Galie** - 3 av. du Gén.-de-Gaulle - 04 68 05 53 76 - www.restaurantlegalie.com - ♿ - fermé dim.-lun., mar. soir et merc. soir - 19/24 € (déj.), 31/73 € (soir). Ici, inutile de s'attarder au rez-de-chaussée : direction l'étage pour découvrir une salle moderne et confortable, où un jeune couple sympathique nous régale d'une cuisine du marché bien dans l'air du temps. La spécialité du chef ? La fricassée de homard en homardine et son vermicelle de riz...

# Offices de tourisme

## COLLIOURE

Pl. du 18-Juin - 04 68 82 15 47 - www.collioure.com.

## FONT-ROMEU

Voir p. suivante

## PERPIGNAN

Voir p. 407

## PRADES

10 pl. de la République - 04 68 05 41 02 - www.tourisme-canigou.com.

*Boîtes d'anchois de Collioure.*

W. Bibikow/age fotostock

# STATIONS DE SKI

## Les Angles

**INFOS PRATIQUES**

2 av. de l'Aude - 04 68 04 32 76 - www.lesangles.com.

**Géolocalisation**
GPS : E 2.0831 N 42.5832
Altitude basse : 1600 m
Altitude haute : 2400 m

**Remontées mécaniques**
Télésièges : 4 Téléskis : 12
Télécabine : 1 Tapis : 2

**45 pistes**
Noires : 8 Rouges : 14
Bleues : 9 Vertes : 14

**STATIONNEMENT & SERVICES**

**Aire des Angles-Pla del Mir**
Rte du Pla-del-Mir - 04 68 04 42 21 - Permanent
Borne Urbaflux
25 - Illimité - 12 €/j. - borne compris
Paiement :
Services :
Navettes gratuites toutes les 15mn pour la station.
GPS : E 2.06746 N 42.56328

Avec ses quelque 600 habitants à l'année et sa capacité d'accueil de plus de 18000 lits, le village des Angles mêle à merveille tradition et modernité. Tout en préservant l'authenticité d'un village de montagne fier de ses racines catalanes, Les Angles a su développer des activités touristiques de pointe grâce à des équipements ultra sophistiqués et un savoir-faire hors pair. Une télécabine unique sur le massif, une batterie de canons à neige impressionnante et le ballet nocturne des dameuses dernier cri assurent, durant tout l'hiver, des conditions optimales aux amoureux de la glisse.

## Font-Romeu - Pyrénées 2000

**INFOS PRATIQUES**

82 av. Emmanuel-Brousse - 04 68 30 68 30 - www.font-romeu.fr.

**Géolocalisation**
GPS : E 2.05032 N 42.5135
Altitude basse : 1775 m
Altitude haute : 2213 m

**Remontées mécaniques**
Télésièges : 8 Téléskis : 14
Télécabine : 1

**42 pistes**
Noires : 9 Rouges : 7
Bleues : 10 Vertes : 16

**STATIONNEMENT & SERVICES**

**Huttopia Font Romeu**
Rte de Mont-Louis - 04 68 30 09 32 - www.huttopia.com
De mi mai à mi sept. - 120 empl. -
borne artisanale 7 € (eau + élec.) -
35,78 €
Tarif camping : 36,30 € (12A) - pers. suppl. 8,40 €
Services et loisirs :
À 300 m du départ des télécabines, dans un cadre naturel.
GPS : E 2.04667 N 42.50628

Les domaines associés de Font-Romeu et de Pyrénées 2000 s'étagent entre 1650 m et 2250 m d'altitude, dans un paysage de forêts de pins. Grâce aux 500 canons à neige, qui couvrent 85 % de la superficie du domaine, les skieurs ne manquent jamais de neige. Les 41 pistes de ski alpin présentent tous les niveaux, du plateau des Airelles, idéal pour les débutants, au versant des Bouillouses, plus difficile. Les stations de Font-Romeu et de Pyrénées 2000 possèdent par ailleurs l'un des plus grands domaines de ski nordique des Pyrénées. Plus de cent kilomètres de pistes de fond de tous niveaux sont répartis sur 18 boucles. En février, Pyrénées 2000 accueille la Transpyrénéenne, épreuve de ski de fond ouverte à tous les amateurs.

## Le Boulou

**INFOS PRATIQUES**

**Thermes du Boulou**
Espace des Thermes - D900 - 04 68 55 94 95 - www.compagniedesspas.fr - fermé dim. et de mi-déc. à mi-fév.

**Indications**
Maladies cardio-artérielles et appareil digestif et métabolisme.

**Température de l'eau**
16 °C.

**STATIONNEMENT & SERVICES**

**Aire du Boulou**
Voir p. 408

**L'Olivette**
les Thermes du Boulou - 04 68 83 48 08 - www.camping-olivette.fr - 150 empl.
Services et loisirs :
GPS : E 2.82727 N 42.51003

Entre Perpignan et la frontière espagnole sur un axe nord-sud, et entre Argelès-sur-Mer et Amélie-les-Bains d'ouest en est, Le Boulou occupe les terres catalanes, entre mer et montagne. L'intérêt historique du Boulou est indéniable, la ville figurant même sur l'Arc de Triomphe pour avoir vaincu l'Espagne en 1794. Le Boulou s'est aussi emparé de ses faits d'armes victorieux et a créé un parcours thématique très instructif. Des temps plus anciens, Le Boulou garde notamment l'église Ste-Marie, reconstruite au 14e s. et fortifiée au 17e s. ; elle marque le centre de l'ancienne *cellera* qui, au Moyen Âge, était en partie protégée par des remparts dont témoigne encore la tour quadrangulaire. L'heure est peut-être venue de mesurer l'intérêt de la région environnante en quittant Le Boulou, pour mieux le retrouver sans doute pour des loisirs toujours bienvenus : baignade en piscine, tennis, détente et jeu au casino ou encore cinéma. Côté plage, Collioure ou Argelès sont tout indiqués pour découvrir la Côte Vermeille. Côté culture et patrimoine, ne manquez ni Perpignan à 27 km au nord, où Dalí situait le « centre du monde », ni Figueres, au-delà du col de Perthus, où l'artiste a son musée. Côté nature, le massif des Albères, traversé par de nombreux sentiers vététistes, et la forêt de la Massane, vous tendent les bras. Décidément, la station thermale du Boulou a bien plus à offrir que la qualité de ses eaux.

## Vernet-les-Bains

**INFOS PRATIQUES**

**Thermes de Vernet-les-Bains**
Chemin de la Laiterie - 04 68 05 52 84 - www.thermes-vernet.com - de mi-mars à fin nov.

**Indications**
Rhumatologie, voies respiratoires.

**Température de l'eau**
62 °C.

**STATIONNEMENT & SERVICES**

**L'Eau Vive**
Chemin St-Saturnin - 04 68 05 54 14 - www.leauvive-camping.com - De déb. avr. à fin oct. - 49 empl. -
Tarif camping : 27 € (10A) - pers. suppl. 5 €
Services et loisirs :
Dans un site agréable.
GPS : E 2.37789 N 42.5547

**Aire de Vernet-les-Bains**
Voir p. 408

Avant de partir le long des pentes de l'emblématique massif du Canigou qui règne en majesté, avant de parcourir le parc naturel régional des Pyrénées catalanes qui l'abrite en partie, prenez le temps de découvrir les atouts de cette petite cité, elle n'en manque pas ! D'abord, Vernet prête son cadre extrêmement verdoyant (c'est le premier village-arboretum de France) à une balade agréable, qui n'en est pas pour autant monotone grâce aux boutiques et cafés animés. Ensuite, comme bon nombre de ses consœurs, Vernet a son casino, sauf qu'aussi étonnant que cela puisse paraître, il attire les amateurs de… géologie. Ce haut lieu du jeu abrite en effet un musée riche de plusieurs milliers de pièces, dont des fossiles marins tout à fait exceptionnels. L'heure est venue de partir… Chaussure de marche aux pieds, lancez-vous à l'assaut du pic du Canigou qui s'élève à 2 784 m, ou osez le canyoning et l'escalade. Pensez aussi aux gorges de la Carança : pont de singe et passerelles métalliques y garantissent des émotions fortes en pleine nature. Leur entrée constitue une halte du petit train jaune, à bord duquel les amateurs de loisirs plus relaxants monteront aussi. Si vous en êtes, rendez-vous à Villefranche-de-Conflent, où les remparts se prêtent à une balade rafraîchissante, et laissez-vous porter tranquillement dans des paysages grandioses, non sans passer un moment dans les eaux naturellement chaudes des bains de St-Thomas… qui vous rappelleront sans doute la douceur des bains de Vernet.

*Rue du Puy-en-Velay. – Leonid Andronov/iStock*

Le puy Pariou. – F. Cormon/hemis.fr

# Auvergne

Au cœur de la France, été comme hiver, le pays des volcans présente au voyageur de nombreux visages : volcans, on l'a dit, mais aussi bocages, forêts, vallées, lacs et rivières, ou encore sources thermales. Dans le massif du Sancy ou dans les monts du Cantal, un environnement naturel exceptionnel se prête à la randonnée, au VTT, à l'équitation et à l'alpinisme... Les lacs volcaniques et les plans d'eau aménagés permettent d'alterner pêche à la truite et baignade.

En hiver, les stations comme Super-Besse ou le Lioran offrent, outre le ski, de multiples activités sportives : raquettes, cascades de glace... Dans le Haut Allier, de nombreuses bases nautiques permettent de pratiquer le canoë-kayak ou le rafting.

Quant aux villes d'eaux comme Chaudes-Aigues, la Bourboule ou Néris-les-Bains, elles ne sont pas réservées aux seuls curistes, mais bien à tous, grâce à leurs espaces ludiques et leurs programmes de remise en forme.

Moins connus, les paysages d'estives du Cézallier avec leurs burons traditionnels recèlent une faune et une flore uniques. Du côté du Bourbonnais, les châteaux et les belles églises romanes permettent de découvrir l'histoire de ce pays tout en rondeurs. Au sud d'Aurillac, la Châtaigneraie cantalienne a conservé ses cités médiévales et une gastronomie authentique. Mieux, c'est toute l'Auvergne qui invite à passer à table avec ses cinq fromages AOC, sa truffade, son pounti ou son jambon. Quintessence de la France profonde, l'Auvergne n'a qu'une ville d'importance, sa capitale Clermont-Ferrand. La ville noire, construite en pierre de lave, est depuis plus d'un siècle le fief du leader mondial du pneu : Michelin.

# AUVERGNE

Station du Mont-Dore. – B. Mollaret/Photononstop

## LES ÉVÉNEMENTS À NE PAS MANQUER

- **Vichy fête Napoléon III** : avr. 300 figurants défilent en costumes, musique d'époque. www.vichy-destinations.fr
- **Coutellia, salon international du couteau d'art et de tradition** à Thiers (63) : mai. Exposition/vente, musique, animations. www.coutellia.fr
- **Fête de l'estive** à Allanche : fin mai. Montée des vaches à l'estive. www.tourismecezallier.com
- **St-Nectaire en majesté** à St-Nectaire (63) : Pentecôte. www.sancy.com.
- **Horizons « Art-Nature »** sur le massif du Sancy (63) : de juin à sept. 10 artistes conçoivent 10 œuvres plastiques éphémères sur le massif. www.horizons-sancy.com
- **Festival international de théâtre de rue** à Aurillac (15) : 3e sem. d'août. www.aurillac.net
- **Fêtes mariales** au Puy-en-Velay (43) : 15 août, procession de Notre-Dame-du-Puy.
- **Festival viticole et gourmand** à St-Pourçain-sur-Sioule (03) : 3e sem. d'août. www.festigo.fr
- **Festival de musique** de La Chaise-Dieu (43) : août-sept. www.chaise-dieu.com
- **Fêtes Renaissance du Roi de l'Oiseau** au Puy-en-Velay : sept. Théâtre de rue et reconstitutions historiques. www.roideloiseau.com.
- **Rassemblement international de montgolfières** au Puy-en-Velay (43) : autour du 11 nov. www.montgolfiere-en-velay.fr.

# Votre séjour en Auvergne

## Circuits



## Étapes



## Visite



## Randonnées



## Stations de ski



## Station thermale



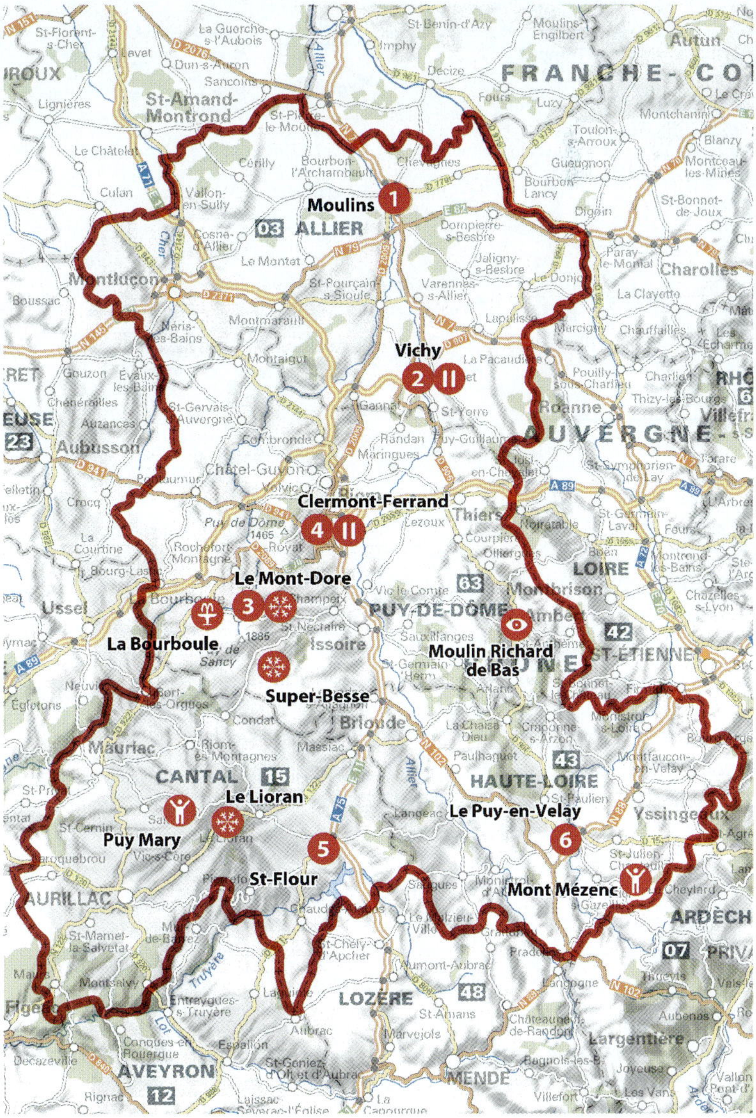


**EN COMPLÉMENT, UTILISEZ…**

- Le Guide Vert : Auvergne
- Cartes Michelin : Région 522 et Départements 326, 330 et 331

# Dans le Bourbonnais

**Berceau des puissants seigneurs de Bourbon, cette terre mérite d'être visitée pour ses paysages verts et vallonnés, sa campagne parsemée de châteaux et d'églises romanes, et pour sa capitale, Moulins. Les amateurs de vin, eux, ne manqueront pas St-Pourçain-sur-Sioule et son musée consacré à ce très ancien vignoble, attesté avant l'ère chrétienne…**

**DÉPART :** MOULINS - 5 jours – 330 km

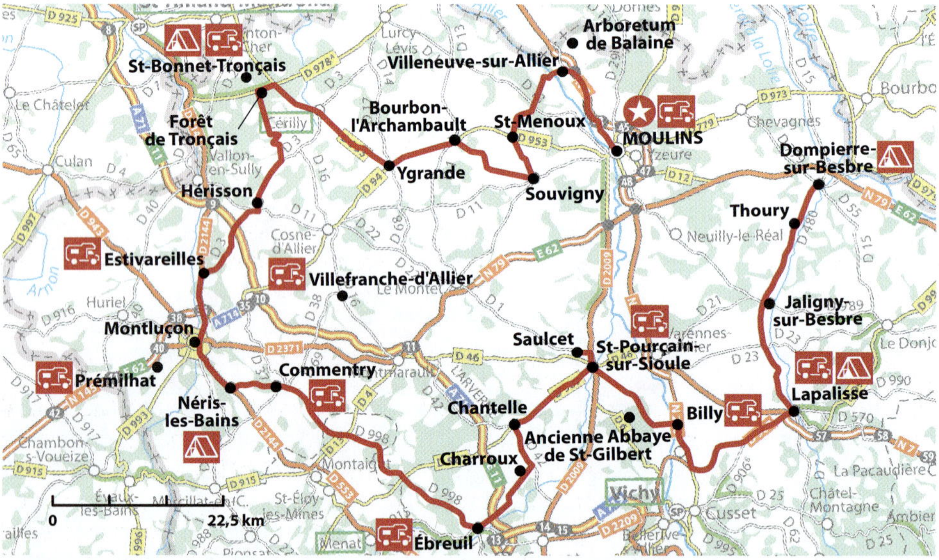


## JOUR 1

**Moulins** : vous voici au cœur de l'ancien duché de Bourbon. Visitez la cathédrale Notre-Dame, qui renferme le célèbre triptyque du Maître de Moulins, et ne ratez pas le musée Anne-de-Beaujeu, installé dans le pavillon de l'ancien palais ducal, ni le musée de la Visitation, unique en son genre, qui présente 7500 pièces du 15e au 21e s. retraçant l'histoire et le patrimoine de cet ordre monastique très présent en France et dans le monde. Musardez un moment dans la ville et visitez sur l'autre rive de l'Allier le remarquable Centre national du Costume de Scène et de la Scénographie installé dans une ancienne caserne de cavalerie. Les expositions thématiques y sont toujours passionnantes, voire exceptionnelles.

Quittez Moulins au nord, prenez la N7 et rendez-vous à **Villeneuve-sur-Allier** au château du Riau, typique de l'architecture bourbonnaise. Il a conservé depuis 1584 l'une des plus curieuses granges dîmières que l'on puisse voir en France. Au nord du bourg, allez faire ensuite une promenade dans les allées parfumées de l'**arboretum de Balaine** gardien d'arbres remarquables.

Franchissez l'Allier et descendez par les petites routes à **St-Menoux**. Dans son église vous remarquerez de beaux chapiteaux romans ainsi qu'un curieux « débredinoire » qui a la réputation de guérir les simples d'esprit… Étape dans les alentours.

## JOUR 2

Gagnez **Souvigny** où vous apprécierez autant les ruelles que l'ensemble abbatial dont l'église imposante abrite les tombeaux de Louis II de Bourbon et Anne d'Auvergne, ainsi qu'une armoire à reliques étonnante, avant de rejoindre **Bourbon-l'Archambault**. Si les princes avaient leur cour à Moulins, ils prenaient les eaux ici : agréable promenade dans la station thermale et visite de la forteresse

H. Lenain/hemis.fr

*Le château de Lapalisse.*

médiévale. Prenez la D953 via **Ygrande** (belle église romane) pour aller en **forêt de Tronçais**, et profiter pleinement des sous-bois de la futaie Colbert II, peuplée de chênes bicentenaires. Vous n'aurez pas trop du reste de la journée pour parcourir ses chemins forestiers, à pied ou à vélo, et flâner autour des étangs de Pirot, de **St-Bonnet** (baignade possible) et du Saloup.

## JOUR 3

Traversez la forêt direction plein sud pour gagner **Hérisson**, petit bourg médiéval lové dans une boucle de l'Aumance et flanqué d'une forteresse en ruine (accès libre toute l'année). La D3 puis la D2144 vous conduisent ensuite à **Montluçon**. Flânez dans la cité médiévale avant de monter au château des ducs de Bourbon, et son musée des Musiques populaires qui présente pas moins de 800 instruments. Quittez Montluçon au sud par **Néris-les-Bains** puis prenez la D998 via **Commentry** pour rejoindre **Ébreuil** dans la vallée de la Sioule, charmant village où se dresse, jouxtant une belle halle, l'église St-Léger vraiment digne d'intérêt. Voyez les vantaux de son portail avec ferrures du $12^{e}$ s. appliquées sur peau teintée en rouge, puis à l'intérieur ses fresques médiévales des $12^{e}$ et $15^{e}$ s. ainsi que la chasse de St-Léger en bois recouvert de cuivre argenté. Étape à Ébreuil.

## JOUR 4

Le village de **Charroux**, qui a gardé ses portes anciennes, mérite une pause conséquente. Il conserve un beau patrimoine, vestige de remparts, vieux puits et ruelles pittoresques dans lesquelles vous découvrirez quelques artisans et producteurs. À l'image de la Maison des Horloges qui ravit les passionnés de mécanismes anciens ou, rue de la Poulaillerie, les Huiles et Moutarde de Charroux, une très ancienne tradition qui porte loin aujourd'hui encore la renommée de Charroux.

Un peu plus au nord, à **Chantelle**, l'abbaye occupée par une communauté de sœurs dispose d'une boutique de produits monastiques dont leur propre production de savon, eau de toilette, cosmétique… Gagnez à présent **St-Pourçain-sur-Sioule**, et avant de visiter la ville faites un crochet par **Saulcet** et son église aux belles fresques murales. À St-Pourçain-sur-Sioule, rendez-vous au musée de la Vigne et du Terroir. Prenez aussi le temps de déguster son célèbre blanc parfumé dans l'une des caves de la région.

Quittez St-Pourçain par le sud-est (D130) pour aller à l'**ancienne abbaye de St-Gilbert** au nord de St-Didier-la-Forêt. Son chauffoir et sa salle capitulaire forment un ensemble intéressant. Rejoignez **Billy** (D130). Vous apprécierez l'histoire de son château devenu prison royale, et la vue que l'on embrasse depuis la tour des remparts.

## JOUR 5

Via St-Germain-des-Fossés, gagnez **Lapalisse** dominé par la silhouette de son château. Salon de réception, bibliothèque, salon des médailles et Salon doré font tout l'attrait du château de monsieur de La Palice. Repartez par la D480 en longeant le val de Besbre jusqu'à **Jaligny-sur-Besbre**, où flotte encore le parfum rustique de la soupe aux choux (le régal de l'écrivain René Fallet). Passez l'après-midi au parc d'attractions du Pal à **Dompierre-sur-Besbre**. Mais avant d'y arriver, remarquez le beau **château de Thoury**, en grès rose, qui date du Moyen Âge.

### LE CONSEIL DU BIB

**L'été, des guides naturalistes proposent des randonnées en forêt de Tronçais. Rens. à Cap Tronçais, à St-Bonnet-Tronçais (✆ 04 70 09 00 23).**

## Aires de service & de stationnement

### BILLY

**Aire de Billy**
Pl. de l'Ancien-Marché -
04 70 43 50 14 - Permanent
Borne artisanale : Gratuit
2 - Illimité - Gratuit - autre stationnement montée d'Almandière
Services :
GPS : E 3.43049 N 46.23582

### COMMENTRY

**Aire de Commentry**
R. des Platanes - 04 70 08 33 46
De déb. avr. à fin oct.
Borne eurorelais : Gratuit
6 - Illimité - Gratuit
GPS : E 2.76049 N 46.28982

### ÉBREUIL

**Aire du camping des Nières**
R. des Nières - 04 70 90 70 60
De déb. mai à fin sept.
Borne eurorelais 3 €
- Illimité - 19 €/j. - dans le camping
Services :
GPS : E 3.08111 N 46.11083

### ESTIVAREILLES

**Aire d'Estivareilles**
R. de la République - 04 70 06 00 55
De mi mars à mi nov. (mise hors gel)
Borne artisanale : Gratuit
-
Services :
GPS : E 2.61538 N 46.42487

### LAPALISSE

**Aire de Lapalisse**
Pl. Jean-Moulin - 04 70 99 00 86
Permanent
Borne eurorelais 2 € 2 €
20 - Illimité - Gratuit
Paiement : jetons (office de tourisme et station essence AGIP)
Services :
GPS : E 3.63511 N 46.24997

### MOULINS

**Aire de Moulins**
Chemin de Halage (D 2009) -
04 70 44 14 14 - Permanent
Borne flot bleu 2 € 2 €
90 - - Illimité - 2,40 €/j.
Paiement : - jetons
Services :
À 10mn à pied du centre-ville.
GPS : E 3.32469 N 46.55833

### PRÉMILHAT

**Aire de Prémilhat**
Rte de l'étang de Sault -
04 70 05 11 44 - Permanent
Borne eurorelais : 7,50 € (eau + élec.)
8 - - 72h - Gratuit
Paiement :
GPS : E 2.55855 N 46.33469

### ST-BONNET-TRONÇAIS

**Aire de St-Bonnet-Tronçais**
Rte de Tronçais et r. de l'Etang -
04 70 06 10 22
De déb. avr. à fin oct. (mise hors gel)
Borne artisanale 2 € 0 €
- Illimité - Gratuit
Paiement : jetons (au tabac-presse)
Services :
GPS : E 2.69721 N 46.66022

### ST-POURÇAIN-SUR-SIOULE

**Aire de St-Pourçain-sur-Sioule**
R. des Béthères - 04 70 35 13 69
Permanent
Borne flot bleu : 8 € (eau + élec.)
73 - 48h - Gratuit
Services :
Au bord de la Sioule.
GPS : E 3.29666 N 46.31222

### VILLEFRANCHE-D'ALLIER

**Aire de Villefranche-d'Allier**
Av. du 8-Mai-1945 - 04 70 07 40 35
Permanent
Borne Urbaflux : 2 € (eau + élec.)
5 - Illimité - Gratuit
Paiement : jetons (mairie et chez Mme Diat, face à l'aire de service)
Services :
GPS : E 2.85672 N 46.395

## Campings

### DOMPIERRE-SUR-BESBRE

**Municipal Les Bords de Bresbre**
La Madeleine - 04 70 34 55 57 - www.mairie-dsb.fr
De mi mai à mi sept. - 70 empl. -
borne artisanale 2 € (eau + élec.)
Tarif camping : 3,70 € 3 €
(10A) 3,30 €
Services et loisirs :
GPS : E 3.68289 N 46.51373

### LAPALISSE

**Municipal La Route Bleue**
R. des Vignes - 04 70 99 26 31 - www.lapalisse-tourisme.com
De mi avr. à mi oct. - 60 empl.
borne eurorelais 2 € (eau + élec.) - 9 €
Tarif camping : 2,80 € 4,50 €
(10A) 2,50 €
Services et loisirs :
Beaux emplacements ombragés au bord de la Besbre, avec un chemin piétonnier reliant le centre-ville.
GPS : E 3.6395 N 46.2433

### NÉRIS-LES-BAINS

**Municipal du Lac**
Av. Marx-Dormoy - 04 70 03 24 70 - www.ville-neris-les-bains.fr
De fin mars à mi nov. - 58 empl. -
borne flot bleu
Tarif camping : 11,50 €
(16A) - pers. suppl. 5 €
Services et loisirs :
Beaux emplacements en terrasses.
GPS : E 2.65174 N 46.28702

### ST-BONNET-TRONÇAIS

**Le Champ Fossé**
R. du Champ Fossé - 04 70 06 11 30 - www.campingstroncais.com
De déb. avr. à fin oct. - 110 empl. -
Tarif camping : 22,50 €
(16A) - pers. suppl. 6 €
Services et loisirs :
Bien ombragée au bord du lac de St-Bonnet. Petite base de loisirs.
GPS : E 2.68841 N 46.65687

# Les bonnes adresses de bib

## BILLY

**Auberge du Pont** – 1 rte de Marcenat - 04 70 43 50 09 - www.auberge-du-pontbilly.fr - fermé 1 sem. en janv., en mai, 3 sem. en août, dim.-lun. - 21 € (déj.) - 33/63 €. Les fidèles de cette auberge se pressent toujours à ses portes, en quête d'une cuisine du marché goûteuse, réalisée par un chef plein d'entrain. Si le temps le permet, installez-vous sur la terrasse ombragée, qui surplombe l'Allier... Une certaine définition du bonheur.

## BOURBON-L'ARCHAMBAULT

**Casino de Bourbon-l'Archambault** – ZA du Pont des Chèvres - 04 70 67 15 39 - www.casino-bourbon-larchambault.fr - P (au rest.) - 10h-2h, vend.-sam. 10h-4h. Ouvert en 1998, le casino de Bourbon-l'Archambault offre aux amateurs de jeux : une salle de boule, une salle de grands jeux (roulette anglaise et black-jack) et une salle de machines à sous. Il se complète d'un cinéma et d'un restaurant de 100 couverts. Activités culturelles, artistiques et festives toute l'année.

## ESTIVAREILLES

**Hostellerie Le Lion d'Or** – D2144 - 04 70 06 00 35 - www.hotel-leliondor.net - fermé dim. soir, lun. soir et mar. midi - 24/58 €. La simple étape que l'on imagine pour une hostellerie de campagne « classique » se transforme au Lion d'Or en un charmant repas champêtre : salle à manger de caractère avec poutres apparentes, impeccable parquet en épis, hautes fenêtres à petits carreaux, et terrasse donnant sur un parc arboré agrémenté d'un étang.

## MONTLUÇON

**Le Grenier à Sel** – Pl. des Toiles - 04 70 05 53 79 - www.legrenierasel.com - P sur réserv. - - fermé lun. midi en juil.-août, dim. soir- mar. midi le reste de l'année - menus 25/39 €. Demeure de charme du 15e s. au cœur de la cité médiévale. Décoration raffinée dans l'élégante salle à manger. Profitez de la terrasse, un petit coin de paradis. Cuisine créative.

## MOULINS

**Le Grand Café** – 49 pl. d'Allier - 04 70 44 00 05 - plat du jour 9,90 € (en sem.) - 21,90/35,90 €. Construit en 1899, ce café est inscrit à l'Inventaire des Monuments historiques. Une fresque grandiose à la gloire de Gambrinus, le dieu de la Bière, entoure le buveur tandis que d'immenses miroirs renvoient son image à l'infini. C'est ici que Gabrielle Chanel aurait acquis son surnom de Coco en chantant Qui qu'a vu Coco au Trocadéro du haut du balcon. Un lieu à découvrir. Spécialité : entrecôte de bœuf – salers, aubrac, charolaise ou limousine selon arrivage.

## NÉRIS-LES-BAINS

**Les Nériades** – Pl. des Thermes - 04 70 03 11 11 - www.neriades.com - P - 10h-13h, 14h30-20h, (19h mar. et jeu.) - 19/155 €. Ce Spa thermal ultramoderne de 1000 m² propose des prestations de balnéothérapie en eau thermale, de bien-être et d'esthétique.

## ST-POURÇAIN-SUR-SIOULE

**Union des Vignerons** – 3 r. de la Ronde - 04 70 45 42 82 - www.vignerons-saintpourcain.com - 8h30-12h30, 13h30-18h30, dim. 9h30-12h30, 14h-17h30. Cette coopérative réunit près de 90 vignerons. Son produit phare est la Ficelle, vin aux arômes de fruits rouges. Possibilité de visiter les caves des vignerons, avec dégustation.

# Offices de tourisme

## MOULINS ET SA RÉGION

11 r. François-Péron - Moulins - 04 70 44 14 14 - www.moulins-tourisme.com.

## VALLÉE DE MONTLUÇON

67 ter bd de Courtais - Montluçon - 04 70 05 11 44 - www.valleecoeurdefrance.fr.

*Forêt de Tronçais, chênes Les Jumeaux, datant du début du 17e s.*

H. Lenain/hemis.fr

# Les grandes eaux !

**Vous êtes plutôt Vichy-Célestins ou St-Yorre ? Vous devriez le savoir au terme de cette escapade au cœur de l'Auvergne des sources minérales et des villes d'eaux. Les stations thermales offrent à leurs visiteurs des activités diverses qui en font des lieux de vacances très agréables, attirant autant les touristes que les curistes... Nul besoin d'une ordonnance ou d'un mal de dos !**

**DÉPART :** VICHY - 4 jours – 285 km

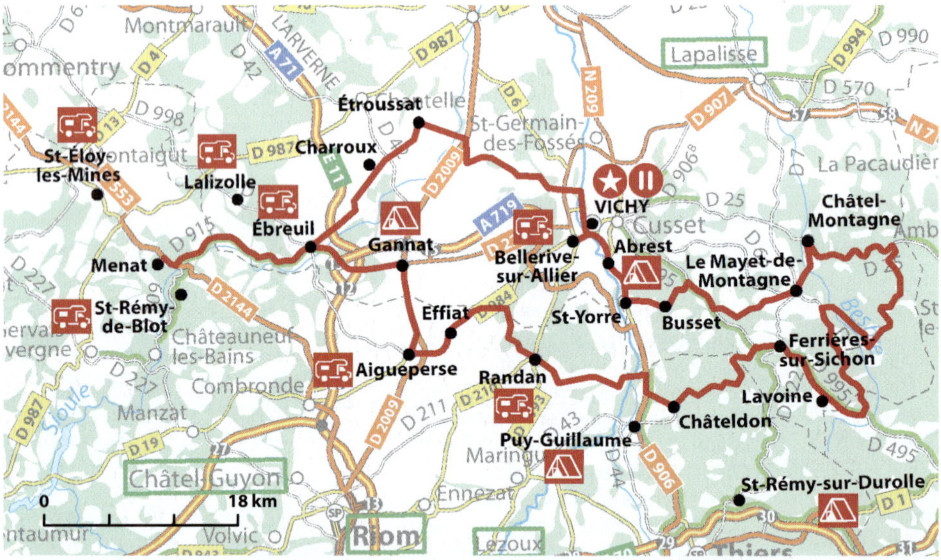


## JOUR 1

Arrivé à **Vichy** (voir l'encadré p. ci-contre), vous passerez la matinée à découvrir le quartier thermal où se mêlent les styles d'architecture du Second Empire et l'Art nouveau. Vous verrez ces grands hôtels qui, à la Belle Époque, recevaient des hôtes prestigieux, et vous musarderez dans les galeries commerçantes, sans oublier de goûter aux pastilles acidulées, vendues dans leur boîte au décor Vichy rose ou bleu. Vous flânerez dans le parc des Sources et les parcs d'Allier, avant de déjeuner dans un bon restaurant de la ville. Profitez du thermalisme pour passer un après-midi de détente en vous offrant massages et bains bouillonnants. Terminez votre journée au casino ou en assistant à un spectacle donné dans le bel opéra de Vichy.

## JOUR 2

Repartez au nord-ouest, traversez l'Andelot, puis la Sioule. Prenez la D36 qui mène à **Étroussat**, et admirez les vitraux modernes de son église. Prenez ensuite la D42 pour rejoindre **Charroux**, beau village fortifié célèbre aussi pour sa moutarde ! Quittez Charroux par le sud, franchissez l'autoroute jusqu'à **Ébreuil**, et ne ratez pas son église et ses fresques médiévales. Quittez Ébreuil par la D915 vers les gorges de la Sioule : attention, la route est sinueuse ! Elle vous mènera à l'entrée des gorges de Chouvigny et de son impressionnant château, puis au pont de Menat. Faites une halte à **Menat** pour visiter son musée de paléontologie et son église. Sur la D109, remarquez au passage les ruines romantiques de Château-Rocher.

## JOUR 3

Quittez les gorges. La D12 mène à **Gannat**. Vous visiterez son musée, qui contient un superbe évangéliaire médiéval, et Rhinopolis, où vous apprendrez tout sur la création du monde et la vie sur Terre. Par la N9, poursuivez jusqu'à **Aigueperse**, dont la collégiale renferme de belles peintures. Après

H. Lenain/hemis.fr

*Vichy, le hall des sources.*

avoir visité le **château d'Effiat** (sur la D984), vous vous rendrez par la D93 jusqu'au **domaine royal de Randan** pour vous perdre, avec plaisir, dans le grand parc du château. Gagnez ensuite la D63 au sud, passez par Ris et allez à **Châteldon** dont la fameuse eau minérale se retrouve sur les plus grandes tables françaises ! Profitez d'un moment de pleine nature en vous rendant, à l'est par la D63, à la grotte des Fées, puis longez le Sichon jusqu'au rocher St-Vincent. Tournez à droite, à **Lavoine** : son « horloge à billes et à eau » vous donnera l'heure ; et s'il vous reste assez de temps, visitez l'écomusée du Bois et de la Scierie à eau. Repartez à l'est à Laprugne, et prenez à gauche la D1 jusqu'au **Mayet-de-Montagne**.

## JOUR 4

Quittez le Mayet-de-Montagne pour aller à la Loge des Gardes par la D177. En pleine Montagne bourbonnaise, vous découvrirez les charmes des monts de la Madeleine en forêt de l'Assise. Faites un détour jusqu'au Gué de Lachaux pour vous laisser surprendre par sa tourbière, et expérimentez la route Magique. Admirez la belle vue sur la région en marchant jusqu'à la Pierre Charbonnière par la D477. Gagnez le village de **Châtel-Montagne** et visitez sa très belle église romane. **Le château de Busset**, berceau des Bourbon, sera votre prochaine étape en poursuivant la D25. Non loin de là, à **St-Yorre**, vous pourrez consommer de la St-yorre sur place ! Regagnez Vichy au nord en passant par les « souterrains » de Cusset.

ÉTAPE 11

# Vichy

### OFFICE DE TOURISME

19 r. du Parc - 04 70 98 71 94 - www.vichy-destinations.fr.

### STATIONNEMENT & SERVICES

**Parking conseillé**
Au niveau du stade Darragon : gratuit - 24h max.

**À Bellerive-sur-Allier : Riv'Air Camp**
60 r. Claude-Decloître - 04 70 32 26 85 - www.camping-beaurivage.com - Permanent
Borne Urbaflux : 11,50 € (eau + élec.)
40 - Illimité - 11,50 €/j.
Paiement :
Services :
Idéal pour la visite de Vichy, au bord de l'Allier.
GPS : E 3.43114 N 46.11501

La deuxième agglomération auvergnate possède des arguments de poids pour attirer les visiteurs, et les retenir. Nul besoin de forcer votre talent pour vous rendre compte de la beauté architecturale de la ville ; un simple regard autour de vous suffira pour remarquer les édifices qui jalonnent Vichy et rappellent la splendeur de la « reine des villes d'eau » : villas Belle Époque, chalets Second Empire sur les bords de l'Allier, maisons à pans de bois dans la vieille ville, Opéra Art nouveau... Vous l'aurez compris, la promenade est intéressante en elle-même, mais elle peut l'être plus encore si vous vous fixez un but en puisant, par exemple, dans les quelques propositions qui suivent : pause détente dans les parcs verdoyants le long de l'Allier ou lèche-vitrine dans le quartier piétonnier, conçu pour le plaisir du badaud. Si vous êtes amateur de culture, profitez-en pour découvrir l'un des cinq musées de la ville et, en soirée, dénichez un spectacle à votre goût puisé parmi les opéras, pièces de théâtre, concerts et opérettes donnés à l'Opéra. Dans un tout autre genre, assister à une course hippique – elles sont très fréquentes –, fouler le gazon d'un *practice* de golf, se rafraîchir dans l'Allier ou y faire du ski nautique, s'asseoir à la table d'un casino sont aussi des opportunités pour passer un bon moment à Vichy. Ce haut lieu du thermalisme réussit ainsi à valoriser son patrimoine et son histoire tout en proposant des activités toujours plus nombreuses. Et vous, quel sera votre programme ?

## Aires de service & de stationnement

### AIGUEPERSE

**Aire d'Aigueperse**
Pl. du Champ-de-Foire -
04 73 86 89 80
Permanent (fermé fin août pour la fête patronale)
Borne eurorelais : 4 € (eau + élec.)
15 - Illimité - Gratuit
Services :
GPS : E 3.20313 N 46.02634

### BELLERIVE-SUR-ALLIER

Voir p. précédente

### ÉBREUIL

Voir circuit précédent

### LALIZOLLE

**Aire du Camping des Papillons**
17 r. du Stade - 06 60 05 33 81 -
www.campingdespapillons.fr
De déb. avr. à fin oct.
Borne artisanale 5 €
18 - - Illimité - 23,50 €/j. - dans le camping
Paiement :
Services :
GPS : E 3.00112 N 46.15639

### RANDAN

**Aire de Randan**
R. du Puy-de-Dôme - 04 70 56 12 02
Permanent
Borne eurorelais : 2 € (eau + élec.)
5 - Illimité - Gratuit
Paiement : jetons (maison de la Presse, bureau de tabac)
Services :
GPS : E 3.35115 N 46.01629

### ST-ÉLOY-LES-MINES

**Aire du Plan d'eau**
Pl. Jacques-Magnier - 04 73 85 08 24
Permanent
Borne artisanale : Gratuit
10 - 48h - Gratuit
Services :
Agréable aire au bord d'un plan d'eau.
GPS : E 2.83676 N 46.15585

### ST-RÉMY-DE-BLOT

**Aire de stationnement de St-Rémy**
04 73 97 97 73 - Permanent
- Illimité - Gratuit
Services :
Accès piétonnier au château Rocher.
GPS : E 2.93139 N 46.07722

Charroux.
H. Lenain/hemis.fr

## Campings

### ABREST

**La Croix St-Martin**
99 av. des Graviers - 04 70 32 67 74 -
www.camping-vichy.com
De déb. avr. à déb. oct. -
borne artisanale 5 € (eau + élec.)
Tarif camping : 22,40 € (10A) - pers. suppl. 5,80 €
Services et loisirs :
Emplacements ombragés. Chemin pédestre et VTT le long de l'Allier.
GPS : E 3.44012 N 46.10819

### GANNAT

**Municipal Le Mont Libre**
10 rte de la Batisse - 04 70 90 12 16 -
www.camping-gannat.fr
De déb. avr. à fin oct. - 60 empl. -
borne AireService 4,40 € (eau + élec.)
Tarif camping : 15,40 € (10A) - pers. suppl. 2,80 €
Services et loisirs :
Beaux emplacements en terrasses et vue panoramique sur la vallée.
GPS : E 3.19403 N 46.0916

### PUY-GUILLAUME

**Municipal de la Dore**
86 r. Joseph-Claussat -
04 73 94 78 51 -
www.puy-guillaume.fr
De mi juin à déb. sept. - 100 empl.
borne flot bleu 2 € (eau + élec.)
Tarif camping : 4 € 5 € (4A) 4 €
Services et loisirs :
GPS : E 3.46623 N 45.96223

### ST-RÉMY-SUR-DUROLLE

**Révéa Les Chanterelles**
04 73 94 31 71 -
www.revea-vacances.fr -
De déb. avr. à fin oct - 150 empl. -
borne artisanale
Tarif camping 2020 : 19,60 € (10A) - pers. suppl. 5,25 €
Services et loisirs :
À proximité d'un plan d'eau.
GPS : E 3.59918 N 45.90308

# Les bonnes adresses de bib

## AIGUEPERSE

**Jacques Vernet** – 154 Grande-Rue - ✆ 04 73 63 61 85 - 6h30-19h - fermé lun., 3 sem. en juin.
Le grand-père avait repris en 1933 cette pâtisserie-chocolaterie située au centre du village. Aujourd'hui, son petit-fils préside à la destinée de la maison en préparant des spécialités reconnues. Chacun sait que l'on trouve ici de délicieuses créations pralinées ou des massepains moelleux et fondants. Et l'on ne vous parle même pas du chocolat : le mieux est de goûter sur place...

## CHARROUX

**Ferme St Sébastien** – Chemin de Bourion - ✆ 04 70 56 88 83 - www.fermesaintsebastien.fr - P ♿ - fermé 1re sem. de juil., de fin déc. à fin janv., mar. sf juil.-août et lun. - formule déj. 21 € - 28/69 €.
Cette ferme bourbonnaise réhabilitée abrite une coquette salle à manger. Cuisine au goût du jour fleurant bon le terroir.

**Huiles et Moutardes de Charroux** – R. de la Poulaillerie - ✆ 04 70 56 87 61 - www.huiles-et-moutardes.com - P - 14h30-18h. Depuis 25 ans, la famille Maenner produit avec un matériel centenaire de l'huile de noix et de noisettes. Également la fameuse moutarde de « Charroux » à l'ancienne en broyant encore les graines à la meule de pierre, du chutney de moutarde.

## EFFIAT

**Le Cinq-Mars** – R. Cinq-Mars - ✆ 04 73 63 64 16 - restaurantlecinqmars.jimdofree.com - ♿ - fermé vac. de fév., 3-23 août et w.-end - formule déj. 14 € - plat 18 €. Vous trouverez cet ancien café-épicerie reconverti en restaurant au centre du village, non loin du château du bouillant marquis de Cinq-Mars. Repris en 1998 par un jeune chef originaire du pays, il est vite devenu « la » bonne petite adresse du coin. Au menu : cuisine traditionnelle agrémentée de suggestions régionales.

## LAVOINE

**Auberge de la Source** – Le Fau - ✆ 04 70 59 37 49 - ; P ♿ - fermé lun. et le soir - 17/32 €. Reprise par un cuisinier expérimenté, cette ferme-auberge conviviale propose un menu qui change tous les jours, et quelques spécialités régionales, suivant arrivage.

## LE MAYET-DE-MONTAGNE

**Sarl Aventure Extrême** – La Cartonnée - le plan d'eau - ✆ 06 64 70 33 81 - www.aventure-extreme.com - tte l'année sur réserv. : les w.-end en juin, tlj en juil.-août - randonnées quad adulte : 70 €/j, 265 €/w.-end (tout compris). Ce plan d'eau est réservé à la pêche et aux activités nautiques : canoë, pédalo et barque. Également 5 parcours acrobatiques dont un pour les enfants.

## VICHY

**Les Caudalies** – 7/9 r. Besse - ✆ 04 70 32 13 22 - www.les-caudalies-vichy.fr - ♿ - fermé dim. soir. et lun. - formule déj. 26 € - 36/65 €. Dans la rue natale d'Albert Londres, on déguste une cuisine traditionnelle au goût du jour dans une salle à manger redécorée. Goûtez la spécialité : le paris-brest à la nougatine.

**Aux Marocains** – 33 r. Georges-Clemenceau - ✆ 04 70 98 30 33 - www.auxmarocains.com - 9h45-12h30, 14h30-19h, dim. 10h30-12h30, 15h-19h, lun. 15h-19h. Cette confiserie au décor luxueux garde le secret de la fabrication du marocain, caramel mou dans un caramel dur, recette mise au point dans les années 1920. Vous trouverez aussi des fruits confits, des sucres d'orge, des chocolats...

# Offices de tourisme

## CHARROUX

20 Grande-Rue - ✆ 04 70 56 87 71 - www.charroux03.fr.

## GANNAT

11 pl. Hennequin - ✆ 04 70 90 17 78 - www.tourisme-bassin-gannat.com.

## VICHY

Voir p. 421

*Vichy, passage dans le parc des Sources.*

P. Jacques/hemis.fr

## AUVERGNE - CIRCUIT 3

# Au pays des volcans et des lacs

**L'Auvergne est un véritable musée du volcanisme à ciel ouvert. Tout, dans ce pays d'eau et de petites montagnes, rappelle la lutte que les éléments se sont livrés pendant des milliers d'années. Les coulées de lave ont laissé leur trace, tant dans le paysage que dans l'architecture locale où, façonnée par l'homme, la pierre de lave est omniprésente.**

**DÉPART :** LE MONT-DORE - 7 jours – 290 km

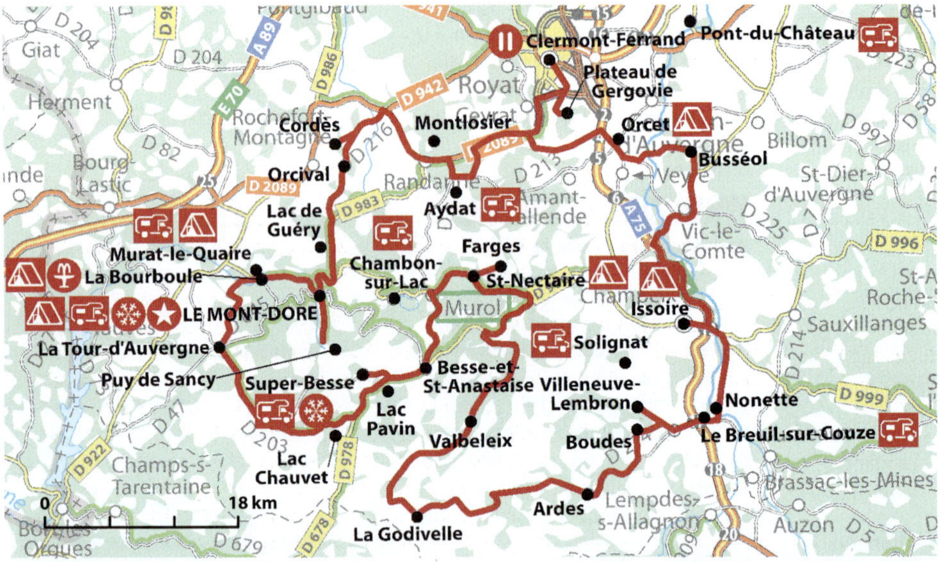


## JOUR 1

Curiste ou promeneur de passage, gagnez le **puy de Sancy** pour la vue qu'il vous réserve et pour vous enivrer d'air pur ! Ne négligez pas pour autant la ville du **Mont-Dore** : établissement thermal ou station de ski, il y en a pour tous les goûts et les saisons (voir l'encadré p. 440). **La Bourboule**, par la D996, vous surprendra aussi (voir l'encadré p. 441). Quittez la ville par la D88 pour vous rendre à **Murat-le-Quaire** : le « scénomusée la Toinette et Julien » est l'un des plus beaux de la région.

## JOUR 2

Rendez-vous à la **Tour-d'Auvergne** par la D129 : son histoire est liée à celle de la France ! Poursuivez entre monts Dore et Artense par la D203. Faites une halte au **lac Chauvet** avant de vous rendre au mystérieux **lac Pavin** ou à la station de **Super-Besse** (voir l'encadré p. 440). La D978 vous mènera jusqu'à **Besse-et-St-Anastaise**, aux charmes incontestables. Prenez la D5 jusqu'à Murol et découvrez le superbe **lac Chambon** où vous passerez la nuit.

## JOUR 3

Laissez Murol pour gagner **St-Nectaire** par la D996. Joyau de l'art roman auvergnat, son église mérite plus qu'un simple détour : prenez le temps d'une visite guidée. Ne quittez pas St-Nectaire sans aller par la D150, aux Mystères de **Farges**, qui vous réserve bien des surprises ! Vous en profiterez pour déguster le sublime fromage de la ferme Bellonte.

## JOUR 4

La D26 longe les **gorges de Courgoul** jusqu'à **Valbeleix**. Admirez la vue au belvédère de la roche Nité. Gagnez ensuite **La Godivelle** par la D32 et partez dans la réserve des Sagnes pour découvrir lacs et tourbières. Au cœur du Cézallier, suivez la vallée de

A. De Valroger/Michelin

*Clermont-Ferrand, chevet de Notre-Dame-du-Port.*

Rentières par la D36 jusqu'à **Ardes-sur-Couze**, doté d'un parc animalier. Finissez la journée par le village vigneron de **Boudes**, par la D214.

## JOUR 5

Gagnez le **château de Villeneuve-Lembron** par la D125. Après St-Germain, traversez l'autoroute pour découvrir le village perché de **Nonette**. Prenez la D722 et allez au **château de Parentignat** pour flâner dans son parc après la visite. Finissez la journée à **Issoire** en musardant dans ses rues, et visitez son abbatiale, autre merveille incontournable de l'art roman auvergnat.

## JOUR 6

Quittez la ville pour découvrir le **château de Busséol**, au joli jardin suspendu. Partez ensuite à l'assaut du **plateau de Gergovie**, en prenant la direction de la Roche Blanche. La Maison de Gergovie vous dévoilera tout sur Vercingétorix et la fameuse bataille ! Quittez le site pour aller à **Clermont-Ferrand**. Visitez la ville (voir ci-contre).

## JOUR 7

La N89 vous conduit au **lac d'Aydat**. Après une promenade sur les bords du lac, reprenez la route. La **Maison du parc des Volcans** se trouve non loin, à **Montlosier**. La D216 vous mènera au **château de Cordès** sorti tout droit d'un conte de fées. Après sa visite, gagnez **Orcival** tout proche. Important lieu de pèlerinage, sa superbe basilique romane fait partie des églises majeures d'Auvergne. La D983 vous ramène au Mont-Dore. Arrêtez-vous en chemin au **lac de Guéry** pour admirer les roches Tuilière et Sanadoire.

ÉTAPE ⓫

# Clermont-Ferrand

### OFFICE DE TOURISME

Pl. de la Victoire - ✆ 04 73 98 65 00 - www.clermont-auvergne-tourisme.com.

### STATIONNEMENT

**Parkings autorisés**

Parking l'Aventure Michelin : 26 r. du Clos-du-Four - gratuit. Parking aérien du 1er-Mai : pl. du 1er-Mai - 6 €/j/4 pers. comprenant le ticket dans les transports en commun.

Ouverte sur les volcans, Clermont-Ferrand conjugue les attraits de la ville et de la splendide campagne environnante. Le vieux Clermont est bâti sur une légère butte, vestige de l'un des trois cônes volcaniques qui s'étendaient jadis jusqu'à l'entrée de Chamalières. Richesse du patrimoine et rayonnement culturel, dynamisme industriel et universitaire comptent parmi les atouts de cette cité, aujourd'hui métamorphosée.

Flânez dans le vieux Clermont et ses vrais trésors vous seront révélés : hôtels particuliers, petites cours, fontaines baroques, façades ouvragées, balustrades, tourelles d'escalier... Passez par la fameuse **place de la Jaude**. Composée d'un grand parvis de basalte au nord et prolongée par une vaste esplanade de granit, elle est traversée par une ligne d'eau de 26 fontaines résurgentes et entourée de nombreuses terrasses de café. Puis flânez jusqu'à la **cathédrale N.-D.-de-l'Assomption**, bâtie dans le style gothique rayonnant en pierre volcanique de Volvic. À l'intérieur, votre regard sera vite attiré par les superbes vitraux (12e-20e s.), aux dominantes de bleu et de rouge. Faites également un tour à la **basilique N.-D.-du-Port**, remarquable église romane du 12e s., qui a conservé une exceptionnelle unité de style. Le chœur, surélevé, est la plus belle partie de l'édifice. Il est entouré d'un déambulatoire sur lequel s'ouvrent quatre chapelles rayonnantes. Un éclairage met en valeur les détails des chapiteaux, qui comptent parmi les plus célèbres de l'art roman auvergnat. Enfin, on ne saurait parler de Clermont-Ferrand sans citer **Michelin**, qui sur son site de Cataroux, au nord-est de la ville, a ouvert une exposition présentant l'histoire, l'actualité et les innovations du groupe. La mise en scène, originale, interactive et riche en anecdotes passionnantes, réserve de nombreuses surprises. Du premier pneu démontable à la future roue lunaire, en passant par les cartes, les guides et le légendaire Bibendum, c'est un univers bien vivant qui vous attend !

## Aires de service & de stationnement

### AYDAT

**Aire du Lac d'Aydat**
Pl. de la Mairie - 04 73 79 37 15
Permanent (mise hors gel)
Borne Urbaflux 0 € 0 €
52 - Illimité - 10 €/j. - borne compris
Paiement :
Services :
À 200 m du lac.
GPS : E 2.97694 N 45.66035

### LE BREUIL-SUR-COUZE

**Aire du Breuil-sur-Couze**
Allée des 13-Vents - 04 73 71 61 09
De déb. avr. à fin oct. (mise hors gel)
Borne artisanale : Gratuit
5 - Illimité - Gratuit
GPS : E 3.26105 N 45.46897

### CHAMBON-SUR-LAC

**Aire de Chambon**
Chemin de Petary, à l'entrée du camping les Bombes -
04 44 05 21 58 -
www.domaine-lac-chambon.fr
De fin mai à mi sept.
Borne artisanale
25 - Illimité - 7 €/j. - borne compris
Paiement : jetons (au camping)
Services :
Plage du lac Chambon à 100 m et le long du ruisseau La Couze.
GPS : E 2.92959 N 45.57167

### LE MONT-DORE

**Aire des Crouzets**
Au Camping des Crouzets, centre-ville - 04 73 65 21 60
Permanent (mise hors gel)
Borne artisanale
110 - - Illimité - 12 €/j. - borne compris
Paiement :
Services :
Navettes gratuites pour la station de ski ou pour les thermes.
GPS : E 2.80385 N 45.57728

**Parking du téléphérique du Sancy**
4 av. des Crouzets - 04 73 65 21 60
Borne flot bleu
- - Illimité
Services :
GPS : E 2.80391 N 45.57707

### MURAT-LE-QUAIRE

**Aire Camping-Car Park Les Rives du Lac**
Rte de la Banne d'Ordanche -
01 83 64 69 21 -
Permanent (mise hors gel)
Borne AireService :
5,50 € (eau + élec.)
37 - - Illimité - 12,10 €/j. - borne compris
Paiement :
Services :
Un vrai « camping » pour camping-car au bord du lac.
GPS : E 2.7384 N 45.60269

### PONT-DU-CHÂTEAU

Voir circuit suivant

### SOLIGNAT

**Aire de Solignat**
Au bourg - 04 73 96 24 81
De déb. avr. à fin oct.
Borne raclet : 2 € (eau + élec.)
5 - 48h - Gratuit
Magnifique vue sur la campagne environnante.
GPS : E 3.17089 N 45.51697

### SUPER-BESSE

**Aire de La Biche**
Parking du Madalet, au fond de la station près du lac des Hermines, parking du trophée Andros -
04 73 79 50 12 - Permanent (fermé lors du Trophée Andros (fin janvier))
Borne flot bleu : 5 € (eau + élec.)
230 - - Illimité - 12 €/j. - borne compris
Paiement :
Services :
Navette gratuite pour les pistes.
GPS : E 2.85331 N 45.50466

## Campings

**La Bourboule** et **Le Mont-Dore** : voir p. 441 et 440.

### ISSOIRE

**Municipal du Mas**
14 av. du Dr-Bienfait -
06 09 80 52 63 -
www.camping-issoire.fr
De déb. avr. à fin oct. - 133 empl. -
borne flot bleu 3,90 € (eau + élec.) - 20,50 €
Tarif camping : 21,55 €
(10A) - pers. suppl. 5,75 €
Services et loisirs :
GPS : E 3.27397 N 45.55108

### MURAT-LE-QUAIRE

**Le Panoramique**
Le Pessy, rte de la Gacherie -
04 73 81 18 79 -
www.campingpanoramique.fr
De déb. avr. à fin sept. - 42 empl. -
- 25,89 €
Tarif camping : 26,90 €
(10A) - pers. suppl. 5,40 €
Services et loisirs :
GPS : E 2.74779 N 45.596

### ORCET

**le Clos Auroy**
15 r. de la Narse - 04 73 84 26 97 -
www.camping-le-clos-auroy.com
Permanent - 68 empl.
borne eurorelais 3,50 € (eau + élec.)
Tarif camping : 7,50 € 17 €
(10A) 5,20 €
Services et loisirs :
GPS : E 3.16912 N 45.70029

### ST-NECTAIRE

**La Clé des Champs**
Rte des Granges - 04 73 88 52 33 -
www.campingcledeschamps.com
De déb. avr. à fin sept.
borne eurorelais 4,50 € (eau + élec.) - 16 €
Tarif camping : 16 €
(10A) - pers. suppl. 4,50 €
Services et loisirs :
GPS : E 2.99934 N 45.57602

## Les bonnes adresses de bib

### BESSE-ET-ST-ANASTAISE

**Le Bessoi** – 1 pl. de la Gayme - 04 73 79 56 63 - fermé dim. soir et jeu. sf vac. scol - 19,90 €. En centre-ville, pour des crêpes, des spécialités auvergnates, des tartines, des salades. Bon café gourmand. Terrasse.

### CHAMBON-SUR-LAC

**Le Buron de Chaudefour** – Vallée de Chaudefour - D36 (face au parking de la réserve) - 04 73 88 63 67 - - fermé de mi-nov. à mi-mai - 11,90/29,90 €. Une des tables favorites des familles locales pour les repas du week-end. Truffade accompagnée d'une salade de noix, tripoux, grandes tartines au déjeuner, mais aussi cuisses de grenouilles et raclette à l'ancienne, à déguster sous le regard bienveillant du puy Ferrand. Réservation conseillée.

### CLERMONT-FERRAND

Voir p. 431

### LE MONT-DORE

**Le Bougnat** – 23 av. Georges-Clemenceau - 04 73 65 28 19 - -fermé de mi-nov. à mi-déc., lun.-merc. - 26/34 € (enf. 10,50 €). Dans ce vieux buron restauré, le décor a été fidèlement restitué. Vous serez accueilli dans l'étable avant de monter dans l'ancienne pièce à vivre. Pour≈déguster une vraie cuisine auvergnate, bien sûr.

### ORCIVAL

**La Maison de la Confiserie** – Le bourg - 04 73 65 85 60 - patisserie-juilhard.fr - tlj sf lun. 10h30-18h. À 50 m de la basilique, Gisèle Sabatier, aidée de son mari, confectionne toutes sortes de douceurs telles que le grégorien d'Orcival (sablé, massepain, grué de chocolat) ou la pierre des volcans (croustillant praliné amande-noisette enrobé de chocolat noir, puis de cacao), ainsi que florentins et pâtes de fruits. Dans un cadre remarquable, exposition consacrée aux confiseries d'Auvergne et au chocolat.

### ST-NECTAIRE

**Ferme Bellonte - GAEC de Farges** – 3 r. du 10-Août-1944 - 04 73 88 52 25 - www.st-nectaire.com - - boutique : 6h45-9h30, 16h-19h. - traite des vaches : 6h-7h, 15h-16h ; fabrication de fromage : 8h-9h, 17h-18h30. Cette famille de producteurs de st-nectaire vous accueille avec passion dans sa ferme. Traite des vaches, différentes étapes de fabrication et caves d'affinage en tuf volcanique : ce fromage onctueux n'aura plus de secret pour vous. Les Mystères de Farges, petit musée et animation en scénovision, vous permettent de découvrir la vie traditionnelle. Restauration possible sur place.

*Le Puy de Dôme.*

N. Boboul/Shutterstock.com

## Offices de tourisme

### CLERMONT-FERRAND

Voir p. 425

### ISSOIRE

9 pl. St-Paul - 04 73 89 15 90 - www.issoire-tourisme.com.

### LE MONT-DORE

Av. de la Libération - 04 73 65 20 21 - www.sancy.com.

### ST-NECTAIRE

Les Grands-Thermes - 04 73 88 50 86 - www.sancy.com.

*Saint nectaire, AOC.*

J. Boulay/hemis.fr

**LE TOP 5 VOLCANS**

1. Puy de Dôme
2. Puy de Pariou
3. Volcan de Lemptégy
4. Puy de Vichatel
5. Puy de la Vache

AUVERGNE – CIRCUIT 4

# De la Grande Limagne aux monts du Forez

**La Grande Limagne est la plaine située à l'est de Clermont-Ferrand. Elle est surplombée par les monts de Forez. Ensemble, plaine et monts font rythmer la fourme avec la ville d'Ambert et la tradition des couteaux avec la ville de Thiers.**

**DÉPART :** CLERMONT-FERRAND - 7 jours – 350 km

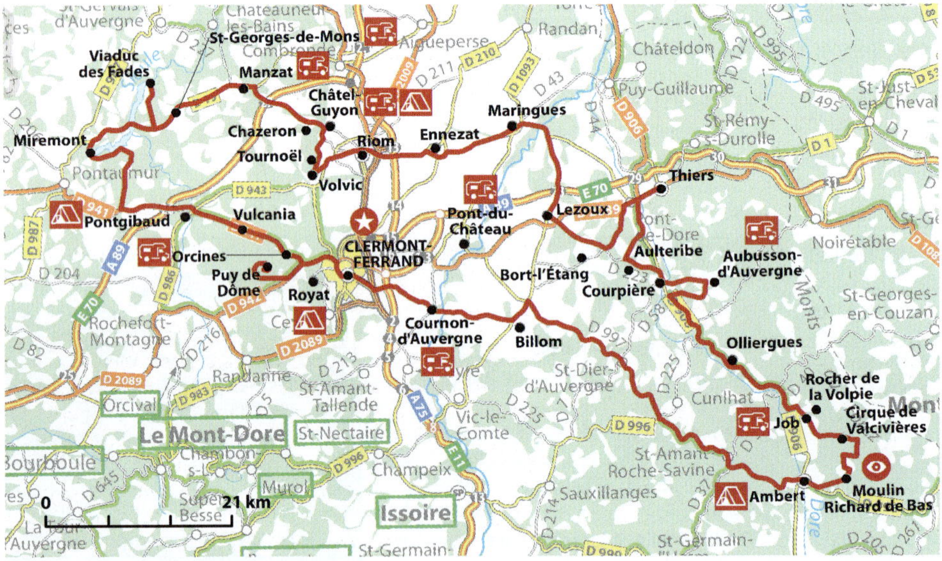


## JOUR 1

Passez la journée à découvrir **Clermont-Ferrand** (voir l'encadré p. 425).

## JOUR 2

Quittez Clermont-Ferrand par le sud-est, traversez Cournon-d'Auvergne et rejoignez la D212. Visitez **Billom**, puis partez par la D997 rejoindre **Ambert**. Cette petite ville doit sa célébrité à un fromage, la fameuse « fourme ». Vous la dégusterez à l'occasion de votre découverte de la Maison de la fourme et du fromage. Passage obligé à l'hôtel de ville d'Ambert, rond comme une fourme ! Quittez Ambert, prenez la D57 à l'est, et ne ratez pas le **moulin Richard de Bas**, le dernier des moulins à papier encore en fonctionnement (voir encadré p. ci-contre). La D67 serpente jusque dans le **cirque de Valcivières**, et un peu plus loin au nord, jusqu'au **rocher de la Volpie** d'où vous bénéficiez d'une vue magnifique sur les paysages alentour.

## JOUR 3

Direction Thiers en longeant la Dore jusqu'à **Olliergues** et son musée des Métiers et des Traditions. Poursuivez jusqu'à Courpière. Vous pouvez faire un détour par l'ouest pour un pique-nique sur les bords du lac, à **Aubusson-d'Auvergne**. Avant de vous rendre à Thiers, visitez le superbe château d'**Aulteribe**. Passez l'après-midi à **Thiers**, auprès des couteliers qui se prêtent volontiers à la démonstration de la fabrication de couteaux !

## JOUR 4

Avant de vous rendre à Lezoux, faites un crochet par **Bort-l'Étang** d'où un chemin dans le sous-bois vous conduira au château de Ravel, décor du film *Les Choristes*. Repartez sur **Lezoux** pour découvrir le musée départemental de la Céramique. Gagnez **Maringues** par la D223 : les anciennes tanneries abritent un musée très intéressant. En allant à **Riom** par la D224, faites une halte dans l'église

F. Guiziou/hemis.fr

*Thiers, musée de la Coutellerie, l'atelier de montage.*

d'**Ennezat**, appelée aussi « cathédrale du marais ». Imprégnez-vous de l'ancienne cité de Riom et de ses trésors.

## JOUR 5

À **Volvic**, par la D986, vous plongerez au cœur de la coulée de basalte du puy de la Nugère et partirez à la recherche des sources mondialement connues. Vous visiterez le **château de Tournoël**. Gagnez la station de **Châtel-Guyon** et profitez de quelques soins de remise en forme!

## JOUR 6

Partez par la D415 découvrir le **château de Chazeron**, avant de faire le tour à pied du Gour de Tazenat par la D227. Prenez la D19 pour admirer la superbe vue sur les **gorges de la Sioule**. Rejoignez Les Ancizes; à droite, la D62 mène au site du barrage de Besserve et du **viaduc des Fades**. Franchissez la Sioule et prenez la D987 jusqu'à Miremont. La D61 vous mènera sur la route de Pontgibaud où vous passerez la nuit.

## JOUR 7

À **Pontgibaud**, vous visiterez le château Dauphin et approfondirez l'histoire minière du pays. En revenant à Clermont-Ferrand, vous pourrez vous arrêter à **Vulcania** pour le reste de la journée ou visiter le volcan de Lemptégy, suivi d'une incontournable montée au sommet du **Puy de Dôme**.

VISITE

# Moulin Richard de Bas (Ambert)

### INFOS PRATIQUES

5 km à l'est d'Ambert par la D996, puis la D57.
04 73 82 03 11 - www.richarddebas.fr - visite guidée (1h) 10 juil.-25 août : 9h30-19h ; 1er avr.-9 juil. et 26 août-31 oct. : 9h30-12h30, 14h-18h ; reste de l'année : tlj sf lun. 9h30-12h30, 14h-18h - 8,50 € (9,50 € en visite guidée), -18 ans 5,60 € - atelier d'initiation à la fabrication du papier vac. scol. : tlj sf w.-end (5 €).

### STATIONNEMENT

**Parking conseillé**
Stationnement le long de la route et sur le parking arboré en contrebas du moulin, gratuit.

Dans un cadre sauvage, de vieilles maisons, surmontées d'étendoirs de pin où sèchent les feuilles de papier, rappellent l'importance industrielle du val de Lagat, qui fut pendant plusieurs siècles l'un des principaux centres papetiers français. Construit en 1326, remis en activité en 1943 par l'association La Feuille blanche, le moulin Richard de Bas est le seul qui fonctionne encore. L'intérêt de la visite réside aussi bien dans le matériau et son histoire que dans le cadre de vie des maîtres et compagnons papetiers.
La **salle commune** était utilisée comme cuisine et salle à manger; elle conserve le mobilier du dernier occupant, mort en 1937. Remarquez les poêles ou *padelles* dans lesquelles était cuite la *pandale* (pomme de terre râpée), et un grugeoir, meule à sel en forme de renard couché en rond. La **chambre à coucher** comporte trois lits encastrés, dont un entièrement clos. Le carreau de la dentellière exposé sur la table était éclairé par une *doulie*, boule de verre remplie d'eau qui augmentait la lueur de la chandelle.
Enfin, la **salle Tsaï-Loun** retrace l'historique du papier depuis son invention par les Chinois en 105 apr. J.-C., et rappelle que les Arabes emportèrent le secret de sa fabrication lors de la bataille de Samarcande en 751. C'est près de six siècles plus tard, en 1326, que trois Auvergnats, qui avaient été faits prisonniers à Damas, introduisirent la précieuse invention dans la région d'Ambert.
Suit alors la description des étapes de la fabrication, du défibrage au séchage en passant par l'élaboration de la pâte à papier.

## Aires de service & de stationnement

### AUBUSSON-D'AUVERGNE

**Aire du lac d'Aubusson-d'Auvergne**
Base de loisirs - La Prade -
04 73 53 56 02 - Permanent
Borne artisanale
- Illimité - 6 €/j. - borne compris - paiement à la Maison du Lac
Services :
Site agréable au bord du lac.
GPS : E 3.61079 N 45.75377

### CHÂTEL-GUYON

**Aire de Châtel-Guyon**
Av. de Russie - 06 32 56 15 63
Permanent
Borne flot bleu : 2 € (eau + élec.)
14 - Illimité - Gratuit
Paiement : - jetons
GPS : E 3.06584 N 45.92316

### COURNON-D'AUVERGNE

**Aire du Pré des Laveuses**
R. des Laveuses, à l'extérieur du camping - 04 73 84 81 30
Permanent
Borne flot bleu : 5 € (eau + élec.)
Paiement : - jetons
Services :
Au bord de l'Allier.
GPS : E 3.22274 N 45.74002

### JOB

**Parc des Mélèzes**
La Marie, sortie N. du bourg (D 66) -
04 73 82 07 36
De déb. avr. à fin oct. (mise hors gel)
Borne AireService : 5 € (eau + élec.)
20 - 72h - Gratuit - pour l'élec. contacter la mairie
Services :
GPS : E 3.7459 N 45.61694

### MANZAT

**Aire de Manzat**
Pl. du 14-Juillet - 04 73 86 60 23
De déb. avr. à fin oct. (mise hors gel)
Borne artisanale : Gratuit
Services :
GPS : E 2.93881 N 45.96185

### ORCINES

**Aire d'Orcines**
60 rte de Limoges, dir. Vulcania -
04 73 62 10 09
Permanent
Borne flot bleu 2 € 2 €
51 - - Illimité - 8 €/j.
Paiement : - jetons
Services :
GPS : E 3.00963 N 45.78784

### PONT-DU-CHÂTEAU

**Aire de Pont-du-Château**
Rte de Vichy - 04 73 83 73 62
Permanent
Borne AireService : Gratuit
Paiement : jetons (chez certains commerçants et à l'espace Montboissier)
Services :
GPS : E 3.2615 N 45.8011

### ST-GEORGES-DE-MONS

**Aire de St-Georges-de-Mons**
Pl. des Anciens-Combattants, à l'entrée du camping -
04 73 86 71 84
De déb. avr. à fin sept. (mise hors gel)
Borne eurorelais : Gratuit
- 48h - Gratuit - de mai à sept. stationner sur le Camping municipal
Services :
GPS : E 2.84236 N 45.9399

## Campings

### AMBERT

**Municipal Les Trois Chênes**
Rte du Puy - 04 73 82 34 68 -
www.camping-ambert.com
De fin avr. à fin sept. - 120 empl.
borne eurorelais 2 € (eau + élec.)
Tarif camping : 21 €
(10A) - pers. suppl. 4,85 €
Services et loisirs :
Agréable cadre verdoyant.
GPS : E 3.7291 N 45.53953

### CHÂTEL-GUYON

**Le Ranch des Volcans**
Rte de la Piscine - 04 73 86 02 47 -
www.ranchdesvolcans.com
De fin mars à fin sept. - 285 empl.
borne artisanale
- 11 €
Tarif camping : 28 €
(10A) - pers. suppl. 5 €
Services et loisirs :
Décoration sur le thème du ranch américain. Navettes pour le centre thermal.
GPS : E 3.07732 N 45.91491

### PONTGIBAUD

**Municipal de la Palle**
Rte de la Miouze - 04 73 88 96 99 -
ville-pontgibaud.fr
De mi avr. à fin sept. - 80 empl.
borne sanistation
Tarif camping : 17 € -
pers. suppl. 4 €
Services et loisirs :
GPS : E 2.84516 N 45.82982

### ROYAT

**Huttopia Royat**
Rte de Gravenoire - 04 73 35 97 05 -
www.huttopia.com
De mi mars à fin oct. - 120 empl. -
borne artisanale 7 €
(eau + élec.) - 32 €
Tarif camping : 37 €
(16A) - pers. suppl. 7 €
Services et loisirs :
GPS : E 3.05452 N 45.75868

# Les bonnes adresses de bib

## CHÂTEL-GUYON

**Le Spa Source d'équilibre** – 7 bis R. d'Angleterre - 04 73 86 12 22 - www.spa-chatelguyon.com - P - 9h30-12h45, 13h45-19h30, vend.-sam. 9h30-19h30 - fermé dim. Esthétique, aquagym, aquabike, sauna, modelage, etc. Nombreux forfaits.

**Thé ô Café** – 17 av. Baraduc - 04 73 64 32 43 - fermé lun. - formule 10,50 €. Tartes salées et desserts maison. Choix de cafés et thés.

## CLERMONT-FERRAND

**Le Pile-Poêle** – 9 r. St-Dominique - 04 73 36 08 88 - lepilepoele.eatbu.com - - fermé dim. - plat du jour 10 € (déj.), formule 14 € - 16 € (déj.), 26/35 €. Restaurant traditionnel de style contemporain possédant une belle salle voûtée en sous-sol. Il offre un large éventail de plats copieux. Une bonne adresse pour un repas de qualité, préparé avec des produits frais.

**Le Chardonnay** – 1 pl. Philippe-Marcombes - 04 73 26 79 95 - www.lechardonnay.fr - fermé dim.-mar. midi - 18 € (déj.) - 32 €. Derrière les fourneaux de cet élégant bistrot, un jeune chef propose une courte carte de saison et un menu du marché, particulièrement alléchant. Tout ici est savoureux et plaisant. Cadre épuré, lumières tamisées.

**Boutique de l'Aventure Michelin** – 32 r. du Clos-Four - 04 73 98 60 60 - laventuremichelin. com - 10h-18h; fermé lun. d'oct. à mars. Pour parfaire votre découverte de l'univers Michelin, et repartir avec un souvenir, la boutique propose de nombreux articles à l'effigie de Bibendum : guides, textile, cartes, porte-clés et autres stylos.

## ORCINES

**Auberge de la Baraque** – 2 rte de Bordeaux - 04 73 62 26 24 - www.laubrieres.com - fermé lun.-merc. - 33/62 €. Dans cet ancien relais de diligence (1800), on apprécie une cuisine de qualité, savoureuse et bien présentée. Bon rapport qualité-prix.

## THIERS

**Le Chaudron** – 10 r. Denis-Papin - 04 73 80 09 67 - fermé janv., 1re sem. de juin, 1 sem. en oct., lun.-mar. hors sais. - 14,50/24 €. Un décor rustique avec poutres et pierres apparentes pour accompagner une cuisine du terroir généreuse et raffinée. Bon accueil, service soigné.

**Coutellerie** – Le terme « coutellerie » rassemble des articles aussi variés que la ciselure, la taillanderie et la fabrication des couteaux. Une vingtaine de magasins proposent ces articles. Ils se concentrent dans le centre-ville : rue de la Coutellerie, rue François-Mitterrand et place Antonin-Chastel.

*Viaduc des Fades au-dessus de la Sioule.*

*H. Lenain/hemis.fr*

# Offices de tourisme

## CLERMONT-FERRAND

Voir p. 425

## THIERS

Pl. du Pirou - 04 73 80 65 65 - www.vacances-livradois-forez.com.

## VOLVIC

Pl. de l'Église - 04 73 33 28 31 - www.terravolcana.com.

*Notre-Dame-du-Port, Clermont-Ferrand.*

*G. Gerault/hemis.fr/Getty Images*

# Au cœur du Cantal

**Du haut du puy Mary, le regard embrasse l'immensité des monts du Cantal. L'action lente et puissante des glaciers a décapité la montagne, sculpté avec douceur ses flancs, creusé des cirques à la naissance des vallées. Le Cantal s'offre aujourd'hui avec toute la fraîcheur de ce fameux vert dont il est recouvert et l'audace d'un pays encore authentique.**

**DÉPART :** ST-FLOUR - 6 jours – 370 km

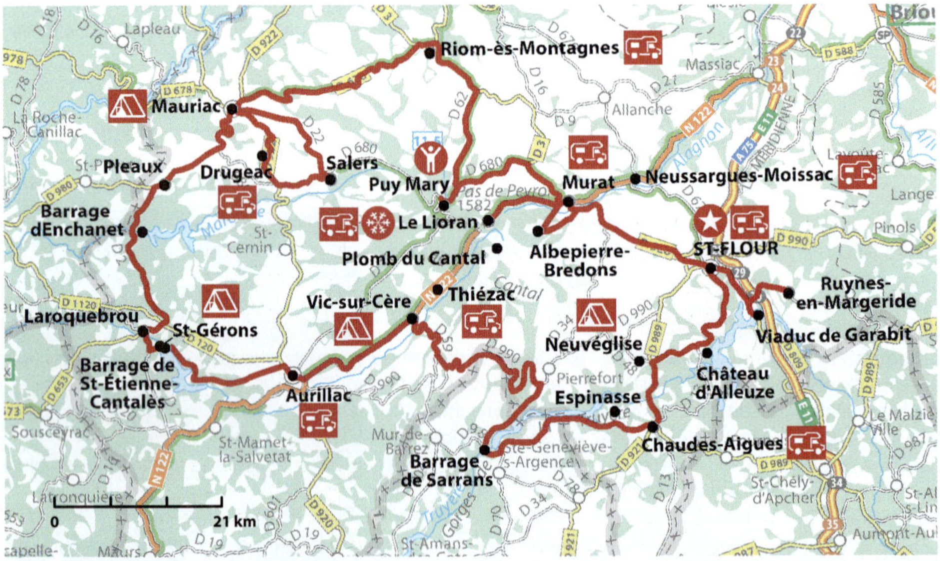


## JOUR 1

Sur son promontoire, **St-Flour** veille sur le Sanflorain, la Margeride et les gorges de la Truyère. Il faut visiter la ville et ses musées par beau temps, lorsque les rues s'animent autour de la cathédrale. Partez vers l'est, traversez l'autoroute pour rejoindre la D4 et **Ruynes-en-Margeride**. Dans les maisons de l'Écomusée de la Margeride, on vous contera la vie traditionnelle de ce pays austère et attachant. Gagnez le **viaduc de Garabit** (D909) et offrez-vous une promenade en bateau dans les gorges de la Truyère avant de découvrir le merveilleux site du **château d'Alleuze** (D40). À **Chaudes-Aigues**, célèbre pour sa source du Par, vous pourrez suivre le « parcours de l'eau » de Géothermia.

## JOUR 2

Poursuivez la découverte des **gorges de la Truyère** depuis les belvédères d'Espinasse et du Vézou en suivant les D11 et D35. Partez ensuite au sud, près du **barrage de Sarrans**, jusqu'à la **presqu'île de Laussac**, dans un cadre magique. Son église est l'une des plus ancienne du Carladès. Continuez jusqu'à **Vic-sur-Cère** (D54). Flânez dans le centre ancien, témoin du passé riche de la ville, et dormez sur place.

## JOUR 3

Sur les bords de la Jordanne, **Aurillac** est occupé par un centre-ville très vivant. Son muséum des volcans vous révélera les secrets du volcan cantalien et des phénomènes volcaniques. Gagnez ensuite, par la D58, le **château de Conros**, entouré d'un parc arboré et fleuri. Prenez la D153 à l'ouest pour apprécier la fraîcheur des gorges de la Cère et la beauté du **barrage de St-Étienne-Cantalès**. Faites une halte à **Laroquebrou** avant de poursuivre par la D2 jusqu'au site du **barrage d'Enchanet**, paradis des pêcheurs ! Suivez les **gorges de la Maronne**, pour rejoindre Mauriac (D681).

kodachrome25/iStock

*Le puy Mary.*

## JOUR 4

L'église de **Mauriac** aux modillons sculptés s'impose et retient l'attention. De là, faites une escapade à **Salers**, ancien bailliage royal. Le charme de cette petite ville, aux maisons Renaissance, vous séduira. Pensez aussi à déguster et à rapporter des carrés de Salers, délicieux biscuits dont la recette est tenue « secrète »! Reprenez la D122 puis la D678 pour rejoindre **Riom-ès-Montagnes**. En chemin, découvrez les charmantes églises de Moussages et Trizac. De Riom-ès-Montagnes, vous monterez à bord du train touristique Riom/Lugarde, à la découverte des terres d'estive, royaume des vaches salers. Un voyage commenté, rythmé par des pauses détente et photos. Rejoignez le puy Mary en suivant la vallée de Cheylade par la D62.

## JOUR 5

Promenez-vous sur les sentiers balisés du **puy Mary** : au cœur du grand volcan cantalien, vous découvrirez des paysages d'exception (voir ci-contre). Rejoignez la station de sports d'hiver du **Lioran** (voir l'encadré p. 441) et montez au sommet du **plomb du Cantal** pour un grand moment de contemplation. Vous comprendrez pourquoi l'on parle de ce beau vert tendre dont le Cantal a le secret. Vous verrez peut-être aussi de grandes fleurs jaunes : ce sont des gentianes.

## JOUR 6

Reprenez la route en direction de **Murat** par la N122 pour découvrir, perchée sur son rocher, l'église prieurale de Bredons. Puis le village d'**Albepierre-Bredons**, bâti sur un site volcanique, domine la vallée de l'Alagnon. Revenez à St-Flour (D926) sans oublier de vous arrêter à Roffiac, pour sa belle église romane.

RANDONNÉE À PIED

# Puy Mary

### INFOS PRATIQUES

De fin octobre à début mai, les routes d'accès au puy Mary sont fermées à la circulation; au printemps, la présence de neige et de congères entraîne parfois des fermetures temporaires. Le reste de l'année, la circulation des autocars, camions et camping-cars se fait en sens unique, selon des règles très strictes, en raison de l'étroitesse des routes et de leur sinuosité. Renseignez-vous auprès du syndicat mixte du Puy Mary (✆ 04 71 41 04 14 - www.puymary.fr) avant de prendre la route.
Montée rude; 1h à pied AR au départ du pas de Peyrol; ne pas s'écarter du sentier balisé.

### STATIONNEMENT

**Stationnement conseillé**
Parkings à la maison de Mandailles-St-Julien, au Claux, à Dienne et au Falgoux; gratuits. Une navette (1,50 € AR) vous mène au Puy Mary au départ de ces sites du 15 juillet au 29 août.

C'est l'un des quatorze Grands Sites de France attribué par le ministère de l'Environnement – l'Auvergne en compte deux, le second étant le Puy de Dôme.
Ce puy doit son nom à Marius, disciple de saint Austremoine, évangéliste du Cantal. Sa forme pyramidale dite en « horn », étonnante et reconnaissable entre toutes, est née de l'action des glaciers qui ont provoqué une forte érosion au quaternaire. Empruntez le sentier qui suit l'arête nord-ouest du puy jusqu'au sommet, à 1787 m d'altitude où vous attend une table d'orientation : par temps clair, vous pourrez même apercevoir le mont Blanc. Au premier plan, le gigantesque éventail de **vallées glaciaires** rayonnantes, séparées par de puissantes lignes de crête dont l'altitude s'abaisse dans les lointains : au nord du Plomb du Cantal se creusent l'Alagnon, plus à gauche l'Impradine et la Santoire, la Petite Rhue, les vallées du Mars, de la Maronne, de la Doire, puis, au sud, celle de la Jordanne et enfin celle de la Cère.
Ce site naturel le plus visité d'Auvergne compte 350 km de randonnées. Il accueille en moyenne 500 000 visiteurs entre mai et octobre.

## Aires de service & de stationnement

### AURILLAC

**Aire d'Aurillac**
Pl. du Champ-de-Foire - 04 71 46 86 30 - www.camping.caba.fr
Permanent (fermé mi-août (Festival))
Borne eurorelais 3,50 € 3,50 €
10 - 24h - Gratuit
Paiement : jetons (office de tourisme)
Services :
Aire bruyante.
GPS : E 2.44973 N 44.92917

### CHAUDES-AIGUES

**Aire de Chaudes-Aigues**
R. Georges-Pompidou, parking Beauredon, sortir au S. de Chaudes-Aigues sur la D 921, puis D 989 - 04 71 23 52 47
Permanent (mise hors gel)
Borne eurorelais : 4 € (eau + élec.)
10 - 24h - Gratuit - parking tout véhicule
Paiement : jetons (à la mairie)
Services :
GPS : E 3.00274 N 44.84972

### DRUGEAC

**Aire de Drugeac**
Au bourg, parking de l'ancienne gare - 04 71 69 10 11 - Permanent
Borne eurorelais : 2 € (eau + élec.)
4 - Illimité - Gratuit
Services :
GPS : E 2.38674 N 45.16696

### LE LIORAN

Voir p. 441

### MURAT

**Aire de Murat**
Pl. de la Gare - 01 83 64 69 21
Permanent (mise hors gel)
Borne eurorelais : 2 € (eau + élec.)
3 - 24h - Gratuit
Paiement : CC - jetons
Services :
GPS : E 2.86945 N 45.10935

### NEUSSARGUES

**Aire de Neussargues-Moissac**
À l'intersection des N 122 et D 679 - 04 71 20 09 47
De déb. mai à fin oct. (mise hors gel)
Borne AireService : 2 € (eau + élec.)
5 - 24h - Gratuit
Paiement : CC - jetons
Services :
GPS : E 2.98 N 45.135

### RIOM-ÈS-MONTAGNES

**Aire de Riom-ès-Montagnes**
R. du Champ-de-Foire, parking de la gare - 04 71 78 07 37
Permanent
Borne flot bleu : 2 € (eau + élec.)
- Illimité - Gratuit
Paiement : jetons (commerçants et office de tourisme)
Services : WC
GPS : E 2.65434 N 45.28442

### ST-FLOUR

**Aire de la Ville Basse**
26 r. Marie-Aimée-Méraville - 04 71 60 61 20
De déb. avr. à fin oct.
Borne AireService : 2 € (eau + élec.)
5 - Illimité - Gratuit
Services :
Autre aire cours Chazerat (pas de stationnement). Stationnement allée G.-Pompidou (ville haute).
GPS : E 3.09805 N 45.03556

### THIÉZAC

**Aire de Thiézac**
La Sapinière - 04 71 47 01 21
Permanent (mise hors gel)
Borne AireService 2 € 2 €
5 - 24h - Gratuit
Paiement : jetons (épicerie Lauzet, hôtel Le Casteltinet, bar de la Poste)
Services : WC
GPS : E 2.6632 N 45.01554

## Campings

### MAURIAC

**Val St-Jean**
Base de Loisirs - 04 71 67 31 13 - www.revea-vacances.com
De déb. avr. à fin sept. - 30 empl. -
Tarif camping : 15 €
(10A) - pers. suppl. 5 €
Services et loisirs :
Au bord d'un lac, tout proche de la cité historique.
GPS : E 2.31657 N 45.21835

### NEUVÉGLISE

**Flower Le Belvédère**
Lanau - 04 71 23 50 50 - www.campinglebelvedere.com
De mi avr. à mi sept. - 52 empl.
Tarif camping : 32 €
(15A) - pers. suppl. 6 €
Services et loisirs :
Agréable situation dominante.
GPS : E 3.00045 N 44.89534

### ST-GÉRONS

**Les Rives du Lac**
06 25 34 62 89 - www.lesrivesdulac.fr
De déb. avr. à mi nov. - 58 empl. -
borne artisanale - 22 €
Tarif camping : 22 €
(6A) - pers. suppl. 5 €
Services et loisirs :
Dans un site agréable.
GPS : E 2.23057 N 44.93523

### VIC-SUR-CÈRE

**Sites et Paysages La Pommeraie**
Daïsses - 04 71 47 54 18 - www.camping-auvergne-cantal.com
De déb. mai à fin sept. - 50 empl. -
Tarif camping : 28 €
(6A) - pers. suppl. 6 €
Services et loisirs :
Belle situation dominante.
GPS : E 2.63307 N 44.9711

# Les bonnes adresses de bib

## AURILLAC

**La Table des matières** – 5 r. de l'Hôtel-de-Ville - 04 71 48 25 50 - - fermé dim.-lun., merc. soir et jeu. soir - formule déj. 14,50 € - 28/46 €. Bien connue des habitants, cette petite adresse tenue par Florian et Sophie propose une savoureuse cuisine de marché, où les produits du terroir sont apprêtés avec une touche d'influence italienne et asiatique. Excellente formule déjeuner. Réservation recommandée.

**Distillerie Louis-Couderc** – 14 r. Victor-Hugo - 04 71 48 01 50 - www.distillerie-couderc.com - fermé dim.-lun. - 9h30-12h, 14h30-19h. Cette distillerie fondée en 1908 propose de nombreux produits régionaux à base de gentiane, crème de châtaigne et fruits rouges, dont l'apéritif « volcan ». Plusieurs créations maison ont été primées lors du concours international des eaux-de-vie et liqueurs de Metz. Les buticulamicrophilistes (collectionneurs de mignonnettes) pourront compléter leur collection.

## CHAUDES-AIGUES

**Restaurant Sodade** – 21 av. Georges-Pompidou - 04 71 60 10 23 - www.sergevieira.com - fermé lun. - formules 24/27 € - 33/40 €. En 2018, le chef Serge Vieira a ouvert une brasserie pour compléter son offre restauration à Chaudes-Aigues. Tenue par Aurélien Gransagne – la route des deux chefs s'était croisée il y a fort longtemps –, cette adresse située dans le village se repère bien vite avec son bardage en métal, et ses matériaux modernes et chics. Dans l'assiette, rien que du frais, des viandes de grande qualité, une cuisine généreuse. L'été, on s'installe en terrasse, le long du parc.

## MURAT

**Épicerie Caldèra** – 3 r. Vigier - 04 71 20 21 84 - www.cantal-caldera.com - 9h-12h30, 15h-19h - fermé dim. apr.-midi et lun. hors juil.-août. Françoise est guide de terroir. Elle achète directement chez les producteurs ses produits frais, les confitures et autres spécialités. Sa boutique est un hymne à l'Auvergne (produits de terroir, charcuteries, fromages).

## RIOM-ÈS-MONTAGNES

**Natures Cantal (Bernard Mommalier)** – 15 av. de Mauriac - 06 74 11 09 38 - www.natures-cantal.fr - tte l'année sur réserv. - tarifs sur rens. Bernard Mommalier organise des randonnées avec des ânes (été) et des sorties à raquettes (hiver). Il sait dénicher des sentiers sauvages et ses promenades tournent autour du thème de la connaissance du milieu naturel. Formules sur un ou plusieurs jours.

## SALERS

**La Diligence** – R. du Beffroi - 04 71 40 75 39 - www.ladiligence-salers.com - fermé de la Toussaint à Pâques et jeu. hors juil.-août - 18,80/36,80 €. Ne vous fiez pas à l'aspect récent de la maison, ici la table chante le terroir. Des crêpes certes mais aussi truffade, tripoux, pounti, potée auvergnate et surtout la viande de Salers pour contenter les convives les plus affamés. Le tout arrosé de vins du coin. Ambiance conviviale sur les grandes tables de ferme.

## ST-FLOUR

**Chez Geneviève** – 25 r. des Lacs - 04 71 60 17 97 - www.restaurant-saint-flour.com - tlj en juil.-août ; hiver : fermé dim.-lun. et merc. soir - 28 €. Chez Geneviève, on joue souvent à guichets fermés. Les raisons du succès de ce petit restaurant, situé dans la ville haute : une ambiance conviviale et une généreuse cuisine du terroir, inventive, utilisant les produits frais.

# Offices de tourisme

## PAYS D'AURILLAC

7 r. des Carmes - Aurillac - 04 71 48 46 58 - www.iaurillac.com.

## PAYS DE MURAT

Pl. de l'Hôtel-de-Ville - Murat - 04 71 20 09 47 - www.hautesterrestourisme.fr.

## PAYS DE ST-FLOUR

17 bis pl. d'Armes - St-Flour - 04 71 60 22 50 - www.pays-saint-flour.fr.

*Buron.*

benisa/iStock

# Le Puy-en-Velay et la Haute-Loire volcanique

**Non, il n'y a pas seulement des lentilles ou des dentelles au Puy-en-Velay ! Capitale du Velay, le Puy bénéficie d'un site exceptionnel, l'un des plus extraordinaires que compte la France, et qui plus est, point de départ de cette escapade en terre volcanique. Du bleu profond du lac d'Issarlès aux bruyères du massif du Meygal, en passant par les gorges taillées dans le granit par l'Allier, vous goûterez les arômes puissants d'une nature encore sauvage !**

**DÉPART :** LE PUY-EN-VELAY - 6 jours – 380 km

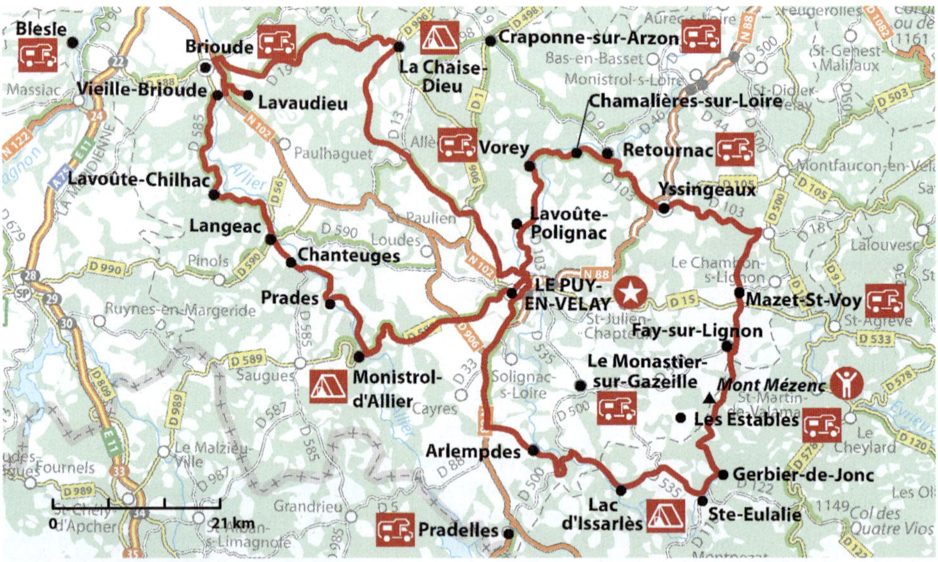


## JOUR 1

**Le Puy-en-Velay** mérite bien une journée de visite, le temps de découvrir sa cité épiscopale et sa vieille ville, tout en escaliers. Au fil de la rue des Tables, artère piétonne pleine de charme, vous découvrirez des boutiques consacrées à la dentelle et les dentellières au travail. Savourez la promenade, déjeunez en ville et ne vous épuisez pas car demain, vous partez pour une grande virée en terres volcaniques. Dînez sur place ou à **Arlempdes**.

## JOUR 2

Levez-vous tôt aujourd'hui ! Le château féodal d'Arlempdes domine les gorges de la Loire. Là où il y a des volcans, les lacs de montagne ne sont pas bien loin. Ainsi, celui d'**Issarlès** vous attend. Baignades et balades possibles. Déjeunez à **Ste-Eulalie**. Tout en observant la riche flore locale, faites un crochet par la cascade du Ray-Pic où la rivière s'offre plusieurs chutes d'eau. Revenez sur vos pas vers le **mont Gerbier-de-Jonc**, dont vous pouvez faire l'ascension.

## JOUR 3

Vous avez chauffé vos muscles ? Partez à la découverte du massif du **Mézenc** qui est l'occasion de promenades et de magnifiques vues (voir encadré p. ci-contre). Après la marche, la détente sportive du ski du fond : en saison, chaussez les planches à **Fay-sur-Lignon** ou au pic du Lizieu. À défaut, ou par goût retrouvez l'architecture régionale à **Bigorre-Les-Maziaux** et **Moudeyres**. Faites étape dans la pittoresque auberge de pays de Bigorre-Les-Maziaux.

*Mont Mézenc.*

imageBROKER/hemis.fr

## JOUR 4

Profitez des randonnées parmi les bruyères et les myrtilles, du côté du massif du Meygal. Déjeunez à **Yssingeaux**. Passez par **Retournac** (musée des Manufactures de dentelles) pour aller visiter l'église romane de **Chamalières-sur-Loire**. Gagnez enfin le château de **Lavoûte-Polignac** pour, si vous avez le temps, découvrir les souvenirs de son illustre famille. Dans un tout autre style, le château-musée de Chavaniac-Lafayette vous ouvrira ses portes et son parc arboré pour vous conter l'histoire du marquis. La vallée de la Sénouire, par la D4, vous conduira jusqu'à **La Chaise-Dieu**. Admirez l'intérieur de l'abbatiale, qui abrite de très belles stalles et des tapisseries uniques.

## JOUR 5

Gagnez **Brioude** par la D19. On peut y rester longtemps fasciné par l'harmonie colorée du chevet de la basilique et la qualité de ses fresques et chapiteaux romans. Quittez Brioude par la N102, et gagnez **Lavaudieu**. Vous serez sous le charme de son abbaye et de son cloître. En suivant la vallée du Haut-Allier par la D585, vous passerez à **Vieille-Brioude** avant d'aller à St-Ilpize, accroché à son rocher de basalte. À **Lavoûte-Chilhac**, vous vous envolerez à la Maison des oiseaux. Après vous être arrêté à la collégiale de **Langeac**, le site de **Chanteuges**, où vous ferez étape, s'impose avec son abbaye aux chapiteaux sculptés.

## JOUR 6

Quittez Chanteuges en suivant les gorges de l'Allier. Changez de rive à **Prades**. La D301 vous mènera au remarquable site du village de **Monistrol-d'Allier**. Quittez les gorges pour gagner Le Puy-en-Velay.

RANDONNÉE À PIED

# Mont Mézenc

### INFOS PRATIQUES

Départ à 2,5 km des Estables par la D631, jusqu'à la maison forestière. Prenez le sentier balisé (montée 45mn).
On peut également partir à pied depuis l'aire des Estables (voir ci-dessous).

### STATIONNEMENT & SERVICES

**Parking conseillé**
À la maison forestière.

**Aire des Estables**
À la station-essence - 04 71 08 34 38 -
Permanent (mise hors gel)
Borne artisanale 0 €
10 - Illimité - Gratuit
Services :
GPS : E 4.15672 N 44.90235

Formé d'un cortège de dômes et de pitons volcaniques appelés « sucs », le massif du Mézenc (prononcez Mézin) forme une barrière naturelle déterminant la ligne de partage des eaux entre l'Atlantique et la Méditerranée. Prolongé au nord par le Meygal, au sud-est par le Coiron, il constitue le centre d'une traînée volcanique coupant l'axe des Cévennes.
Le Mézenc est flanqué à l'ouest par les monts granitiques de la Margeride, à l'est par les plateaux cristallins du Haut-Vivarais et culmine à 1753 m au mont Mézenc qui a donné son nom à l'ensemble du massif. Il présente deux visages radicalement différents : particulièrement encaissé en direction du Rhône, il est appelé le « plateau » par les habitants du Velay, tandis que, côté auvergnat, il présente de vastes étendues dénudées et ventées, propices aux estives.
En chemin vers le point culminant, le mont Mézenc, vous jouirez d'un panorama à couper le souffle, laissant entrevoir, au loin, la longue chaîne des Alpes. Si le temps le permet, une randonnée avant l'aube est possible ; le lever du soleil derrière les Alpes est un spectacle inoubliable, mais qui impose de partir des Estables de très bonne heure et chaudement vêtu.
Du sommet, un panorama immense se révèle : au nord, le Meygal et les monts du Forez ; à l'ouest, le bassin du Puy, le Velay et les monts d'Auvergne ; au sud, le lac d'Issarlès et un horizon de sucs ; à l'est, les gorges de la Saliouse et de l'Eysse qui creusent, vers le Haut-Eyrieux, le pays des Boutières aux trouées profondes entrecoupées de crêtes, de serres et de pics ; des plans multiples, enchevêtrés, se dessinent jusqu'à la vallée du Rhône. Au-delà apparaissent les Alpes dont on distingue, par temps clair, les principaux sommets.

## Aires de service & de stationnement

### BLESLE

**Aire de stationnement La Chambre d'hôtes de Margaridou**
Aubeyrat, 8 km au N.-E. de Blesle, par D 909 et C 5 dir. Bugeilles - 04 71 76 22 29
De déb. mars à fin nov.
Borne : Gratuit
5 - 24h - Gratuit
Paiement :
Services :
Réseau France Passion.
À la boutique, produits régionaux.
À l'auberge, menu du jour sur réservation.
GPS : E 3.2049 N 45.33291

### BRIOUDE

**Aire de Brioude**
Parking du centre historique, D 588, parking des remparts - 04 71 74 97 49 - Permanent
Borne flot bleu : 2 € (eau + élec.)
Paiement : jetons office de tourisme)
Services :
Tout proche du centre historique. Accès par ascenseur panoramique gratuit.
GPS : E 3.38794 N 45.29458

### CRAPONNE-SUR-ARZON

**Aire de Craponne-sur-Arzon**
R. du Stade, en bordure de la D 498, dir. St-Étienne - 04 71 03 20 03
Permanent (mise hors gel)
Borne Urbaflux 2 €
Services :
GPS : E 3.85121 N 45.33367

### LES ESTABLES

Voir p. précédente

### MAZET-ST-VOY

**Aire de Mazet-St-Voy**
Surnette, devant le camping municipal - 04 71 65 05 69 - www.campingdesurnette.net
De mi avr. à mi oct.
Borne raclet 2 €
65 - - Illimité - 14 €/j. - dans le camping
Paiement : jetons (au camping)
Services :
GPS : E 4.25361 N 45.05472

### LE MONASTIER-SUR-GAZEILLE

**Aire de service du Monastier**
3 r. Augustion-Ollier - 04 71 03 80 01
De déb. avr. à fin nov.
Borne flot bleu 2 €
15 - 72h - Gratuit
Services :
GPS : E 3.9448 N 45.0265

### PRADELLES

**Aire privée des Salaisons de Pradelles**
Rte du Puy - 04 71 00 85 49 - www.salaisons-de-pradelles.fr - Permanent
Borne artisanale : 2 € (eau + élec.)
70 - - 72h - Gratuit
Paiement : - jetons
Services :
Réseau France Passion.
GPS : E 3.88411 N 44.77277

### RETOURNAC

**Aire de la Chaud**
R. de la Loire - 04 71 59 41 00
Permanent
Borne artisanale : 5 € (eau + élec.) - stat. compris
15 - 24h - Gratuit
Services :
Plat, gravier dans un cadre verdoyant en bord de Loire.
GPS : E 4.03871 N 45.20129

### VOREY

**Aire des Moulettes**
Chemin des Félines, suivre camping des Moulettes - 06 86 60 99 03 - www.camping-les-moulettes.fr
De déb. mai à mi sept.
Borne artisanale 3 € 4 €
2 - - 24h - 2 €/j.
Paiement : jetons (camping)
Services :
Au bord de l'Arzon.
GPS : E 3.90448 N 45.18672

## Campings

### LA CHAISE-DIEU

**Municipal les Prades**
04 71 00 07 88
De fin avr. à fin sept. - 100 empl.
borne artisanale 2 € (eau + élec.)
Tarif camping : 4 € 4 €
(10A) 4 €
Services et loisirs :
GPS : E 3.70496 N 45.33321

### ISSARLÈS

**La Plaine de la Loire**
Le Moulin du Lac, pont de Laborie - 06 24 49 22 79 - www.campinglaplainedelaloire.fr
De déb. mai à fin sept. - 50 empl. -
Tarif camping : 16,50 €
(10A) - pers. suppl. 3,80 €
Services et loisirs :
Idéal pour qui cherche le calme, la nature, la pêche !
GPS : E 4.05207 N 44.818

### MONISTROL-D'ALLIER

**Municipal le Vivier**
R. du Pain-de-Sucre - 04 71 57 24 14 - www.camping-gitelevivier.fr
De mi avr. à mi oct. - 46 empl.
borne artisanale
Tarif camping : 11,50 €
(9A) - pers. suppl. 3 €
Services et loisirs :
GPS : E 3.65348 N 44.96923

## Les bonnes adresses de bib

**BRIOUDE**

**Base de canoë-kayak** – Pont de Lamothe - ✆ 04 71 50 43 82 - tte l'année - à partir de 8 ans - 18/42 €. Location de canoës-kayaks pour naviguer sur le plan d'eau de la Bageasse ou pour découvrir les gorges de l'Allier, entre Brioude et Prades. Également, stages d'initiation (plan d'eau ou rivière), parcours sportifs ou touristiques accompagnés. Moniteurs diplômés et brevetés d'État.

**LES ESTABLES**

✕ **Auberge des Fermiers du Mézenc** – Au bourg - Les Estables - ✆ 04 71 08 34 30 - ♿ - fermé de déb. à mi-déc. - 18,50/30 €. Pour découvrir les produits du terroir, petit détour conseillé dans cette auberge dont l'authentique cuisine locale fait le bonheur des randonneurs : magret de canard, galette de pommes de terre, fromage blanc en faisselle. À côté du restaurant, vente (14h-19h) de spécialités de la montagne ardéchoise : fromages, miels, confitures, tartes aux châtaignes.

**LAVAUDIEU**

✕ **Auberge de l'Abbaye** – ✆ 09 72 09 79 54 - auberge-de-labbaye-lavaudieu.com - ♿ - 9h-18h - formule 13 € - 18/23 €. Plaisante atmosphère rustique dans cette auberge de village aménagée dans une vieille maison en pierre. Cuisine traditionnelle bien faite, à base de produits de saison.

**MONISTROL-D'ALLIER**

**Tonic Aventure** – Le Bourg - ✆ 04 71 57 23 90 - www.tonicaventure.fr - d'avr. à mi-oct. - à partir de 18/45 € pour le canoë, 45/125 € les randonnées-canoë. Canoë-kayak, canyoning, rafting, hydrospeed, stand up paddle.

**LE PUY-EN-VELAY**

✕ **Le Poivrier** – 69 r. Pannessac - ✆ 04 71 02 41 30 - www.lepoivrier.fr - ♿ - fermé dim.-lun. - formule déj. sem. 15 € - 25 €. Restaurant relooké dans un style design épuré, assez tendance, sans perdre en convivialité. Exposition de photographies. Spécialités de viandes de bœuf de Haute-Loire.

**YSSINGEAUX**

✕ **La Ferme de Lavée** – Lavée - ✆ 04 71 59 00 00 - www.fermedelavee.com - P ♿ - fermé w-end et soir - 11,90/37 €. Proche du centre-ville, dans une zone artisanale, cette ferme réaménagée abrite désormais un restaurant. Les repas sont servis dans l'ancienne grange. Cuisine du terroir et formule économique en font une adresse très courue à l'heure du déjeuner.

*Lac d'Issarlès.*

*F. Guiziou/hemis.fr*

## Offices de tourisme

**BRIOUDE ET SA RÉGION**

Pl. Grégoire-de-Tours - ✆ 04 71 74 97 49 - www.ot-brioude.fr.

**LE PUY-EN-VELAY**

2 pl. du Clauzel - ✆ 04 71 09 38 41 - www.lepuyenvelay-tourisme.fr.

**YSSINGEAUX**

22 pl. du Marché - ✆ 04 71 59 10 76 - www.office-de-tourisme-des-sucs-aux-bords-de-loire.fr.

*Le Puy-en-Velay.*

*H. Lenain/hemis.fr*

**LE TOP 5 SITES NATURELS**

1. Mont Mézenc
2. Gerbier de Jonc
3. Pic du Lizieu
4. Grand Testavoyre
5. Lac d'Issarlès

# STATIONS DE SKI

## Super-Besse

**INFOS PRATIQUES**

04 73 79 60 29
www.sancy.com

**Géolocalisation**

GPS : E 2.8538 N 45.5125
Altitude basse : 1350 m
Altitude haute : 1850 m

**Remontées mécaniques**

Télésièges : 5 — Téléskis : 13
Téléphérique : 1 — Tapis : 2

**28 pistes**

Noires : 5 — Rouges : 9
Bleues : 9 — Vertes : 5

**STATIONNEMENT & SERVICES**

**Aire de la Biche**
Voir p. 426

Besse, cité médiévale et renaissance des monts d'Auvergne, avec ses ruelles bordées d'échoppes et Super-Besse la station dynamique posée sur le versant sud du massif du Sancy (1886 m) sont les portes d'une nature étonnante, celle des volcans et des lacs de cratère. À 35 km de l'A75 Paris - Clermont - Montpellier, cette station dispose de 21 remontées mécaniques (dont 1 téléphérique et 5 télésièges) qui assurent la liaison avec la station du Mont-Dore. Enneigement artificiel : 1,5 km de piste débutants et 3,5 km de piste pour les autres. Le relief volcanique permet également un excellent ski de fond, riche de découvertes (85 km de pistes) entre les lacs gelés.

*Puy de Sancy.*

tilo/iStock

## Le Mont-Dore

**INFOS PRATIQUES**

04 73 65 02 23
www.sancy.com

**Géolocalisation**

GPS : E 2.8098 N 45.5715
Altitude basse : 1300 m
Altitude haute : 1846 m

**Remontées mécaniques**

Télésièges : 3 — Téléskis : 13
Téléphérique : 1 — Tapis : 1

**31 pistes**

Noire : 2 — Rouges : 6
Bleues : 8 — Vertes : 15

**STATIONNEMENT & SERVICES**

**Camping Municipal l'Esquiladou**
Queureuilh, rte des Cascades - 04 73 65 23 74 - www.mairie-mont-dore.fr
De déb. avr. à fin nov. - 71 empl. -
borne artisanale
Tarif camping : 4,50 € 6,50 € (10A) 5 €
Services et loisirs :
Dans un site montagneux, verdoyant et boisé, proche du centre-ville.
GPS : E 2.80162 N 45.58706

**Aires des Crouzets et parking du téléphérique du Sancy**
Voir p. 426

À 1050 m d'altitude, dans la vallée de la Haute Dordogne et au pied du Puy de Sancy, sommet culminant du Massif Central (1886 m), le Mont-Dore est certainement la plus montagnarde des stations thermales d'Auvergne, au cœur du Parc naturel des lacs et des volcans. Familiale par excellence, elle sait concilier santé, sports et distractions. Le Mont-Dore est une station classée de sports d'hiver. Ici, le ski est une vocation qui s'est révélée dès le début du siècle, et s'est développée avec la construction de l'un des premiers téléphériques de France, en 1936 !

## Le Lioran

**INFOS PRATIQUES**

04 71 49 50 08
www.lelioran.com

**Géolocalisation**
Altitude basse : 1160 m
Altitude haute : 1850 m
GPS : E 2.7499 N 45.0825

**Remontées mécaniques**

| | |
|---|---|
| Téléphérique : 1 | Télésièges : 8 |
| Téléskis : 6 | Tapis : 2 |
| Télébaby : 1 | Fil neige : 1 |

**43 pistes**

| | |
|---|---|
| Noires : 5 | Rouges : 14 |
| Bleues : 14 | Vertes : 10 |

**STATIONNEMENT & SERVICES**

**Aire de stationnement du Lioran**
Au départ des pistes de ski - 04 71 49 50 08 -
www.lelioran.com
Permanent
50 - 72h - Gratuit
Services : WC
GPS : E 2.74832 N 45.08671

Osez skier sur le plus grand volcan d'Europe. Nichée au milieu des sapins, au cœur du Massif cantalien, la station du Lioran s'étend sur 150 ha. Vivez selon vos envies, en famille ou entre amis. Le domaine skiable est ouvert dès les premiers week-ends de décembre et tient toutes ses promesses : 44 pistes pour 60 km de plaisir, 18 remontées mécaniques, un réseau optimisé de canons à neige et 75 km de pistes de fond. Le Lioran, c'est aussi le plaisir de goûter à la neige sans les skis : chiens de traîneaux, luge, rando raquettes, téléphérique, motoneiges, quads, patinoire, médiathèque, animations pour les 6-12 ans...

## La Bourboule

**INFOS PRATIQUES**

**Centre thermal**
76 bd G.-Clemenceau - 04 73 81 21 00 -
www.grandsthermes-bourboule.com - de déb. fév. à déb. nov.

**Indications**
Voies respiratoires, dermatologie, affections des muqueuses bucco-linguales, troubles du développement de l'enfant et post-cancer.

**Température de l'eau**
58 °C

**STATIONNEMENT & SERVICES**

**Flower Les Vernières**
Av. du Mar.-de-Lattre-de-Tassigny - 04 73 81 10 20 -
www.camping-la-bourboule.fr
De mi avr. à fin sept. - 203 empl.
borne AireService
Tarif camping : 28 € (10A) - pers. suppl. 7 €
Services et loisirs :
Beaucoup d'espaces verts.
GPS : E 2.75285 N 45.58943

La Bourboule... un nom bien connu dans l'hexagone depuis qu'y ont été découvertes, dans la seconde moitié du 19e s., des sources d'eaux curatives chargées d'arsenic métalloïde. Un nom qui tire aussi son origine de la mythologie gauloise et du dieu guérisseur Borvo... Alors bienvenus, vous êtes ici entre de bonnes mains ! Perchée à 850 m d'altitude dans le massif du Sancy, installée le long des rives de la Dordogne, cette station thermale s'inscrit dans un environnement naturel généreux. La Banne d'Ordanche, à environ 1h de marche, réserve un panorama de choix sur la vallée de la Dordogne et les volcans alentour, dont le Sancy. Le plateau de Charlannes, fréquenté en toute saison, vététistes aux beaux jours, fondeurs en hiver, ou tout simplement amoureux de calme et de grands espaces, n'est qu'à quelques kilomètres de la ville. Les occasions de balades et randonnées sont nombreuses à proximité et quelques belles cascades, comme celle du Plat-à-Barbe, récompenseront les courageux. Mais alors, faut-il quitter La Bourboule pour l'apprécier vraiment ? Non, ce serait bien trop réducteur car la station réserve, en son sein, de jolies surprises. La nature, toujours, au parc Fenestre, qui peut en outre être fier d'être le paradis des enfants avec ses attractions ludiques ; le patrimoine bâti aussi, avec l'architecture Belle Époque, le casino ou l'hôtel de ville ; sans oublier un programme varié d'activités – dont un pôle aqualudique – et de manifestations, notamment pour les plus jeunes.

Grignan, Drôme provençale. – F. Guiziou/hemis.fr

*Bords de Saône à Lyon. – no_limit_pictures/iStock*

# Lyon et sa région

À l'est, un prestigieux massif montagneux ; à l'ouest, une grande vallée industrielle et culturelle ; en son cœur, Lyon, place historique au riche patrimoine, bien vivante quand il s'agit de bousculer l'actualité artistique, et bonne vivante au vu des nombreux restaurateurs et « mères lyonnaises » qui ont acquis là leurs lettres de noblesse ; enfin, au nord, annonçant le Jura, la Bresse et ses célèbres poulardes !

Composée d'une mosaïque de paysages, la vallée du Rhône fascine par sa variété, du plateau de la Dombes, incroyable réserve de faunes piscicole et ornithologique, aux gorges de l'Ardèche, connues des adeptes de descente en canoë, et des monts du Forez aux Préalpes drômoises, avec leurs villages perchés surgissant des champs de lavande. Pour les amateurs de vin, la vallée abrite quelques-unes des plus belles AOC de France, avec les grands crus du Beaujolais au nord de Villefranche-sur-Saône, et de mythiques côtes du Rhône, comme côte-rôtie ou condrieu, au sud de Vienne.

# LYON ET SA RÉGION

*Kayaks descendant l'Ardèche. – B. Rieger/hemis.fr*

## LES ÉVÉNEMENTS À NE PAS MANQUER

- **Marché aux vins de Côte-Rôtie** à Ampuis (69) : janv.
- **Fête de l'Alicoque** à Nyons (26) : fév., l'huile d'olive nouvelle.
- **Fête de la truffe et des vins du Tricastin** à St-Paul-Trois-Châteaux (26) : fév.
- **Salon des vins** à Tain-l'Hermitage (26) : fév.
- **Biennale internationale Design** à St-Étienne (42) : mars-avr.
- **Printemps des vins du Bugey** dans le Bugey (01) : mai.
- **Marché des potiers** à Dieulefit (26) : Pentecôte.
- **Montgolfiades du Beaujolais** à Belleville (69) : w.-end du 1er mai.
- **Journées gallo-romaines** à St-Romain-en-Gal (69) : juin.
- **Fête de la raviole et de la pogne** à Romans-sur-Isère (38) : déb. juin.
- **Jazz à Vienne** (38) : fin juin à mi-juil., au théâtre antique.
- Le **Festival d'Alba-la-Romaine** (07) : juil.
- **Estivales de Brou** à Bourg-en-Bresse (01) : juil., art lyrique dans le monastère royal.
- **Festival de cuivres** dans les Dombes (01) : juil.
- **Les Pêches d'étangs** dans la Dombes (01) : oct.-mars.
- **Marathon international des gorges de l'Ardèche** en Ardèche (07) : mi-nov. www.marathon-ardeche.com.
- **Les Quatre Glorieuses** à Bourg-en-Bresse, Louhans, Montrevel-en-Bresse, Pont-de-Vaux (01) : 3e sem. déc., foires aux volailles.

# Votre séjour à Lyon et sa région

## Circuits



## Étapes



## Visites



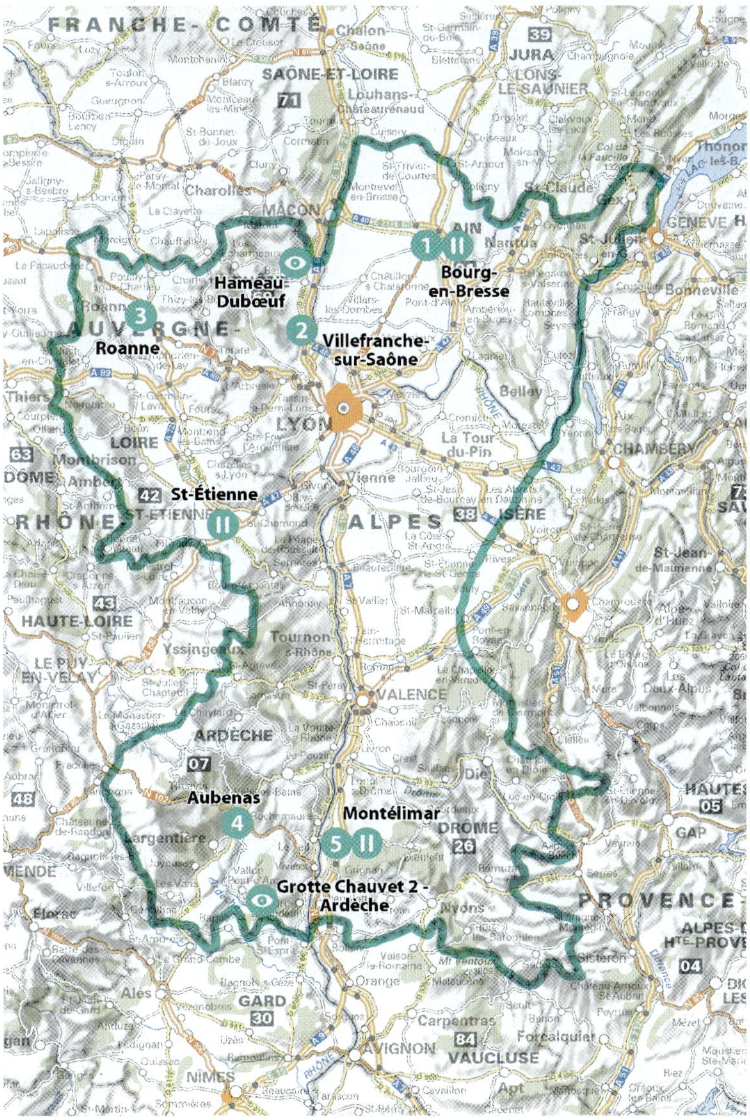


**EN COMPLÉMENT, UTILISEZ...**

- Guides Verts : Lyon et sa région, Ardèche-Drôme
- Cartes Michelin : Région 523 et Départements 327, 328, 331, 332 et 333

# Les étangs de la Dombes

**Au nord de Lyon, aux portes de la Bresse, la Dombes doit sa physionomie originale et son charme très particulier au millier d'étangs qui parsèment sa surface et lui donnent un petit air mystérieux. Les fermes en pisé, les châteaux en carrons (briques rouges) et les villages fleuris agrémentent les vastes étendues que survolent une myriade d'oiseaux venus pêcher ou se reposer sur les étangs sauvages et dans leur sanctuaire... le parc de Villars-les-Dombes.**

**DÉPART :** BOURG-EN-BRESSE - 5 jours – 180 km

## JOUR 1

Si le vieux centre de **Bourg-en-Bresse** mérite que l'on s'y attarde (voir l'encadré p. ci-contre), réservez l'essentiel de votre visite au Monastère royal de Brou. À lui seul il justifie votre étape dans la capitale bressanne. Son église riche en vitraux, en stalles et en tombeaux prestigieux vous retiendra un bon moment avant de découvrir ses trois cloîtres. L'après-midi, piquez plein sud par la D1083. Elle vous conduit au cœur de la Dombes et à **St-Paul-de-Varax** qui conserve un manoir typique (ne se visite pas) et une église romane. N'hésitez pas à parcourir les petites routes autour du bourg pour apercevoir les plus beaux étangs, **étang du Grand-Marais** et surtout étang du Moulin doté d'une très agréable base de loisirs, appréciée des pêcheurs.

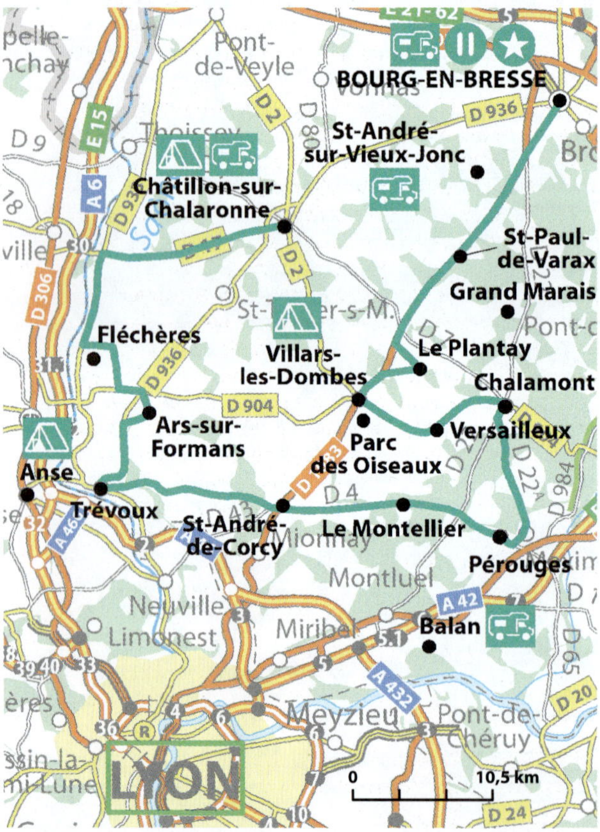


## JOUR 2

Le matin, descendez sur **le Plantay** avec sa tour de brique dominant l'étang Grand Châtel et son abbaye Notre-Dame-des-Dombes, fondée au 19e s., connue pour sa spécialité très fortifiante à base de fruits, de miel et de viande, la Musculine. Descendez ensuite sur **Villars-les-Dombes** où se trouve le **parc des Oiseaux**, parc ornithologique.

## JOUR 3

Commencez la journée en jetant un coup d'œil au château de **Versailleux** (ne se visite pas), élégant logis en carrons (briques traditionnelles) flanqué d'un donjon carré du 12e s. puis gagnez **Chalamont** dont la rue des halles conserve de belles maisons médiévales. Le reste de la journée sera consacré à arpenter les ruelles de **Pérouges**, petite ville médiévale perchée sur une butte. Ses ruelles pavées, enserrées dans des fortifications, sa place centrale, ont un charme fou, au point de servir de décor à de nombreux films historiques. Puis roulez plein ouest par la D4 pour retrouver la Dombes des étangs. Jetez un coup d'œil au passage au beau château de brique du **Montellier**.

## JOUR 4

Reprenez la route par St-André-de-Corcy pour rattraper **Trévoux**, petite cité en bord de Saône qui vaut bien une halte, le temps de découvrir ses hôtels

F. Guiziou/hemis.fr

*Monastère royal de Brou, Bourg-en-Bresse.*

particuliers, son Palais du parlement et son château féodal. Plein nord vous arriverez vite à **Ars-sur-Formans** qui vit dans le souvenir de son très vénéré curé d'Ars. Admirez le contraste entre la petite église de l'humble et saint curé et l'étendue de sa célébrité, symbolisée par la basilique qui englobe aujourd'hui le frêle bâtiment. **Fléchères** vous attend ensuite avec l'un des plus beaux châteaux de la région, superbe bâtiment du 17e s. dont l'architecture et les fresques sont riches de significations. À ne pas manquer.

## JOUR 5

Cette dernière journée sera réservée à la charmante cité médiévale de **Châtillon-sur-Chalaronne** toujours magnifiquement fleurie. Ses petits ponts et les berges de la Chalaronne agrémentent la balade autour de beaux monuments, halle du 17e s. aux dimensions surprenantes, maisons à encorbellement, porte de ville, et surtout une apothicairerie remarquable dans son ancien hôpital... sans oublier une belle brochette d'artisans d'art.

ÉTAPE 11

# Bourg-en-Bresse

### OFFICE DE TOURISME

6 av. Alsace-Lorraine - ✆ 04 74 22 49 40 - www.bourgenbressetourisme.fr.

### STATIONNEMENT & SERVICES

**Parkings conseillés**

Très grand parking gratuit au Champ de Foire au nord du centre-ville (2200 pl.). Autre parking gratuit Champ de Mars au sud-ouest du centre-ville (236 pl.).

**Aire de Bourg-en-Bresse**

Voir p. suivante.

Bourg (attention ! prononcez « Bourk ») est la capitale historique de la plantureuse région d'élevage de la Bresse. La production de volaille blanche assure son renom et, depuis le Moyen Âge, la ville est aussi le grand centre de fabrication des meubles « rustique bressan » en bois fruitier et en frêne, ainsi que des émaux. Il est facile de se promener à pied dans le centre-ville où les maisons anciennes à pans de bois et les hôtels particuliers attirent les regards. N'hésitez pas à faire le tour de l'**église Notre-Dame** pour voir le chevet flamboyant, puis à entrer dans le sanctuaire pour admirer les stalles du 16e s., ainsi que le mobilier du 18e s. Puis visitez la magnifique apothicairerie de l'**Hôtel-Dieu**, en activité jusque dans la seconde moitié du 20e s. Elle est composée de trois pièces en enfilade : un laboratoire équipé d'un fourneau, d'alambics et de bouilloires en cuivre, et deux salles pourvues de superbes meubles en bois, de flacons en verre, de pots en faïence et de boîtes en carton remarquablement conservés.
Rendez-vous ensuite au **monastère royal de Brou**, commandé par Marguerite d'Autriche, petite-fille de Charles le Téméraire, tante de Charles Quint, et veuve de Philibert le Beau à 24 ans. Son église, de style gothique flamboyant, possède une toiture vernissée et une riche ornementation sculptée, tant sur sa façade principale qu'à l'intérieur de l'édifice. Le tympan du portail représentant Philibert le Beau, Marguerite d'Autriche et leurs saints patrons aux pieds du Christ aux liens ainsi que le jubé, les stalles et les célèbres tombeaux méritent l'attention.

**LE CONSEIL DU BIB**

**Les mercredi et samedi matin, un grand marché se tient au Champ de Foire, à Bourg-en-Bresse.**

## Aires de service & de stationnement

### BALAN

**Aire de Balan**
Pl. du Longevent -
04 78 06 19 24
Permanent (mise hors gel)
Borne artisanale : Gratuit
- 72h - Gratuit - sur le parking de la salle polyvalente
Services :
GPS : E 5.09557 N 45.83457

### BOURG-EN-BRESSE

**Aire de Bourg-en-Bresse**
5 allée du Centre-Nautique -
04 74 22 49 40
Permanent
Borne eurorelais : Gratuit
- 24h - Gratuit
Services :
GPS : E 5.24042 N 46.20916

### CHÂTILLON-SUR-CHALARONNE

**Aire de Châtillon-sur-Chalaronne**
Av. Raymond-Sarbach, près de la poste - 04 74 55 04 33
De déb. mars à fin oct. (mise hors gel)
Borne artisanale : Gratuit
4 - Illimité - Gratuit
Services :
GPS : E 4.96018 N 46.11941

### ST-ANDRÉ-SUR-VIEUX-JONC

**Aire de St-André-sur-Vieux-Jonc**
Impasse des Lys - 04 74 52 75 07
Permanent -
Borne artisanale : Gratuit
5 - 24h - 6 €/j. - Règlement à l'agent communal
Services :
Cadre agréable, verdoyant et ombragé, plat, gravier, herbeux.
GPS : E 5.15183 N 46.15277

*Étang et tour du Plantay dans la Dombes.*

F. Guiziou/hemis.fr

## Campings

### ANSE

**Portes du Beaujolais**
495 av. Jean-Vacher -
04 74 67 12 87 -
www.camping-beaujolais.com
Permanent - 198 empl.
borne eurorelais
Tarif camping : 33 €
(16A) - pers. suppl. 6 €
Services et loisirs :
Au confluent de l'Azergues et de la Saône.
GPS : E 4.72616 N 45.94106

### CHÂTILLON-SUR-CHALARONNE

**Municipal du Vieux Moulin**
R. Jean-Jaurès - 04 74 55 04 79 -
www.camping-vieuxmoulin.com
De mi avr. à fin sept. - 115 empl. -
borne eurorelais
Tarif camping : 24,90 €
(10A) - pers. suppl. 5 €
Services et loisirs :
Cadre verdoyant et ombragé bordé par un ruisseau et en face d'un important parc aquatique-balnéo en partie couvert.
GPS : E 4.96228 N 46.11654

### VILLARS-LES-DOMBES

**Le Nid du Parc**
164 av. des Nations -
04 74 98 00 21 -
www.leniddupare.com
De fin mars à mi nov. - 148 empl. -
borne AireService
5 € (eau + élec.) - 14 €
Tarif camping : 30,90 €
(10A) - pers. suppl. 5,50 €
Services et loisirs :
Emplacements en partie ombragés, au bord de la Chalaronne.
GPS : E 5.03039 N 45.99749

# Les bonnes adresses de bib

## BOURG-EN-BRESSE

**Le Chalet de Brou** – 168 bd de Brou - 04 74 22 26 28 - www.auchaletdebrou.com - fermé lun. soir, merc. soir et jeu. - formule déj. en sem. 19,50 € - 36/67 €. Un petit restaurant où règne une ambiance familiale face à la célèbre église de Brou. Boiseries, chaises rustiques et tapisseries font le charme un brin désuet de la salle à manger. Cuisine traditionnelle mâtinée d'influences régionales à prix raisonnables.

**Émaux bressans Jeanvoine** – 5 r. T.-Riboud - 04 74 22 65 06 - www.emaux-bressans.fr - lun. 14h-18h, mar.-sam. 9h-12h30 et 14h-19h - fermé lun. en juil.-août. Créés par un émailleur parisien installé à Bourg-en-Bresse, les émaux bressans sont aujourd'hui réalisés artisanalement par la maison Jeanvoine. Les nombreuses couches d'émail sont agrémentées de motifs en or, disposés selon une tradition qui remonte à 1850.

**Marché** – Pl. du Champ-de-Foire - merc. et sam. 8h-13h. Ce marché de tradition vous convie à la découverte d'une gastronomie régionale. Les volailles, orgueil de la plantureuse Bresse, tiennent le haut du pavé. Chaque année, en décembre, elles sont présentées lors d'un concours qui suscite l'admiration gourmande !

## CHÂTILLON-SUR-CHALARONNE

**Restaurant La Gourmandine** – 142 r. Pasteur - 04 74 55 15 92 - www.restaurantlagourmandine.fr - - 12h-14h, 19h-21h - fermé lun., merc. soir et dim. (sf à midi en juil.-août) de mars à oct. ; lun., dim et le soir (sf vend. et sam.) de nov. à fév. ; 25 déc.-1er janv. - formules déj. 12,50/18,50 € - 28,50/49 €. Cette maison du 17e s., proche de la place des Halles, est remarquable avec ses murs de briques et galets. Ils donnent aussi beaucoup d'allure à la salle à manger coiffée de poutres apparentes. La jolie terrasse dressée au bord de la rivière se révèle très agréable en été. Plats régionaux.

**Marché du terroir** – sam. 8h30-12h30. Humer, tâter, goûter et même ouvrir grand ses yeux : aux plaisirs habituels du marché s'ajoute en effet ici celui d'admirer les belles halles reconstruites au 17e s. Tous les samedis matin, les petits exploitants occupent une place particulièrement importante, proposant une foule de produits fabriqués localement.

## PÉROUGES

**Hostellerie du Vieux Pérouges** – Pl. du Tilleul - 04 74 61 00 88 - www.hostelleriedeperouges.com - fermé vac. de fév. - 39/69 €. La célébrité de cette magnifique maison au cœur du village a dépassé les frontières depuis que Bill Clinton s'y est attablé en 1997... Il faut dire que c'est une belle étape, avec son décor typiquement bressan. Cadre médiéval ou ambiance bourgeoise au restaurant ; plats du terroir dont la fameuse galette.

## VILLARS-LES-DOMBES

**Les Fermiers de la Dombes** – 1211 av. Charles-de-Gaulle - 04 74 98 16 66 - 9h-12h30, 15h-19h ; dim. 9h-12h30 - fermé lun.-mar. Une quinzaine d'agriculteurs vendent en direct leurs produits fermiers. Poissons, fromages, volailles, charcuterie, pains, légumes, vins, fruits... : vous y trouverez tout ce qu'il faut pour vous remplumer !

# Offices de tourisme

## BOURG-EN-BRESSE

Voir p. 447

## CHÂTILLON-SUR-CHALARONNE

Pl. du Champ-de-Foire - 04 74 55 02 27 - www.dombes-tourisme.com.

## PÉROUGES

9 rte de la Cité - 09 67 12 70 84 - www.deperougesaubugey.com.

*Le parc des Oiseaux, à Villars-les-Dombes.*

*www.parcdesoiseaux.com*

# Vive le Beaujolais !

**Lyon, dit-on, est arrosé par trois fleuves : le Rhône, la Saône et... le Beaujolais. Cette boutade tendrait à accréditer l'idée d'un Beaujolais uniquement viticole. Alléchante, cette idée est cependant incomplète pour présenter une région qui ne cesse de valoriser son patrimoine et ses paysages contrastés : au nord, la montagne y est souvent sauvage, image renforcée par les sombres bois de sapins Douglas, tandis qu'au sud, les lumineux villages du pays des Pierres Dorées vibrent aux premières caresses du soleil.**

**DÉPART :** VILLEFRANCHE-SUR-SAÔNE - 4 jours – 240 km

## JOUR 1

Rien de plus naturel que de prendre **Villefranche-sur-Saône**, capitale du Beaujolais, comme port d'attache pour ces quatre jours de découverte des vignobles, vins et vieilles pierres de la région. Vous parcourez un inextricable lacis de petites routes où vous n'aurez aucun mal à vous perdre, même si les lieux que vous visitez sont extrêmement proches les uns des autres. Commencez par **Belleville**, ancienne bastide aujourd'hui centre viticole, dont l'église du 12ᵉ s. possède d'intéressants chapiteaux. Un peu plus loin, à la sortie de Cercié, prenez la D68ᵉ pour gagner le vieux bourg de **Corcelles**. De là, prenez à gauche la D9. Le **château fort de Corcelles** a été édifié au 15ᵉ s. pour défendre la frontière entre la Bourgogne et le Beaujolais. Son grand cuvier du 17ᵉ s. compte parmi les plus beaux de la région.

## JOUR 2

Vous entrez dans la région des grands crus en prenant la direction de **Villié-Morgon** et de **Fleurie**, dont vous traversez les vignobles. Plusieurs sentiers pédestres bien balisés partent du centre du village de Villié-Morgon pour grimper à l'assaut des collines. Le vin, c'est le palais, mais c'est aussi une culture, mise à l'honneur par le « Hameau du vin » et sa « gare », à **Romanèche-Thorins**. Le village partage avec Chénas le territoire de l'appellation moulin- à-vent, la plus ancienne du Beaujolais, reconnue dès le 18ᵉ s. Deux sites d'attractions majeurs, l'un consacré au monde animal (Touroparc), l'autre dédié à l'univers du vin et de la vigne (Hameau Dubœuf - voir l'encadré p. ci-contre), vous invitent à passer de bons moments. Vous ferez étape le soir vers **Juliénas** ou **Beaujeu**.

## JOUR 3

Capitale historique du Beaujolais, **Beaujeu** vous permet de faire quelques emplettes. Après cet arrêt, montez voir le panorama du **mont Brouilly** sur les vignobles du Beaujolais et la plaine de la Saône. Sans quitter de vue les vignobles, il est temps d'aller visiter quelques beaux sites architecturaux. Faites

togoshi/iStock

*Vignoble du Beaujolais en automne.*

une halte au **prieuré de Salles-Arbuissonnas-en-Beaujolais**, fondé au 10e s. Passez devant les **châteaux de Montmelas-St-Sorlin** et de **Jarnioux**, puis gagnez **Oingt**, véritable bijou du pays des Pierres dorées.

## JOUR 4

Pour terminer tranquillement votre séjour, passez par **Ternand** et son joli panorama, puis prenez la direction de **Châtillon** où vous attend une forteresse du 12e s. Retournez ensuite à **St-Jean-des-Vignes**, dont le musée géologique ouvre l'après-midi. Puis rejoignez **Villefranche** par les charmants villages de **Chazay-d'Azergues** et **Anse**. Ou continuez votre périple en regagnant Lyon.

**LE CONSEIL DU BIB**

**Favorisez les haltes chez les viticulteurs. L'accueil y est cordial et la découverte des produits, parfois étonnante, est toujours de qualité.**

VISITE

# Hameau Dubœuf (Romanèche-Thorins)

**INFOS PRATIQUES**

796 rte de la Gare - ✆ 03 85 35 22 22 - www.hameauduboeuf.com - 10h-18h - fermé 3 sem. en janv., 25 déc. - 18/20 € (7-15 ans 6/10 €). Explore Game 5 €.

**STATIONNEMENT**

**Parking**

Stationnement gratuit sur les places de parking le long de la D486.

« Stationné » en gare de Romanèche-Thorins, ce vaste œnoparc est avant tout un outil de promotion, conçu avec des moyens spectaculaires, du producteur de beaujolais Dubœuf, mais c'est aussi une très belle vitrine de l'univers de la vigne. La visite du Hameau Dubœuf commence dans la salle des pas perdus d'une gare 1900 (reconstitution), où l'on prend son ticket pour partir à la découverte de l'univers du vin. Une succession labyrinthique de salles est consacrée à l'histoire du vignoble, aux outils du vigneron, aux goûts du vin et à leurs liens avec la terre, aux étapes de fabrication (impressionnant pressoir mâconnais de 1708), aux objets autour du vin (tonneaux, bouchons de liège, verre, étiquettes, etc.). De beaux objets bénéficient d'une muséographie résolument moderne, avec un cinéma dynamique permettant de découvrir les paysages du Beaujolais et du Mâconnais à bord de nacelles animées et une expérience immersive vous faisant voyager dans l'histoire du Beaujolais. Une dégustation vient logiquement clore la visite dans la **salle du limonaire**.

En face du Hameau Dubœuf, la **gare** montre au visiteur le lien étroit qui unissait le vin et le rail aux 19e et 20e s. Elle abrite le beau **wagon impérial** qu'utilisait Napoléon III pour saluer la foule, une collection d'objets et de trains électriques circulant dans des maquettes de villes et paysages, et une exposition sur l'aventure du TGV.

Rendez-vous ensuite au **jardin en Beaujolais** *(prenez le petit train ou une rosalie, ce n'est pas tout près)*, pour y découvrir les arômes propres aux vins du Beaujolais à travers des parterres thématiques (fleuri, végétal, boisé, fruits à coques, fruité, épices). Trônant au milieu de ce grand jardin de 5 000 m², le **centre de vinification** des vins Georges Dubœuf permet d'enrichir la visite avec la découverte, grandeur nature, de toutes les étapes de la production.

## Aires de service & de stationnement

### LA CHAPELLE-DE-GUINCHAY

**Aire de la Chapelle-de-Guinchay**
2 clos Méziat, à côté de la Maison de Pays - 06 79 30 05 88
Permanent (toilettes à la Maison de Pays)
Borne artisanale : Gratuit
20 - Illimité - Gratuit
Paiement :
Services :
GPS : E 4.46055 N 46.126

### JULIÉNAS

**Domaine Matray**
Les Paquelets - 04 74 04 45 57 - www.domainematray.fr
Permanent (fermé en période de vendanges)
Borne artisanale : Gratuit
4 - Illimité - Gratuit
Paiement :
Services :
Réseau France Passion.
GPS : E 4.69704 N 46.23235

### LAMURE-SUR-AZERGUES

**Aire de Lamure-sur-Azergues**
Parking de la salle pluraliste, en face de la gare - 04 74 03 02 71
Permanent (mise hors gel - fermé 1er w.-end de juil.)
Borne artisanale : Gratuit
10 - Illimité - Gratuit
Services :
GPS : E 4.49162 N 46.06074

### LANCIÉ

**Aire de stationnement Le Domaine du Penlois**
Le Penlois - 04 74 04 13 35 - www.penlois.fr - Permanent
(fermé 2 sem. en août et dimanche.)
5 - Illimité - Gratuit
Services :
Dégustation et vente de vin en soirée.
GPS : E 4.70608 N 46.16969

### LÉTRA

**Aire privée de Létra**
16 montée du Bourg, cave Oedoria - 04 74 71 58 60 - www.oedoria.com
Permanent (éviter période des vendanges)
Borne artisanale : Gratuit
5 - 24h - Gratuit
GPS : E 4.52389 N 45.95667

### LIERGUES

**Cave Oedoria**
168 r. du Beaujolais - 04 74 74 48 08 (fermé j. fériés)
Borne : Gratuit
Services :
GPS : E 4.6692 N 45.9686

### RÉGNIÉ-DURETTE

**Aire du Domaine de la Ronze**
40 chemin de la Vernaise - 04 74 69 20 06 - www.domaine-de-la-ronze.com - Permanent
Borne artisanale : Gratuit
4 - 48h - Gratuit
Paiement :
Aire chez un viticulteur.
GPS : E 4.64417 N 46.16139

### ST-JEAN-D'ARDIÈRES

**Aire privée Domaine de Grande Ferrière**
831 rte des Rochons - 06 72 33 83 14
Permanent
Borne artisanale 5 €
5 - - 48h - Gratuit
Paiement :
Services :
Exploitation vinicole
GPS : E 4.71581 N 46.12954

### SALLES-ARBUISSONNAS-EN-BEAUJOLAIS

**Aire de Salles-Arbuissonnas-en-Beaujolais**
R. du 11-Novembre-1918, Le Viaduc - 04 74 67 53 38
Permanent (mise hors gel)
Borne artisanale : Gratuit
- 24h - Gratuit - stationnement au parking du Breuil, tout proche
Services :
GPS : E 4.63716 N 46.04409

## Campings

### ANSE

Voir le circuit précédent

### CUBLIZE

**Campéole le Lac des Sapins**
R. du Lac - 04 74 89 52 83 - www.campeole.com
De déb. avr. à fin sept. - 125 empl. -
Tarif camping : 26,50 € (10A) - pers. suppl. 5,90 €
Services et loisirs :
GPS : E 4.37849 N 46.0132

### DARDILLY

**CityKamp by Huttopia Lyon**
Porte de Lyon - 04 78 35 64 55 - www.camping-lyon.com
Permanent - 120 empl.
borne flot bleu - 21 €
Tarif camping : 24,20 € (10A) - pers. suppl. 5,80 €
Services et loisirs :
Préférer les emplacements les plus éloignés de l'autoroute.
GPS : E 4.76125 N 45.81817

### FLEURIE

**La Grappe Fleurie**
R. de la Grappe-Fleurie - 04 74 69 80 07 - www.beaujolais-camping.com
De mi avr. à déb. oct. - 85 empl. -
Tarif camping : 27,90 € (10A) - pers. suppl. 7 €
Services et loisirs :
Au cœur du vignoble.
GPS : E 4.7001 N 46.18854

## Les bonnes adresses de bib

**BELLEVILLE**

**Le Buffet de la Gare** – Pl. de la Gare - 04 74 66 07 36 - www.lebuffetdelagare-restaurant.com - lun.-merc. à midi, jeu.-vend. midi et soir - fermé 3 sem. en août et 1 sem. en hiver - réserv. conseillée - formule déj. 18 € - 25/35 €. Ce restaurant a du cachet avec son décor « vieux bistrot », ses banquettes, ses meubles en bois et ses vieilles affiches. On y sert d'appétissantes recettes régionales et un menu du jour, dans une ambiance chaleureuse et bon enfant.

**CHÉNAS**

**Les Platanes de Chénas** – Les Deschamps - 03 85 36 79 80 - www.platanes-chenas.fr - P - fermé fév., Noël., mar. et merc. - formule déj. en sem. 21 € - 28/55 €. En été sous les platanes de la terrasse, en hiver dans deux belles salles, votre regard s'étend sur les vignobles de Chénas et votre palais découvre les vins d'ici accompagnés d'une honnête cuisine au goût du jour.

**FLEURIE**

**Cave des Producteurs des Grands Vins de Fleurie** – R. des Vendanges - 04 74 04 11 70 - cavefleurie.com - de mi-avr. à mi-oct. : 10h-12h30, 14h30-19h ; reste de l'année : 10h-12h et 14h-18h - fermé dim. apr.-midi en janv.-fév. Cette coopérative créée en 1927 est la doyenne des caves du Beaujolais. Elle vinifie un tiers du cru Fleurie, produit une gamme de vins par climat – La Chapelle des Bois, Les Garants, etc. – et s'enorgueillit d'y élever deux cuvées d'exception baptisées « Cardinal Bienfaiteur » et « Présidente Marguerite ».

**RÉGNIÉ-DURETTE**

**Auberge Vigneronne** – 304 r. du Bourg - 04 74 04 35 95 - fermé lun. soir, merc. soir et dim. soir - formule déj. 13,90 € en sem. - 19/29 €. Derrière une façade en pierre dont la porte arbore un magnifique vitrail, ce restaurant traditionnel sert des plats régionaux avec produits du terroir : coq au Régnié, saucisson chaud, gratin d'andouillette... Cadre beaujolais et terrasse d'été, avec caveau de dégustation.

**ROMANÈCHE-THORINS**

**Château du Moulin-à-Vent** – Lieu-dit Le Moulin-à-Vent, 4 r. des Thorins - 3,5 km à l'est de Fleurie - 03 85 35 50 68 - www.chateaudumoulinavent.com - 10h-12h30, 14h-18h30, w.-end et j. fériés sur demande. Vous voici sur les lieux de production d'une des plus fameuses appellations du Beaujolais. De couleur rubis, ronds, corsés et charpentés, les moulin-à-vent sont des vins puissants, racés et aptes à bien vieillir. Dégustation sur place, millésimes anciens disponibles.

ricochet64/iStock

## Offices de tourisme

**BEAUJEU**

Pl. de l'Hôtel-de-Ville - 04 74 07 27 40 - www.destination-beaujolais.com.

**VILLEFRANCHE-SUR-SAÔNE**

96 r. de la Sous-Préfecture - 04 74 07 27 40 - www.villefranche-beaujolais.fr.

*Église de St-Laurent-d'Oingt.*

gael_f/iStock

**LE TOP 5 BONS CRUS DU BEAUJOLAIS**

1. Moulin-à-vent
2. Morgon
3. Chiroubles
4. Juliénas
5. Brouilly

# Des monts du Forez au Pilat

**Pays des hautes chaumes, des jasseries et de l'estive, les monts du Forez ou « montagnes du Soir » offrent des paysages contrastés, assombris par les noirs bois de sapins. Mais au-dessus, souvent masqués par les brumes et les nuages, les sommets étonnent par leurs vastes landes dénudées paraissant abandonnées. Ces étranges paysages devenant presque lunaires sous certains éclairages contrastent avec celui, généreux, du massif du Pilat, à l'est de St-Étienne.**

**DÉPART :** ROANNE - 6 jours - 300 km

## JOUR 1

**Le Forez**, ce sont des plaines et des monts, un parc naturel et des routes sinueuses. Pour le découvrir, partez de **Roanne**, ville du textile et de la gastronomie. Vous découvrirez deux sites l'après-midi : **Ambierle**, ancien prieuré de Cluny, avec église et musée à la clé, et **St-Haon-le-Châtel**, avec ses remparts et ses manoirs Renaissance. Si vous ne voulez pas revenir vers la haute gastronomie de Roanne, vous trouverez à vous restaurer dans ce village (goûtez le bon petit rosé régional). Du barrage de la Tache partent quelques sentiers vers les **monts de la Madeleine**.

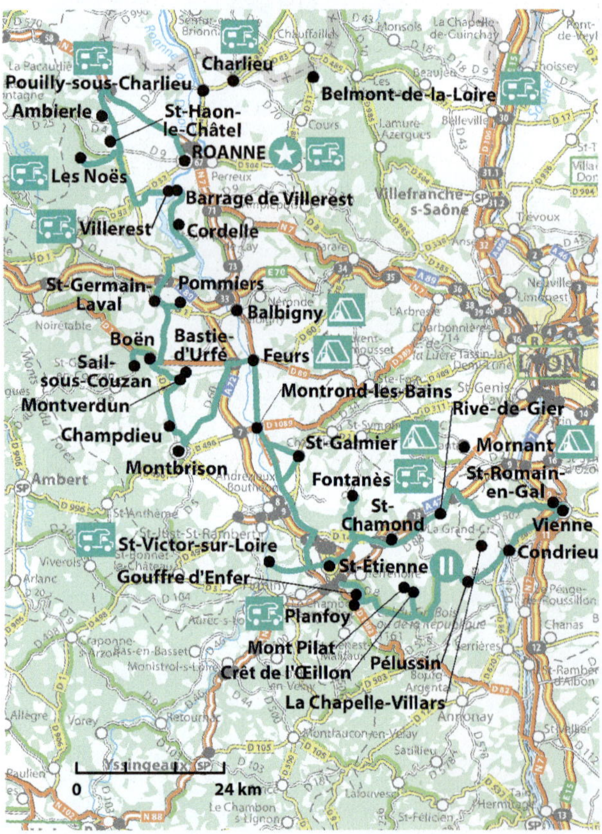


## JOUR 2

En descendant les gorges roannaises de la Loire, vous arrivez à **St-Jean-St-Maurice**. L'abside romane de l'église de St-Maurice possède de belles fresques du 13e s. ; pour le coup d'œil, profitez aussi du donjon et de sa vue sur les gorges. Regagnez **Villerest**, petit bourg médiéval dont le musée de l'Heure et du Feu retrace l'histoire du feu domestique à travers les âges. Passez la soirée sur l'espace réservée aux camping-cars (belle vue sur le barrage et son étendue d'eau).

## JOUR 3

**St-Germain-Laval** et **Pommiers**, petits villages sympathiques, méritent un arrêt, le temps d'une balade dans leurs ruelles. Vous passez ensuite par **Boën** (château de la vigne et du vin) avant de repartir en promenade dans la patrie d'Aimé Jacquet à **Sail-sous-Couzan** ; une forteresse y dévoile un joli panorama sur la plaine forézienne. Terminez par le plus étonnant des châteaux, qui n'en est pas un : c'est le prieuré fortifié du pic de Montverdun.

## JOUR 4

Le château de la **Bastie-d'Urfé** et sa grotte de rocaille méritent que vous leur consacriez une bonne partie de la matinée. Rejoignez ensuite **Champdieu**, et ne manquez pas la visite de son église du 14e s. Gagnez **Montbrison**, pour un petit tour sur les boulevards qui suivent le tracé des anciens remparts de cette

C. Gibot/age fotostock

*Château de la Bastie-d'Urfé.*

charmante ville, puis **Feurs**, très prospère au temps des Gaulois, et qui donna son nom à la région. On y trouve un musée consacré à l'archéologie gallo-romaine. Vous voici arrivés au cœur du Forez.

## JOUR 5

Gagnez **Montrond-les-Bains**, la cité thermale de la Loire, où l'on soigne obésité et diabète. Faites étape pour la nuit à **St-Galmier**. Ensuite, direction **St-Étienne** (voir ci-contre) où vous attend la suite d'un séjour presque tout en ville, en culture et... en contrastes : sa vieille ville, son musée d'Art Moderne et les constructions de Le Corbusier dans la cité de Firminy. Restez-y déjeuner, puis plongez-vous dans le passé industriel qui marque encore les villes de **St-Chamond** où l'on fabrique des engins blindés et **Rive-de-Gier**. Prenez la direction de **Vienne** et **St-Romain-en-Gal**, dont les entrepôts romains faisaient pâlir d'envie l'antique Lugdunum : le passionnant Musée gallo-romain en ressuscite le souvenir. Prenez le temps de parcourir Vienne à pied.

## JOUR 6

Changement de décor. Dirigez-vous très tôt vers **le Pilat**. La nature y est généreuse sur le chemin qui vous mène d'abord à **Condrieu** puis à **Pélussin**. Au **crêt de l'Œillon**, profitez bien de la vue sur la vallée du Rhône. Continuez votre route panoramique vers le **crêt de la Perdrix** : une table d'orientation vous permet de décrypter les paysages environnants. Les **pics du Mézenc** s'offrent à vous. Si la saison s'y prête, prenez le temps d'une descente à ski au **Bessat**. Sinon, offrez-vous une balade au **gouffre d'Enfer**. L'endroit est grandiose.

ÉTAPE 11

# St-Étienne

### OFFICE DE TOURISME

16 av. de la Libération -
✆ 04 77 49 39 00 -
www.saint-etiennetourisme.com.

### STATIONNEMENT

**Parking conseillé**
Parking du stade Geoffroy-Guichard (7 r. Claude-Odde - 2 €/j.), avec une entrée spécifique pour les camping-cars. De là, prendre le métro léger pour gagner le centre-ville.

St-Étienne a bien réhabilité ses friches industrielles. En effet, elles accueillent désormais des musées d'envergure nationale, belles vitrines de l'histoire économique de la ville et de son renouveau en tant que capitale du design.
Tout naturellement, commencez par la **Cité du Design** où se déroulent des expositions temporaires et une biennale. Elle est devenue le symbole de la ville dont le nouveau fer de lance est la création d'objets utiles et fonctionnels, un design du quotidien, éloigné des paillettes comme des prix astronomiques. Rendez-vous ensuite au **Puits Couriot, parc-musée de la Mine**. Vous passez tout d'abord par la salle des Pendus – vestiaire où les mineurs suspendaient leurs vêtements –, puis par la lampisterie – où l'on stockait les lampes –, avant de plonger dans les galeries par les cages d'extraction, qui servaient à la fois à descendre les mineurs et à remonter le charbon. N'hésitez pas à visiter aussi le **musée d'Art et d'Industrie** dont la scénographie moderne met en valeur les collections exceptionnelles qui illustrent la créativité de la ville. D'anciens passementiers viennent régulièrement y faire des démonstrations sur les métiers à tisser. La section sur les cycles retrace, au travers de pièces uniques, l'histoire de la « petite reine » – considérée comme la première bicyclette – qui fut fabriquée à St-Étienne en 1886 par les frères Gauthier. Enfin, la collection d'armes, des hallebardes de la Renaissance jusqu'au flash-ball, témoigne de l'inventivité des armuriers. Enfin, les amateurs d'art ne manqueront pas le **musée d'Art moderne et contemporain**, légèrement excentré.
Quoi qu'il en soit, terminez votre séjour par une promenade dans la vieille ville, notamment sur la place du Peuple, qui servait de champ de foire au Moyen Âge.

## Aires de service & de stationnement

### BELMONT-DE-LA-LOIRE

**Aire Belmont-de-la-Loire**
Pl. des Arcades - 04 77 69 03 06
Permanent
Borne artisanale : Gratuit
4 - 72h - Gratuit
Services :
GPS : E 4.3405 N 46.1595

### CHARLIEU

**Aire de Charlieu**
Pl. d'Eningen - 04 77 69 03 06
Permanent
Borne artisanale : Gratuit
4 - 72h - Gratuit
Services :
GPS : E 4.1735 N 46.15617

### FONTANÈS

**Aire du Rio**
R. des Alpes, parking des tennis municipaux - 04 77 20 87 08
De déb. mars à fin oct.
Borne artisanale : Gratuit
6 - 48h - Gratuit
GPS : E 4.44032 N 45.54676

### LES NOËS

**Aire des Noës**
Pl. Communale , D 47 -
04 77 64 43 24
Permanent (mise hors gel) -
Borne artisanale : Gratuit
2 - 72h - Gratuit
Services :
Site agréable.
GPS : E 3.8519 N 46.04072

### PLANFOY

**Aire du Vignolet**
Le Vignolet, devant le stade -
04 77 51 40 69
Permanent (fermé 1er w.-end de juil.)
Borne flot bleu : 2,50 € (eau + élec.)
8 - 72h - Gratuit
Paiement : jetons (commerçants)
Services :
Aire agréable.
GPS : E 4.44909 N 45.37446

### POUILLY-SOUS-CHARLIEU

**Aire de Pouilly-sous-Charlieu**
R. de la République, pl. du Marché -
04 77 60 90 22
Permanent
Borne artisanale : Gratuit
2 - 48h - Gratuit - autre stat. gratuit en bordure de la Loire (1 km).
Services :
GPS : E 4.10779 N 46.14098

### ROANNE

**Aire du Port**
Quai du Cdt-de-Fourcauld -
04 77 72 59 96 - port-de-roanne.fr
Permanent -
Borne flot bleu : 5 € (eau + élec.)
10 - - 24h - 6,60 €/j.
Paiement : - jetons
Services :
Très agréable au port de plaisance.
GPS : E 4.08297 N 46.03809

### ST-VICTOR-SUR-LOIRE

**Aire du Lac de Grangent**
R. du Lac, parking de la base nautique - 04 77 90 44 28
Permanent
Borne artisanale 0 € 3 €
10 - Illimité - Gratuit
Paiement : jetons (mairie pour électricité)
Services :
GPS : E 4.25622 N 45.44818

### VILLEREST

**Aire du Grézelon**
Rte de Seigné, D 18, près du lac de Villerest - 04 77 44 29 50
Permanent (mise hors gel)
Borne artisanale : Gratuit
12 - 48h - 8 €/j.
Paiement :
Services :
Superbe vue sur le lac.
GPS : E 4.04298 N 45.98607

## Campings

### BALBIGNY

**La Route Bleue**
410 chemin de la Route-Bleue -
04 77 27 24 97 -
www.campingdelaroutebleue.com
De mi mars à mi oct. - 48 empl. -

Tarif camping : 22,50 €
(16A) - pers. suppl. 7 €
Services et loisirs :
GPS : E 4.15725 N 45.82719

### FEURS

**Municipal du Palais**
9 rte de Civens - 04 77 26 43 41
De déb. avr. à fin oct. - 208 empl.
borne AireService
Tarif camping : 3,50 € 6,60 €
(16A) 4,10 €
Services et loisirs :
Dans un quartier calme, à deux pas du centre-ville.
GPS : E 4.22572 N 45.75429

### MORNANT

**La Trillonière**
Bd Gén.-de-Gaulle - 04 78 44 16 47 -
www.la-trillonniere.fr
De mi mai à fin sept. - 51 empl.
borne artisanale 5 € (eau + élec.)
Tarif camping : 24,90 €
(10A) - pers. suppl. 5 €
Services et loisirs :
Arrêt de bus pour Lyon.
GPS : E 4.67073 N 45.61532

### ST-GALMIER

**Campéole Val de Coise**
Rte de la Thiery - 04 77 54 14 82 -
www.campeole.com
De déb. avr. à fin sept. - 72 empl.
borne AireService 1 € (eau + élec.)
Tarif camping : 23,90 €
(10A) - pers. suppl. 6,30 €
Services et loisirs :
Emplacements en terrasses, ombragés qui descendent jusqu'à la rivière la Coise.
GPS : E 4.33552 N 45.59308

## Les bonnes adresses de bib

### FEURS

**La Boule d'Or** – 42 r. R.-Cassin - 04 77 26 20 68 - www.labouledor-feurs.fr - ♿ - fermé de fin juil. à déb. août, dim. soir, merc. soir et lun. - formule déj. 28 € - 24/37 €. Située à la sortie de la petite ville, sobre bâtisse abritant trois salles à manger colorées où se déguste une solide cuisine traditionnelle. Terrasse de poche ombragée.

### MONTBRISON

**Restaurant L'Apicius** – 29 r. Martin-Bernard - 09 82 38 34 65 - www.restaurantapicius.net - fermé merc., sam. midi et dim. - formule déj. 18 € en sem. - 36/52 €. Une cuisine pleine de fraîcheur et de combinaisons inattendues, souvent agrémentées de plantes et fleurs sauvages. Un coup de cœur pour ce lieu tenu par un jeune couple formé dans de belles maisons.

### ROANNE

**Le Central** – 58 cours de la République - face à la gare - 04 77 67 72 72 - www.troisgros.com - fermé 3 sem. en août, dim. et lun. - réserv. obligatoire - formules déj. 24/30 € - 27/32 €. À côté du restaurant des frères Troisgros, ce bistrot-épicerie, qui appartient à cette célèbre famille, sert une cuisine simple, au goût du jour, fréquemment renouvelée. Les bocaux, qui composent en partie le décor, peuvent s'acheter à l'épicerie.

### ST-ÉTIENNE

**Corne d'Aurochs** – 18 r. M.-Servet - 04 77 32 27 27 - fermé w.-end - formule déj. 13 € - 18/33 €. Ce bistrot à la devanture en bois offre un intérieur original avec sa collection de fouets à pâtisserie et ses vieilles affiches publicitaires. Les plats servis (pied de cochon grillé, cervelle d'agneau, ris de veau, etc.) s'inspirent à la fois du style bouchon et de la cuisine traditionnelle.

**Chocolat Weiss** – 8 r. du Gén.-Foy - 04 77 21 61 09 - www.weiss.fr - 9h-19h, lun. 9h-19h - fermé 1er janv., pâques, ascension, 14 Juil., 15 août et dim. Depuis 1882, Weiss est le temple du chocolat stéphanois et compte parmi ses clients les plus grands noms de la cuisine française et internationale qui apprécient particulièrement son savoir-faire artisanal mis au service du cacao grand cru. Savourez, entre autres, napolitains, nougamandines et nougastelles.

### VIENNE

**L'Estancot** – 4 r. de la Table-Ronde - 04 74 85 12 09 - ♿ - fermé dim.-mar. et j. fériés - formule déj. 21 € - 27/35 €. Vous voulez goûter des criques, ces fameuses galettes de pommes de terre ardéchoises ? C'est derrière l'église St-André-le-Bas qu'il faut aller. À la carte, elles sont accompagnées de légumes, de foie gras ou de gambas...

*Jasserie dans le parc régional du Livradois-Forez.*

*Ch. Guy/hemis.fr*

## Offices de tourisme

### ROANNE

8 pl. du Mar.-de-Lattre-de-Tassigny - 04 77 71 51 77 - www.leroannais.com.

### ST-ÉTIENNE

Voir p. 455

### VIENNE

Cours Brillier - 04 74 53 70 10 - www.vienne-condrieu.com.

*Château de la Roche, à St-Priest-la-Roche.*

*A. Chicurel/hemis.fr*

LYON ET SA RÉGION - CIRCUIT 4

# L'Ardèche et ses merveilles

**On ne présente plus le célèbre Pont d'Arc, monumentale arche naturelle qui offre une entrée grandiose à l'une des plus imposantes curiosités naturelles du Midi, ni même l'aven d'Orgnac et ses immenses salles décorées de concrétions. La majeure partie des gorges de l'Ardèche a été constituée en réserve naturelle en 1980 et l'ensemble, érigé en Grand Site d'intérêt national en 1993. En les parcourant, vous verrez que l'intérêt national est aussi le vôtre !**

**DÉPART :** AUBENAS - 8 jours - 440 km

## JOUR 1

D'**Aubenas**, vous dominez l'Ardèche et vos premiers pas dans les vieilles rues vous donnent envie de vous lancer sur les routes, histoire de voir si la région est aussi belle que cette ville. Alliez le calme et les charmes de l'ancien en passant ensuite à **Largentière**, puis **Joyeuse** où vous ferez étape pour la nuit.

## JOUR 2

**Les Vans** vous révèlent la nature méridionale avec sa blancheur de calcaire. Après être passé par **Barjac**, vous entrez dans le « ventre » de l'Ardèche : **l'aven d'Orgnac** recèle de splendides concrétions. Pour vous réhabituer à la lumière, déjeunez sur place. Vous êtes à proximité d'un des plus beaux sites des gorges de l'Ardèche à découvrir : le **Pont d'Arc**. Suivez le fil de l'eau, depuis la route qui surplombe la rivière. Stationnez à **Vallon-Pont-d'Arc.**

## JOUR 3

Avant de quitter Vallon-Pont-d'Arc, la visite de la **grotte Chauvet 2 - Ardèche** est un incontournable : des peintures rupestres vieilles de 36 000 ans vous y attendent (voir l'encadré p. ci-contre). Ruines et petites églises seront ensuite au programme à **Bourg-St-Andéol**. L'étroitesse des petites routes vous interdisant malheureusement l'accès aux gorges de la Ste-Beaume, prenez la D86 qui surplombe le Rhône pour rejoindre **Viviers**, perché sur son piton rocheux et **Alba-la-Romaine**, qui, avec son château, semble se confondre avec la montagne. Faites-y étape.

## JOUR 4

Ancienne capitale du Bas-Vivarais, **Villeneuve-de-Berg** se rejoint par une nationale sans surprise. Parcourez ses ruelles, puis gagnez le village perché de **Mirabel**, pour achever votre panorama de ce pays de tuiles et de roche. Rejoignez **Privas**, capitale du marron glacé. Faites une promenade et passez-y la nuit.

## JOUR 5

Les routes du Vivarais sont sinueuses, soyez prudents et savourez les paysages. Poursuivez dans la gastronomie en allant à **St-Pierreville** où le châtaignier

Ph. Clément/ArTerra Picture Library /age fotostock

*Peintures rupestres sur les murs de la grotte Chauvet.*

est roi. Faites demi-tour et, sur la route de St-Agrève, déjeunez dans la **vallée de l'Eyrieux**. Arrêtez-vous au château de **Rochebonne**, une belle ruine à ne pas manquer. Arrivé à **St-Agrève**, admirez la vue sur le **mont Chiniac**. Faites étape ici.

## JOUR 6

Rejoignez **Lalouvesc** par la charmante D214. Pour un repas gastronomique, gagnez le restaurant du chef étoilé Régis Marcon à **St-Bonnet-le Froid**. Revenez ensuite sur vos pas pour atteindre **Lamastre**, d'où un petit train part pour la visite sans effort des **gorges du Doux**. Faites étape à Lamastre.

## JOUR 7

Commencez par la découverte de **Désaignes**. Ce petit bourg médiéval, serré derrière son enceinte, vous ravira. Retrouvez ensuite ruines et fortifications à **Vernoux-en-Vivarais**, entre l'Eyrieux et le Doux, puis les modes de culture régionaux, à l'écomusée des Terrasses. Faites halte pour la nuit à **La Voulte-sur-Rhône**.

## JOUR 8

Consacrez le début de votre journée aux collections de fossiles du musée paléontologique. Puis revenez vers la corniche de l'Eyrieux : le musée du Haut-Vivarais protestant, au **Bouschet-de-Pranles**, parle des guerres de religion qui ont marqué la région. Avant de rejoindre **Privas**, découvrez aussi l'intéressant **moulin de Pranles**. Après le déjeuner, offrez-vous un ultime bol d'air en empruntant à pied le chemin qui mène au **mont Toulon** : il domine la ville et offre un beau point de vue.

VISITE

# Grotte Chauvet 2 - Ardèche (Vallon-Pont-d'Arc)

**INFOS PRATIQUES**

Plateau du Razal - 04 75 94 39 40 - www.grottechauvet2ardeche.com - visite guidée sur demande préalable (1h), horaires variables selon la sais., se rens. sur le site Internet - 17 € (-18 ans 8,50 €) - billet donnant accès à la Cité de la préhistoire de l'aven d'Orgnac, pendant une durée de 7 jours après son achat - audioguide disponible.

**STATIONNEMENT & SERVICES**

**Parking conseillé**
Parking de la Grotte Chauvet 2 - Ardèche, gratuit.

**À Salavas : Camping International**
65 impasse La Plaine - 04 75 88 00 99 - www.camping-ardeche-international.com
Permanent
borne artisanale 18 € (eau + élec.)
Tarif camping : 39 € (10A) - pers. suppl. 9 €
Services et loisirs :
Préférer les emplacements au bord de l'Ardèche, plus éloignés du pont.
GPS : E 4.38203 N 44.39925

En 1994, la découverte de la grotte Chauvet-Pont-d'Arc, cavité ornée d'œuvres figées dans leur écrin de calcite et d'argile, remettait en question la chronologie. L'art était plus ancien qu'on ne le pensait, plus ancien que Lascaux par exemple (-18000 ans) : il y a 36 000 ans en Ardèche, les hommes imaginaient déjà un chef-d'œuvre. La grotte Chauvet a été inscrite au patrimoine de l'Unesco en 2014, avant que l'ouverture de sa réplique en 2015 ne mette à la portée de tous le contenu d'un espace destiné au silence de l'Histoire.
L'Espace de restitution de la grotte Chauvet-Pont-d'Arc est installé à 2 km du site d'origine. Au cœur d'une zone boisée de 29 ha se déploient plusieurs bâtiments, dont la galerie de l'Aurignacien, une exposition qui plonge le visiteur dans les archives les plus anciennes de l'humanité, et bien sûr la caverne en elle-même, re-création de la grotte.
Sur 3 500 m (au sol), la scénographie restitue le caractère monumental de la grotte. Le relief des parois a été copié au millimètre près et le bestiaire, dont certaines représentations sont uniques dans l'art pariétal paléolithique, a été reproduit à partir des originaux numérisés. Une prouesse technique qui réussit à transcrire la puissance spirituelle de la grotte et ses qualités esthétiques hors du commun, une découverte émouvante aussi.

## Aires de service & de stationnement

### AUBIGNAS

**Aire d'Aubignas**
La Grangette - 04 75 52 41 69 (mise hors gel) -
Borne eurorelais : Gratuit
10 - Illimité - don à mettre dans l'urne (3€)
Services :
Très belle aire avec une superbe vue, proche d'un charmant village.
GPS : E 4.63181 N 44.5871

### LE CHEYLARD

**Aire du Cheylard**
ZI La Palisse, parking du Super U - 04 75 29 74 44
Borne artisanale
5 - 24h - Gratuit
Paiement : jetons (au Super U)
Services :
GPS : E 4.44135 N 44.912

### LABLACHÈRE

**La ferme Théâtre**
445 rte d'Alès, D 104 - 04 75 36 42 73 - www.lafermetheatre.com
Permanent (mise hors gel)
Borne artisanale : 5 € (eau + élec.)
25 - Illimité - 5 €/j.
Paiement :
Services :
Spectacles de Pâques à la Toussaint. Stationnement offert à ceux qui assistent au spectacle le soir.
GPS : E 4.22053 N 44.45494

### LAMASTRE

**Aire de Lamastre**
Pl. Pradon, au centre du village - 04 75 06 41 92
Permanent (mise hors gel)
Borne eurorelais 2,50 € 2,50 €
50 - 48h - Gratuit - stationnement interdit jours de foire et payant les jours de marché d'été (mardi).
Paiement : - jetons
Services :
GPS : E 4.57972 N 44.98701

### ST-AGRÈVE

**Aire de St-Agrève**
14 pl. des Cévennes - 04 75 30 15 06
De déb. mai à fin oct.
Borne AireService : 3 € (eau + élec.)
10 - Illimité - Gratuit - ouvert à tout véhicule
Paiement : jetons (office de tourisme)
Services :
GPS : E 4.39336 N 45.01043

### ST-REMÈZE

**Aire des Vignerons des Gorges de l'Ardèche**
407 rte de Gras - 04 75 04 08 56
Permanent (mise hors gel)
Borne AireService : Gratuit
10 - 48h - Gratuit
Services :
GPS : E 4.50575 N 44.39535

### ST-VICTOR

**Stationnement à la Brasserie Longue Vie**
Château de Corsas - 04 75 06 69 30 - www.longue-vie.fr
Permanent (prévenir avant.)
2 - Illimité
Services :
Réseau France Passion. Uniquement sur réservation, repas à la la table d'hôtes
GPS : E 4.697 N 45.09775

### VALLON-PONT-D'ARC

**Aire de Vallon-Pont-d'Arc**
Chemin du Chastelas, à côté des services techniques municipaux - 04 75 88 02 06
Permanent
Borne eurorelais 2 € 2 €
30 - 48h - 8,80 €/j.
Paiement : - jetons
Services :
Navette gratuite pour la ville de juin à sept.
GPS : E 4.39702 N 44.4052

## Campings

### LALOUVESC

**Municipal le Pré du Moulin**
Chemin de l'Hermuzière - 04 75 67 84 86 - www.lalouvesc.com
De déb. mai à fin sept. - 70 empl. -
Tarif camping : 2,60 € 2 € 2,80 € (6A) 3,30 €
Services et loisirs :
GPS : E 4.53392 N 45.12388

### ST-JULIEN-EN-ST-ALBAN

**L'Albanou**
Chemin de Pampelonne - 04 75 66 00 97 - www.camping-albanou.com
De déb. avr. à fin oct. -
Tarif camping : 30 € (10A) - pers. suppl. 5 €
Services et loisirs :
Beaux emplacements délimités sous les platanes et les tilleuls.
GPS : E 4.71331 N 44.75758

### ST-MARTIN-D'ARDÈCHE

**Le Pontet**
Le Pontet - 04 75 04 63 07 - www.campinglepontet.com
De déb. avr. à fin sept. - 80 empl. -
borne artisanale 3 € (eau + élec.) - 11 €
Tarif camping : 26,60 € (10A) - pers. suppl. 5,90 €
Services et loisirs :
Entouré de vignes, très bien ombragé.
GPS : E 4.58453 N 44.30409

### SALAVAS

Voir p. précédente

### LES VANS

**Le Pradal**
06 89 21 37 35 - www.camping-lepradal.com
De déb. avr. à déb. nov. - 32 empl.
borne artisanale 5 € (eau + élec.)
Tarif camping : 24 € (6A) - pers. suppl. 6,50 €
Services et loisirs :
GPS : E 4.11023 N 44.40809

# Les bonnes adresses de bib

## ALBA-LA-ROMAINE

**Saveurs d'Alba** – Pl. du Château - 04 75 46 32 79 - restaurant-saveurs-d-alba.com - fermé mar. soir et dim. soir, vac. de noël - menu 21,50 €. Ce petit restaurant sans prétention est une des bonnes adresses d'Alba. La cuisine, fraîche et raffinée, privilégie les produits de la région, et la carte des vins les productions du village. Jolie salle aux murs de pierre apparente.

## AUBENAS

**Maison Sabaton** – 42 r. Paul-Sabaton - ZA la Plaine (par la rte de Montélimar) - accès à la boutique par le hall d'entrée de la fabrique - 04 75 87 83 87 - www.sabaton.fr - P - tlj sf w.-end 8h-12h30, 13h30-18h30 (ouv. sam. en déc.). La famille Sabaton cultive son savoir-faire depuis 1907 : difficile de trouver mieux dans la région en matière de marrons glacés et de fruits confits... Forte de son succès, l'entreprise s'est dotée d'une fabrique ultramoderne. À l'accueil, une vidéo évoque la réalisation de la crème de marrons et des marrons glacés.

**Le Carré des Maîtres** – Pl. de l'Hôtel de Ville - 04 75 35 27 03 - fermé merc.-jeu. hors juil.-août - formules 12/23 €. Ce bar à vin-caviste (vente des vins servis en salle) élabore une cuisine à base de produits frais de saison pour servir des plats toujours délicieux. Autre établissement à Vals-les-Bains.

## LAMASTRE

**Les Négociants** – 14 pl. Rampon - 04 75 06 12 20 - www.hoteldesnegociants.fr - fermé déc.-janv. - ♿ - menus 18,50/29 €, plat du jour 10 €. Quel plaisir de s'attabler sur cette terrasse fleurie ! Mais le bonheur est aussi dans l'assiette pour qui veut découvrir la gastronomie ardéchoise à des prix très abordables.

## PRIVAS

**Clément Faugier** – ZI du Lac - côte du Baron - 04 75 64 07 11 - www.clementfaugier.fr - ♿ - 8h30-11h45, 13h30-17h15, vend. 8h30-11h45, 13h30-16h15 - fermé w.-end et j. fériés. On fabrique ici depuis 1882 des produits à base de marrons (crème, purée, marrons glacés, au cognac, au sirop), vendus individuellement ou présentés dans un joli panier cadeau. À voir, le petit musée et une vidéo expliquant les secrets de fabrication.

## ST-ÉTIENNE-DE-FONTBELLON

**Le Petit Ardéchois** – 10850 rte d'Alès - quartier des Champs - 04 75 89 11 79 - nougat-lepetitardechois.com - ♿ - tlj sf dim. 9h-19h. Cette petite entreprise artisanale implantée à 4 km du centre d'Aubenas fabrique vingt-cinq sortes de nougat selon les méthodes traditionnelles, dans des bassines et poêlons en cuivre. À goûter : le nougat aux marrons, aux myrtilles, au miel de lavande ou aux amandes de Provence. Visite et dégustation gratuites.

## ST-REMÈZE

**Auberge Chez Laurette** – 130 rte de Vallon-Pont-d'Arc (D4) - 04 75 46 14 15 - www.aubergechezlaurette.com - fermé dim. soir et lun. - formules déj. 14,50/15,90 € - menu 21 €. Une étape dans l'esprit « auberge de campagne ». Attablé sur la terrasse ombragée ou sous la véranda aux allures de bistrot, on déguste une cuisine régionale honnête et des desserts... généreux.

# Offices de tourisme

## AUBENAS

6 pl. de l'Airette - 04 75 89 02 03 - www.aubenas-vals.com.

## PRIVAS

3 pl. du Gén.-de-Gaulle - 04 75 20 81 81 - www.ardeche-buissonniere.fr.

*Descente des gorges de l'Ardèche en kayak.*

*E. Lattes/Biosphoto*

LYON ET SA RÉGION - CIRCUIT 5

# Balade au cœur de la Drôme

**Montélimar et ses nougats, Tain et son hermitage divin, le Facteur Cheval et son palais idéal, Saoû et sa fête du picodon : c'est dire la popularité de cette région, moins connue sous les appellations de Tricastin et de Valentinois. Par son climat et sa végétation, elle annonce la Provence, avec ses rangées de mûriers, ses oliviers, ses vignes, sa multitude de vergers. Place au soleil !**

**DÉPART :** MONTÉLIMAR - 7 jours – 330 km

## JOUR 1

Prenez le temps de découvrir **Montélimar**, et son célèbre nougat, en matinée (voir l'encadré p. ci-contre). Déjeunez en ville. Puis empruntez la route du sud, en direction de **Viviers**, où vous vous arrêterez pour apprécier cette élégante ville ecclésiastique. Encore plus au sud, la **ferme des Crocodiles** de Pierrelatte offre un complet dépaysement ! Faites étape à **Bourg-St-Andéol.**

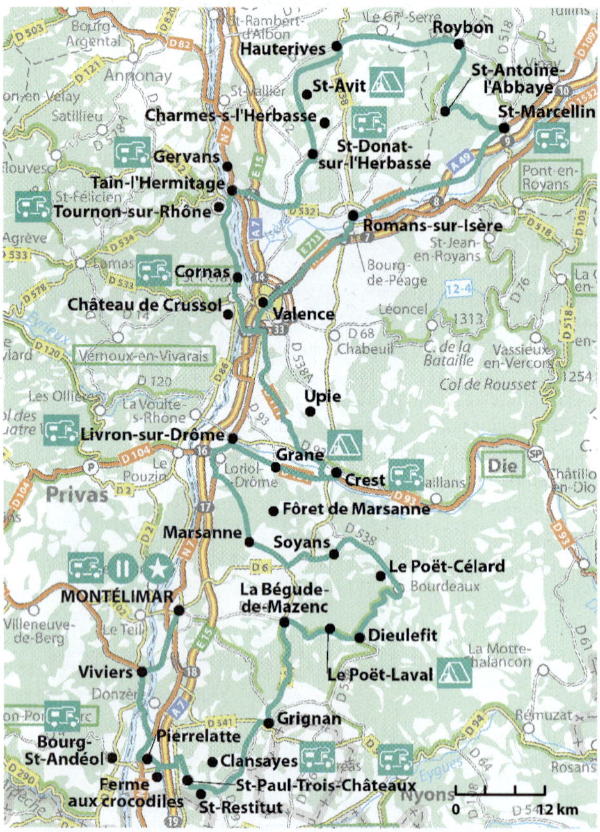


## JOUR 2

Prenez, dans la matinée, le temps de découvrir ce village perché, avec son église, son petit jardin de plantes aromatiques, sa chapelle. Déjeunez. Vous êtes dans la **région du Tricastin**, dont l'évêché fut autrefois **St-Paul-Trois-Châteaux**. Rendez donc visite à sa cathédrale, à la Maison de la truffe et aux découvertes du musée d'Archéologie triscastine. Prenez ensuite la direction de **St-Restitut**, où vous pouvez visiter au choix une église ou une grande cave à vin, le Cellier des Dauphins. Ensuite, soit vous avez le temps de faire un saut à **Grignan**, où résida Madame de Sévigné, soit vous rentrez à Montélimar.

## JOUR 3

Vous allez maintenant entrer dans les Préalpes drômoises, avec ses villages perchés et ses champs de lavande. Arrêtez-vous à **La Bégude-de-Mazenc**, puis au **Poët-Laval**, petite merveille médiévale, ancienne commanderie de Malte. Poursuivez l'excursion à **Dieulefit**, centre artisanal et touristique très actif, où vous pourrez bien déjeuner. Faites un tour à **Soyans** et sa petite chapelle romane. De là, rendez-vous dans la forêt de Saoû, nichée au pied d'impressionnantes falaises. Étape au **Poët-Célard**.

## JOUR 4

Cette belle journée passe par **Mirmande**, **Marsanne,** et la vue superbe du **donjon de Crest**. Avant de rejoindre Valence, terminez par une visite au jardin des Oiseaux, à **Upie**.

## JOUR 5

Profitez de la matinée dans la vieille ville de **Valence** qui vit passer nombre de noms illustres, dont Bonaparte. Déjeunez en ville, puis prenez la direction

*Viviers.*

alice dias didszoleit/iStock

de **Romans-sur-Isère** où vous visiterez l'étonnant musée international de la Chaussure. C'est peut-être l'occasion de faire quelques emplettes en ville, qui reste une capitale de la chaussure. Découverte de La Sône, le long des rives de l'Isère, à faire en bateau à roue. Pour conclure cette belle journée, il vous reste à rejoindre **St-Marcellin**, pour en goûter le fromage. Dormez au grand calme à proximité de St-Antoine-l'Abbaye.

## JOUR 6

Gagnez **St-Antoine-l'Abbaye**, honorant par une vaste abbaye les reliques de l'égyptien du désert. La route vous amène ensuite à observer les façades de galets de **Roybon**, puis vous arrivez enfin à **Hauterives**. Ici, il faut impérativement aller visiter le **Palais idéal du facteur Cheval**, œuvre tout droit sortie des rêves d'un préposé des Postes. Faites étape à proximité dans la **vallée de la Galaure**.

## JOUR 7

Si vous aimez les animaux, dirigez-vous vers les Mille et Une Cornes de **Charmes-sur-l'Herbasse** (attention aux horaires hors saison) ; à défaut, préférez les paysages du **défilé de St-Vallier** pour rejoindre **Tain-l'Hermitage**. Accordez une petite visite à la ville. Pour retrouver **Valence**, empruntez la route panoramique qui vous mène, pour finir, aux ruines du **château de Crussol**, forteresse perchée au-dessus de la vallée. Le cadre est grandiose.

ÉTAPE 11

# Montélimar

### OFFICE DE TOURISME

Montée St-Martin - ✆ 04 75 01 00 20 - www.montelimar-tourisme.com.

### STATIONNEMENT & SERVICES

**Parkings conseillés**

Parking de la gare - r. Olivier-de-Serres - 10 €/12h.
Parking du palais des Congrès - entrée au sud du palais des Congrès à l'angle de l'av. John-Kennedy et de l'av. du 14-Juillet-1789 - gratuit. Stationnement non autorisé la nuit.

**Aire du domaine du Bois de Laud**

Chemin du Bois-de-Laud, derrière l'hypermarché Leclerc - ✆ 04 75 01 00 20
Permanent
Borne AireService : Gratuit
17 P - 48h - Gratuit
Services : WC
GPS : E 4.75691 N 44.56522

Ah, Montélimar et ses fameux nougats ! C'est l'occasion non seulement de les goûter, mais aussi de découvrir tout leur univers au **Palais des bonbons et du nougat**. Mais les friandises ne sont pas le seul attrait de cette ville à l'ambiance déjà provençale, forte de sa position charnière entre Ardèche et Drôme. Vous vous en apercevrez rapidement, en visitant le **musée d'Art contemporain** qui a pris place en 2008 dans l'ancienne caserne St-Martin. Il programme des expositions d'envergure et de qualité autour de grands noms de l'art contemporain et, en période estivale, installe des sculptures monumentales dans les rues de la ville. Baladez-vous ensuite dans la vieille ville en passant par la belle place du Marché, bordée de maisons aux façades colorées. Un peu plus loin, la place Émile-Loubet est dominée, au nord, par la **maison de Diane de Poitiers** (1492) qui présente une belle façade percée de fenêtres à meneaux et, au sud, par l'**hôtel-de-ville** précédé d'une fontaine monumentale. Montez maintenant au **château** pour admirer les expositions d'art contemporain – couplées à celles du musée – et profiter du panorama sur les Préalpes drômoises. En fin de journée, faites une pause rafraîchissante sur l'une des agréables terrasses des **Allées provençales**. Incontournables, ces larges voies semi-piétonnes et ombragées protègent des assauts du soleil montilien les badauds venus flâner devant les vitrines des nombreuses boutiques de spécialités régionales.

## Aires de service & de stationnement

### BOURG-ST-ANDÉOL

**Aire de Bourg-St-Andéol**
Chemin de la Barrière -
04 75 54 54 20 - Permanent
Borne artisanale : Gratuit
20 - Illimité - Gratuit
Services :
Aire bruyante (voie ferrée).
GPS : E 4.64305 N 44.37519

### CLANSAYES

**Aire de Toronne**
63 chemin de la Garance, 5 km à l'O. -
06 89 51 07 77 -
www.aire-de-toronne.com -
Permanent (fermé fêtes de fin d'année)
Borne artisanale : gratuit
20 - - Illimité - 10 €/j. - 10h-19h, en dehors de ces horaires téléphoner avant votre arrivée
Aire idéale pour se détendre.
GPS : E 4.79678 N 44.36936

### CORNAS

**Aire de Cornas**
Grande-Rue, pl. des Saveaux -
04 75 81 81 65 - Permanent (mise hors gel)
Borne eurorelais : Gratuit
5 - 48h - Gratuit
Services :
GPS : E 4.84747 N 44.96023

### CREST

**Aire de Crest**
8 av. Agirond - 04 75 76 61 10
Permanent
Borne artisanale : 3 € (eau + élec.)
15 - 24h - 5 €/j.
Services :
Centre-ville à 300 m.
GPS : E 5.0208 N 44.7262

### GERVANS

**Aire de Gervans**
Pl. des Amandiers - 04 75 03 30 69
Permanent
Borne AireService : Gratuit
2 - 24h - Gratuit
Services :
GPS : E 4.83049 N 45.10915

### LIVRON-SUR-DRÔME

**La Ferme de l'Autruche Drômoise**
1120 chemin des Bruyères -
06 01 74 73 14 -
www.ferme-autruche.com
Permanent
Borne : Gratuit
20 - - 24h - Gratuit
Paiement :
Réseau France Passion.
GPS : E 4.88038 N 44.80991

### MONTÉLIMAR

Voir p. précédente

### ST-DONAT-SUR-L'HERBASSE

**Aire de St-Donat-sur-l'Herbasse**
Rte de St-Bardoux - 04 75 45 10 32
Permanent (mise hors gel)
Borne AireService : Gratuit
- Illimité - Gratuit
Services :
GPS : E 4.9831 N 45.11837

### ST-MARCELLIN

**Aire de St-Marcellin**
Bd du Riondel - 04 76 38 41 61
Permanent (fermé manifestations)
Borne AireService : Gratuit
25 - 24h - Gratuit
Services :
GPS : E 5.31817 N 45.15324

### ST-PAUL-TROIS-CHÂTEAUX

**Aire de Chaussy**
Av. Paul-Faure - 04 75 96 78 78
Permanent (mise hors gel)
Borne artisanale : Gratuit
- 24h - parking mixte
Services :
GPS : E 4.77101 N 44.3478

### TOURNON-SUR-RHÔNE

**Aire de Tournon-sur-Rhône**
Chemin de Labeaume -
04 75 07 83 83 - Permanent (l'aire risque d'être déplacée pour travaux)
Borne eurorelais
10 - 24h - Gratuit - borne compris - autre stationnement r. de Chapotte
Paiement :
GPS : E 4.82202 N 45.07338

## Campings

### GRANE

**Les 4 Saisons**
495 rte de Roche - 04 75 62 64 17 -
www.camping-4-saisons.com
Permanent - 44 empl. -
borne artisanale 10 € (eau + élec.)
Tarif camping : 35 €
(6A) - pers. suppl. 8 €
Services et loisirs :
Emplacements en terrasses souvent bien ombragées avec une vue sur la campagne et les montagnes pour quelques uns.
GPS : E 4.92671 N 44.72684

### LE POËT-LAVAL

**Municipal Lorette**
Quartier Lorette - 04 75 91 00 62 -
www.campinglorette.fr
De déb. mai à fin sept. - 60 empl. -
borne artisanale
Tarif camping : 16 €
(6A) - pers. suppl. 3,50 €
Services et loisirs :
Emplacements plus ou moins ombragés au bord du Jabron (sans eau l'été).
GPS : E 5.02277 N 44.52922

### ST-AVIT

**Domaine la Garenne**
156 chemin de Chablezin - 04 75 68 62 26 - www.domaine-la-garenne.com
De fin avr. à fin sept. - 50 empl. -
Tarif camping : 37,90 €
(6A) - pers. suppl. 7,30 €
Services et loisirs :
Beaucoup d'espaces verts pour la détente et de grands emplacements fleuris.
GPS : E 4.9549 N 45.20176

# Les bonnes adresses de bib

## CREST

**La Tartine** – 10 r. Peysson - 04 75 25 11 53 - fermé lun. soir et dim. de sept. à avr. - formules déj. 10/19,50 € - 18/35 €. Presque caché au cœur de la vieille ville, ce petit restaurant fait le bonheur des papilles grâce à sa cuisine élaborée avec des produits souvent bio et toujours frais. Et aussi le bonheur des yeux lorsque les artistes locaux exposent leurs tableaux et photographies. Deux salles à l'étage et un petit patio.

## DIEULEFIT

**Picodon Cavet** – Quartier Graveyron - 1,5 km de Dieulefit sur la D 540 dir. Montélimar - 04 75 91 82 00 - www.picodon-cavet.fr - ♿ - tlj sf dim. 9h-15h (18h juil.-août), sam. 9h-12h - visite de l'atelier sur RV (groupe 10 pers. mini) - 3 € (enf. 1,50 €). La maison Cavet fabrique ce fromage de chèvre suivant la recette née au 14e s. : picodon AOC (au manteau blanc), picodon méthode Dieulefit ; autres produits du terroir.

## MONTÉLIMAR

**Nougat Chabert et Guillot** – 4 r. Émile-Monier - Zac de Portes de Provence - 04 75 00 82 13 - www.nougat-chabert-guillot.com - tlj sf dim. 9h-12h30, 14h-18h30. LE nougatier de Montélimar, depuis 1848. Trois autres espaces de vente.

**Nougat Diane de Poytiers** – 9 av. Jean-Jaurès - 04 75 01 67 02 - www.nougatdiane.com - boutique 9h-12h, 14h-19h ; fabrique tlj sf w.-end 9h-12h, 14h-17h - fermé 15 j. en janv. Un atelier artisanal dirigé depuis trois générations par la même famille.

**Le Grillon** – 33 et 35 bd Meynot - 04 75 01 79 02 - fermé dim. soir et lun. - formule déj. 15,50 € - 20/34 €. Vous n'entendrez pas forcément les grillons, mais vous goûterez aux saveurs de la cuisine du terroir (menu truffe en hiver, menu champignons en saison) dans la salle à manger rustique ou en terrasse.

## LE POËT-LAVAL

**Tous les Matins du Monde** – 180 r. Étienne-Bougne - Le nouveau village - 04 75 46 46 00 - mai.-sept. : tlj sf dim. et lun. ; nov.-avr. : midi seult. - formule déj. en sem. 15 € - menu w.-end 23 €. Un restaurant qui bénéficie du label « Bistrot de pays ». Une cuisine simple et de saison, faite à partir de produits frais, à déguster sur une terrasse ombragée ou dans une salle agréable. Une pause bienvenue.

## ROMANS-SUR-ISÈRE

**Villa Margot** – 57 av. Gambetta - 04 82 30 20 10 - www.lavillamargot.fr - fermé dim., lun. soir et mar. soir - formules déj. 19/23 € - 32 €. Dans une villa de style Art déco entourée d'un grand parc, la Villa Margot et son décor contemporain sont l'occasion d'une pause très agréable. Également salon de thé et bar à cocktails avec *happy hour*... De mai à septembre, apéro-jazz avec musique *live* dans le parc (18h30-21h).

## TOURNON-SUR-RHÔNE

**Slow food café - La Péniche** – 2 prom. Léon-Perrier - 04 69 11 00 75 - www.facebook.com/lapeniche.tournon - juil.-août : non stop, horaires variables - plat du jour 10 € - 16,50 €. Cette péniche sur le Rhône prône le temps long... prendre un café, grignoter à l'apéritif, boire un cocktail, et manger à midi des plats simples concoctés avec des produits locaux. Un lieu convivial.

## VALENCE

**Le Bistrot des Clercs** – 48 Grande-Rue - 04 75 55 55 15 - www.michelchabran.fr - plat du jour 13 € - menus 24/32 €. Napoléon Bonaparte fit un passage dans ces murs, près de la maison des Têtes. Bistrot à la mode parisienne, cuisine copieuse, cadre nostalgique et terrasse sur la place.

# Offices de tourisme

## MONTÉLIMAR

Voir p. 463

## VALENCE

11 bd Bancel - 04 75 44 90 40 - www.valence-romans-tourisme.com.

*Crest et sa tour.*

L. Montico/hemis.fr

**LE TOP 5 NOUGAT À MONTÉMILAR**

1. Arnaud-Soubeyran
2. Chabert et Guillot
3. Diane de Poytiers
4. Le Chaudron d'Or
5. Suprem'Nougat

*Vol en parapente au départ du col de la Forclaz, au-dessus du lac d'Annecy. – F. Guiziou/hemis.fr*

*Fromages de Savoie. – Loop Images/Universal Images Group/Getty Images*

# Les Alpes

Les Alpes vues du ciel forment un continent à part entière, flottant au-dessus des plaines. Comme isolées du monde, elles se trouvent au confluent de trois pays et des grandes voies de communication européennes. Les sommets du Mont-Blanc, de la Vanoise et des Écrins tutoient le ciel entre 2000 et 4810 m. Impressionnants sans être tout à fait inaccessibles, ils dominent des paysages sauvages et des vallées empreintes d'une forte humanité.

Routes, forts et citadelles, villes et villages, chapelles et ouvrages d'art jalonnent les parcours et retiennent l'attention. C'est le cas de Chambéry, Grenoble ou Annecy, dont les centres anciens ont été restaurés.

Fief de la haute montagne, les Alpes du nord abritent, entre autres domaines skiables réputés, « le plus grand du monde », les Trois-Vallées. Elles ont conquis les randonneurs grâce à des sites naturels grandioses agrémentés de villégiatures en bord de lac, tels ceux du Léman, d'Annecy et du Bourget, et de villages pittoresques, du Faucigny au massif du Mont-Blanc, des Aravis à la Vanoise et de l'Oisans au Vercors...

Les Alpes du Sud se révèlent moins élevées, mais plus accidentées que leur sœur du Nord. Elles sont renommées pour leur ciel pur et un ensoleillement exceptionnel qui ne sont pas incompatibles avec un bon enneigement et des stations de sports d'hiver renommées comme Serre-Chevalier ou Montgenèvre.

Les Alpes recèlent aussi d'autres trésors comme les produits du terroir qui sont à l'origine d'une gastronomie simple et roborative mais de qualité. Fromages et charcuteries variés composent fondues crémeuses, raclettes et tartiflettes que l'on accompagne d'un vin de Savoie avant de finir par une somptueuse tarte aux myrtilles.

# LES ALPES

Randonnée dans les Alpes. – zmeel/iStock

## LES ÉVÉNEMENTS À NE PAS MANQUER

- **La Grande Odyssée Savoie Mont-Blanc** (73-74) : janv.
- **Concours de sculpture sur glace** à Valloire (73) : janv. (sur paille en juil.)
- **Défi Foly** à La Clusaz, course et waterslide (74) : avr. www.defifoly.com.
- **Printemps des vins du Bugey** dans le Bugey (01) : mai.
- **Les Radeliers de la Durance à** Embrun (05) : juin.
- **Concours international des chiens de troupeau** aux Orres (05) : juin.
- **Festival international du film d'animation** à Annecy (74) : juin.
- **Fêtes de la chartreuse** dans le massif (38) : juin.
- **Fest'eaux-vives** à Serre-Chevalier (05) : juin.
- **Fête médiévale du Grand Escarton** à Briançon (05) : juil.
- **Fête du bleu du Vercors-Sassenage** sur le plateau du Vercors (38) : fin juil.
- **Concours de bûcherons** à Aillon-le-Jeune (73) : août.
- **Au bonheur des mômes** au Grand-Bornand (74) : août. www.aubonheurdesmomes.com.
- **Fête du lac d'Annecy** (74) : août.
- **Coupe Icare** à St-Hilaire-du-Touvet (38) : sept., vol libre. www.coupe-icare.org.
- **Fête des alpages de Furfande** à Arvieux (05) : 1er dim. après le 15 août - www.lequeyras.com.

# Votre séjour dans les Alpes

## Circuits Nº



## Étapes



## Randonnées



## Stations de ski



## Stations thermales



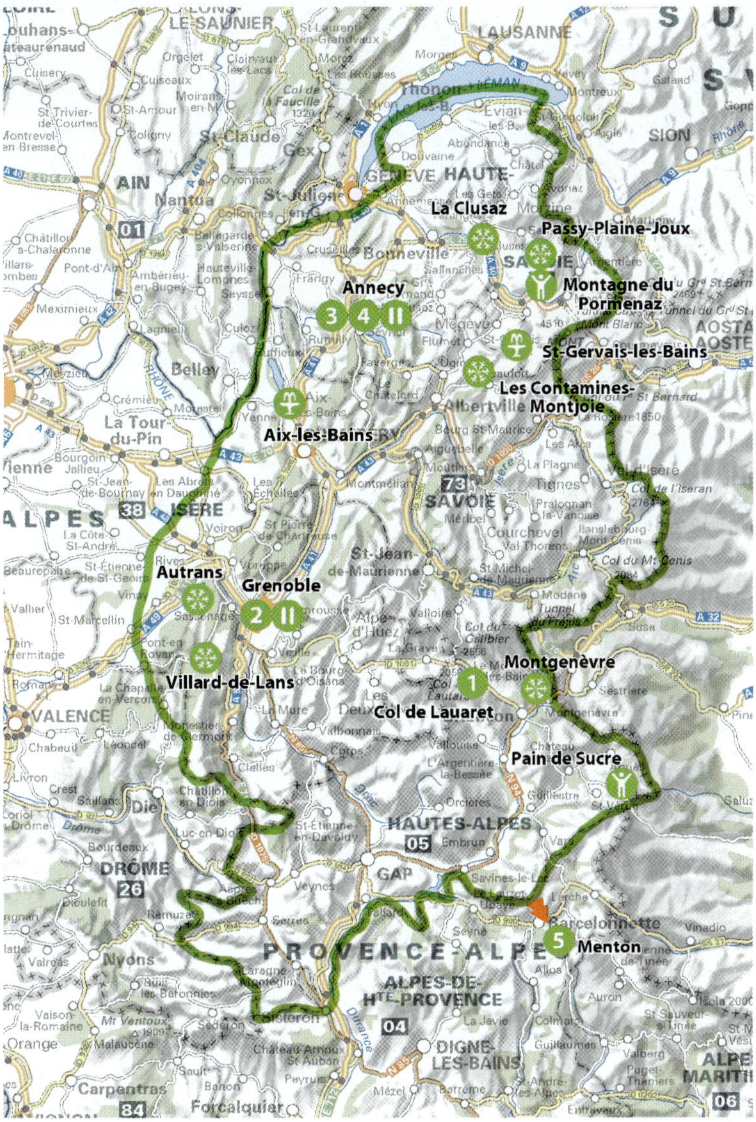


**EN COMPLÉMENT, UTILISEZ...**

- Guides Verts : Alpes du Nord et Alpes du Sud
- Cartes Michelin Région 523 et Départements 328, 333 et 334

LES ALPES - CIRCUIT 1

# Forts des Alpes et de Haute-Provence

**Dans chaque vallée et sur les hauteurs des Alpes du Sud, Vauban, tirant parti de ces situations stratégiques, a laissé des témoignages exceptionnels de l'architecture militaire du Grand Siècle que ses successeurs ont complétés et renforcés. De la vallée de Briançon à la haute Ubaye, cet itinéraire vous en présente un étonnant panorama.**

**DÉPART :** COL DU LAUTARET - 6 jours – 300 km

## JOUR 1

Que vous arriviez de Grenoble ou de Savoie, vous entrez véritablement dans les Alpes du Sud par le **col du Lautaret**, passage mythique des coureurs du Tour de France, où vous devez visiter son magnifique Jardin alpin. De là faites un crochet par **La Grave** dont les hameaux d'altitude vous offrent un superbe point de vue sur le **glacier de la Meije** puis descendez la vallée de la Guisane (D1091). Les randonneurs feront un crochet via **Chantemerle** par le **col de Granon**. Du parking on peut gagner facilement à pied les forts de l'Enlon et celui de l'Olive dans des panoramas de hautes montagnes superbes. Gagnez **Briançon** en fin de journée.

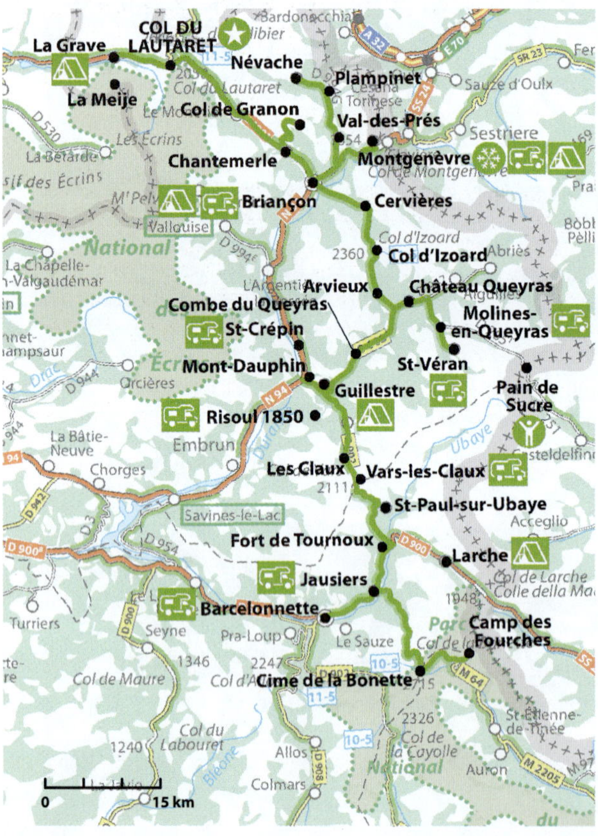


## JOUR 2

La matinée sera tout juste suffisante pour visiter la ville haute de Briançon enfermée dans ses fortifications. Allez vous ressourcer ensuite dans la **vallée de la Clarée**, qui recèle des hameaux préservés. Admirez les fresques de **Val-des-Prés**, puis celles de la chapelle Notre-Dame-des-Grâces à **Plampinet**. Poursuivez jusqu'à **Névache** avant de revenir à Briançon. Si vous avez un peu de temps, faites un crochet par **Montgenèvre** (voir l'encadré p. 496) d'où vous pourrez grimper (à pied et par les remontées mécaniques) vers les forts d'altitude, fort de Gondran et fort de Janus qui scrutent au loin les sommets du Parc national des Écrins. Quittez ensuite Briançon par la D902 via **Cervières** qui vous hisse au **col d'Izoard** (halte nocturne possible) et son fameux site de la Casse déserte.

## JOUR 3

Vous voilà aux portes du Queyras. En descendant dans la vallée, vous retrouvez des fresques et un atelier de jouets en bois (l'Alpin chez Lui) à **Arvieux** et découvrez le château de **Château-Queyras**, perché à l'entrée de la vallée du Guil. Puis rendez-vous à **Molines-en-Queyras** d'où s'échappe, sur la gauche, la D205 en direction du col Agnel, point de départ d'une belle randonnée vers le Pain de Sucre (voir l'encadré p. ci-contre). Mais en continuant tout droit sur la D5, vous rejoignez **St-Véran**, plus haut village d'Europe. Entre les fustes, les toits de lauzes et les cadrans solaires, vous vous imprégnerez des

R. Mattes/hemis.fr

*Le fort Queyras.*

traditions queyrassines. Revenez à la D947 puis D902 pour parcourir la **combe du Queyras** et arriver à **Guillestre**.

## JOUR 4

Après une visite rapide de la petite cité, montez à **Mont-Dauphin** et son impressionnante citadelle. Puis, de Guillestre, cap au sud par le **col de Vars** pour atteindre **St-Paul-sur-Ubaye**. De là, vous pouvez partir à la découverte du pont du Châtelet qui semble unir deux parois de la montagne, puis, tout au bout de la route, le village de **Maurin** et sa charmante église isolée.

## JOUR 5

En direction de Barcelonnette, vous visiterez le **fort de Tournoux**. Plus bas, **Jausiers** vous invite à la détente avec sa charmante base de loisirs. Votre après-midi sera consacré à **Barcelonnette** qui est riche d'une histoire empreinte d'exotisme. On y admire des demeures étonnantes, dont l'une, la villa La Sapinière, abrite le musée de la Vallée.

## JOUR 6

Pour cette dernière journée, depuis **Jausiers**, montez par la D64 à la **cime de la Bonette**, un belvédère incroyable, limite géographique incontestée entre les Alpes du nord et les Alpes du sud. En contrebas, faites une pause au **camp des Fourches** et montez à pied au fort du même nom aux portes du Parc national du Mercantour et des Alpes-Maritimes.

RANDONNÉE À PIED

# Pain de Sucre

### INFOS PRATIQUES

4h AR. Dénivelé 600 m. Niveau intermédiaire.
Au-delà du col Vieux, montée très raide nécessitant la plus grande prudence.
Départ du col Agnel, à 2620 m. La route d'accès au col Agnel, la D205T depuis Molines-en-Queyras, est fermée en hiver.
À faire absolument par temps sec et muni de chaussures de montagne.

### STATIONNEMENT & SERVICES

**Parking conseillé**
Garez-vous au parking, entre le refuge et le col Agnel.
**Aire de service de Molines-en-Queyras**
La Clap, D5 - 04 92 45 83 37
Permanent
Borne eurorelais : Gratuit
20 - Illimité - Gratuit
Services :
GPS : E 6.8422 N 44.73102

L'accès au **col Vieux** (alt. 2806 m) se fait facilement, en 30mn. De ce col, on a déjà une belle vue sur le lac Foréant, la crête de la Taillante et le Pain de Sucre.
De là, on parvient en 15mn de montée à un court replat : continuez tout droit et rejoignez un sentier qui serpente jusqu'au Pain de Sucre (alt. 3208 m).
Le **panorama**, grandiose et très étendu, est l'un des plus beaux des Alpes. Dans le prolongement des crêtes, vue sur l'Asti et le mont Viso. Au nord, la vue porte, par temps très clair, jusqu'au mont Blanc.
À la descente, prenez à droite au niveau de la croix un sentier balisé par des cairns. Après d'ultimes passages délicats, il rejoint le replat au-dessus du col Vieux.

## Aires de service & de stationnement

### BARCELONNETTE

**Aire de Barcelonnette**
Parking du Bouguet, derrière le stade - 04 92 81 04 71
Borne : gratuit
30 - 48h
Services :
GPS : E 6.65799 N 44.38223

### BRIANÇON

**Esplanade Jean-Marie Leblanc**
Av. Jean-Moulin, Parc des Sports - 04 92 21 20 72 - Permanent
Borne artisanale : 4 € (eau + élec.)
50 - 24h - Gratuit
Paiement :
Services :
GPS : E 6.6293 N 44.8898

### JAUSIERS

**Aire de Jausiers**
95 av. des Mexicains - 04 92 81 06 16 - Permanent
Borne flot bleu : 3 € (eau + élec.)
10 - Illimité
Paiement :
Services :
GPS : E 6.72905 N 44.41235

### MOLINES-EN-QUEYRAS

Voir p. précédente

### MONTGENÈVRE

**Aire des Marmottes**
Montgenèvre - 04 92 21 52 52
Permanent
Borne AireService : gratuit
220 - - Illimité - 16 €/j.
Paiement :
Services :
À proximité de la télécabine du Chanvet.
GPS : E 6.73575 N 44.93495

### RISOUL

**Aire de Risoul station 1850**
Sur le parking P4 - 04 92 45 01 07 - De déb. juil. à déb. sept.
Borne AireService : gratuit
30 - Illimité - 10 €/j.
Services :
Près des pistes.
GPS : E 6.63854 N 44.62356

### ST-CRÉPIN

**Aire du camping municipal de l'Île**
L'Île basse, face au camping municipal - 09 67 49 67 90 - www.camping.saintcrepin.com
De fin avr. à fin sept.
Borne artisanale : gratuit
30 - 24h - 20 €/j.
Paiement :
Services :
GPS : E 6.60131 N 44.70524

### ST-VÉRAN

**Aire de St-Véran**
Haut du village, parking de la Madeleine - 04 92 45 83 91
De déb. mai à mi oct.
Borne artisanale : gratuit
20 - 24h - 5 €/j.
Paiement :
Services :
Cadre magnifique.
GPS : E 6.86083 N 44.70472

### VARS-LES-CLAUX

**Aire de Vars-les-Claux**
Les Plans - parking P5 - 04 92 46 51 31 - Permanent
Borne artisanale : 5 € (eau + élec.)
50 - Illimité - Gratuit
Paiement : jetons (office de tourisme)
Services :
GPS : E 6.67761 N 44.57486

## Campings

### BRIANÇON

**Les 5 Vallées**
St-Blaise - 04 92 21 06 27 - www.camping5vallees.com
De déb. juin à fin sept. - 180 empl.
borne eurorelais 5 € (eau + élec.)
Tarif camping : 25,50 € (10A) - pers. suppl. 8,20 €
Services et loisirs :
GPS : E 6.61655 N 44.87748

### LA GRAVE

**La Meije**
06 08 54 30 84 - www.camping-delameije.com - De mi mai à mi sept. - 50 empl. -
Tarif camping : 22 € (6A) - pers. suppl. 4 €
Services et loisirs :
Magnifique panorama sur les glaciers de la Meije et du Tabuchet.
GPS : E 6.30911 N 45.04526

### GUILLESTRE

**St-James-les-Pins**
Rte des Campings - 04 92 45 08 24 - www.lesaintjames.com
Permanent - 97 empl.
borne artisanale 4 € (eau + élec.)
Tarif camping : 20,20 € (10A) - pers. suppl. 3,80 €
Services et loisirs :
GPS : E 6.63293 N 44.65685

### LARCHE

**Domaine des Marmottes**
Malboisset - 09 88 18 46 40 - www.camping-marmottes.fr
De déb. juin à fin sept. - 55 empl. -
borne artisanale 4 € (eau + élec.)
Tarif camping : 9 € 2 € (10A) 4 €
Services et loisirs :
GPS : E 6.85257 N 44.44615

### MONTGENÈVRE

Voir p. 496

## Les bonnes adresses de bib

**ARVIEUX**

**Les Jouets du Queyras** – La Chalp - ✆ 04 92 46 73 86 - www.lesjouetsduqueyras.fr. Cette coopérative de fabrication de petits jouets en bois possède 300 références. Vous y trouverez certainement votre bonheur, que ce soit dans les modèles anciens ou ceux plus récents. Ils sont fabriqués sur place.

**BARCELONNETTE**

✕ **Le Gaudissart** – Pl. Aimé-Gassier - ✆ 04 92 81 00 45 - www.legaudissart.fr - ♿ - fermé lun. soir, mar. soir et merc. soir sf en juil.- août - 19/36 €. Cette brasserie est souvent bondée à midi. Il faut dire que le plat du jour et le premier menu sont d'un excellent rapport qualité-prix. Agréable salle à manger rénovée et une véranda. Le parking situé en face est très pratique. Aïoli le vendredi et couscous le dimanche.

**BRIANÇON**

✕ **Au Plaisir Ambré** – 26 Grande-Rue - ✆ 04 92 52 63 46 - www.auplaisirambre.com - fermé jeu. (sf juil.-août) et merc. - 34/59 €. Dans la cité Vauban, cette ancienne boucherie reste vouée aux bons produits. Fraîcheur : tel est le maître mot du chef, habile cuisinier qui sait révéler les meilleures saveurs. En salle, son épouse assure un accueil des plus souriants. Vous avez dit plaisir ?

**LA GRAVE**

✕ **Les Glaciers** – Centre du village sur la D1091 - ✆ 04 76 79 90 07 - www.restaurant-les-glaciers.com - fermé de déb. nov. à mi-déc., merc. (et mar. hors vac. scol.) - formules déj. 18/24 € - 22/32 €. Ambiance rétro dans ce petit restaurant, labellisé « Hautes-Alpes », dans le plus ancien café de La Grave. Cuisine simple entièrement maison mettant à l'honneur les produits du terroir, des spécialités de montagne ainsi que l'Italie toute proche.

**GUILLESTRE**

✕ **Dedans Dehors** – Ruelle Sani - ✆ 04 92 44 29 07 - juin-août : tlj sf dim. - plats 14/21 €. Une ruelle médiévale dessert cette cave voûtée : tartines, salades et cuisine du terroir à la plancha, le tout agrémenté de fleurs et d'herbes folles. Un bistrot éclectique ! L'équipe prend ses quartiers d'hiver à Risoul 1850, à L'Extrad (déc.-avr. : seult le soir) où elle se concentre sur une carte de viandes et quelques spécialités montagnardes.

**JAUSIERS**

**Maison des produits de pays** – 325 av. des Mexicains - ✆ 04 92 84 63 88 - www.produitsdepays.fr - juil.-août : 10h-19h30 ; reste de l'année : 10h-12h, 14h30-18h45. Gérée par une soixantaine d'artisans, producteurs et agriculteurs de la vallée de l'Ubaye et des Alpes-de-Haute-Provence, cette maison donne un bel aperçu des richesses locales : miels, génépi, absinthe, fromages de chèvre et de brebis, charcuteries, vêtements en laine, confiseries à base d'argousier, articles en bois et en cuir, poteries...

**MONTGENÈVRE**

✕ **Le Capitaine** – La Praya - ✆ 04 92 21 89 84 - fermé de fin avr. à déb. juin, de fin sept. à déb. nov.,mar. - autour de 15 €. C'est le « ristorante pizzeria caffè » de Montgenèvre où l'on est sûr de manger « comme de l'autre côté de la frontière ». Il ne paie pas de mine, mais les pizzas y sont délicieuses.

**NÉVACHE**

✕ **La Table du petit randonneur** – Pra du Pont - Plampinet - ✆ 06 32 13 04 30 - 10h-18h - fermé lun. - sur réserv. - 10/22 €. Créé en 2020, ce restaurant propose une cuisine familiale maison à base de produits locaux et de saison. Les plats sont préparés dans la cuisine ouverte et les viandes grillées dans la cheminée.

## Offices de tourisme

**BRIANÇON**

1 pl. du Temple - ✆ 04 92 21 08 50 - www.serre-chevalier.com.

**GUILLESTRE**

Pl. Salva - ✆ 04 92 24 77 61 - www.lequeyras.com.

**JAUSIERS**

12-14 Grande-Rue - ✆ 04 92 81 21 45 - www.jausiers.com.

**ST-VÉRAN**

✆ 04 92 45 82 21 - www.lequeyras.com.

*Marmotte.*

*mauribo/iStock*

# Le Vercors et l'Oisans

**Forteresse dressée au-dessus de Grenoble, le Vercors est devenu le plus grand parc régional des Alpes du Nord. On y accède par des gorges étroites au fond desquelles bouillonnent rivières et torrents bordés de falaises spectaculaires. Plus secret et plus sauvage, l'Oisans marque l'entrée du Parc des Écrins, et frappe lui aussi par sa démesure. Tous deux méritent d'être sillonnés avec attention !**

**DÉPART :** GRENOBLE - 5 jours – 350 km

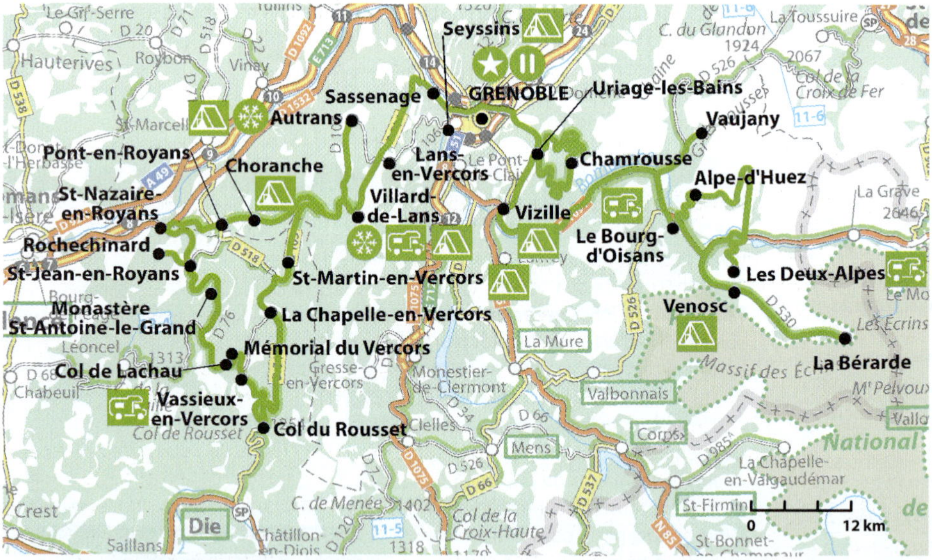


## JOUR 1

Après une journée passée à **Grenoble** (voir l'encadré p. ci-contre), partez par le nord-ouest pour gagner **Sassenage**. Son château du 17e s. ne se visite pas régulièrement, mais vous pouvez prendre le temps de profiter de son agréable parc ou des **grottes des Cuves** toutes proches. Remontez les **gorges d'Engins** jusqu'à **Lans-en-Vercors** par la D531. Vous rejoindrez ensuite **Autrans** et **Villard-de-Lans** ou leurs stations de ski (voir les encadrés p. 496 et 497).

## JOUR 2

Laissez-vous tenter par la route vertigineuse des gorges de la Bourne. La remarquable **grotte de Choranche** est un exemple de ces phénomènes d'érosion interne propres à la structure karstique du massif du Vercors. Vous rejoindrez ensuite **Pont-en-Royans** où, après la visite du musée de l'Eau, vous goûterez les ravioles, spécialité locale. Franchissez le pont Picard pour admirer sur l'autre rive les maisons postées en aplomb de la rivière. La basse vallée de la Bourne rejoint **St-Nazaire-en-Royans**, annoncé par son pont-viaduc. Vous pourrez faire étape ici.

## JOUR 3

Rejoignez St-Jean-en-Royans par la D209 et le village de **Rochechinard**, site bucolique au pied des falaises de Combe Laval. Faites un détour vers le remarquable monastère orthodoxe de **St-Antoine-le-Grand** décoré de fresques (D54 puis à St-Laurent, D239). La route de Combe Laval entre St-Jean-en-Royans et le **col de la Machine** constitue un des parcours les plus aériens de France. Au **col de Lachau**, le **mémorial du Vercors** rappelle que cette région fut le théâtre de violents combats en 1944. L'histoire est omniprésente à **Vassieux-en-Vercors** (musée de la

yenwen/iStock

*Téléphérique de Grenoble.*

Résistance). Poussez jusqu'au **col du Rousset** pour la vaste vue sur la plaine du Diois. La route du retour sur Grenoble passe par de hauts lieux de la Résistance : **grotte de la Luire, La Chapelle-en-Vercors**...

## JOUR 4

Après avoir rejoint Grenoble, partez à la découverte du massif de l'**Oisans**. Le deuxième massif de France est aussi plus secret et plus sauvage que le Mont-Blanc, son brillant rival. Depuis **Uriage**, reprenez la direction **Le Bourg d'Oisans** via **Vizille** (N91). Point de départ des alpinistes, le bourg est aussi fréquenté par les cyclistes qui se mesurent aux cols prestigieux et à la montée vers **Alpe-d'Huez**. Sa station de ski et celle de **Vaujany** vous raviront.

## JOUR 5

Cap sur **Les Deux-Alpes**, accessible en hiver pour le ski. Les plus téméraires pourront finir la découverte de la région en se rendant à **La Bérarde**, haut lieu de l'alpinisme en France.

ÉTAPE 11

# Grenoble

### OFFICE DE TOURISME

14 r. de la République - 
04 76 42 41 41 - 
www.grenoble-tourisme.com.

### STATIONNEMENT & SERVICES

Grenoble n'est pas une ville prévue pour le stationnement des camping-cars... Vous devrez laisser votre véhicule aux environs, au camping Les Trois Pucelles à **Seyssins** (6 km) relié à Grenoble par le réseau de transports en commun (tramway et bus).

**À Seyssins : Les Trois Pucelles**
58 r. des Allobroges - 04 76 96 45 73 - 
www.camping3pucelles-grenoble.fr
Permanent - 48 empl.
borne artisanale 5 €
Tarif camping : 21 € (5A) - pers. suppl. 5,50 €
Services et loisirs :
GPS : E 5.69882 N 45.16701

Grenoble, capitale des Alpes françaises, est une grande cité moderne en plein essor. Le site de la ville est exceptionnel : au Nord, ce sont les falaises abruptes du Néron et du St-Eynard, à l'Ouest les puissants escarpements du Vercors, vers l'Est, se dessine l'admirable silhouette de la chaîne de Belledonne. Vieille cité à tradition intellectuelle, la ville natale de Stendhal a pris le virage de la modernité lors des Jeux d'hiver de 1968 qui ont contribué à sa réputation de ville d'avant-garde. Commencez la visite de la ville par une ascension en téléphérique à la **Bastille** (où vous pourrez déjeuner).
De là, vous avez une bonne vue d'ensemble du centre-ville et des montagnes. Des sentiers de randonnée rejoignent le Parc naturel de la Chartreuse. En redescendant, restez sur la rive gauche de l'Isère pour visiter le **Musée dauphinois** et le **Musée archéologique** de l'église St-Laurent.
Traversez maintenant l'Isère pour rejoindre la rive droite, ville des 18e et 19e s. qui prend possession de la plaine jusqu'au moderne hôtel de ville et son parc. La vieille ville, de la **place Grenette** à la **rue de Chenoise**, est un lacis de rues dont la construction s'étend du Moyen Âge au 19e s. Vous ne manquerez pas la **Grande-Rue** où se trouve le **musée Stendhal** (au n° 20) et la maison natale de l'auteur du *Rouge et le Noir* (au n° 14). Passez enfin par les **halles Ste-Claire** : datées de 1874 et signées Gustave Eiffel, elles abritent un marché couvert où vous pourrez vous procurer de quoi vous concocter un délicieux pique-nique. L'incontournable reste le **musée de Grenoble**, qui accueille d'importantes collections d'art contemporain (c'est l'une des collections les plus importantes de France), dont des œuvres de Matisse.

## Aires de service & de stationnement

### LE BOURG-D'OISANS

**Aire de Bourg-d'Oisans**
Av. Aristide-Briand, parking du supermarché Casino - 04 76 79 76 00 - Permanent (mise hors gel)
Borne flot bleu : Gratuit
10 - Gratuit
Services :
GPS : E 6.03463 N 45.05694

### LES DEUX-ALPES

**Aire des Deux-Alpes**
Av. de la Muzelle, (D 213), au N. des Deux-Alpes - 06 88 05 50 50
De déb. déc. à fin avr. (et juillet- août - mise hors gel)
Borne Urbaflux
50 - 12 €/j. - 12 empl. l'hiver (avec élec.)
Paiement :
Services :
Bruyant en journée.
GPS : E 6.12246 N 45.02303

### VASSIEUX-EN-VERCORS

**Aire de Vassieux-en-Vercors**
Av. du Mémorial, D 76 - 04 75 48 28 11 -
De déb. mai à fin oct. -
Borne eurorelais 2 € 2 €
20 - Illimité - Gratuit
Services :
Site agréable. Départ de randonnées.
GPS : E 5.36964 N 44.8966

### VILLARD-DE-LANS

**Aire de stationnement des Bartavelles**
Rte des Bartavelles - 04 75 94 50 00 - Permanent
Borne : Gratuit - eau et vidange au camping de l'Oursière
20 - 48h - Gratuit
Services :
GPS : E 5.55586 N 45.06671

*La station de ski d'Alpe-d'Huez.*

Janoka82/iStock

## Campings

**Autrans** et **Villard-de-Lans** : voir p. 496 et 497 : **Seyssins** : voir p. précédente

### CHORANCHE

**Le Gouffre de la Croix**
1050 rte du Pont-de-Vezor - 04 76 36 07 13 - www.camping-vercors.com
De fin avr. à mi sept. - 47 empl. -
Tarif camping : 30,80 €
(6A) - pers. suppl. 6 €
Services et loisirs :
GPS : E 5.39447 N 45.06452

### ST-MARTIN-EN-VERCORS

**La Porte St-Martin**
04 75 45 51 10 - www.camping-laportestmartin.com
De déb. mai à fin sept. - 65 empl. -
borne artisanale 4 € (eau + élec.)
Tarif camping : 14 €
(12A) - pers. suppl. 2,90 €
Services et loisirs :
GPS : E 5.44336 N 45.02456

### VENOSC

**Le Champ du Moulin**
102 rte du Grand-Pré - 04 76 80 07 38 - www.champ-du-moulin.com
De fin mai à mi sept. -
borne artisanale
Tarif camping : 30,90 €
(10A) - pers. suppl. 6,70 €
Services et loisirs :
GPS : E 6.11986 N 44.98596

### VIZILLE

**Le Bois de Cornage**
Chemin du Camping - 06 83 18 17 87 - www.campingvizille.com
Permanent - 86 empl. -
borne artisanale 3,50 € (eau + élec.)
Tarif camping : 24 €
(10A) - pers. suppl. 5,50 €
Services et loisirs :
GPS : E 5.76948 N 45.08706

## Les bonnes adresses de bib

### GRENOBLE

**Café de la Table Ronde** – 7 pl. St-André - 04 76 44 51 41 - www.restaurant-tableronde-grenoble.com - - formule déj. 15,50 € - 29,50/48 €. Le reflet des habitués, accoudés autour du zinc animé et des photos dédicacées de Sarah Bernhardt, Raymond Devos et bien d'autres personnalités, s'interpelle dans les grands miroirs accrochés aux murs, au-dessus des banquettes de moleskine. Cuisine régionale de type brasserie.

**Christian Bochard** – 5 pl. de l'Étoile - 04 76 43 02 23 - www.chocolaterie-bochard.com - tlj sf dim. 9h30-12h30, 14h-19h. M. Bochard est inventeur de chocolats, et ses modèles et marques les plus originaux sont déposés. Il en va ainsi du Mandarin, une demi-clémentine confite associée à une crème au chocolat parfumée au Grand Marnier. Glaçon de Chartreuse, Glacier de Sarennes... Un régal !

### LES DEUX-ALPES

**La Fée** – 04 76 80 24 13 - hiver : 9h30-16h30 - 14/21,50 €. Ambiance chaleureuse dans un esprit chalet à 2 242 m. Accueil souriant et personnel attentionné. Plats régionaux (croziflette...), pâtes, salades et desserts (maison) à prix sympathiques. Carafe d'eau et pain offerts (rare dans les restaurants d'altitude).

### ST-MARTIN-EN-VERCORS

**La Saponaire** – Sous le Tilleul (à côté de l'église) - 04 75 45 27 86 - saponaire.fr - - 8h30- 12h30 - fermé dim. - 19/42 €. Une jolie épicerie bio, avec une bonne sélection de miels et fromages du pays, notamment le bleu du Vercors, fabriqué au village.

### ST-NAZAIRE-EN-ROYANS

**Bateau à roue « Royans-Vercors »** – 2-3 pl. des Fontaines-de-Thaïs - 04 76 64 43 42 - www.visites-nature-vercors.com - - dép. de St-Nazaire-en-Royans et de la Sône de déb. avr. à mi-oct. - selon la sais. 13/14 € AR (-14 ans 7,90/8,90 €), 20/21 € billet combiné avec le Jardin des fontaines pétrifiantes et la grotte de Thaïs. Croisière commentée pour découvrir la vallée.

### URIAGE-LES-BAINS

**Casino d'Uriage** – Palais de la Source - 04 76 89 08 42 - www.joa.fr - - 9h-2h, vend.-sam. et veilles de j. fériés 9h-4h. Machines à sous, roulette anglaise, black-jack, stud poker, etc. Soirées musicales, expositions et autres festivités.

### VAUJANY

**La Remise** – 7 pl. de la Fare - 04 76 80 77 11 - www.restaurant-laremise.com - - fermé de mi-avr. à fin juin et de déb. sept. à mi-déc. - carte 27/50 €. Dans une salle de restaurant décorée d'objets montagnards, le chef sert une cuisine entièrement réalisée par ses soins attentifs. Au menu, produits locaux et bruts, spécialités de montagne mais aussi truite fario, filet de bœuf ou steak tartare. Carte de pizzas.

### VILLARD-DE-LANS

**Vercors lait** – Rte des Jarrands - 04 76 95 33 21 - www.vercorslait.com - 9h-12h, 14h-18h - vac. scol. : 9h-18h. Fromages traditionnels issus d'une agriculture de montagne, à forte identité territoriale, parfaitement respectueuse de la nature et de l'environnement. Le lait d'exception provient de vaches alimentées exclusivement avec des fourrages produits dans les espaces protégés du Parc naturel régional du Vercors.

## Offices de tourisme

### LE BOURG-D'OISANS

30 quai Girard - 04 76 80 03 25 - www.bourgdoisans.com.

### GRENOBLE

Voir p. 475

### ST-NAZAIRE-EN-ROYANS

Parvis de l'Aqueduc - 04 75 48 49 80 - www.vercors-drome.com.

### VILLARD-DE-LANS

Voir p. 497

*Mont Aiguille.*

gui00878/iStock

LES ALPES - CIRCUIT 3

# À l'assaut du Mont-Blanc

**Impérial dans son manteau d'hermine, le massif du Mont-Blanc règne sans partage sur les Alpes. Son étendue et la succession des vallées qui le caractérise interdisent toute vision globale. Mais vous aurez une bonne idée de sa beauté en arpentant la vallée de Chamonix. Suivez bien notre escapade !**

**DÉPART :** ANNECY - 6 jours – 150 km

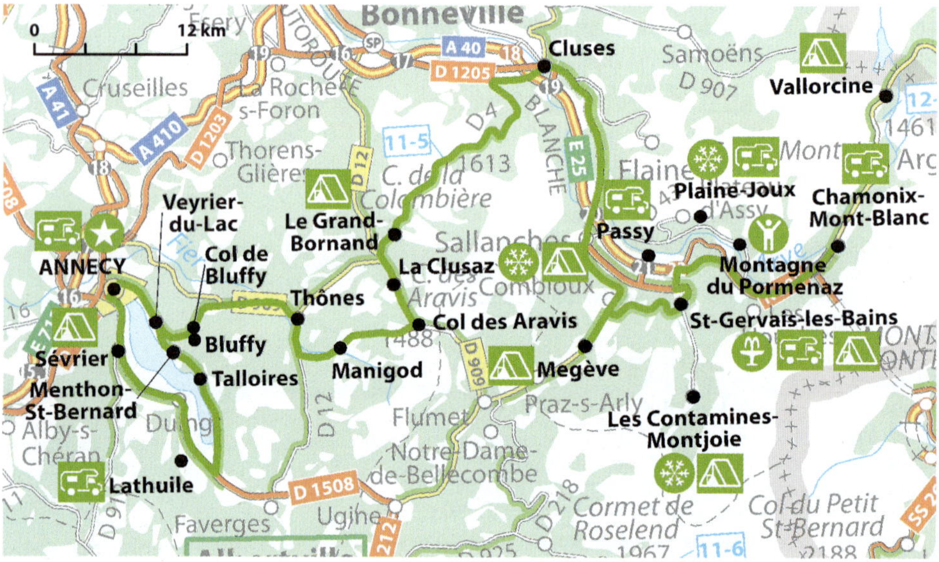


## JOUR 1

Après **Annecy** (voir l'encadré p. 483), partez à la découverte du lac en débutant par la rive est. Après **Veyrier**, appréciez le calme de **Talloires**. La Voie verte est une belle façon de découvrir la rive ouest. À **Sévrier**, visitez la célèbre fonderie de cloches Paccard.

## JOUR 2

Quittez Annecy par la D909. Vous longez comme hier le lac jusqu'à **Veyrier**, puis **Menthon-St-Bernard.** Là vous pourrez visiter le château du fondateur des célèbres hospices du Grand-St-Bernard. Rejoignez la D909 au col de Bluffy et prenez à droite vers **Alex** (Fondation Salomon), la Nécropole nationale des Glières, puis **Thônes** au cœur du massif des Bornes-Aravis. Dans ces vastes prairies, les troupeaux sont nombreux : vous êtes au pays du reblochon. Vous visiterez le musée du Pays et le musée du Bois et de la Forêt situé dans une ancienne scierie.

## JOUR 3

Départ le lendemain vers le sud pour la vallée secrète de **Manigod** ; empruntez la D2, puis la D16 qui franchit le col de la Croix-Fry. Vous serez impressionnés par les vastes fermes perdues dans les alpages. À l'intersection avec la D909, prenez à droite jusqu'au **col des Aravis** (1 498 m) d'où s'étend une vue magnifique sur le massif du Mont-Blanc. Les plus courageux se rendront jusqu'à la Croix de Fer *(2h de marche)* d'où le panorama est encore plus grandiose. Vous pouvez alors faire demi-tour pour gagner **La Clusaz** (voir l'encadré p. 497) qui fut l'une des premières stations de sports d'hiver. Si vous avez le temps, rejoignez le minuscule, mais charmant, vallon des Confins, à quelques kilomètres à l'est de La Clusaz.

## JOUR 4

Rejoignez **Le Grand-Bornand** par la D4. Ici, le paysage est d'une extrême douceur. Dans le village, vous pourrez visiter l'église et la Maison du patrimoine installée dans une ferme de 1830. Franchissez le col de

J.-F. Hagenmuller/hemis.fr

*Chamonix.*

la Colombière (D4) et arrêtez-vous à la chartreuse du Reposoir, beau couvent du 18e s. établi dans un site magnifique. À **Cluses**, vous pourrez visiter le musée de l'Horlogerie et du Décolletage, puis direction **St-Gervais-les-Bains** (voir l'encadré p. 499) et **Chamonix** via **Megève**. Les stations de ski sont à proximité de votre itinéraire : Bourg-St-Maurice, Les Saisies, **Les Contamines-Montjoie**, Samoëns et **Passy-Plaine-Joux**, pour ne citer qu'elles (voir p. 498).

## JOUR 5

Ce cinquième jour sera réservé aux montées à l'aiguille du Midi et à la mythique traversée de la vallée Blanche par le téléphérique. Nous vous conseillons de faire une halte au premier tronçon du téléphérique de l'aiguille du Midi (plan de l'Aiguille) pour vous acclimater et observer la vallée de Chamonix et le massif des Aiguilles-Rouges. Projeté ensuite en quelques minutes à 3 500 m d'altitude, vous découvrirez l'ensemble dantesque du massif du Mont-Blanc. Et par grand beau, un panorama inoubliable de l'arc alpin. Si vous avez le temps et que vous avez pris toutes les précautions d'usage pour une randonnée, vous pourrez réaliser la traversée Plan de l'Aiguille/Montenvers et rejoindre ainsi la mer de Glace. Le train du Montenvers relie aussi la vallée à ce site.

## JOUR 6

À **Chamonix**, visitez le Musée alpin qui retrace l'histoire de la ville avec des gravures et objets traditionnels. Puis, au départ des Praz, montez à pied en forêt jusqu'à la buvette de la Floria. Vous y serez bien accueilli et vous dégusterez, face au **Mont Blanc**, les plus fameuses tartes aux myrtilles de la vallée.

### RANDONNÉE À PIED

## Montagne du Pormenaz

**INFOS PRATIQUES**

6h AR - dénivelé 1 000 m. Altitude au sommet 1 945 m. Départ de Servoz, 10 km à l'est de Passy par la D13 puis la D143 à partir du centre de Servoz jusqu'au lieu-dit le Mont, ou départ du hameau Les Moulins-d'en-Haut (859 m), un peu plus haut sur la route, d'où l'on rejoint l'itinéraire près du torrent du Souay (accessible de mi-mai à mi-oct.).

**STATIONNEMENT**

Départ de Servoz : parking au pont du Souay.
Départ et parking aux Moulins-d'en-Haut.

Le sentier étroit, qui longe le torrent du Souay, peut paraître long en raison du fort dénivelé mais la variété des paysages traversés, la beauté de la flore et de la faune – on rencontre (parfois) des marmottes et des chamois – ainsi que le panorama à l'arrivée effacent toutes les peines. En chemin quelques passages s'avèrent délicats car équipés de mains courantes, de câbles et d'échelles ; que les sujets au vertige se rassurent, une alternative plus tranquille permet de les éviter.
Du sommet de la montagne de Pormenaz, au cœur de la réserve naturelle de Passy, se dévoilent l'envers du massif des Aiguilles-Rouges et les couches calcaires des Fiz. Les alpages alentour sont toujours fréquentés par les bergers et leurs troupeaux de moutons de juin à octobre. Des vieux chalets, la vue est magnifique sur le mont Blanc et l'aiguillette des Houches. Et pour prolonger le plaisir, 30mn de marche supplémentaires vous mènent au lac de Pormenaz, peuplé de truites fario. Cette halte, idéale pour un pique-nique, peut même, pour les plus courageux, s'accompagner d'une baignade, si le temps s'y prête.

## Aires de service & de stationnement

### ANNECY

**Aire d'Annecy**
Parking à l'intersection r. des Marquisats (D 1508) et chemin de Colmyr - 04 50 33 87 96
Permanent (mise hors gel)
Borne artisanale : Gratuit
10 - 24h - Gratuit
Près des tennis et à proximité du lac.
GPS : E 6.13915 N 45.89074

### CHAMONIX-MONT-BLANC

**Aire de Chamonix**
339 rte Blanche, D 1506 - 04 50 53 00 24 - De mi avr. à fin sept.
Borne artisanale
100 - - Illimité - ouvert à tout véhicule - 1 h gratuit puis 0,15€ le 1/4h
Services :
Navette gratuite pour le centre-ville.
GPS : E 6.86974 N 45.91578

### LATHUILE

**Aire privée à Lathuile**
Le Bout du Lac, 190 rte de la Porte - 06 87 65 39 64
De déb. mai à fin sept.
Borne artisanale : 2 € (eau + élec.)
25 - - Illimité - 12 €/j. - borne compris - Paiement :
Services :
Aire agréable et très tranquille, à 200 m du lac d'Annecy.
GPS : E 6.20761 N 45.79489

### PASSY

**Aire de Passy**
Chemin des Parchets, parking de Super U, près de la station-service - 04 50 58 80 17 -
De déb. janv. à fin déc.
Borne artisanale : Gratuit
700 - Illimité - Gratuit
Paiement :
Services :
GPS : E 6.70383 N 45.91914

### PLAINE-JOUX

**Aire de Plaine-Joux**
321 chemin des Parchets - 06 33 98 21 01 - De déb. juin à fin sept. (et de déb. déc. à mars)
Borne flot bleu 2 € 1,50 €
30 - Illimité - 10 €/j.
Services :
Vue magnifique sur le mont Blanc et la vallée de l'Arve.
GPS : E 6.73915 N 45.95128

### ST-GERVAIS-LES-BAINS

**Aire de la Patinoire**
77 imp. de la Cascade - 04 50 47 76 08 -
Permanent (mise hors gel)
Borne eurorelais : 2 € (eau + élec.)
20 - Illimité - Gratuit - ouvert à tout véhicule
Paiement : jetons (office de tourisme)
Services :
GPS : E 6.71327 N 45.88821

*Les Contamines-Montjoie, l'Auberge du Truc.*

Ch. Martelet/hemis.fr

## Campings

### LA CLUSAZ

Voir p. 497

### LES CONTAMINES-MONTJOIE

Voir p. 498

### LE GRAND-BORNAND

Voir p. 495

### MEGÈVE

**Bornand**
Demi Quartier, 57 rte du Grand-Bois - 04 50 93 00 86 - www.camping-megeve.com
De fin juin à fin août - 51 empl. -
borne artisanale 5 € (eau + élec.)
Tarif camping : 4,60 € 5 € (6A) 4,20 €
Services et loisirs :
GPS : E 6.64161 N 45.87909

### ST-GERVAIS-LES-BAINS

Voir p. 499

### SEVRIER

**Au Cœur du Lac**
3233 rte d'Albertville - 04 50 52 46 45 - www.campingaucoeurdulac.com
De mi avr. à fin sept. - 95 empl.
borne artisanale
Tarif camping : 31,10 € (8A) - pers. suppl. 6,10 €
Services et loisirs :
Situation agréable près du lac (accès direct).
GPS : E 6.14399 N 45.85487

### VALLORCINE

**Les Montets**
671 rte du Treuil, Le Montet - 06 79 02 18 81 - www.camping-montets.fr
De juin à mi-sept. - 75 empl. -
Tarif camping : 5,60 € 2,40 € 5,10 € (6A) 3,60 €
Services et loisirs :
Site agréable au bord d'un ruisseau et longé par la petite voie ferrée reliant St-Gervais au Châtelart (Suisse).
GPS : E 6.92376 N 46.02344

# Les bonnes adresses de bib

## ANNECY

**Le Bilboquet** – 14 fg Ste-Claire - 04 50 45 21 68 - restaurant-lebilboquet.com - - fermé dim.-lun. - formule déj. 26 € - 36/67 €. Les vieux murs épais garantissent une certaine fraîcheur dans cet agréable restaurant où les produits du marché se transforment en saveurs traditionnelles.

**La Fermette** – 8 r. Pont-Morens - vieille-ville - 04 50 45 01 62 - www.la-fermette-annecy.com - - de mi-juil. à mi-août : 8h-22h ; reste de l'année : 9h-19h. Charmante boutique de produits régionaux : miels, confitures, bonbons, vins, liqueur de génépi, marc, crozets, charcuteries, fromages, objets artisanaux. Vous pourrez mordre à pleines dents dans un sandwich chaud garni, par exemple, de reblochon ou de raclette.

**Compagnie des bateaux du lac d'Annecy** – 2 pl. aux Bois - 04 50 51 08 40 - www.bateau-annecy.com - croisières commentées (1h) 15,80 € (4-12 ans 11,50 €), à partir de 57,10 € avec repas. Embarquement au port d'Annecy, près de l'hôtel de ville. Outre la classique découverte du lac et des communes voisines, vous pourrez opter pour une croisière déjeuner ou dîner à bord du Libellule.

## CHAMONIX-MONT-BLANC

**La Maison Carrier** – 44 rte du Bouchet - 04 50 53 00 03 - www.hameaualbert.fr - P - fermé lun., mar. (basse sais.) - formule déj. 28 € - 33/42 €. Dans une ferme typique et conviviale au sein du luxueux Hameau Albert 1er, on mitonne des petits plats élaborés avec de superbes produits du terroir. Le résultat : généreux, noble et savoureux, comme l'étaient les recettes de nos grands-mères...

## LA CLUSAZ

**L'Ourson** – 27 passage du Mont-Blanc - 04 50 68 64 89 - www.resto-ourson-laclusaz.fr - fermé de déb. avr. à mi-juin et de mi-sept. à mi-déc - 24/42 €. Dans une ambiance élégamment montagnarde, on déguste une cuisine soignée qui a la saveur du fait maison. Spécialités savoyardes pour les amateurs. Service attentif.

**Ferme d'alpage des Corbassières** – 98 chemin du Var (hiver) - alpage des Corbassières (été) - massif de Beauregard - 04 50 32 63 81 - de mi-juin à fin sept. Située au bord du chemin de randonnée qui relie La Clusaz au plateau de Beauregard, cette ferme propose des visites de l'exploitation et des dégustations pour les groupes (10 pers.). Les repas et goûter (sur réserv.) et la vente des produits est ouverts à tous.

## MEGÈVE

**Au Crochon** – 2748 rte Nationale - 04 50 21 03 26 - 9h30-12h, 14h-19h - fermé lun. et dim. en intersais. et en hiver, j. fériés sf 14 Juil. et 15 août. Pour les amoureux d'objets en bois faits main, le choix risque d'être cornélien ! Du bac à fleurs (pour grand-mère), du coucou (pour grand-père), de la luge ou des raquettes, qu'emporterez-vous dans vos valises ?

## ST-GERVAIS-LES-BAINS

**Auberge de Bionnassay** – 3084 rte de Bionnassay - 3,5 km au sud de St-Gervais - 04 50 93 45 23 - www.auberge-bionnassay.com - fermé oct.-mai, lun. en juin et sept. - plats 13/20 €. Située à la croisée des chemins, cette ferme-auberge de 1810 est l'étape idéale pour les randonneurs. Dans un intérieur chaleureux, retrouvez le charme de la vie montagnarde des siècles passés.

# Offices de tourisme

## ANNECY

Voir p. 483

## CHAMONIX-MONT-BLANC

85 pl. du Triangle-de-l'Amitié - 04 50 53 00 24 - www.chamonix.com.

## LA CLUSAZ

Voir p. 497

*La Mer de Glace.*

J.-F. Hagenmuller/hemis.fr

**LE TOP 5 SUBLIMES SOMMETS**

1. Aiguille du Midi
2. Mer de Glace
3. Le Brévent
4. Glacier des Bossons
5. La Flégère

# Lac du Bourget, massifs des Bauges et de la Chartreuse

**Cette escapade vous convie à parcourir les rives du lac du Bourget, le plus grand lac naturel de France et à explorer deux parcs naturels régionaux, celui des Bauges aux somptueux panoramas et celui de la Chartreuse plus secret et empreint d'une incroyable sérénité entretenue par la présence des moines.**

**DÉPART :** ANNECY - 6 jours – 300 km

## JOUR 1

Au sud d'**Annecy** (voir l'encadré p. ci-contre), prenez la charmante D41. Elle franchit la forêt du Crêt du Maure et se faufile sur la montagne boisée du Semnoz. Après le panorama du belvédère du Bénévent qui regarde le lac d'Annecy, faites une pause au Jardin alpin, puis montez au **Crêt de Chatillon** (15mn à pied depuis le parking). De la table d'orientation se dévoilent les plus fameux sommets alpins, massifs du Mont-Blanc, de la Vanoise, des Écrins... Plus bas par le **col de Leschaux** vous rejoindrez **Lescheraines**, petit village qui a conservé tout son caractère puis **Le Châtelard** où se trouve la Maison du Parc naturel, en enfin un peu plus au sud **La Compôte**. Dans ce village, les fermes sont habillées de balcons à « tavalans ». Vous verrez, c'est aussi surprenant que beau !

## JOUR 2

Au sud du Chatelard, empruntez la pittoresque D206 qui conduit à **Aillon-le-Jeune** puis descend sur **St-Alban-Leysse** d'où vous suivrez la D912 puis D913 pour découvrir les panoramas sur le lac du Bourget depuis le mont Revard. **Aix-les-Bains** vous retiendra le reste de la journée (voir l'encadré p. 499).

## JOUR 3

Engagez-vous dans le tour du lac en tournant dans le sens inverse des aiguilles d'une montre, avec un crochet par la rive ouest pour la visite de l'**abbaye de Hautecombe** qui abrite les sépultures des princes de la Maison de Savoie. À l'entrée du **Bourget-du-Lac**, montez sur le mont du Chat et au panorama aux abords du Molard noir. À **Chambéry**, les visites du château (visites guidées seulement) et du Musée savoisien valent la peine. Elles vous éclaireront sur le patrimoine régional. Les amateurs d'art se rendront également au musée des Beaux-Arts.

## JOUR 4

Terminez votre visite de la vieille ville de Chambéry avant de rejoindre au sud de la cité le massif de la Chartreuse. Au choix : soit la D1006 jusqu'aux **Échelles** (la visite des grottes est intéressante)

Maremagnum/Getty Images

*Centre d'Annecy.*

puis les pittoresques **gorges du Guiers Vif**, soit la D912 par le beau col de Granier à 1134 m. Dans les deux cas vous atteindrez **St-Pierre-d'Entremont**, deux villages en fait séparés par une rivière, l'un en Savoie, l'autre en Isère. Prenez le temps d'y visiter le musée de l'Ours des cavernes et d'aller voir la cascade et le **cirque de St-Même**, spectaculaire par grandes eaux.

## JOUR 5

Rendez-vous à **St-Pierre-de-Chartreuse** par le **col du Cucheron**. Vous y passerez la journée entre la visite de la Correrie qui raconte toute l'histoire du monastère de la **Grande Chartreuse** (montez à pied derrière le monastère pour la vue), l'église de St-Hugues décorée de façon spectaculaire par l'artiste contemporain Arcabas… et surtout au lieu-dit le pont du Grand Logis la montée au belvédère des Sangles *(comptez 2h30 à pied)*. Pour finir la journée, grimpez avec votre camping-car au **Charmant Som** où, de juin à septembre, se tiennent une sympathique auberge et un chalet d'alpage vendant son fromage au lait de vache élaboré sur place.

## JOUR 6

De St-Pierre-de-Chartreuse, prenez la route de **St-Hugues-de-Chartreuse** et rejoignez le plateau des Petites-Roches offrant de beaux points de vue sur le massif de Belledonne. À **St-Hilaire** se tient fin septembre la Coupe Icare où tout ce qui vole sans moteur compose un spectacle hallucinant. Enfin, poussez jusqu'au **Touvet** pour visiter le château et son parc à la française agrémenté d'un escalier d'eau à l'italienne.

ÉTAPE 11

# Annecy

**OFFICE DE TOURISME**

1 r. Jean-Jaurès - ✆ 04 50 45 00 33 - www.lac-annecy.com.

**STATIONNEMENT & SERVICES**

Voir p. 480

Du centre Bonlieu où se tient l'office de tourisme traversez les pelouses du **Champ-de-Mars** pour rejoindre les rives romantiques du lac et le **pont des Amours** enjambant le canal du Vassé. S'y amarrent sous les platanes de belles vedettes en bois verni, témoins de la Belle Époque. Sur l'autre rive s'étendent les **jardins de l'Europe** plantés d'arbres remarquables d'Europe, d'Amérique et d'Asie, et qui regardent l'île des Cygnes. C'est là, entre les quais où accostent les bateaux croisières, que naît le Thiou qui sert de déversoir au lac. Il suffit de suivre cette rivière pour aborder le **Vieil Annecy** et ses ponts de pierre d'où l'on découvre le fameux **Palais de l'Île** en forme d'étrave de navire, l'un des bâtiments les plus photographiés de France. En fait de palais, il servit d'atelier de monnaie, de cour de justice puis de prison et abrite aujourd'hui le musée de l'Histoire d'Annecy. Le cours d'eau, rive droite, rive gauche, multiplie les enfilades de maisons colorées et abondamment fleuries au charme irrésistible. En parallèle la **rue Ste-Claire** déploie de belles arcades qui servent de cadre aux étals de charcuteries et fromages de montagne trois matins par semaine *(mar., vend. et dim.)*. Au passage, au n° 18, admirez la belle maison Renaissance et un peu plus loin une belle fontaine. L'après-midi de préférence, par la rampe du château ou la **porte Ste-Claire** coiffée de mâchicoulis, vous grimperez au **château Musée** dominant la vieille ville et le lac avec des vues superbes. Les différentes salles du château abritent d'intéressantes expositions, consacrées aux lacs alpins et à l'art régional. De retour dans la vieille ville, allez jeter un coup d'œil à l'**église St-Maurice** (belles fresques) et à l'**église St-François-de-Sales** (intérieur baroque) avant de retrouver les rives du lac qu'il faut suivre jusqu'au parc de l'Impérial. La journée sera sans doute trop courte pour profiter pleinement d'Annecy, surtout si vous envisagez une croisière sur le lac, ce qui est tout à fait recommandé. Mais une autre escapade s'avère incontournable, celle qui consiste à faire à vélo le **tour du lac** (environ 40 km), l'une des plus belles randonnées cyclistes de France. Un conseil : faîtes le tour dans le sens des aiguilles d'une montre (plus facile), le retour par la rive ouest étant entièrement en voie verte au plus près du lac.

## Aires de service & de stationnement

### AILLON-LE-JEUNE

**Aire d'Aillon-le-Jeune**
La Station - 04 79 54 60 72
Permanent -
Borne artisanale : Gratuit
30 - Illimité - Gratuit
Services :
Situé au pied des pistes.
GPS : E 6.10441 N 45.60893

### AIX-LES-BAINS

Voir p. 499

### ALLEVARD-LES-BAINS

**Aire d'Allevard-les-Bains**
Le David - 02 98 53 75 85 -
www.aireparkreservation.com
Permanent
Borne AireService :
1,50 € (eau + élec.)
24 - - Illimité - 8,55 €/j. - borne compris - réservation conseillée
Paiement :
GPS : E 6.07081 N 45.38852

### LE BOURGET-DU-LAC

**Aire du Bourget-du-Lac**
501 bd Ernest-Coudurier, La Croix Verte, à l'extérieur du camping municipal L'Île aux Cygnes -
04 79 25 01 76
Permanent (mise hors gel)
Borne Urbaflux 2,50 €
29 - - 13 €/j. - borne compris
Paiement :
Services :
GPS : E 5.86317 N 45.65314

### MYANS

**Aire privée Aux fruits de la Treille**
228 rte des Échelards -
04 79 28 02 87 -
auxfruitsdelatreille.com
Permanent
Borne artisanale : 11 € (eau + élec.)
5 - 48h - 6 €/j.
Paiement :
Services :
Vente de produits de la ferme.
GPS : E 5.9903 N 45.51463

### ST-PIERRE-DE-CHARTREUSE

**Aire de St-Pierre-de-Chartreuse**
Parking des Égaux, derrière l'église -
04 76 88 62 08
Permanent
Borne artisanale : gratuit
Services :
GPS : E 5.81527 N 45.34164

*Lac du Bourget.*

X. Forés & J. Roncero/age fotostock

## Campings

### AIX-LES-BAINS

**International du Sierroz**
Bd Robert-Barrier - 04 79 61 89 89 -
www.camping-sierroz.com
De déb. mai à fin oct. - 255 empl.
borne AireService 5 € (eau + élec.)
Tarif camping : 29,30 €
(10A) - pers. suppl. 5,20 €
Services et loisirs :
Tout près du lac et en deux parties distinctes (annexe à 500 m).
GPS : E 5.88628 N 45.70104

### LE BOURGET-DU-LAC

**International l'Île aux Cygnes**
501 bd E.-Coudurier - 04 79 25 01 76 -
www.ileauxcygnes.fr
De déb. avr. à mi-sept. - 267 empl. -
borne Urbaflux - 12,60 €
Tarif camping : 19,50 €
(6A) - pers. suppl. 5,50 €
Services et loisirs :
GPS : E 5.86308 N 45.65307

### LESCHERAINES

**Municipal l'Île**
À la base de loisirs Les îles du Chéran -
04 79 63 80 00 -
www.savoie-camping.com
De fin mars à mi-oct. - 215 empl. -
borne eurorelais 1,50 €
Tarif camping : 19,60 €
Services et loisirs :
Près d'un plan d'eau, bordé par la rivière et la forêt.
GPS : E 6.11207 N 45.70352

### ST-PIERRE-DE-CHARTREUSE

**Sites et Paysages De Martinière**
Rte du Col-de-Porte -
04 76 88 60 36 -
www.camping-de-martiniere.com
De mi mai à mi sept. - 89 empl. -
borne artisanale 27,50 € (eau + élec.)
Tarif camping : 32 €
(10A) - pers. suppl. 8 €
Services et loisirs :
Vue imprenable sur les montagnes.
GPS : E 5.79717 N 45.32583

# Les bonnes adresses de bib

**AIX-LES-BAINS**

✕ **Skiff Pub** – Le Grand Port - pl. Édouard-Herriot - ✆ 04 79 63 41 00 - www.hotel-beaurivage-aix-les-bains.fr - P ♿ Wi-Fi - fermé 4 sem. déc.-janv. - formules déj. 11/21 € - 30 €. L'atout principal de cette brasserie est sa grande terrasse avec vue sur le lac. Fruits de mer et plats de poisson figurent en vedette sur la carte.

**Casino Grand Cercle** – 200 r. du Casino - ✆ 04 79 35 16 16 - www.casinograndcercle.com. Ce joyau de l'architecture thermale du 19e s. a conservé ses somptueux décors d'époque et le théâtre à l'italienne. Restaurant, bar à vins et discothèque.

**Compagnie des bateaux Aix-les-Bains Riviera des Alpes** – Grand Port d'Aix-les-Bains - ✆ 04 79 63 45 00 - www.bateaux-aixlesbains.com - P ♿ - promenade à partir de 15 € (4-12 ans 11 €). Plusieurs croisières avec ou sans escales sur le lac du Bourget, le canal de Savières et le Haut-Rhône, avec ou sans restauration à bord. Croisières déjeuner et plusieurs formules de croisières dîner. Voir p. 481.

**CHAMBÉRY**

✕ **L'Atelier** – 59 r. de la République - ✆ 04 79 70 62 39 - www.atelier-chambery.com - ♿ - fermé de fin août à déb. sept., dim.-lun. - formule déj. 21€ - 25/45 €. L'atmosphère de ce relais de poste converti en restaurant façon bistrot – comptoir et ardoises dans l'une des trois salles à manger – se veut branchée. Cuisine actuelle sans chichi.

**Confiserie Mazet** – 2 pl. Porte-Reine - ✆ 04 79 33 07 35 - ♿ - 8h30-12h30, 14h-19h, lun. 14h-18h30 - fermé dim. (et lun. en juil.-août). L'enseigne de cette belle boutique date de 1903, comme sa spécialité, le Mazet, un bonbon acidulé aux extraits naturels de fruits. Les Ducs et la Tomme de Savoie aux myrtilles figurent parmi quelque 70 variétés de chocolats et confiseries fabriquées sur place.

**CHARMANT SOM**

✕ **Auberge du Charmant Som** – ✆ 04 76 88 83 38 - juin-sept. - fermé dim. soir - plats 8,50/21,50 €. Après la petite randonnée au sommet, arrêtez-vous déguster une tarte aux myrtilles à l'auberge ou une fondue en soirée. À la bergerie, située juste à côté, remplissez votre panier de fromages produits avec le lait des vaches qui paissent dans les prairies alentour. Le sérac frais est particulièrement délicieux !

**LESCHERAINES**

**Maison des artisans** – Au croisement de la D911 et de la D912 - Le Pont - ✆ 04 79 63 80 08 - 10h-12h, 15h-19h - fermé lun.-vend. hors vac. scol. Cette boutique regroupe les productions d'artisans baujus : spécialités locales, liqueurs, objets et jeux en bois, cosmétiques, bougies, poteries, sculptures...

**ST-PIERRE D'ENTREMONT**

✕ **La table du Moulin des Chartreux 1733** – La Bazinière - ✆ 04 79 65 94 77 - moulin-des-chartreux.com - formule déj. 17 € - 46 €. Le chef a puisé dans les trésors de la rivière et des fermes locales pour élaborer des plats bien tournés aux saveurs délicates. Que diriez-vous d'un filet de bœuf accompagné d'un jus réduit à la bière brune et d'une poêlée de champignons ? En été, agréable terrasse donnant sur le Guiers.

# Offices de tourisme

**AIX-LES-BAINS**

Pl. Maurice-Mollard - ✆ 04 79 88 68 00 - www.aixlesbains-rivieradesalpes.com.

**CHAMBÉRY**

5 bis pl. du Palais-de-Justice - ✆ 04 79 33 42 47 - www.chambery-tourisme.com.

*Lac d'Annecy.*

Arseniy Rogov/iStock

LES ALPES–CIRCUIT 5

# La route des Grandes Alpes

**Quelle meilleure voie pour découvrir les Alpes françaises que cette route des Grandes Alpes, lien ombilical entre les cols mythiques, depuis la mer Méditerranée jusqu'au lac Léman ? Vous pouvez la suivre dans sa totalité ou choisir de n'en faire qu'une partie. Le premier tronçon proposé vous mène de Menton à Guillestre, de la Riviera française jusqu'à la plus haute route d'Europe. Le deuxième tronçon, de Guillestre à Bourg-St-Maurice, passe aux choses sérieuses. Presque entièrement situé en haute montagne, il vous fait tutoyer les cieux sur d'inoubliables montées et descentes en lacets, dans des paysages toujours plus impressionnants. La troisième et dernière portion, de Bourg-St-Maurice à Thonon-les-Bains, quitte les hautes cimes pour graduellement redescendre. D'abord la haute montagne, puis des altitudes plus modestes et plus hospitalières, mais des vues toujours aussi grandioses.**

**DÉPART :** MENTON - 8 jours – 720 km

## JOUR 1

C'est en 1909 que le Touring Club de France relança un projet de traversée des Alpes par « la plus belle route de montagne du monde », en 600 km, de Thonon à Menton, par 16 cols et sur 15 713 m de dénivelés.

La plupart des guides suivent la route des Grandes Alpes du nord au sud. Comme nous aimons prendre les habitudes à contre-pied, nous emprunterons cet itinéraire du sud vers le nord, au départ de Menton.

Avant de quitter **Menton**, accordez-vous 2h pour visiter la vieille ville et longer le bord de mer, de préférence aux heures fraîches des journées d'été pour ne pas trop souffrir de la chaleur. Le climat local passe en effet pour être le plus chaud de la Côte d'Azur. Attardez-vous dans les jardins Serre de la Madone, à l'atmosphère rafraîchissante, où se mêlent arbres exotiques et essences locales. Prenez ensuite la route de Sospel, vers le nord. Pour cela, quittez Menton par les avenues de Verdun et de Sospel vers Castillon.

### LE CONSEIL DU BIB

**La route des Grandes Alpes, qui s'étire sur un tracé proche de la ligne des crêtes et de la frontière italienne, emprunte des cols généralement obstrués par la neige à partir de novembre et souvent jusqu'en juin. Pour plus d'informations : www.moveyouralps.com.**

Prenez ensuite la route du **col de Castillon**, dite aussi route de la Garde, qui relie le pays mentonnais au bassin de Sospel par la vallée du Carei. Au-delà du hameau de Monti, jolie vue sur Menton, la mer et le village de Castellar, alors que la route longe la forêt de Menton, puis passe près du beau viaduc en courbe du Caramel, emprunté jadis par le tramway Menton-Sospel. Vous passez le col de Castillon par le tunnel avant de descendre sur Sospel.

La ville de **Sospel** est l'un des sites de la Ligne Maginot des Alpes, construite dans les années 1930. La visite du fort St-Roch mérite le détour. Ses 2 km de galeries, à 50 m de profondeur, abritaient le nécessaire vital pour tenir un siège de trois mois.

En continuant vers le col de Turini, la route remonte, en forêt, la vallée de la Bévéra. La rivière a creusé de profonds méandres très serrés dominés par de hautes arêtes rocheuses et boisées. Vous passez par les belles gorges du Piaon, puis sous l'arche qui mène à la chapelle **N.-D.-de-la-Menour**, perchée sur un éperon. N'hésitez pas à vous arrêter pour y accéder par l'escalier monumental. La route traverse ensuite Moulinet, charmant village établi dans un petit bassin frais et verdoyant, puis regagne le **col de Turini** à travers la forêt. Continuez en face vers **La Bollène-Vésubie** en négociant les premiers virages de montagne dans la descente de la vallée de Valdeblore. Remontez ensuite la vallée de la Vésubie vers St-Martin-Vésubie. Si vous avez le temps, faites un détour par **Le Boréon** pour visiter le parc Alpha, qui propose d'aller à la découverte du loup, réintroduit dans la région en 1992. Reprenez la route pour gagner

Col d'Izoard
La Chalp
Combe du Queyras
Guillestre
Vars
Les Claux
Col de Vars
St-Paul-sur-Ubaye
Jausiers
Col de la Bonette
St-Étienne-de-Tinée
Le Boréon
St-Martin-Vésubie
La Bollène-Vésubie
Col de Turini
Sospel
Col de Castillon
MENTON
0
20 km

V. Trillaud/age fotostock

*Route du col de la Bonette.*

le **col St-Martin** et passer de l'autre côté dans la vallée de la Tinée, vers St-Sauveur-sur-Tinée, en traversant les gorges de Valabres. Peu après **St-Étienne-de-Tinée**, vous atteindrez le Pont Haut. À partir de là commence la zone protégée du Parc national du Mercantour et s'ouvre la voie vers la cime de la Bonette, près de laquelle passe « la route la plus haute d'Europe », comme le proclament les panneaux dans la vallée. Elle monte au travers d'alpages magnifiques où se rassemblent les marmottes, c'est en cet endroit que vous approcherez au plus près ces animaux attendrissants. Les sapins laissent la place à l'herbe rase, puis au minéral et vous entrez dans un paysage lunaire de haute altitude. Au sommet, panorama exceptionnel !

Le **col de la Bonette** relie les vallées de l'Ubaye et de la Tinée. Jadis, cette voie stratégique n'était qu'un chemin muletier : il est élargi dès 1832, mais la route actuelle ne fut achevée qu'en 1964. Si le col de la Bonette culmine à 2 715 m, la route qui fait le tour de la **cime de la Bonette** atteint 2 802 m, ce qui en fait bien la route goudronnée la plus haute de France et des Alpes, mais non plus d'Europe, celle-ci se situant désormais dans la sierra nevada espagnole. Quoi qu'il en soit, cette cime est toujours balayée par un vent glacial et la neige y reste présente jusqu'au cœur de l'été. Prévoyez un équipement en conséquence, même si vous partez le matin par plus de 35 °C en bord de mer.

Au bout d'une longue descente, vous arrivez à **Jausiers**, village aux nombreux équipements touristiques.

## JOUR 2

De Jausiers, prenez la route du col de Vars en suivant la haute vallée de l'Ubaye. Après La Condamine-Châtelard, vous passez en dessous du **fort de Tournoux**, un ouvrage militaire construit à partir de 1843 et achevé en 1880. Les casernements se confondent presque avec les escarpements rocheux, ne quittez pas trop la route des yeux afin de ne pas manquer l'embranchement vers **St-Paul-sur-Ubaye** où vous attend le musée de la Vallée, consacré aux outils et métiers artisanaux. Entamez la montée et bientôt, après le hameau des Prats, remarquez dans

un virage un bel ensemble de « demoiselles coiffées », ces rochers en forme de champignons.
Au **col de Vars**, un monument commémore la restauration de la route par les troupes alpines à la fin du 19e s. De l'autre côté, la route descend d'abord doucement vers les différents hameaux qui composent la station de sports d'hiver de Vars, puis en lacets plus serrés vers Guillestre. 2 km avant Guillestre, 100 m en amont du hameau de **Peyre-Haute** (panneau), grimpez sur le talus à gauche (15mn AR) pour accéder à une table d'orientation avec une large vue sur tous les sommets environnants.

## JOURS 3 ET 4

Au départ de **Guillestre**, vous empruntez la **combe du Queyras**, puis la route du col de l'Izoard. Au-dessus d'Arvieux, arrêtez-vous au hameau de **La Chalp** où se trouve la coopérative L'Alpin chez lui qui fabrique des jouets en bois, une des spécialités du Queyras. Après le village de Brunissard, la voie commence à monter au milieu de la Casse Déserte, un site étrange et désolé : roches déchiquetées et éboulis étonnamment fins composent le paysage. Soyez prudent dans les virages du secteur : **l'Izoard**, col mythique du Tour de France, attire les amoureux de la petite reine, mais les cyclistes, grisés par la vitesse ou concentrés sur leur effort, ne pensent pas toujours à leur placement sur la chaussée... L'Izoard est généralement obstrué par la neige d'octobre à juin, renseignez-vous et si c'est le cas, passez par la vallée de la Durance (au départ de Guillestre, prenez la direction de Briançon par la N94).
Au col, un monument témoigne de la reconnaissance envers l'armée des Alpes qui a construit ce passage, un des plus élevés de la route des Grandes Alpes. Montez aux pupitres d'orientation (15mn AR) placés au-dessus de la route. Panorama sauvage et beau, au nord sur les montagnes du Briançonnais et en arrière-plan sur le Thabor, au sud sur les sommets du Queyras, les pics des Houerts et de la Font Sancte, le massif de Chambeyron... Un peu plus bas, on aperçoit déjà le refuge Napoléon. Reconnaissant de l'accueil reçu à Gap pendant les Cent-Jours, Napoléon Ier légua au département une somme destinée à la construction de refuges aux cols les plus difficiles en hiver. Après une belle descente en sous-bois, vous arrivez à **Briançon**, la ville la plus haute de France, située au carrefour de quatre vallées. Passez la journée suivante à visiter la ville haute, ses forts et son chemin de ronde.

## JOUR 5

Quittez Briançon par l'avenue de Grenoble, en direction du Lautaret et du Galibier. Soyons honnêtes : la D1091 entre Briançon et **Le Monêtier-les-Bains** s'avère plutôt ennuyeuse. Ce n'est qu'en rentrant dans la vallée de la Guisane, quand s'amorce la montée vers le col du Lautaret, que la route s'anime quelque peu.
Malgré son altitude, **le col du Lautaret** n'est presque jamais fermé (accès au col : ✆ 04 92 24 44 44, répondeur automatique). De juin à début août, le site s'égaye d'immenses champs de fleurs. Au point culminant du col, une table d'orientation est érigée sur une éminence : de là, le panorama est saisissant sur le massif de la Meije et ses glaciers, un des plus beaux paysages des Alpes du Sud. Au Lautaret, deux variantes de la route des Grandes Alpes s'offrent à vous : soit par le Galibier et le Télégraphe, soit par L'Alpe-d'Huez et la Croix de Fer, mais suite à d'importants risques d'éboulement au niveau du tunnel du Chambon, cette dernière variante n'est plus autorisée depuis avril 2015 et pour une durée encore indéterminée.
Depuis le col du Lautaret, vous pouvez tout de même pousser jusqu'à **La Grave**. Après la descente sur ce village, prenez à droite sur 6 km par la D33A qui se détache de la route du Lautaret à la sortie du premier tunnel. De l'**oratoire du Chazelet**, isolé à gauche dans un virage, splendide point de vue sur le massif de la Meije (table d'orientation en contre-haut, à 1834 m).
Revenez au col du Lautaret où vous emprunterez la route du Galibier, qui relie la Maurienne et le Briançonnais. Ne prenez pas le tunnel pour passer

*Le col du Galibier.*

C. Moirenc/hemis.fr

# LES ALPES - CIRCUIT 5 (SUITE)

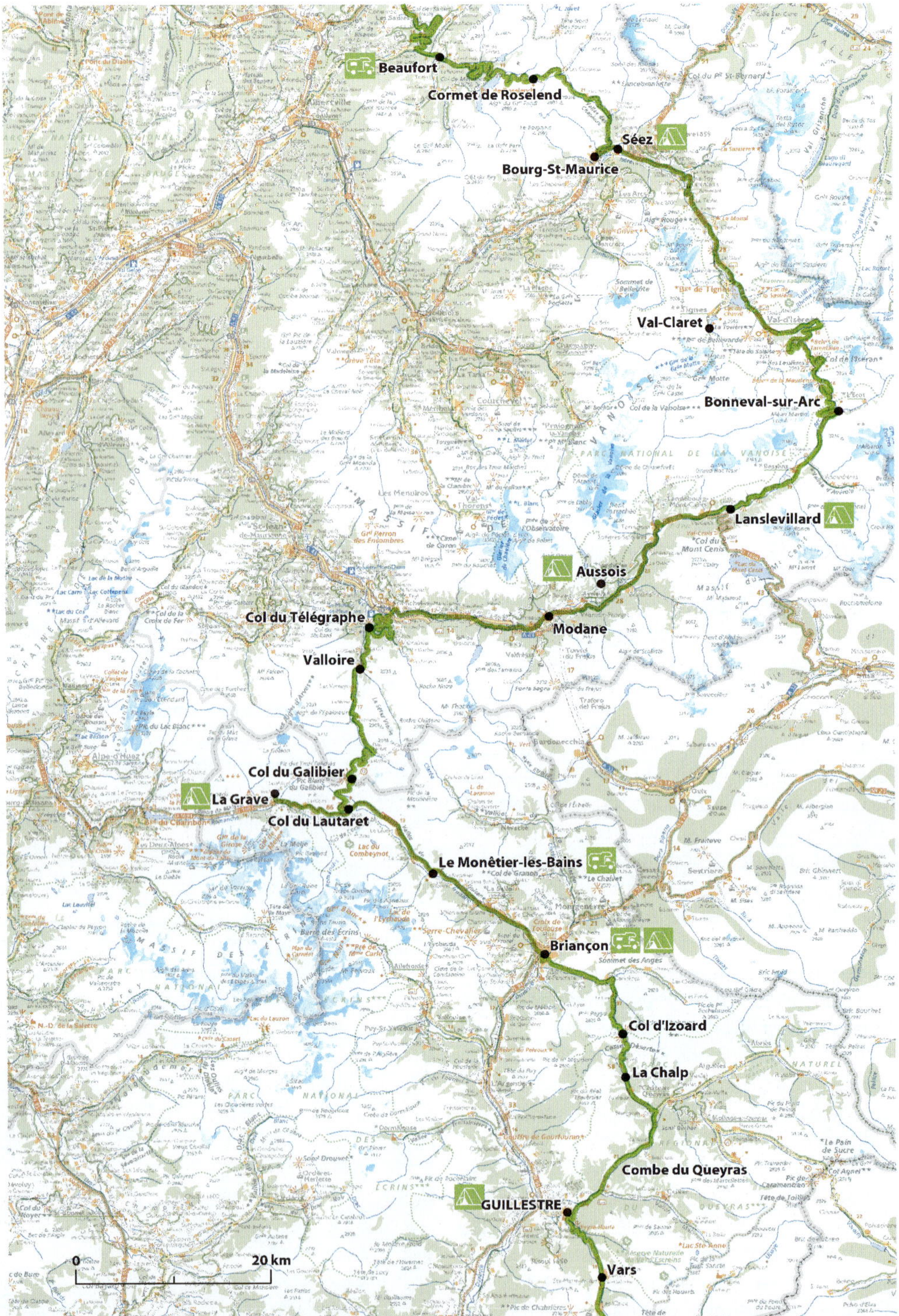

par le **col du Galibier**. Montez à pied (15mn AR) à la table d'orientation pour un panorama ponctué côté nord par les aiguilles d'Arves et le mont Thabor ; et côté sud par les monts du Briançonnais, les glaciers et les cimes neigeuses du massif des Écrins. À 100 m de cette table, une borne de pierre aux armes de France et de Savoie marque l'ancienne frontière. Après **Valloire**, vous arrivez au **col du Télégraphe**. Grimpez sur le piton rocailleux pour bénéficier d'une vue plongeante sur la vallée de l'Arc. La route descend ensuite abruptement sur St-Michel-de-Maurienne ; prenez l'ancienne N6 pour rejoindre Modane.

## JOUR 6

Partant de **Modane**, continuez dans la vallée de l'Arc vers Lanslebourg-Mont-Cenis. À partir de Lanslebourg, vous voilà sur la D902 que vous n'allez presque plus quitter jusqu'à l'arrivée à Thonon-les-Bains. Au bout de la vallée, environné de sommets de plus de 3000 m, **Bonneval-sur-Arc**, le dernier village de la haute Maurienne, mérite une promenade dans ses ruelles étroites et calmes d'un autre temps. Dès la sortie du village, c'est la montée vers le légendaire **col de l'Iseran**. En haut, côté Tarentaise, la neige subsiste pendant tout l'été. Le site du col proprement dit est d'une sévérité incroyable, balayé par les vents du nord. Du col même, les vues sont limitées, alors arrêtez-vous un peu plus loin au belvédère de la Tarentaise (15mn à pied AR) : de la table d'orientation, panorama sur les massifs de la Vanoise, du Mont-Pourri, et sur la chaîne frontière (Grande Sassière). Le belvédère de la Maurienne, côté sud du col, bien que proche de la route, est accessible après une randonnée.

*Col de l'Iseran.*

G. Labriet/Photononstop

La longue descente sur Bourg-St-Maurice permet de traverser la station de Val-d'Isère et, par un petit détour par la D87A, celle de Tignes ; la route s'arrête à **Val-Claret** où un funiculaire, puis un téléphérique vous hisseront au sommet de la Grande-Motte où s'offre un merveilleux point de vue sur le glacier du même nom. De retour sur terre, retrouvez la D902 jusqu'à **Bourg-St-Maurice**, bourg commercial et accueillant où vous pourrez aller au ravitaillement.

## JOUR 7

Quittez Bourg-St-Maurice en direction de Beaufort : de la route dominant le bassin de **Séez**, belle vue sur la haute Tarentaise. Après la butte rocheuse couronnée par la tour ruinée du Châtelard, vous suivez la vallée encaissée et boisée du Versoyen, puis la vallée des Chapieux. Après une série de lacets, la route en paliers traverse en remblai un « plan » marécageux. La dépression du **Cormet de Roselend**, longue de plusieurs kilomètres, fait communiquer les vallées de Roselend et des Chapieux. Elle frappe par la simplicité austère des paysages : semés de rocs solitaires et de quelques abris de bergers, des champs dénudés que seuls les troupeaux de vaches parcourent... Au sud s'élèvent les arêtes de l'aiguille du Grand Fond, point culminant du bassin du Doron de Beaufort. Pour bénéficier d'une vue plus dégagée, montez sur le mamelon surmonté d'une croix. Dans une encoche rocheuse, où la route vient s'accrocher à la paroi, une descente abrupte vous amène sur le lac du barrage de Roselend et offre un panorama qui s'étend jusqu'au Mirantin et au Grand Mont, deux des sommets les plus connus du Beaufortain. À l'extrémité du lac, une chapelle romane (fermée au public) est le premier plan d'un autre superbe panorama. C'est une copie de l'ancienne église du village de Roselend, disparu sous les eaux de la retenue.

Revenez à la D925 jusqu'à **Beaufort**, au carrefour des vallées du Roselend et d'Arèches. Le vieux quartier du village se regroupe sur la rive gauche du Doron. Il est notamment connu pour son fameux fromage, protégé par l'AOC depuis 1968 et élaboré à partir du lait de vaches de races tarine et d'Abondance. Entre Beaufort et Villard-sur-Doron, prenez la route des Saisies en direction d'Hauteluce, puis la belle montée vers le col et le village. La station des **Saisies** s'est développée au sein de l'ample dépression que constitue le col, l'un des sites pastoraux les plus typiques de la région. De la chapelle N.-D.-de-Haute-Lumière, au **col des Saisies**, on découvre une vue étendue

P. Jacques/hemis.fr

*Thonon-les-Bains.*

sur les montagnes du Beaufortain. En descendant vers N.-D.-de-Bellecombe, vous aurez droit à de larges échappées sur la chaîne des Aravis. Au cours de la descente, la vue s'étend vers le nord jusqu'à la pointe Percée, point culminant du massif des Aravis. Vigilance pourtant, car la chaussée s'avère souvent dégradée sur cette descente. Juste à l'entrée de **N.-D.-de-Bellecombe**, à la hauteur d'une croix, très vaste panorama par la trouée des gorges de l'Arly. Après ce village, la route poursuit une descente en lacets sous de belles futaies de sapins, puis passe le pont, jeté à 60 m au-dessus du cours encaissé de l'Arly. Avant de poursuivre, sachez que les cols des Aravis et de la Colombière peuvent être obstrués par la neige de fin novembre à fin mai. Si c'est le cas, passez par Megève pour rejoindre Cluses. Sinon, continuez sur le « goulet de Flumet ». Ce bourg, au croisement des routes du Val d'Arly, du col des Saisies et du col des Aravis, est fréquemment engorgé en saison. Cette difficulté passée, vous voilà dans les gorges de l'Arondine, formées par de profondes entailles dans le schiste. À leur sortie, le village de La Giettaz marque le début de l'ascension vers le **col des Aravis** : la dépression d'alpages, où s'élève une petite chapelle dédiée à sainte Anne, est encadrée par les corniches de l'étonnante face nord-est de l'Étale et, sur le versant opposé, par l'échancrure rectangulaire de la porte des Aravis. La vue s'étend de l'aiguille Verte, à gauche, au mont Tondu, à droite, en passant par les aiguilles de Chamonix, le Mont Blanc et l'aiguille des Glaciers. La descente sur **La Clusaz** présente six beaux lacets avant d'entrer en zone urbaine.

## JOUR 8

La route du **col de la Colombière**, qui fait communiquer la vallée de Thônes et la vallée de l'Arve, vaut surtout par la variété de ses paysages montagnards. Le contraste est frappant entre l'austérité pastorale du haut vallon du Chinaillon et le charme de la vallée du Reposoir. Après le Chinaillon, le paysage devient tout à fait sauvage ; les grands escarpements rocheux inclinés du Jallouvre empiètent de plus en plus sur les alpages du versant nord. De l'autre côté, entre le col et Le Reposoir, la chaîne du Reposoir laisse pointer, au sud de Romme, ses « têtes » gazonnées puis, au-delà, ses aiguilles rocheuses de la pointe d'Areu à la pointe Percée. Du village du **Reposoir**, prenez à droite une petite route si vous voulez visiter la **chartreuse**, couvent fondé en 1151.

Traversez Cluses pour prendre la route des Gets. Elle passe par **Taninges**, qui se flatte d'avoir la plus grande église néoclassique de Savoie (1825) dont le carillon

Thonon-les-Bains
Excenevex
Abondance
Abbaye-N.-D.-d'Aups
Morzine
Les Gets
Taninges
Col de la Colombière
Le Grand-Bornand
La Clusaz
Col des Aravis
N.-D.-de-Bellecombe
Col des Saisies
Les Saisies
Beaufort
Cormet de Roselend
Séez
BOURG-ST-MAURICE
0
10 km

(1939) s'agrandit (40 cloches) et se modernise progressivement ; des concerts de carillons sont donnés l'été. Continuez sur la thématique musicale en visitant le musée de la Musique mécanique dans la station des **Gets**, avant de gagner Morzine.

**Morzine**, devenue une destination touristique en 1880 avec l'ouverture de la route des Grandes Alpes, est depuis les années 1930 la capitale touristique du haut Chablais, une station familiale prisée. Engagez-vous dans la Dranse de Morzine en direction de Thonon. Dans le bassin de St-Jean-d'Aulps, les ruines de l'**abbaye de N.-D.-d'Aulps** sont encore visibles. Après La Baume, vous entrez dans les gorges du Pont du Diable. Les parois atteignent par endroits une soixantaine de mètres de hauteur et les éboulements d'anciennes voûtes ont obstrué une partie de ces gorges à l'allure de gouffre. Un bloc énorme coincé entre les deux parois à 40 m au-dessus du torrent forme un pont naturel, utilisé jadis comme passage : le « pont du Diable ». Encore une dizaine de kilomètres et c'est l'arrivée à **Thonon**, le bout de la route... De la vaste étendue du Léman que l'on observe depuis la terrasse du musée du Chablais au convivial port lacustre de Rives, le visiteur a la sensation de passer d'un monde à l'autre.

# Aires de service & de stationnement

## ABONDANCE

**Aire d'Abondance**
Accès par la D 22 - 04 50 73 02 90
Permanent
Borne flot bleu : 3,50 € (eau + élec.)
- 72h - Gratuit
Paiement :
Services :
GPS : E 6.7162 N 46.2802

## BEAUFORT

**Aire de Beaufort**
Av. des Sports, D 925 - 04 79 38 37 57 - De déb. avr. à fin nov.
Borne flot bleu 5 €
20 - 48h - Gratuit
Services :
GPS : E 6.5672 N 45.7198

## BRIANÇON

Voir p. 472

## JAUSIERS

Voir p. 472

## LE MONÊTIER-LES-BAINS

**Aire des Charmettes**
Rte des Bains, parking des Charmettes - 04 92 46 55 74
Permanent
Borne AireService 2 €
32 - - Illimité - 15 €/j. - borne compris
Paiement :
GPS : E 6.5119 N 44.9711

## LES SAISIES

**Aire du col des Saisies**
D 2018B, à droite du dernier rond-point avt le col des Saisies - 04 79 38 90 30 - Permanent
Borne flot bleu : 2 € (eau + élec.)
- - Illimité
Paiement :
Services :
GPS : E 6.5338 N 45.7629

## VARS-LES-CLAUX

Voir p. 472

*La ville et les remparts de Briançon.*

J.-L. Armand/Photononstop

## STATIONS DE SKI

## Villard-de-Lans

**INFOS PRATIQUES**

**Office de tourisme** : 31 av. du Gén.-de-Gaulle - 04 76 95 10 38 - www.villarddelans.com.

**Géolocalisation**
GPS : E 5.5501 N 45.0697
Altitude basse : 1050 m
Altitude haute : 2050 m

**Remontées mécaniques**
Télécabines : 2 — Télésièges : 6
Téléskis : 7 — Télémix : 1
Tapis : 1

**38 pistes**
Noires : 8 — Rouges : 7
Bleues : 9 — Vertes : 14

**STATIONNEMENT & SERVICES**

**Capfun Domaine de L'Oursière**
Av. du Gén.-de-Gaulle - 04 76 95 14 77 - www.camping-oursiere.fr
De mi mai à déb. sept. - 58 empl. -
borne artisanale 5 € (eau + élec.)
Tarif camping : 24 € (6A) - pers. suppl. 7 €
Services et loisirs :
Terrain en longueur traversé par un petit ruisseau.
GPS : E 5.55639 N 45.0775

**Aire de stationnement des Bartavelles**
Voir p. 476

Dans le Parc naturel régional du Vercors, Villard-de-Lans est un bourg de montagne animé toute l'année où il fait bon vivre ses vacances en toute saison ! À 1050 m d'altitude, cette station climatique est réputée pour la qualité de l'air et la variété de ses équipements de loisirs. « Le tourisme est chez nous une tradition ». En effet, c'est à la fin du 19e s. que celui-ci fit son apparition avec les fameuses « cures d'air et de lait ». Puis ce fut l'explosion des sports d'hiver avec l'organisation des premiers concours internationaux de ski. Aujourd'hui, Villard-de-Lans est la station de Carole Montillet, championne olympique de descente.

## La Clusaz

**INFOS PRATIQUES**

**Office de tourisme** : 161 pl. de l'Église - 04 50 32 65 00 - www.laclusaz.com.

**Géolocalisation**
GPS : E 6.4256 N 45.9057
Altitude basse : 1100 m
Altitude haute : 2600 m

**Remontées mécaniques**
Téléphérique : 1 — Téléskis : 27
Télécabines : 4 — Télésièges : 14
Télémix : 2 — Fil neige : 1

**85 pistes**
Noires : 8 — Rouges : 30
Bleues : 31 — Vertes : 16

**STATIONNEMENT & SERVICES**

**Capfun Le Plan du Fernuy**
1800 rte des Confins - 04 50 02 44 75 - www.capfun.com
De mi juin à mi sept. - 38 empl. -
borne artisanale 10 € (eau + élec.)
Tarif camping : 38 € (13A) - pers. suppl. 7 €
Services et loisirs :
GPS : E 6.45174 N 45.90948

La Clusaz est une station qui cultive son charme et met un point d'honneur à accueillir chaleureusement ses hôtes. Elle est à même de satisfaire tous les vacanciers avec une offre très diverse : à la fois authentique et sportive, elle répond à vos envies de ski et plaisirs hors-ski en toute convivialité. Terre de huit champions du monde, La Clusaz est la station de toutes les glisses, avec son domaine de 400 ha, sa grande diversité de pistes et de dénivelés.

# STATIONS DE SKI

## Passy-Plaine-Joux

**INFOS PRATIQUES**

**Office de tourisme** : 170 av. Léman-Mont-Blanc - ✆ 04 50 58 80 52 - www.passy-mont-blanc.com.

**Géolocalisation**
GPS : E 6.7398 N 45.9508
Altitude basse : 1340 m
Altitude haute : 1740 m

**Remontées mécaniques**
Téléskis : 5
Tapis : 2
Fil neige : 3

**10 pistes**
Noire : 1
Rouges : 3
Bleues : 3
Vertes : 3

**STATIONNEMENT & SERVICES**

**Aires de Passy et de Plaine-Joux**
Voir p. 480

Située au pays du Mont-Blanc, la station familiale de Passy-Plaine-Joux propose un domaine de ski alpin avec 6 téléskis, 13 canons à neige, un jardin d'enfants, mais aussi une piste de luge, 2 pistes de ski nordique, des sentiers raquettes, une maison des lutins, une salle hors-sac, un chalet de la réserve naturelle. Des forfaits à la carte à l'heure ou à la journée pour adultes et enfants sont disponibles, afin de skier à sa mesure !

F. Guiziou/hemis.fr

## Les Contamines-Montjoie

**INFOS PRATIQUES**

**Office de tourisme** : 18 rte de N.-D.-de-la-Gorge - ✆ 04 50 47 01 58 - www.lescontamines.com.

**Géolocalisation**
GPS : E 6.7285 N 45.8217
Altitude basse : 1164 m
Altitude haute : 2500 m

**Remontées mécaniques**
Télécabines : 4
Télésièges : 8
Téléskis : 12
Télécorde : 1

**48 pistes**
Noires : 9
Rouges : 19
Bleues : 12
Vertes : 8

**STATIONNEMENT & SERVICES**

**Le Pontet**
2485 rte de Notre-Dame-de-la-Gorge - ✆ 04 50 47 04 04 - www.campinglepontet.fr
De mi déc. à fin sept.
borne artisanale 5 € (eau + élec.)
Tarif camping : 33,60 € (10A) - pers. suppl. 5,60 €
Services et loisirs :
site agréable au départ des pistes de ski et de randonnée
GPS : E 6.7244 N 45.80683

À 1164 m d'altitude, le village des Contamines offre toutes les richesses, le charme et la personnalité d'une station-village de montagne. L'hiver, c'est bien sûr un domaine skiable composé de 48 pistes, mais l'hiver rime aussi avec ski de fond, balades en raquettes, randonnées en chiens de traîneaux, patinoire naturelle, deux églises baroques à visiter.

# STATIONS THERMALES

## St-Gervais-les-Bains

**INFOS PRATIQUES**

**Centre thermal**
355 allée du Dr-Lépinay - 74170 Le Fayet -
04 50 47 54 57 - www.thermes-saint-gervais.com -
Janv.-nov. (dermatologie) ; avr.-oct. (voies respiratoires)

**Indications**
Dermatologie, maladies des voies respiratoires et ORL, affection des muqueuses buccales.

**Température de l'eau**
34 °C.

**STATIONNEMENT & SERVICES**

**Les Dômes de Miage**
197 rte des Contamines - 04 50 93 45 96 -
www.natureandlodge.fr - De mi mai à mi sept.
borne artisanale
Tarif camping : 32,20 € (10A) - pers. suppl. 6,20 €
Services et loisirs :
GPS : E 6.72022 N 45.87355

**Aire de la Patinoire**
Voir p. 480

St-Gervais a rejoint le petit cercle des stations thermales au début du 19e s. Depuis lors, les propriétés curatives de ses eaux ont été exploitées. Vous trouverez donc au sein de l'établissement thermal, qui s'élève au cœur d'un vaste parc arboré, tous les équipements nécessaires pour des cures thérapeutiques ou des moments plaisir et détente, dans l'espace « Les Bains du Mont-Blanc » ouvert en 2011. Mais à St-Gervais, une autre clientèle se presse, émerveillée par un environnement d'exception dominé par le mont Blanc. Bien sûr, le domaine skiable Évasion Mont-Blanc attire les amateurs de toutes les glisses avec ses quelque 220 pistes. Mais un autre moyen de découvrir le massif consiste à monter à bord du tramway du Mont-Blanc qui transporte sans effort vers les cimes en réservant des points de vue mémorables. En hiver, il termine son ascension au plateau de Bellevue, en prise directe avec le domaine des Houches où les skieurs de renommée mondiale descendent la fameuse Verte ! Aux beaux jours, il va jusqu'au Nid d'Aigle, à 2 380 m d'altitude face au glacier de Bionnassay, non sans avoir fait quelques haltes qui sont autant de points de départ sur des sentiers de randonnées. Au cœur de tant de beautés naturelles, qu'il convient d'appréhender avec les précautions de rigueur, existe aussi un patrimoine remarquable : façades Arts déco à St-Gervais, églises à Passy ou à St-Nicolas-de-Véroce. La petite station, siège aussi de nombreuses animations, est décidément prometteuse.

## Aix-les-Bains

**INFOS PRATIQUES**

**Thermes Chevalley** : 10 rte du Revard - 04 79 35 38 50 - www.valvital.fr - de déb. fév. à mi-déc.
**Thermes Marlioz** : 111 av. Marlioz - 04 79 61 79 61 - domainedemarlioz.com - de déb.-fév. à déb. déc.

**Indications**
**Thermes Chevalley** : Rhumatologie, séquelles de traumatismes ostéo-articulaires et phlébologie
**Thermes Marlioz** : ORL, voies respiratoires et affections des muqueuses buccales

**Température de l'eau**
**Thermes Chevalley** : De 38 °C à 70 °C
**Thermes Marlioz** : 17 °C.

**STATIONNEMENT & SERVICES**

**Camping International du Sierroz**
Voir p. 484

**Aire Camping-Car Park d'Aix-les-Bains**
R. des Goélands - 01 83 64 69 21 -
www.campingcarpark.com - Permanent
Borne eurorelais : 5,50 € (eau + élec.)
86 - - 72h - 14,04 €/j. - borne compris - Paiement :
Services :
GPS : E 5.8889 N 45.6966

Si vous n'avez pas lu *Le Lac* de Lamartine, c'est l'occasion où jamais de le faire ! Car le lac de l'écrivain, c'est celui du Bourget, l'incontournable aixois non loin duquel la station thermale a grandi, à partir du 19e s. À côté de l'importance des thermes, répartis sur deux sites, la valeur patrimoniale d'Aix est indéniable. La ville a gardé de la Belle Époque quelques témoignages remarquables comme le casino Grand Cercle et sa salle de jeux au plafond somptueux, le Grand Hôtel ou encore les façades restaurées du quartier de la Corniche. Plus anciens, les vestiges romains, notamment ceux des thermes antiques ou le temple de Diane, ajoutent grandement à l'intérêt de la ville. Sans transition, vous pourrez à l'occasion faire des emplettes dans les rues voisines très commerçantes. Mais place à la vedette des lieux : le lac et ses eaux aux reflets changeants qui, non contentes de se laisser admirer depuis l'esplanade, se prêtent à de multiples activités : minicroisières, pédalo, baignade, voile… dont vous vous remettrez tranquillement allongé sur l'une des plages aménagées. Vous pouvez aussi vous lancer dans le tour complet du lac : il vous en coûtera environ 60 km mais vous ne le regretterez pas. Et si de retour à Aix, vous souhaitez goûter à l'animation de la station, sachez que le casino a bien plus à offrir que ses machines à sous et ses tables de jeu !

Menton. – monticello/ZOONAR GMBH LBRF/age fotostock

Le marché d'Antibes. – Natalishow/iStock

# Provence-Côte d'Azur

Source d'inspiration pour d'innombrables peintres, Provence et Côte d'Azur s'illuminent sous l'intensité et la pureté de leur lumière, tandis que le contrefort montagneux des Alpes du Sud fascine par sa variété de paysages et de climats, des grands espaces neigeux du Queyras aux gorges arides du Verdon…

La Côte d'Azur, destination estivale par excellence, doit beaucoup au mythique petit port de St-Tropez, désormais mué en repère « people » : Brigitte Bardot et le festival de Cannes ont fait de la Riviera l'une des destinations les plus médiatiques du globe ! Pourtant, de Bandol à Menton, ce fascinant littoral réussit l'exploit de nous faire toujours rêver ! Loin des marinas bétonnées, on peut encore jouir de lieux calmes et préservés, comme les îles d'Hyères : Porquerolles, Port-Cros et l'île du Levant.

Entre Alpes et Méditerranée, dans la garrigue de Pagnol, thym, romarin, et basilic distillent les arômes d'une Provence paisible où boulistes et touristes échangent à l'ombre des platanes. L'été, les festivals enflamment les sites hérités de l'histoire, d'Arles à Vaison-la-Romaine et d'Avignon à Aix-en-Provence.

En remontant la Durance, paraissent les massifs provençaux chers à Giono, du mont Ventoux à Manosque et Sisteron. En poursuivant l'exploration, on découvre un parc naturel dont les beautés sont à couper le souffle : le Verdon.

# PROVENCE- CÔTE D'AZUR

*La Camargue : la digue à la Mer – PJPhoto69/iStock*

## LES ÉVÉNEMENTS À NE PAS MANQUER

- **Mimosalia** à Bormes-les-Mimosas (83) : janv.
- **Oursinades** à Carry-le-Rouet (13) : fév.
- **Carnaval de Nice** (06) : 2 sem. autour de Mardi gras.
- **Fête du citron** à Menton (06) : 3 sem. autour de Mardi gras.
- **Feria de Pâques** à Arles (13) : w. end de Pâques.
- **Festival international du film** à Cannes (06) : mai.
- **Fête de la truffe et de l'olive** à Gréoux (04) : mai (années impaires).
- **Pèlerinage** à Stes-Maries-de-la-Mer (13) : 24 et 25 mai.
- **Fête de la transhumance** à St-Rémy-de-Provence (13) : Pentecôte.
- **Jazz à Juan** à Juan-les-Pins (06) : juil.
- **Fêtes de la Tarasque** à Tarascon (13) : dernier w.-end de juin.
- **Mondial de pétanque** à Marseille (13) : déb. juil.
- **Festival d'art lyrique et de musique** à Aix-en-Provence (13) : juil.
- **Festival d'Avignon** (84) : juil., théâtre et danse, depuis 1947 !
- **Chorégies d'Orange** (84) : de mi-juin à déb. août, dans le théâtre antique.
- **Biennale internationale de céramique** à Vallauris (06) : de juil. à mi-nov., années paires.
- **Rencontres de la photographie** (13) : de déb. juil. à mi-sept. www.rencontres-arles.com
- **Foire à la brocante** à L'Isle-sur-la-Sorgue (84) : w.-end 15 août.
- **Fête de la lavande** à Sault (84) : 15 août.
- **Fête de l'huile nouvelle** à Mouriès (13) : 1er w.-end déc.
- **Fête du Millésime** à Bandol (83) : 1er dim. déc.

# Votre séjour en Provence- Côte d'Azur

## Circuits



## Étape



## Visites



### EN COMPLÉMENT, UTILISEZ...

- **Guides Verts : Provence, Côte d'Azur et Alpes du Sud**
- **Cartes Michelin : Région 527 et Départements 332, 334, 340 et 341**

# Le cœur de la Provence

**Les Alpilles, Avignon, le pont du Gard, Aigues-Mortes, Stes-Maries-de-la-Mer... pas de doute, vous êtes en terre provençale. Sous un ciel d'un bleu intense, le vert des pins et des cyprès se mêle à celui de la garrigue et des oliviers. Plus au sud, les immenses étendues lacustres au sol craquelé dessinent le profil de la Camargue, territoire privilégié des chevaux blancs, des taureaux et flamants roses.**

**DÉPART :** ARLES - 6 jours – 250 km

## JOUR 1

Quittant **Arles** (voir l'encadré p. ci-contre) piquez plein nord jusqu'à l'**abbaye de Montmajour**, d'origine romane, impressionnante par ses dimensions, avant de rattraper le village de **Fontvieille** où le moulin de Daudet vous attend dans un site pittoresque. Tout près se trouvent les ruines de l'aqueduc gallo-romain de Barbegal qui alimentait un grand moulin hydraulique. C'est un autre moulin qui vous attend l'après-midi, celui la coopérative oléicole à **Maussane-les-Alpilles** où vous pourrez faire provision d'huile d'olive de la vallée des Baux.

## JOUR 2

Abordez de bonne heure le village des **Baux-de-Provence**, perché sur une arête rocheuse, le plus remarquable des villages des Alpilles. Il vous retiendra la demi-journée. L'après-midi sera consacré à **St-Rémy-de-Provence**, aux vieilles ruelles, aux souvenirs du peintre Van Gogh et au site antique de Glanum (une visite guidée est préférable) qui jouxte un mausolée et un arc romain dans un état de conservation exceptionnel. En fin de journée, organisez votre étape dans les alentours de **Châteaurenard** (montez au jardin des Tours qui grimpe au château féodal) de façon à aborder Avignon tôt le lendemain.

## JOUR 3

Dans la cité des Papes, **Avignon**, il est des étapes incontournables ! Le Palais des Papes, bien entendu, à voir dès votre arrivée. Un petit tour au Rocher des Doms qui réserve un beau point de vue avant de flâner autour des hôtels particuliers. Après déjeuner, en été, vous apprécierez la fraîcheur du musée du Petit Palais qui abrite de somptueuses collections, dont des toiles italiennes du 13e au 18e s. Enfin, vous ne pourrez échapper à une promenade sur le pont St-Bénezet, plus connu sous le nom de pont d'Avignon. Le soir, vous pourrez opter pour un dîner-croisière sur le Rhône.

## JOUR 4

Commencez la journée à **Villeneuve-lès-Avignon** (visitez la chartreuse du Val de Bénédiction), puis filez plein ouest par la D100 pour **Remoulins** et le

A. Petrus/Moment/Getty Images

*Aigues-Mortes.*

site grandiose du **pont du Gard**, partie la plus spectaculaire d'un aqueduc qui courait dans la garrigue sur près de 50 km ! Comptez au moins trois heures, puis gagnez plein sud **Beaucaire** et **Tarascon**, deux petites villes tout juste séparées par le Rhône préservant chacun un beau château.

## JOUR 5

Le matin descendez par la D38 sur **St-Gilles** pour son église abbatiale au somptueux portail, chef-d'œuvre de l'art roman provençal. Vous voilà aux portes de la Petite Camargue dont **Aigues-Mortes** est la capitale, entièrement ceinturée de remparts. Vous y flânerez, puis irez découvrir le port et le village du **Grau-du-Roi** ainsi que la plage de la **pointe de l'Espiguette** où les pêcheurs locaux récoltent les tellines, petits coquillages que vous retrouverez dans les restaurants.

## JOUR 6

Cette dernière journée sera camarguaise en prenant depuis Aigues-Mortes la D58 plein est. Par le pont de Sylvereal ou le bac du Sauvage vous rejoindrez **Stes-Maries-de-la-Mer** pour vous promener sur les sentiers du parc ornithologique de Pont-de-Gau, l'occasion unique de faire connaissance avec les oiseaux aperçus de loin dans les étangs et de belles colonies de flamants roses. Ensuite arpentez les ruelles du village dont les maisons blanches se blottissent autour de l'imposante église fortifiée. Et pour finir embarquez sur un bateau promenade pour une exploration du petit Rhône à moins de préférer une balade à vélo sur la Digue à la mer. Dans les deux cas vous aurez un bel aperçu de la Camargue sauvage.

ÉTAPE 11

# Arles

### OFFICE DE TOURISME

Espl. Charles-de-Gaulle - ✆ 04 90 18 41 20 - www.arlestourisme.com.

### STATIONNEMENT

**Stationnements gratuits**
Au début du bd Georges-Clemenceau (côté Rhône).
Le long des remparts, bd Émile-Combes (sf merc. jusqu'à 15h).

Assurément Arles va vous faire tourner la tête tant cette ville compte de vestiges antiques, de chefs-d'œuvre du Moyen Âge et de lieux emblématiques ! Votre première journée sera consacrée à la cité romaine en commençant par l'**amphithéâtre** élevé au 1er s., gigantesque arène, parfaitement conservé pouvant accueillir 12 000 spectateurs lors des ferias, courses camarguaises et spectacles traditionnels ponctuant l'année. Poursuivez par le **théâtre antique** dont la scène sert encore de lieu de spectacle en saison. Faites ensuite une pause déjeuner place du Forum ou dans les ruelles alentour. Le forum antique s'illustre par les **cryptoportiques**, longues galeries éclairées de soupiraux qui constituaient jadis le soubassement du Temple. Un lieu étrange et surprenant. Tout naturellement poursuivez votre circuit par les **thermes de Constantin**, d'une ampleur inhabituelle en Provence et qui montrent le réseau d'hypocaustes bien conservé servant à chauffer les bains. Pour terminer la journée, gagnez le magnifique **musée départemental de l'Arles antique**, établi sur l'emplacement de l'ancien cirque romain. Il expose des pièces rares par leur beauté et leur état de conservation, de belles statues, des mosaïques, objets de la vie quotidienne, maquettes de la cité antique, sarcophages... Votre seconde journée s'annonce plus éclectique avec la place de l'Hôtel-de-Ville (voir la voûte de son hall) et l'**église St-Trophime** au **portail sculpté**, chef-d'œuvre de l'art roman, et qui préserve un **cloître** tout à fait remarquable. Marchez ensuite sur les pas de Van Gogh en dénichant l'**espace Van Gogh**, ancien hôtel-Dieu où il fut soigné, puis le « café la nuit », place du Forum, et la **fondation Vincent-Van-Gogh** où de nombreux artistes rendent hommage au peintre. Consacrez l'après-midi au **musée Réattu** et sa donation Picasso avant de rejoindre, hors du centre historique, les **Alyscamps**, une nécropole superbe et romantique où l'on peut flâner des heures.

## Aires de service & de stationnement

### AIGUES-MORTES

**Aire d'Aigues-Mortes**
Bd Diderot, parking 4 -
04 66 73 90 90 - Permanent
Borne sanistation : gratuit
150 - Illimité - 22 €/j.
Paiement :
Services :
Au pied des remparts de la ville.
GPS : E 4.19583 N 43.56556

### ARLES

**Aire d'Arles**
Quai Kalymnos - 04 90 18 41 20
Permanent
Borne artisanale : gratuit
50 - Illimité - 5 €/j.
Services :
GPS : E 4.6181 N 43.67762

### BEAUCAIRE

**Aire de Beaucaire**
3 quai de la Paix - 04 66 59 10 06
Permanent
Borne eurorelais : 2 €
(eau + élec.)
6 - 48h - Gratuit
Paiement : jetons (office de tourisme, salon de coiffure Actu'l et capitainerie du port)
Services :
Au port de plaisance.
GPS : E 4.63744 N 43.80609

### BELLEGARDE

**Aire de Bellegarde**
Quai Paulin-Talabot - 04 66 01 11 16
Permanent
Borne eurorelais : 2 €
(eau + élect.)
6 - 48h - Gratuit
Paiement : jetons (Arolles Marine sur le port, papeterie du centre-ville, capitainerie du port et restaurant la Halte Nautique)
Au port de plaisance.
GPS : E 4.50097 N 43.74054

### COMPS

**Aire de Comps**
R. Nelson Mandela - 04 66 74 50 99
Permanent
Borne AireService : 2 €
(eau + élec.)
80 - 72h - 6 €/j. - borne compris - passage du régisseur
Paiement :
Services :
GPS : E 4.6088 N 43.85343

### LE GRAU-DU-ROI

**Aire de la Plage**
R. du Cdt-Marceau - 04 66 53 23 56
Permanent
Borne artisanale : 2 €
(eau + élec.)
25 - 24h - 25 €/j.
Services :
Accès direct à la plage.
GPS : E 4.13348 N 43.54063

### STES-MARIES-DE-LA-MER

**Aire Plage Est**
Av. Jacques-Yves-Cousteau -
04 90 97 87 60 - Permanent
Borne artisanale
- 13 €/j. - services compris
Paiement :
Services :
En bord de mer.
GPS : E 4.43666 N 43.4535

**Aire Plage Ouest**
Rte de l'Amarrée, D 38 -
04 90 97 88 77 - Permanent
Borne AireService : gratuit
60 - - 48h - 13 €/j.
Services :
En bord de mer, à 1,5 km du centre-ville.
GPS : E 4.40482 N 43.44992

### VALLABRÈGUES

**Aire de Vallabrègues**
Rte d'Aramon - 04 66 59 20 52
Permanent
Borne eurorelais : 2 €
(eau + élec.
6 - 48h - Gratuit
Paiement : jetons (camping Lou Vincen et bureau de tabac du village)
Services :
GPS : E 4.62639 N 43.85763

## Campings

### AIGUES-MORTES

**Yelloh! Village La Petite Camargue**
04 66 53 98 98 - www.yellohvillage-petite-camargue.com
De mi avr. à mi sept. - 553 empl.
borne artisanale
Tarif camping : 65 €
(16A) - pers. suppl. 10 €
Services et loisirs :
Autour d'un centre équestre. Navette gratuite pour les plages.
GPS : E 4.15963 N 43.56376

### ARLES

**Crin Blanc**
Au sud-ouest de Saliers par D 37 -
04 66 87 48 78 -
www.campingcrinblanc.com
De déb. avr. à fin sept. -
borne artisanale
Tarif camping : 27 €
(10A) - pers. suppl. 7 €
Services et loisirs :
Entouré de rizières et d'une manade.
GPS : E 4.47392 N 43.66149

### ST-RÉMY-DE-PROVENCE

**Monplaisir**
Chemin de Monplaisir -
04 90 92 22 70 -
www.camping-monplaisir.fr
De fin mars à fin oct. - 130 empl. -
Tarif camping : 42 €
(10A) - pers. suppl. 7 €
Services et loisirs :
Agréable cadre fleuri, autour d'un mas provençal.
GPS : E 4.82428 N 43.7972

### VILLENEUVE-LÈS-AVIGNON

**Les Avignon**
Chemin St-Honoré - 04 90 25 76 06 -
www.campinglesavignon.com
De déb. mars à fin oct. - 126 empl.
borne artisanale
Tarif camping : 29 €
(10A) - pers. suppl. 5 €
Services et loisirs :
Au milieu des installations sportives de la ville.
GPS : E 4.79711 N 43.96331

## Les bonnes adresses de bib

### ARLES

**La Gueule du Loup** – 39 r. des Arènes - 04 90 96 96 69 - www.restaurant-lagueuleduloup.fr - fermé merc.-jeu. midi - formules déj. 14/18 € - 25/32 €. On remarque facilement ce restaurant situé dans le centre historique, avec sa façade recouverte de végétation. La salle à manger de l'étage, climatisée, offre une fraîcheur bienvenue en été. Au menu, cuisine provençale, poisson, viande de taureau et flan de légumes. Service soigné.

**Le Galoubet** – 18 r. du Dr-Fanton - 04 90 93 18 11 - ♿ - fermé 10 j. entre oct. et nov., dim.-lun. - formules 27/33 € - réserv. conseillée. Notre restaurant coup de cœur, tenu par un couple sympathique, prix raisonnables et carte d'esprit bistrot, uniquement des produits frais bien mis en valeur dans des assiettes pleines de saveurs. Jolie terrasse.

**L'Épicerie du Cloître** – 16 r. du Cloître - 04 88 09 10 00 - www.lecloitre.com - tapas 5/7,50 € - assiettes 8/12 €. Avec ses airs de guinguette, cette épicerie fine se double d'une petite table, qui prend ses aises l'été à l'ombre d'une jolie placette. Le jeune chef élabore une cuisine minute fraîcheur, associant les produits d'un potager provençal bio à des conserves de qualité (sardines, piquillos...). Excellent.

### AVIGNON

**Le Moutardier du Pape** – 15 pl. du Palais-des-Papes - 04 90 85 34 76 - www.lemoutardierdupape.fr - fermé de déb. janv. à mi-mars - formules déj. 13,50/18 € - plats 15,50/21 €. Une adresse pour tous, y compris les vaniteux, ceux qui se croient le premier Moutardier du Pape... Mais trêve de plaisanterie ; on se régale ici d'une savoureuse cuisine au goût du jour, et l'on en prend plein les mirettes en s'installant sur la terrasse ombragée, qui fait face au Palais des Papes. Magique !

**Italie là-bas** – 23 r. de la Bancasse - 04 86 81 62 27 - fermé lun.-mar. - menus 33/68 €. Aux manettes, un couple d'Italiens passionnés : pendant qu'il s'occupe du service en salle, elle est en cuisine et prépare de bons plats transalpins, à base de produits frais. On se régale, tout simplement !

### LES BAUX-DE-PROVENCE

**Mas de la Dame** – Sur la D5 - 04 90 54 32 24 - masdeladame.com - P - avr.-oct. : 8h30-19h, w.-end. et j. fériés 9h-19h ; reste de l'année : 8h30-18h, w.-end. et j. fériés 9h-18h. Cette propriété du 16e s., immortalisée en 1889 par Van Gogh, est une des rares exploitations à produire à la fois du vin et de l'huile d'olive AOP les baux-de-provence.

### CHÂTEAURENARD

**Distillerie de la liqueur Frigolet** – 26 r. Rolland-Inisan - 04 90 94 11 08 - frigoletliqueur.com - P ♿ - 9h-12h, 14h-18h - fermé sam. apr.-midi et dim. Cette distillerie détient la recette du Frigolet, encore appelé élixir du père Gaucher, son créateur. La visite des lieux est très intéressante : découverte du « secret » de fabrication de l'élixir (composé de 30 plantes) et petit musée de l'Alambic.

### MAUSSANE-LES-ALPILLES

**Coopérative oléicole de la vallée des Baux** – R. Charloun-Rieu - 04 90 54 32 37 - www.moulin-cornille.com - lun.-sam. 10h-18h30 (19h en juil.-août) - visites guidées juin-sept. : mar. et jeu. à 11h (gratuit). Cette coopérative installée dans un moulin du 17e s. utilise encore des broyeurs à meules et des presses à scourtins. Production artisanale et traditionnelle d'huile d'olive vierge à partir de cinq variétés d'olives récoltées dans la vallée des Baux et ses environs. Vente et dégustation sur place.

## Offices de tourisme

### ARLES

Voir p. 505

### BEAUCAIRE

8 r. Victor-Hugo - 04 66 59 26 57 - www.provence-camargue-tourisme.com.

### ST-RÉMY-DE-PROVENCE

Pl. Jean-Jaurès - 04 90 92 05 22 - www.saintremy-de-provence.com.

*Flamants roses.*

AGaeta/iStock

## PROVENCE- CÔTE D'AZUR-CIRCUIT 2

# Merveilles naturelles du Vaucluse

**Les couleurs de cette escapade ? Jaune comme les genêts au pied des dentelles de Montmirail, noir comme la truffe du Vaucluse, blanc comme le sommet enneigé du mont Ventoux, bleu comme la lavande de Sault ou rouge comme l'ocre du village de Roussillon et du colorado de Rustrel. Une gamme de couleurs qui ne saurait être complète sans la lumière d'un soleil, ici, très généreux.**

**DÉPART :** CARPENTRAS - 4 jours – 205 km

## JOUR 1

De bon matin, promenez-vous dans les ruelles de la vieille ville de **Carpentras**, que vous quitterez pour les paysages échancrés des **dentelles de Montmirail**, avec un arrêt au pittoresque village de **Malaucène**. En mai-juin, lorsque les genêts, très abondants, illuminent les collines de leurs fleurs jaunes, les paysages des dentelles sont sublimes. Offrez-vous un déjeuner de terroir dans un village des environs. N'oubliez pas que vous êtes dans un pays de truffe et de bon vin (gigondas). Profitez de l'après-midi pour vous promener sur les sentiers balisés, au cœur des vignes du fameux **muscat de Beaumes-de-Venise**.

## JOUR 2

Aujourd'hui, entamez l'ascension du **mont Ventoux** voisin (les grands sportifs s'y mesureront à vélo). Sachez que le mont Ventoux est classé par l'Unesco comme « réserve de biosphère ». à tous, le sommet réserve un panorama exceptionnel... pour peu que l'air soit assez transparent ! Offrez-vous une longue promenade sur les sentiers balisés du Géant de Provence (en ski de fond ou en raquettes l'hiver !), puis passez la nuit aux alentours.

## JOUR 3

Partez à la découverte de **Sault**, berceau de la distillation industrielle. Le matin, visitez la Ferme des lavandes et son conservatoire botanique, puis faites vos emplettes à la Maison des producteurs. Déjeunez terroir dans un restaurant ou une ferme-auberge. L'après-midi, découvrez l'exposition lavande du Centre de découverte de la nature, faites un tour à la distillerie Aroma'Plantes et à la savonnerie Bulle d'arôme. Option plein air : suivez la boucle pédestre de 4 km, « Chemins des lavandes ».

## JOUR 4

Descendez plus au sud pour atteindre dans la matinée les impressionnantes carrières d'ocre du **Colorado de Rustrel**, aux portes du Luberon (voir l'encadré p. ci-contre). Plusieurs circuits vous permettront d'y découvrir les cheminées des fées, le Sahara, le cirque de Barriès, la cascade, et la rivière

*Le sentier des ocres, à Roussillon.*

LucynaKoch/iStock

de sable, émouvants résultats de l'œuvre conjointe de l'activité humaine (arrêtée en 1956) et de l'érosion. Vous déjeunerez à **Apt**, capitale du fruit confit et de l'ocre. Grimpez ensuite au **Mourre Nègre,** le point culminant du Lubéron avant de consacrer le reste de l'après-midi à sillonner la **montagne du Luberon** : ne manquez pas **Bonnieux**, **Roussillon** (sentiers des ocres et conservatoire des ocres) et **Gordes**, avec ses calades et son village des Bories. Offrez-vous une dernière échappée à **Fontaine-de-Vaucluse**, où l'on visite l'étonnante résurgence de la Sorgue, au terme d'un mystérieux parcours souterrain sous le plateau de Vaucluse. Si vous avez encore le temps avant de rejoindre Carpentras, arrêtez-vous en chemin à **Pernes-les-Fontaines**, encore un très beau village du Luberon.

### LE CONSEIL DU BIB

**Le Vaucluse est la terre de prédilection de la truffe noire. La saison est marquée par l'ouverture, mi-novembre, du marché aux truffes de Carpentras. Jusqu'à début mars, vous y verrez vendeurs et négociants chuchoter leurs prix autour des sacs de jute. Autre grand marché aux truffes à Richerenches.**

VISITE

# Colorado provençal de Rustrel

### INFOS PRATIQUES

Depuis le centre du village de Rustrel, prendre la route de Sault (D30A) puis, immédiatement à droite, le bd du Colorado que l'on suit sur 500 m.
04 90 04 96 07 - www.colorado-provencal.fr - guides et plans disponibles à la Maison du Colorado - pensez aux chaussures de marche, chapeau et eau. Prévoir une tenue peu salissante.

### STATIONNEMENT & SERVICES

**Parking**
Le parking du site est payant et obligatoire : 8 €.
GPS : E 5.49973 N 43.91927

**À Apt : camping Les Cèdres**
63 imp. de La Fantaisie - 04 90 74 14 61 - www.camping-les-cedres.eu
De mi mars à mi oct. - 70 empl. -
borne eurorelais 5,20 € (eau + élec.)
Tarif camping : 3,70 € 6,90 € (10A) 4,20 €
Services et loisirs :
Un petit chemin aménagé mène à la rivière.
GPS : E 5.4013 N 43.87765

Plusieurs circuits vous permettront de découvrir le Sahara, le cirque de Barries, les cascades, la rivière de sable et le tunnel (l'accès aux cheminées des fées reste fermé), émouvants résultats de l'œuvre conjointe de l'activité humaine (arrêtée en 1956) et de l'érosion.
Vous y découvrirez des couleurs très variées, allant du jaune au rouge flamboyant pour les ocres et étonnamment blanc pur pour la rivière de sable.
Ces étranges paysages sont hélas appelés à disparaître dans un avenir plus ou moins proche, la nature reprenant ses droits.
Si vous avez le temps, n'hésitez pas à demander la visite du lavage des ocres : d'anciens ocriers vous apprendront qu'après l'extraction des ocres, il faut séparer l'ocre du sable dans lequel il se trouve à l'état naturel. Cette séparation se fait en lavant le sable. Après séchage, l'ocre sera éventuellement cuit, puis broyé, tamisé et enfin conditionné.

## Aires de service & de stationnement

### CARPENTRAS

**Aire de Carpentras**
881 av. Pierre-de-Coubertin, à côté du camping municipal Lou Camtadou - 04 90 63 00 78 - Permanent
Borne AireService : Gratuit
10 - 48h - Gratuit - le stat. est situé r. René-Cassin face à l'Espace Auzon
Services : WC
Navettes gratuites pour le marché (vend.)
GPS : E 5.05375 N 44.04387

### FONTAINE-DE-VAUCLUSE

**Aire Camping-Car Park de Fontaine-de-Vaucluse**
Rte de Cavaillon - 01 83 64 69 21
Permanent
Borne artisanale : 5,50 € (eau + élec.)
26 - - 72h - 12,54 €/j. - borne compris - Paiement : CC
Services :
Emplacements délimités, au bord de La Sorgue.
GPS : E 5.12452 N 43.92024

### GORDES

**Aire de Gordes**
R. de la Combe (D 15), derrière la gendarmerie - 04 90 72 02 08
Permanent (mise hors gel)
Borne AireService : 3 € (eau + élec.)
20 - - Illimité - 12 €/j.
Paiement : CC
Services : WC
GPS : E 5.19745 N 43.91465

### MALAUCÈNE

**Aire Camping-Car Park de Malaucène**
Pl. des Palivettes - 01 83 64 69 21
Permanent (mise hors gel)
Borne AireService : 5,60 € (eau + élec.)
35 - - Illimité - 11,20 €/j. - borne compris - Paiement : CC
Services : WC
GPS : E 5.12987 N 44.17753

### PUYVERT

**Aire de Puyvert**
Voie communale Jas-de-Puyvert, parking Super U - 04 90 08 40 73
Permanent
Borne eurorelais : 2 € (eau + élec.)
3 - 72h - Gratuit
Services :
GPS : E 5.33644 N 43.74689

### SAULT

**Aire de Sault**
Parking P3, derrière le cimetière - 04 90 64 02 30 - Permanent
Borne eurorelais 2 €
10 - 24h - Gratuit
Services :
GPS : E 5.41315 N 44.09412

Melons de Cavaillon.

helenedevun/Fotolia.com

## Campings

### APT

Voir p. précédente

### BÉDOIN

**Municipal la Pinède**
Chemin des Sablières - 04 90 65 61 03
www.camping-lapinede-ventoux.fr
De déb. avr. à mi oct. - 113 empl. -
Tarif camping : 16,50 €
(16A)
Services et loisirs :
Végétation très méditerranéenne pour ce terrain au très fort dénivelé.
GPS : E 5.17261 N 44.12486

### CARPENTRAS

**Aloé Lou Comtadou**
881 av. Pierre-de-Coubertin - 04 66 60 07 00 -
www.camping-loucomtadou.fr
De fin mars à fin sept. - 97 empl. -
Tarif camping : 22 €
(10A) - pers. suppl. 6 €
Services et loisirs :
Bel ombrage sous les platanes.
GPS : E 5.05429 N 44.04417

### L'ISLE-SUR-LA-SORGUE

**La Sorguette**
871 rte d'Apt - 04 90 38 05 71 -
www.camping-sorguette.com
De mi mars à mi oct. - 114 empl.
borne artisanale 7 € (eau + élec.)
Tarif camping : 32,20 €
(10A) - pers. suppl. 9,90 €
Services et loisirs :
Idéal pour le canoë sur la Sorgue.
GPS : E 5.07192 N 43.9146

### PERNES-LES-FONTAINES

**Municipal de la Coucourelle**
391 av. René-Char - 04 90 66 45 55
De déb. avr. à fin sept. - 40 empl. -
Tarif camping : 16 €
(10A) - pers. suppl. 4 €
GPS : E 5.0677 N 43.99967

## Les bonnes adresses de bib

### APT

**L'Intramuros** – 120-124 r. de la République - 04 90 06 18 87 - fermé dim.-lun. - formules déj. 19,50 € (sem.) - plats 16,50/21,50 €. Dans un intérieur aux airs de boutique d'antiquaire, vous dégusterez des recettes italo-provençales à base de produits du marché.

### BEAUMES-DE-VENISE

**Domaine de Fenouillet** – 123 allée St-Roch - 04 90 62 95 61 - www.domaine-fenouillet.fr - avr.-oct. : 9h30-12h30, 14h-18h45 ; reste de l'année : 9h-12h, 13h30-18h30 - fermé dim. Cette maison, qui pratique l'agriculture raisonnée, propose une belle gamme de vins : AOC ventoux (blanc, rosé et rouge), Beaumes-de-Venise, muscat et marc de muscat de Beaumes-de-Venise.

### CARPENTRAS

**La Petite Fontaine** – 13 pl. du Col.-Mouret - 04 90 60 77 83 - lapetitefontaine84.fr - fermé dim. et merc., dim.-lun. en juil.-août - formule déj. 16 € - menus 29/42 €. Jolie salle à manger décorée de quelques peintures sur le thème de la Provence. Cuisine traditionnelle. Vous pourrez aussi déjeuner sur une agréable terrasse bercée par le murmure d'une fontaine.

**Chocolaterie Clavel** – Pl. Aristide-Briand - 04 90 29 70 39 - www.clavel-confiserie.com - juin-sept. : tlj sf lun. 9h-22h ; reste de l'année : 9h-19h, dim. 10h-19h. Une adresse incontournable pour les gourmands : glaces, pâtisseries, berlingots à la menthe, à la fraise ou au melon, rocailles à la lavande et fruits confits, tout est bon ! Serge Clavel, le maître des lieux, détient le record du plus gros berlingot du monde (537 kg).

### CRILLON-LE-BRAVE

**Le Vieux Four** – 114 r. du Vieux-Four - 04 90 12 81 39 - - fermé de mi-nov. à mi-mars, lun. et le midi (sf dim.) - menu 31 €. C'est dans l'ancienne boulangerie du village qu'est venue s'établir cette jeune cuisinière dynamique. Elle vous accueille dans le fournil, dont elle a conservé le four, ou sur la terrasse, installée sur les remparts. De là, vue sur le mont Ventoux.

### L'ISLE-SUR-LA-SORGUE

**La Balade des Saveurs** – 3 quai Jean-Jaurès - 04 90 95 27 85 - balade-des-saveurs.com - - Fermé lun.-mar. - formule déj. 19,90 € - menus 28/38 €. Benjamin et Sophie Fabre règnent sur ce restaurant plein de fraîcheur, dont la terrasse borde le cours de la Sorgue. Les recettes cultivent aussi bien le caractère que la douceur de la Provence. Une belle balade au pays des saveurs...

### MALAUCÈNE

**La Chevalerie** – Pl. de l'Église - 04 90 65 11 19 - www.la-chevalerie.net - fermé 1er-15 déc., 2-15 janv., fermé dim.-lun. en juil.-août, lun.-mar. le reste de l'année - formule déj. 22 € - menus 33/39 €. Près de l'église, une imposante bâtisse du 16e s. au charme simple : jardin de curé fleuri, terrasse couverte de glycine, décor provençal (chaises paillées, crépis ocre, etc.). Sans chichis, le chef joue la carte de la générosité : pissaladière de rouget, pieds et paquets, confit d'agneau en croûte d'herbes...

### SAULT

**Nougaterie Boyer** – Pl. de l'Europe - 04 90 64 00 23 - www.nougat-boyer.fr - 7h-12h30, 14h-19h - fermé fév. - visite des ateliers en juil.-août : mar. et vend. 15h. Une adresse incontournable, qui perpétue les traditions artisanales de fabrication. Miel de lavande et amandes de Provence constituent les matières premières nobles qui entrent dans l'élaboration du nougat blanc tendre ou du nougat noir croquant, sans oublier les glaces, macarons...

## Offices de tourisme

### CARPENTRAS

97 pl. du 25-Août-1944 - 04 90 63 00 78 - www.ventoux-provence.com.

### GORDES

Le Château - 04 90 72 02 75 - www.luberoncoeurdeprovence.com.

### SAULT

Av. de la Promenade - 04 90 64 01 21 - www.ventoux-sud.com.

*Gordes.*

Hoffmann Photography/age fotostock

# Marseille au centre !

**Marseille en avant-centre, la Côte Bleue et ses cabanons, ailière gauche, Cassis et les calanques, ailières droites, un milieu très offensif occupé par l'élégante Aix, et une défense menée par les imposantes montagnes Ste-Victoire et Ste-Baume. Avec cette équipe gagnante, impossible de ne pas être séduit comme l'ont été en leur temps, Cézanne, Zola, Pagnol et tant d'autres...**

**DÉPART :** MARSEILLE - 5 jours – 220 km

## JOURS 1 ET 2

Rien à voir à **Marseille** ? Allons donc ! Une semaine suffirait à peine pour découvrir la cité phocéenne et vous disposez seulement de deux jours. Prêt ? Partez ! Première bonne nouvelle : ce séjour s'effectue de préférence à pied, un atout certain quand on a goûté aux joies de la circulation marseillaise (infernale !). Grimpez tout d'abord les **ruelles du Panier**, sous lesquelles dorment les fondations grecques de Massalia. Poussez jusqu'à la **Vieille Charité**, ancien hospice abritant le musée d'Archéologie méditerranéenne et le musée des Arts africains, océaniens, amérindiens. Revenez sur le **Vieux Port** pour déjeuner sur l'une des terrasses du seul quai ensoleillé à cette heure (côté mairie). Filez ensuite au tout nouveau **MuCEM**, le musée des Civilisations de l'Europe et de la Méditerranée, installé au fort St-Jean. En fin d'après-midi, remontez **la Canebière** pour aboutir **cours Julien**, le fief « alternatif » (les graffitis) et « créateur » (les boutiques). Originales, les pièces restent en général abordables, pas de quoi menacer votre budget dîner. Dans ce quartier, les petites tables sympathiques abondent, les bars de fin de soirée aussi. Le lendemain, vous serez tout près pour filer écouter les joutes orales qui animent le marché aux poissons, **quai des Belges**. Rejoignez ensuite le musée Cantini, qui rassemble des œuvres du 20e s., avant d'aller saluer la vierge dorée qui coiffe **N.-D.-de-la Garde**. Et là, si vous avez prévu votre pique-nique, descendez à pied jusqu'au Vallon des Auffes, où vous pourrez aussi piquer une petite tête aux beaux jours. Autrement, revenez vers le cours d'Estienne-d'Orves, où les terrasses en piazza offrent l'embarras du choix pour déjeuner. Allez ensuite visiter la basilique St-Victor avant une promenade dans le **parc du Pharo** ou bien embarquez pour les **îles du Frioul**. Au terme de ces deux jours, vous n'avez pas eu le temps de faire tout ce que vous vouliez. Il faudra revenir !

Janoka82/iStock

*La calanque d'En Vau.*

## JOUR 3

Journée balnéaire : cap sur les criques et les anciens hameaux de pêcheurs de la **Côte Bleue**, à une trentaine de kilomètres à l'est de Marseille. **Niolon** attirera les plongeurs, tandis que les minuscules plages de la Redonne permettront d'attraper quelques oursins, voire des « pourpres » (poulpes). Baignades plus tranquilles à **Carry-le-Rouet**, **Sausset-les-Pins** ou **Carro** avant de mettre cap au nord et de s'attarder en soirée dans les rues d'**Aix-en-Provence** bordée de magnifiques hôtels particuliers.

## JOUR 4

Après une nuit de repos, partez sur les traces de **Cézanne**. De l'atelier des Lauves aux carrières de Bibémus, en passant par le **Jas de Bouffan**, l'emblématique montagne **Ste-Victoire** apparaît en toile de fond. Consacrez l'après-midi à ses sentiers, parfois escarpés, qui ouvrent, depuis la **Croix de Provence**, sur un superbe panorama. Vos pieds auront bien mérité ensuite de se reposer pour la nuit.

## JOUR 5

De bon matin, faites halte au couvent royal de **St-Maximin-la-Ste-Baume**, pour ensuite partir en excursion dans le massif de la **Ste-Baume**, qui attire aussi bien les pèlerins que les randonneurs et les fans de varappe. Là, dans le bucolique **parc de St-Pons**, vous pique-niquerez à la fraîche, sous quelque ombrage, avant de retrouver la mer à **La Ciotat** et de parcourir **la route des Crêtes**. À **Cassis** enfin, vous embarquerez sur l'une des navettes qui partent à la découverte des somptueuses **calanques** (voir ci-contre). Au retour, dîner de poissons et coquillages dans l'un des restaurants du port.

VISITE

# Les calanques en bateau (Cassis)

**INFOS PRATIQUES**

**Les bateliers de Cassis** - Quai St-Pierre - Cassis - 06 86 55 86 70 - www.calanques-cassis.com - circuits 3 calanques (Cassis-En-Vau, 45mn, 16 €, enf. 9,50 €), 5 calanques (Cassis-Devenson, 1h05, 19,50 €, enf. 13,50 €) ou 8 calanques (Cassis-Morgiou, 1h30, 23 €, enf. 17 €) ou 9 calanques (Cassis-Sormiou, 2h, 28 €, enf. 198 €).

**STATIONNEMENT & SERVICES**

**Stationnement à Cassis**
Parking des Gorguettes gratuit ; 2 navettes (en sais.) pour le centre-ville/port et la presqu'île (calanque à pied).

**À Cassis : camping Les Cigales**
Rte de Marseille - 04 42 01 07 34
Permanent - 250 empl.
Tarif camping : 9,50 € 6 € (10A) 3,10 €
Services et loisirs :
Idéal pour la visite de la ville et point de départ pour la découverte des Calanques.
GPS : E 5.54177 N 43.2241

Des roches d'une blancheur éclatante piquetées de garrigue odorante plongent en de vertigineuses falaises dans des eaux turquoise. De caps en vallons profonds, de criques en à-pics, au fil de l'eau, les calanques dévoilent un univers à la beauté sauvage d'une richesse insoupçonnable. Prêts à embarquer ?

**Port-Miou** : un peu dénaturée par une ancienne carrière de pierre, la plus longue et l'une des plus accessibles des calanques abrite nombre de bateaux de plaisance.

**Port-Pin** : un peu ombragée, elle séduit les familles cassidaines par sa petite plage de sable et de galets.

**En-Vau** : sans doute l'une des plus belles du massif, sertie par d'impressionnantes falaises hérissées de pinacles, baignée d'une eau aux reflets turquoise ou émeraude. Sa petite plage de sable et galets est toutefois vite envahie.

**Sugiton** : facilement accessible à pied, elle a la faveur de nombreux Marseillais dès les beaux jours. Petite plage de galets.

**Morgiou** : cadre sauvage et présence humaine discrète, minuscules criques propices à la baignade, cabanons retirés, restaurant, petit port... Indispensable ! Aux pieds du cap Morgiou, s'ouvre, à 37 m de fond, l'entrée sous-marine de la grotte Cosquer (fresques datant du paléolithique).

**Sormiou** : de nombreux cabanons ramassés autour d'un petit port, une petite plage de sable et deux restaurants ; pour les Marseillais, c'est « LA » calanque !

# Aires de service & de stationnement

## AURIOL

**Aire d'Auriol**
D 560, parking supermarché Casino - 04 42 36 11 00 - Permanent
Borne flot bleu 2 €
5 - Gratuit
Paiement : jetons (station service Casino)
Services :
GPS : E 5.6414 N 43.36807

## BRIGNOLES

Voir circuit suivant

## CARRO

**Aire au Port de Carro**
Au bout du quai Vérandy (D 49B), au port - 04 42 41 39 39 - semovim-martigues.com - Permanent -
Borne Urbaflux
78 - - 72h - 11,50 €/j. - borne compris
Paiement :
Services :

Bateaux de pêche.

nikitje/iStock

Très belle aire avec vue mer.
GPS : E 5.0405 N 43.32932

## LA COURONNE

**Aire Camping-Car Park La Source**
Rte de la Saulce - 01 83 64 69 21
Permanent
Borne AireService : 5 € (eau + élec.)
9 - - Illimité - 12 €/j. - borne compris
Paiement :
Services :
En saison possibilité de s'adresser au camping La Source juste à côté.
GPS : E 5.06865 N 43.33524

## CUGES-LES-PINS

**Aire de Cuges-les-Pins**
Chemin de la Ribassée - 04 42 73 97 61 - Permanent -
Borne artisanale 1,50 €
20 - - 4,50 €/j. - paiement au gardien
Services :
Isolé dans un cadre naturel. Plat, gravier parfois ombragé.
GPS : E 5.70588 N 43.28148

## GÉMENOS

**Aire de Gémenos**
Parking de la Poste - 04 42 32 04 40 - Permanent
Borne AireService : Gratuit
3 - 24h - Gratuit
Services :
GPS : E 5.62433 N 43.29183

## GRÉASQUE

**Aire de Gréasque**
Parking du musée de la Mine - 04 42 69 86 41 - Permanent -
Borne artisanale
10 - 24h - 5 €/j.
Services :
Jolie vue sur la vallée.
GPS : E 5.53439 N 43.43281

# Campings

## AIX-EN-PROVENCE

**Chantecler**
41 av. du Val-St-André - 04 42 26 12 98 - www.campingchantecler.com
Permanent - 240 empl.
borne AireService 5 € (eau + élec.)
Tarif camping : 7,60 € 8,50 € (6A) 4,80 €
Services et loisirs :
Préférer les emplacements les plus éloignés de la nuisance sonore de l'autoroute.
GPS : E 5.47416 N 43.51522

## CASSIS

Voir p. précédente

## LA COURONNE

**L'Arquet - Côte Bleue**
Chemin de la Batterie - 04 42 42 81 00 - www.larquet.fr
De déb. avr. à fin sept. - 100 empl. -
Tarif camping : 22,65 € (20A) - pers. suppl. 5,15 €
Services et loisirs :
Lieu de tournage de la série Camping Paradis en avant et après saison.
GPS : E 5.05639 N 43.33067

## NANS-LES-PINS

**Tohapi Domaine de la Ste-Baume**
Quartier Delvieux Sud - 04 94 78 92 68 - www.tohapi.fr
De déb. avr. à fin sept. - 25 empl. -
Tarif camping : 25 €
Services et loisirs :
Emplacements bien ombragés autour du parc aquatique.
GPS : E 5.78808 N 43.37664

# Les bonnes adresses de bib

## AIX-EN-PROVENCE

**Le Petit Verdot** – 7 r. d'Entrecasteaux - 04 42 27 30 12 - www.lepetitverdot.fr - fermé à midi et dim. - ardoises 20/30 €. Plus restaurant que bar à vins, ce bistrot chaleureux fait partie des valeurs sûres de la ville. La carte décline une savoureuse cuisine provençale, inventive et généreuse. Le vin est à l'honneur, avec 90 références proposées au verre ou à la bouteille.

## CASSIS

**La Vieille Auberge** – 14 quai J.-J.-Barthélemy - 04 42 01 73 54 - www.restaurantvieilleaubergecassis.com - fermé merc. - formule déj. 20 € (sem.) - menus 28/32 €- réserv. conseillée. Agréable auberge où l'on se transmet, de père en fils, les recettes à la fois traditionnelles et provençales. Intérieur d'esprit marin, véranda tournée vers le port et terrasse d'été.

**Maison des vins** – Rte de Marseille - D559 - 04 42 01 15 61 - www.maisondesvinscassis.com - P - 9h15-12h30, 14h30-19h30, dim. 10h-12h30 (et 15h-18h de déb. mai à mi-oct.). Bénéficiant de l'AOC depuis 1936, le vignoble de Cassis couvre 210 ha et compte 11 domaines où prime le blanc (80 % de la production). La Maison des vins vend les bouteilles de neuf d'entre eux, ainsi qu'une sélection de crus hexagonaux.

## LA CIOTAT

**Kitch and Cook** – 4 pl. Esquiros - 04 42 03 91 36 - www.kitchandcook.com - fermé sam. midi, dim. midi (et dim. soir de sept. à juin et jeu. soir de nov. à mai) - formules déj. 13,50/17,50 € - menu 30 € le soir (ou carte). À deux pas du port, une salle colorée à la déco contemporaine et, dans l'assiette, une cuisine imaginative qui régale les papilles de saveurs inédites. La carte change en fonction du marché et de l'humeur du chef. Idéal pour un déjeuner en terrasse.

## CARRY-LE-ROUET

**La Villa Madrigal** – 4 av. Gérard-Montus - 04 42 44 58 63 - www.lavillamadrigal.fr - fermé lun. (et dim. soir de sept. à avr.) et de mi-nov. à déb. déc. - formule déj. 21 € - 36/56 €. Cet établissement invite à la romance avec sa terrasse qui offre une vue superbe sur la Grande Bleue ! Dans l'assiette, soupe de poisson ou poissons grillés... On se régale.

## MARSEILLE

**Au Bord de l'eau** – 15 r. des Arapèdes - 04 91 72 68 04 - www.auborddeleau.eu - fermé mar. soir-merc. - pizzas 12/15 € - plats 17/32 €. Situé au-dessus du petit port de la Madrague, il offre, selon le temps, la possibilité de s'attabler dans la véranda ou en terrasse. Spécialités de poissons cuits à la plancha et pizzas. Réservation indispensable.

**L'Hippocampe** – 151 plage de l'Estaque - BUS 35 ou , navette depuis le Vieux Port - 04 91 03 83 78 - tlj sf lun. - plats du jour 12/17 € - menu 42 €. L'un des meilleurs choix pour se restaurer à l'Estaque. De l'extérieur, le restaurant ne paie pas de mine, mais la salle à manger donne sur le port et la terrasse a les pieds dans l'eau. Salades composées, assiette de la mer à la plancha et spécialités provençales.

**Four des Navettes** – 136 r. Sainte - M Vieux-Port - 04 91 33 32 12 - www.fourdesnavettes.com - 7h-20h, dim. et j. fériés 9h-13h, 15h-19h30 - fermé 1er janv. et 1er Mai. Point de Chandeleur sans « navette » qui protégera la maison de la maladie et des catastrophes ! Dans la plus ancienne boulangerie de la ville, on achète ce biscuit parfumé à la fleur d'oranger dont on garde jalousement la recette depuis deux siècles. On y trouve aussi des canistrellis, des croquants aux amandes, des pompes à l'huile d'olive, des gibassiers et toute une gamme de pains spéciaux.

# Offices de tourisme

## AIX-EN-PROVENCE

300 av. Giuseppe-Verdi - 04 42 16 11 61 - www.aixenprovencetourism.com.

## MARSEILLE

11 La Canebière - 0 826 50 05 00 - www.marseille-tourisme.com.

*Marseille, le vieux port dominé par Notre-Dame de la Garde.*

*iTravelstockphoto/Getty Images*

### LE TOP 5 PLAGES

1. Calanque de Sormiou
2. Grande plage de La Ciotat
3. Plage des Lecques
4. Plage du Verdon (La Couronne)
5. Plage du Four à chaux (Sausset-les-Pins)

PROVENCE- CÔTE D'AZUR-CIRCUIT 4

# Antibes et l'arrière-pays varois

**Le long d'une côte rocheuse et découpée, les routes en corniche surplombent le bleu de la Méditerranée. Le cap d'Antibes accueille yachts et navires de plaisance, tandis que la foule d'estivants se serre sur les plages. À l'animation du littoral s'oppose le charme préservé des terres, avec ses villages perchés, les impressionnantes gorges du Loup, ses artisans d'art et le souvenir de tous les artistes que la côte a inspirés.**

**DÉPART :** ANTIBES - 7 jours – 410 km

## JOUR 1

Déambulez dans les charmantes ruelles de la vieille ville d'**Antibes**, et ne manquez pas le marché provençal quotidien *(sf lundi hors saison)* très animé. Amateurs de yachts, faites un tour au port où, passé les embarcations traditionnelles, se trouvent des géants des mers. De là, vous aurez une vue sur le Fort carré qui se visite. Si vous voulez rapporter de la céramique, projetez-vous à **Vallauris**. L'après-midi, rendez-vous à **Biot**, réputé pour ses artisans verriers.

## JOUR 2

Premier arrêt à **Cagnes** où la maison de Renoir sert de cadre à un musée consacré à sa vie d'artiste peintre. Grimpez ensuite au Haut-de-Cagnes, pour arpenter les ruelles qui mènent au château. Une tout autre ambiance vous attend à **St-Paul-de-Vence**, où la foule bat le pavé sur les traces des peintres et artistes qui élirent domicile ici. Les amateurs d'art moderne se dirigeront sans hésiter vers la fondation Maeght. À **Vence**, vous pourrez souffler, retrouvant le calme d'une vieille ville lovée derrière ses remparts.

## JOUR 3

Suivez sans crainte le Loup ! À **Tourrettes**, capitale de la violette, vous pourrez faire quelques emplettes dans les petites boutiques artisanales. **Le Bar-sur-Loup**, où l'on cultive l'oranger, ne manque pas d'air du haut de sa colline. Enfin, **Gourdon**, superbe village perché, vous accueille en beauté. Faites un arrêt dans la cité avant de rejoindre le **plateau de Caussols**, lunaire et truffé d'avens qui créent un univers très particulier.

## JOUR 4

Poursuivez dans les Préalpes provençales, qui forment une palette de couleurs et de senteurs où les roses, le jasmin et les violettes se disputent la faveur aux oliviers et aux agrumes. **Grasse** doit une partie

C. Moirenc/hemis.fr

*Cueillette du jasmin à Grasse.*

de sa renommée à cette richesse que vous découvrirez à l'occasion de la visite d'une parfumerie avant de flâner dans la ville (voir ci-contre). Poursuivez votre escapade varoise en regagnant **Draguignan**.

## JOUR 5

Après une promenade dans la vieille ville de Draguignan, rendez-vous au musée des Arts et Traditions populaires de moyenne Provence. En route à travers ces paysages vallonnés et boisés, commencez par la visite de l'abbaye cistercienne du **Thoronet.** Dirigez-vous ensuite vers le paisible village de **Cotignac**, étonnamment niché au cœur d'une falaise.

## JOUR 6

De bon matin, rendez-vous à **Tourtour.** Étiré sur la crête d'une colline, ce village a conservé son allure médiévale. **Aups** mérite un arrêt, particulièrement les jours de marché (merc. et sam.) : vous pourrez alors vous approvisionner en produits du terroir. Les amateurs de faïence apprécieront **Varage**, où il est possible de visiter des ateliers. Enfin, **Barjols** offre une halte rafraîchissante avec ses nombreuses fontaines et son quartier du Réal.

## JOUR 7

Le vieux **Brignoles** invite à la flânerie. Cheminant à travers le vignoble des côtes-de-provence, vous aurez le choix entre Le Luc ou **Les Arcs**. Si le temps ne vous est pas compté, rejoignez la côte à **Ste-Maxime** et retournez à Antibes via **Fréjus**, **St-Raphaël** et **Cannes**.

VISITE

# Parfumeries de Grasse

### INFOS PRATIQUES

**Office de tourisme de Grasse** – Pl. de la Buanderie - ✆ 04 93 36 66 66 - www.paysdegrassetourisme.fr. L'office de tourisme pourra vous renseigner sur les visites de parfumeries (coordonnées, horaires, tarifs).

**Musée international de la Parfumerie (MIP), Grasse** – 2 bd du Jeux-de-Ballons - ✆ 04 97 05 58 00 - www.museesdegrasse.com - ♿ - mai-sept. : 10h-19h ; reste de l'année : 10h-17h30 - fermé 1er janv., 1er Mai, 25 déc. - 4 € (-18 ans gratuit) - boutique de souvenirs.

**Jardins du musée international de la Parfumerie, Mouans-Sartoux** – 979 chemin des Gourettes - ✆ 04 92 98 92 69 - www.museesdegrasse.com - ♿ - mai-août : 10h-19h ; reste de l'année : 10h-17h30 - fermé déc.-mars, 1er Mai - 4 € (-18 ans gratuit).

### STATIONNEMENT

**Stationnement à Grasse**

Parking Relais St-Jacques gratuit.
Parking Relais de la gare (hauteur 2 m), réservé aux utilisateurs des transports en commun. Ticket Uno : 1,50 € ou Pass journée : 3,50 €.
Parking Gallimard, chemin du Santon, autorisé la nuit, gratuit.

Grasse, la capitale du parfum, invite à s'enivrer des fragrances des fleurs – rose de mai, jasmin, oranger, lilas… – et des plantes odoriférantes – lavande, thym, romarin, sauge, verveine, basilic… - qui forment la matière première des précieuses essences. Saviez-vous que seule la feuille de la violette, et non pas la fleur, est utilisée pour la parfumerie ? Pour devenir incollable sur le sujet, visitez le **musée international de la Parfumerie** qui retrace l'histoire de la plus évanescente des créations humaines. Il aborde toutes les facettes de la production : sélection des plantes, commercialisation, processus de fabrication des parfums, à travers les âges et les civilisations, et conservation dans des flacons, véritables œuvres d'art. Poursuivez votre découverte olfactive dans les célèbres maisons **Fragonard**, **Galimard** et **Molinard**, où vous pourrez peut-être devenir un « nez » et créer votre propre parfum. Enfin, rendez-vous à **Mouans-Sartoux** *(12 km au sud-est)*, dans les jardins du musée international de la Parfumerie qui a pour vocation de sensibiliser le public à la culture horticole de la région. Pour se faire, vous serez invité à passer la main dans les feuillages odorants et à plonger le nez dans les buissons.

## Aires de service & de stationnement

### ANTIBES

**Aire de Marineland**
Sur le parking P1 de Marineland - 08 92 30 06 06 - www.marineland.fr
Permanent
Borne flot bleu : 3 € (eau + élec.)
25 - Illimité - 25 €/j. - tarifs avantageux sur internet
Paiement :
GPS : E 7.12105 N 43.61493

### BAGNOLS-EN-FORÊT

**Aire de Notre-Dame-les-Merles**
1 chemin des Meules - 06 86 00 84 53 - Permanent
Borne
- 72h - 5 €/j. - réserver par courriel (michel.maraldo@laposte.net) ou tél.
Services :
Près de la chapelle Notre-Dame.
GPS : E 6.68893 N 43.5359

### BRIGNOLES

**Aire de Brignoles**
Parking supermarché Casino - 04 94 37 31 00 - Permanent
Borne flot bleu 2 € 2 €
5
Paiement : jetons (à la station service Casino)
Services :
GPS : E 6.06188 N 43.40957

### CAILLE

**Aire de Caille**
Chemin de la Plaine - 04 93 60 31 51
Permanent
Borne flot bleu : 4 € (eau + élec.)
4 - Illimité - Gratuit
Services :
GPS : E 6.73342 N 43.77896

### LA GAILLARDE

**Aire privée Chez Marcel**
Plage de La Gaillarde - 06 79 33 69 67 - Permanent
Borne artisanale 4 € 3 €
30 - Illimité - 16 €/j.
Services :
Superbe aire proche de la plage.
GPS : E 6.71152 N 43.36574

### RAMATUELLE

**Aire de Ramatuelle**
1727 rte de Bonne-Terrasse - 04 98 12 64 00 - Permanent
Borne flot bleu : gratuit
- 48h - 10 €/j.
Paiement :
Services :
Proche de la plage.
GPS : E 6.66223 N 43.21129

*Antibes.*

Ray Hems/iStock

## Campings

### AGAY

**Agay-Soleil**
1152 bd de la Plage - 04 94 82 00 79 - www.agay-soleil.com
De mi mars à fin nov. - 51 empl.

Tarif camping : 38,50 €
(10A) - pers. suppl. 7 €
Services et loisirs :
GPS : E 6.86822 N 43.43333

### LE CANNET

**Le Ranch**
Aubarède, chemin St-Joseph - 04 93 46 00 11 - leranch-de-laubarede.fr
De déb. avr. à mi oct. - 128 empl.
borne artisanale 5 € (eau + élec.)
Tarif camping : 8 € 26 € (6A)
Services et loisirs :
En zone urbaine.
GPS : E 6.97698 N 43.56508

### VENCE

**Domaine de la Bergerie**
1330 chemin de la Sine
04 93 58 09 36 - www.camping-domainedelabergerie.com
De fin mars à mi oct. - 434 empl. -
borne artisanale 6 € (eau + élec.)
Tarif camping : 42 €
(10A) - pers. suppl. 5,50 €
Services et loisirs :
Agréable cadre naturel autour d'une ancienne bergerie joliment restaurée.
GPS : E 7.08981 N 43.71253

### VILLECROZE

**Le Ruou**
309 D 560 - 04 94 70 67 70 - www.leruou.com
De déb. juin à fin août - 34 empl.
borne AireService 5 € (eau + élec.)
Tarif camping : 40 €
(10A) - pers. suppl. 7 €
Services et loisirs :
Emplacements en terrasses sous les pins.
GPS : E 6.29795 N 43.55542

# Les bonnes adresses de bib

**ANTIBES**

**Marché provençal** – Cours Masséna - Il se tient ts les matins (sf lun. hors sais.) le long du cours Masséna. Les producteurs, souvent de la région, vendent fruits et légumes, confitures, épices, olives, fromages de chèvre... sans oublier les fleurs.

**AUPS**

✕ **Restaurant des Gourmets** – 5 r. Voltaire - ✆ 04 94 70 14 97 - www.restaurantdesgourmets.fr - fermé dim. soir (sf juil.-août), lun.-mar. midi, 15 j. mi-juin et 15 j. après la Toussaint - 23,50/39,50 €. Agréable petite adresse familiale dans ce village célèbre pour son marché aux truffes. Cadre coloré (fresques évoquant la Provence), goûteuse cuisine traditionnelle où la « perle noire » est à l'honneur en saison.

**FRÉJUS**

✕ **Le Palais du Fromager** – 38 r. Sieyès - ✆ 04 94 40 67 99 - www.mon-fromager.fr - tlj sf dim.-lun. 9h-21h, sam. 9h-19h - 13,50/18 €. Le fromager a métamorphosé avec succès sa boutique en bar à fromage : planches. Sélection de vins régionaux. Glace au lait de brebis convaincante. Service non-stop.

**GOURDON**

✕ **Au Vieux Four** – 4 r. Basse - ✆ 04 93 09 68 60 - le midi seult sf merc.-jeu. - formule déj. 24 € - menu 38 €. Charmante petite maison nichée dans le village. L'accueil est d'une rare gentillesse et l'ardoise du jour révèle une généreuse cuisine à l'accent du Sud, inspirée et parfumée.

**GRASSE**

✕ **Café des Musées** – 1 r. Ossola - ✆ 04 92 60 99 00 - fermé le soir - formule déj. 18 €. Jolie petite terrasse à la sortie du musée international de la Parfumerie, ombragée sous la treille, idéale pour un déjeuner ou une pause gourmande. Petite salle rénovée dans un esprit déco. Plats du jour, salades copieuses, bons gâteaux.

**ST-RAPHAËL**

✕ **La Brasserie Tradition et gourmandise** – 4 av. de Valescure - ✆ 04 94 95 25 00 - www.labrasserietg83.fr - fermé dim.-lun. - formules déj. 18,20/21 € - menu soir 30 €. La bonne table du centre de St-Raphaël dotée d'une agréable terrasse. Décor moderne en salle et tendance néobistrot dans l'assiette. Le chef concocte des plats du terroir : bourride raphaëloise, épaule d'agneau confite aux tomates séchées, mais aussi pâtes et risotto.

**TOURTOUR**

✕ **La Table** – 1 traverse du Jas - Les Ribas - ✆ 04 94 70 55 95 - www.latable.fr - fermé mar. et en hiver lun. - réserv. conseillée - menus 28/78 €. Une petite table discrète et talentueuse, tenue par un jeune couple. Elle accueille en salle, il crée en cuisine, mixant la Méditerranée à des influences exotiques. Duo de St-Jacques et gambas à l'aigre-doux et nems de légumes, médaillon de cerf braisé aux agrumes et moelleux de pommes de terre au caramel. Agréable terrasse en été.

**VENCE**

✕ **Auberge des Seigneurs** – 1 r. du Dr-Binet - ✆ 04 93 58 04 24 - auberge-seigneurs.fr - fermé dim.-lun. (et à midi de juin à sept.) ; de mi-déc. à mi-janv. - menu 24 €. François I<sup>er</sup>, Renoir, Modigliani, etc. Cette auberge historique sise dans une aile du château de Villeneuve eut de célèbres convives. Plats provençaux, agneau à la broche.

# Offices de tourisme

**ANTIBES**

42 av. Robert-Soleau - ✆ 04 22 10 60 10 - www.antibesjuanlespins.com.

**BRIGNOLES**

Carrefour de l'Europe - ✆ 04 94 72 04 21 - www.la-provence-verte.net.

**DRAGUIGNAN**

2 av. Carnot - ✆ 04 98 10 51 05 - www.tourisme-dracenie.com.

**LE TOP 5 ART MODERNE ET CONTEMPORAIN**

1. Musée Bonnard (Le Cannet)
2. Musée Picasso (Antibes)
3. Musée Fernand-Léger (Biot)
4. Fondation Maeght (St-Paul-de-Vence)
5. Musée Renoir (Cagnes-sur-Mer)

# La Haute-Provence, de la Durance au Verdon

**Le spectacle grandiose des gorges du Verdon est sans égal en Europe. Le Verdon traverse les plateaux des Préalpes en un canyon vertigineux de 700 m de profondeur. Ses eaux turquoise font le bonheur des amateurs de randonnée et de canoë. Quant à la Durance, rivière fantasque aujourd'hui domptée, elle nourrit les vallées, les colorant de bleu lavande et de vert olivier...**

**DÉPART :** DIGNE-LES-BAINS - 5 jours – 300 km

## JOUR 1

Le premier jour est consacré à **Digne-les-Bains**. Après avoir parcouru la vieille ville, visitez le riche musée Gassendi qui regroupe les domaines artistique, scientifique et historique. L'après-midi, rendez-vous au musée-promenade de la Réserve géologique de Haute-Provence qui permet de mieux comprendre la physionomie de la région. Si vous préférez marcher un peu, allez visiter les sites géologiques au nord de Digne (voir l'encadré p. ci-contre).

## JOUR 2

Une fois parti de Digne, capitale des « Alpes de la lavande », ce n'est que débauche de couleurs et de senteurs de lavande. La N85 (en direction du sud) vous offre de belles curiosités comme le **château de Malijai** où passa Napoléon lors de son retour de l'île d'Elbe. Plus près de la Durance, voici **les Pénitents des Mées**, étranges rochers travaillés par l'érosion. Ils semblent veiller sur le cours tumultueux de la rivière. Faites une petite pause à **Oraison**, qui propose un parcours de fontaines rafraîchissant, avant de reprendre la route jusqu'à **Valensole**. Le Parc régional du Verdon s'ouvre à vous ! Mais avant cela, pourquoi ne pas pousser jusqu'à **Gréoux-les-Bains** pour une petite cure thermale ? C'est une des stations les mieux équipées pour les camping-caristes.

## JOUR 3

Rendez-vous ensuite à **Riez**, fameux pour ses colonnes romaines, son miel et sa lavande (les champs des environs en sont couverts). Quittez la ville au nord-est par la D952 pour rejoindre **Moustiers-Ste-Marie**, réputé pour sa faïence, en commençant par visiter le musée qui vous dévoilera tout sur cet artisanat. Après avoir fait le tour des boutiques, 30mn de montée vous mèneront à la chapelle Notre-Dame-de-Beauvoir, nichée entre les deux falaises qui surplombent Moustiers. Faites une pause-déjeuner avant de vous engager sur la D952, au fil des belvédères (panoramas assurés), vers **La Palud-sur-Verdon**. À la Maison des gorges du Verdon, vous aurez un aperçu « théorique ». Si vous voulez « vivre » les gorges, poursuivez votre route jusqu'au **Point Sublime**. De là part le sentier de découverte des Lézards, qui réserve une agréable balade *(1h30 à 3h)* dans la fraîcheur du Verdon. Votre journée s'achève à **Castellane**.

## JOUR 4

De bon matin, promenez-vous dans le village ou, si vous voulez le voir de haut, montez *(1h AR)* à la chapelle Notre-Dame-du-Roc. Rejoignez ensuite **Comps-sur-Artuby**, ancienne seigneurie templière, pour le déjeuner. De nouveau au bord des falaises, vous assistez à la rencontre des eaux du Verdon et de son affluent l'Artuby du haut des Balcons de la Mescla. De quoi combler les amateurs de paysages grandioses ! Et cela continue avec, cette fois la bien nommée, **Corniche Sublime**. Elle donne accès aux plus impressionnants points de vue sur le canyon. Pour vous remettre de vos émotions avant de rejoindre Moustiers, faites une pause à Aiguines, village serein qui voit passer la rivière au sortir de ses gorges. Revenez à **Castellane**.

## JOUR 5

Après une nuit passée à Castellane, en remontant le cours du Verdon (D955), vous arriverez au **barrage de Castillon** puis à **St-Julien-du-Verdon**. Profitez des activités proposées autour du lac avant d'aller à **Barrême** où passa un certain empereur qui cherchait à retrouver son trône. Continuez sur la **route Napoléon** qui ramène à **Digne-les-Bains**. Au passage ne manquez pas de jeter un coup d'œil à la clue de Chabrières.

VISITE

# Géoparc de Haute-Provence

**INFOS PRATIQUES**

**UNESCO Géoparc de Haute-Provence** – Prom. Bernard-Dellacasagrande - ✆ 04 92 36 70 70 - www.museepromenade.com - juil.-août : 9h-19h ; reste de l'année : 9h-12h, 14h-17h30 - fermé nov.-avr. - point d'accueil à l'entrée du site du musée-promenade de Digne-les-Bains.

**STATIONNEMENT**

Espaces de stationnement aménagés aux abords des sites.

La **vallée du Bès**, au nord de Digne-les-Bains (D900A) est jalonnée de fossiles remarquables.

**Dalle à ammonites géantes** – Au bord de la route, une immense paroi de calcaire gris foncé, vestige d'anciens fonds marins, sert d'écrin à 1553 coquilles d'ammonites qui vivaient là il y a 200 millions d'années. Le nombre impressionnant de fossiles rassemblés et la taille de certains d'entre eux – jusqu'à 70 cm de large – font de ce site un cas unique en Europe.

**Site de l'Ichtyosaure** – *1h à pied.* Vous remontez le ravin de Bélier à travers une belle chênaie le long du torrent. Franchissez le torrent, puis le sentier en sous-bois vous mène au col du Jas, vaste plateau herbeux (qui se prête aisément à un pique-nique). Descendez sur la gauche pour atteindre la verrière qui abrite le fossile. Ce reptile long de 4,50 m barbotait dans la mer Alpine qui recouvrait la région il y a 180 millions d'années. Son squelette fossilisé est remarquablement conservé.

*À 6 km après le carrefour avec la D103.*

**Site du « vélodrome »** – *2h à pied par le sentier balisé « Serre d'Esclangon ».* Continuez toujours sur la gauche jusqu'à la première éminence, puis jusqu'aux ruines du hameau d'Esclangon : prenez à droite pour atteindre à vue le sommet. À l'ouest, le plissement en forme de « vélodrome » de couches de grès soumises à d'intenses mouvements de compression. L'érosion continue a entamé ce relief en creusant la vallée du Bès, lui donnant son aspect actuel.

**Empreintes de pas d'oiseaux** – *5mn à pied. Sur la droite, suivez le sentier en montée.* Il y a 20 millions d'années, la mer dansait ici le long de golfes clairs. Des oiseaux proches des pluviers picoraient dans le sable humide du rivage.

**Clues de Barles** – Après la première clue, à hauteur de la source de Fontchaude, une empreinte de **singe d'eau**. La deuxième clue impressionne : après un boyau étroit où s'engouffre le torrent, un verrou rocheux dentelé se découpe sur le ciel, encore plus beau quand on l'a dépassé. Plus loin, des **empreintes de courants** prouvent qu'un climat tropical régnait ici, il y a 300 millions d'années.

# Aires de service & de stationnement

## CASTELLANE

**Aire de la Boudousque**
Parking de la Boudousque -
04 92 83 60 07
Permanent (mise hors gel)
Borne artisanale
- - 48h - 9 €/j.
Paiement :
Services :
GPS : E 6.51517 N 43.84627

## DIGNE-LES-BAINS

**Aire de Digne-les-Bains**
Av. René Cassin - 04 92 30 52 00
Permanent
Borne sanistation 2,50 €
20 - Illimité - Gratuit - parking ouvert à tout véhicule
Paiement :
Près du stade, au bord de la rivière.
GPS : E 6.22085 N 44.08273

## GRÉOUX-LES-BAINS

**Aire de Gréoux-les-Bains**
Chemin de la Barque, à côté du terrain de football - 06 22 90 27 31
Permanent
Borne artisanale
78 - - 24h - 11 €/j. - borne compris
Paiement :
Services :
Un vrai camping pour camping-cars.
GPS : E 5.88862 N 43.75562

## RIEZ

**Aire de Riez**
R. du fbg St-Sébastien -
04 92 77 99 09 - De déb. mars à fin oct. -
Borne AireService 1 €
55 - Illimité - 6,60 €/j. - borne compris
Paiement :
Services :
Proche de la rivière.
GPS : E 6.09243 N 43.82218

## ST-ANDRÉ-LES-ALPES

**Aire de St-André-les-Alpes**
Grand-Rue, sur le parking des Ferrailles, à côté du cimetière -
04 92 89 02 39 - Permanent -
Borne artisanale : Gratuit
15 - 72h - Gratuit
Services :
Contigu au cimetière, plat, bitume. Proche du centre ville.
GPS : E 6.50722 N 43.96527

## STE-CROIX-DU-VERDON

**Aire de Ste-Croix-du-Verdon**
Rte du Bord du Lac - 04 92 77 84 10
De déb. avr. à mi nov. -
Borne artisanale 2 € 2 €
25 - 48h - 8 €/j. - gratuit en journée
Services :
Superbe vue sur le lac de Ste-Croix.
GPS : E 6.15158 N 43.76082

Gorges du Verdon.

btrenkel/iStock

# Campings

## DIGNE-LES-BAINS

**Les Eaux Chaudes**
32 av. des Thermes -
04 92 32 31 04 -
www.campingleseauxchaudes.com
De déb. avr. à fin oct.
borne eurorelais 5 € (eau + élec.) - 18 €
Tarif camping : 23 €
(10A) - pers. suppl. 6 €
Services et loisirs :
Au bord d'un ruisseau.
GPS : E 6.2507 N 44.08656

## GRÉOUX-LES-BAINS

**AMAC - Le Verdon Parc**
Domaine de la Paludette -
04 82 75 10 43 -
www.campingverdonparc.fr
Avr.-oct. - 324 empl. -
borne AireService
Tarif camping : 59 €
(16A)
Services et loisirs :
Le long du Verdon : petite plage.
GPS : E 5.89407 N 43.75188

## MOUSTIERS-STE-MARIE

**Manaysse**
Quartier Manaysse -
04 92 74 66 71 -
www.camping-manaysse.fr
De déb. avr. à fin oct. - 97 empl. -
borne artisanale
14,54 € (eau + élec.)
Tarif camping : 4,70 € 4,70 €
(10A) 4,50 €
Services et loisirs :
Quelques emplacements ont une vue sur le village.
GPS : E 6.21494 N 43.84452

## ST-ANDRÉ-LES-ALPES

**Municipal les Iscles**
Chemin des Iscles - 04 92 89 02 29 -
www.camping-les-iscles.com
De mi avr. à mi oct. - 180 empl. -
Tarif camping : 4,50 € 2 €
9,50 € (10A) 3,20 €
Services et loisirs :
Agréable pinède.
GPS : E 6.50844 N 43.9612

## Les bonnes adresses de bib

### CASTELLANE

**Le Fournil du Verdon** – 14 bd de la République - 04 92 83 54 21 - 7h-22h - fermé de déb. nov. à Pâques et merc.-jeu. sf en juil.-août - 18,90 €. Cette boulangerie-pâtisserie fait également restaurant : elle sert une cuisine provençale teintée d'influences italiennes. Délicieuses et copieuses assiettes d'assortiments.

**Aboard Rafting** – 8 pl. de l'Église - 04 92 83 76 11 - www.rafting-verdon.com - juil.-août : 9h-19h ; avr.-juin et sept. : 9h-12h, 14h-18h - 75 € journée aventure (rafting dans le haut ou le moyen Verdon). Rafting, hydrospeed, canyoning, aquarando et parcours aventure en forêt (25 €/3h). Un programme varié !

### DIGNE-LES-BAINS

**Saveurs et Couleurs** – 7 bd Gassendi - 04 92 36 04 06 - www.saveurs-couleurs.fr - tlj sf dim. apr.-midi et lun. 8h15-12h15, 14h-19h15. De bons produits régionaux vous attendent dans cette boutique : calissons Manon, fruits confits, miels, macarons des Baronnies, olives, tapenade, « artichaunade », huiles d'olive, vinaigres. Alcools (liqueur de génépi, apéritifs locaux), vins, tissus provençaux, sachets de lavande et savons élargissent l'offre.

### GRÉOUX-LES-BAINS

**Les Oliviers** – 41 av. des Alpes - 09 81 25 49 97 - - fermé fév., 1 sem. à Noël, merc. et jeu. hors sais. (en juil.-août seult le midi) - 30 €. Situé en contrebas de la place des Aires, ce restaurant a investi une jolie maison qui domine toute la basse vallée du Verdon. Cuisine provençale savoureuse, présentée avec soin. Agréable terrasse panoramique entourée d'oliviers qui vous fera vite oublier la route à proximité.

### MOUSTIERS-STE-MARIE

**Faïence Bondil** – Pl. de l'Église - 04 92 74 67 02 - www.faiencebondil.fr - 10h-19h - visite de l'atelier (réservée à la clientèle) lun.-jeu. 9h-11h30 - fermé janv. Cette maison a fêté ses 40 ans en 2020. Elle fabrique des faïences à la main selon les méthodes traditionnelles qui ont fait le renom de Moustiers depuis 1668. À voir : une très belle collection de lampes créées par Jean-Pierre Bondil.

**Faïence Lallier-Moustiers** – La Forge - av. de Lérins - 04 92 74 55 58 - www.lallier-moustiers-04.com - - juin-sept. : 10h-12h30, 14h-19h ; reste de l'année : se rens. - 4 € (-16 ans gratuit). La plus ancienne manufacture du village encore en activité. Fabrication artisanale soignée. Deux magasins.

*Moustiers-Ste-Marie.*

bdsklo/iStock

## Offices de tourisme

### DIGNE-LES-BAINS

Pl. Tampinet - 04 92 36 62 62 - www.dignelesbains-tourisme.com.

### GRÉOUX-LES-BAINS

7 pl. de l'Hôtel-de-Ville - 04 92 78 01 08 - www.greouxlesbains.com.

### RIEZ

Pl. de la Mairie - 04 92 77 99 09 - www.ville-riez.fr.

*Bonifacio. – alxpin/iStock*

Le village de Speloncato. – joningall/iStock

# Corse

Troisième plus grande île de la Méditerranée occidentale après la Sicile et la Sardaigne, la Corse (8 720 km²) fascine d'abord par sa nature extraordinaire et préservée. Falaises vertigineuses plongeant dans la mer, villages accrochés à flanc de montagne, gorges taillées dans la pierre, collines tapissées de châtaigniers et d'oliviers... La Corse a inspiré Maupassant, Mérimée et le peintre Matisse qui avouait que son amour pour la lumière du sud était né lors de son séjour à Ajaccio...

La Corse, on l'ignore trop souvent, est une « montagne dans la mer » dont les sommets culminent à plus de 2 700 m, comme le mont Cinto, éternellement enneigé ! En un rien de temps, on passe ainsi des plages dorées (paradis des fans de plongée !) à la haute montagne, comme c'est le cas en Balagne, autour de Calvi, ou du côté du Cap Corse dont on peut faire le tour en suivant une magnifique route du littoral. Au sud, les falaises rouges du golfe de Girolata et celles toutes blanches de Bonifacio vous laisseront bouche bée.

Le GR20, bien sûr, est le sentier de grande randonnée le plus célèbre (et le plus éprouvant !) de France. Mais la Corse séduit aussi par sa culture locale, son mode de vie, ses habitants, beaucoup plus ouverts et accueillants qu'on ne le dit ! Les vignerons corses, notamment, sont des figures charismatiques qu'il vous faut absolument rencontrer, comme ceux de Patrimonio, de Balagne, d'Ajaccio et de Sartène. La Corse est un petit continent qui possède ses codes et ses traditions, et c'est pourquoi la mondialisation n'y a pas (encore) imprimé trop de ravages... Côté cuisine, le veau aux olives est un must !

# CORSE

*Réserve naturelle des îles Lavezzi. – C. Moirenc/hemis.fr*

## LES ÉVÉNEMENTS À NE PAS MANQUER

- **Semaine Sainte** : à Calvi, dans l'après-midi, bénédiction des gâteaux « canistrelli » et procession (Jeu. saint) et procession de la Granitola avec pénitents en cagoule (Vend. saint) ; à Bonifacio, procession des cinq confréries à travers la ville jusqu'à l'église Ste-Marie-Majeure pour y vénérer la relique de la Sainte Croix (Jeu. et Vend. saints). il y a des processions également) Bastia, Corte, Erbalunga et Sartène.
- **Procession en mer** en l'honneur de saint Érasme, patron des pêcheurs : le 2 juin à Ajaccio, Bastia, Calvi et Propriano.
- **Foire du cheval** (Cavall'in Festa) à Corte le 2e w.-end de juin : spectacles équestres, nombreux artisans et producteurs agricoles.
- **Festivoce** : tous les ans, durant la 1re quinz. de juil. en Balagne, cette manifestation organisée à Pigna, regroupe des musiciens et des ensembles vocaux de qualité, ce qui en fait l'un des événements incontournables de la scène musicale insulaire. www.centreculturelvoce.org
- **Les Nuits de la guitare**, classique, rock, jazz et pop : 3e sem. de juil. à Patrimonio. www.festival-guitare-patrimonio.com
- **Tour de Corse automobile**, avr. Manche du Championnat du monde de rallye WRC. Attention, donc, certaines routes peuvent être fermées à la circulation. www.tourdecorse.com.

# Votre séjour en Corse

**EN COMPLÉMENT, UTILISEZ...**

- Le Guide Vert : Corse
- Carte Michelin : Départements 345

# CORSE - CIRCUIT 1

## La Balagne et le Niolo

**La Balagne offre sur 40 km de rivage autour de Calvi de belles stations balnéaires et, sur les collines, derrière la plaine côtière, de magnifiques villages entourés de vergers et de vignes. Quant au Niolo, on sait qu'il accueille le mont Cinto, le point culminant de la Corse, de nombreux lacs, la forêt de Valdu-Niellu et ses superbes pins laricio, ainsi que des bergeries de pierres sèches établies dans des sites grandioses. N'est-ce pas suffisant pour les découvrir ?**

**DÉPART :** CALVI - 6 jours – 290 km

### JOUR 1

Vous consacrez ce premier jour à **Calvi**, capitale de la Balagne, avec comme point fort la découverte de la citadelle. Juste en dessous, la marine propose de nombreux loisirs sportifs et des promenades en bateau. Les adeptes du farniente peuvent profiter des plages le long de la pinède.

### JOUR 2

Après cette sympathique introduction, la Balagne s'offre à vous, avec sa « route des Artisans » et ses nombreux petits villages. Prévoyez une petite journée. Ne manquez pas les principaux joyaux de la région comme **Pigna, Sant'Antonino** ou **Aregno**.

### JOUR 3

Les richesses de la Balagne pourraient vous retenir bien plus longtemps, mais pour découvrir le maximum en six jours, prenez la direction de **Belgodère** à l'est pour rejoindre l'attachante **vallée de l'Asco**. Pays du miel blanc et du mouflon, ce territoire un peu sévère est une excellente approche de la montagne corse. Les randonneurs se pressent à l'extrémité de la vallée, point de départ pour de superbes excursions.

### JOUR 4

En descendant un peu plus au sud, la D84 traverse l'impressionnant **défilé de la Scala di Santa Regina** qui ouvre sur **Calacuccia** et son vaste lac. C'est un point de départ privilégié pour des randonnées dans le **Niolo**, mais bien d'autres possibilités vous attendent du côté du **col de Vergio**. Dans la montée vers le col, peu après un bâtiment de la Légion étrangère, un sentier *(2h AR)*, sur la droite, conduit aux bergeries de Radule, site montagnard rafraîchissant grâce à la proximité de belles cascades. Après un bon pique-nique, la **forêt d'Aïtone** vous attend, avec ses futaies de pins laricio. Si vous n'avez pas peur de marcher, empruntez le sentier de la Châtaigneraie qui part d'**Évisa** vers les cascades d'Aïtone. Il est temps de s'aventurer un peu plus loin en descendant vers **Cargèse**, « la grecque », où vous apprécierez la cohabitation harmonieuse entre catholiques

joningall/iStock

*Route à travers les Calanche de Piana.*

et orthodoxes. Tout autour, et en descendant le **golfe de Sagone**, de nombreuses plages invitent à la baignade. Vous pouvez alors commencer votre remontée vers le golfe de Porto en passant par **Piana,** avant le coucher du soleil : vous ne serez pas déçus par le spectacle. Les **Calanche**, vers Piana, sont un véritable parc de sculptures minérales qui flamboient au-dessus de la mer (voir ci-contre). Faites halte le soir à **Porto**.

## JOUR 5

Si Porto ne brille guère par son charme, les environs sont de toute beauté. Une expédition maritime s'impose également depuis Porto, vers **Girolata** et la fameuse **réserve naturelle de Scandola**, joyau classé au patrimoine mondial de l'Unesco. Cette excursion en mer est un moment inoubliable.

## JOUR 6

Difficile de terminer en beauté après un pareil spectacle. Et pourtant, la route vers Calvi ne vous décevra pas. Si vous avez un peu de courage, arrêtez-vous au **col de la Croix** pour rejoindre la plage de Tuara. La remontée est un peu rude, mais la halte est agréable. Rejoignez **Galéria**, petit port isolé dans un très beau golfe. Il est temps de reprendre la route, étroite mais belle vers Calvi ; mais avant, faites une halte à la terrasse de Notre-Dame-de-la-Serra. La vue embrasse Calvi et une bonne partie de la Balagne. La ville de Christophe Colomb vous attend pour la soirée. Profitez de sa marine animée.

## RANDONNÉE À PIED

# Les calanche (Piana)

**INFOS PRATIQUES**

Une brochure détaillant les sentiers de randonnée est disponible à l'office du tourisme de Piana.
**Office du tourisme de Piana** – Pl. de la Mairie - 09 66 92 84 42 - www.ouestcorsica.com.
Soyez bien chaussé, emportez eau et protection solaire. Évitez les jours de grand vent (risque d'incendie).

**STATIONNEMENT**

Parkings aux abords des départ des randonnées.

**Le château fort**

*Chemin à droite de la Tête de Chien, à 700 m au nord du chalet. Sentier jalonné de cairns - 1h AR.* Ce sentier est le seul qui pénètre dans l'intimité des Calanche. À travers un dédale de rochers patinés par le soleil, envahis par le maquis et les arbousiers, on distingue le bois d'eucalyptus de Porto et le promontoire portant la tour carrée. Puis le chemin remonte légèrement jusqu'à une plate-forme rocheuse faisant face au « château fort », imposant bloc de granit évoquant un donjon. De là, une vue splendide embrasse tout le golfe de Porto de la tour du Capo Rosso au golfe de Girolata.

**Chemin des muletiers**

*Le sentier d'accès s'amorce sur la route de Porto à Piana, 400 m au sud-ouest du chalet des Roches-Bleues et à gauche près du petit oratoire de la Vierge - sentier balisé de cairns - 1h30.* Le sentier grimpe fortement avant de se frayer un passage entre deux gros rochers. De là, on suit en corniche un ancien chemin muletier Piana-Ota. On découvre alors derrière soi une vue d'ensemble sur les Calanche et le golfe de Porto. Puis le sentier descend dans le maquis et rejoint la route.

**La châtaigneraie**

*Prendre le sentier sur la gauche tout près du chalet des Roches-Bleues, en venant de Porto - sentier jalonné de cairns - 3h30.* Une montée assez raide conduit à une belle forêt de châtaigniers. Après environ 1h de marche, obliquez sur la gauche. Le sentier passe près de la fontaine d'Oliva Bona. Il descend à travers la forêt de pins de Piana pour aboutir sur la D81, à 2 km du chalet des Roches-Bleues.

**Le Mezzanu**

*Suivre dans un premier temps le même sentier évoqué ci-dessus, mais une fois parvenu à la châtaigneraie, bifurquer à droite au cairn et descendre vers le sud-ouest - 2h30.* Cette boucle, moins longue, offre néanmoins une bonne diversité de paysages. En fin de parcours, on rejoint l'itinéraire du chemin des muletiers.

## Campings

### CALACUCCIA

**Acquaviva**
04 95 48 00 08 - www.acquaviva-corse.fr - Permanent -
- 22,40€
Tarif camping : 27,40€
(16A) - pers. suppl. 7€
Services et loisirs :
Dominant le lac avec un petit ombrage et profitant des services de l'hôtel-restaurant tenu par le même propriétaire.
GPS : E 9.01049 N 42.33341

### CALENZANA

**Paradella**
Rte de l'aéroport - 04 95 65 00 97 - www.camping-paradella.fr
De déb. avr. à mi oct. - 120 empl.
borne artisanale 5 € (eau + élec.)
Tarif camping : 8,80 € 3 € 5 €
(10A) 4,50 €
Services et loisirs :
Bel ombrage de pins et d'eucalyptus. Préférer les emplacements les plus éloignés de la route. Accueil groupes.
GPS : E 8.79166 N 42.50237

### CARGÈSE

**Torraccia**
Bagghiuccia, rte de Porto (D 81) - 04 95 26 42 39 - www.camping-torraccia.com
De fin avr. à fin sept. - 80 empl.
Tarif camping : 34 €
(10A) - pers. suppl. 9 €
Services et loisirs :
Préférer les emplacements éloignés de la route.
GPS : E 8.59797 N 42.16258

### CASAGLIONE

**Les Couchants**
CD 25 Plaine du Liamone - 04 95 52 26 60 - campinglescouchants.fr
De fin juin à mi sept. - 120 empl. -
Tarif camping : 7 € 4 €
(16A) 5 €
Services et loisirs :
Emplacements au milieu des oliviers, eucalyptus et lauriers multicolores.
GPS : E 8.74894 N 42.08114

### CORTE

Voir p. 538

### LUMIO

**Le Panoramic**
Rte de Lavatoggio - 04 95 60 73 13 - www.le-panoramic.com
De déb. mai à fin sept. - 108 empl. -
Tarif camping : 11 € 5 € 6 €
(6A) 5 €
Services et loisirs :
Vue panoramique sur la mer pour quelques emplacements.
GPS : E 8.84805 N 42.58973

### PIANA

**Plage d'Arone**
Rte Danièle-Casanova - 04 95 20 64 54
De mi mai à fin sept. - 125 empl. -
Tarif camping : 10 € 7 € 7 €
À 500 m de la plage par un petit sentier, emplacements au milieu du maquis et à l'ombre des oliviers, eucalyptus, lauriers et autres arbres ou arbustes méditerranéens.
GPS : E 8.58228 N 42.20933

### PORTO

**Funtana a l'Ora**
Rte d'Évisa - 04 95 26 11 65 - www.funtanaalora.fr
De déb. avr. à oct. - 70 empl. -
borne artisanale
Tarif camping : 10,40 € 4,50 € 8 € (10A) 4 €
Services et loisirs :
Emplacements bien ombragés entre les rochers sur de multiples petites terrasses dans un agréable cadre naturel.
GPS : E 8.71621 N 42.25823

*Vue sur la ville et la citadelle de Calvi.*

joningall/iStock

# Les bonnes adresses de bib

## BELGODÈRE

✕ **Table d'Hôtes I Salti** – Golfe du Reginu (accès par la rte D113) - ✆ 04 95 34 35 59 - fermé de mi-oct. à fin mars, le midi en juil., le midi et lun. en août, se rens. en demi-saison - 25/30 €. Le vieux moulin familial de Carina a ouvert ses portes pour le plus grand plaisir des gourmets. Cuisine fine, moderne et créative, à base de produits locaux et de saison. Parmi les spécialités : la joue de bœuf, l'agneau de lait, les langoustines... Terrasse abritée et ravissant jardin à l'ombre d'un micocoulier.

## CALVI

**Marché couvert** – R. Alsace-Lorraine - mairie de Calvi - 8h-13h. Le marché couvert (produits de Balagne) s'anime tous les matins. Le port vit à l'arrivée des pêcheurs (vente directe).

✕ **Aux Bons Amis** – R. Georges-Clemenceau - ✆ 04 95 65 05 01 - fermé de mi-oct. à fin mars - menus 23/36 €. Dans la rue piétonne la plus touristique, une famille de pêcheurs tient ce sympathique petit restaurant décoré sur le thème... de la pêche ; vivier à langoustes et homards. Spécialités : daurade au four, aïoli de poissons, entre autres. Bon accueil.

## CARGÈSE

✕ **Le Cabanon de Charlotte** – Port de plaisance - ✆ 06 81 23 66 93 - fermé nov.-mars - formule déj. 19 € - menu 37 € - pêche locale au poids. Un engageant couvert vous attend sous les canisses et les parasols de ce restaurant qui sert des spécialités du terroir et propose tous les jeudis soir des chants traditionnels et polyphoniques.

## CORTE

✕ **La Trattoria** – 6 cours Paoli - ✆ 04 95 54 02 48 - tlj sf dim. - 18/21 €. Cette agréable brasserie du cours, fréquentée par les locaux comme par les voyageurs, est appréciée pour ses prix sages. Belles salades, viandes, desserts soignés... À déguster en terrasse ou dans la jolie salle climatisée, couverte de boiseries.

## ÉVISA

✕ **La Fontanella** – Pl. du village - ✆ 04 95 26 47 31 - fermé de nov. à déb. avr. - menu 20 € - 15/25 €. Au centre du village, profitez de la belle terrasse de ce café pour un casse-croûte ou une assiette d'assortiment de charcuteries et fromages corses.

## GALÉRIA

✕ **L'Artigiana** – Rte de Galéria (parking de la Tour) - ✆ 04 95 60 64 11 ou 06 13 57 78 18 - fermé oct.-avr. - 10h-22h - 4,80/16,50 €. À la fois boutique de produits corses et restaurant, cette attachante adresse permet de se restaurer sainement en extérieur dans un cadre agréable : tartes, omelettes, beignets au fromage, sandwichs, salades, délicieux desserts faits maison. Le tout à base essentiellement de produits locaux (et même du jardin de la patronne).

## LUMIO

✕ **Le Matahari** – Plage de l'Arinella - ✆ 04 95 60 78 47 - www.lematahari.com - fermé de fin sept. à mi-avr. et lun. soir - P - 46 €. Les pieds de table dans le sable de la petite plage de l'Arinella, ce restaurant séduit avec ses bons produits de la mer, ses spécialités insulaires et ses préparations aux influences italiennes. Réservation indispensable en soirée pour dîner à la lueur des bougies.

## PIANA

**Kevin Muzikar** – U Salognu - à 6 km de Piana et 15 km de Cargèse - ✆ 06 12 71 12 83 - tlj sur demande - vente également de miel. Ce jeune artisan coutelier-forgeron présente dans cette maisonnette de pierre une large gamme de *curniciulu* (couteaux de berger), couteaux de chasse ou de table, façonnés selon des techniques traditionnelles. Sur place, son épouse expose la poterie qu'elle façonne.

# Offices de tourisme

## CALVI ET LA BALAGNE

Chemin de la Plage - Calvi - ✆ 04 95 65 16 67 - www.balagne-corsica.com.

## PORTO

Pl. de la Marine (ancien aquarium de la Poudrière) - ✆ 04 95 26 10 55 - www.ouestcorsica.com.

*Châtaignes.*

joannatkaczuk/iStock

**LE TOP 5 VILLAGES PERCHÉS**

1. Sant'Antonino
2. Pigna
3. Montemaggiore
4. Speloncato
5. Lumio

# Le Cap Corse et le Nebbio

**Depuis Bastia, une route tracée entre la mer et la montagne permet de découvrir les plages de sable ou de galets, les villages escarpés et les marines blotties dans les échancrures de la côte. Le versant ouest du Cap Corse est resté plus sauvage. Paradis des amoureux de la mer et de la plongée sous-marine, le cap s'ouvre au sud sur le Nebbio. Vignes, oliviers et vergers de cet arrière-pays du golfe de St-Florent proposent un retour en pleine terre, des plus agréables.**

**DÉPART :** BASTIA - 4 jours – 230 km

## JOUR 1

Après une journée passée à découvrir **Bastia** (voir l'encadré p. ci-contre), vous voilà sur la route. Le **Cap Corse**, ceinturé de tours génoises, doit s'effectuer en deux étapes si l'on souhaite profiter un minimum du voyage, se promener, se baigner. Après un petit tour sur la corniche entre **Ste-Lucie-de-Tallano** et **San Martino di Lota**, rejoignez la route qui longe la côte, et passe à **Erbalunga** avant de conduire à **Macinaggio**. Ce port de plaisance offre plusieurs possibilités de loisirs nautiques et est un point de départ du fameux sentier douanier Nord qui conduit à **Centuri** en passant par Barcaggio. Une petite « excursion baignade » du côté de la tour ruinée de Sta-Maria est rarement regrettée.

## JOUR 2

Après avoir rendu visite au village-belvédère de **Rogliano,** rejoignez, après Ersa, le petit port de **Barcaggio**, à l'extrémité nord du Cap. Continuez le tour en passant par le fameux moulin Mattei avant de gagner le charmant petit hameau de **Cannelle** qui offre une vue superbe sur la crique de Centuri. Ce port miniature aux charmes enchanteurs est un lieu réputé pour la pêche et la dégustation de langoustes. La route qui descend la côte ouest demande pas mal de vigilance. Ne manquez pas de monter à Canari, en dépit de la route vertigineuse : de là-haut, la vue est extraordinaire et l'agitation du monde bien éloignée. Rejoignez ensuite **Nonza** tout en hauteur sur son promontoire. Les terrasses y sont accueillantes, mais gardez un peu de temps pour faire un tour à **Patrimonio** où la dégustation (avec modération, bien sûr) du fameux cru impose un arrêt.

## JOUR 3

Accordez-vous une journée de détente au cœur des Agriates sauvages en prenant le bateau de **St-Florent** jusqu'à la sublime plage du Loto : un monde à part ! Après une visite de l'ancienne cathédrale de St-Florent, prenez la D81 qui traverse le **désert des Agriates** et conduit à l'embouchure de l'Ostriconi. Une pause baignade sera la bienvenue dans la très belle anse de Peraiola avant de rejoindre **Lozari** pour la soirée.

pkazmierczak/iStock

*Le port de Bastia.*

# JOUR 4

Reprenez la T30 qui bifurque en direction de **Belgodère** (T301). Ne manquez pas le vieux fort et la visite de l'église avant de continuer vers le **col de San Colombano**. Quelques kilomètres après, tournez à gauche dans la D12 vers Novella, dépassez le village pour rejoindre à droite la route menant à la T30 que vous prenez à droite. Tout de suite après, prenez à gauche la D208 en direction d'Urtaca, puis la D8 conduisent à l'intéressant village médiéval de **Lama** qui mérite vraiment d'être découvert. Il est alors temps de descendre vers **Ponte-Leccia** et de prendre à gauche la route T20 vers **Ponte-Nuovo** dont le vieux pont ruiné rappelle une des plus célèbres batailles pour l'indépendance. La D5, sur la gauche, s'élève rapidement et par Lento, Bigorno, conduit à **Murato**. Peu après la sortie du village, isolée sur une colline, se dresse un des joyaux de l'art pisan dans l'île, la chapelle **San Michele de Murato**. Rejoignez Bastia par la D82 puis la T11.

## ÉTAPE 11

# Bastia

### OFFICE DE TOURISME

Pl. St-Nicolas - 
04 95 54 20 40 - 
www.bastia-tourisme.corsica.

### STATIONNEMENT & SERVICES

La Ville de Bastia ne dispose pas de stationnements prévus pour les camping-cars. Ils doivent obligatoirement stationner en camping :

**San Damiano**
À Biguglia, Lido de la Marana - 
04 95 33 68 02 - 
www.campingsandamiano.com - 
De fin mars à déb. nov. - 320 empl. - 
borne AireService 
Tarif camping : 37 € (6A) - pers. suppl. 9,80 €
Services et loisirs : 
Agréable bar-restaurant les pieds dans l'eau.
GPS : E 9.46718 N 42.63114

La ville ancienne se divise en deux quartiers ordonnés autour du vieux port. La ville basse, *Terra-Vecchia*, au nord, s'est développée autour d'une petite crique qui fut autrefois la marine d'un village de pêcheurs, Cardo. En 1380, Leonello Lomellini, gouverneur génois, choisit l'anse de Cardo, port naturel, étroit, peu profond, exposé aux terribles coups du *libeccio* mais protégé par un rocher aisément défendable. En 1480, Tomasino de Campofregoso entreprit la construction de remparts autour de la marina qui devint le quartier de Terra-Nova, tandis qu'autour du port de Cardo, le quartier de Terra-Vecchia poursuivit son extension vers le nord. Quant au rocher, il accueillit une *bastiglia* ou « bastille » qui donna son nom à la ville.
La ville basse offre aujourd'hui le visage d'un petit port méditerranéen où l'on se perd avec plaisir dans un dédale de voies étroites et mouvementées : ruelles en escalier, linge suspendu aux cordes, passages couverts et venelles tortueuses réservent mille surprises. Quant à la ville haute (ou citadelle), *Terra-Nova*, au sud, elle abrite de hautes maisons aux volets peints qui tracent les rives de rues sinueuses et colorées.
Le soir, les illuminations du vieux port, du jardin Romieu, de la citadelle et de l'église St-Jean-Baptiste invitent à la flânerie. En juillet, le vieux port retrouve, le temps d'un week-end, les fastes d'une cérémonie datant de plus de cinq cents ans : la passation des pouvoirs entre les gouverneurs nommés par Gênes selon un protocole scrupuleusement reproduit. Cette brillante rétrospective historique, ponctuée de nombreuses joutes (archers, ballets de drapeaux), est animée par plusieurs centaines de figurants bastiais en costume d'époque.

## Campings

### BIGUGLIA

Voir p. précédente

### CENTURI

**Isulottu**
Marine de Mute, par D 35 rte de Morsiglia, à 200 m de la plage - 04 95 35 62 81 - www.isulottu.fr
De déb. mai à fin sept. - 80 empl. -
borne AireService
Tarif camping : 7,80 € 3,70 € 4,10 € (90A) 3,90 €
Services et loisirs :
Dans un cadre naturel emplacements bien ombragés sur de multiples petites terrasses avec pour certains vue sur mer ou village !
GPS : E 9.3515 N 42.96048

### FARINOLE

**A Stella**
Marine de Farinole, par D 80 - 04 95 37 14 37 - www.campingastella.com
De déb. mai à fin oct. - 100 empl. -
Tarif camping : 8 € 4 € 8 € (10A) 4 €
Services et loisirs :
Terrasses bien ombragées ou emplacements ensoleillés avec vue sur mer, au bord d'une plage de galets.
GPS : E 9.34259 N 42.72911

### PIETRACORBARA

**La Pietra**
Presa, 4 km au sud-est par D 232 et chemin à gauche, à 500 m de la plage - 04 95 35 27 49 - www.la-pietra.com
De fin mars à déb. nov. -
borne sanistation
\- 21,40 €
Paiement :
Tarif camping : 9,95 € 4,60 € (10A) 4,30 €
Services et loisirs :
Cadre soigné avec emplacements délimités et ombragés ou prairie ensoleillée.
GPS : E 9.4739 N 42.83939

### ST-FLORENT

**Camping d'Olzo**
Strutta, 2,5 km au nord-est par D 81 rte de Bastia - 04 95 37 03 34 - www.campingolzo.com
De déb. avr. à déb. oct. - 65 empl.
borne artisanale
Tarif camping : 9 € 4,50 € 9,50 € (10A) 5 €
Services et loisirs :
Emplacements bien ombragés, à 300 m de la plage.
GPS : E 9.3267 N 42.69358

*La côte de Lozari.*

*joningall/iStock*

# Les bonnes adresses de bib

## BASTIA

**Le Coude à coude** – Pl. Guasco - 06 38 29 39 85 - fermé le midi et dim.-lun. - 3/15 €. L'équipe du Col Tempo récidive dans le (très) bon goût en s'installant sur la Citadelle. Le concept : un bar à vins (grande sélection au verre) où l'on se délecte de tapas joliment réalisés (anchois à la bastiaise, rillettes de sardines, gaspacho de courgette, entre autres).

**Pinelluciu Lasagnaria** – 10 bis av. Émile-Sari - 06 86 95 66 14 - tlj sf dim. apr.-midi et lun. 9h-14h, 16h-18h. Lasagnes aux trois fromages corses, gratins de légumes, délicieux bastelles, ces petits chaussons farcis aux oignons confits, au broccio… À 100 m du débarcadère, sur place ou à emporter, de quoi se régaler des saveurs corses en toute simplicité.

## MURATO

**La Ferme de Campo di Monte** – 04 95 37 64 39 - www.fermecampodimonte.com -; - tte l'année sur réserv. - menu complet 60 €. De cette authentique ferme de 1630, entourée de chênes verts et de châtaigniers, admirez l'église San Michele et le golfe de St-Florent. Dans ses petites pièces intimistes, les maîtres de maison servent un repas bien ancré dans le terroir. Une adresse très courue…

## NONZA

**La Sassa** – Rte de la Tour - 04 95 38 55 26 - www.castalibre.com/lasassa - fermé oct.-mars – service non stop 10h-1h - 30/45 €. À l'ombre de la tour paoline, un restaurant en plein air qui offre une vue splendide sur la mer. Plat signature : le grand canelloni au brocciu à la truffe. Concerts en été.

## PATRIMONIO

**Antoine Arena** – Morta-Maio - à l'entrée sud du village - 04 95 37 08 27 - tlj sf w.-end 16h-19h - visite uniquement sur RV. Dans son domaine de presque 14 ha, Antoine Arena compose des vins de très grande qualité et entièrement naturels comme le muscat du cap Corse, le patrimonio, ou le « Bianco Gentile » (cépage local qu'il a fait renaître).

**Osteria di San Martinu** – Hameau Poretto - 04 95 37 11 93 - fermé merc. midi en été, merc. soir et dim. soir le reste de l'année - formule déj. 20 € - menus 25/30 € - 11/50 €. Cette petite osteria est à fréquenter l'été : tout se passe alors sur la terrasse, dressée sous une pergola et animée par la présence du barbecue. Plats corses et grillades s'arrosent avec le patrimonio produit sur le domaine du frère du patron.

## PIETRACORBARA

**Les Chasseurs** – 04 95 35 21 54 - - fermé nov.-mars - 20/28 €. Il règne une ambiance décontractée en ce sympathique restaurant familial situé près de la plage. Aux beaux jours, les spécialités locales et les plats du jour sont servis sous la tonnelle. Après le repas, laissez-vous tenter par une partie de pétanque…

## ST-FLORENT

**Salge et Fils « L'Isle aux Desserts »** – Pl. du Monument - 04 95 37 00 43 - www.glacecorse.com - 10h-13h, 14h-20h - fermé lun. hors sais., dernière sem. d'oct. et 1re quinz. de nov. Crèmes glacées ou sorbets à base de produits de très bonne qualité. Un incontournable grâce à des parfums typiques : brocciu-citron, myrte sauvage-cédrat, castagne (les vraies châtaignes corses).

**La Gaffe** – Port de plaisance - 04 95 37 00 12 - restaurant-saint-florent.com - - fermé merc. hors sais., janv.-fév. - menus 24/55 € - langouste et poisson au kg. Embarquement pour un voyage de saveurs marines. Langoustes et pêche locale se dégustent dans une salle à la décoration d'esprit bateau. Aux beaux jours, climatisation à midi ; le soir, les larges baies s'ouvrent pour profiter de la brise marine.

# Offices de tourisme

## BASTIA

Voir p. 533

## PONTE-LECCIA

Pl. de la Gare - 04 95 30 66 32 - www.tourisme-pasqualepaoli.corsica.

## ST-FLORENT

Centre Administratif - 04 95 37 06 04 - www.corsica-saintflorent.com.

*Brocciu, fromage AOC.*

*J. Boulay/hemis.fr*

**LE TOP 5 PORTS**

1. Vieux Port (Bastia)
2. Centuri
3. Erbalunga
4. St-Florent
5. Macinaggio

## CORSE - CIRCUIT 3

# La Corse du sud

**Bonifacio, Porto-Vecchio, Propriano, Ajaccio, Corte, Aléria, Porto-Vecchio : voici les grandes étapes de ce long périple qui se propose de vous faire découvrir une bonne partie de la Corse. Impossible donc de résumer ce qui vous attend. Mais soyez confiant, la diversité est au rendez-vous, et si comme le vante la campagne de publicité, « la Corse, c'est toujours le bon moment », pour ce circuit, aussi !**

**DÉPART :** BONIFACIO - 8 jours – 390 km

## JOUR 1

Cette première journée est dédiée à la découverte de l'impérieuse cité de **Bonifacio**, posée en acrobate sur ses falaises blanches (voir l'encadré p. ci-contre).

## JOUR 2

Ce matin, n'oubliez pas votre maillot de bain car nous vous proposons de rejoindre **Porto-Vecchio** pour profiter des plus belles plages de la côte est : **Rondinara**, **Sta Giulia**, **Palombaggia**. à midi, déjeunez dans l'un des restaurants de la vieille ville de Porto-Vecchio, dont vous arpenterez les ruelles bondées en guise de promenade digestive. Besoin d'air ? Il est temps de vous réfugier dans la fraîcheur de la montagne, à **Zonza**.

## JOUR 3

Le matin, consacrez quelques heures au **col de Bavella**, hérissé de ses mythiques aiguilles de rocaille. Les randonneurs trouveront ici un vaste réseau de sentiers balisés, dont le plus célèbre mène au fameux « trou de la Bombe » *(2h AR)*, une ouverture circulaire de 8 m de diamètre trouant l'arête faîtière d'un chaînon montagneux. Revenant à Zonza, vous partirez vers le sud pour un après-midi consacré aux vestiges historiques qui ponctuent la route jusqu'à Sartène. **Forteresse de Cucuruzzu**, campaniles romans, ponts pisans de Carbini et Spin'a Cavallu : chacun vous conte l'histoire parfois mystérieuse de la Corse, cette terre « dix fois conquise, jamais soumise ».

## JOUR 4

Il faudra bien une demi-journée pour arpenter l'agréable lacis de ruelles médiévales de **Sartène**, avant de partir tranquillement vers le nord pour rejoindre Ajaccio via **Propriano**.

## JOUR 5

Commencez par la découverte de la ville d'**Ajaccio**. Même si la mer vous fait de tenantes œillades, résistez (pour l'instant) et partez sur les traces de Napoléon, l'enfant du pays à qui les rues, les monuments et les musées rendent encore un vibrant hommage. Ne manquez pas, l'après-midi, les collections de

J. Wlodarczyk/age fotostock

*Coucher de soleil sur Bonifacio.*

peintures du musée Fesch. Il sera temps ensuite de vous offrir une parenthèse balnéaire sur l'une des belles plages bordant la route des **îles Sanguinaires**, à l'ouest, puis de profiter du coucher de soleil à la **pointe de la Parata**.

## JOUR 6

Mettez le cap sur l'une des vallées les plus préservées de l'île, la **Restonica**, dont les gorges offrent une étonnante palette de couleurs. Au loin, des sentiers rocailleux mènent à de mystérieux lacs de montagne aux eaux sombres. L'une des plus belles randonnées mène jusqu'aux lacs de Melo et Capitello.

## JOUR 7

Vous êtes à **Corte**, la cité historique, où « bat le cœur de la Corse », celle que Pascal Paoli avait choisie pour capitale de son éphémère République. Attardez-vous dans les galeries de l'extraordinaire musée d'Anthropologie, qui présente la vie traditionnelle corse.

## JOUR 8

Vous rejoindrez par le sud l'antique cité d'**Aléria** et ses vestiges romains. Le musée Jérôme-Carcopino vous ouvre les portes d'un monde extraordinairement riche, avant ou après la visite des fouilles. À côté, l'étang de Diane invite à découvrir l'élevage des huîtres, des moules et autres coquillages de Corse.

ÉTAPE 11

# Bonifacio

**OFFICE DE TOURISME**

2 r. Fred-Scamaroni - ✆ 04 95 73 11 88 - www.bonifacio.fr.

**STATIONNEMENT**

**Parking conseillé**

Parking de Monto Leone, en été de 11h à minuit, navette gratuite pour aller en ville, 5 €/j.
Parking des Valli, ouvert en cas d'affluence, 5 €/j.

Édifiée sur un site exceptionnel à l'extrême sud de la Corse, Bonifacio reste un lieu incontournable, malgré la foule en été et les échoppes de souvenirs. Elle est séparée du rivage par une ria longue de 1,5 km au fond de laquelle se trouve le **port**. Jadis havre sûr pour les vaisseaux de guerre, il offre aujourd'hui son mouillage aux bateaux de plaisance.
Enfermée dans ses fortifications, la **vieille ville**, à l'ambiance moyenâgeuse, est juchée sur un étroit promontoire modelé par la mer et le vent. Restaurants, cafés et magasins de souvenirs y entretiennent durant l'été une activité qui se prolonge tard dans la nuit. Le matin, flânez dans les étroites ruelles encore fraîches. Jetez un coup d'œil à l'**église Ste-Marie-Majeure** et aux hautes et anciennes façades souvent décorées d'arcatures. Les curieux arcs-boutants qui relient les maisons sont des canalisations destinées à diriger les eaux pluviales. Vous pouvez ensuite descendre les 187 marches – taillées dans la falaise – de l'**escalier du Roi-d'Aragon**, puis gagner l'**esplanade St-François**, qui offre une vue splendide sur les falaises de la vieille ville, les bouches de Bonifacio et, au large, la Sardaigne. Poursuivez jusqu'au **cimetière marin**, sans doute l'un des plus beaux de l'île avec ses mosaïques de couleur et ses petites chapelles. Il ménage aussi une belle vue sur la mer.
Enfin, partez en excursion aux îles Lavezzi, petit paradis d'eau cristalline et de criques tapissées de sable. Et, surtout, ne manquez pas au passage la vue sur la ville haute, qui présente un aspect encore plus saisissant avec ses vieilles maisons agglutinées à l'extrémité de la falaise.

## Campings

### AJACCIO

**Les Mimosas**
Chemin de La Carosaccia, 5 km, sortie nord par D 61 rte d'Alata, et à gauche - 04 95 20 99 85 - www.camping-lesmimosas.com
De déb. avr. à mi-oct. - 70 empl. -
borne artisanale 5 € (eau + élec.)
Tarif camping : 7 € 3,50 € 3,50 € (10A) 3,50 €
Services et loisirs :
Bel ombrage d'eucalyptus, sur les hauteurs de la ville.
GPS : E 8.72899 N 41.93758

### ALÉRIA

**Marina d'Aléria**
Plage de Padulone, 3 km à l'est de Cateraggio par T 10, au bord du Tavignano - 04 95 57 01 42 - www.marina-aleria.com
De fin avr. à déb. oct. - 335 empl. -
Paiement :
Tarif camping : 49 € (9A) - pers. suppl. 5 €
Services et loisirs :
Emplacements le long de la plage, ombragés ou ensoleillés.
GPS : E 9.55 N 42.11139

### BONIFACIO

**Les Îles**
Rte de Piantarella, 4,5 km à l'est, rte de Piantarella, vers l'embarcadère de Cavallo - 04 95 73 11 89 - www.camping-desiles.com
De mi avr. à déb. oct. - 150 empl. -
Tarif camping : 10 € 6 € 10 € (10A) 4 €
Services et loisirs :
Vue panoramique de certains emplacements sur la Sardaigne et les îles.
GPS : E 9.21034 N 41.37817

### CORTE

**St-Pancrace**
Quartier St-Pancrace, 1,5 km au N. par le cours Paoli et chemin à gauche après la Sous-Préfecture - 04 95 46 09 22 - www.campingsaintpancrace.fr
De déb. avr. à mi oct. -
Tarif camping : 6,50 € 3 € 3,50 € (45A) 4 €
Services et loisirs :
Produits de la ferme à la vente : fromage de brebis, tomme et confitures.
GPS : E 9.14696 N 42.32026

### GHISONACCIA

**Arinella-Bianca**
Rte de la Mer, 3,5 km à l'est par D 144 puis 700 m par chemin à drte - 04 95 56 04 78 - www.arinellabianca.com
De déb. mai à mi oct. - 350 empl. -
borne AireService 10 € (eau + élec.)
Tarif camping : 56 € (10A) - pers. suppl. 18 €
Services et loisirs :
Un bel espace balnéo avec son agréable parc aquatique zen. Bel espace vie au bord de la plage.
GPS : E 9.44331 N 41.9972

### PINARELLU

**California**
800 m au sud par D 468 et 1,5 km par chemin à gauche, au bord de la plage - 04 95 71 49 24 - www.camping-california-corsica.com
De mi mai à mi oct. - 100 empl. -
borne artisanale
Tarif camping : 11 € 2 € 11,50 € (10A) 3 €
Services et loisirs :
Entre étangs et mer, situation privilégiée dans un cadre préservé en bord de plage.
GPS : E 9.38084 N 41.66591

### PORTO-VECCHIO

**Arutoli**
Rte de l'Ospédale, 2 km au N.-O. par D 368 - 04 95 70 12 73 - www.arutoli.com
De déb. avr. à fin oct. - 150 empl.
\- 23 €
Tarif camping : 8 € 3 € 5,45 € (8A) 3,50 €
Services et loisirs :
Emplacements bien ombragés.
GPS : E 9.26556 N 41.60186

### VIVARIO

**Aire Naturelle le Soleil**
Tattone, 6 km au sud-ouest par T 20, rte d'Ajaccio, près de la petite gare de Tattone - 04 95 47 21 16 - www.camping-lesoleil.fr
De déb. mai à fin sept. - 45 empl. -
borne eurorelais
Tarif camping : 8 € 2 € 2 € (20A) 3 €
Services et loisirs :
Ombrage en partie sous les arbres fruitiers face à la montagne.
GPS : E 9.15186 N 42.1532

### ZONZA

**Municipal**
Rte de Porto-Vecchio, 3 km au S.-E. par D 368 - 04 95 78 62 74
De mi mai à fin sept. - 120 empl. -
borne AireService 6 € (eau + élec.)
Tarif camping : 16 € (10A) - pers. suppl. 8 €
Services et loisirs :
À l'ombre d'une agréable pinède, au bord de la rivière.
GPS : E 9.19563 N 41.7504

# Les bonnes adresses de bib

## AJACCIO

**A Nepita** – 4 r. San-Lazaro - 04 95 26 75 68 - août : mar.-sam. le soir; reste de l'année : mar.-merc. le midi, jeu.-vend. midi et soir, sam. soir - formules déj. 28/33 € - 35/42 €. Depuis 2009, cet établissement dont le nom désigne la marjolaine sauvage, séduit les palais les plus avertis. Formule du jour comprenant trois entrées, deux plats et trois desserts. Ne manquez pas le poulpe fumé, la spécialité du chef. Ambiance intimiste, à deux pas du palais de Justice.

**Da Mamma** – Passage Guinguetta - 04 95 21 39 44 - fermé dim. (sf le soir en été), lun. midi et janv.-fév. - formule déj. 13 € - 17/29 €. Dans une ruelle en escalier entre le cours Napoléon et la rue Fesch, profitez de cette sympathique terrasse sous un arbre à caoutchouc. De bons plats tels le magret de canard au miel du maquis ou le filet de st-pierre à la vanille malgache.

**Casa Napoléon** – 3 r. du Card.-Fesch - 04 95 21 47 88 - www.casa.napoleon.com - juil.-août : 9h-20h, nocturne le vend. ; reste de l'année : tlj sf dim. 9h-12h30, 14h30-19h - fermé 1er janv., 1er nov., 25 déc. Cette boutique décline toutes les saveurs du terroir : vins blancs du cap Corse, vins rouges d'Ajaccio, de Patrimonio, du Sartenais, liqueurs, fromages fermiers de chèvre et de brebis, poutargue (œufs de mulet fumés), canistrelli (gâteaux à l'anis).

## ALÉRIA

**Domaine Mavela** – U Licettu - 04 95 56 60 30 - www.domaine-mavela.com - de déb. avr. à déb. janv. : tlj sf dim. 10h-19h (20h en juil.-août) - visite guidée et dégustation : 11h, 15h, 17h (et 18h30 en juil.-août) - 9 €. Cette distillerie travaille dans le respect de la tradition : fruits cultivés de manière biologique, transformation sans colorant ni levure. Les eaux-de-vie de framboise, cédrat, myrte, châtaigne sont les fleurons de ce domaine où a été créé le premier whisky corse.

## BONIFACIO

**Cantina Doria** – 27/29 r. Doria - 04 95 73 50 49 - de déb. avr. à fin oct. - menu 25 € - carte 16/18 €. Adresse populaire et vivante de la ville haute, tenue par des jeunes. Installé sur des bancs en bois, vous dégusterez une cuisine corse simple et peu chère comme le porc à la bière, les tripes à la tomate et, pour le dessert, une crème à la cédratine. Une valeur sûre et une adresse sincère.

## ZONZA

**L'Auberge du Sanglier** – Au village - 04 95 78 67 18 - fermé de mi-nov. à mi-mars - menu 25 € - carte 12/27 €. Difficile d'ignorer cette auberge et sa terrasse sous pergola. Outre les incontournables spécialités corses (gigot d'agneau au miel du maquis, sauté de veau aux olives, etc.), vous y dégustez du gibier, notamment du sanglier. Service rapide et efficace.

*La plage de Santa Giulia.*

sam74100/iStock

# Offices de tourisme

## AJACCIO

3 bd du Roi-Jérôme - 04 95 51 53 03 - www.ajaccio-tourisme.com.

## BONIFACIO

Voir p. 537

## PORTO-VECCHIO

R. du Gén.-Leclerc (à côté du centre culturel) - 04 95 70 09 58 - www.ot-portovecchio.com.

*La plage de Palombaggia.*

Sasha64f/iStock

### LE TOP 5 PLAGES

1. Rondinara
2. Palombaggia et Tamariccio
3. Santa Giulia
4. Erbaju
5. Portigliolo

# INDEX DES LOCALITÉS

## A



## B

# C

# M

# N



# O



# P

## Q



## R



## S

## T



## U



## V

**Collection sous la direction de Philippe Orain**

**Responsable d'édition et rédactrice en chef du guide :** Hélène Payelle

| | |
|---|---|
| **Secrétaire d'édition** | L'ADÉ L'Atelier d'édition |
| **Rédaction** | Alexandra Forterre, Serge Guillot, Sylvie Kempler, Françoise Klingen, Sybille d'Oiron, Florence Picquot, Sophie Pothier, Manuel Sanchez, Tony de Souza, Nicolas Thibaut |
| **Ont contribué à ce guide** | Theodor Cepraga, Costina-Ionela Lungu (**Cartographie**), Véronique Aissani, Carole Discorn (**Couverture**), Marie Simonet, Marion Capéra (**Iconographie**), Philippe Gallet (**Données objectives**), Hervé Dubois (**Prépresse**), Michèle Chapuis-Bonfini, Florent Fontaine, Stéphane Tantot (**Système d'information**), Dominique Auclair (**Pilotage**) |
| **Conception graphique** | Laurent Muller (couverture et maquette intérieure) |
| **Régie publicitaire et partenariats** | business-solutions@tp.michelin.com<br>*Le contenu des pages de publicité insérées dans ce guide n'engage que la responsabilité des annonceurs.* |
| **Contacts** | Vous souhaitez nous contacter ?<br>Envoyez-nous un email à l'adresse : tourisme@tp.michelin.com |
| | **Parution 2021** |


L'équipe éditoriale a apporté le plus grand soin à la rédaction de ce guide et à sa vérification. Toutefois, les informations pratiques (prix, adresses, conditions de visite, numéros de téléphone, sites et adresses Internet...) doivent être considérées comme des indications du fait de l'évolution constante des données. Il n'est pas totalement exclu que certaines d'entre elles, ne soient plus, à la date de parution du guide, tout à fait exactes ou exhaustives. Elles ne sauraient de ce fait engager notre responsabilité.

**Votre avis est essentiel.**
**Que pensez-vous de nos produits ?**

**Déposez votre avis :**
**satisfaction.michelin.com**

**Michelin Travel Partner**
Société par actions simplifiée au capital de 15 044 940 EUR
27 cours de l'Île-Seguin - 92100 Boulogne-Billancourt (France)
R.C.S. Nanterre 433 677 721

Toute reproduction, même partielle et quel qu'en soit le support, est interdite sans autorisation préalable de l'éditeur.

© 2021 Michelin Travel Partner – tous droits réservés
Dépôt légal : 01-2021
Compograveur : Nord Compo, Villeneuve-d'Ascq
Imprimeur : Lego Print, Lavis (Italie)
Imprimé en Italie : 01-2021

Usine certifiée 14001
Sur du papier issu de forêts bien gérées

Pour la Corse et pour le Maroc,
choisir La Méridionale,
c'est l'assurance que votre camping-car voyage
dans les meilleures conditions de sécurité.
La Méridionale
la traversée que vous méritez
www.lameridionale.fr
0970 83 20 20
Service gratuit
+ prix appel